教育部人文社会科学重点研究基地
Key Research Institute of Humanities and Social Sciences at Universities

暨南大学华侨华人研究院
Academy of Overseas Chinese Studies in Jinan University

国家出版基金项目
NATIONAL PUBLICATION FOUNDATION

"百部好书"扶持项目
GUANGDONG PUBLISHING

· 世界华侨华人研究文库 ·

巴西华侨华人史

1808—2019

高伟浓　　[巴西]束长生　著

暨南大学出版社
JINAN UNIVERSITY PRESS

中国·广州

图书在版编目（CIP）数据

巴西华侨华人史：1808—2019 / 高伟浓，（巴西）

束长生著. -- 广州：暨南大学出版社，2024. 12.

（世界华侨华人研究文库）. -- ISBN 978-7-5668-4023-3

Ⅰ. D634.377.7

中国国家版本馆 CIP 数据核字第 2024X10F57 号

巴西华侨华人史（1808—2019）
BAXI HUAQIAO HUAREN SHI（1808—2019）
著　者：高伟浓　（巴西）束长生

出 版 人：阳　翼
策划编辑：黄圣英
责任编辑：雷晓琪　颜　彦　蔡复萌
责任校对：林　琼　林玉翠　陈慧妍　苏　洁
责任印制：周一丹　郑玉婷

出版发行：暨南大学出版社（511434）
电　　话：总编室（8620）31105261
　　　　　营销部（8620）37331682　37331689
传　　真：（8620）31105289（办公室）　37331684（营销部）
网　　址：http://www.jnupress.com
排　　版：广州市新晨文化发展有限公司
印　　刷：深圳市新联美术印刷有限公司
开　　本：787mm×1092mm　1/16
印　　张：38.75
字　　数：760 千
版　　次：2024 年 12 月第 1 版
印　　次：2024 年 12 月第 1 次
定　　价：178.00 元

作者简介

高伟浓

历史学博士，暨南大学教授、博士生导师，长期从事华侨华人、东南亚问题和中外关系史研究。在国内外出版上述领域的学术专著近 30 部，其中涉及拉美华侨华人的专著有《拉丁美洲华侨华人移民史、社团与文化活动远眺（上下卷）》（暨南大学出版社，2012）、《在海之隅：委内瑞拉与荷属加勒比地区的华侨（上下卷）》（暨南大学出版社，2019）、《世界华侨华人通史·美洲卷（上下卷）》（中国华侨出版社，2019）、《海上丝绸之路：航线、华商与华工》（社会科学文献出版社，2023）等。多年来主持或参与诸多国内研究课题（含国家社科基金重大项目）。曾在国外多所大学和研究机构担任高级访问学者或学者，并考察访问过很多国家和地区的华人社会。曾任暨南大学历史系主任、教育部人文社会科学重点研究基地（华侨华人研究）主任。现为中国东南亚研究会顾问。

［巴西］束长生

原籍中国江苏，现为巴西圣保罗大学东方语言文学系副教授。主要研究方向为巴西华侨华人、中巴关系史、中国现当代史。1989 年复旦大学外文系英美语言文学专业毕业，1995 年赴巴西里约热内卢州弗洛敏内斯联邦大学攻读发展经济学硕士学位，2002 年获得该校历史学博士。著有葡萄牙语版《20 世纪中华人民共和国简史》（Editora FGV，2012）等。2019 年获得复旦－拉美大学联盟访问学者项目的种子基金，在复旦大学发展学院以及复旦大学人类学与民族学研究所访问学习。

总　序

　　在 20 世纪，华侨华人问题曾经四次引起学术界关注。第一次是 20 世纪初关于南非华工的问题；第二次是"一战"后欧洲华工问题；第三次是五六十年代东南亚国家出现的"排华"问题；第四次则是 80 年代中国经济崛起与海外华侨华人关系的问题。每次华侨华人研究成为研究热点时，都有大量高水平研究著作问世。

　　进入 21 世纪以来，随着全球化进程的加速和中国国际化水平的提升，海外华侨华人与中国的发展日益密切，华侨华人研究掀起了新一轮高潮。华侨华人研究机构由过去只有暨南大学、厦门大学、北京大学、华侨大学等少数几家壮大至目前遍布全国的近百所科研院校，研究领域从往昔以华侨史研究为主，拓展至华人政治、华人经济、华商管理、华文教育、华人文学、华文传媒、华人安全、华人宗教、侨乡研究等涉侨各个方面，研究方法也逐渐呈现出多学科交叉的趋势，融入政治学、历史学、社会学、民族学、教育学、新闻与传播学、经济学、管理学、法学等学科方法与视角。与此同时，政府、社会也愈益关注华侨华人研究。国务院侨办近年来不断加大研究经费投入，并先后在上海、武汉、杭州、广州等地设立侨务理论研究基地，凝聚了一大批海内外专家学者，形成了华侨华人研究与政府决策咨询相结合的科学发展机制。而以社会力量与学者智慧相结合的华商研究机构也先后在复旦大学、清华大学等地成立，闯出了一条理论研究与社会实践相结合的华侨华人研究新路径。

　　作为一所百年侨校，暨南大学在中国华侨华人研究中具有特殊的地位。暨南大学创立于 1906 年，是中国第一所华侨高等学府。华侨华人研究是学校重要的学术传统和特色。早在 1927 年，暨南大学便成立了南洋文化事业部，网罗人才，开展东南亚及华侨华人的研究，出版《南洋研究》等刊物。1981 年，经教育部

批准，暨南大学在全国率先成立华侨华人研究的专门学术机构——华侨研究所，由著名学者朱杰勤教授担任所长。1984 年在国内招收首批华侨史方向博士研究生。1996 年后华侨华人研究被纳入国家"211 工程"1—3 期重点学科建设行列，2000 年获批教育部人文社会科学重点研究基地（华侨华人研究）。暨南大学于2006 年成立了华侨华人研究院，并聘请全国政协常委、国务院侨务办公室原副主任刘泽彭出任院长和基地主任。2011 年，学校再次整合提升华侨华人研究力量，将华侨华人研究院与国际关系学系（东南亚研究所）合并成立国际关系学院/华侨华人研究院，继续聘请刘泽彭同志出任华侨华人研究院院长和基地主任，由华侨华人与国际问题研究知名专家曹云华教授出任国际关系学院院长兼华侨华人研究院执行院长。同时，学校还加大科研经费投入，努力打造"华侨华人研究优势学科创新平台"。研究院在加强自身科研能力的基础上，采取以研究项目、开放性课题为中心，学者带项目、课题进院的工作体制，致力于多学科和国际视野下的前沿研究，立足于为国家的改革开放和现代化建设服务，为社会服务，为政府决策咨询服务，努力将之建设成为世界一流的学术研究机构和人才培养基地。

值华侨华人研究在中华大地百花齐放、百家争鸣之际，为进一步彰显暨南大学科研特色，整合校内外相关研究力量，发掘华侨华人研究新资源，推动华侨华人研究学科的发展，暨南大学华侨华人研究院在 2012 年推出了"世界华侨华人研究文库"。文库的著作多为本校优势学科的前沿研究成果，作者中既有资深教授、学科带头人，也有学界新秀。他们的研究成果从多学科视野探索了国内外华侨华人研究的一些新问题、新趋势，具有较高的学术价值和现实意义。截至 2016年年底，文库已经出版三批 23 本，在华侨华人研究领域引起了不错的反响。

2015 年 6 月，暨南大学入选广东省高水平大学重点建设高校，"华侨华人与国际问题研究"成为学校高水平建设重点支持的一个学科组团。为了进一步发挥暨南大学的华侨华人研究优势，学院决定继续组织出版这套丛书。丛书的经费来源从之前的"211 工程"和暨南大学"华侨华人研究优势学科创新平台"变为广东省高水平大学建设暨南大学"华侨华人与国际问题研究"学科组团，编委会也随人员变动做了一些调整。

　　本套丛书的出版得到学校领导的大力关心与支持。国际关系学院/华侨华人研究院领导与部分教师特别是高水平大学建设学科组团中的华侨华人与跨国移民研究团队的教师们也付出了艰辛的劳动，他们在策划、选题、组稿、编辑、校对等环节投入大量精力。同时，暨南大学出版社对丛书出版也给予高度重视，组织最优秀的编辑团队全程跟进，并积极申报国家出版基金项目，获得立项资助。在此，我们对所有为本丛书出版付出宝贵心血与汗水的同仁致以最衷心的感谢！

　　在前面三批的总序中，我们表示"期盼本丛书的出版能在华侨华人研究领域激起一点小浪花"。现在看来，已部分达到了目的，尽管如此，我们仍坚持不忘初心，继往开来，汇聚国内外华侨华人研究的朵朵浪花，把这套文库办成展现全球华侨华人研究优秀成果的一个重要平台。

《世界华侨华人研究文库》编委会

2017 年 6 月

目 录

绪　言

一、巴西国情与巴西华侨华人概观

巴西全称巴西联邦共和国（The Federative Republic of Brazil），是拉丁美洲面积最大的国家。巴西 1500 年为葡萄牙殖民者发现和占领时，被命名为"圣十字之地"。"巴西"一词原为一种木材的名称，称 Brazilwood（直译为"巴西木"），巴西是其主要出产地，久而久之，"巴西"便成为这块葡萄牙殖民地的名称，"圣十字之地"一名逐渐为人所淡忘。

巴西与大部分南美洲国家都接壤。巴西所在的南美洲是一块"两洋大陆"，西为太平洋，东为大西洋。但巴西是一个完全的"大西洋国家"，因为巴西没有一寸太平洋海岸线，其所有港口都在大西洋海岸上，巴西历史上发展起来的著名城市、对外通商大埠，也都在大西洋海岸上。而巴西的西部，则有好几个国家隔断了其通向太平洋的陆路交通。历史上中国与巴西的海上航路基本上都是从澳门起航，经过南中国海，穿过马六甲海峡，航经印度洋，然后绕过非洲南部好望角，最后经大西洋抵达巴西东海岸上的大西洋城市。这条航路为葡萄牙人所把持，沿途虽然与葡萄牙人在各地的殖民地有支线相连，但从澳门循这条航路到巴西途中一般不停留，或不是全部港口都停留。历史上华侨出国前往巴西，一般走这条航路。而华侨到达巴西后的登陆地点，必定是在巴西东海岸即大西洋海岸上。过去华侨到国外的主要目的是经商（或先是务工待"契约"到期后再留下来经商），经商就需要居住在经济比较发达、人口众多的城市。所以，当年前往巴西的华侨，第一站大多居住在东海岸的城市，待站稳脚跟后，如有更好的机会，再向内陆发展。很多人即使向内陆发展了，也没有脱离东部大城市的商业网络。巴西从古到今都是东部沿海地带经济比较发达，越往内陆越是落后，于是造成了华侨基本上居住在东部沿海城市的布局。

早年的殖民国家必然是航海强国，只有航海强国才可能征服和开拓未知的远方大陆，才可能有地理"发现"，才可能建立殖民地。葡萄牙和西班牙两国是在同一个时代开始各自在海外的殖民扩张的。两国在伊比利亚半岛比邻而居，15世纪末两国的造船业和航海事业都得到充分发展，于是进行跨海领土扩张，双双成了最早的殖民强国，世界就在两强之间进行瓜分。两国在征服世界过程中发生划分势力范围的纠纷时，都站在瓜分世界的角度进行仲裁。罗马教皇亚历山大六世于1493年5月4日对两国第一次瓜分世界的行动发布训谕。该训谕规定，在佛得角群岛和亚速尔群岛以西100里格（1里格＝6公里）处划一条直线，此线之西的"已发现和将被发现的所有土地"归西班牙开发和基督化。这是两国借教皇名义瓜分世界的狂妄行为之始，后来在南美洲的领土瓜分和调整，则是这种瓜分行为的继续。但葡萄牙国王若昂二世不满教皇的上述裁决，要求予以修改。1494年，葡、西两国通过谈判最后达成协议，签署了《托德西利亚斯条约》，规定在佛得角群岛以西370里格处划一条直线，线东土地归葡萄牙，线西土地属西班牙。此即"教皇子午线"。① 葡萄牙殖民者在《托德西利亚斯条约》之后的领土扩张，是经历过数次重大事件之后形成的。站在葡萄牙一方扮演领土扩张角色的，有巴西殖民时期的圣保罗人"旗队"（Bandeiras）、② 传教士、畜牧主、葡萄牙军人，有时候是巴西葡萄牙殖民当局亲自出面。他们不断越过西葡分界线向前推进，两国殖民地的分界线也随着他们的足迹不断向前推进。

就葡萄牙的领土扩张而言，是"两翼展开"：一翼是从本土向西进行跨洋扩张，占领了巴西作为殖民地，旋即在巴西展开块状扩张；另一翼是从本土向东进行跨洋扩张，属于线状的扩张。后一扩张方向路途遥远曲折，16世纪初跨越印度洋到达太平洋西岸，即以中国为主要扩张对象，首要目标是得到一块中国土地作为立足点。但这一目标困难重重，最后才勉强在澳门落脚，后来又开通了从澳门到巴西的航路，且参下述；就前一方向（在巴西的块状扩张）来说，尽管葡萄牙人在圣保罗人"旗队"的帮助下，扩张过程得心应手，其巴西殖民地最终占了整个南美大陆几乎一半，③ 但还是没有延伸到太平洋东岸。结果，巴西与太平洋之间，被今天的哥伦比亚、厄瓜多尔、秘鲁、智利等国隔阻，另外在巴西和秘鲁、阿根廷之间，还隔着玻利维亚和巴拉圭。巴西与太平洋东岸之间，存在着巨大的天然屏障（崇山峻岭、原始森林和沼泽河湖等），这些"交通障碍"都在

---

① 据陈太荣、刘正勤：《巴西版图形成简史》（尚未出版），2011年7月1日于巴西累西腓（海西飞），2012年5月9日文字修改（此据作者向笔者提供的文字稿）。

② 圣保罗人"旗队"组建于16世纪80年代，因为每队前面高举一面大旗，故称。"旗队"基本上由圣保罗人组织，"旗队"全称为"Bandeirante"（旗士），成员由组织者家人、随从、贫穷白人、马梅卢科人（Mamelucos，即印欧混血种人）、土著印第安人组成，少者几十人，多者数百人，甚至几千人。他们大多从圣保罗和圣文森特两镇出发，前往今巴西南部、中西部和米纳斯吉拉斯地区，每次长达数月或数年。他们猎捕印第安人为奴，挑起部落争斗，到处寻找金矿，越界深入西班牙殖民地。据陈太荣、刘正勤：《巴西版图形成简史》（此据作者向笔者提供的文字稿）。

③ 实际上，巴西历史上除了有葡萄牙人和西班牙人的足迹外，还留下了法国人的脚印。例如马拉尼昂州首府圣路易斯市有近400年的历史，是巴西唯一由法国人创立的城市。由于法国人后来基本上放弃了对南美洲的经营，整个拉丁美洲几乎为葡萄牙和西班牙两个国家瓜分。

这些国家（属西班牙殖民地）的领土范围内，且人烟稀少，难以形成畅通的交通路线（包括沿途合理的集镇分布和旅行驿站）。这样一种地理和交通布局，造成了巴西与中国交往史上一个不可补救的"历史缺憾"：西班牙人通过菲律宾与墨西哥之间的太平洋贸易航路所运来的中国商品，无法通过上述"交通障碍"所在地带辗转扩散到巴西，只能扩散到太平洋沿岸国家（主要是邻近墨西哥的秘鲁），随货物而来的中国商人也不可能通过海陆路交通线辗转涉足巴西。

再回到葡萄牙扩张的后一方向，葡萄牙殖民者16世纪初到达南中国海后便在这一带海域和中国东海岸一带转悠了40多年，最终在1557年入据澳门。这样，从澳门出发经南中国海、马六甲海峡、印度洋和大西洋到达巴西东海岸的航路才最终形成。这一航路的关键之点是面向中国基地的澳门，已见上述。而在另一边的巴西东海岸，葡萄牙人1549年建造了萨尔瓦多。萨尔瓦多在17世纪经常遭到荷兰人袭击，这个城市建起了许多堡垒。1625年，萨尔瓦多重新被葡萄牙人统治，此后到1763年，萨尔瓦多一直是巴西的首都。华商可能沿澳门—巴西航路到过萨尔瓦多。中国的瓷器、丝绸、扇子16世纪就在萨尔瓦多港登陆，成为殖民时期上层人士彰显身份的物品，至今在当地博物馆中还能看到，成为早年中国商品远销巴西的历史见证。这样，萨尔瓦多便成了巴西与中国联系最早的城市。

里约热内卢是继萨尔瓦多之后巴西的首都。其历史起源于1502年1月20日葡萄牙探险家佩德罗·阿尔瓦雷斯·卡布拉尔在今瓜纳巴拉湾的发现，当时他认为海湾实际是河口，故称该处为"Rio de Janeiro"，即"一月之河"（河是当时人们对所有大面积水体的通称）。1555年，一名法国海军军官带领600多名士兵来到这里建立了第一个欧洲人殖民地，但1565年3月1日被葡萄牙人逐出。之后，里约热内卢（以下简称里约）还经常遭到海盗及私掠船（特别是法国人）的攻击，故16世纪起，葡萄牙人开始在此建筑城堡。里约热内卢的声名显赫则源于1808年葡萄牙贵族和皇室为躲避拿破仑入侵葡萄牙之祸，相继逃亡到此，里约因而升格为葡萄牙首都。大批葡萄牙王公贵胄的到来，使既是风水宝地也是弹丸之地的里约不堪重负。但来的毕竟是葡萄牙贵族，巴西当地原住民只得迁居他处。里约成为首都后，中国商品也大量涌进这个国家的首善之地。里约成了继萨尔瓦多之后另一个中国商品最受青睐之地。有趣的是，居住在里约的葡萄牙贵族是揭开巴西华侨华人史在巴西的序幕的"功臣"。正是这里的葡萄牙贵族为了享受舌尖之福，招募中国茶农前来巴西种茶，从而写下了巴西华侨华人史的首页。但好景不长，1822年，佩德罗一世宣布巴西独立，里约作为巴西的首都。不过佩德罗一世将经济中心迁到圣保罗，里约遂逐渐失去作为经济中心城市的地位。1960年4月，巴西再度迁都巴西利亚（第三个首都），里约被赋予"文化之都"

的地位。一年一度极有特色的狂欢节就在这里举行。

今天，巴西人口和国土面积均居世界第五，并与乌拉圭、阿根廷、巴拉圭、玻利维亚、秘鲁、哥伦比亚、委内瑞拉、圭亚那、苏里南和法属圭亚那接壤。从自然禀赋来看，现代巴西是个令人羡慕的国家。巴西国土以平原和高原为主，少有崇山峻岭和沙漠、戈壁滩。今天巴西的可耕种土地只开发利用了约1/5，未来的开发前景十分广阔。巴西只有夏、冬两季，温差不大，年平均气温27℃～29℃，气候宜人。巴西西部远离环太平洋地震带，几乎没有火山、地震、海啸、飓风和龙卷风等自然灾害侵袭之虞，冬无严寒，夏无酷暑，亦无冰雹、暴风雪袭击之忧。巴西良好的自然环境一直吸引着外来移民，到了新移民时代，其吸引力依然不减。巴西还是个有2.1亿人口（2019年）的庞大消费市场。历史上遗存下来的原始居民印第安人已经很少，他们退出巴西发展舞台的中心位置，远离主流社会，居住在亚马孙丛林等地带。外来移民，包括历史上的外来移民和今天的移民，一直是巴西发展的主导性力量。

人们常说，上帝一定是巴西人，因为上帝对巴西太厚爱了。在中国人的观念中，巴西"五行"俱旺：一是"金"：巴西地下矿藏资源丰富，最知名者，当数各类宝石，出口中国颇多，华侨华人也参与采掘。二是"木"：巴西热带雨林资源独步天下，被誉为地球之肺。三是"水"：号称地球之"肾"的亚马孙河全长6 751公里，其中在巴西境内3 165公里，河面宽广，支流众多，水量占世界淡水总量的20%。亚马孙河森林区为原始生态区，唯一可与之相依相偎的只有印第安人。四是"火"：巴西石油丰富，开采量不小，还产大量甘蔗可以转化成乙醇，成为能量。五是"土"：今巴西国土面积851.49万平方公里，是拉美首屈一指的大国，在世界上排名第五。自然资源估价排名世界第七，矿产、水利和森林资源十分丰富，可以出口的物品俯拾皆是。但亚马孙森林经常发生大火，特别是2019年8月发生的数千起火灾，从一个角度说明了这个"地球之肺"生态环境之脆弱。

当然，对于善于经商的华侨华人来说，最关心的还是巴西的"水"。巴西全部海岸线都是大西洋海岸线，从南到北长约7 400公里，在世界上名列前茅。海岸线上分布着多个对国家经济发展至关重要的港口。巴西国土使用率很低，只用一小部分国土便可养活并不庞大的人口。巴西土地肥沃，水稻一年到头可以种植。植物生长速度令人叹为观止。据说20世纪70年代巴西修建泛亚马孙公路时，曾出现连续筑路一天24小时不能停歇的奇闻，因为开辟出来的路面必须与疯狂生长的植物争抢时间，如不及时铺上混凝土，被砍掉的植物根部就会高速发芽，重占路面。

从16世纪巴西作为新大陆的一部分被"发现"以来，全世界最主要的经济

作物就在巴西轮番亮相，诸如巴西木、甘蔗、烟草、可可、棉花、咖啡、橡胶等，相继成为巴西植物王国的新宠。巴西的甘蔗种植业支撑国家经济达3个世纪之久，如今其地位仍一如其初。在自然矿藏开采方面，黄金、钻石、铁矿、石油等陆续惊艳登场。长期生活在巴西的老华侨对这个国家的资源富足、气候温和和环境宜居由衷赞誉。20世纪50年代以来移民巴西的不少华人，特别是台湾同胞和来自世界上其他地方的华人，之所以移民这个国家，就是因为这些得天独厚的自然条件。现今第一代中国新移民在考虑自己晚年是否要回到家乡时，往往因此而犹豫不决。

巴西从葡萄牙的殖民统治下取得独立时，没有经过血雨腥风。巴西经历的唯一一场战争，是一个半世纪前与巴拉圭的那场战争。此外，历史上巴西与其他邻国关系堪称融洽，没有因边界等纠纷而兵戎相见。巴西街头很少看到城堡、要塞、兵器模型、英雄雕像、战争博物馆等军事遗产。换一个角度看，这类遗产也是杀戮和征伐的标志。也就是说，巴西历史上没有这类杀戮和征伐。凡此种种，使巴西成了一个"大幅员弱国防"国家，国防开支占国内生产总值（GDP）比例很小，可以省下大量的钱用于国计民生。

集大自然之宠爱于一身的天然环境，造就了巴西人知足、无求的享乐观。巴西人很注意犒劳自己，假期尤多，时间特别长，此外遇有大型活动又常常放假。中小学生只上半天课，另外半天自主安排。几乎所有的商店在周末节假日都关门拒客（这时候只有华人商铺才店门大开）。约会不守时司空见惯，工作节奏龟行牛步习以为常，人们对"美好生活"念念不忘，狂欢与享受、跳桑巴、踢足球、吃烧烤、喝咖啡、出国游、健身等，一样也不能少。如果出现罢工抗议，多半是因为公司或老板侵占员工休息时间，或员工对福利不满。

巴西的国家行政关系简单明了。全国共分26个州（estado）和1个联邦区（即首都巴西利亚联邦区）。州下设市，全国共有5 570个市（2023年数据）。市以下没有任何行政单位。当然，巴西城市有大有小，经济和社会发展水平不一。15万人口以上的城市有79个，100万人口以上的城市有12个（1999年）。不过，以巴西国家之大、城市之多，没有谁能对各个城市的情况了然于胸，甚至连全国有多少个城市也说法不一。

巴西全国总人口2.1亿（2019年数据）。这两亿多人口是历史上不同国家、不同民族在不同时期移民叠加和繁衍的结果。一波又一波不同民族、不同肤色的移民浪潮在这块广袤的土地上编织出一幅绚丽多彩的民族杂居图，可惜土著印第安人的生存环境被殖民者破坏，已无法恢复。今天在巴西大地上人口集中的地方，人们所看到的巴西公民，其实都是外来移民。他们的祖上都来自其他不同的国家，甚至他们本身就是来自其他国家的第一代移民。据说仅1884—1962年，

迁居巴西的移民就有 497 万多人，主要来自葡萄牙、西班牙、意大利、德国、法国、波兰和阿拉伯国家。黄种人多来自日本、中国和朝鲜半岛（主要是韩国）。巴西有 130 万日裔，约 30 万华侨华人，主要集中在圣保罗和里约。① 这当然只是一些笼统的"大数据"，如果按照不同的历史阶段追寻，则每个阶段每个国家的人口流入肯定是不均匀的。笔者认为，如果不把印第安人计算在内，"原住民"的概念在巴西很难成立。在巴西这个"民族大熔炉"之中，区分各个外来移民群体中的"先来"与"后到"没有多大意义。巴西的文化来源，是以葡萄牙文化融合了其他欧洲民族（包括意大利、德国、东欧等地）文化、非洲黑人文化和土著文化作为主线；以欧洲文化与东方文化（包括中华文化和日本文化等）的接触与交融作为辅线。巴西文化以"混合性"或"合成性"作为其显著特征。在巴西的语汇中，没有专门用于贬损黑人或混血儿的词。

但如果在所有外来移民中区分谁早谁晚，则最早的外来移民是非洲黑人。黑人大量来到巴西，是葡萄牙殖民地时代多年黑奴贸易的结果。这些黑人来到巴西后，主要在大农场、甘蔗种植园里做重体力劳动。此外还有因为巴西国内其他大开发而"自由"移民而来。最显著的例子是黑金城采金业引起的国际性移民效应。黑金城是巴西历史上最著名的采金遗迹，亦称欧鲁普雷图（葡语意即"黑金"，指金矿石，皆呈黑色，故此城被命名为黑金城）。1698 年，一支葡萄牙远征队在这里发现了第一块金矿石。仅仅半个世纪，黑金城因金矿而暴富，闻名天下。但目前没有证据表明有华侨参与了黑金城的金矿开采。但在 18 世纪上半叶，巴西黄金至少引发了三大洲的人口迁徙潮：一是在美洲，"旗队"从圣保罗、从热带雨林的各个角落赶来开采金矿；二是在欧洲，葡萄牙人从大西洋另一边漂洋过海涌入巴西金矿；三是在非洲，由于采矿急需大量劳力，引起对黑奴需求量的激增，非洲至巴西的海路于是成了贩奴航线。黑金城引起的国际性移民潮加剧了巴西民族杂居和混血的趋势，出现大量黑人与白人、印第安人与白人、黑人与印第安人的混血儿，以及这些混血儿与其他混血儿再混血后生育的"复合混血儿"，种族构成更加混杂化了。

霍华德·J. 威亚尔达（Howard J. Wiarda）在其所著的《拉丁美洲的精神：文化和政治传统》一书中指出，单一的出口模式与粗暴的垂直管理相伴而生，葡萄牙人在巴西的统治可谓典型案例，红木、蔗糖、黄金、咖啡周期里（笔者注：某一两种物资交替作为主要开发和生产对象），殖民地往往集中产出某一种物资，缺乏经济活力。在全球扩张进程中，由于没有财力与精力大肆征伐，葡萄牙人倾

---

① 申鹏：《台山人里约大冒险》，《南方都市报》，2016 年 8 月 14 日。笔者注：30 万华侨华人之说始于 2019 年，在此之前很多年的说法是 20 万。

向于在沿海建立商站,而非侵入内地。在腹地广阔的巴西,尽管殖民者一度向亚马孙挺进,但大多数时间满足于在海岸线上搭设居民点,转运红木和黄金,而对于殖民地的建设,统治者则漠不关心。拉丁美洲丰富的资源无法转化为商业繁荣,有前辈学者称之为"丰饶的苦难"。直至 20 世纪中叶,单一产品出口导致的周期性经济危机仍困扰着拉丁美洲。①

巴西 1822 年独立后,历届政府基本上仍然执行鼓励移民的政策。其中有两个时期最为明显。

第一个时期是巴西帝国国王佩德罗二世(Pedro Ⅱ,1825 年 12 月 2 日—1891年 12 月 5 日)执政时期。佩德罗二世 5 岁继承帝位,毕生给巴西历史留下的最大印记,就是在 1850 年宣布解放奴隶,可惜整个废奴过程拖泥带水,旷日持久,直到 1889 年,巴西的奴隶制度才宣告寿终正寝。不过总的来说,巴西的废奴结果还算"功德圆满",整个过程没有引起较大的社会动荡与冲突。他在执政时期,鼓励外国移民,废奴运动后巴西的外来移民呈上升趋势。1871 年《新生儿自由法》颁布后,巴西的外来移民急剧增加,每年基本在 2 万人以上(有 5 个年份除外);1889 年废除奴隶制后,移民人数更是达到了这一时期的巅峰,当年就有 13.3 万名外来移民进入巴西。② 佩德罗二世时期开始实施的开放移民政策对巴西发展十分重要,一直延续到"二战"前。在此期间,来自日本、中国等国的外来移民为巴西补充了大量劳动力,刺激了巴西东南部的种植园经济和相关产业的持续扩展。巴西的华侨华人也有了一定的迁徙自由,他们一步步走向散居,分布地域逐渐扩大到其他地区。这是巴西早期侨情的最重要变化之一。不过,由于巴西君主制的执政基础是土地贵族的大农场主经济,废除奴隶制后,失去了廉价劳动力的土地贵族大农场主倒戈。1889 年 11 月 15 日,佩德罗二世在巴西军队与共和党人联合发动的政变中被推翻。

第二个时期开始于 1930 年的瓦加斯执政时期。在此之前,巴西共和国成立,巴西的政治权力掌握在圣保罗州(咖啡寡头)和米纳斯吉拉斯州(牛奶寡头)手中,两州轮换执政,形成了著名的"牛奶咖啡"政治。废奴和工业化带来的劳动力短缺,使得巴西大幅吸收欧洲、日本移民来巴西工作,巴西的人口熔炉现象开始出现。"二战"初期,瓦加斯与德国希特勒及意大利墨索里尼关系密切,后又转与苏联建交,但他与英美不睦,最终导致自己被推翻。佩德罗二世时期和瓦加斯时期是传统华人移入巴西的时期。

---

① [美]霍华德·J. 威亚尔达(Howard J. Wiarda)著,郭存海、邓与评、叶健辉译:《拉丁美洲的精神:文化和政治传统》,杭州:浙江大学出版社,2019 年,此据《中华读书报》,2019 年 10 月 12 日。
② 杜娟:《废奴前后巴西关于外来劳动力问题的争论》,《拉丁美洲研究》2019 年第 2 期。

需要指出，巴西在葡萄牙殖民地时代形成的发展畸形现象，在现代经济建设中得到较为明显的改变，特别是地区发展不平衡问题得到了很大程度的缓解。这得益于 20 世纪 50 年代以来巴西政府长期的不懈努力，一定程度上改变了"一个先进的沿海巴西"与"一个荒凉落后的内陆巴西"并存的局面。1960 年 4 月 21 日，巴西举办将首都迁至中部巴西利亚的迁都大典，一时间举世瞩目。迁都后巴西形成了三个中心，即政治中心巴西利亚、经济中心圣保罗、文化中心里约热内卢。但由于巴西实行联邦制，政治中心巴西利亚的很多行政权力分散到各州，加上其建城时间短，因此巴西利亚的影响力远不如圣保罗和里约热内卢。但迁都后几十年间，巴西巨大的区域失衡现象还是很大程度上得到缓解。其中得益最大的，无疑是西部的巴西人。

1963 年巴西发生军事政变后，巴西进入军政府时期。这一时期的巴西虽然政治上集权，经济上却出现奇迹。20 世纪 70 年代，巴西修建了连接北部东西地区长达 5 000 公里的泛亚马孙公路。作为一个国土面积广袤的联邦制国家，巴西各地区之间的发展平衡问题十分重要。巴西政府为缩小发展不平衡的差距做出了巨大努力。20 世纪 70 年代以来，巴西经济开始起飞，经济实力长期居拉美各国之首，全国出现了引领经济发展的中心城市。按人口多少排序，今天巴西的十大城市依次为：圣保罗市（Sao Paulo）、里约热内卢市（Rio de Janeiro）、萨尔瓦多市（Salvador）、贝洛奥里藏特市（Belo Horizonte，华人译作"好景市"）、福塔莱萨市（Fortaleza）、巴西利亚市（Brasília）、库里蒂巴市（Curitiba）、马瑙斯市（Manaus）、累西腓市（Recife，华人译作"海西飞"）、阿雷格里港市（Porto Alegre，华人译作"愉港市"）。这些城市也是华侨华人比较集中的城市。它们的排名固然取决于人口数量，但也与区位优势和经济发展密不可分。

纵观巴西的经济发展史，在葡萄牙殖民地时期，巴西发展极不平衡，只有东部沿海地区（主要是若干个沿海城市）得到较大发展。19 世纪 10 年代，葡萄牙国王到巴西避难，里约热内卢得以兴盛，一度成为葡萄牙的海外"首都"。如果以经济作物的开发作为标志，则在开发木材、蔗糖、棉花时代，巴西创造了巴伊亚、累西腓、塞阿腊、马拉尼昂；黄金和钻石，则托起了米纳斯吉拉斯；"咖啡帝国"推动了圣保罗的兴盛；橡胶促使马瑙斯、贝伦迅速崛起；钢铁和石油分别让里约州的沃尔塔雷东达和马卡埃走向繁荣。这表明，巴西历史上没有看到一些地区恒久繁荣而另一些地区恒久贫弱的现象，而是从一个地区的繁荣走向另一个地区的繁荣，避免了区域失衡引致的社会矛盾。不过，巴西很多辉煌成就已成明日黄花。例如由于没有可持续的发展，今天巴西的交通系统基础设施已明显落后。

从 20 世纪 80 年代初开始，随着当时国家财政状况的恶化，巴西有关交通基础设施的政策被束之高阁。经过三四十年的风吹雨打，今天的巴西公路已然饱经

风雨，很多地方残破不堪。其实，不仅巴西，整个拉美都被世界银行认为陷入"中等收入陷阱"，常常出现经济、政治和社会的多重危机。也应看到，巴西虽然被戏称为"永远的明日之国"，但作为"金砖国家"，巴西今天经济实力仍不可小觑。巴西的 GDP 仍位居世界第 10 位，经济实力则居拉美首位。巴西的部门经济也还有很强实力。中国和巴西有良好的经济合作前景。

不难明白，500 多年来断断续续到巴西落户的移民来自很多国家。在历史的长河中，不同民族之间长期通婚，巴西人没有泾渭分明的"原住民"和"外来民族"的概念。其中很重要的原因是，不少巴西人根本不知道自己血统中的民族成分各占多少，他们只是从自己的姓氏中笼统地猜出自己许多代之前的父系祖先是葡萄牙人、意大利人、德国人或是别的什么国家民族的人。当然，在殖民主义时代，特别是 16—18 世纪的巴西，由于实行种族歧视政策，巴西等级划分森严，不同的民族被归为不同的等级。最有特权的是暂时留在巴西的葡萄牙人（称"雷诺人"），其次是在殖民地出生的欧洲移民后代即土生白人（称"克利奥尔人"），再就是印欧混血种人（称"马梅卢科人"），第四等是黑白混血种人（称"姆拉托人"），第五等是印第安人与黑人的混血种以及姆拉托人与印第安人的混血种等难以归类的混血种，第六等是印第安奴隶，最下层是黑人。[①] 在殖民地盛行等级的年代，华侨人数还比较少，也没有进入当地主流社会。如果华侨与人数众多的日本人比较，则日本人的地位应高一些。这与 1894 年中日"甲午战争"后中国在世界上衰落的地位息息相关。

在漫长的历史时期中，华侨华人基本上以国别为舞台开展活动。一个国家越大，华侨华人的活动舞台就越大。华侨华人移民巴西经历了多个高潮。最早来到巴西的华侨——茶农的移民历史在 19 世纪第一个十年就开始了。这个时间在巴西所有的外来民族移民史中是比较早的。华侨是以巴西为目的地的各国历次移民潮中的一群。华侨有自己的移民潮和移民涓流，或组合在其他民族的移民潮或自己作为移民大流中分散的浪朵。早年的华侨很多是独身前往，或小群体而去，最后多数留了下来，没有回家乡。他们与当地民族通婚（不少通婚女性是当地黑人），生下了混血儿。华侨滞留不归，多半不是他们出国时的初衷，而是在后来漫长的旅巴生涯中，为生活和环境所逼（也可能是对居住地情有独钟），才一步步走上此路，于是出现一去不复返的现象。他们与当地人的通婚方式，与早年到巴西来的欧洲人并无二致，不同的是华人的社会地位总体上比欧洲人低。最新的说法是华侨华人约 30 万。应指出的是，30 万的说法是 2019 年华侨华人社会的一

---

① ［巴西］卡斯热拉斯：《巴西史》（美国编译版），第 252 页。转引自黄邦和：《论巴西民族的形成》，载黄邦和：《黄邦和文集》，武汉：长江出版社，2018 年，第 95 页。

个估计数据（在此之前一直是 20 万），是没有经过统计学测算的。

对比大部分拉美国家来说，巴西是个多民族杂居且民族融合程度较好的国家。这得益于历史上巴西的移民开放政策。最初的巴西华侨华人是 19 世纪初巴西的葡萄牙当局主动引进的中国茶农。这在世界华侨华人史上可谓独一无二。与此同时，葡萄牙国王约翰六世在 1808 年宣布开放巴西，准许外国人移居。葡萄牙殖民当局多次在广东、福建招募"契约华工"到巴西来，但也有不少自由华工，包括一些通过别的途径从其他国家进入巴西的华侨。由于各种各样的因素，迁居巴西的华侨人数不多，一直在低位徘徊。"二战"后，巴西的华侨人数才由于台湾等地移民的到来而迅速增加。不过在 1949—1979 年，来自中国大陆的移民潮处于"休歇期"，只存在移民的涓涓滴流。到 1978 年改革开放后，巴西华侨华人数量才因新移民的到来而迅速增加。应说明的是，海外华侨华人有让自己的直系亲属继承家族产业和财富的传统，也有在产业壮大的时候让亲戚帮助经营的习惯。而他们的亲属和亲戚多生活在国内。故他们在有必要的时候，会让自己的亲属和亲戚向国内有关部门申请出国。即使在移民"休歇期"，国内的侨务政策也允许这类华侨亲属和亲戚出国就业。所以，中国大陆的移民涓流从来没有停止过。

如果从第一批中国茶农来到巴西的 1808 年算起，到 21 世纪，华侨华人在巴西已足足走过了 200 多年的历史。200 多年时光，堪与巴西独立建国的时间比肩。在 200 多年中，巴西华侨华人在此繁衍生息，已经经历了很多代。他们走过风雨霾雾，走过阴晴凉热，一代接一代，一步一个脚印，坚毅前行。

巴西是南美大国，故相对其他很多国家来说，巴西的华侨华人就占了活动舞台大这一优势。巴西属于一个传统华人与新移民人数相对均衡的国家。究其原因，是这个国家华侨华人移民的历史较早，经过长期的人口繁衍，在中国新移民大量到来之前，就已经形成了一个人数可观的传统华人群体。由于巴西自然条件好，很少发生社会动乱，且没有发生过战乱，一般来说，早年的华人一旦居住下来就不轻易再移民他国。因此，巴西的华侨华人人数一直在稳定增长。

巴西华侨华人移民的历史比较早，传统华人多半通过东部的沿海城市（例如萨尔瓦多、里约热内卢、圣保罗等）进入巴西。中国改革开放后，大批新移民来到巴西，人数超过了传统华人。如上所述，巴西大部分内陆地带的开发仍远跟不上东部沿海地带，因此时至今日，华侨华人的主要居住区域仍是东部沿海地带，特别是沿海城市。直到 20 世纪 60 年代以后，才有一部分从西邻的巴拉圭来的华人（其中大部分来自中国台湾）进入巴西，居住在伊瓜苏等巴西和巴拉圭边境地区，主要从事两国间的跨境贸易。巴西各地的华侨华人中，圣保罗鹤立鸡群。最新的说法是，巴西现有华侨华人 30 万人，其中圣保罗就占了 26 万（约 7 万为

台湾同胞）。另外，里约热内卢、累西腓、巴西利亚、库里蒂巴等城市也各占一部分。还有一部分城市，华侨华人屈指可数。巴西的城市有 5 570 多个，可以有把握地说，大部分城市，特别是内陆地区的城市，基本上没有华侨华人居住。

从新老移民的来源地来看，据 20 世纪末 21 世纪初的粗略估计，广东籍华侨华人约占总人数的 20%，多是 1949 年以前到巴西的，改革开放后去的新移民也不少，应以劳工者居多。而江浙、山东人约占 20%，多为携资者，另台湾人约占 60%。[①] 20 世纪 90 年代后，中国大陆的新移民来得较多，主要来自广东、福建、浙江、江苏、山东、安徽、江西等省。[②] 新移民的大量到来重新调整了华侨华人的来源地结构，但更重要的是重新调整了华侨华人的资本拥有结构与知识结构。总的来看，20 世纪 70 年代末以后从中国大陆来的新移民，资金拥有量多少不等，文化程度高低不等，知识专长则五花八门。无疑，在巴西这样土地辽阔、人口众多、市场广阔、商机充足的发展中国家，可以广泛吸引各种各样的人才。

巴西华人经济结构也保存着浓重的地缘色彩。例如，原籍上海、江苏、浙江（俗称"三江帮"）等地的实业界人士于 1911—1950 年的 40 年间，移民巴西并逐步形成以"三江帮"为主的巴西工业经济界，巴西最具规模的纺织厂、炼油厂、化工厂、塑胶厂和面粉厂均由他们经营。又如，20 世纪 50 年代初以来移居巴西的台、港、澳同胞（俗称"台港帮"），大多数经营百货零售业、进出口业和其他商品批发业务。他们拥有台港澳和中国大陆的固定货源，又有在东南亚、北美和西欧的商业网点和市场信息网络的优势。再如，"广东帮"以餐饮业为重点，一些特殊的烹饪技艺世代相传。

巴西新移民喜欢聚居在发达的沿海城市这一点与传统华人没有多大分别。这两类型华侨华人还有一个共同点——他们基本上都是华商，不过前者是旧式华商，经营小杂货店是其所长；后者是较新式的华商，几乎所有现代行业都有人涉足，包括高技术含量的行业。总的来说，作为华商，他们都经营各自生活的那个时代较为"前卫"的行业。当然，在其他谋生领域，也活跃着华侨华人的身影。但从古到今，华商总体上是华侨华人群体中最富有的一群。

早年巴西的传统华人人数增长很缓慢，但在新移民时代，巴西对来自改革开放后的中国新移民十分有吸引力。巴西跟其他拉美国家一样，都是没有经过基础工业发展阶段的国家，都需要从外国进口大量日常生活消费品。且巴西作为进口

① 白俊杰：《巴西华侨华人概述》，载《华侨华人百科全书·历史卷》编辑委员会编：《华侨华人百科全书·历史卷》，北京：中国华侨出版社，2002 年，第 35 页。
② 与欧美国家新移民大部分加入当地国籍的情况不同，包括巴西在内的拉丁美洲新移民多持居留证在当地居留，故他们仍保留"华侨"身份，选择加入当地国籍的新移民（即具有"华人"身份）的比例大大低于欧美国家。

11

大国的消费品需求量明显大于其他拉美国家。中国则是巴西日常生活消费品的主要来源国，大量新移民就是因为从事以日常生活消费品进口为主的巴中贸易及其相关行业而移居巴西的。巴西日常生活消费品进口数量大，尤其是对改革开放以来物美价廉的中国小商品的需求量大，从而直接导致中国新移民数量的增长。在一定程度上，巴西新华侨华人的移民是受中国商品进口所驱动的。由于中国商品的大量进口，推动了商品批发零售和杂货业的兴旺，其他华人行业，例如餐饮业等也水涨船高。

学术界曾把标志着中国开始改革开放的 1978 年后出国的华侨华人称为"新移民"（仅就中国大陆而言，台湾和香港等地的新移民则从 20 世纪 60 年代中期出国算起），与之相对应，把在此之前出国的华侨华人称为"传统华人"。本书也采用此概念。应指出，从 20 世纪 50 年代到 1979 年的近 30 年间，拉丁美洲只有少数国家接受了来自台湾等地的中国移民，巴西为其中之一。在此期间移民巴西的还有来自世界上其他一些国家的传统华人（以零散方式移居的为多）。而在同一时期，来自中国大陆的华侨则少之又少。这样，原籍为中国大陆的传统华人社会，基本上是靠一代代的华裔来延续中华民族的血脉。

如果从拉丁美洲中国移民的广阔视野来看，直到中国改革开放之初，中国移民所到达的拉美地区，主要是南美洲、中美洲、西印度群岛（以加勒比地区为主）的若干个重要国家。西印度群岛还有一些国家和岛屿没有出现中国移民的身影，那里的中国移民基本上是中国改革开放后才陆续到来的。同样是拉美国家（海岛），一些国家（海岛）的中国移民"元年"与另一些国家（海岛）的中国移民"元年"，竟相差 100 多年乃至数百年之久。就整个西印度群岛而言，在中国新移民到来之前，传统华人的经济实力也比不上南美洲、中美洲地区和墨西哥的传统华人。

进入 21 世纪以来，中拉关系经历了从小规模、低层次到大规模、高层次交流的跃升。随着中国企业"走出去"步伐的加快，拉丁美洲在中国整体外交布局中的地位日益提升。目前已知中国与拉美地区的巴西、委内瑞拉、墨西哥、阿根廷、秘鲁、智利、哥斯达黎加、厄瓜多尔、乌拉圭和玻利维亚等 10 国建立了"战略伙伴关系"。近年来，中拉国家元首互访频繁，政治互信不断升级，经贸合作日益密切，人文交流层面相对滞后但进展很快。国之交在于民相亲，人文交流的基础在于民心相通。民心相通，既包括中国民间与拉美当地民族的民心相通，也包括中国与居住国华侨华人的民心相通，以及通过居住国华侨华人的桥梁纽带作用，实现中国人民与当地民族的民心相通。无疑，中拉关系的持续升温，推动了中国学界对国别、地区研究的重视，包括对国别、地区华侨华人研究的加强。巴西和中国都属"金砖五国"成员，故巴西在中拉关系的各个主要方面都

应走在中拉关系的前面。

巴西和中国虽相隔万里，一在天之涯，一在地之角，但中巴双方都没有历史问题的相互纠结，两国国家层面的交流与文明互鉴有源远流长的历史，彼此之间有许多相似性和共同利益诉求。这种诉求，推动中国和巴西更深入对方领域。1912 年 1 月 1 日孙中山宣布中华民国成立后，巴西是拉美国家中第一个承认中华民国的国家。1974 年，巴西与中华人民共和国正式建交。之后，双边关系保持良好。2008 年和 2016 年，中国和巴西相继承办了奥运会，并利用各自的开幕式展现了自己的文明与传承，集中彰显了中国和巴西的文化多元、融合、包容精神。两国文明的互鉴，很大程度上源于两国文化具有包容性的共同特质。

二、巴西华侨华人研究文献综述[①]

巴西与中国虽然相隔遥远，但巴西曾是西半球中国移民的重要目的地之一。"二战"后，巴西的中国移民始终没有中断。然而，由于资料缺失、语言障碍等原因，有关巴西华侨华人的研究仍属薄弱环节。有鉴于此，笔者拟借助自身的研究优势，就巴西华侨华人研究相关情况进行梳理，并对巴西华侨华人人口进行统计分析，为进一步研究奠定基础。

这里的主要学术贡献有两点：一是首次对巴西华侨华人研究的文献做了全面梳理和综述，特别是介绍了巴西学者的相关研究成果；二是对目前巴西华侨华人的人口数量做了初步估计。由于笔者接触面所限，没有机会查阅台湾最近开放的1909—1996 年的侨务档案文献，特别是中南美司的档案，在综述上难免挂一漏万。在人口统计数据方面，由于资料的稀缺，也存在漏洞，敬请方家批评指正。

由于巴西华侨华人的人口总数比较少，距离中国又很遥远，加上一些历史原因，有关巴西华侨华人研究的文献不是很多。自 20 世纪 70 年代以来，在巴西以及中国大陆和台湾等地陆续出版了一些有关巴西华侨华人研究的学术论文、传记、回忆录、文艺作品等。因为学术论文数量较少，把巴西华侨华人、驻巴西记者和外交官撰写的传记、回忆录、散文、随笔等也算作文献资料，毕竟这些著作内容真实、丰富，有较高的参考价值。笔者把现有文献分成四大类，做一个简单介绍。

（一）巴西葡萄牙语文献

1970—2000 年，巴西葡萄牙语文献的研究重点是 19 世纪中国人移民巴西的

---

① "巴西华侨华人研究文献综述"为束长生所撰，原文主要内容载《巴西华侨华人研究文献综述与人口统计》，《华侨华人历史研究》2018 年第 1 期。

历史。

自 20 世纪 70 年代以来，巴西陆续出版了一些重要的学术论文，对 19 世纪巴西华工史做了相关研究。据笔者所知，就职于巴西圣保罗博物馆的玛利亚·若瑟·爱丽亚斯（Maria José Elias）可能是巴西最早研究华工和华人移民的学者。1970 年，爱丽亚斯发表了论文《华人移民研究简介》，对 19 世纪巴西华工和中国移民做了开创性研究。她详细分析了 19 世纪巴西精英社会关于输入华工用以替代非洲黑奴问题的争论，提供了一些关于运输华工的船只和抵达巴西的华工人数等信息。爱丽亚斯的研究成果被后来的学者广为引用。在她之后，约瑟·罗贝尔托·特谢拉·莱齐（José Roberto Teixeira Leite）对 19 世纪中国人和中国文化对巴西社会和巴西艺术的影响做了广泛而深入的研究，其著作《中国在巴西：中国人对巴西社会和艺术的影响、印记、反响及其留存》对于研究早期中国移民在巴西具有重要的参考价值。巴西裔美国学者杰弗雷·莱塞（Jeffrey Lesser）重点介绍了在巴西民族形成过程中，围绕输入非欧洲移民特别是日本和中国移民引发的有关巴西种族属性的激烈争议。罗杰里奥·迪镇（Rogério Dezem）综合以上几位学者的研究成果，对 19 世纪巴西精英围绕"黄种"移民问题所进行的辩论做了专门研究，分析了巴西社会的种族主义偏见。

2006 年，巴西学者法比奥·但塔斯（Fábio Lafaiete Dantas）研究了 1879 年巴西访华使团的历史档案，探讨了巴西和中国关系的起源。有关 19 世纪巴西中国移民史研究的最新参考资料是著名历史学家卡尔洛斯·穆拉（Carlos Francisco Moura）于 2012 年出版的两本书。第一本书《刘式训——1909 年出使巴西的全权大使》追踪了清朝特使刘式训 1909 年出使巴西的一些活动，该书提到刘式训在 1909 年访问巴西时，曾接见了两个住在里约的华侨，其中一个名叫沈阿陆（Afonso MaiaSen-Al），是一家小旅馆的老板。第二本书《十九世纪初来巴西的华人和茶业种植》详细研究了 1808—1825 年巴西从澳门输入中国茶农的历史。两本书的参考价值都很高。

2000 年以来巴西葡萄牙语文献开始关注巴西华侨华人的生活方式、经营模式和华社的文化特征。2008 年，圣保罗天主教大学丹尼艾尔·维拉斯（Daniel B. Véras）发表的博士学位论文介绍了中国人移民巴西的内因与外因，分析了流散巴西的华人文化特征及其与圣保罗当地文化的互动和融合。该论文颇有些理论基础，但由于作者不懂中文，所以在田野调查方面显得比较薄弱。笔者于 2009 年发表了一篇葡语文章，对里约华人移民史做了梳理。2012 年，帕拉那联邦大学（UFPR）的人类学副教授劳伦佐·马卡诺（Lorenzo Macagno）通过对莫桑比克的贝拉（Beira）和巴西的库里蒂巴两地的田野调查和档案查阅，分析了一群广东人在莫桑比克定居多年之后（再）移民到巴西的多重流散历

程，是研究巴西华人的一篇力作。作者学术功底很强，该文堪称是一篇巴西华人研究的范文。2014 年，巴西记者茜萨·盖蒂斯（Cisa Guedes）和莫里罗·费乌沙（Murilo Fiuza）通过查询军人独裁时期的各种资料，对 1964 年发生的 9 名中国外贸代表团成员被巴西军人抓捕、关押受刑，最后被驱逐出境的严重外交事件做了详细研究，并出版著作《九名中国人案件》，这是一本很有参考价值的书。

巴西南里奥格兰德州天主教大学的安娜·路易莎·莫拉埃斯（Ana Luisa Zago de Moraes）在其 2016 年的博士学位论文《犯罪与迁徙：巴西移民政策和刑事政策》中，以巴西华人彭彼得（Peter Ho Peng）因参与左翼学生运动被捕后被巴西军政府严刑拷打并驱逐出境为例，分析了巴西 1964—1985 年军政权期间的移民政策和刑事政策之间的关系。她认为，在巴西军人独裁统治期间，除了警察滥用暴力之外，军政权对任何"敌对行为"、颠覆行为都很敏感，对可疑的外国人，哪怕是已经加入巴西国籍的外国人，都采用了驱逐出境的政策。这种政策不经过任何法律程序，直接由总统签署驱逐令，使得一些外国移民甚至是本国国民直接变成无国籍人员。2012 年，巴西政府最终取消了对彭彼得的处罚，返还了他的巴西身份证，并对他进行了经济赔偿。

近年来，由于中巴关系的升温，中国对巴西投资不断增加，巴西青年学者开始关注华人移民的经济活动。他们以跨国视角和全球视角来研究巴西华侨华人的经济活动和跨国商业网络。萝姗娜·马夏多（Rosana Pinheiro-Machado）博士对华侨华人在巴拉圭东方市（Ciudad del Leste）的跨境贸易网络及仿冒与盗版品的非法交易活动多有研究；道格拉斯·比萨（Douglas de Toledo Piza）博士研究了圣保罗华侨华人在 25 街的跨国贸易；卡尔洛斯·弗雷列（Carlos Freire）博士研究了圣保罗的温州（青田）商人从中国义乌市场进口小商品到巴西销售的经营模式并撰写相关论文；卡米拉·穆兰诺（Camila Moreno）研究了中国资本对巴西初级产品、矿业、林业和水利的投资及其对巴西环境和经济带来的负面影响，他从马克思主义的批判立场，重新讨论了巴西的依附发展模式。尽管穆兰诺的书并不涉及中国移民研究，但是书中关注了中国对巴西投资所产生的一些后果，值得中国投资者借鉴参考。

（二）巴西华侨华人的著述

除了巴西本土学者的研究之外，巴西华侨华人也比较关注本族群历史与现状的研究，出版了不少包括文学作品在内的著述。

在巴西的华人作者里面，比较著名的有好几位。南美华人笔会主席朱彭年编了《中国侨民在南美》，汇集了大量台湾移民的原始书写和随笔等材料，介绍了移民个体在巴西和其他南美地区的生活史，有较高的参考价值。罗思凯女士的散文集《巴西无处不飞花》以细腻的笔触描述了其本人的移民经历，值得研究者细读。《南美侨报》记者兼主编袁一平先生撰写的《吹尽狂沙始得金——巴西著名华人专访特写集（一）》和《久居他乡为家乡——巴西著名华人专访特写集（二）》对巴西华人移民中的工商业精英和著名侨领进行了专访，并且为他们做了传记。这两本书对研究巴西华人经济具有重要的参考价值。另外，他还出版了长篇小说《啼笑嫁巴西》，以现实主义手法，大胆真实地描写了初到国外的新移民因生活所迫而从事跑单帮走私、靠半路出家的针灸混饭吃、为领身份证而假结婚等可悲可笑的故事，反映了巴西中国新移民的生存状态。

1985 年，圣保罗的美洲华报社出版了苏少平的散文集《巴西篱下》，后来又出版了他的《游子散文集》，回忆了他本人及其他广东侨胞自 20 世纪 50 年代以来，在巴西做油炸"角仔"、为生存而打拼的艰辛历程。苏少平积极参与华人社团建设，曾经组建粤剧社，对侨社文艺活动贡献颇多，对侨社和侨领的不良行为和工作作风也多有针砭。《美洲华报》原社长、祖籍安徽的袁方主持编写了《巴西华人耕耘录——华侨社团纪实》，介绍了巴西侨社、华文教育、华文报刊、华人宗教等，是一本非常重要的参考书。

还有一位做出了原创性贡献的是浙江青田华侨郭秉强。他从 1994 年开始编写《巴西青田籍华人华侨纪实：1910—1994》一书（该书 2005 年由青田县政府出资刊印），系统研究了 1910—1994 年青田人移民巴西的历史。郭著史料翔实，条理清晰，逻辑性强，是一部经得住考验的作品。

原巴西南美侨报社社长李海安也为华侨华人研究做出了积极贡献。他 2004 年主编的《中国移民巴西 190 周年纪念特刊》，由圣保罗的巴中文化友好协会、南美侨报社联合发行。该书汇集了 26 篇具有代表性的中国移民故事，并收录了《19 世纪中国移民巴西追踪》《20 世纪中国 4 次移民潮概况》《圣保罗华人经营行业简介》《巴西华人侨团》《社团一览表》等史料性文章。时隔 8 年之后，在中国驻圣保罗总领事馆的帮助下，南美侨报社于 2013 年出版了《华人移民巴西 200 周年纪念特刊》。该书收录了《华人移民巴西二百周年简史》（袁一平撰写）、《我的移民路》（收录了 30 篇华侨华人撰写的纪念性文章）、《纪念华人移民巴西 200 周年各类活动大事记》、《主要社团及部分侨团名录》、《中国驻巴西历任大使及圣保罗、里约历任总领事》、《巴西部分华人艺术家作品一览表》。该书主要反映大陆移民在巴西的历史，基本没有涉及来自台湾和其他地区的华人移民。

世界华文作家协会、南美华文作家协会联合编写的《南美华人天地——三十年来南美华人生活文化学术研讨会文集》收录了几位生活在巴西的南美华文作家

协会会员根据自身经历撰写的有关 20 世纪 50—70 年代台湾人移民巴西、在巴西种植蘑菇的回忆文章，以及几位华人企业家的生平简介和经济成就，此外还提到了圣保罗天主教会的华人神父传教和开办华文学校的经历，是一部有史学价值的资料。王翔的长篇小说《中国商贩在巴西》讲述了一个北京青年在巴西走过的 8 年历程，其中涉及众多华商、巴西警察、华人黑社会，反映了巴西圣保罗华人社会的现状。由于作者本人就是圣保罗华侨，这篇小说描写逼真，具有很高的参考价值。

圣保罗大学东方语言系的杨宗元教授在 1978 年出版了《拉丁美洲史》，在研究巴西华侨史领域也有些成就，撰写了论文《巴西华人经济前景》。1999 年底，杨宗元完成了"华侨子弟学习华文以及华人与当地社会融合的情况调查"，发现台湾华侨子弟学习中文所占比例较高（76%），在巴西社会的融合度也很高。圣保罗大学的徐捷源教授在 1972 年被派往巴西圣保罗教授中文，后来入职圣保罗大学东方语言系教中文，著有论文《巴西（侨社）汉语教学简史》。他在另外一篇论文里列举了华侨社团、华文学校特别是台湾华侨社团和华校的名单。徐教授对巴西华文教学、侨团和侨社的历史有很深的了解。

（三）台湾学者的研究成果

台湾当局自 1949 年到 1974 年与巴西保持"外交"关系。由于来自台湾的移民人数比较多，文化层次也比较高，台湾出版的有关巴西华人的各类文献资料相对多一些。台湾学者汤熙勇撰文探讨了二十世纪六七十年代台湾移民的规模和台湾当局对民众移民巴西的态度。汤熙勇在论文里列出了很多参考文献资料，其中比较著名的有：杜庆海著《巴西华侨社会之研究》，由台北市中国文化学院民族与华侨研究所出版；简汉生著《巴西华侨概况》，由台北市正中书局出版。汤熙勇在 2009 年发表了论文《清廷对巴西招募华工的反应（1881—1911）》，文中提到了邱丽珠、柳佳希、陈佳瑀的《漂洋过海艰困冒险——美浓巴西移民》，张二妹的《作客他乡的巴西移民路》，程鸿祺的《在巴西闯天下》，温吉雄的《我移民巴西的奋斗历程》，钟启文的《万里系亲情，家书抵万金》，萧其来的《中南美之华侨》。由于笔者并没有看到这些文献的原文，因此只是转录，在此不作评价。

（四）大陆学者的研究成果

大陆学界专门研究巴西华人的学术著作很少。大多数大陆学者把巴西中国移民研究放在拉美华侨华人研究的框架里，做一些简单的分析。李安山教授在《拉丁美洲华侨华人研究概述》一文里对 20 世纪 80 年代以来的相关研究成果进行了综述，认为已有研究主要集中在拉美契约华工史，而没能充分利用国内尚存的史

料，如拉美华人所办的华文报刊。从李安山教授列出的著作来看，绝大多数文章、书籍都是关于墨西哥、古巴、牙买加、西印度群岛、圭亚那、秘鲁等国的华工华人史研究，而关于巴西华侨华人的专门研究几乎没有。即使是本书著者之一高伟浓教授的《拉丁美洲华侨华人移民史、社团与文化活动远眺》，也只是分立章节对巴西华侨华人社团现状以及华侨华人移民史做了一些介绍。茅海建对《中巴和好通商航海条约》、1893 年巴西遣使来华、澳门非法招工等内容逐一进行了考察分析。

大陆学者中，对巴西中国移民研究做出突出贡献的首推陈太荣和刘正勤夫妇。陈、刘二位曾经任职中国驻圣保罗总领事馆，退休后长期居住巴西，对巴西华侨华人史有很深刻的了解。他们二人合编的《19 世纪中国人移民巴西史》参考了卡尔洛斯·穆拉（Carlos F. Moura）的研究成果，结合二人自己的研究，对 1808—1825 年澳门与巴西的关系做了介绍，围绕巴西从澳门引进中国茶农，中国人在巴西种茶的历史进行了深入研究。同时该书还研究了中国劳工在巴西修筑铁路的一些问题，填补了国内研究的空白。

近年来，大陆的年轻学者也发表了一些文章，对巴西华侨华人做了一些研究。密素敏分析了巴西华侨华人在融入当地社会过程中所做出的积极努力与成效，以及他们在融入过程中遇到的困难和挑战。文章认为巴西华侨华人的社会融入呈现多元化趋势，华商经济实力不断增强，但华人参政力量还很薄弱，社会治安问题带来的安全隐患也成为困扰巴西华侨华人的一大难题。高伟浓和徐珊珊对 20 世纪 80 年代以来成立的巴西华侨华人社团进行了分类，把巴西华人社团分为 8 大类，并对其特点进行了分析。程晶对巴西华人成立的各种"和统会"进行了分析和研究。

中国驻玻利维亚、巴哈马、哥伦比亚前大使吴长胜和中国社会科学院拉丁美洲研究所国际关系研究室副主任、巴西研究中心执行主任周志伟联合主编的《中国和巴西的故事》（中、葡文版）一书，由五洲传播出版社和外交笔会联合编辑，2020 年出版。该书故事的主角有为深化中巴关系殚精竭虑的外交前辈，有为推动双边务实合作勤勉开拓的两国企业家，有多年旅巴奋斗兴业的华侨代表，有不懈耕耘中巴人文交流的两国民间友人，具有一定的参考价值。20 多位作者中，有心怀赤子之心的巴西华侨，他们通过脚步丈量寻找数百年来华侨华人在巴西留下的印记，也有中巴合作的多位业界精英。

总体来看，无论是大陆还是台湾，有关巴西华侨华人的研究基本上还缺乏系统性。虽然目前发表的论文涉及经济、政治、文化、社团、新闻传媒等多方面内容，但研究较为零散，大多数是资料性的介绍，缺乏专门、深入、系统的分析或研究，还存在很多学术空白。笔者能查到的大部分著述是关于旅居巴西的华侨的

新闻报道、中巴两国领导人互访、两国经贸关系等。很多报道为随笔、游记、感想杂谈，或平铺直叙，或夹杂个人的看法和意见，均为撰稿人对华侨问题的兴趣所致，是一种描述性的作品。但是，由于这些资料真实度很高，具有比较高的参考价值。

此外，值得一提的是，日本筑波大学教授山下清海（Yamashita Kiyomi）系统介绍了圣保罗东方街的人文地理特征、历史沿革和当前发展的新趋势，特别是中国新移民涌入巴西之后所带来的一系列变化。文章从地理学视角研究了华人的历史，立意新颖，可资参考。

目前，巴西华侨华人研究尽管取得了一些成果，但仍存在一些问题。首先，研究力量非常分散。这不仅表现为巴西学者和中国学者交流不多，而且巴西学者之间的交流也非常少。2012年，圣保罗大学东方语言系的教师麦耐斯（Antonio Menezes）、徐捷源、陈宗杰曾经组织过一次华侨华人研讨会，目的是纪念华人移民巴西200周年，来自坎皮纳斯大学的教授莱齐和华人天主堂神父何彦昭（Padre Jose Ho）、肖思佳（Padre Lucas Hsiao）应邀参加并发言。他们回顾了中国人移民巴西的历史，彼此交流了一些研究心得。此后出于多种原因，圣保罗大学的华侨华人研讨会中断了多年，直到2017年5月，才举办了圣保罗大学第二届华侨华人研讨会，劳伦佐·马卡诺、萝姗娜·马夏多、道格拉斯·比萨和笔者分别在研讨会上介绍了各自的研究成果。目前，笔者正在筹备召开一次巴西华侨华人研讨会，为巴西华侨华人研究的专业化和制度化提供一个国际交流的平台。

其次，在档案资料、人口统计数据方面还需要深入调查。巴西幅员广阔，地区发展不平衡，华侨华人在巴西各地，因血缘、地缘、业缘的不同，人口分布也有所不同。另外，中国人移民巴西的路径、中介渠道、非法移民、持各类签证的具体入境人数，诸如此类复杂敏感的问题还需要进一步研究。

随着中国对巴西投资的增加，巴西学生学习中文的人数不断增加，中国人学葡萄牙语的人数也日益增多。笔者深信，通过中巴两国学者的不断努力，巴西华侨华人研究将受到更多关注，不断取得新的研究成果。

三、巴西华侨华人历史的写作缘起与其他

很多年来，有国外华人朋友提及修撰本国华族史之事，每为岁月之逝去、材料之散佚、人事之凋零、修撰之无成而焦虑。国内学者欲修撰跨国性的、洲别性的华人史著作，或研究某国华侨华人专题时，也常因相应国别华侨华人史的缺失而惆怅。

本书的撰写，很大程度上缘起于巴西华侨华人特别是中国大陆新移民群体的

意愿。就华侨华人移民的历史来说，巴西在拉丁美洲算是最为悠久的国家之一。从19世纪之初中国茶农前来巴西种茶到21世纪10年代的200多年间，来自中国大陆和台湾地区的新老华侨华人在这方土地上各显神通，走过了一段风雨无悔的路程。笔者希望通过撰写此书，做出一点力所能及的微薄贡献，尽可能留住华侨华人在巴西一方大地上创业、打拼、生存、发展和收获的历史，并希冀后人继往开来，承前启后，将巴西华侨华人的奋斗成果发扬光大。

一国华侨华人史的主线应该是本族裔的群体发展史。每个国家（地区）的华侨华人，都必定有其迁居居住地、创业、原始积累、成功创业、回报社会、融入当地，以及社团沿衍、文化认同与华人参政等多方面的经历。在此过程中，都必然与居住地民族发生各种精彩纷呈的关系，各行各业都必定涌现出一批精英人物。把这些记录下来，就构成了一国一地华侨华人史的主体。与此同时，一国的华侨华人史，很可能还要涉及居住国与中国的关系、当地华侨华人与居住地主流社会的关系、当地华侨华人与中国政治发展等方面的内容。但后几方面可以作为辅线。诚然，由于各国国情与侨情的差异，不同国别的华侨华人史不应该也不可能是千人一面、千部一腔的。

毋庸讳言，国别的大小决定了一个社会群体（这里主要指外来移民）活动舞台的大小。这缘于近现代人类流动管理的基本制度，即护照制度。按照护照制度，他国来的人口在进入一个国家后，就可以凭其护照所准许的逗留时间、活动规定等，在这个国家内自由流动。理论上，一部世界性的华侨华人史（如果有朝一日它成为现实的话），应是一部部以国别为单位的华侨华人史的融汇与综合。是故，各国的华人社会机构、文化组织（例如重要华人会馆）及其精英阶层，理应担负起编撰其居住国华人史的神圣使命（当然需要必要的条件）。由于巴西华侨华人史与拉丁美洲华侨华人史密不可分等原因，在描述巴西华侨华人历史研究的过程中，同时结合拉丁美洲华侨华人研究的相关情况进行概述是必要的。

拉丁美洲包括很多国家和海岛，居住着大量来自不同时期的华侨华人。对他们的研究，在历史上本来就很薄弱，即使到了今天，很多方面仍处于荒芜状态。相对而言，在其他方面，目前中国拉丁美洲学界的宏观研究已有一定深度。诸如资源禀赋、经济潜力、科技水平、工农业产品、贸易顺逆差、区位优势、硬实力、中产阶级、地区发展差距、区域国际关系，域外大国与拉美关系、拉美地区一体化、左右翼政党执政周期、"中等收入陷阱"、资源与生态、民族主义、区位投资优势、基础设施瓶颈等议题，人们耳熟能详。另外，对拉美国家的当代文化、价值观念、社会制度等软实力的研究也很有起色。不过，对拉美各国华侨华人问题关注度仍然不高，既没有将之与上述种种问题有机结合起来，也没有将之作为一个与其他重大领域并列的专门性学术领域。众所周知，拉美华侨华人问题

与很多拉美重大问题的关联度甚大。比如，中国与很多拉美国家的进出口贸易，很大一部分是通过居住国的华侨华人进行的。离开了对当事国华侨华人问题的研究，对其他问题的认识就容易浮于表面。再者，加强对拉丁美洲各国华侨华人的研究，既是中国与拉美各国各方面关系发展的需要，也有利于华侨华人在居住国的生存发展。另外，对中国政府开展民间外交、"外交为民"和对海外公民进行领事保护来说，其重要意义不言而喻。

在国内学术界，多少年前曾经进行过拉美传统华侨华人历史的研究（以"契约华工"为重点），可惜由于历史的原因，后续研究没有继续推进。今天，随着中国新移民的大量到来，拉丁美洲华侨华人社会已经发生了翻天覆地的变化。但相关的研究仍停滞不前，不仅传统华人社会的成果还只是展现半个世纪前已经展现的图景，对新移民社会的研究也多是浮光掠影，浅尝辄止。传统华人社会与新移民社会在研究上的巨大反差，与世界上其他地区相比，拉丁美洲可能是最突出的。学界对于拉美侨社的田野调查尤为匮乏。当然，偶尔也可看到一些关于拉美华侨华人社会现象的研究成果，固属难能可贵，但明显稀少且缺乏系统性。国别和区域研究方面的成果也不容乐观。有些宏观性研究不是建立在对相关国别和区域翔实的微观研究基础上，有的结论还是其他地区同类问题结论的简单演绎甚至复制。所有这些都需要改进，改进的基础是加强对拉美地区的基础研究，包括必要的微观研究。一般而言，宏观研究应该建立在充分的基础性研究的前提下。国别和区域的华侨华人研究则是基础性研究的重要切入口。一国或一个区域的华侨华人史，为微观性研究基础上的"全景式"研究，属于基础研究的范畴。其最大特点之一是涉及领域的全面性和系统性，或曰"面面俱到"。因此，最重要的要求是尽可能保证所述历史事实的准确性。宏观性研究与基础性研究的目的既有区别，但也统一。两者相辅相成，相得益彰。但要做到两者的和谐结合绝非轻而易举，需要经过锲而不舍的艰苦努力，要矢志不渝，持之以恒。当然，包括巴西在内，拉美国家华侨华人历史研究的最大短板是原始资料的严重缺失，年代越是久远越是明显。但华侨华人历史研究的任务，不仅仅是原始资料的搜集和整理，还包括框架设计、领域划分与类目编排等，笔者不才，希望本书在这些方面能为后人继续研究提供一点参考。

笔者 2013 年 8 月第一次访问巴西，之后又去过多次。起初只是为了了解当地侨情，后来动了撰写华侨华人历史之念。忆及初心，只希望对古今华侨华人移民的多来源地、生存发展的多个方面做一全景式的阐述。然而，由于才疏学浅，加上时间仓促，欲成此事，渐觉如牛负重。但斯心既立，自当砥砺前行，虽苦犹甘，唯求收获，不问付出。数年之间，亦讷言笃行，寒来暑往，日夕秉笔，虽住宿于国内外酒店亦未尝休止。今成此稿，虽感鄙陋，唯呈方家教正。

顺便指出，本书采写了不少相关华侨华人成功人士的事迹及其所经营的企业。他们及其经营的企业将继续存在，创造新的辉煌。人的脚步不停，企业的生命不止，就要矢志不渝，砥砺前行。笔者也衷心祝愿他们不断创造新的业绩，十分期待听到他们经营的企业不断传来新的捷报。但毋庸讳言，人有悲欢离合，月有阴晴圆缺，经济发展有时候也可能出现人算不如天算的窘境。一些华侨华人精英及其经营的出色企业在将来遇上这样那样难以预料的失败或挫折，不是完全没有可能。即使出现那样的情况，也不意味他们往昔的业绩和辉煌付诸流水，毁于一旦，全部"清零"。他们的成功将记载在史，昭示后人，就如数十年、数百载前华人前辈的业绩和辉煌那样永远记载在史、昭示后人。

北京大学退休教授梁英明认为，中国大陆对华侨华人问题的研究大致上可分三个阶段：其一是20世纪80年代以前对华侨华人历史研究的阶段；其二是20世纪80年代中期到20世纪90年代中期转入对华人企业集团、海外华文教育、各国的华人政策、华人与祖籍国的关系及融入主流社会、海外中华文化传承等现状问题的研究；其三是20世纪90年代中期以后对伴随着中国经济高速发展和新移民引起的一系列问题（如各国对中国移民入境入籍的政策法令、非法移民问题、各国华商与中国的经贸关系、华裔公民参政、双重国籍问题等）的研究。[①]梁教授提出三个阶段说是在2006年，自那以后，中国华侨华人研究的情况又发生了一些新变化。但从梁教授所描述的学科发展史中可以领悟到一条简单的脉络：中国的华侨华人研究始自对历史的研究发展到对现实问题的研究；而对现实问题的研究，则先是研究较为"长线"的、较为"从容"的问题，后来加入了越来越多"短线"的问题。于是，中国大陆华侨华人研究的学科领域一步步地从历史学走向多学科综合。与此相对应，所应用的学科手段，也从单一的历史学方法到吸取多学科的方法。

从国别华侨华人研究的角度来看，在华侨华人研究的开始阶段，一般会出现一定程度的"厚古薄今"现象。当然华侨华人研究之"古"，充其量也只是三四百年前的事，甚至只是一二百年前的事，不可能与诸如中国历史动辄一两千年的"古"相比。从史料应用来看，可以用于研究中国历史的原始资料动辄数百年，上千年，数量浩如烟海；而可以用于研究华侨华人历史的原始资料，即使属于一两百年前，也是凤毛麟角。至于拉丁美洲的华侨华人历史资料更是只字难寻，只字千金，犹如大海捞针。但是，只有在对早年华侨出国史进行较为透彻研究的基础上，才可能谈得上开展对早年华侨在居住地的创业史以及后来发展史的进一步

---

① 梁英明：《水到渠成，实至名归——略论中国华侨华人研究与学科建设》，载李安山主编：《中国华侨华人学——学科定位与研究展望》，北京：北京大学出版社，2006年，第28—29页。

探索。这是华侨华人问题研究的基础。在这个过程中所抽象出来的重要思想观点，也是构成相关领域、相关地区华侨华人研究的理论底蕴。华侨华人研究资料（特别是早年资料）的缺失无疑严重地阻滞了对现当代问题研究的深入。

目前国内，包括巴西华侨华人研究在内的拉美华侨华人研究，往往给人以重微观研究、缺宏观视角的印象。大多数研究是一些具体历史背景下的破碎事件片段性研究，没有把拉美华人社会作为一个整体连缀起来，缺乏整体性和系统性，也缺乏宏观的视角。笔者认为，这种情况肯定存在，也应该改变。但要改变拉美华侨华人研究缺乏整体性和系统性问题，必由之路也是当下之急，应是了解清楚支撑整体性和系统性问题的基础，努力弥补拉美华侨华人基础研究的缺失与基本知识的断裂。这是概括一个全景式的拉美华侨华人社会、描绘其整体性和系统性必不可少的前提。如果完全没有这方面的基础工作，后果可能会走偏：要么，很多宏观结论可能以偏概全；要么，会不自觉地移花接木，将彼一地区相关的宏观结论改头换面地作为此一地区的宏观结论。某个结论就会有"放之四海而皆准"的感觉。在行内人看来，未免丧失了学术研究至关重要的严谨性。

重视华侨华人历史的整体性，是很多学者（特别是"大历史观"学者）的思考习惯，本来无可厚非。人们也都承认，具有整体性视角的研究成果，与注重微观历史资料的基础类研究成果，在学术地位上没有高下之分。问题在于，很多被认为具有整体性视角的研究成果，其实不是建立在对研究对象进行深入微观研究的基础上的，而常常是冥思苦想、搜索枯肠得来的"断想"。有的"断想"过度追求别出心裁，炫耀思维与方法的"出奇制胜"，而缺乏可靠的、周密的史实支撑。这不应是可取之路。

粗观各国华人的发展史，不难看到一个带有共通性的现象，就是华人历史脉络与厚度的非均衡性：历史往往高度聚焦于一些三五年来一次、十数年来一次但一般都稍纵即逝的重大事件，因而社会舆论和人们的注意力常常集中在这些事件上，有关华人历史的原始材料和后人的研究成果也密集地汇聚于这些事件上。这些事件短时期内看，或影响重大，但站在历史长河的角度来看，也可能是非主题性的，历史影响不一定深远，甚至可能微乎其微。当然，这些重大事件可以构成一国华侨华人史的重要组成部分，但若以之作为一部历史的主体，显然是有缺陷的。它也许忽略了华侨华人历史脉络还应包括的其他重要内容，忽略了华侨华人历史时空描绘上应有的均匀性。

海内外对华侨华人问题的视角往往有别。笔者的一个强烈感觉是，海外华侨华人（指华侨华人中对研究有兴趣者，包括侨领）的关注点往往集中在华人社会重大事件的盘点和梳理上，而国内华侨华人研究者更多考虑的是一国华侨华人历史的完整性、均衡性和逻辑合理性。海外华侨华人常缺乏专业研究所必需的时

间、修史基本功和素养，国内学者则常缺乏研究资料特别是一手资料（通常需要田野调查才可取得）和研究经费。窃以为彼此可以取长补短。这样，便存在着很大的合作空间。双方（或多方）可以就各自所长进行国别华侨华人史的编撰合作，包括完成对传统华人时代的华侨史修撰，同时也要完成对新移民时代的华侨华人史修撰。今天，通过各种形式将一国华侨华人常有的修史之愿付诸实践，应不是梦呓，也非忽发奇想。

实际上，学术研究有分工。在华侨华人研究中，需要注意研究阶段、领域与研究内容的差异。例如，有的研究领域的着重点是微观问题，将较多的篇幅向微观方面倾斜是合乎情理的。具体来说，志书类著作更加重视各个类别、方方面面的微观历史的挖掘，是其研究性质所决定的。

华侨华人研究被公认为属综合学科，研究方法的交叉性和综合性是人们普遍关心的问题。华侨华人历史领域的研究，并不意味着必须只能使用历史学的方法。从宽泛的"历史"定义来理解，华侨华人的历史既包括他们纵向的编年史，也包括专域的历史，如社会领域、经济领域、政治领域、文化领域、对外关系领域的历史，等等。例如，要研究华侨华人历史上的社会或经济，就应当分别应用社会学和经济学的方法。但笔者觉得，如果一开始就从社会或经济角度切入，或会困难重重，甚至全然行不通，因为其中很多属于华侨华人历史的事实湮没无闻，材料散佚或支离破碎、凌乱不堪，或者正误混杂、真伪莫辨。在这种情况下，就需要传统历史学的方法首先登场，理顺历史脉络，辨别材料真伪，正本清源。这一步做好了，华侨华人经济、社会等方面的研究才可能更好地展开。这也是为什么在华侨华人研究中，很多情况下让历史学科首先登场的一个重要原因吧！

在新的历史时期，国内华侨华人研究呈现出欣欣向荣的可喜现象。但也不能不指出，越来越多的人将研究意向转至一些更容易体现实用价值的带有短、平、快特点的专题研究方面，这在一定程度上并非不可以理解，但如果需要耗费巨大时间和精力的国外华侨华人基础研究的问津者越来越少，学者一窝蜂地涌向短、平、快研究，就不能不让人忧虑。

顺便一提，一段时间以来，有人喜欢在人文社会科学的不同领域，在题目或提要缀上"华侨华人"四字，基本内容稍做改动甚至并无大异，就以华侨华人研究的面目出现。这种新瓶装旧酒的做法带有很大程度上的泡沫性，难免造成华侨华人研究的虚幻"繁荣"。所以如此，也是事出有"因"。它在一定程度上体现出中国华侨华人研究在学科布局上长时期的"寄人篱下"，只能在"多学科交叉"的美丽旗幡下掩盖没有学科的"苍凉"。问题是，这种情况是否有永恒的必然性？从过去数十年来华侨华人研究界的实践和争论来看，人们似乎更加愿意看

到华侨华人研究作为一个相对独立的"领域"（而非"学科"）存在，也愿意看到有利于华侨华人研究内部的多学科"联姻"，同时还要实现整个华侨华人研究大盘中各个分支在量上的饱满与平衡。华侨华人研究体系的构建，如果说尚有漫长的路要走，并非不乐观。在此情况下，保留各个研究分支的相对完整、独立和稳定，就是一条可行之路。华侨华人研究中许多"分支问题"（专题）的陆续提出与研探的深入（包括与其他学科分支的"交叉"），似乎是华侨华人研究的必然选择。很多华侨华人研究的分支问题，姑且不论其大小，具有跨学科与学科交叉的特点。事实上，华侨华人研究的分支问题是在实践中形成的。

从华侨华人研究的实践来看，"分支问题"研究似乎更具现实意义。国内很多华侨华人研究者似乎更喜欢循着"分支问题"研究的思路开拓迈进，从而开拓自己的研究天地，确立自己的学术坐标。在"分支问题"研究的进程中，或许可以对其内部系统结构和逻辑联系进行网状化的思考。相信随着时间的推移、研究的深化，人们会提出更密集的、内涵合理而外延清晰的"分支问题"。进而论之，在这些"分支问题"之下，可以串联起很多有价值的系统化的研究项目。形势在不断变化，海外华人社会也在不断变化，总有新问题不断出现，总有新课题等待人们去研究。这样，华侨华人研究总会面对两个常态性的问题：一是相对稳定的重大问题；二是形势发展提出的层出不穷的新问题（以现实研究较多）。对华侨华人中许多重大问题（包括重大理论问题）的研究不会有穷期，还可能通过不断刷新而催生出新的研究亮点。"分支问题"或重大问题的研究，应尽可能使其宏观结论建立在严谨缜密的微观研究的基础上。

最后应指出，研究华侨华人问题，不同的部门可以从不同的角度去分析研究。政府部门和侨联部门强于从政策制定和外交实践角度进行思考，学者们则善于从历史和学理分析角度进行探究。不同专业背景的学者的分析研究角度也是有区别的。企业家阶层也是一个研究华侨华人问题的群体。他们更倾向于从营商环境和投资角度进行分析。在众多的研究群体中，学者无疑是分析研究问题的核心群体。到了今天，他们的研究意识和角度也应多元化，不应固化和单一。他们应树立问题意识，尽可能从多角度、多领域出发，观察、分析华侨华人的相关问题；也应本着探讨和借鉴的精神开展相互交流，不应故步自封，自以为是，在学术上闭关自守。

四、口述历史与非纸质资料的价值

一般来说，包括华侨华人历史研究在内，在起始阶段，研究者处理资料时都奉行宁缺毋滥的原则。但现实情况是，有关早年巴西华侨华人史的资料不是

"少"的问题，而是"缺"，甚或是出奇的"缺"，几近于"无"；至于"滥"，则根本无从谈起。显然，在华侨来到巴西后的一段时期内，由于文字或档案资料付之阙如，很多时候巴西华侨华人史的轨迹是混沌而朦胧的。有时候，巴西华侨华人史（特别是早期）一些片段可能见诸地方报刊和各种各样的宣传品，但都没有注明出处，像是民间传说，仔细品味还有点像童话。如果资料的出处断了，天长日久，一段可能很有价值的历史材料就因为缺乏资料来源而变成了"传说"或者"童话"。在历史研究中，传说和童话并非丝毫不可取，但历史讲究真实，真实来源于可靠证据，可靠证据的重要标准就是材料来源的可靠性。很多时候，一段历史记载就其内容来说极有价值，但苦于没有来源而使其价值大打折扣。问题的难堪之处还在于，这段历史资料没有其他有可靠来源的资料替代。华侨华人史的"致命"困难在于，大量的历史如果单靠原始纸质材料去复原，几乎是不可能的。

侨胞常对笔者说，如果要研究早期的华侨历史，唯一的途径是依靠更早来的老侨胞的叙述。这实际上就是口述历史。当然，尚健在的华侨的口述历史资料也不可能全是口述者所亲历，很大一部分是老一辈华侨口耳相传甚至没有始源的传说。历史学家关注历史的真实性，也就关注口头讲述的历史（包括已被记录下来并已文本化的）与真实人物与事件之间的差距。那么，单靠口述历史包括非亲历者所云的民间传说，有没有可能复原早期的华侨史？答案不应该是全盘否定的，但应该是十分谨慎的。首先，复原早期的华侨史有赖于口述历史、民间传说数量的多少。尽管其中很多口述资料可能是不可靠的，真假掺杂的，或是以讹传讹的，然而，有胜于无，多胜于少。只要有较充分的资料，可以有望通过比照、互证、辩伪等诸多传统历史学手段使历史尽可能地"清晰化"和"去朦胧化"。即使不可能还原一幅历史全景图，至少也可以看到一幅幅"远近高低各不同"的历史断面。

巴西华侨华人众多，有很多成功人士，包括不同领域的侨领。对他们的访谈，包括预约的访谈，利用各种场合提供的随机访谈等，都有机会得到所需的材料。

实践表明，即使有了足够的口述资料，缺陷仍然是明显的。最大的问题是，由于当事人或传说者中出现记忆失实、传讹渗伪、内容朦胧混乱等情况，口述历史难免会产生这样那样的遗憾。最大的缺憾是，记忆人对历史事件具体发生时间错乱、地点错置，细节错叠、过程割裂紊乱，乃至轻重（点）不分，等等。对于诸如此类的问题，需要进行考实与更正，时而需要进行后续的追访，还应尽可能与其他相关的历史资料相互参证，特别涉及具体的历史问题，如准确时间、具体地点、事件详情等"硬性"史实方面，应当有翔实的其他相关史料补证；如果确实没有或找不到这样的补证史料，只能取其概略，存其枝干。如果一段历史

因此变得枝蔓稀疏甚至枝蔓均无，并非不可能的。

拉丁美洲新华侨华人（新移民）研究中，一个不可回避的问题是资料的"非纸质化"，即网络资料现象。若舍弃非纸质资料，对新华侨华人的研究几乎无法进行。长期以来，人们对纸质资料和非纸质资料的处理已形成定例，一般是采用取前者而弃后者的做法。但在拉美新华侨华人研究中，普遍存在着纸质资料短缺甚至没有纸质资料的情况。这样，忽视或摒弃对非纸质资料的利用是不明智的。应看到，很多网站已对得到的信息进行过不同程度的处理，包括进行去伪存真的过滤。客观地说，一部分非纸质资料其实也是原始的一手材料，只是长期以来互联网上虚假材料泛滥等原因，相关信息的真实性才受到放大化的"牵连"和质疑。当然，更大的可能是真实的信息与虚假的信息混杂在一起，以致真伪难辨。本书对非纸质资料的处理当然应采取认真、谨慎和有选择的态度，例如，选择信誉较高的网站信息，网站信息尽量经过比对和辨伪。再如，非纸质资料中的地点、时间和人名，出错的概率相对低，可以比较放心地引录，当然也应尽量与公开出版物的权威名称进行比对。本书对国外的生僻地名或人名，一般照录而不予翻译；对非纸质信息中出现的数字，可与其他来源的数字比对后择善而从；对非纸质信息所描述的事件过程，原则上进行"轮廓化再处理"，目的是尽可能摒除资料中人为掺进来的虚假成分。对于非纸质信息中带有夸张、拔高、贬低、描红或描黑意向的或带有明显主观情感色彩的话语，则予以抛弃。

众所周知，在诸如国际关系学、外交学等学科，政府档案、外交文书是最重要的资料来源。人们普遍认为，这类资料级别越高，价值就越大。而来自民间的、"草根"的资料则无足轻重，甚至忽略不顾。但在华侨华人研究特别是当代新华侨华人研究中，情况恰好相反。来自海外侨胞群体中那些没有任何"级别"的原始民间资料和"草根"资料，是宝贵的信息来源。越接近事件发生的现场，越具有"草根"性，价值越高。如果拘泥于将政府档案、外交文书作为华侨华人研究问题的主要资料来源，研究工作将难以为继。

在收集早年巴西华侨史资料的同时，当然不可忽略葡萄牙人和熟悉葡萄牙语的巴西人所留下的葡文资料（不排除还有其他文体的资料）。不过，根据笔者在拉美其他国家看到的情况，当地民族在历史上乃至今天，真正全面深入地关注和研究华侨华人的学者、官员和其他有心人士并不多，很可能缺乏系统收集有关华侨华人资料的人和机构。所以，对有关华侨华人的历史资料有否大量葡文资料遗存，的确难以持乐观态度。巴西外来民族特别多，华人只是其中之一，且还不是主要的外来民族，情况更不容乐观。近年来，华侨华人社会对巴西华侨华人历史的研究已经出现了越来越关注的迹象。人们将有关华侨华人的社会经济研究方法与新发掘的资料收集起来，既可以为宏观、系统地阐明华侨

华人社会经济状况的发展提供依据，也可以为华侨华人各种各样社会组织和文化活动提供资料来源。华侨华人历史资料还应该包括文学、书信、地图等方面的资料，以及宝贵的数据资料。相信经过持之以恒的努力，巴西华侨华人研究将会取得越来越大的进展。

　　不排除将来会发现一些不同程度地反映华侨移民巴西及其在居住地生存发展历史背景的当地文字的资料。可能是"碎片状"的，但尚可有条理地反映华侨在某个时段某个区域的生活断面；可能是相互割裂的，需要研究者谨慎"缝合"，或借助其他资料进行交互对比，以尽量还原其历史场景。鉴于巴西华侨华人资料特别是早年历史资料的极度短缺，即使是凤毛麟角都不应轻易舍弃。

第一章 传统移民时代各个时期移居巴西的华侨华人

第一节 巴中政府间关于引进华工问题的交涉

一、废奴运动期间巴西对引进华工的态度（1850—1888）

在 1790—1826 年，中南美洲地区爆发了声势浩大、席卷拉美的独立战争。独立战争期间，拉丁美洲绝大部分地区推翻了葡萄牙和西班牙等宗主国的殖民统治，一系列新兴国家相继建立。重要的是，在独立战争期间或独立后不久，拉美各国先后宣布废除奴隶制，或颁布禁止黑奴买卖及禁止输入黑奴的法律。历史上称为"废奴运动"。

拉丁美洲各国在 19 世纪上半叶先后开始废奴运动，巴西的废奴却姗姗来迟。19 世纪初，葡萄牙王室为躲避拿破仑入侵而迁居巴西，导致巴西在所有葡属殖民地中的地位迅速上升。当时葡萄牙王室也有意拉拢巴西的当地贵族，因而炮制出一个"葡萄牙—巴西—阿尔加维联合王国"的虚名。与此同时，葡萄牙本土在欧洲的地位却在下降。这种喧宾夺主的地位倒置，引起了欧洲葡萄牙本土人的恐慌。于是，葡萄牙本土的自由党人在波尔图起义后，从巴西迎回了可以承继葡萄牙"大统"的玛利亚一世的继位者——若昂六世，留下他的儿子佩德罗以摄政王身份统治巴西。在王室正式回归欧洲本土后，葡萄牙政府采取各种手段，想把曾对王室"偏安"功莫大焉的巴西重新打回殖民地的"原形"。不过形势已今非昔比。经过若昂六世"驻跸"的巴西，民众对自治和繁荣已经有了一定的获得感，要将巴西"打回原形"只是异想天开，葡巴关系势必变得紧张。1822 年，葡萄牙宫廷勒令佩德罗回国遭拒，巴西国内却因宗主国的激烈手段而民怨沸腾，各地起义不断，废奴呼声高涨。连佩德罗前往平息圣保罗起义时，也发出了"不自由，毋宁死"的呼声。有趣的是，这句出自葡萄牙王室成员的话成了巴西独立的标志，后来被写进了巴西国歌。

在废奴问题上巴西虽然犹豫不决，但在整个拉丁美洲的影响下也不能无动于

衷，1831 年 11 月 7 日，巴西众议院通过了一项结束贩卖黑奴的法令。但巴西帝国政府从不付诸实施，一直从非洲贩运黑奴到巴西。在此情势下，英国对巴西施以巨大压力，加上国内废奴运动风起云涌，巴西终于在 1850 年 9 月 4 日颁布法令，禁止输入黑奴，违者将被审判。即使这样，废奴运动依然龟行牛步，一波三折，其间充斥着既得利益者的种种"阴谋"。盘根错节的保守势力早已从黑奴制度中获得了巨大利益，他们千方百计暗中阻挠废奴进程，把废奴时间往后拖，一直慢吞吞地拖到 1888 年才告结束。在别的国家可能迅速推进完成的废奴进程，在巴西竟花了近 40 年，堪称拉美之最。

黑奴制度之所以为后人所强烈谴责，主要是因为所引进的黑奴数量之多及其所遭受的摧残之严重，巴西的情况尤为值得关注。巴西是西半球最早引进黑奴且引进人数最多的地方之一。据保守估计，1502—1860 年，共有约 950 万非洲黑奴被掠夺并卖至美洲，其中巴西接收的人数最多。据说自从巴西引进黑奴后的 3 个世纪中，横跨大西洋被运到巴西的幸存奴隶数量多达 350 万。巴西的黑奴长期遭受非人待遇，生活条件恶劣，奴隶劳动的再生产能力越来越低，加上男女奴隶比例严重失衡，造成奴隶的高死亡率和低生育率。所以，黑奴制度在巴西尤其臭名昭著。

毋庸置疑，禁奴对于非洲大陆和黑人世界来说是福音，但从另一方面来说，这一历史进步也在客观上造成了拉美劳动力的突然失衡，从而导致拉美各国经济走向疲沓。独立后的拉美各国，随即成为西方各国相互竞争的对象，并逐渐成为列强的农业和矿业原料供应地、工业品销售市场和投资场所。与此同时，拉美多国开始修建铁路，发展矿业和垦辟种植园。世界市场对拉美农、矿原料的需求不断增加，拉美各国当地大庄园主、种植园主、矿场主及外国资本家出于追逐高额利润的考量，都致力于本国单一产品经济的片面发展，特别是少数几种专供出口外销的农产品种植与贵金属开采。当时制约拉美大庄园、大种植园和大矿场经济发展的，恰恰是废奴后廉价劳动力缺失造成的劳动力成本上升。于是，各国大庄园主、种植园主和矿场主对开辟新的廉价劳动力来源愈感迫切。就巴西的区域经济发展趋势来说，其时东北部蔗糖业衰落，导致那里的奴隶纷纷向咖啡种植业兴旺的东南部转移。实际上，即使东北部的奴隶全部南下，也不能满足发展迅速的咖啡业对劳动力的巨大需求。在这种情况下，巴西经济发展的头等大事，就是寻找新的劳动力来源。巴西 1850 年开始废奴后，更是需要大力引进外来移民。

为满足劳动力的需求，拉美各国政府曾先后采取措施鼓励欧洲白人移居拉美。巴西精英阶层开始时也选择被认为可给巴西带来"先进文明"的欧洲移民，但事与愿违，白人多不愿到落后的拉美国家去从事繁重的体力劳动，特别是从事热带作物种植园和矿场生产。这样，包括巴西在内，拉美各国不得不另辟蹊径，

寻找新的廉价劳动力来源。恰逢此时，中国的很多地方（主要是沿海地带）正处于鸦片战争后经济萧条、农村破产、民不聊生的悲惨境地，很多沿海农村的人纷纷出外谋生路。这对于拉美国家来说可谓是天赐良机。于是，中国成为拉美国家掠夺廉价劳动力的重要目标。

围绕着欧洲和中国这两个方向的劳动力来源，巴西国内不同群体之间曾经发生激烈争论。简言之，强烈主张"吸引欧洲移民论"者，包括一部分精英阶层，认为引进欧洲移民可以一举多得：既能填补巨大的劳动力缺口，也能带来先进的生产技术和思想文化，还能"改良"巴西的人口结构，从而帮助巴西摆脱"野蛮"迈向"文明"。在这个问题上，他们的确是将欧洲视作自己的文明导师，所以才相信如此"高大上"的理论。

在巴西各州中，圣保罗州可以说是这一"理论"的模范实践者。有以下数据为证：19 世纪 50 年代，这个州共引进 2 000 多名欧洲移民，主要来自德国和瑞士的联邦州。代表咖啡种植园主利益，成员都是权贵阶层的移民促进协会一马当先，扮演圣保罗州"移民总局"的角色。从 1886 年中期到 1888 年中期，该协会招募的移民人数由 6 000 人增至 60 000 人。仅 1888 年一年，就引进了 60 749 名外来移民，其中来自意大利的约 44 000 人，来自葡萄牙的约 10 000 人，来自中欧国家的约 3 700 人（主要为德国人和奥地利人），来自西班牙的约 2 800 人。[①]

有一个问题必须正视：在引进外来移民方面，主张"吸引欧洲移民论"的巴西政治家和知识分子精英的种族主义意识是根深蒂固的。他们受欧洲种族主义思潮影响，普遍认为肤色白皙的人漂亮、聪明、有能力，可以依靠他们使南美大陆复制欧洲文明。而人的肤色越黑，就越不可能拥有这些优点。在独立之初，巴西的人种构成也让信奉这套"理论"的精英们尴尬：巴西 404 万人口中，约有一半（48.5%）是黑人，印第安人和混血种人约占 27.7%，白人仅占 23.8%。[②] 于是，精英们决定做一场"白化"（whiteness）本国民族的实验：一方面，鼓吹添加"白色素"（引进欧洲移民）。另一方面，不断"搅拌"（鼓励种族融合）。在这个过程中，原来的"黑色素"含量逐渐减少，"试杯"中的颜色逐渐由深变浅。精英们坚信，"种族融合可以避免'退化'，持续不断的'白化'可以产生

---

① 数据来自杜娟：《废奴前后巴西关于外来劳动力问题的争论》，《拉丁美洲研究》2019 年第 2 期。
② 数据来自杜娟：《废奴前后巴西关于外来劳动力问题的争论》，《拉丁美洲研究》2019 年第 2 期。

更为强健的人口，这种强健既体现在文化上，也表现在体征上"①。可见当时巴西的政策制定者是将引进外来移民与改变种族结构联系在一起考虑的。后者的目的是希望通过输入欧洲移民来"漂白"巴西民族，使巴西变得"文明"起来。这种以白色人种"文明论"和"优越论"为基础的所谓"优生学"理论深深地烙印在他们的脑袋里。

应认识到，在引进欧洲移民问题上，存在着激进、温和与保守的立场之别。这里无意进行详细分析，只做简要论述。一些人所以赞成引进欧洲移民，主要是作为欧洲移民的既得利益者，要竭力维护自己的地位和权力。他们只需要欧洲白人来装点门面。自1850年废奴运动开始，他们的立场是渐进式的，其根本目的是维护自己的传统政治、经济、社会地位与权力，体现了既得利益集团的保守性；还有一些人作为社会新生力量，则希望借助欧洲移民对巴西进行全方位的改造，同时希望借助引进欧洲白人并通过不同种族间的通婚，开启巴西的"白化"进程。但这不意味着徒有白色的"外表"，而是既要改变巴西的民族成分，更要对国民的思想文化和国家经济体系进行全方位"换血"，在"提升"巴西人自然基因的同时，彻底改造巴西的社会基因。如仅从数据上看，一些巴西精英的"白化"政策在19世纪后半期还是成效显著的。巴西黑人人口的比重从独立之初的48.5%降到1872年的19.8%，到1890年再度降至14.7%；相应地，白人人口的比重则不断攀升，由1824年的23.8%升至1872年的38.1%和1890年的43.9%。②问题是，巴西人口肤色是越来越白了，但这是否意味着巴西人的"文明水准"就会随着肤色的"白化"而水涨船高？答案显然是否定的。

白色人种"文明论"和"优越论"，自然映衬着以中国人为代表的黄色人种的"野蛮"和"劣势"。有学者考证了巴西档案文件以及巴西与清朝关于开放巴中之间贸易和移民的外交函件后认为，在19世纪下半叶的奴隶制向自由劳动的过渡期，巴西精英阶层试图利用"黄色苦力"替代黑人奴隶，同时在此过程中产生了针对中国人的种族话语和引进中国移民可能会引起巴西种族退化的焦虑。他认为巴西的种族范式是"白人化"，是一种将殖民地种姓制度与新的劳工移民

①　近代生物学和人种学的发展、进化论的普及和拉丁美洲复杂的种族结构，曾激发巴西人对种族和种族理论的极大兴趣。德国著名科学家约翰·弗里德里希·布卢门巴赫在其1776年出版的《人类的自然类别》中提出五分法，即人类有五个人种：蒙古人种（黄色人种）、埃塞俄比亚人种（黑色人种）、美洲人种（红色人种）、马来人种（棕色人种）和高加索人种（白色人种），并对人种的高低进行排序，最高级的是高加索人种，中间是蒙古人种，最低等的是埃塞俄比亚人种。而在其后的几十年中，研究人员将美洲人种和马来人种归并于蒙古人种，由此形成三大人种：黑种人、白种人和黄种人。而后，欧洲人用一系列伪科学书籍来证明白种人优等，其中最著名的就是法国社会思想家约瑟夫·阿瑟·戈宾诺及其代表作《人种不平等论》。参见杜娟：《废奴前后巴西关于外来劳动力问题的争论》，《拉丁美洲研究》2019年第2期。

②　数据来自杜娟：《废奴前后巴西关于外来劳动力问题的争论》，《拉丁美洲研究》2019年第2期。

计划结合在一起的"白人至上主义"的意识形态。[①]

反对引进中国劳工者主要为巴西的种族主义者、激进的废奴派和知识精英。他们反对输入华工的主要理由有三点：一是"黄祸论"的种族偏见。他们甚至认为，大批华工的到来会在巴西城市形成"种族飞地"，使那里充斥着地方病、鸦片、长辫子和外邦宗教。也有人认为中国人在履行完契约后不会返回家乡，反而在巴西的城市聚居，与巴西工人竞争。二是担心华工会成为新的奴隶。三是认为华人不易被同化。

支持引进华工的大多为巴西的种植园主、政府官员和温和的废奴派。他们认为，输入中国劳工是临时性的解决措施，中国劳工是巴西从奴隶制向自由劳动过渡的桥梁。[②] 其中主张引进中国劳工最积极的是种植园主，因为现实让他们心急如焚：巴西劳动力短缺，种植园和农场大面积荒芜，高产的热带土地被荒废。另外，残酷的现实深深地损害了巴西一些统治者的既得利益。这些统治者本来就是依靠移民开发土地而发达起来的。面对现实，他们想到的是在全球范围内吸引廉价劳动力，特别是在人口众多的中国。同时，他们也看到华工的优点：一是相对廉价，且华工温和、勤劳能干、生活俭朴、有耐心，能接受较低的薪水，从而为雇主创造更多的利润等；二是华工比较顺从，能安静地劳作，在履行完契约后就会离开巴西，所以中国人是理想的移民。有关这方面的对华工的赞美之词的确甚多，在此不赘述。此外，这些人还看到了其他国家输入华工促进经济繁荣的成功经验，希望在巴西复制这些经验。他们显然是希望用华工来填补废奴后的社会空缺，以维系巴西传统的等级秩序。

在中国人替代黑奴的问题上，巴西的政治精英和知识分子之间曾有过激辩。参与这场辩论的，包括巴西废奴主义者若泽·杜·帕特罗西尼奥（José do Patrocínio）、若阿金·纳布科（Joaquim Nabuco）和金蒂诺·博卡伊乌瓦（Quintino Bocaíuva）。这些巴西精英认为，中国人是介于"白人"与"黑人"之间的"中等人种"，因此，引进中国人无法解决巴西迫在眉睫的民族建构问题。[③]

有学者概括，当时的巴西精英采取了三种典型话语，其中第一种是种族主义话语，即中国黄种人可能会阻止巴西白人化过程，并使巴西的种族更加落后和不

---

① ［巴西］束长生：《2018 年首届巴西华人移民国际研讨会总结报告》，《华人研究国际学报》2018 年第 10 卷第 2 期，第 103－114 页。来自美国哥伦比亚大学拉美研究中心李安娜博士在会议上介绍了她由斯坦福大学出版社出版发行的新书《巴西的满大人：种族、族群表述和记忆》（*Mandarin Brazil：Race，Representation and Memory*）。她的研究有助于理解巴西的种族话语和族群构成，并正视巴西社会依然十分流行的"白人至上主义"。

② 陈太荣、刘正勤：《19 世纪中国人移民巴西史》，北京：中国华侨出版社，2017 年，第 27 页。

③ 傅一晨、贾诗慧：《巴西及其视域中的"多个中国"：巴西学术界如何理解中国》，《拉丁美洲研究》2019 年第 41 卷第 4 期。

文明。第二种是以若阿金·纳布科为代表的废奴主义话语，他们认为引入中国劳工将延续奴隶制，从而使巴西社会和经济制度更加落后和不人道。第三种观点支持中国移民，因为巴西文明有能力控制中国劳工，吸收这些劳工并将其影响减至最低。以米格尔·莱莫斯（Miguel Lemos）为代表的实证主义者，他们出于道德原因反对中国移民。他们谴责黑人奴隶制，并敦促中国皇帝阻止巴西政府企图把中国劳工引进巴西从事奴隶劳动的阴谋，因为其用意是用黄种奴隶代替黑人奴隶。[①] 事实上，无论是以种植园主为代表的支持输入华工一方，还是以废奴派为代表的反对输入华工一方，都持有种族主义观点，双方并非泾渭分明，也并非绝对不变。重要的是获取实际利益，降低生产成本，实现利益最大化，这才是种植园主们心心想念的。

笔者试对巴西引进华工的情况做一梳理，将之分为巴西依靠英国、依靠美国和依靠自己三个阶段：

先看依靠英国引进华工的阶段。据说在巴西禁止奴隶贸易前后，英国和巴西分别提出了引进华工的计划。1843 年，为了说服巴西终止从非洲贩卖黑奴，英国外交大臣乔治·汉密尔顿·戈登（George Hamilton Gordon）提议巴西可以输入 6 万名中国劳工，属于非洲黑奴替代计划，但遭到巴西众议院的拒绝。

到 1854 年底，其时奴隶贸易已经被禁止，巴西国会再度讨论招募华工问题，并于 12 月 19 日出台《巴西帝国政府关于招聘中国垦农合同条款的指令》（以下简称《指令》），希望引进 6 000 名华工。此项指令对华工的出生地、身份、劳工合同、移民船的条件、旅行费用等均做出了具体规定，虽然还只是一项等待认真执行的计划，不过对移民公司肯定产生了影响。

1855 年 1 月 19 日，巴西政府公共土地总管路易斯·佩德雷拉·杜·科托·费拉斯（Luiz Pedreila do Coutto Ferraz）致函巴西驻英国公使塞尔西奥·特谢拉·德·马塞多（Sergio Teixeira de Macedo），要求他同英国商业公司商谈招募中国垦农到巴西的事宜，并随函附上了上文中的《指令》。但由于英国公司开价太高，双方并未谈妥，巴西此项计划遂搁浅。

再看其后的巴西转向美国公司引进华工的阶段。1854 年，巴西商人马诺埃尔·德·阿尔梅达·卡多佐（Manoel de Almeida Cardoso）同美国波士顿的"桑普森与塔潘"（Sampson and Tappan）公司接洽，欲在新加坡招募华工。

1855 年 2 月 9 日，美国公司的埃莉萨·安娜号（Elisa Annah）搭载 303 名华

---

① 2018 年 8 月在巴西圣保罗大学召开的"第一届拉丁美洲华侨华人国际研讨会"上，圣保罗大学历史系的古斯塔夫·德·保拉（Gustavo H. de Paula）和朱嘉琪（Jiaqi Zhu）就这一主题发表演讲：《19 世纪 50 年代到 80 年代的巴西国会辩论中，关于中国移民的三种不同观点》。

工抵达里约热内卢萨普卡亚港（Sapucaia）。这批劳工合同期限为两年，被安排在皇家海军造船厂干活。但由于不能胜任造船工作，不久便被遣散，其中 40 人于同年 7 月被聘至马拉尼昂州金矿做矿工。6 月 25 日，巴西同"桑普森与塔潘"公司签署合同，拟在 18 个月内输入 2 000 名华工。

1856 年 3 月 19 日，368 名华工分乘美国萨拉号和巴西帕拉瓜苏号军舰抵达里约热内卢。这批劳工被分散到甘蔗园和植物园等地劳作，但不久后大部分人成了乞丐，许多人都进过"皇城劳教所"。

1856 年 4 月 17 日，"桑普森与塔潘"公司致函巴方，通知美国驻中国公使，要求今后不得使用美国轮船运送华工去巴西，故无法继续履行合同。1862 年 2 月 19 日，林肯总统签署美国国会通过的一项法案，禁止美国公民利用美国船只从事"苦力贸易"。至此，巴西借助美国公司招募华工的路也被堵死。

在这之后，巴西开始直接招募和运输华工。1859 年和 1866 年，马诺埃尔·德·阿尔梅达·卡多佐公司的轮船分两批将 612 名华工运至巴西，这些华工大多招募自新加坡。

1870 年 7 月 9 日，巴西政府颁布第 4547 号法令，授权马诺埃尔·若泽·达科斯塔·利马·维亚纳和若昂·安东尼奥·德米兰达–席尔瓦及其所组公司"巴西亚洲劳工引进社团基金会"（Fundão da Sociedade Importadora de Trabalhadores Asiáticos）负责输入务农的亚洲劳工（名为输入亚洲劳工，实意在为种植园征召长期合同的华工），规定从第一批劳工抵达巴西港口之日起 10 年有效。在此期间，不允许任何公司从同一地点输入用于相同目的的劳工。

1872 年 10 月 2 日，该法令有效期延长至 1874 年 11 月 11 日。该社团基金会随后在香港、澳门和广州开展招募工作。尽管当时全世界都在声讨苦力贸易，1874 年初巴西亚洲劳工引进社团基金会还是从广州贩运约 1 000 名华工到米纳斯吉拉斯州，在英资圣约翰·德尔雷伊矿业公司属下的"老山矿"（Mina de Morro Velho，位于今新利马市）开采黄金。

1875 年，该公司又试图从广东和加利福尼亚招募华工，但被清政府和美国拒绝。无奈之下，1877 年，巴西亚洲劳工引进社团基金会敦促巴西政府尽快与清政府签署商贸协定，以便直接从中国引进华工。[1] 但巴西方面这一努力也以失败告终。这一时期巴西政府与清政府没有达成任何招工协议。无论是官方的交涉还是私下的招募，不管是直接引进还是间接输入，巴西方面几乎所有尝试都以失败告终。所以，这一时期华工的招募和输入都是通过"曲线方式"半明半暗地

---

① 上述三个阶段引进移民详情可参见杜娟：《废奴前后巴西关于外来劳动力问题的争论》，《拉丁美洲研究》2019 年第 2 期。

进行。巴西尝试引进华工失败主要还是巴西国内的因素所导致，表现为支持引进华工的势力与反对引进华工的势力两者势均力敌，有时后者甚至更强大。从后果来看，在19世纪开始后的大部分时间里，当中国劳工纷至沓来的时候，巴西政府并没有正式与清政府磋商过引进华工问题。这是1850年之前和此后很长时期内，华工基本上通过民间渠道进入巴西的主要原因。直到19世纪80年代，巴西才决定在引进华工问题上与清政府磋商。但这时形势已对巴西不利：清政府通过调查得知拉美一些国家（如古巴、秘鲁）的契约华工的悲惨遭遇，遂对巴西输入华工采取消极态度，最终结果是，巴西通过中国官方渠道输入华工的大门被清政府关上，直到清政府退出历史舞台。于是，几乎在整个19世纪，华工基本上是通过民间渠道，断断续续、时多时少地进入巴西。到中华民国期间，华侨才可以通过办理中国政府的正式护照的方式来到巴西。

二、清政府与巴西方面关于引进华工问题的交涉

巴西与清政府关于引进华工的交涉可以追溯到1822年巴西独立时期。当时，同为葡萄牙殖民地的巴西便希望得近水楼台之便，通过澳门输入华工。葡萄牙王室政府也鼓励中国人到巴西做工，但以"不以船资费用加剧王室政府财政负担"为前提。澳门方面也极力成全，民政长官阿里亚加安排中国人在船上当夜间值班服务人员，以抵费用。① 很多迹象表明，19世纪后期澳门向巴西输入华工方面的表现是十分积极的。事实上，澳门作为向巴西输入中国劳工的必经之路可以从中得到好处，这应是澳门当局表现积极的主要原因。到1860年，澳门当局设立了专管"苦力贸易"的监督官，并开设了若干个"招工馆"，专营"苦力贸易"。巴西也在澳门设立了两个"招工馆"，一曰"华利栈"，一曰"万生栈"。巴西能够在澳门设立这两个"招工馆"，显然得到了澳门当局的支持。这些机构一直存在到清末，开始时希望成为巴西政府的官方招工机构，但实际上几乎没有代表巴西政府在中国招工的机会，反而在帮助巴西民间（含巴西公司）对华招工方面发挥了不少作用。

佩德罗二世执政巴西的时间很长，他在位期间，对内推动经济发展，建设铁路电信，投资科学教育，废除奴隶贸易，对外引进各国移民、发展欧美关系。他最大且致命的错误是发起"两圭"战争（乌拉圭和巴拉圭），在1889年被军队和共和党人推翻统治。1889年，佩德罗二世退位，巴西进入共和时代，但共和并未给巴西带来人们期待的繁荣。

---

① 陈太荣、刘正勤：《19世纪中国人移民巴西史》，北京：中国华侨出版社，2017年，第55页。

不可否认，巴西引进华工也有一定的内外压力在起作用。就国际压力来说，巴西引进华工的设想难免使人联想到"苦力贸易"。这种"贸易"不仅臭名昭著，而且在国际上遭到强烈抵制。就来自中国的压力而言，这时候清政府对外移民政策已经发生了很大变化。回顾历史，清政府在1845—1859年的政策是严禁向海外移民，但到了1860—1874年，清政府已经承认国民有向海外自由移民的权利。最主要一点，是清政府也懂得了区分苦力贸易和自由移民。清政府这时候禁止的是苦力贸易，包含有某种程度上的护侨意识和行为。特别是在1874年，鉴于秘鲁和古巴虐待华工愈演愈烈的传闻，清政府派遣调查团赴古巴和秘鲁调查华工处境，同时查禁苦力贸易，只允许向缔结商贸协定的国家输送自由移民。在这样的背景下，清政府在与巴西的建交谈判中，坚决拒绝对方的招工要求就在情理之中了。当时在清政府中握有重权的总理衙门对包括巴西在内的拉美国家此类请求很不客气，经常让这些国家的使节吃闭门羹。例如1879年的巴西海军顶级护卫舰维塔尔·德·奥利维拉号首次环球之旅的一个目的是运送巴西外交代表团前往中国，试图说服清政府同意向巴西输出中国劳工，并见到了时任直隶总督、北洋大臣李鸿章。李鸿章对总理衙门称他反对输出劳工。

1880年7月，巴西开始与清廷商谈建交事宜。巴西专使喀拉多抵达天津，后经人引荐到上海，与轮船招商局总办唐廷枢（字景星，1832—1892，在外文中写作Tong King Sing）直接会面。众所周知，轮船招商局成立于1872年，是中国最著名的一家官督商办企业。喀拉多试图通过与唐廷枢的会谈，建立中国向巴西运送华工的航线，结果以失败告终。据云，洋行买办世家出身的唐廷枢面对巴西的招工期盼抱谨慎态度。

1880年9月5日，中巴双方草签了第一版《中国巴西和好通商航海条约》，葡文、中文、法文各三份。双方草签后，亚瑟·西尔维拉·达·穆达启程经日本、美国回国。他在日本与日本政府沟通输入劳工问题，得到了日方的积极回应。但对于中巴条约，佩德罗二世却不满意，所以喀拉多不得不在中国多待了一年，以修改条约中涉及最惠国待遇、治外法权的某些条款。双方一直到1881年10月3日才签署正式文本。条约没有涉及移民问题，只是在第一条款中称保障中国与巴西国民拥有迁移以及在对方国家居住和经商的自由。1882年3月4日，巴西议会通过了这个条约。6月3日，条约在上海换约后正式生效。9月26日，喀拉多照会总理衙门，计划于10月3日回国。喀拉多临走时获清政府的御赐双龙宝星。两国建交后，巴西政府仍然有意引进中国劳工，喀拉多也用自己在中国积累的人脉关系，希望促成此事。1882年，巴西在上海设立了首个总领事馆，到约1885年又被巴西"暂行"撤销，但此后再也没有恢复设置。究其原因，应是巴西与中国没有达成招工业务。

再回到招工问题。查1881年《申报》一则新闻报道："美国新闻纸言巴西近来遣人至美国招募华人三千三百名往该国种植加非（笔者注：即咖啡），华人从未到过巴西，巴人以为华人于种植等事实所擅长，故急欲雇用，如美国不能□三千三百之数，尚需至香港添募，吾知自是以后华人往巴西者将源源不绝者矣。"[1] 该报道应与巴西当时拟从中国招收华工的计划有关。报道发出的时间是1881年7月，其时巴西方面与唐廷枢的谈判已经失败，《中国巴西和好通商航海条约》可能还在最后谈判阶段。巴西显然还没有放弃从中国招工的希望。从这则报道来看，巴西做了两手准备，一方面向美国转招已在美国的华工，另一方面希望在中国（香港）增加招工。如上所述，《中国巴西和好通商航海条约》没有涉及移民（招工）的协议，只有模棱两可的条例"保障"双方国民在对方国家居住和经商自由。

1882年中，轮船招商局拟定了招工草约。主要内容包括：给予3年每年10万墨西哥鹰洋的补贴；招商局享有同英国皇家邮政公司一样的特权；每年6个来回，每次运送1 000～1 200人；华工享有免费的住宿和餐食，工资按月付；为了避免出现旧（契约）体制的延续，旅费应直接付给轮船招商局而非巴西政府或雇主。关于轮船招商局这个招工草约的细节不太详明。笔者认为这应是一个"待价而沽"之举，价码开好，只等巴西方面的回应。对此，喀拉多表示同意，并回国积极运作。1883年2月，在巴西政府支持下，"中国贸易与移民公司"（Companhia de Comércio e Imigraçao Chinesa，简作CCIC）在里约热内卢成立，拟在3年内引进2.1万名华工，每人费用为3.5万雷伊（不到20美元）。可以想见，巴西政府所以愿意同意轮船招商局的招工"价码"，应是劳工短缺的缘故。1883年7月，该公司与唐廷枢达成合同文本，待他来巴西访问时正式签署。10月，唐廷枢和巴特勒到达巴西，商谈用招商局船运送华工问题。据他说，"溯查巴西一国，自从前与中国订立通商和约以来，因贾公使屡请本局放船到彼国通商，希冀鼓舞华工，前往彼国，自愿津贴巨款。廷枢因念南洋生意，历年未能得手，极欲将'致远''图南''美富'等船，改走西洋。故定出洋游历之行，特践贾公使之约。于九年三月间亲诣该国，面谈商务，连住两月，明察暗访，知彼国黑奴之例未删，疑待华人，不甚周妥，不敢承揽"[2]。由此看来，签订招工协议不是唐廷枢访问巴西的唯一目的。唐廷枢此行的目的有三，一是考察巴西的种植园经济，二是觐见巴西帝国皇帝，三是签署招工合同。因此，不排除唐廷枢是把考察巴西

---

① 《巴西招募华工》，《申报》，1881年7月20日。据束长生提供影印件。

② 《光绪十年轮船招商局第十一年办理情形节略》，《沪报》，1885年12月1日，转引自汪敬虞：《唐廷枢研究》，北京：中国社会科学出版社，1983年，第197页。此处"贾公使"应是指喀拉多。

种植园与是否和巴方签订招工协议结合起来。在巴西期间，唐廷枢先同圣保罗、米纳斯吉拉斯和里约热内卢州的种植园主进行会谈，并在下榻的圣保罗大酒店宣布将与巴西签署一个 5 年的招工合同。10 月 13 日，他觐见了佩德罗二世。但颇为令人诧异的是，此次会晤后，唐廷枢和巴特勒突然离开巴西前往英国，中巴航线无疾而终。① 这样，中国贸易与移民公司的计划破产了，谈判胎死腹中，再也没有恢复，该公司也于 1883 年 11 月解散。

那么，是什么原因导致唐廷枢原拟定的"一揽子计划"无果而终？一个合理的推测是，在唐廷枢踏上巴西国土之后，发现该国仍处于奴隶制度之下。在他与巴西多个州的种植园主的会谈中，由于对方对引进华工求之若渴，自然是好话说尽，所以一些表态不足为信。真正能拍板定案的是佩德罗二世。在与佩德罗二世会见时，他很可能因担心巴西会利用虚假合同非法招募中国劳工到美洲做替代奴隶而提出了"过高"的要求，也亮明了自由移民的立场，佩德罗二世则拒绝了他的要求。结果，由于他的坚持，清廷维持了对包括巴西在内的南美国家输出中国契约劳工的禁令，虽然其时清廷并不反对中国人自由移民。② 茅海建则认为唐廷枢未能达成协议很可能与巴西政府拒绝每年 10 万美元补助金有关，因曾任驻美公使的郑藻如对此称道："昔年唐道廷枢，闻其国每年拟助招商局船费十万元，运载华人前往。唐道曾亲至其国察看情形，嗣因水道纡折，须由香港西北行，越苏尔士河，复南经大西洋，而到巴西水马头，计程约四万里。每华工一名，至少水脚之费一百元，而其国又绝无回头之货，实不合算。唐道旋因上海倒账赶回，事竟中止。"③ 两个说法均有道理。最后到 1890 年 6 月 28 日，在巴西种族主义者和废奴主义者的强大压力下，巴西政府颁布第 528 号法令，宣布如无国会特别批准，禁止非洲人和亚洲人进入巴西，并建立港口警察对过往船只进行监查，对违反此法令的船长课以罚款。由此，巴西国内有关引进华工问题的"试水"暂告一段落。④

最后正式关闭巴西在华招工之门的，是 1893 年的巴西海军部部长辣达略和巴驻奥地利公使华兰德的中国之行。当时两人的身份是巴西总统委派来华商谈招募华工事宜的全权专使。在此之前，1889 年，帝国政府已被推翻。1891 年，巴

---

① 参见陈太荣、刘正勤：《19 世纪中国人移民巴西史》，北京：中国华侨出版社，2017 年，第 33 页。

② ［巴西］束长生：《2018 巴西华人移民研究国际研讨会议：地域特征和全球视角总结报告》，圣保罗大学，2018 年 8 月 22 – 23 日。

③ 《郑玉轩条陈巴西招工节略》，陈翰笙主编：《华工出国史料汇编·第一辑》（第三册），北京：中华书局，1985 年，第 1203 – 1204 页。参见茅海建：《巴西招募华工与康有为移民巴西计划之初步考证》，《史林》2007 年第 5 期，第 4 页。

④ 上述数据来自杜娟：《废奴前后巴西关于外来劳动力问题的争论》，《拉丁美洲研究》2019 年第 2 期。

西国会通过宪法，成立巴西合众国 。此时巴西经济种植园的咖啡产量超过了世界总额的一半以上，急需劳动力。于是，巴西于 1892 遣使中国，欲与清政府讨论巴西招收华工前来垦殖。当时巴西官方对华工的印象非常好，认为他们"勤劳、认真、守规定"，说中国人无论在多贫瘠的土地都能种出东西来。巴西对招募华工的迫切之情溢于言表。与此同时，中国方面也出现了同意巴西来华招工的转机。缘起于 1889 年 3 月 7 日至 4 月 5 日在巴西考察近一个月的傅云龙在巴西时致函总理衙门报告称："巴西矿与土多未开辟，是以招工意切。据华人言，其待华工尚宽，非古巴、秘鲁比。其茶种与制皆藉华人力居多，初有千余，余不及三之一，然闻近日又于香、新嘉坡潜招三船矣。"[1] 傅云龙此言对清政府的华工态度有多大影响难以详知，但考虑到傅云龙有在巴西实地考察的背景，相信清政府不至于对他的建议置若罔闻。1892 年，海外侨情发生了重大变化。由于美国继续执行 1882 年通过的排华法案，各国有纷纷效仿的迹象，海外华侨特别是美国华侨处境日艰，首当其冲的是粤籍华侨，因为当时的华侨基本上来自广东。这样，广东等地将出现人口过剩的社会危机。于是，1892 年 10 月 10 日，出生于广东香山（今中山）、曾为李鸿章幕僚并曾任天津海关道的清朝前驻美公使郑藻如（1881—1885 年在任）向北洋大臣李鸿章递交条陈，要求清朝主动派出使节前往巴西，谈判招工办法，争取广东每年能向巴西移民数万人。李鸿章接到上书后，即与其时已升任北洋机器局总办、候补道的傅云龙商议此事。傅云龙赞成与巴西谈判招工之事。之后，李鸿章于 11 月 7 日将郑藻如条陈、傅云龙条陈抄送总理衙门。可见，在允许巴西在华招工问题上，李、郑、傅三人的意见是一致的。不幸的是，到 1892 年 6 月底，华兰德病故于维也纳，这一使命只好由辣达略一人担当。6 月 27—28 日，清政府公使馆代办与辣达略在巴黎进行了两次谈判，就招募华工达成原则协议：华工可享有最优惠国民待遇，清在巴西设立领事，今后招工之事由巴西驻华领事会同中国地方官员办理。1892 年 11 月 18 日，清朝驻巴黎参赞庆常与巴西驻法公使毕萨进行了会谈。从留存下来的中方档案来看，双方的态度是诚恳的，并达成了谈判的基础。清朝似已做好了准备，等待与巴西新使辣达略、阿喜巴吉的谈判结果最后拍板定案。[2]

招工之事到此已峰回路转，可惜最后却因一桩丑闻而前功尽弃。1892 年 7 月底，辣达略由欧洲奉命赴华，抵上海后因该市发生流感，11 月又离开上海赴香港待命。在港期间，发生巴西在澳门非法招工、中日甲午战争等事件，两国政府

---

① 傅云龙：《致译署》（光绪十五年二月十六日），《傅云龙日记》，杭州：浙江人民出版社，2005 年，第 382 − 383 页。

② 茅海建：《巴西招募华工与康有为移民巴西计划之初步考证》，《史林》2007 年第 5 期，第 4 页。

均无暇顾及在港待命的辣达略。辣达略对输入华工的热情遂逐渐消退，转而对输入日本劳工感兴趣，于是主动放弃与清廷谈判招募华工，由香港赴日本考察。也有说法是当时清政府仍以天朝上国身份自居，对组织国人移民缺乏兴趣，当场拒绝巴西方面的要求。不管怎样，辣达略在香港发生了一桩外交丑闻，即"特托杜斯事件"彻底结束了招工之事。当时巴西设在澳门的招工站与德国籍运输船特托杜斯签订了合同，将 350 ~ 400 名中国华工运送到巴西。此举违反了清朝禁止苦力贸易的禁令，同时也违反了英国法律（港英当局只允许将华工运送到英国殖民地），于是此船被香港港务局扣留。为脱身逃离，辣达略和巴西驻香港领事馆不得不贿赂香港官员。结果事情闹大了，辣达略遂向当地报纸宣布，巴西政府不会参与中国的苦力贸易，并会考虑引进日本移民，还说日本人拥有更高的教育水平，比中国人拥有更高智商，云云。辣达略此举激怒了中国，被清政府宣布为"不受欢迎的人"。辣达略于 1894 年 8 月离开香港前往东京，与日本官员探讨日本人移民巴西的可能性。1897 年，按照他的建议，巴西政府与日本谈判了一项移民条约。另一说是 1895 年 11 月 5 日，巴西与日本在巴黎签署了《巴日修好通商航海条约》，其中涉及日本向巴西移民。巴西政府于 1896 年 11 月 27 日批准了这一条约，后因咖啡价格下跌发生经济危机而拖到 1908 年。1908 年，700 多名日本移民乘船抵达圣保罗的桑托斯港。[①] 到第二次世界大战之前，移民海外的日本人数以十万计，其中很大一部分移居巴西。时至今日，在巴西的日本人已经达到 150 万人，其中约有 90 万人居住在大圣保罗地区。只因"特托杜斯事件"，巴西成了日本海外移民最多的国家。

说到这里也顺便提及，到 1897 年，康有为在《康南海自编年谱》中说巴西"地域数千里，亚马孙河贯之，肥饶衍沃，人民仅八百万，若吾迁民往，可以为新中国"。此即康氏的"移民建国"之说。康有为很可能都是听到了有关清政府与巴西商谈招募华工的各种"小道消息"，但未悉其详即有此"高论"，应属不问对方国情的不着边际的纸上谈兵。

在清王朝 1911 年落幕之前，巴西一如既往地引进外来移民。1892—1910 年，圣保罗州有 7 年的移民开支超过全年预算的 10%。巴西人在欧洲各大港口设立招募站；宣传内容主要突出"共和国"这一巴西新形象。此外，19 世纪末科学技术水平的提高，大幅缩短了跨洋航行的时间；医疗卫生条件的改善，降低了旅途中移民的死亡率，再加上欧洲的工业化和城市化进程，催生出大批失业工人。因此 19 世纪 90 年代，巴西的外来移民人数达到历史峰值，共有 1 198 327 人来到南美这片土

---

① 陈太荣、刘正勤：《1893 年清朝与巴西商谈招募华工经过》，个人图书馆网站，2015 年 7 月 16 日。

地，其中葡萄牙、意大利、西班牙和德国等欧洲移民占比高达91％。[1]

时过境迁，晚清政府似乎又燃起了对巴西移民的兴趣，可惜为时已晚，当年的"卖方市场"已不复存在。当年巴西代表辣达略在中国碰壁之后，已不再对与这个东方人口大国签订引进劳工的官方协议感兴趣。向巴西移民遂成了清政府的一厢情愿。1909年9—10月，清驻法国、西班牙、葡萄牙与巴西的钦差大臣刘式训在两名随员陪同下访问巴西，于10月13日向巴西递交了国书。他此访的目的是感谢巴西政府派特使出席光绪皇帝的葬礼、商签两国协议和说服巴西接受中国移民。[2] 很明显，劝说巴西接受中国移民最具实质性意义。但刘式训在这个问题上无功而返，原因是日本在1908年已开始向巴西大规模移民，巴西的外来移民来源储备充足，清政府与派出中国劳工的机会已失之交臂。

三、中华民国时期两国关系的发展与侨民问题的官方交涉（1911—1949）

1911年10月10日，中国爆发了辛亥革命，推翻了清王朝，建立了中华民国。1912年1月1日，中华民国临时政府才在南京成立。因之，1911年至1949年中华人民共和国成立，即属中华民国时期。在中华民国时期，中国人是历史上首次以中国公民而非大清皇民的身份移居巴西的。

中华民国成立后，面临着争取各国承认的问题。早在1911年10月13日，辛亥革命胜利后共和革命党人即在武昌就建立的湖北军政府发表对外宣言，声明"所有清政府此前与各国缔结之条约皆继续有效""所有各国之既得权利亦一律保护"，承认一切条约、债务和帝国主义在华享有的特权。1912年1月2日，中华民国南京临时政府也发表了同样的声明。中华民国政府这些表态，目的是换取列强的承认。因为那个时候帝制刚去，百废待兴，国家外交的重点还不是海外侨民问题，而是争取国际承认。1912年1月11日，南京中华民国临时政府向各国发出照会，希望得到承认，但各国均不答复。其时列强不急于承认中华民国，对他们来说，巩固和扩大其在中国的势力才是"悠悠万事，唯此为大"。于是，列强极力扶植北洋军阀袁世凯为其代理人，孙中山则于1912年2月13日辞去中华民国临时大总统。2月15日，南京临时参议院"推举"袁世凯继任临时大总统。3月11日，北京的民国政府照会各国，承认清政府与各国缔结的所有条约。6月，国务总理兼外交总长陆徵祥再向列强提出承认中华民国的请求。

其实到这个时候，列强不急于承认中华民国政府还有一个原因是在对华态度

---

① 杜娟：《废奴前后巴西关于外来劳动力问题的争论》，《拉丁美洲研究》2019年第2期。

② 陈太荣、刘正勤：《19世纪中国人移民巴西史》，北京：中国华侨出版社，2017年，第46页。

上各怀鬼胎，钩心斗角。美国驻华公使嘉乐恒出于自己国家利益，力主迅速承认中华民国；其余诸强意在趁火打劫，企图在中国攫取更多权益。例如，日、俄在交涉满蒙特权，英国则关注西藏利益。在此关头，中国政府觉察到其中端倪，决定利用矛盾以相互制衡，于是和对华较友善、话语权最大的美国开展外交活动。经过包括美国华人在内的多方争取，美国也担负起协调各国之责。然而，由于英、日、俄等国的利益诉求错综复杂，事情进展仍然缓慢。在此过程中，忽然发生了一个戏剧性的事件：巴西率先站了出来，表态承认中国新政府，随后秘鲁也步巴西之后承认中国新政府。两国此举打破了国际承认的僵局。据后来对事情前因后果的复盘，推测是巴西与秘鲁对形势的"误判"。实际上，在中国政府努力争取各国外交承认的时候，拟于 1913 年 4 月 8 日召开中华民国国会。美国得知此事，便欲借机促使各国同时加入正式承认中华民国政府的行列。4 月 2 日，美国通知各国使节："（美国）总统拟于四月八日中国国会开幕之际承认中国新政府"，希望各国政府也协同行动。巴西获悉美国政府的态度后，便在中国国会开幕之日正式宣告承认中华民国。其实这是一场结果不错的"误会"，巴西当了"出头鸟"，客观上也起了领头羊的作用。5 月 2 日，美国正式承认中华民国，应声而动的是古巴与墨西哥（秘鲁在此之前已正式承认）。为纪念巴西率先承认中国新政府一事，中华民国政府投桃报李，宣布 4 月 12 日为公共假日，城内四处悬挂巴西国旗，公立学校休假一日，举办盛大庆祝仪式。

　　如前所述，19 世纪 70 年代，拉美各国由于人力不足，纷纷请求以合法途径引入吃苦耐劳的中国劳工。巴西的葡萄牙殖民当局也多次在广东、福建招募华工到巴西。到 1881 年，《中国巴西和好通商航海条约》才得以签订，但这个条约无法满足巴西取得廉价华工的要求。此后几十年中，巴西政府虽竭尽全力，但一直收效不大。中华民国成立后，巴西率先予以承认。之后到 1915 年，巴西要求重新修订条约，专门针对华人陋习而加入了"不准贩卖鸦片"条款。此外，巴西政府提出，华人犯案，虽然交由中国官役处置，但须知会巴西地方官员。据中国驻巴西公使馆调查报告，1931 年，旅巴华侨人数为 820 人，1940 年为 592 人。直到 1949 年，旅居巴西的华侨也未超过 1 000 人。可见，华侨自 19 世纪初开始移居巴西后的 130 年间，才增长到 1 000 人左右。究其原因，固然有统计不准确而导致数据大幅减少的因素，也可能有早期迁居巴西的华侨融入当地比较彻底的因素，但更重要的原因，应是由于前述各种各样的原因，加上巴西离中国山迢水远，实际上华侨移民人数不可能有很多。

　　另外，到中国辛亥革命前，清政府与巴西在 1881 年签署的《中国巴西和好通商航海条约》已经到期，但由于双方均未提出修改或中止条约，故原条约继续有效。为促进两国关系发展，中巴两国代表通过谈判对该条约做适当修改，于

1915 年 12 月在北京签订《中国巴西修改条约》。该条约共 10 条，其中有关在巴西的华侨的条款主要内容有下：①在本人自愿的原则下，两国人民皆可侨居对方领土，并均照最优国相待。②双方互派的使、领馆官员"须驻扎国批准文凭始得视事"。③两国人民彼此可持照游历内地，准许在两国通商口岸运货贸易，但须有互相酬报专章，方能共享优待利益。④双方通商照各国章程办理，商船优待，但不准贩卖鸦片。⑤华民犯事，在行栈商船佣工（指巴西在华的行栈商船雇佣的华工）由中国官员径传、拘传，但须先知照领事驻在地之巴西官吏。[①]

话说回来，还在清朝晚期，清王朝就与 19 国签署了含有领事裁判权的不平等条约。这些国家包括秘鲁、巴西和墨西哥等拉美国家。到第一次世界大战结束，中国人民掀起废除不平等条约运动。在民众压力下，北京的中华民国政府乃开始推行"修约"外交。民国政府推动"修约"的重点是废除各国与中国旧政府订立的废除领事裁判权。结果，民国政府出师不利，除墨西哥外，与其他国家关于废除领事裁判权的谈判均无果告终。这时候的中国政府在国际社会中地位羸弱，出师不利并不奇怪。

1928 年初南京民国政府建立后，再次推行"修约"外交，其中包括拉美的巴西。其实，中国与巴西能否修约，取决于中国与西方列强能否修约。其时与中国修约的外国中，尚未期满的有 6 国，除巴西外，其他 5 国是英国、美国、法国、荷兰和挪威。中国与其几经交涉，包括 1930 年 1 月 1 日中国政府宣布废除外国人在华领事裁判权。同年 2 月 1 日，又宣布自即日起实施关税自主，等等，但因 1931 年日本发动"九一八"事件而不了了之。此后到第二次世界大战爆发后，一些国家才相继放弃了在中国的领事裁判权等特权。

在此背景下，巴西于 1942 年 11 月宣布自 1943 年 1 月 1 日起，放弃在华一切特权。在此之前的 1942 年 10 月，中巴双方使节升格为大使级，两国签署了《中巴友好条约》与《中巴文化专约》。巴西宣布放弃在华一切特权自然是好事，但两国经贸关系仍进展不大。再到 1943 年 8 月 20 日，中国驻巴西大使谭绍华同巴西外长奥斯瓦尔多·阿拉尼亚在里约热内卢签署《中国巴西友好条约》。条约共 6 条，与华侨移民问题关系最密切的是第四条："两国人民在对方领土上享受与第三国人民所享受之旅游、居住、经商待遇相同。"该条约取代了两国 1881 年 10 月 3 日在天津签订的《中国巴西和好通商航海条约》，巴西宣布放弃在中国一直享有的治外法权。新条约于 1945 年 4 月 9 日在里约热内卢交换批准书后生效。[②]

1946 年 3 月 27 日，中国驻巴西大使程天固同巴西外长达丰多拉在里约热内

---

① 转引自陈太荣、刘正勤：《中华民国时期与巴西的关系》，巴西侨网，2011 年 2 月 13 日。
② 转引自陈太荣、刘正勤：《中华民国时期与巴西的关系》，巴西侨网，2011 年 2 月 13 日。

卢签署《中国巴西文化专约》，寻求在科技与文化方面的合作。条约共 7 条，主要内容有：①条约目的在于双方密切合作促进科学技术、文艺及其他文化方面交流。②彼此为交流教育机关或专门学术机关之人员提供便利。③双方同意在适当时机在巴西首都创建一研究东方学术的大学巡回讲座，在中国首都创建一研究巴西学术的同样讲座，分别由中巴专家各一人主持。④双方对设在对方领土内的经共同择定的图书馆，捐赠出版物及文献。⑤条约任何一方有权终止或废除该条约，宣告废止 6 个月后，条约即失效。① 但由于国民党政权的腐败和第二次世界大战结束后中国就发生解放战争，该《专约》实际上并未付诸实施。

　　中国和巴西在清末签署通商条约、建立外交关系后，双方恢复了直接贸易关系。但由于社会、经济、政治与历史的种种原因，半殖民地半封建的旧中国无力同巴西扩大贸易关系，双方贸易发展极其缓慢。特别是在抗日战争期间，中国大片国土沦陷，港口遭到封锁，中巴贸易实际上陷于中止状态。据统计，在 20 世纪 30 年代，巴西商品输华净值最低是 1937 年，为 231.7 万元，仅占各国输华货物总值的 0.24%。最高年份是 1939 年，为 3 824.3 万元，占各国输华货物总值的 2.85%。1931 年，巴西农业部从中国直接购买大量桐树种子，用于科学方面育苗，在东南部的圣保罗等州大量试种。试种成功后，在全巴西发展桐树林场 30 余处，植桐 50 多万株。1939—1940 年度产桐果约 300 吨，对外出口桐油创汇 2 000 万美元。② 应看到，两国的贸易往来往往会导致侨民人数的正增长，因为进出口贸易需要常驻对方国家的业务工作人员和流动人员。他们中的一些人就以华侨的身份居住在巴西，还有一些人在卸任后转换成侨民身份在当地居住下来，或从事原来的职业，或转换新的职业。但由于中华民国时期两国的贸易量有限，中国侨民人数的增长就不会很可观。当然，由于民国时期中巴关系维持正常，不少华侨可以通过正常的移民渠道前往巴西。同时，也有很多华侨仍是通过民间渠道移民巴西。这两方面的华侨移民情况均难以找到具体记载。

　　1949 年 10 月 1 日中华人民共和国成立后，巴西政府继续与逃到台湾的国民党政权保持"外交关系"，还于 1952 年在台北建立"大使馆"。台湾方面除了在巴西首都有"大使馆"外，还在圣保罗市和里约热内卢市设立了"总领事馆"。这种不正常的情况一直维持了 20 多年，直到 20 世纪 70 年代初，在中美关系正常化牵动整个世界纷纷与中国建交的大背景下，1974 年 8 月 15 日，中华人民共和国政府贸易代表团团长、外贸部副部长陈洁在访问巴西时与巴西外交部长西尔维拉在首都巴西利亚签署了两国建交公报，中巴关系从此进入了一个新的历史时

---

① 转引自陈太荣、刘正勤：《中华民国时期与巴西的关系》，巴西侨网，2011 年 2 月 13 日。

② 转引自陈太荣、刘正勤：《中华民国时期与巴西的关系》，巴西侨网，2011 年 2 月 13 日。

期。在此之前，中国大陆人民如出于各种原因（如家业财产继承等）移居巴西，不得不通过特殊通道。在两国建交后几年，中国便开始改革开放，来自中国大陆的新移民大批出国，巴西的华侨华人人数迅速增长，成为数量远远高于其他华人群体（包括传统移民、台湾移民等）的新华侨华人群体。

众所周知，在亚洲两个移民大国对巴西的移民中，如果将各自的后裔分别算在一起，则中国的移民（新老移民包括华裔）总量比日本的移民总量（新老移民包括日裔）少得多，尽管实际数字很难统计。日本与中国移民在具体群体上的差别，不表现在 20 世纪 80 年代以来的移民数量（中国称新移民）差别。实际上，这期间移民巴西的日本侨民很少，在数量上甚至根本无法与中国的新移民相比。如上所述，中日两国移民数量出现巨大差别的缘由应追溯到 19 世纪 80 年代，也就是巴西政府跟清政府商谈引进华工的时候，当时清政府对巴西引进华工的要求十分消极，而日本政府则相反。在日本政府的鼓励下，从 20 世纪初开始，移居巴西的日本人数便长时期上扬。有报道称，自 1908 年 6 月 18 日 781 名日本人漂洋过海来到巴西桑托斯港算起，到 20 世纪 60 年代之交（此时日本对巴西已经逐步改"人口输出"为"资本输出"），日本已向巴西输出了 26 万人。其中高潮期为 1925—1935 年，计有 14 万日本人先后到达巴西。由于日本传统侨民的基数大，故一代又一代成长起来的族裔人数也就越来越多。目前在巴西的日裔已达100 多万人，其中约 70% 生活在圣保罗（大部分中国移民也居住在此）。据称现在巴西 1.4 亿人口中，有日本血统的虽不到 1%，但日裔巴西人却是日本在海外势力最大的移民集团。[①] 到第二次世界大战前，来自日本的移民主要集中在圣保罗州，大多数从事基础农业生产或手工业生产。

不管国家政治如何运转，巴西经济仍在发展，每当劳动力不足，就需要引进外来移民。在谈到吸引移民的众多因素的时候，巴西的自然条件得天独厚是一个不可否认的重要刺激因素。在各个时期，也有黄种人来到巴西，他们多来自日本、朝鲜半岛和中国，他们主要集中在圣保罗和里约热内卢。在眼花缭乱的移民浪潮中，巴西逐渐成为一个世界民族大熔炉。这也是今天所看到的多民族混血、多民族杂居的巴西。

总之，近代巴西的东亚移民政策经历了"弃中取日"的转变过程。不可否认，一系列历史偶然性因素在一定程度上导致中巴劳工协议无法达成。然而，历史表象背后还有一些深层次的原因推动着巴西的东亚移民政策发生转变。一是中日两国国力对比及各自国际地位的变化，导致巴西逐渐倾向日本。长期以来，在巴西欲引进东亚劳工时，华工一直是他们的主要选项，日本劳工只是作为备选

---

① 《华媒：日本移民在拉美扎根给海外华侨华人的启示》，中国新闻网，2012 年 3 月 9 日。

项。这一方面是由于中国是亚洲的传统大国，是东亚文明的中心，人口众多；另一方面是因为巴西、中国澳门和葡萄牙之间存在着特殊的历史关系。所以，无论是缔约建交，还是招募劳工，中国总是巴西特使东亚行的第一站，日本则是与中国捆绑在一起的顺访对象，扮演着替补的角色。然而 19 世纪 90 年代中后期，东亚形势发生剧变，明治维新使日本成为资本主义新兴强国，中国则一步步沦为半殖民地半封建国家。在甲午战争中，日本战胜中国，极大地提升了其国际地位。在这种情况下，巴西开始用不同的眼光看待中国和日本，日本人逐渐取代中国人成为巴西在东亚招募劳工的首选目标。二是中日两国海外移民政策的不同走向。19 世纪，中日两国都经历了从闭关锁国到被西方列强坚船利炮打开国门的过程，但此后两国政府对海外移民的政策大相径庭，清政府从冷漠无视到消极保护，明治政府则是积极保护和主动推出。《总理衙门致英法两国公使的照会》和 1866 年的《北京章程》的签订，标志着清政府开始区分苦力贸易和自由移民，并尝试管理和禁止苦力贸易，护侨意识萌生。但无论是古巴、秘鲁还是美国的华工交涉案，清政府所为都是在虐待、排斥华工事件发生后的被动反应。清政府在外国设馆遣使，名义上是保护侨民，实际背后有着强烈的经济利用和政治控制的动机。1874 年清政府查禁苦力贸易，只允许向已缔结商贸协定的国家输送自由移民。为了免生事端，清政府对于外国招工事宜格外敏感，对以建交为名行招工之实的外国政府基本拒之门外。这也是 1881 年中国和巴西建交的公文中没有招工条款的原因。在 1893 年中巴就遣使设馆和招工问题再度会谈时，清政府不再像建交时那样对招工问题避而不谈，而是有条件地谈，条件就是自愿原则和平等相待，但由于历史的阴差阳错，双方最终未能迈出实质性的一步。可以看出，积贫积弱的晚清政府对于海外移民事务非常谨慎，没有万全之策就不主张输出华工，更不用说主动向外移民了。三是巴日两国在建设现代民族国家的过程中都崇拜和追随欧洲文明。部分日本人甚至标榜已经摆脱"亚洲人"的身份，成功跻身"欧洲人"的行列。从这个意义上讲，日本劳工似乎更能满足巴西不同阶层、不同立场的群体对外来移民劳动力的要求——勤劳、顺从、廉价、吸收了欧洲文化，兼具经济价值、文化价值和社会价值，从而能有效弥合巴西社会因移民劳工问题而产生的裂隙。在巴西社会精英看来，日本已经成为"文明"和"进步"在亚洲的代名词，两者在文化认同和价值观方面都倾向于"西化"或"欧化"，更容易达成一致。在此背景下，巴西建交招工特使的到来正恰逢其时。另一方面，日本人多地少，亟须向外输出人口、获取资源，巴西人少地多，亟待吸引劳动力开垦大片土地。于是，两国的发展目标较一致，容易一拍即合。①

---

① 参见杜娟：《弃中取日：近代巴西东亚移民政策的转变》，《世界历史》2021 年第 4 期。

有一种说法是，巴西日本侨民的众多，在历史上还曾间接地保护过与巴西关系密切的澳门。第二次世界大战时，中国东部、南部包括香港在内的所有地方都被日本占领了，唯独澳门幸免于难。原因就是当时巴西很大程度上还受葡萄牙控制。当时葡萄牙警告日本，如果日本占领澳门，那么葡萄牙将让巴西遣返所有在巴西的日本人。日本人不敢贸然冒险，故澳门才免于被占领。中国与巴西才因里斯本和澳门的航路存在而保持着脆弱的联系。这一说法确否有待考实，不过一些华侨在抗日战争期间也曾试图回国，但到达澳门后，听到当地人诉说家乡战时的惨状，乃痛苦地折回巴西，从此老死异乡，倒是可以相信。

第二节　1949年以前通过非政府渠道进入巴西的传统华人

一、契约劳工与自由劳工

中国的出国劳工，主要是"契约劳工"和"自由劳工"两大类型。所谓"契约劳工"，是指西方殖民者为掠夺殖民地资源，以契约形式招募的中国劳工。就拉美国家来说，"自由劳工"的定义比较宽松，最大的特点就是没有签订书面契约。不过有时候也很难判断，一些华工是以"自由劳工"身份到了目的地后才订立契约的。顺便说明，在出国华工中，也常常可看到"苦力劳工"一词。这个词常与"契约劳工"挂钩，原是为了说明出国华工工作的艰苦程度。从这个角度来看，"自由劳工"也会有"苦力劳工"，过去到拉美去的华工（特别是在种植园里劳作的华工），大部分是以超量体力付出为代价换取微薄收入的"苦力劳工"。

早在鸦片战争前，中国人已经小批量地流入拉丁美洲一些国家。他们的身份应是"自由劳工"。"契约劳工"较大批量地流入拉丁美洲地区则是在1840年中英鸦片战争之后。在内外因素的作用下，受影响最快最深的粤、闽等省沿海地带的民众，在战后掀起了一次次出国潮。在一些地方，几乎每个村镇、每个家庭都有人出洋谋生，有的一个家族就有十几人。他们主要到东南亚、北美地区，其次就是到拉丁美洲地区。

在世界上一些有外来移民历史的国家，华侨往往被认为是"外来人口"，因为华侨是最晚来到那些国家的民族。但在巴西则有所不同，华侨不算是最晚移民巴西的"外来人口"。中国人移民巴西，是从1808年葡萄牙国王约翰六世宣布开放巴西并准许外国人移居开始的。那时候中国人以茶农身份，踏上巴西这块遥远而陌生的土地种茶和传授茶艺。今天公认中国最早来到巴西的华侨是茶农，他们

在 1808 年开始批量来到巴西。虽然人们仍不十分清楚他们的出国细节，但可以肯定他们是从澳门出发，走澳门—南中国海—印度洋—大西洋航线，最后到达当时的巴西首都里约热内卢。按照正常航行计算，全程需要 3 到 4 个月。那时候在巴西社会底层从事劳动的基本上是非洲黑奴，相比之下，中国人的到来，犹如天外来客。相对于有雇用时间限制和行动自由限制的契约劳工来说，中国茶农的身份应是自由劳工。由于中国茶农的到来，巴西成了拉美国家中最早有自由华工的国家。这里所说的自由华工，主要是就他们入境时的初始身份而言的。

一般相信，最晚在 19 世纪 50 年代，巴西就同时出现了契约华工和自由华工，应该两类华工都有，但主要是前者。契约华工是正儿八经地签订了"契约"才被运送而来的，一般为巴西的民间移民公司从中国招聘，带有半官方性质。实际上关于契约华工和自由华工的划分到目前为止还只是理论上的。那时候到巴西去的自由华工的移民渠道，一是通过政府间的合法协议/条约引进；二是通过"非法"渠道，进入巴西的自由华工一般要通过中国和巴西双方的半官方移民机构/劳务公司的暗箱操作；三是原先身份不自由的契约华工在契约期满后的身份转换。后者缘于契约华工一般都不愿意在其契约期满后马上回乡，而是在原居住地继续寻找工作，乃至后来违背初衷而永久栖身巴西，所以很多契约华工都是自由华工的前身。所以就巴西的情况而言，自由华工只是在理论上存在。由于原始资料缺乏，目前还很难将之从一般的船运契约华工中剥离出来。倒是契约华工期满后转身成为自由华工者比较容易确认。所以，下面说的自由华工主要是指由契约华工转换身份而来的那一部分人。

契约华工制度起源于 17 世纪被荷兰军队掳掠到巴达维亚（今印度尼西亚的雅加达）贩卖的华工，盛行于 19 世纪。自 15 世纪末，拉美大陆被西班牙和葡萄牙殖民者征服，至 19 世纪 20 年代各国发生独立战争及其后建立民族国家，前后整整 300 多年间，拉丁美洲都处于西班牙、葡萄牙等殖民国家的统治下。为了欧洲宗主国的经济发展，殖民者在开发落后的拉美大陆的过程中也使用契约华工。就是说，到拉美的中国劳工一般都订有契约。"契约"是一种对劳工的人身自由带有严重的甚至苛刻限制的法律文书，也是契约劳工与自由劳工的主要区别。契约劳工只有在苦苦熬过了"契约"年限而成为"自由人"后，才可以自由流动。实际上，这时候的自由劳工只是有了身份上的自由而已，几乎所有契约劳工在转变为自由劳工之初，都"自由"得"一无所有"。这时候的他们，最需要的是控制金钱/财富（无论多少）的"自由"。为此，他们都渴望在"契约"期满后再通过自由打工一段时间，掌握一部分属于自己的财富。只有有了像样的财富，他们才有"面目"回乡去见家中父母妻儿和村中乡亲，否则，他们宁愿不回乡。于是，很多人先是在当地落脚，靠走街串巷贩卖小商品维生。大部分契约华工获得人身自由后的打工范围，都以他们原先作为契约华工时的地区为中心。实际上，希望在契约期满后再自由打工一段时间，赚上一笔钱然后回乡的想法是一个大"陷阱"。在此过程中，很多人筚路蓝缕而所赚无多，一部分人则由于各种原因而千金散尽，更多的人是"贪心不足"，无止境地"忘我"赚钱，结果便不知不觉地掉进了"陷阱"，到头来老死当地，不复还乡。当然，很多拉丁美洲契约华工终生没有还乡的原因十分复杂，非三言两语可以说得清楚。

19世纪契约华工被大批量引进拉美各国，与遍布整个拉美的废奴运动相关。具体来说，是在1800年至1874年间，西方殖民者将契约劳工制度引进拉丁美洲，有比较多的华侨被运送到种植园较多的国家，如古巴、秘鲁和巴西等国。因为劳工在种植园的劳动强度太骇人听闻了，所以才有了废奴运动。所谓"废奴"，就是废除黑人奴隶，包括黑奴贸易以及在拉美各国普遍实行的黑奴制度。实际上废奴还应包括限制黑奴的内容。在废奴运动之初，很可能还是以限制奴隶制为主，到后来才逐渐完全废止。这一点在巴西表现得比较明显。巴西的废奴运动从1850年正式开始，持续了近40年。这是一个从开始限制到最后完全废止的过程。虽说这个过程与拉美其他国家相似，但巴西把这个过程像"拉面"一样拉得长之又长。当时殖民者和拉美的大种植园主为了充实种植园、大庄园和采矿场等场所的劳动力，需要大量契约劳工（包括契约华工）前来接替黑奴，或与黑奴并用。契约华工所去之处，一般是已经开发或正在开发之地。引进外来移民劳动力填补空缺，成为19世纪中后期巴西经济发展亟须解决的问题。

19世纪中叶巴西开始废奴（实指废除黑奴制）时，政府先是拟从欧洲引进外来移民替代黑奴。那时候华工还未被考虑引进，及至后来巴西要引进华工，却遭清政府消极对待。因此，晚清时期移居巴西的华侨基本上通过民间渠道或曰半官方渠道，一般是通过巴西当地移民公司与以澳门为基地的中国地方非法人口贩子间的暗箱操作。当然，清政府在大部分时间里，对非法人口贩运是知其事而无从治其事。在地广人稀、需要大量劳动力的巴西，政府则变相鼓励华工引进。及至中华民国时期，两国最终签订了商务协议，中国公民可持护照进入巴西，但由于当时中国处于动乱状态，且华工移民渠道经过数十年的运作，早已经成规成矩，是故"萧规曹随"，仍以民间渠道居多。

如上所述，晚清时期到巴西去的华侨中虽有不少属自由身份或半自由身份者（如茶农），但更多的人属契约华工。当时到拉美去的契约华工多来自粤、闽沿海地带。众所周知，这些地方一次次出现出洋潮，起源于19世纪40年代末美国、加拿大相继发现金矿，以及两国相继修建太平洋铁路。主要来自广东沿海地带的华侨，在前去北美的同时，也有人来到拉丁美洲（既有按照出国"路线图"来的，也有误上了船到了拉美后将错就错的）。他们的身份无疑多为契约劳工。

　　从中国出发到拉美不同国家所需的时间各不相同。以契约华工身份进入巴西的华侨为例，当时从澳门出发到达目的地，要在海上航行 120 多天，即一般需要 4 个多月的海上航行。既往的研究表明，西方各国航运商为了攫取暴利，拼命超载，草菅人命。苦力船上的饮水、伙食和卫生条件极差，航程中华工的死亡率很高。很多人被塞进船舱里，吃喝拉撒在一处，生活条件极为恶劣，因此人们将运载华工的苦力船称为"浮动地狱"。当然，移民公司按照"成本核算"也是一个巨大损失。据说高达 1/10 的劳工死在船上，被抛尸大海。能够九死一生熬到目的地拉美的华工已经是幸运儿了。但也只能说活下来算幸运，生活的苦难才刚刚开始。他们必须在种植园、农场或工地如牛似马地劳作，过着奴隶般的生活。由于劳累过度，契约未满便惨死异乡的人比比皆是。当然，不同国家的契约华工待遇会有差别，甚至差别很大，但待遇较好也只是相对而言。

　　华工在出国前，要与来自葡萄牙、西班牙等国及其殖民地的人口贩子、投机商及代理人签订合同，期限在 3～8 年不等。但这一纸合同是不平等的，与卖身契无异。契约华工是没有自由权利的，甚至连在居住地的生存权都得不到保障。华工在到达目的地后，会由于居住环境、工种等原因而导致生活条件有较大的差异。根据一些资料估测，巴西很多契约华工的生活条件可能比其他一些拉美国家的契约华工略为优胜，但他们也多是被招工头以花言巧语蒙骗而来的，这一点与其他拉美国家的契约华工并无二致。有一点可以相信，当初工头蒙骗他们出洋时所说的话都是一样的。很多穷困潦倒的人，很容易相信工头的话，希望到巴西辛苦干上几年，发一笔大财，然后腰缠万贯地荣归故里。但这只是镜花水月，美梦一场而已。等到了巴西后，他们只能如牛似马地干活，酬劳微薄，其待遇比当时的黑人好不到哪里去。

　　1855 年 1 月 19 日，作为巴西政府公共土地总管的路易斯·佩德雷拉·杜·科托·费拉斯在巴西拟通过英国输入 6 000 名中国垦农。他致函巴西驻英国公使塞尔西奥·特谢拉·德·马塞多，要他在与伦敦、利物浦等地可靠、信誉好的任何一家大商业公司商谈招聘中国垦农的合同条款时，参照 1854 年 12 月 19 日的《巴西帝国政府关于招聘中国垦农合同条款的指令》。这个指令的内容很多，提出了关于招募垦农的条件，但一个重要特征是多数条件只有上限而没有下限，或者说只有"封顶"而没有"保底"。1855 年 5 月 14 日，该总管在回复巴西驻英国公使马塞多 3 月 7 日来函时，也提出诸多限制性警示，例如，"在合同中不要写上在中国人合同期满后由政府应承担他们的回程费用，而应是由他们本人全部自付"（第 4 条），"政府绝不给登船垦民发补贴，只发给安全抵达巴西的那些

人。这些人的费用由政府负责，账单应呈送王室"（第 6 条）①。当然这只是警示，未必实行，但从中仍可看出巴西在引进契约华工时是十分苛刻的。

由于巴西契约华工招工的相对隐蔽性，今天已经很难知悉 19 世纪契约华工的大略人数，同样也很难知悉 19 世纪自由华工的大略人数（自由华工因无规范而更难知悉）。可以肯定的是，契约华工的招工一直断断续续地进行。到 1893 年巴西因"特托杜斯事件"断了官方在中国的招工之路后，私下招工之事还时有发生，且参下述。

如上所述，契约华工的身份只是就他们入境后一段时期（一般是 5～8 年内）而言。所有的契约华工都不可能是终身制的。他们在苦苦熬过卖身年限后，一般都可以成为自由人。一旦有了自由人身份，就有了在当地自由经商或打工的资格。大部分人得到自由人身份后会靠走街串巷贩卖小商品维生。他们会进城做小商贩，沿街叫卖鱼虾、角仔、扇子、纸风车、鞭炮等，也有人开烟火鞭炮作坊、洗衣店、角仔店等，总之，不一而足。但赚钱欲望的膨胀和各种条件的限制，使他们难以买棹还乡，乃至一步步走上了在巴西安家落户的"不归路"。发财致富的人当然有，但肯定是少数。大多数人的日常所得只能勉强糊口，不少人穷困潦倒，有人染上了赌博和抽鸦片恶习，有人闷闷不乐，抑郁而终，有人被瘟疫夺去了生命，甚至有人厌世自杀。总之，最后能苟存生命于俗世者，多因山迢水远又身无分文，无缘还乡。其中不少人还在青壮年之时就已与当地女子（包括黑人女子）结婚生子，还乡之梦早已淡薄，随风而去。不过与当地女性乃至黑人女子结婚的华侨有多少，则很难判断。依笔者粗略观察，比例当不在少数，很可能超过世界上大部分有传统华人的国家和地区。随着时间的推移，绝大多数人的结局是清贫一生，终将消失在历史的尘烟中。当然，他们的后代都成了巴西人。其实，类似情况在曾经存在过契约华工的拉美国家中司空见惯。所有无法回乡的华侨的精神世界肯定是十分痛苦的。由于语言不通，他们有苦有怨而申诉无门，备受折磨，时刻思乡却隔洋难归。

有资料表明在很久以前，巴西北部一个山坳的"奴隶社区"生活着大量奴隶。他们在农场主的庄园里辛苦地劳作，没有自由，没有尊严，虽然农场主对他们管控得较严，但还是有一些奴隶不甘奴役，想方设法逃跑去寻找自由，于是就有一些奴隶逃出了奴隶主的管控，他们来到了一个山坳里渐渐聚集起来，后来有其他不是奴隶的当地人也来到这里，他们在这片远离现代文明的偏僻山坳里繁衍生息。② 这段文字说明，过去巴西的奴隶与古代埃及、希腊罗马那些有严重人身

---

① 陈太荣、刘正勤：《19 世纪中国人移民巴西史》，北京：中国华侨出版社，2017 年，第 18－19 页。

② 王玉：《玉与君说》（北京：中国书店，2018 年版），正北方网，2018 年 1 月 31 日。

依附关系甚至被当作"会说话的工具"的奴隶还是有区别的。过去巴西的奴隶地位主要表现在人身自由受到一定程度的限制上。如果他们对这种地位不满，可以通过逃离的方式结束自己的奴隶身份。他们逃出去后，可以到一个有人聚集的地方，像一个自由人民那样生活。这里所说的是巴西当地奴隶。中国劳工不是奴隶，但是，如果他们来到巴西后遇到不公平又无力摆脱和反抗，则采取逃逸之类的行动也是可能的，正如下面所看到的那样。

在废奴运动浪潮中，因国内种植园和农场等用工单位对劳动力的需求，巴西方面在19世纪50年代开始陆续出现了一批半官方的主要聘用中国劳工的移民公司。这些移民公司有大有小，集中在首都和一些大城市，相互竞争，各显神通。它们与政府的关系或紧密，或松散，因受制于各自的条件，招聘中国劳工的能力大小有别。重要的是，当时巴西不同的种植园和农场所需要中国劳工人数不一样，有的可能需要数以百计的劳工，有的可能只要数十名甚至十数名，移民公司要根据劳工市场的需要进行招聘。由于巴西与中国交通遥远，信息不畅，故移民公司很难使中国方面的劳工招聘与巴西方面的市场需求紧密对接。为此，移民公司采取了先招后用的方式，即先通过相关渠道从中国招工，人数并无规定。待将劳工运送到巴西之后，再根据需要分遣到各地种植园和农场，供雇主选用。这对移民公司来说并无不便，因为当时劳工市场供不应求，移民公司招到的中国劳工不愁雇不出去，反而还可以待价而沽，得到比预期更好的价码。有迹象表明，有的中国劳工来到巴西后，被雇去做与原先计划完全无关的工作。当然，移民公司虚假承诺的"乱招工"怪象对中国劳工十分不利。很多中国劳工到了巴西后因一下子找不到工作（他们肯定一上岸就急于上工以便快点赚到钱回家去），或生活条件与原先承诺相差太远（越是小的移民公司越是如此），就进行集体抗议、罢工甚至出走。要处理诸如此类的现象对移民公司来说是十分头疼的，因为很多公司条件和能力有限，政府的招工与安置制度也不配套、不完善。事实表明，不是所有移民公司都有能力把这些现象处理妥当，大大小小的华工事故常常发生。这也是后来有一部分中国劳工在巴西找不到工作，流落街头，乃至渐渐淡去回乡之念而在巴西留下来的一个原因。不过，有关当时中国劳工的招聘情况，目前所看到的资料极为有限，还需要更多的原始资料问世，以便逐渐揭开谜团。

这里有一个案例。《里约热内卢日报》在1855年2月19日刊登的一条消息称，将有中国劳工移民"从萨普卡亚港下船上岸，（有意者）可以在那里雇佣他们的服务，或者到里约热内卢市中心的右马路（Rua Direita）70号，马诺埃尔·

德·阿尔梅达·卡多佐先生的办事处（商谈）雇佣他们的服务"①。马诺埃尔·德·阿尔梅达·卡多佐应是这家移民公司的里约办事处的负责人，不排除本人就是公司老板。《里约热内卢日报》这则为中国劳工寻工的消息是他以公司名义刊登的广告，据说一连登了两次。从广告来看，这些华工可能属于先招后用，即在中国（澳门）的招工公司招满预定人数后，通过航船将他们从澳门运送到里约热内卢。里约热内卢这边早有劳工办事处在为他们寻找雇主。马诺埃尔·德·阿尔梅达·卡多佐就是其中之一。他刊登广告显然就是为这批即将登岸的华工寻找雇主。从这种"招工"与"寻工"脱节的安排可以看出，巴西当时确实十分需要中国劳工。换言之，这些从中国招来的劳工不愁雇不出去。估计当时里约还存在着其他代刚到的华工办理寻工手续的办事处。当然，从这则广告还看不出这批劳工是不是首批从中国自由招聘的劳工，但应是巴西较早一轮从中国招聘的自由劳工之一。

又据记载，1855年2月9日，从中国招到的一批华工共303人，乘美国的埃莉萨·安娜号轮船到达巴西。同年6月25日，巴西政府通过马诺埃尔·德·阿尔梅达·卡多佐与美国波士顿的"桑普森与塔潘"公司签署合同，拟在18个月内从中国输入2 000名华工。这些华工必须体格健壮、为人朴实、无抽鸦片恶习、年龄12~35岁，夫妻优先，月薪4~5美元，外加生活补贴。② 不过美国人并没有完成2 000名中国人的引进，只有368人被运达里约热内卢，分发给对中国劳工充满热情的巴西农场主。这是该美国公司向巴西运送的唯一一批中国人，因为美国政府随后就禁止美国人参与贩运中国劳工。③ 1856年3月19日，这368名中国劳工先乘美国萨拉号轮船离开黄埔港，后乘巴西的帕拉瓜苏号军舰抵达里约热内卢，病号被直接送往医院。4月14日，洛盖列博士雇用42名劳工到他在里约热内卢州的马热甘蔗园劳动。但两个星期后，就有34人抗议伙食差，没有按照合同供应猪肉、工资低；庄园主若阿金·马诺埃尔·德萨也雇用了一批劳工到里约热内卢州的皮拉伊种地。这批中国人也抗议伙食极差，月薪由开始的10美元降至5美元，甚至还有体罚，警察当局予以证实。此外，1857年，里维耶雷工程师雇用6人，里约热内卢植物园雇用16人。据巴西历史学家玛利亚·若泽·埃利阿斯在一篇题为《关于19世纪中国劳工与劳动力问题辩论》（1971年9月18日）的文章中说，这批人不久之后成了在里约热内卢街头流浪的乞丐。除

---

① 《清国移民》，《里约热内卢日报》，1855年2月19日，第5页。来源：巴西国家图书馆的数字档案资料，该资料由束长生先生提供。

② 陈太荣、刘正勤：《19世纪中国人移民巴西史》，北京：中国华侨出版社，2017年，第22页。

③ Elias，Maria José，"Introdução ao estudo da imigração chinesa"，*Anais do Museu Paulista*，São Paulo，v. XXIV，1970，pp. 57-100.

18 人外，其他人都进了"皇城劳教所"。①

　　根据上面所说的情况，这期间巴西可能招了多批中国劳工，每一批人数不一。各批华工可以看作这期间巴西首轮自主招收华工的尝试的组成部分。但从移民公司的意愿和效果看，招工似乎不算成功，理由是招来的华工并不完全按照公司的安排寻找雇主，甚至出现逃亡现象。应明白，劳工逃亡对移民公司信誉的打击是很大的。1857 年 2 月，《里约热内卢日报》刊登了一则消息，大意是有 5 个华工逃亡，其中一个叫阿才（Atoi）的看上去 20 岁左右，身高正常，圆脸，剪短发，喜欢笑，会说一点葡萄牙语；另一个叫阿九（Akau）的，看上去 25 岁，长脸，正常身高，留短发，有小胡子，会说一点葡萄牙语和英语。怀疑他们正与其他中国人一起前往伊瓜苏。任何人，如果发现他们并把他们带到 Rua d'ajuda 61 号（笔者注：此地当年在里约市边缘处，今为市中心，路名仍在），会得到酬谢。如果有人窝藏，将会被依法追究责任。② 从时间来判断，这 5 名逃亡华工可能是上面所列的 1855 年招收的三批中国劳工（马诺埃尔·德·阿尔梅达·卡多佐所属的公司、"桑普森与塔潘"公司、乘帕拉瓜苏号军舰抵达者）中的 5 人。记载说他们会说一点葡萄牙语，说明他们并非当年（1857 年）才到巴西的，至少来了一两年（与 1855 年的招工时间吻合）。很可能是因为存在着移民公司与农场主的契约问题，所以才登报缉拿。据说招工的巴西公司是个半官方的移民公司（应是招工规模较大的公司），农场主如果对招收的华工不满意，可以终止合同。至于这些华工为什么出逃，一个重要原因是当时巴西废除奴隶制未久，农场主仍然习惯用过去对待黑奴的方式对待华工，因而激起了华工的反抗，有的消极怠工，有的出逃。没有进一步资料说明这 5 人乃至其他华工的后续情况。这是巴西方面最早的从中国招工却出现逃亡事件，不仅对移民公司不利，也对日后从中国招工产生一定影响。但是，由于当时巴西急需劳工，这时候招工失利与其说对继续从中国招工有影响，倒不如说促使巴西方面加强了对招收华工过程的苛刻管理。

　　1893 年巴西因"特托杜斯事件"断了官方在中国的招工之路后，私下招工之事还时有发生。例如 1893 年 10 月 16 日，巴西里约热内卢州在澳门非法招募的 350~400 名中国华工乘德国特托杜斯号轮船离开澳门，于 12 月 6 日抵达里约热内卢港。据巴西外交部资料，这批中国劳工被分配在里约热内卢州务工。里约热内卢人一反常态，纷纷表扬这批劳工，里约热内卢州长称赞他们是该州最好的劳工。《商报》赞扬中国劳工注意个人清洁卫生，一天洗两次澡，聪明，能读、

---

　　① 陈太荣、刘正勤：《19 世纪中国人移民巴西史》，北京：中国华侨出版社，2017 年，第 22 页。
　　② 1857 年《里约热内卢日报》刊登了一则题为"清人逃亡"的消息，报道了上述内容。这则消息为束长生提供。《里约热内卢日报》创刊于 1821 年，为皇家特许报刊，除官方消息外也刊登广告。

写中文，是理想的劳工，很少有人因偷母鸡而被抓。一些雇用中国劳工的庄园主也表示，中国人认真、听话，完全遵守卫生规定，了解许多块根植物，劳动表现也不错。① 1894 年，中日甲午战争爆发，战争的结果一定程度上影响了巴西在中国和日本这两个国家的招工倾向。中国在甲午战争中战败，国家地位一落千丈。华侨难免受到其居住国社会的冷眼。本来，在清政府看来，西方和日本都是蛮夷，远比不上具有数千年教化礼仪（文明）传统的中国。但在中日甲午战争后，中国的话语权迅速丧失。先是日本打着"文明"的旗号，称甲午战争是"文明"对"野蛮"的战争，并操纵"文明"话语影响西方舆论。这种颠倒黑白的"文明"话语在当时的国际舆论中成了一种潜在力量，甚至作为一种话语暴力强加于中国。② 已经来到巴西的中国劳工的地位当然也因此受到影响，生存条件也比不上日本劳工。

晚清时期关于巴西自由华工的资料很少，中国官方记载更少。傅云龙对巴西的考察记载可说是有关巴西自由华工情况难得的一笔。光绪十三年（1887），总理各国事务衙门奉旨考试出洋游历官。傅云龙（兵部候补郎中，三品衔）③ 作为中国游历使，和顾厚焜分在第一组，专访日本、美国、英属加拿大、西班牙属地古巴、秘鲁和巴西六国。他们是经过南美洲南端的麦哲伦海峡，沿阿根廷（当时称拉巴拉他国）海岸向北航行，在 3 月 7 日到巴西里约热内卢海湾的。他们不顾巴西正流行的致命的黄热病（据说每天病死者 200 余人），毅然上岸。他们下船后因华侨较少而无人接待，乃自找旅舍，自行联系巴西官方，包括拜访巴西外交部长、晋见国王等。因为巴西赴美国的船期一月只有一次，且旅费快用完，"不能不速游速回"，乃于 3 月 18 日从里约热内卢登上美国轮船启程赴美国，沿途经过巴西沿海城市巴西亚（今巴伊亚州首府萨尔瓦多）、伯能不谷（今伯南布哥州首府累西腓）、亚马孙（今马拉尼昂州首府圣路易斯）等地。虽然途中有乘客因

---

① 陈太荣、刘正勤：《1900 年圣保罗州庄园主招募 120 名中国劳工进住圣保罗"移民客栈"》，作者 2018 年 9 月 15 日于巴西累西腓通过电邮发予笔者。

② 刘文明：《"文明"话语与甲午战争——以美日报刊舆论为中心的考察》，《历史研究》2019 年第 3 期。

③ 傅云龙（1840—1901），字楼元，浙江德清人。光绪十三年（1887），总理各国事务衙门奉旨考试出洋游历官。傅云龙第一名考取出洋游历大臣，奉派出洋游历六国。傅云龙（兵部候补郎中，三品衔）和顾厚焜分在第一组，专访日本、美国、英属加拿大、西班牙属地古巴、秘鲁和巴西六国，他们又顺访了巴拿马（当时属哥伦比亚）、厄瓜多尔、智利、阿根廷、英国属地巴别突斯岛（巴巴多斯）和丹麦属地先塔卢西斯岛（圣卢西亚）。据傅云龙自己统计，总共日程为 26 个月，合 770 天。总行程为 120 844 华里（60 422 公里），其中海路 81 549 华里（40 774 公里），陆路 38 264 华里（19 132 公里）。傅云龙每到一地，日间外出调查，晚上奋笔疾书，至夜深不倦，总计完成《游历日本图经》30 卷、《游历美利加图经》32 卷、《游历英属加拿大图经》8 卷、《游历古巴图经》2 卷、《游历秘鲁图经》4 卷、《游历巴西图经》10 卷，全部呈交光绪皇帝和总理各国事务衙门。

瘟疫病死，海上风浪又大，但傅云龙仍抓紧时间奋力草写调查报告，甚至"稿不脱不寝也"。[①] 4 月 9 日，傅云龙一行乘坐的船停泊在西印度群岛的巴别突斯岛（今巴巴多斯，时为英国属地）。11 日，停泊先塔卢斯（应是今维尔京群岛中的圣克鲁斯岛）。在经过长达三个半月的拉美旅行后，他到达了美国纽约，后来经日本于 1889 年 10 月 21 日回到上海。

傅云龙在他写的《游历巴西图经》中留下了不少关于巴西华侨的有价值资料。他在里约考察华侨会馆和华工劳动的茶园，很关心巴西华侨状况，并注意考察巴西华工的工作和生活。傅云龙这些记述所传达的信息量很大，有几点尤为值得注意。

一是对旅行航线的解读。傅云龙上述旅行路线十分重要，说明当时拉美地区存在定期海上交通线，虽然每个班次之间相隔的时间较长但华侨在拉美各国之间，以及在拉美国家与美国之间，可以乘这些航班往返。傅云龙一行是 1887 年 11 月 12 日从上海出发，1889 年 10 月 21 日回到上海的。他近两年间的游历路线为：先从中国上海乘船渡海到日本，然后从日本乘船横渡太平洋到达北美洲的美国，再由美国到加拿大。返回美国后，又乘船抵古巴，经海地、牙买加、哥伦比亚、巴拿马、厄瓜多尔到达秘鲁，再绕道南美洲的智利、阿根廷、乌拉圭到达巴西。然后经西印度群岛回美国，最后再经日本回到上海。全程约 12 万华里，据其日记统计为 120 844 万华里。按理，这条路线中有一部分路程是必须走陆路的，这里不赘。而他的主要海上航程可分两段，第一段从中国到美国西海岸（一般以旧金山即三藩市为目的地，这也是华侨从中国出发到美国的航线）；第二段沿墨西哥、中美洲和南美洲西海岸绕过麦哲伦海峡，经南美洲东海岸再经西印度群岛到美国东海岸（一般以纽约为登岸地）。一般来说，没有谁会将两段航程连续走完。只有像傅云龙这样要路过很多国家的人，才有机会经过一站又一站的航程把两段航程连起来。19 世纪 60 年代以前华侨到美国一般走横渡太平洋的航线，在三藩市登岸。那时华侨来美国的目的主要是在美国加州和西部其他多个州淘金。但淘金潮到 60 年代就基本结束了，华侨不想就此打道回国，纷纷向美国西部其他城市如洛杉矶、西雅图、波特兰和美国中部、东部的大城市（例如圣路易斯、芝加哥、纽约、波士顿、费城）转移。通过这一轮大转移，华侨遍布美国主要城市。1869 年贯通东西的美国太平洋铁路通车后，西部的华侨如要到美国东部去，可以乘坐火车。但在太平洋铁路通车前，美国西部华侨如果要到美国东部

---

① （清）傅云龙：《游历古巴图经余纪》，载《傅云龙日记》，杭州：浙江人民出版社，2005 年，第 170、175、177 页。有关傅云龙在巴西的行程，参见王晓秋：《19 世纪中拉文明的一次相遇与互鉴——清朝海外游历使傅云龙的拉丁美洲之行》，《拉丁美洲研究》2018 年第 40 卷第 1 期。

来，则只能通过海路走上述第二段航线。当然这只是理论上的，那时候几乎没有哪个华侨有此需求。倒是居住在美国西部加州等地的华侨可以通过上述第一段航线来巴西。如下所述，19世纪50年代巴西修建佩德罗二世铁路，其中一部分华工是英国承包商通过巴西一个华人在美国招募的（见第二章第四节）。基本上可以肯定这些美国华工来自美国西部旧金山等地。那时候在美国西部谋生的华侨与巴西间的交通联系肯定是走这一段航线。傅云龙此次在巴西见到一个来自旧金山名李迟棠的华侨，应是通过这条航线来巴西的。到1882年以后，美国实行"排华法案"，华侨移民美国越来越困难了。在美国实行"排华法案"的61年内（1882—1943），来自中国大陆的华侨总是千方百计进入美国。他们也希望通过各种各样的途径偷渡美国，偷渡路线主要是在墨西哥和加拿大边境。不过没有证据表明，在美国排华期间有华侨试图以巴西作为前往美国的中转站。另外，傅云龙之行也确信无疑地证明，巴西到美国东部的航线（即上述第二段航线）在他那个时候已经开通（最早什么时候开通待考）。傅云龙提到的另一个有名字的华侨郑东秀，曾在中国驻美公使陈兰彬的公使馆工作。中国公使馆在华盛顿，是则郑东秀来巴西就应走上述第二段航线。不过按照傅云龙所云，这条航线一个月才有一个航班，周期实在太长，说明那个时候来往于巴西和美国东部的乘客很少。不管怎样，李迟棠和郑东秀这两名分别从美国东西两岸来到巴西的华侨，说明在傅云龙到访巴西之前，从巴西东海岸到美国东西两岸都已有航线相通。当然，那时从美国到巴西来的华侨，肯定不止李迟棠和郑东秀两人，更多的华侨也应通过这两条航线来到了巴西。只是时过境迁，当年有多少华侨通过这两条航线来到巴西已无从查考。顺便说明，那时候从美国来巴西的华侨很可能是单程的。由于美国在"排华法案"实施期间对进入美国的中国人严加检查，华侨出境易而入境难，而在巴西，则出入境都相对容易得多。故那时从美国来巴西的华侨应都是下定决心来巴西谋生的。这些华侨所以愿意离开"千军万马过独木桥"的美国，肯定各有苦衷，包括在"排华法案"的黑幕下，华侨工作难找，种族歧视的阴影无处不在。此外，上述第二段航线的存在还有一个隐含的意义：它证明那个时候巴西到西印度群岛（主要是古巴、牙买加、特立尼达和多巴哥等地）各地已有航线直接或间接连通。当然，巴西东海岸城市到南美洲北部海岸其他殖民地国家（圭亚那、苏里南和法属圭亚那等）就更加容易了。

二是关于巴西华侨的居住心态。按照傅云龙的说法，当时在巴西首都有500名中国侨民。他见过的李迟棠，祖籍江苏，其祖父和父亲曾在贵州做过官，其兄仍在广东。有趣的是，这样一位有"官吏子弟"出身背景的老资格华侨，也愿意漂洋过海到遥远的他乡。这从侧面说明当时出国已经蔚然成风。江苏只是李迟棠的故乡，他本人很可能是在外省出生的，且他的出洋地也可能是在广东。他自

幼出洋，到了美国旧金山，之后又赴古巴、巴西，表明当时华侨可以在美国和古巴、巴西几地之间自由来去。当傅云龙劝其时正在里约热内卢做厨师的李迟棠回国时，他只是"漫应而去"。显然，李迟棠已是一个久经风霜的老华侨了，早已经习惯了海外生活，归乡之念淡薄，所以才有"漫应而去"之举。这种行止，一定程度上反映了当时旅居巴西的华侨的心态。这种心态显然还与当时的物质和交通条件紧密相关。那时候巴西与中国山迢水远，华侨收入无多，但回去一次中国耗费甚巨，算来算去，牙关一咬，心一横，就索性将身家性命终身留在巴西了。李迟棠有没有终生留在巴西已无法考证，至少在他见傅云龙时回乡之念淡薄是可以肯定的。

此外，傅云龙还见过另一位叫郑东秀的华侨，曾在前中国驻美公使陈兰彬的公使馆工作过，后来在巴西开饭馆；他了解到最初巴西种茶由20多名华工管理，现因无华工，茶园遂荒。当时巴西的园林、农田、矿山都迫切需要劳动力，并认为华工"价廉可用"。因此，傅云龙在致总理衙门的信中报告："巴西矿与土多未开辟，是以招工切。据华人言，其待华工尚宽，非古巴、秘鲁比，其茶种与制皆藉华人为居多。"①

三是巴西华侨的社会组织形态。傅云龙说巴西华侨共有三家"公司"，即广府公司、海南公司与客家公司。听说巴西华侨原来有1 000多名，现在只剩200多名。当时巴西华侨信息相当封闭，因此这里所说的华侨人数，很可能只包括巴西里约热内卢一带的华侨人数。从里约热内卢三家华侨公司来看，当时这里的华侨基本上是广东人，因为那个时代广府、海南与客家都是广东省籍之下的三个方言群。广东华侨所以分为三个"公司"，显然是因为华侨人数达到了一定规模，才有自我"建群"的必要。要说明的是，这里所说的"公司"，其实就是"会馆"，可能是傅云龙的译员根据葡语翻译而来，译员因不懂华侨社团的通用名称是会馆，才译成最流行的"公司"二字。最值得注意的是华侨人数的急剧变化，由1 000多名减少到只剩下200多名。这一变化很可能是在傅云龙来到巴西之前一段时间内发生的。华侨人数之所以减少，很可能是由于华侨纷纷迁居到别的地方谋生去了。至于去了哪里，要么是巴西之外的其他国家，要么就是里约热内卢之外的其他巴西城市。由于年代久远，当时哪个地方发生了什么事件，以及事件的来龙去脉等，今天已经难以考实。一般来说，华侨来到巴西后，若是生活安稳，就在这个国家安心长期谋生的可能性较大。因此傅云龙说华侨人数大幅减少的原因，较大的可能是里约热内卢之外的某个地

---

① 参见王晓秋：《晚清中国人走向世界的一次盛举——1887年海外游历使初探》，《北京大学学报》（哲学社会科学版）2001年第3期。

方出现了吸引华侨前去谋生的"拉力"。

傅云龙回到中国后，向皇帝提交了一份详细的旅行报告，报告中向清廷提供了很多关于巴西的信息，从气候和地形到政治形势、工业，甚至风俗和文学。这在当时是难能可贵的。也只有通过傅云龙这次旅行，才得到了关于拉美华侨的若干信息。早年传统华人社会居住高度分散，彼此信息联系薄弱，互相长期不通音讯。他们只知道自己所在的狭小区域内的同乡和一起工作的同事。

资料表明，在19世纪，已有近万名中国劳工在巴西劳作，从事各种职业。但大部分人居住分散，比较集中居住的地方是里约热内卢市、圣保罗市、新伊瓜苏市、巴纳纳尔市、贝伦市，以及米纳斯吉拉斯州东北部、巴伊亚州南部等地。这里尤为值得注意的是，贝伦市（Belem）在19世纪末20世纪初已有中国移民。[①] 贝伦市是巴西帕拉州首府，建于1616年，历史悠久。该市位于亚马孙河口，是该流域内河与海洋航运网的中心城市和进出口中心，也是巴西东部海岸线上最北部的城市，华侨到达这里的时间较晚是合乎情理的。贝伦市有了华侨的足迹，则标志着传统华人在巴西的生存发展地域已形成了基本覆盖。巴西虽然面积广袤，但其居住地域基本上是东部沿海的重要港口城市，以及以这些城市为中心向内陆延伸的城市。这是华侨重视经商的缘故，自古已然，于今为烈。在中华民国时期，自由移居巴西的华侨多了起来，且有关的记载也相对多了起来。这一时期其他国家移居巴西的人口也显著增加，华侨移民也随之水涨船高。B. 沃列斯基和 A. H. 格林金所著的《巴西》一书记录了巴西移民情况："1890—1900年移入巴西的人数达到1 125 000人，第一次世界大战结束时，移民人数稍微下降，但在1928—1933年世界经济危机前，又开始激增。1920—1930年，有835 000人移入巴西。"这些移民大部分来自欧洲各国。[②]

1912年中华民国正式成立后直到1949年，前往巴西的传统华人（也称老华侨）大多数为来自广东省的自由移民。他们在巴西主要从事小本生意，或受雇于人。这一时期的打工者一般由老板提供食宿，工时长，工资少，但可勉强维持生活。做小生意者多是白手起家，经营杂货店、小咖啡馆和中餐馆等。有关这一时期广东华侨移居巴西的情况，在其他各节多零散地提到，这里姑且从略。

中华民国时期（1912—1949）移居巴西的华侨，除了广东人外，另一个较大的地缘群体是浙江省的青田人。他们之所以愿意移居巴西，是因为传闻巴西是块乐土，人民善良厚道，社会安定，没有歧视华侨的现象。另外，其时欧洲经济危

---

① 陈太荣、刘正勤：《巴西19世纪引进中国劳工简史》，巴西侨网，2012年11月6日。

② 转引自郭秉强：《巴西青田籍华人华侨纪实：1910—1994》，青田县政府刊印本（内部编印），2005年。

机严重，社会混乱，生命财产受到威胁。青田人是 1910 年前后纷纷从欧洲一些国家转移到巴西来的。青田人之所以到欧洲，是因为家乡山秃土瘠，百姓贫穷，许多人乃携带青田石刻到欧洲谋生。此外，也有少数人从国内直接移居巴西。但从两个方向来巴西的移民人数加起来都很少。到 1920 年以后，在欧洲人大量移居巴西的趋势影响下，青田籍华侨也纷纷向巴西迁徙。到第二次世界大战期间，移居巴西的青田籍华侨则长期处于断流状态。据统计，这一时期移居巴西的青田籍华侨有 90 多人，因资料匮缺，只能了解到 88 人的名单，其中居住在里约热内卢的大约有 67 人，[①] 可见人数不多。这是由于当时中国国际地位低，且迁徙巴西非常艰难的缘故。

最早到达巴西的青田籍华侨是油竹人陈瑞丰、邱仁丰以及阜山黄寮人叶秀明，他们于 1910 年前后移居巴西（之后情况不明）。稍后，1915 年，王益宗、徐志仁抵达巴西。王益宗（1877—1966），男，阜山前王人。徐志仁（1877—1962），男，阜山木桥头人。两人同乡同年，从小意气相投，情同手足，希望跳出穷山沟闯荡天下。他们于 1914 年持中华民国政府签发的护照，一起从上海登上前往阿根廷的日本轮船，在海上漂泊两个多月后到达阿根廷，翌年再持阿根廷政府签发的护照一起转入巴西。徐志仁在里约热内卢落户，王益宗前往阿雷格里港市落户，在各自居住的城市拼搏终生，先后在里约热内卢病逝。[②]

另一些青田人则转经欧洲来到巴西，这里可举徐伯岩为例。徐伯岩，男，阜山人，生于 1911 年，1927 年他年仅 16 岁就到了巴西。其时他花了 100 银圆让上海"新鹤鸣旅社"接洽青田人出国的承办者周宝兴出面，以出国留学为名，包办护照（中华民国政府签发）等出国手续，乘荷兰轮船经过一个多月漂泊在法国马赛上岸，由接头人送到巴黎。两个月后，再由驻法国的巴西使馆签发护照，与桐桥人王进星、孙山人孙成福、方山人陈楚然坐轮船同往巴西。顺便一说，当徐伯岩 4 人进入巴西领海时，全被海关押送到一个无名小岛上体检，主要检查有无沙眼（含有歧视成分），幸好无事才得以入境。[③]

二、移民人数概略

在中国茶农来到巴西后，其他类型的移民也陆续而来。其中最为人熟知的，便是以契约华工方式来到巴西的华侨。有关契约华工的人数，不可能找到连续的

---

① 郭秉强：《巴西青田籍华人华侨纪实：1910—1994》，青田县政府刊印本（内部编印），2005 年。

② 郭秉强：《巴西青田籍华人华侨纪实：1910—1994》，青田县政府刊印本（内部编印），2005 年。

③ 郭秉强：《巴西青田籍华人华侨纪实：1910—1994》，青田县政府刊印本（内部编印），2005 年。

数字，甚至不可能找到每个时期的可靠数字。现在看到的若干数字，来自不同的出处。下面将之按照年份顺序排列在一起，仅供参考（其中有重复）。

据不完全统计，巴西 19 世纪引进中国劳工的具体情况如下：1808 年 1 人，1809—1815 年 300 余人，1855 年 2 月 9 日 303 人，1855 年 6 月 11 日 6 000 人，1856 年 3 月 19 日 368 人，1866 年 10 月 312 人，1874 年 1 000 人，1893 年 12 月 6 日 475 人，1900 年 8 月 15 日 107 人，1909 年 300 人，共计约 1 万人。[①] 可以说，1809—1909 年的一个世纪里，巴西多次运进的 1 万名左右的中国劳工均是私自招募而来的，不是两国政府间的官方行为。

上列数字有两个特征：其一，这些数字多半是从中国引进时的"入境现时统计数字"，不包括他们进入巴西后的死亡、回国、生育的后代等方面的"折损数字"和"衍生数字"；第二，这些数字是有记载或曰有案可查的数字，不涉及可能更多的无案可查的数字。因而，这里的每一个数字都可能有各自的移民目的，同一个数字可能是朝着同一个移民目的而来的同一批人。这些数字在本书的不同部分基本上都可以查到。例如，1809—1815 年的 300 余人，均是招募来里约热内卢、巴伊亚等州种茶的中国茶农；1855 年 6 月 11 日的 6 000 多人，均是招募来修建佩德罗二世铁路的华工（其中 5 000 多人在其后的暴雨与霍乱瘟疫中死去）；1866 年 10 月的 312 人，是被里约热内卢一个公共工程企业家雇用来干活的；1874 年的约 1 000 人（来自广州），均是被位于米纳斯吉拉斯州的南美洲最大矿业公司（英资）招到其所属的"老山矿"开采金矿的矿工；1910 年的 300 人，均是招募来修建马代拉－马莫雷铁路的华工，等等。

到目前为止，各种各样的巴西华侨华人统计数字可谓五花八门，但不能说这个有价值，那个没有价值，这个可靠，那个不可靠，每一个统计数字都有研究价值。由于当时巴西对外国人入境的记录档案很不完整，很难得到完全而准确的数据，多是片段性的且出处不详的数字，各个数字目前确实还不能进行有序的系统化整合。

除了上述比较可靠的单个数据外，还有以下数据可供参考：

资料显示，从 1810 年到 1874 年，共有 2 633 名华侨来到巴西。[②] 他们包括茶农和以其他身份来的人。

1883 年，中巴签订《通商友好条约》，但不能满足巴西对华工的需求。在以后的几十年中，巴西政府曾多次努力，企图大量招收华工，但收效不大。据中国驻巴西公使馆调查报告，1931 年旅巴华侨人数为 820 人，1940 年为 592 人。直

---

① 陈太荣、刘正勤：《19 世纪中国人移民巴西史》，北京：中国华侨出版社，2017 年，第 48 页。

② 袁一平：《华人移民巴西二百周年简史》，载《华人移民巴西 200 周年纪念特刊》，南美侨报社编印，2013 年，第 1 页。

到 1949 年，旅居巴西的华侨华人也未超过 1 000 人。[①]

巴西的葡萄牙殖民当局多次在广东、福建招募华工，还有些华工是从其他国家通过各种途径进入巴西的。到 1881 年中巴建交时，巴西有华侨 2 000 多人。这一年，中巴签订《通商友好条约》，但也不能满足巴西对于廉价华工的需求。在 1884 年至 1933 年的 50 年间，由于清政府拒绝巴西的招工要求，进入巴西的华工只有 1 581 人，其中 1931 年为 820 人，1940 年为 592 人，到 1949 年中华人民共和国成立前，巴西华侨不超过 1 000 人[②]。到 20 世纪 50 年代初，全巴西华侨不足千人，圣保罗市约 300 人。

这里应该指出，在晚清时期，几乎所有移民巴西的华工在到达巴西后都没有留下姓名。这不是因为他们故意隐姓埋名，而应是葡萄牙当局的一种刻意安排。一开始就将中国人名字改换为目的国名字才让入境，这在世界上殊为罕见。更重要的是，他们入境后，继续使用改换后的名字，今天只能猜测他们在熟悉的人群间（如乡亲间）才会彼此呼唤原先的中国名字。对后来的研究者来说，其后果只能造成华侨华人人口数字的损失，特别是对其后代的统计，更会造成人口数字的减少。越往后，就越少人知道他们的祖辈是中国人。据陈太荣、刘正勤夫妇调查，华工入境时均使用葡文姓名，他们的后代难以查询。[③] 世界华侨华人史上，巴西这种现象十分类似于泰国同时代的华人。很多泰国华人也是全名改为泰国姓名后在泰国定居下来的，他们连作为中国人标签的姓氏也没有保存，若干代以后就没有几个人知道他们的祖辈是中国人了。如今泰国完全没有中国姓名痕迹的华人后裔不知凡几，巴西在多大程度上也是如此？这倒是一个值得研究的问题。

中国劳工中使用过中文名字的一个例外是《外国人登记簿（1808—1822）》里的一则记载："从卡拉韦拉斯来了 4 个中国人，他们将住在阿劳若阁下的家里。他们没有一个人有外文名字，他们出示了护照，并用中文签下了名字。"巴西 20 世纪最重要的历史学家之一若泽·奥诺里奥·罗德里格斯（1913—1987，1958—1964 年担任巴西国家档案馆馆长）于 1960 年在巴西国家档案馆出版的《外国人登记簿（1808—1822）》中，在上述中国人的登记姓名后面加了一个注释："4 个受过教育的中国人名字的拼音（Chou Shian，Chou Liang，Huang Tsai 和 Huang Ming）是请（巴西外交部）二等秘书本雅明·B. 图（Benjamin B. Tu）翻译的。"可能本雅明受中国方言的影响，把赵翻译成了"Chou"。巴尔卡伯爵的管家则是

---

① 白俊杰：《巴西华侨华人概述》，载《华侨华人百科全书·历史卷》编辑委员会编：《华侨华人百科全书·历史卷》，北京：中国华侨出版社，2002 年，第 35 页。

② 白俊杰：《巴西华侨华人概述》，载《华侨华人百科全书·历史卷》编辑委员会编：《华侨华人百科全书·历史卷》，北京：中国华侨出版社，2002 年，第 35 页。

③ 陈太荣、刘正勤：《巴西 19 世纪引进中国劳工简史》，巴西侨网，2012 年 11 月 6 日。

这样登记的，"9 月 10 日，埃尔内斯托·克拉梅尔，德国人，卡拉韦拉斯居民，乘'拯救圣母'号船来，单身，39 岁，是国务大臣安东尼奥·德·阿劳若阁下的熟人，将住在他的家里"。他们 4 个人是 1809—1815 年在巴西的 300 多名中国人中唯一没有使用葡文名字而留下中文名字的中国人（今天《外国人登记簿（1808—1822）》上还有其中文签名）。[①] 再结合后来巴纳纳尔所有当地中国人都没有中文名字而只有葡文名字的现象（有的华侨还用"中国"做名字，参见第一章第四节），则可表明，19 世纪到巴西的中国人不能使用中文名字而必须改为葡文名字可能是一种不成文的规矩或习以为常的惯例，原因可能是为了方便葡萄牙人的管理。档案资料表明，早年华工也可以用中文签名。例如 1819 年圣克鲁斯庄园参加请愿的 51 名中国茶农在请愿书上便用中文签名。[②] 估计后来此例已改，华工在入境与日常生活中只能用葡文了。但这一现象的后果是十分明显的：中国人取了葡萄牙文名字，从名到姓都全盘当地化，虽然在第一代甚至第二代都还可以自认是中国人，但到了第三代以后，华裔意识必然逐渐淡化，他们就很难也不愿意再以中国人自居了。他们的葡萄牙文名字无疑会加剧这种意识。更重要的是，第三代甚至第二代起，很多人的后代已难以寻觅。一些人或许知道自己是华裔，且还愿意说自己的祖辈是中国人，但多是在某些场合才会提起。对于他们来说，更愿意认同自己是巴西人。由于这个缘故，巴西公开透露的华侨数量（包括后裔在内的传统华人数量）可能会比实际存在的人数要少很多。例如，根据上面关于传统移民时代的统计，直到 1949 年，旅居巴西的华侨未超过 1 000 人。笔者认为这个数字可能被严重低估了，因为很多第三代以后已经融入当地的华人很可能没有被统计在内。一个重要原因就是从第一代到他们自己这一代的名字全都是没有任何中国痕迹的葡文名字。

到 1959 年，巴西的华侨人数增至 6 748 人。进入新移民时代后（20 世纪 60 年代台湾地区的移民已可归入新移民时代），1967 年，巴西的华侨华人增至 17 490 人，1972 年已增至 4 万人。[③] 根据以上数据可以看出，巴西华侨华人的增长曲线在 1949 年后出现了迅猛增长的趋势：1949—1959 增长了 5 700 多人，1959—1967 年增长了 1 万多人，1967—1972 年又增长了 23 000 多人，此中应包括 1971 年中国恢复在联合国合法席位后一部分来自台湾的移民。不难看出整条增长曲线是陡坡状的，他们基本上是从中国大陆以外的地方移民巴西的。可以肯

---

① 陈太荣、刘正勤：《19 世纪中国人移民巴西史》，北京：中国华侨出版社，2017 年，第 64 - 65 页。

② 据巴西里约热内卢国家图书馆（Biblioteca Nacional, Rio de Janeiro）馆藏档案，文件号 Ⅱ - 34，27，4。该文件由束长生提供。

③ 白俊杰：《巴西华侨华人概述》，载《华侨华人百科全书·历史卷》编辑委员会编：《华侨华人百科全书·历史卷》，北京：中国华侨出版社，2002 年，第 35 页。

定，到 20 世纪 70 年代，巴西的华侨华人数量增长主要是建立在台湾地区移民人数增长的基础上。上述数字在一定程度上反映了较长一段时期内华侨华人在拉丁美洲的人口布局。这一人口布局到 1979 年中国改革开放后大量新移民的到来才被打破。如今，巴西华侨华人人数估计已增至约 30 万，其中新移民人数已远超过传统华人。

第三节 "二战"结束到 70 年代迁居巴西的华侨华人

可以肯定，在第二次世界大战后，华侨移居巴西人数开始迅速增加。这里只就"华侨华人世界"（包括中国大陆和中国台湾、香港地区）移居巴西的人口情况做一梳理。20 世纪 40 年代末至 60 年代为"二战"后一次移民高峰期。这一轮中国移民的历史背景是"二战"后的 1945 年到 1949 年，中国国内经历了解放战争。解放战争结束后，从 20 世纪 50 年代初开始，拉丁美洲地区的华侨华人移民形势发生了重大变化。其一，世界上一些地方的华侨华人纷纷移居拉美地区（主要是南美），这时来自香港、台湾的移民便形成一个小高潮，详情可参下述。其二，来自中国大陆的移民基本上处于断流状态，极大地影响了中国对拉美地区的移民格局。

从 20 世纪 50 年代到 70 年代末，包括巴西在内，拉丁美洲只有少数国家接收过来自台湾等地的移民。这期间来自中国大陆的移民非常少，一般是经过一定的批准程序、按照一定的路线前来其祖上居住地以继承家族生意者。由于历史上来拉美的华侨华人大部分是广东人，因此这期间前来拉美继承家族生意的便以广东人居多。当然也有来自其他省份的华侨，也多是前来继承家族生意的。应指出，在海外华侨华人中，有的家族生意是世代相传的。这种传承性不因社会和政局的改变而改变。这也是支持历代华侨出国的一个重要原因。例如，浙江籍的孙特英家族，孙特英的父亲 1906 年出生，其父 5 岁时，孙特英的爷爷孙玉福就离开家乡到欧洲，约 1925 年到巴西。1957 年，孙特英父亲离开中国大陆到香港办理手续，1958 年 5 月乘荷兰船，58 天后来到巴西。孙特英一家共两兄弟四姐妹。两兄弟分别是哥哥孙志凯，弟弟孙华凯。哥哥孙志凯在 1963 年来到巴西，与他人一起创立了"里约热内卢华人联谊会"，他是中华人民共和国国庆 30 周年唯一应邀参加北京阅兵观礼的巴西侨胞。孙特英在家中排行老五，她的出国则有几分机缘巧合。1966 年，她父亲因为孙特英母亲病重回国探亲。1967 年，孙特英和弟弟孙华凯随父亲来到巴西。时至今天，孙家在巴西已发展到 200 人左右，是个名副其实的大家族。孙特英两个姐姐已经有儿子、孙子、曾孙了。如按代计算，

孙氏家族在巴西已有六代传人，主要是经商和做国际贸易。[①] 显然，在中国大陆移民稀少的情况下，包括巴西在内，拉美各国的华侨华人社会基本上是靠一代代华裔的产生来延续中华民族的血脉。巴西是拉美地区历史上华侨移民较多的国家，因此这期间来自中国大陆的移民状况对拉美移民格局的影响相对较大。

一、来自中国大陆、香港和台湾等地的中国移民

就巴西的华侨移民来说，20 世纪 40 年代末至 60 年代为一次移居高峰期。20世纪 40 年代末开始，巴西出现了两支殊途同归的移民流。一支因战乱或受迫害而移民，来源地是非洲、美国等地；另一支来自中国香港和台湾。前一支移民的大部分应属再移民，由于资料不详，此不赘述。来自香港和台湾的移民原先也是从中国大陆迁移过去的，由于到了香港和台湾后又感到形势变化对其前景不利，不久便移居他国。先是一些国内资本家和国民党军政要员携资移居巴西，其后又有一些企业家和知识分子入境巴西谋生。于是，华侨华人数量呈直线上升趋势。从巴西华侨华人史的角度来说，这是一个历史性的变化。

（一）中华人民共和国成立前后迁居巴西的江浙大家族企业家

先说到香港那一部分移民。他们还在中国大陆时，其身份就是面粉大王、棉纱大王等一类民族资本家或企业家。其实在中华人民共和国成立前，他们不只是迁移到香港，还到了澳门、泰国等地，但还是以迁居香港的为多，后来其中一部分人先后来到巴西。他们的祖居地多为江苏、浙江等省份，后因事业成功而拥有大产业者一般都在上海经营。作为中国移民，他们的一个最重要特点是，原先都是企业家，移居巴西时，不仅带来了雄厚的资金，还带来了丰富的科技知识和管理经验。后来他们中很多人在巴西的经营也很成功，对巴西的经济发展做出了重要贡献。他们的到来，有助于改善中国人的形象和地位。这是巴西华侨华人社会的重要转折。有关这一部分人的情况在第四章第六节有专门介绍。

从移民的角度来看，这个时期来自港、台地区的移民不仅给巴西华侨社会带来生力军，也为当地经济注入新活力。他们到巴西后投资设厂，既活跃了当地民族经济，也为华侨继续前来巴西创造了良好的条件。另外，这一时期华侨华人的受教育程度和文化层次总体上有所提升，与昔日的华工自然不可同日而语。就他们在巴西的创业起点来说，也有所提高。例如，1950 年留德学生钱子宁约集港、台几十家富商到巴西开办中元造纸厂，招收一批华工，当时就有 200 余名华侨因

---

① 据 2020 年 5 月孙特英与笔者的连续通信信息。

此入境巴西。①

（二）20 世纪 50—70 年代迁居巴西的台湾普通民众和国民党中下层军政人员

据台湾方面的资料，早在 1949 年，"中华民国政府"就曾经接到民众上书，询问关于移居中南美洲的相关事宜。当时的"外交部"曾就此事询问过中国驻中南美洲的使领馆查询相关情况。当地使领馆的答复是"中南美洲国家欢迎中国农工技术人员移垦"，并告知相关资料。② 应注意的是，如按照此处所说，当时民众上书询问移居中南美洲相关事宜应是国民党政权迁居台湾之前的事情，而这里的上书民众是否包括当时中国大陆一部分人应继续探索。1949 年，国民党政权迁台，同时带去了大量军民人口，加上台湾地区本身的年人口自然增长率迅速提高，高居世界前列，台湾地区也面临着粮食供应不足的困境，因而加强了台湾本土向外移民以舒缓当地密集人口的推力。而在地球另一端的中南美洲，移民拉力作用明显。包括巴西在内，中南美洲地广人稀，土地广袤肥沃，气候温和，四季分明，且拥有丰富的矿产。两次世界大战的战火均没有烧到这里，而且当地各国政府鼓励外来移民前来发展，特别是从事农业开垦。1959 年，巴西驻台湾"大使"杜善笃（Labieuno Solefto dos Santos）在离开台湾前，还公开表示"巴西政府欢迎中国人前往巴西垦殖，巴西政府将给予优待，不必付钱可得到土地"③。于是，在"一推一拉"两种作用力的共同作用下，台湾地区对中南美洲的移民流便由此催生。巴西是这一地区最大的国家，在各国中的自然条件更为优越，因此成为台湾移民的首选国家。在此背景下，台湾当局也对民众移居中南美洲地区表现出积极支持的意向。1959 年，台湾"内政部"拟定了"国际移民问题讨论纲要"，并依国际移民会议决议，成立了"外交部""侨委会"等跨部会的移民专案小组，经过多次专题讨论后，于 1960 年制定了"国际移民推进方案草案"，将之列入 1962 年台湾当局的施政计划。不过当时的政治形势瞬息万变，台湾当局的移民态度很快冷却下来，表示无法像当时的日本和韩国那样，由政府渠道主导向外移民。于是，台湾当局转为接受台湾民众以"个人"方式移居中南美洲，并要求申请者"最

---

① 白俊杰：《巴西华侨华人概述》，载《华侨华人百科全书·历史卷》编辑委员会编：《华侨华人百科全书·历史卷》，北京：中国华侨出版社，2002 年，第 35 页。

② 林彦瑜：《1970—1990 年代美浓客家人移民南美洲动机与跨国认同——以巴西、阿根廷为例》，台湾师范大学应用华语文学系华教与海外华人研究组硕士学位论文，2014 年，第 48 页。关于台湾当局的有关移民情况可参见《移民中南美洲各国资料》，藏台湾"中央研究院"近代史研究所档案馆。

③ 林彦瑜：《1970—1990 年代美浓客家人移民南美洲动机与跨国认同——以巴西、阿根廷为例》，台湾师范大学应用华语文学系华教与海外华人研究组硕士学位论文，2014 年，第 56 页。

好具有农工技术及非役男身份"，且不对移居者提供资金等项支持。台湾当局移民态度改变的具体原因十分复杂，但可以肯定，台湾民众移民中南美洲的计划最后都转变为移居者的"个人"安排。1964 年，台湾"华侨救国联合总会"曾举办"移民巴西问题座谈会"，会上指出，"要移民巴西去，必须有资本，有技术，有计划，有把握，能忍耐，能苦干，否则不要冒险前往"，"移民巴西大不易，即使自身具备一切合法合理的条件和证件，仍会遭受若干人为的困难"①。总之，这时候台湾当局的态度是劝告移居巴西者谨慎前往，既不鼓励也不禁止。但是，这时候很多台湾民众移居巴西的积极性仍然很高。如后所述，从1963 年"六家族"起，台湾民众拖家带口移居巴西的现象就络绎不绝，其中以举家移居巴西的案例居多。这种情况一直持续到 20 世纪 90 年代，台湾的经济发展状况有所好转，加上巴西等国陆续修改移民法规，台湾地区民众对巴西等南美国家的移民热才逐渐冷却下来。②

另外，20 世纪 50 年代后台湾民众的移居巴西潮之所以一直不断还有一个重要因素，即台湾方面断断续续地多次受到重大外来因素的刺激。这些刺激主要是对 1949 年国民党政权撤到台湾后带来的一批家在大陆的军政人员及其家属而言（从人口迁移的角度来说他们也属"移民"）。当时他们以台湾为"暂居地"的心态十分明显。这些"暂居者"包括两种情况，一是随时准备"反攻大陆"回到家乡，二是随时准备移居他国避难。特别是一些大陆来台的原国民党军政人士，一有风吹草动，就很容易诱发移民情绪。例如，1955 年，解放军空军轰炸浙江沿海地区的大陈岛，引起甫迁台湾岛的国民党军政人员一阵恐慌。1958 年，解放军在福建前线对金门、马祖突然发起炮击，炮火染红了金门、马祖海面及其天

---

① 林彦瑜：《1970—1990 年代美浓客家人移民南美洲动机与跨国认同——以巴西、阿根廷为例》，台湾师范大学应用华语文学系华教与海外华人研究组硕士学位论文，2014 年，第 49 – 50 页。

② 自国民党政权迁台起，台湾地区出版的关于巴西的台湾移民的出版物相对其他拉美国家来说较多。例如在专著方面，有卫文新：《巴西实况》，台北：皇冠出版社，1960 年，保留了研究当年台湾移民的珍贵资料；何名忠：《南美国家与华侨事业简介》，台北：中国侨政学会，1969 年；邢鉴生：《移民巴西研究》，台北：实践出版社，1969 年；何国世：《巴西史：森巴王国》，台北：三民书店，2008 年。在论文方面，台湾"中央研究院"的汤熙勇教授曾就 20 世纪 50—70 年代台湾人移民巴西问题发表过三篇论文：一是《台湾与巴西：台湾住民移民巴西机会之寻求，1956—60 年》，发表于"海外华人之文化变迁与文物维护"国际研讨会，"中央研究院"人文社会科学研究中心、"中华民国"海外华人研究学会、海华文教基金会、"侨务委员会"，2008 年 12 月 13—14 日，第 225 – 263 页；二是《从台湾到巴西：巴西台湾人"六家庄的建立"（1963—1972）》，发表于"孙中山——海外华人与两岸发展国际学术研讨会"，"中华民国"海外华人研究学会、台北中山纪念馆、华侨协会总会，2009 年 11 月 11—12 日，第 229 – 241 页；三是《巴西招徕台湾人移民》，发表于《人口学刊》2013 年第 46 期，第 87 – 119 页。另外，台湾"中华民国行政院客家委员会"2012 年出版了《客勤缘拓——中南美洲二十位客家人足迹》一书。相关信息参见：林彦瑜：《1970—1990 年代美浓客家人移民南美洲动机与跨国认同——以巴西、阿根廷为例》，台湾师范大学应用华语文学系华教与海外华人研究组硕士学位论文，2014 年。

空，很多国民党军政人员人心惶惶，准备逃避。很多台湾人就是在这样的背景下移居巴西的。应指出，这些已经移居他国或准备移居他国的台湾中上层人士之所以移居到巴西，更多考虑的只是自己家人和那一份相当沉重的家族财产的安全。实际上不少人移居巴西后，逐渐对中国大陆的发展产生好感，并主张祖国统一，愿为之效力。客观地看，台湾移民的到来是巴西华侨华人历史上的重要转折，直接导致华侨华人数量直线上升。据统计，到1959年，巴西华侨人数量增至6 748人，1967年增至17 490人。①

到20世纪60年代至70年代初，台湾当局获得了暂时的苟安，但并非太平无事，"不祥"的气氛始终压抑着面积不大的台湾岛，因此，向外移民之流仍不断出现，其中包括以巴西为目的地的移民。但这个时候前去巴西的台湾移民，不全是为了"避祸"，甚至与"避祸"无关。根据目前看到的材料，在巴西从事农业种植的主要是20世纪60年代来自台湾的侨民。

最明显的就是"六家族"。他们的移民与宗教关系最大（都是基督教徒），一般的说法是，"慕义六家族"就是其先驱者。应说明，由于"慕义六家族"的移民是发生在60年代初，故按照一般的年代划分，他们应属于传统华人移民时代尾声的移民。当时他们多乘荷兰船或日本邮轮前来，属台湾一次性人数最多的集体移民。

"六家族"在迁居巴西前做了十分细致的准备。首先，在移民前已先联系好了在巴西一方接应的台湾同胞，如下面所说的"六家族"的亲戚杨毓奇等人（他们已经先在巴西开了农场）；其次，同时也准备好了到巴西务农的工具。这说明杨毓奇等人毫无疑问是比"六家族"更早到巴西开始从事农业的台湾人，但具体年份不详。现在只知道他被人称为"博士"，由于目前找不到有关杨毓奇的详细材料，这里只能从"六家族"说起。

"慕义六家族"是台湾彰化县原斗和溪州两教会（据查为基督教）的六户家庭，共32人。据说20世纪60年代台湾彰化的原斗和溪州两地原本住有许多基督徒，信仰单纯虔诚，过着俭朴的乡村生活。根据后来整理的"六家族"名单，他们分别是：陈振昌家族，有萧淑慎、陈仁德、陈仁山、陈惠娟；纪庆诚家族，有林善、纪文辉、纪丽玉、纪丽音、纪文艺；庄永得家族，有李铅、庄守敦、庄守平、庄瑞堂、庄瑞芳、庄瑞阳；陈恩勤家族，有陈宝禄、陈宝镇、陈宝华；另原属溪州教会为王守宝家族，有王陈妙、林庆丰、王明惠、王明昌；陈荣华家

---

① 白俊杰：《巴西华侨华人概述》，载《华侨华人百科全书·历史卷》编辑委员会编：《华侨华人百科全书·历史卷》，北京：中国华侨出版社，2002年，第35页。

族，有曹安静、陈嘉章、陈嘉隆、陈美珠。[1]

据说，"六家族"移居巴西缘起于原斗教会的陈振昌长老前往淡江中学参加全台教会灵修会，听闻巴西是个新兴国家，地大物博，人口稀少，物产丰富，土地肥沃，非常欢迎农业移民，很有发展潜力，于是内心种下了移民巴西的种子。不久之后，旅居巴西的杨毓奇博士又提供更进一步的资料。杨博士还建议，最好由教会会友有组织地集体移民，他很乐意协办相关的手续。在这样的情形下，教会内兴起了一股移民巴西的热潮，起初有 12 户加入移民行列，然而在经办手续的过程中，有些家庭遇到拦阻和亲人反对，到最后顺利成行的只剩 6 户，即溪州教会的王守宝、陈荣华，原斗教会的陈振昌、纪庆诚、庄永得、陈恩勤六个家庭，老幼共计 32 人，其中大人 11 人，小孩 21 人。这就是"六家族"的由来。1963 年 7 月 20 日，这六个家庭获得巴西移民签证，随即订购船票、计划出发与接洽船期。实际上，这一次前往南美洲的乘客除了这六个家庭外，还有虎尾教会的简荣源长老一家 7 人，以及前往巴西"大使馆"任职的人员，合起来共 50 余人。因此，轮船公司特地商请荷兰籍的客货轮从日本横滨前来基隆港靠岸载客。[2] 今天人们言及当初移居巴西的家庭实际上不只是"六家族"。但"六家族"之说已约定俗成，成为巴西的台湾移民史上一个著名符号。

1963 年 8 月 20 日，"六家族"成员乘荷兰籍德基保号客轮，经香港、新加坡、槟榔屿、毛里求斯以及非洲沿岸国家（笔者注：这些国家和地区都应是航线从旁经过而非登岸），历经 50 天航程，于 10 月 10 日抵达山度士港（今译桑托斯港），晚上 8 点多完成出关手续，由亲戚杨毓奇前往迎接，一行坐上大巴，半夜 1 时抵达在 Pindorama 的杨毓奇的农场。当夜住在杨博士为他们安置的育鸡室、仓库和一间客厅中，各家暂以二片甘蔗板做床铺，无电灯，以烛照明。就这样开始了在异国他乡移民生活的第一夜。[3] 他们所带的农具则租巴士和卡车载运到目的地。据说有的家庭是变卖家产才买船票的，他们只剩极少的美金，王武聪牧师在巴西登岸时，只剩下不到 50 元美金。[4] 六户人家先是分散居住，搭伙吃饭，一日三餐由各家主妇轮流掌厨。他们后来相互照顾，共同度过了新移民最艰难的初期岁月。[5] 随后，他们在慕义（Mogi Das Cruse）购买土地务农，养鸡种菇，并开

① 《慕义六家族》，载《巴西华人耕耘录》，巴西美洲华报编印，1998 年，第 62 页。

② 《慕义六家族》，载《巴西华人耕耘录》，巴西美洲华报编印，1998 年，第 62 页。

③ 《慕义六家族》，载《巴西华人耕耘录》，巴西美洲华报编印，1998 年，第 62 页。

④ 关于六家族移居巴西的过程，据《信心之旅——巴西台湾六家庄传奇》。王武聪牧师撰录自"台湾基督长老教会台中忠孝路教会"网页，7 月 1 日。据撰者云：本文资料来自六家中王首长老口述，王明惠医师、庄瑞阳医师的见证，以及王明昌医师所提供的慕义长老教会简史。

⑤ 袁一平：《华人移民巴西二百周年简史》，载《华人移民巴西 200 周年纪念特刊》，南美侨报社编印，2013 年，第 5 页。

创新的家园，传宗接代。1996 年，当初从台湾来的台胞还在巴西成立了一个"台湾乘船移民南美联谊会"。

根据笔者 2019 年 6 月向台湾新一代移民了解，最初移民的"慕义六家族"32 人中，除了尚有一人在世，其余均已不在人世。到当年 12 月再向他们了解，最后一位老者也于早些时候离世。至此，"六家族"的第一代已全部故去。今在世者，都是"六家族"的后代。他们在慕义乃至其他地方均已开枝散叶，甚至枝繁叶茂，从事各种各样的行业。有关"六家族"移居慕义后从事农业生产的情况，可参传统华人职业一节的阐述。

除了"六家族"外，20 世纪 60 年代后迁居巴西的台湾人中，有相当一部分是客家人。客家人的祖籍地在中国大陆，他们祖先移居台湾的历史很早。康熙二十二年（1683）施琅平台，次年将台湾划入清朝版图并设县派官治理后，中国大陆民众（主要是福建人）在清政府的鼓励下开始移居台湾，其中很大一部分是客家人。他们主要来自广东省梅县（今称梅州）地区，其迁居地是台湾美浓地区。据文献记载，美浓地区原为清朝禁开垦地，武洛六堆统领林丰山、林桂山兄弟借平定吴福山之乱向凤山县令申请开发，乾隆六年（1741）清廷才准予客家人进入开垦。由于该地区土地肥沃，气候适宜，当时不仅吸引了六堆客家人移至美浓，研究移居到美浓地区的客家人也回乡去招揽家乡的客家人前来此地开垦，造成美浓地区成为大量外来人口集中之地。客家人在这里定居后，以务农为主，大部分为种芋农户。后来这里的芋田种植面积为全台最大。当时美浓地区是台湾的高收入地区。但美浓地区作为客家人聚落，交通不便，民风保守，与外界的联系闭塞，人们家族观念和意识极为浓厚，受此风气影响，后来移居巴西与其他南美国家的美浓客家人也多为家族式移民。①

台湾美浓客家人从 20 世纪 60 年代初开始陆续移居巴西，至少延续到 20 世纪 70 年代。最早移居者是谁今已无法查寻。他们移居巴西可能受到屏东县内埔乡客家人的影响，还可能受到台湾当局 20 世纪 60 年代起陆续派出的农耕队的影响。那时这些农耕队员被派往非洲和南美洲国家。他们回到台湾后，向乡亲朋友讲述了他们的所见所闻，当然不乏当地地大物博之类的正面传闻，对客家人移民起了重要的宣传鼓动效应。客家人移居巴西等国时，家族性十分明显，突出表现为一家影响一家，一家带动一家，一家帮助一家，十分类似后来中国大陆的血缘式"网络移民"。

这里应指出，20 世纪 60 年代移居巴西的台湾人中，也有一批身份地位显赫

---

① 林彦瑜：《1970—1990 年代美浓客家人移民南美洲动机与跨国认同——以巴西、阿根廷为例》，台湾师范大学应用华语文学系华教与海外华人研究组硕士学位论文，2014 年，第 26 页。

者。他们一般是 1949 年后跟随败退的国民党政权从中国大陆退居台湾的人。例如，籍贯江苏连云港灌南的皋春湧，1963 年移居圣保罗。他原为国民党的一位将军。

台湾人仲家治（Chia Chih Chung），父亲仲永锡（1925—1989）是苏州人，上海某大学化工专业毕业，1945 年抗日战争结束后，被中国政府派到台北市接收一家造纸厂。但他思念家乡，不愿待在台湾，于 1964 年 11 月乘轮船离开台湾移民巴西。1965 年 2 月，仲父抵达桑托斯港，后定居累西腓市。1966 年 2 月，仲母（台湾福建人后裔）带着大儿子仲家渊（2014 年病逝）、二儿子仲家治（1950 年 1 月 19 日生于台北市）和女儿到累西腓团聚。仲永锡 1984 年曾回苏州探望双亲，并将弟弟仲海涛带到巴西，在他公司做经理，仲海涛于 2011 年在累西腓去世。仲永锡于 1989 年去世后，仲母带着女儿返台居住。

仲家治高中毕业后，考入巴西伯南布哥联邦大学电机系学习，获电力与机械工程师称号。毕业后进入巴西国家圣弗朗西斯科水力发电公司（CNESF）工作 40 年直至退休。退休后经商。仲家治夫人杨淑玲为中国台湾客家人杨锦章（曾任巴西佛光协会累西腓分会会长）的大女儿，也是经商能手，除在曾为巴西第一大、现为第三大的累西腓购物中心开有"杨纪商店"外，还在市中心开了一家巴西烤鸡店。他们育有三个子女，大女儿仲小兰 2009 年毕业于巴西伯南布哥联邦大学法律系，获律师资格，2015 年 4 月 25 日起担任"巴西累西腓华侨华人协会"法律顾问。她信仰佛教，曾任巴西佛光协会累西腓分会会长。儿子仲英杰在伯南布哥联邦大学工商管理系毕业后，经商开眼镜店。小女儿仲晓云在伯南布哥联邦大学医学院毕业后，赴美国费城作遗传学博士后研究。①

1971 年 7 月，美国总统尼克松宣布将于次年访问中国。这一爆炸性消息令台湾全岛震荡。这一年 10 月 25 日，中华人民共和国恢复在联合国的合法席位，台湾当局被驱逐出联合国。此一历史性事件，更是动摇了台湾当局的信心。随后，1979 年 1 月 1 日中美建交，将台湾很多人的向外移民心态进一步推向巅峰。不过，按照本书的划分，20 世纪 60 年代中期起已属新移民时代，且参下述。

由上可见，20 世纪 60 年代到 70 年代中期，是台湾人迁居巴西的主要时期。有学者对这一时期巴西的侨民人数进行了统计。如下表所示，1961—1972 年，台湾"侨务委员会"共核发了 13 976 个申请前往巴西的许可证，其中 1972 年人数呈现明显增长，应与 1971 年台湾退出联合国有关。而 1975—1976 年，移民巴

---

① 陈太荣、刘正勤编著：《中国江苏人移民巴西史》第一章第三节，北京：中国华侨出版社，2022 年。笔者在本书中所引的《中国江苏人移民巴西史》相关资料，据陈太荣、刘正勤两位给笔者提供的原稿，笔者对他们的热情慷慨支持表示深切的感谢。

西的台湾人接近 3 000 人，应是受台湾与巴西终止外交关系的影响。

表 1-1　1961—1976 年台湾"侨务委员会"核发台湾人民前往巴西许可证人数

单位：人

年份	人数	年份	人数
1961	346	1969	610
1962	717	1970	665
1963	1 753	1971	912
1964	1 047	1972	1 532
1965	442	1973	346
1966	439	1974	717
1967	574	1975	1 753
1968	1 076	1976	1 047
合计：13 976			

资料来源：汤熙勇：《巴西招徕台湾人移民》，《人口学刊》2013 年第 46 期，100 页。据密素敏：《试析巴西华侨华人的社会融入特点与挑战》，《南洋问题研究》2015 年第 2 期。

这时期从台湾来巴西的移民，多数人是先到了巴西的邻国巴拉圭，然后再找机会进入巴西的。如上所述，他们的经济条件和受教育程度总体上要比过去到巴西的中国大陆移民高。台湾移民移居巴拉圭和巴西后，实际上就是一直持有台湾"护照"的华侨华人，与他们本人祖籍地是否在中国大陆没有必然联系。实际上，大部分巴西的台湾移民的祖籍地都在中国大陆，祖籍地在台湾本岛的人（台湾称"原住民"）应不多。

综上所述，移居巴西的台湾人是第二次世界大战结束后陆陆续续来到巴西的。他们中大部分居住在圣保罗，也有一小部分分居在其他城市。具体人数很难统计。据 2019 年笔者在圣保罗看到的数据，圣保罗的台湾移民有 7 万人，应是"二战"结束后各个时期陆续来到巴西的台湾移民及其后裔。

又据台湾"中央研究院"人文社会科学研究中心研究员汤熙勇先生研究，巴西的台湾裔族群台湾侨民主要分布在巴西东南部的圣保罗以及其郊区，约占半数。其中圣保罗近郊的慕义市约有百户台湾侨民设立蘑菇栽培农场，在巴西的蘑菇市场占有率达到九成。居住在慕义市的，包括"六家族"第一代及随后一段时期内来到巴西的其他台湾侨民。"六家族"属于真正的台湾本岛居民（"原住民"）。"六家族"的第二代以后，很多人今天仍居住在慕义，但相当一部分人已经散居其他城市。汤熙勇指出，剩余者分布在南里奥格兰德州、巴拉那州及里约

热内卢。另外，位于巴西东北的累西腓是另一中国台湾裔重点聚落，20世纪60年代有数百名高雄县美浓居民移居至此经营农场，现今涵括其后裔则为千余名。从台湾移居巴西的外省人（即原籍非台湾省）务农的比较少，他们多经商、开餐饮店，少数人从事文化、教育和艺术事业。①

此外，还有一部分台湾移民先到了巴拉圭，在那里从事一段时间的各种职业后，再从巴拉圭来到巴西。他们主要居住在巴西一侧靠近巴拉圭边界的瓜伊苏地区，多数从事两国间的转运贸易及与之相关的行业。由于从事两国间边境贸易的缘故，他们经常来往于边界两侧。他们中也有少数到了圣保罗等地。

二、来自其他国家的华人移民

先说来自同为葡萄牙殖民地的莫桑比克的华人移民。莫桑比克是今天世界上说葡语的少数国家和地区之一，除了葡萄牙本土和巴西外，就只有非洲的莫桑比克和中国的澳门了。人们所说的"葡语体系地区"就是指这三国一区。二十世纪六七十年代，莫桑比克有一批华侨华人移民巴西。但他们究竟有多少人目前没有准确的数据。只知道这批华侨华人到达巴西后集中在一些地方居住，导致这些地方的华侨华人突然显得多起来。例如，巴拉那州的华侨华人本来很少，莫桑比克华侨华人来后，便增至1 500人。②

这批从莫桑比克到巴西来的华侨华人应属于多代以后的"再移民"，缘于中国人开始移居莫桑比克，也就是第一代移民，大约发生在130年前。当时是清末，他们应多是广东、福建等沿海省份的民众。另外，可能有被澳门政府充军此处者。按照当时葡萄牙人的规定，澳门居民一旦触犯当地法律，会被葡萄牙殖民政府充军到莫桑比克。如此过了数十年，到1975年，莫桑比克解放阵线宣告独立，随后宣布将主要经济命脉及土地收归国有，于是华侨华人富裕阶层受到冲击，纷纷移居他国。同为葡语国家的巴西遂成为他们的移民目的地。目前这些来自莫桑比克的华侨华人已经繁衍了很多代。

在2018年巴西圣保罗大学召开的华人移民研究国际研讨会上，巴拉那州联邦大学人类学副教授劳伦佐·马卡诺宣讲了他的论文《库里蒂巴市的莫桑比克华人：一个流散的历程》（Mozambican Chinese in Curitiba: Itineraries and Dispersions），对这批莫桑比克华人移民的阐述更详细。该论文描述了20世纪中叶，一

---

① ［巴西］束长生、乔建珍：《2019年第二届巴西华人移民国际研讨会议总结报告》，《华人研究国际学报》2019年第2期，第97－107页。

② 《巴拉那大学著名华人教授刘凯》（作者不详，写于1994年），载李海安主编：《中国移民巴西190周年纪念特刊》，圣保罗：巴中文化友好协会、南美侨报社，2004年，第76页。

群广东移民在非洲的莫桑比克定居，他们与葡萄牙殖民者合作，跻身为莫桑比克精英社会阶层。他们按照葡萄牙人的生活方式生活与行动，被葡萄牙殖民者称作"好葡萄牙人"（Good Portuguese）。20世纪70年代莫桑比克革命期间，他们加入了葡萄牙殖民者阵营，维护葡萄牙人的利益。革命成功后，他们被迫离开莫桑比克，选择的第一个流亡目的地是葡萄牙，因为葡萄牙当局已经给他们发了葡萄牙护照，但葡萄牙本土的海关拒绝了他们的入境申请。他们感到失望和愤怒，遂逐页撕毁了葡萄牙护照，将纸片扔在葡萄牙领事馆官员面前。最后，他们决定流亡巴西，并在库里蒂巴定居。他们继续保持"好葡萄牙人"的生活习惯，希望有朝一日能够在葡萄牙生活。但他们最终还是调整其文化认同，在恢复中国的文化传统的同时，仍然保持一些"好葡萄牙人"的习俗，并积极主动与巴西文化融合。① 这是一个复杂而有趣的故事。这群"好葡萄牙人"移民巴西的时间已是新移民时代，但他们仍然保留了传统华人的身份。实际上，这群"好葡萄牙人"已经跻身于莫桑比克上流社会，只是因为发生革命而被迫移民。

这里应该指出，来自各地的华侨在其移民巴西的过程中，常常得到已经在当地居住的侨胞的帮助，这是华侨华人能够在巴西登岸、立足和生存的重要因素。离开了先来侨胞们的支持，后来侨胞的生存发展过程会非常艰难。例如，人们印象最深刻的是20世纪50—60年代印尼发生的排华事件，居住在这个国家的华侨纷纷移民他国，其中就有巴西。每当华侨乘坐的轮船到巴西，天主堂的神父们都到港口接船，前后为上千名言语不通、手续不明的中国移民办理繁杂的入关手续。此事至今被老一辈华侨传为美谈，感恩不忘。② 20世纪50—70年代，凡有中国移民乘船来巴西，他们都会到桑托斯港接船，协助侨胞翻译，帮助填写证件，办理入境手续。之后，新移民如在租房、做生意或生病就医等方面遇到困难，他们都有求必应，尽力帮助解决，受到侨胞的极大爱戴和尊敬。③

移民过程中的同胞帮助很多是基于地缘和乡情的因素，也有宗教缘的因素。如这里所说的天主堂的神父们对新来移民的无偿帮助，就蕴含着"四海之内皆兄弟"的宗教缘。实际上，无论是传统时代的华侨华人，还是新移民时代的华侨华人，在他们前来巴西的过程中起最大作用的，是地缘因素的帮助。中国人历来重视乡情这一点在出国方面表现得淋漓尽致。虽然很多事迹没有留下记载，但可以坚信确实如此。

---

① ［巴西］束长生：《2018年首届巴西华人移民国际研讨会总结报告》，《华人研究国际学报》，2018年第10卷第2期，第103－114页。

② 《回顾服务华人历程，巴西纪念中国神父抵巴50周年》，中国侨网，2006年7月3日。

③ 袁一平：《华人移民巴西二百周年简史》，载《华人移民巴西200周年纪念特刊》，南美侨报社编印，2013年，第6页。

1971 年，中华人民共和国恢复在联合国的合法席位后，还有一些印度尼西亚、菲律宾及其他东南亚国家的华人也移居巴西。这些国家的华人之所以移居巴西，主要是因为此时巴西经济正在起飞，且巴西当局对外来移民抱欢迎态度，巴西顿时成为他们心目中的"移民天堂"。另一个原因是当时东南亚局势不稳，印度尼西亚葡属东帝汶发生动乱，中南半岛由于美国正酝酿从越南撤退而使局势变得扑朔迷离，许多人特别是与美国有关的军政人员都在寻找安全出路。在这种形势下，东南亚一些国家的某些华人便随台湾、香港的移民流纷纷流向巴西。但香港和东南亚华人移居巴西的流量可能较小，到巴西后可能以散居为主，今天在巴西很难找到他们的聚居"部落"。

三、来自中国大陆地区的零星移民

第二次世界大战结束即 1945 年以后出国的人，除了自行出国谋生者外，已有越来越多的人是因为海外亲人在事业发展上需要家庭帮手，或需要家庭财产继承人，在海外亲人和国内亲戚朋友的劝说下出国的。例如，浙江青田人吴耀宙的爷爷吴志如在 20 世纪 40 年代就为了躲避战乱而远走巴西，父亲吴柏端则因为饱尝 20 世纪 50 年代末 60 年代初的自然灾害，于 60 年代初来到巴西，大哥吴耀群则是因为闻到了"文化革命"的火药味，便于 1966 年来到巴西。吴耀宙本人到 1973 年才绕道澳门来到巴西，时年 15 岁。[1] 其时中国人的出国大门已因"文化革命"封闭了数年，到那时刚刚打开了一条门缝。这样，吴耀宙一家人经历了 40 多年的漫长分离后在巴西团聚。吴耀宙到了巴西后，从"提包业"做起。

浙江人中，则以青田籍人数最多。青田人出国的历史可追溯到 18 世纪初，到巴西的历史则至少可追溯到 20 世纪初。较早到巴西来的有名可查的青田人是陈瑞丰、邱仁丰、叶秀明，均于 1910 年从欧洲来到巴西。1877 年，同出生于青田县阜山的王益宗、徐志仁两人同乡同龄，自小情同手足，于 1914 年持中华民国护照由上海登上日本轮船，经两个月漂泊后抵达阿根廷，又于翌年转往巴西。1920 年后，随着欧洲人大量移民巴西，又有近百名青田人陆续来到巴西。[2] 他们构成了第一批移民巴西的青田人，最早的落脚地是当时的巴西首都和作为经济中心之一的里约热内卢。1937 年至 1949 年，中国先是发生抗日战争，随后是解放战争，国内与巴西交通阻断，很少青田人来巴西，定居巴西的青田人也很难回国

---

① 《华人青年企业家吴耀宙》，载李海安主编：《中国移民巴西190 周年纪念特刊》，圣保罗：巴中文化友好协会、南美侨报社，2004 年，第48 页。

② 袁一平：《华人移民巴西二百周年简史》，载《华人移民巴西200 周年纪念特刊》，南美侨报社编印，2013 年，第2 页。

探亲。1949 年以后很长一段时间内，由于中国和巴西没有外交关系，欲到巴西来的青田人都是先到广州，然后偷渡到澳门，在澳门领到台湾当局专员公署签发的"护照"后再到香港，并在香港的巴西领事馆申请到签证，最后由香港乘轮船经过 50 天左右的海上颠簸抵达巴西。这是当时条件下中国大陆公民移居巴西的一种通行渠道。

在中国改革开放前的 30 年内，即从 1949 年到 1978 年，中国大陆公民出国的很少。不过，这期间中国大陆的移民人数却不能以"空白"来形容。实际上，也有少数大陆公民出于各不相同的缘由移民到世界各地，包括巴西。他们一般是去巴西继承产业或协助亲友经营企业。一般渠道是，先在大陆办理相关手续（也有个别人没有办理正式手续），第一站来到香港，取得台湾当局的"护照"（1974 年前巴西还与台湾当局保持"邦交"关系，合法进入巴西必须持有台湾当局的"护照"），然后联系好巴西方面的接应方（一般是亲属或者亲戚），再乘飞机来到巴西。

这一时期能够出国的大陆同胞一般都有直系亲属或亲戚在海外，他们一般以家庭团聚或继承家族遗产的名义出国。因此，这一类型出国大多通过合法渠道。他们先让已经在海外定居的亲属或亲戚发来邀请信，然后到相关部门按规定办理出国申请手续。那时候办理出国手续烦琐，需要寻求批准的部门不止一个。最低一级，甚至需要出国申请人所在的"生产队"（中国改革开放前普遍存在于农村的一般以自然村为单位的社会建制）负责人（如生产队队长）的审批。出国申请人一旦完成在生长地、居住地的出国手续，就循例来到深圳口岸，在那里住下来，排队等候进入香港。再按上述途径得到准备进入的国家驻港办事处下发的签证，然后就是购买机票或者船票（可能是节省的缘故，以购买船票者为多），通过数月的海上航程到达目的地。那时候到巴西的海上航程可能是世界上最长的出国航路之一。不过也有出国者不堪漫长的排队等候，通过"中介人"先到澳门，然后进入香港，但需要预先联系好在澳门和香港的亲戚朋友接应。

巴西广东同乡总会创始人之一（1993 年）、巴中工商文化总会创始人（2004年）梅裔辉[①]就是在这个时期来到巴西的。他的经历一定程度上代表了这一时期华侨出国的主要特征。梅裔辉出生在中国抗日战争的烽火岁月，少年贫寒，最大的期盼就是能够吃上一顿饱饭。他 6 岁即开始分担挑水、砍柴、田间拔草等诸多家庭生计，7 岁辍学当牛倌，8 岁到当时土地改革后的"互助组"干重活，11 岁学会田间耕作，13 岁重回小学课堂，刻苦学习考中学，青年时又以优异成绩被

---

① 梅裔辉在巴西得到的荣誉称号有"圣约瑟平原市荣誉市民"证书和"巴西太平绅士""圣约瑟平原市中国亲善大使"等。

推荐到台山一中读高中，成为理科尖子，但在高考时因政治原因而不准考理科。梅裔辉愤而弃考，走上了出洋谋生之路。而在此之前，他父亲已于 1951 年移居巴西。梅裔辉初到巴西，从角仔店小伙计做起。后与父亲几次办小店均亏本失败。与此同时，他暗地里学习角仔的制作技巧（同行师傅出于谋生需要不愿传授这门看似简单的技术），探索角仔店的经营之道，逐渐学会掌握市场商机，终于抓住机会，开拓了一条通向飞黄腾达的商路，成为巴西一位华人巨商。[①]

梅裔辉的出国和创业成功经历代表了这个时期为数不多的中国大陆移民的一些突出特点：出身于社会底层，童年和青少年在家乡时干过繁重体力劳动，自幼就酝酿着出国谋生的种子，同时他们在海外一般有宗亲关系。应说明的是，中华人民共和国成立后虽然国家对移民有所限制，但并不禁止有海外关系的华侨的正当出国（例如家庭团聚和遗产继承等），当然，他们仍要履行出国审批手续。

1949 年后也有人通过正规渠道来到巴西。孙特英和孙华凯姐弟俩是其中的先行者。他们二人的父亲于 1967 年回国探亲，帮助他们顺利办好了从香港到巴西的手续，成为首批由香港乘法国航空公司飞机来巴西的青田人，由此也结束了华侨华人乘船抵达巴西的时代。[②] 1974 年中巴两国建交后，这种情况得到迅速改变。20 世纪 90 年代后，有越来越多的青田人来到巴西。

这一时期的中国大陆移民到了海外居住地后，一般从底层做起，先走过一个长短不一的艰难的资本原始积累阶段，逐步积蓄财富，然后看准市场机会，结合自己所长，投身一个职业，一步一个脚印地逐渐发展起来。待到积蓄了足够的资金后，再审时度势向其他领域投资。到这个时候，他们的投资领域通常多元化了，财富的积聚速度也加快了，进而成为当地富商。当然，这是那一代华侨华人成功的典型轨迹，并非每一个人都可以复制这样的成功路径。这个时期不少从中国大陆来的移民终其一生也只是止步于打工阶层。

就整个传统移民时代的中国移民史来看，移民巴西最多的中国人分别来自广东、浙江和台湾三地，形成三足鼎立局面。由于找不到历史上这三大地缘群体的人口数据，这里且以今天三大地缘群体的数据做一参照。粗略地看，今天的移民人口结构与历史上的结构应是高度吻合的。三大群体中，广东移民人数最多，广东移民中又以台山籍人数最多，但相关情况最为模糊。按照 2019 年以前的说法，巴西的华侨华人（包括新移民）约有 20 万人，其中圣保罗约 18 万人，广东籍就有约 8 万人。里约热内卢约有 1.8 万人，广东籍约有 1.5 万人。从全国来看，广

[①] 参见梅裔辉：《梅花香自苦寒来：梅裔辉传记》（自印本），2017 年，第 31 页。

[②] 袁一平：《华人移民巴西二百周年简史》，载《华人移民巴西 200 周年纪念特刊》，南美侨报社编印，2013 年，第 3 页。

东华侨华人约占50%，约有10万人。[①] 虽然目前尚难分辨广东籍华侨华人中的传统华人和新移民各自所占的人数和比例，但由于巴西的传统华人历史较久远，广东传统移民（包括华裔）人数所占的比例应很高。

不消说，自中国大陆移居巴西的人，一般都在巴西有自己的直系亲属或者亲戚朋友（以父母直系亲属居多）。不过并非在巴西有直系亲属的大陆人就一定有寻找机会来巴西的主观意愿。那个时候中国大陆人出国的积极性并非很高，再说那时出国客观上难度很大，没有谁对自己出国成功有肯定把握。他们担心万一出国不成，会耽误自己的前程。但可以肯定，同其他国家一样，到巴西的中国移民主要也是依靠血缘或地缘关系，通过"以一个带多个""多个带一串"的网络方式移居巴西的。不管是哪一时期的移民，来到巴西后，多在一定范围内聚集而居。

第四节　早年华侨群体的基本居住形态

在一个人数有一定规模的地方，华侨一般都会成立自己的会馆。就目前所知，最早关于巴西华人社团的记载出自傅云龙在巴西时所见（见第一章第二节）。傅云龙的记载表明，华侨从19世纪初开始出国到巴西，到19世纪80年代已经过去了70多年，在一些地方形成群居状态，而且有了自己的组织——华侨会馆。出身"名门"（相对于草根华侨而言）的江苏华侨李迟棠在巴西"乐不思蜀"，隐约表明华侨已经适应了当地的生存环境，也可能过得还算不错。就傅云龙提供的资料来看，在当时巴西首都这个可能极具典型性的华侨社会中，虽然无从得知华侨群体的职业和经济结构，但就华侨的社会规模——500多名华侨而言，已经是一个足够大的群体，成立会馆势在必行。

但华侨有了会馆，是否就意味着已经形成守望相助、抱团取暖的社会群体？答案并非肯定，从过去到现在都是如此。华侨有了自己的会馆以后，这个团体所代表的当地华侨社会能否互相帮助，还要综合分析当时这个华侨社会的社会规模、社会职业、经济结构以及居住环境等因素。

早年华侨到了异国他乡，举目无亲，解决"栖居"问题就成了当务之急。栖居，就是建立一个能够居住的"家"。对于中国人来说，"家"的观念根深蒂

---

① 广东海外侨务资源调研组南美线小组：《南美地区侨务资源调研报告》，载广东省人民政府侨务办公室、广东省社会科学院：《侨力资源新优势与广东转型发展——2011广东海外资源调研报告》，2011年，第234页。

固。无论什么时候，无论到了哪里，有"家"的栖居，或曰家庭形态下的"栖居景观"都是研究者关注的主题。"栖居景观"本身就是"人居"与"环境"的共存，是人类群体文化最重要的存续形式，最直观的表现就是"人居聚落"。顾名思义，聚落一定是一群人的居住形态。就中国人海外移民的居住形态来看，基本上是群居性的，或曰"聚落"形态的，但也不能因此而否认或忽略历史上单个移民在海外某个地方独自生存的事实，虽然这种情况十分罕见，且孤居者多是不得已，或者孤居的维持时间很短。总之，一个形单影只的中国人，要想在海外的陌生地方稳定地生存下去，要么建立中国人自身的群体结集，要么进入一个中国人群体与之一起生活，要么在找不到中国人群体的情况下向当地民族寻求帮助，直至与当地民族生活在一起。实际上，在其孤身只影的时候，可能正是其心急如焚地寻找中国人群体的时候。历史上，在巴西这样的没有得到充分开发的语言不通的荒蛮之地，不大可能大量出现中国人孤身只影生活的案例。

笔者以为，历史上的海外中国移民，在居留地一般都存在着"移民聚落"（简称"聚落"）、"移民社区"（简称"社区"）和"散居"等居住形态。这里所说的"散居"，是一种游离于当地社会的"原始"居住形态。这种形态古已有之，巴西早年华侨中一些小规模的群体可以看作这种居住形态。"移民聚落"是借用生态学的概念，它与"移民社区"都是指群体内部联系紧密的"移民共同体"，但两者存在着初始与成熟之别，准确地说，是存在着从初始到成熟的不同"维度"之别。历史上的中国移民在到达居住地后，绝大多数都是从属于各个相互独立、与某种社会职业相联系的移民群体。在每个群体内部，则分割为不同的移民"聚落"。不管移民群体有多少支，其实都可以看作一个个或大或小的移民"聚落"。因此，"群体—聚落—职业"现象，可以成为理解华侨居住形态的必要路径。

就早年的移民群体而言，也基本上与一种大范围的社会职业——原始耕垦挂钩，到居住地从事农垦有利于当地的经济起步。今天，我们知道中国最早到巴西的移民是去种茶的，但资料表明不少茶农后来都有中途逃逸现象。逃逸后，有的去经商（从初始阶段的商人做起），有的可能去从事原始耕垦，因为没有别的选择。正如上述傅云龙1889年在巴西所亲历的，当时巴西的华侨比较少，无人接待，他只好自找旅舍，但华侨当时建有会馆。世界各国华侨华人史几乎无一例外地表明，"会馆"是一个地方的华侨华人达到一定规模后，为了自助自救的需要而通过其领头人建立起来的群体组织。既然当时巴西华侨已经建起了会馆，那么华侨的居住形态就应属于聚落形态。当然，其时傅云龙只知道其中几个会馆，但巴西华侨居住在多个地方，很可能还有其他会馆。一个会馆所代表的华侨聚落里的成员可能集中从事一个职业，但并不意味着所有华侨只从事一个职业。傅云龙

在里约热内卢看到的华侨中应有种茶的，但当时是不是所有的人都种茶则很难说。笔者认为很可能还有从事其他职业的。

早年在居住地从事各种职业的移民群体中，至少可以归结为三个特点：

第一，移民出国前多少会有某种模糊的目标，少数华侨则有十分明确的目标。即在出国前就已经计划好居留地和将从事的职业，即使不是对方招聘的而是自己寻路出国的，也会有一个含糊的出国目标。也就是说，早年华侨的出国目的是单一的，时间上是有限的。出国谋生目标的短暂性加剧了聚落内部的封闭性。当然，肯定有由于种种原因而长期居留下来甚至终老当地者。在巴西，这种情况非常普遍，但那不是他们的初衷。

第二，他们基本上是单纯的移民"聚落"，大体上不存在与当地民族杂居的情况。这也符合移民"聚落"的基本特征。傅云龙 1889 年在巴西所亲历的华侨聚落，很可能是一个自身相对封闭的华侨居住地。当地民族虽可能与他们有来往，但应不会与他们杂居在一起。诚然，每个聚落的华侨移民可能来自国内不同地区，但如果一个"聚落"人数不多，籍贯因素就没有那么重要。

第三，聚落之间互相封闭的情况较为普遍，特别是在不同职业的聚落之间。由于华侨群体的单性别（男性）现象突出，因此各个聚落虽不与当地民族杂居，但仍有人与当地女子通婚。聚落与当地社会的关系一般都不密切，"孤岛"状态明显。当地政府基本上难有行政管理上的干预权和干预能力。聚落的管治基本上依靠华侨自治，可以有维系华侨自身权益和处理各种关系的社团，但真正封闭的聚落是不需要社团的（侨领的作用十分重要）。当地政府的主要作用是在一旁监管，有事干预，没事则了。

早期华侨聚落似乎天然地属于华侨"低端阶层"。但这与华侨职业有关，例如，华侨小商群体对"聚落"的依赖程度就相对较低。在巴西，华侨小商群体集中在东部沿海的重要城镇，尤其是大城市。农村地带虽也有，但人数很少，且居住分散。一般来说，中等城镇的华侨小商更容易形成群居点，同时在小商品的销售上形成明确分工。通常情况下，他们与当地民众的联系甚至比他们与华侨内部同胞的联系还紧密。另一部分人是华侨富商，一般情况下，华侨富商是不大需要华侨聚落的。

应注意的是，巴西一些华侨小商群体形成于内陆地区的小城市。他们先在那里完成了原始资本积累，由于内陆地区商机有限，便携资到沿海地区或其他商机较多的城市发展。例如，19 世纪中国劳工在巴纳纳尔（圣保罗州的内陆小城市）留下了不少后代。1850 年左右，有一户移民离开巴纳纳尔去圣保罗州瓜拉廷格塔（Guaratinguetá）市开了一家面包店。还有人在慕义（Mogi das Cruzes）种蘑菇，在圣保罗市经商。另在毗邻的里约热内卢州巴拉曼萨（Barra Mansa）市，也

有一些家庭在那儿经商。[①]

以商人群体为主的华侨社会属于成熟的"社区"居住形态，兹不细论。这里要说明的是，支撑这一居住形态的基础，是华侨社会内部的"社团机制"。"社团机制"首先是维系华侨社会的内部运转，这是第一层次的基础聚合机制；第二层次是民族聚合机制，同时代表华侨社会维系其与居住地政权的正常关系。

从华侨与居住地民族的自然融合来看，存在通婚融合的情况。不过笔者认为，不能过高估计上述通婚现象，越是在华侨人口多、华商多的地区，越是如此。这是因为，华侨人口越多，越比较容易在一个更大的范围内保持内部性别比例的平衡。巴西华侨一般倾向于"族内婚"，如无必要，就不会将婚姻关系延伸到本民族之外；且华商越多，当地的商业网络就会越发达，通过娶当地女子以利事业发展的必要性就会降低。华侨娶当地女子主要是为了自身发展，多发生在华侨女性较少、华侨初到而商务未开的地方。

移民聚落和移民社区是两种基本的居住形态。虽然存在由移民聚落发展为移民社区的案例，但并非所有移民社区都必然由移民聚落演变而来。在一些社会经济发展水平较高的地方，居住形态一开始就表现为移民社区。这与华侨居住地的社会经济发展水平、当局的政策与管理等多种因素密切相关。

移民聚落和移民社区的差异，首先是对内对外联系上的差异。一个聚落，往往就是中国移民的基本社会构成单位。历史上很多中国移民聚落与当地居民间的关系一般处于相对封闭状态，中国人自己的各个聚落之间也常常互为"孤岛"。可以说，聚落属于移民在移居地的初始居住形态。而社区属于中国移民在移居地的成熟居住形态。一个社区需要依存于当地社会才可能生存发展，因此与当地各方面的联系十分紧密。中国人自己的各个社区之间也需要相互联系。在一些比较成熟、对外依存度较高的华侨社区，其与原住民民族或其他移民群体间联系的密切程度不亚于甚至远超过它本身与其他华侨社区的联系。

其次，是内部聚合力上存在差异。聚落内部聚合力基本上依靠同宗同乡、同种同文的因素。即使彼此在经济上有所依存，但仅限于低水平的温饱互助，鲜有甚至没有等价交换的观念和商业意识。社区的内外关系是以经济利益为基础的，或以经济关系为纽带、为杠杆的。同时，社区本身跟当地民族和居住地政权的关系，也对社区的发展产生不可或缺的互动。当然，无论聚落还是社区，都同样存在和需要两个层次上的聚合力：一是血缘、地缘、神缘等方面的聚合力，二是在

---

① 陈太荣、刘正勤：《19 世纪中国人移民巴西史》，北京：中国华侨出版社，2017 年，第 177 页。笔者注：作者此说据保罗·奥古斯托·安图内斯·拉卡斯（Paulo Augusto Antunes Lacaz）2003 年 1 月 5 日发表在《中国社会科学》上的一篇文章。

此之上的民族聚合力。两种聚合力相辅相成。但一个聚落或社区在依赖这两个层次的聚合力时是有明显差异的，主要表现在两个方面：其一是社区也还注重业缘方面的聚合力，或者将业缘与血缘、地缘、神缘等方面的聚合力结合在一起，发挥其综合聚合力；其二是社区更易发挥社团等组织形式的作用。社团组织既具有统合社区内部的功能，也具备与居住地民族和行政当局打交道的功能。这样看来，社团组织是华侨移民达到较成熟居住形态的衍生物，可看作社区与聚落两种居住形态的显著区别之一。

再次，是居住地域上的差异。一般来说，聚落往往表现为比较集中的一片居住地域。在这个地域里往往表现为高度的同族源性、同地缘性甚至同血缘性。职业的单一性也不能忽视。居住在一个聚落中的人，多是从事同一职业的人。当然，如果一个聚落中的华侨人数很少，就不管是不是同一个职业，彼此都愿意居住在一起，以便互相照应。上面几种因素的交汇作用维系着聚落的存在。在一个聚落中，彼疆此界的地缘观念常常牢固地扎根于其成员中。而在一个社区中，地域往往不存在，即使存在，它在人们的观念中也不重要。但有一点很重要，社区里的居民往往是多职业交杂的。当然，也往往与当地居民和其他民族的移民杂居。在既往的华侨历史研究中，人们往往把华侨社会的发展史有意无意地看成社区的历史，没有注意到聚落形态的存在，也没有注意到社区发展过程中可能存在的层次上的差别。

在谈到聚落与社区在对外联系上的差异时，族外婚姻应该也是一个重要验证指标。资料表明，社区中华侨居民与当地居民的通婚现象总体而言十分普遍。但应注意，社区华侨居民的族外婚姻也并非高度开放。

在巴西传统华人社会中，还有一种现象值得注意。在华人与当地人杂居的地方，当地人喜欢在华人的葡文名字前加上诸如"中国""广东"等华人来源地地名，作为中国人的名字。例如，在巴纳纳尔发现的华人名字：中国·佩里基托（China Periquito）、中国·帕塔桑（China Patação）、中国·马特奥斯（China Mateos）、中国·北京（China Pequim）、利昂－秦（Lião-Chim）、中国·帕耶（China Paié）、中国·特林斯卡（China Trinscá）、中国·莱法诺（China Laifanô）、中国·蒂桑（China Tição）、中国·卡沙穆耶（China Cashamuie）、中国·广东（China Catão）[①] 等等。这种现象可以看作当地人对作为外来民族的华侨的亲近感和友好表示。当然，现在还不清楚这种现象是否普遍存在，还是只存在于一些华侨与当地民族杂居的地方，然而当地人这样称呼华侨华人应不意味着华侨已经彻底融入当地社会。那时华侨聚落仍存在，巴纳纳尔的华侨基本上是第

---

① 陈太荣、刘正勤：《19世纪中国人移民巴西史》，北京：中国华侨出版社，2017年，第176页。

一代，彼此之间还讲家乡话。不过，这种现象反映出巴纳纳尔华侨社会的社区化程度已经相当深。

本章第五节将谈到冯强、冯臻兄弟和吴氏家族。他们两个家庭在其居住地的家庭人数虽少，但也可以算作一个小规模的华侨聚落居住形态。他们的小家庭聚落有纯华人成员（如吴氏家族），也有"半唐番"成员（一般男方为华侨，女方为当地民族，如冯臻家庭）。实际上，据笔者了解，在冯强、冯臻兄弟和吴氏家族生活的那个年代，还有一些先后来自家乡的华侨，在当地讨生活。他们都是同乡，显然是因为网络移民的关系而聚集到一起。他们都聚居在一个相隔不远的自然空间里，保持着密切的联系，因而形成了一个名副其实的聚居部落。但这种联系不可能以一种类似于华侨社团机制的形态予以固化。除了重要的中国节日可能相约聚集在一起外，绝大多数时间都各忙各自的工作。一天劳碌下来，到晚上早已筋疲力尽，没有紧要事情发生的话，谁也不会打扰谁。彼此之间甚至可以长期不见面，但彼此心中都十分清楚其他人的存在。很明显，他们在各自忙生计的同时，无时无刻不在保持着一种"守望相助"的心态。因而，彼此间保持着一种必不可少的共同生存的默契，仿佛大家在这一方土地上存在了多少年，就是为了等待某一件事情的到来。这种共同生存方式，就是基于小圈子的、以生存共同体为基础的华侨聚落居住形态。这种居住形态的华侨聚落在当时的巴西有多少，今天已经不可能统计了，但可以相信数量不少，主要存在于巴西东部沿海大小城镇的周边地区。一般来说，这些聚落内部的相互联系还是很紧密的，但与作为华侨地区居住中心城镇的华侨社会的联系却是松散的。在交通落后、信息蔽滞的传统华人时代，基于小圈子的、以生存共同体为基础的华侨聚落居住方式是一种居住常态。

实际上，就是到了今天，类似华侨聚落这样的残余形态还在一些地方继续存在，那里的华侨华人似乎仍对聚落生活不舍不弃。当然，由于互联网等现代信息技术的出现，今天的华侨华人聚落形态已不可能复制历史上的"闭关自守"以及"与世隔绝"了，居住者也不可能像历史上的传统华人那样感到无尽的无奈、压抑和恐惧。今天的华侨华人可以随时通过各种方式与远离身边的同乡乃至远在祖（籍）地的父老乡亲联系，借以消解寂寞和孤单。另外，他们也可以随时告别眼下的聚居地，搬到其他地方工作和居住。可以说，历史上传统华人的聚落居住形态，在今天的信息社会已一去不复返了。

历史上巴西华侨的孤岛化聚落形态很可能比其他国家普遍。顾名思义，孤岛化聚落是对外封闭的。所以如此，首要原因是作为聚落成员的华侨的谋生环境恶劣。例如，工作时间特别长（可以达到连续十多个小时的极限状态），休息时间则被压缩到最短，以致他们除了极限地工作和进行最短状态的休息外，已别无所

求。其次，是由于聚落中的华侨都处于穷困境地，甚至一贫如洗，不得不将谋生作为唯一的生存需求。再次，在这种情况下，也没有哪个稍有经济实力的华侨可能成为聚落的领头羊。聚落中的华侨，只是日复一日、月复一月地简单劳作，没有任何精神需求。每个聚落的成员都处于麻木状态，只是日求三餐夜求一宿，聊以度日，聊以卒岁。在这样的状态下，聚落的成员也很难得到补充。

过去华侨中的孤岛化聚落在一段时期内可能是稳定的，但不可能长期存在下去。随着聚落成员一个个老去，聚落的规模会变得越来越小，最终消失在历史的长河中。一个华侨聚落在其存在的一段时期内也可能为外界所知，但在逐渐消失若干年后，便不复为人所知。笔者在巴西调查过程中常常听到当地华侨华人提到"听老一辈的人说"。显然，老一辈人所说的事情传到他们这一辈的耳朵，经过他们搜索枯肠般的回忆，再由他们的口述传达给笔者的时候，难免变得模糊不清。例如，人物的具体形象没有了，事件过程断断续续，一些节点难以接续，等等。但蛛丝马迹的信息还是强烈地昭示着历史上巴西华侨的孤岛化聚落可能是一种普遍存在的现象。只是由于消失的时间已久，没有留下什么痕迹，今天年青一代华侨华人仍忙于生计，没有记忆老一辈开山创业的义务，于是当有人问到这些历史时，只能模模糊糊地把"听老一辈的人说"出来的碎片化信息模拟一遍。当地民族对历史上发生的有关"中国人"的事情更是云里雾里。除非是对战争、灾疫和逃难等恐怖性事件或可记忆犹新，华侨聚落发生的鸡毛蒜皮一类事情早已被抛到九霄云外。巴西历史上的华侨聚落问题肯定还留下许多谜团有待继续破解。

华侨华人"聚落"是与"家"或"家居"的概念混杂在一起的。在中国人的观念中，家首先是一个"生命寄托"，是宅和居的本义；其次，家是一个"空间形制"，家构成了空间结构中"地方"的基层部分；再次，家是一个"亲属结构"，是一个家庭/家族血缘群体传承的具体实施，由血亲与姻亲为主要线索，并向外、向下不断传递，形成特定和特殊的结构。因此，家是一个"社会链接"，既是构成与其他社会关系进行交往与联络的中心，也是社会网络的"终端"。最后，在特定的政治伦理中，家可指"国""天下""家国天下"这层意义。[①] 总之，家的概念的内涵是十分清晰的，就是通过一代又一代的中国传统婚姻，即同族婚姻，来维持中国家族的血统。关于这个问题，留待下一节分析。

---

① 参见彭兆荣：《"宅兹中国"：乡土社会之栖居景观》，《中南民族大学学报》（人文社会科学版）2018 年第 3 期。

第五节　移民与家庭

移民与家庭问题是传统华人社会的常态化问题。这个问题是因出国华侨是否最终还乡引起的。如果到了体力不济的年纪最终还乡，则称"落叶归根"；如果不还乡而永远留在当地，则称"落地生根"。但华侨在居住地的生存和发展是一个漫长的时期，短则十数年，长则数十年，是则华侨等待"落叶归根"或"落地生根"的时间亦长达十数年或数十年。在此期间，华侨不大可能中途回国（在拉美国家华侨中途回国的个案极少）。很大一部分华侨便在居住地娶一当地女子，成立一个新的家庭。但新家庭的成立并不意味着与家乡发妻关系的终结，这样，便出现"两头家"现象。如果华侨最终还是选择回归家乡，则"两头家"便告终结。反之，如果永远留在当地"落地生根"，则"两头家"仍会继续，即在与当地女子结合而形成的家庭延续下去的同时，与家乡发妻的家庭在名义上依然存在，不过名存实亡而已。这种情况下，华侨仍然会通过寄款等方式维持家中发妻一家老小的生活，家中发妻及其子女多半会以为丈夫还在他国打拼，因而苦等他的归来。除了"落叶归根"和"落地生根"的情况外，也有将国内妻子接到其居住地，或在当地与华人女子结合的纯华人家庭。对以上情况，下面分别做一探讨。

一、落叶归根与落地生根

作为华侨华人移民的普遍现象，"落叶归根"和"落地生根"现象在侨史学界已经研探多年。显然，不仅巴西有此现象，整个拉美地区都难分彼此，华侨华人世界亦大同小异。

华侨华人从"落叶归根"到"落地生根"有一个演变的过程。就华工阶层来说，当初他们在契约期满后，按理是要回到家乡的，但大部分人后来都在当地居留下来。他们所以居留，从动机上说，一开始只是不打算在契约到期后马上回乡，而是希望继续短暂地留住一段时间，待赚到更多的钱甚或年老后再打道回乡。但实际上人算不如天算，由于各种各样难以预料的原因，很多人最终客死异乡。今天已经很难区别这一类人在华侨华人群体中的比例有多少。总的来说，大多数契约华工最终都在他们当初进入的那个国家居留下来（也有少数人流散他国），成为地地道道的异乡华人。作为真正的草根阶层，他们是否在有生之年与家乡亲人建立联系，今已不得尽知。但即使有联系，也局限于那个时代的历史条件，多是偶有书信往来，

或托回乡的人带音讯，如此而已。也有案例表明，一些人感到对家乡亲人的亏欠，定期或不定期地向家人邮寄生活费用（但必须是在有邮政的地方）。但是，一旦他们离开这个世界，就没有留下文字记录，只在曾经生活过的土地上留下诸如墓地之类的遗迹，或在居住地留下只语片言的传说或记载。随着时间的流逝，大多数人的事迹被掩埋在历史的烟尘里，最后只剩下一个群体的名字——契约华工。但他们在过去的岁月中却繁衍出一代又一代的华裔，从这些华裔的记忆里，或许还能依稀找寻到他们祖上移民事迹的"碎片"。

就拉美华侨华人移民史来说，那些一去不复返的契约劳工可算是一种单程移民，即由其来源地——中国的家乡出发到达目的地，也就是其移民终点站。作为传统移民的一部分，他们虽然在契约期满后也可能在居住地或周边游走，但大部分人后来的谋生地始终没有离原先的目的地多远，更没有离开他们最初生活的那个国家。交通水平、物质生活和信息条件等各方面的时代局限，使他们的眼光不可能看多远，脚步不可能走多快。

在传统移民时代，拉丁美洲华侨的主流观念是"落叶归根"，即趁年轻力壮到国外拼命赚钱，等年纪大了，或因病痛而无法打拼了，便买棹还乡。那时候，华侨的最大愿望是尽快赚得一笔钱回到老家去，虽谈不上衣锦还乡，但仍可以风风光光，然后在家乡购置田地产业，过上体面的日子。为了这一天，华侨在异国他乡打拼时都愿意忍辱负重，甘受煎熬。

与离中国较近、交通较便利的传统华人居住国（例如东南亚国家）比较，包括巴西在内的拉丁美洲传统华人的情况往往大相径庭。前一类国家的传统华人比较容易实现"去国离乡"与"落叶归根"这一去一回的"完美"统一。但在巴西传统华人中，"去"与"归"两者"完美"统一的难度更大，不少人只有"去国离乡"之举而没有"落叶归根"之说。当初希望尽早功成名就，衣锦还乡，结果却是黄鹤一去不复返，反认他乡作家乡，成为老死他乡的"单程移民"。不难看出，当年不少巴西传统华人在居住地落脚并取得一定的安身立命的资本后，更容易在居住地留下来乃至终老。究其原因，一方面是因为家乡山遥水远，交通不便，赚钱不易，心里也总抱着赚不到足够的钱不轻易言归的观念；另一方面，是因为巴西当地人少有种族歧视，民族关系和谐，作为外来客的他们较容易融入当地。他们收入微薄，反而有利于他们的眼光向下看齐，更容易满足现状。其实，这种结局对出国华侨来说还算好的。至于富裕起来的华商，由于投资周期、债务（包括欠债与回收）、不动产处置等多种原因，更难"落叶归根"。

若从不好的一方面说，则有人因为各种各样的原因（如急病而亡、他杀身亡、身无分文、举目无亲等）而回不到家乡，就只能葬在当地。一般来说，包括巴西在内，在拉丁美洲国家死去的传统华人是很难捡骨归葬桑梓的。这与北美传统华人形成鲜明对照。究其原因，一是归乡的路程比其他国家漫长得多，艰难曲折得多；二是拉美国家的华人普遍比较贫穷；三是当地没有像美国、加拿大华社那样形成华人善堂一类的慈善组织。顺便说明，在过去的北美华社，如果一个乡亲老来穷困潦倒，衣食无着，或者因各种原因而导致钱财去尽而一贫如洗，那么他就可以依靠他人（一般为亲戚或乡亲）的资助、捐钱买棹归去，与此同时，同乡善堂也会给予捐助。如果一个乡亲不幸在当地死亡而孤身无助，同乡善堂也会出面协调让其先就地下葬，待到若干年后（年期不等，一般是批量处理）再捡骨归葬，运归故土后入土为安。这一整套流程是华人善堂的基本职责，并经多年运作已形成规范。

此外，巴西对中国劳工一些"软硬兼施"的规定，也是华侨难以回归的重要原因。例如，1855 年 5 月 14 日，身为巴西政府公共土地总管的路易斯·佩德雷拉·杜·科托·费拉斯在回复巴西驻英国公使马塞多来函时，提出诸多限制性警示。其中第四条是关于"在合同中不要写上在中国人合同期满后应由政府承担他们的回程费用，而应是由他们本人全部自付"的建议，很可能就是此后巴西方面招募中国劳工的常规性规定。这一点或许也是压垮在巴西归留问题上踌躇徘徊的中国劳工的最后一根稻草，迫使他们在"留"与"归"的艰难抉择中不得已痛苦选择前者，在巴西留了下来，乃至越留越久，最终不复归去。当然客观地看，巴西对中国劳工留在地广人稀的巴西还是充满期待的。例如，在《巴西帝国政府关于招聘中国垦农合同条款的指令》中，最后一条就提出："在合同期满后，如中国人愿留在帝国，可免费在边境地区提供一块 12.5 万平方英寻（1 英寻 = 2.2 米）的土地，或半价卖给任何地方闲置的同样多的土地。"[1] 这对于希望回乡的中国劳工来说无疑有巨大的回拉力，以致很多劳工特别是那些契约期刚满尚身无分文的中国劳工更加不愿回归可能缺衣少食、无地可耕的故里，于是独在异乡为异客，如牛似马，劳碌终生。由此看来，当年到巴西的华侨所以留在当地而很少回到家乡，主要是由于贫困，其次是由于路途遥远，再就是巴西方面一打一拉，既暗中阻止其回国，同时又提供了若干引诱其留下来的优惠条件。这样一来，日复一日，年复一年，待到年老，再加上与家人久无联系，于是便渐渐打消了回乡的念头。回归家乡，便成了众多巴西华侨一个难圆的梦。

笔者认为早年"财富转换"问题也是一个应予考虑的因素。那时候华侨在巴西所赚的是当地货币。这些钱只能供他们在当地使用。当时清王朝在国内使用的是白银，对华侨来说，唯一的办法是将巴西货币变成白银再携带回国。但实际

---

① 陈太荣、刘正勤：《19 世纪中国人移民巴西史》，北京：中国华侨出版社，2017 年，第 19 页。

上华侨难有兑换渠道。① 退一步来说，即使个人能够兑换到白银，巴西海关当局能否允许其出关也是一个问题。华侨总不能将所赚的当地货币统统买成一袋袋物资用品带回去。种种繁难，只有华侨心里最清楚。

过去，拉丁美洲一些地方华侨观念中的"落叶归根"，并非只是某个人单枪匹马地"去与回"的概念，而是一个父子间、兄弟间"轮换"的概念。也就是说，当一个华侨差不多到 60 岁时，或者他觉得钱赚得差不多了，或者他已经无力再拼搏下去了，他就会"落叶归根"，找个日子回到老家去养老，不再出国。然后，他的子辈会来"继承父业"，等到子辈有朝一日也要告老还乡了，再由孙辈前来"接任"，如此周而复始。"轮换"就是一个家族的不同成员在同一个地方工作上"回环联动"。理论上，"回环联动"的人员链是不能中断的。

不过，这只是一个理论上的"轮换"概念。历史上究竟有多少华侨真正实践过这样的"轮换"迄今已经很难调查清楚了。笔者认为历史上实践这种"轮换"观念的华侨肯定有，但不至于太多，且只限于最早出国且留在或回到家乡的两三代。很多属于第二、三代的传统华侨，一般还认为自己及其子孙是"中国人"，因而觉得周而复始地"轮换"下去是顺理成章的事。估计华侨到了第三代以后，甚至到了第二代后，多数已融入当地，与家乡那边祖亲后裔的联系也已慢慢淡化，随之慢慢脱节。乃至经过多代以后，由于远隔参商，互不相问，也少通音讯，相互间的宗亲关系难免变得生疏。如果他们自己及其后代一出生就生活在异国他乡，接受居住国文化风俗的熏陶，在这种情况下，再要他们像其第一代出国的华侨那样选择"落叶归根"就很难了，不仅行动上难以实行，就是观念上也难以接受。实际上，到了第二次世界大战后，时代发生巨变，华侨纷纷加入当地国籍。至此，老一辈华侨"落叶归根"的观念才为"落地生根"的观念所取代。

从"落叶归根"到"落地生根"，对华侨本人在海外的事业发展是有很大影响的。如果是"落叶归根"，赚了足够的钱就回国，那就意味着不在居住地谋求长远发展，其事业到一定时候就自然中止。但如果是"落地生根"，他就会在当地谋求长远发展，也会谋求融入当地社会，从而影响到华侨与当地民族的经济与社会关系。不过，这种情况在不同华侨华人身上的表现方式和后续影响是不一样的。早年的华侨主要是在侨居地靠打工维生，赚取血汗钱，如果只是消费和储蓄而没有投资的话，那么他们是否"落地生根"就不会对社会财富的结构带来多

---

① 1833—1942 年，巴西的货币名称是米雷斯，1 米雷斯 = 1 000 雷斯。1942—1967 年，巴西货币称克鲁塞罗。1967—1985 年，称新克鲁塞罗。1986—1989 年，称克鲁扎多。1989—1990 年，称新克鲁扎多（1990 年 3 月 16 日再次发行克鲁塞罗，替代新克鲁扎多）。1993—1994 年，发行克鲁塞罗雷亚尔。1994 年 7 月 1 日废除克鲁塞罗雷亚尔，同时称新的巴西货币为雷亚尔。

大影响。但是，后来华侨越来越多地将积蓄的资金向不同领域投资，扩大再生产，则对社会财富结构的影响就不同既往了。

二、"娶番婆"与"两头家"现象

同其他洲一样，19世纪初以来在中国南方沿海地区形成的一波又一波移民拉丁美洲的人口国际迁移浪潮中，基本上是以青壮年男性为主体。但在男性的海外迁移过程中，也产生了成千上万的留守女性，这里主要指移民的妻子。一般来说，在传统移民时代，男性孤身一人出洋后，留下妻子在家，主要职责是操持家务，照顾公婆。在过去的时代，对于留守女性来说，这似乎是一种宿命。但出国到拉丁美洲的男性是如何支持其留守妻子和家庭的？至今所知无几。从其他国家来看，则有各种各样的情况。例如，有丈夫定期向家里寄侨汇的，有不定期寄侨汇的，有寄了一段时期侨汇后失去联系的，甚或是杳无音信的。从家庭团聚的角度来说，既有丈夫出国期间曾回乡探亲一次或一次以上的，也有丈夫离家之后再无见面的。既有丈夫在外组织另一个家庭而放弃国内家庭的，也有丈夫组织家庭后把海外出生的孩子送回家里养育的，还有老年得病、空手回乡生活的，[①] 等等，不一而足。对拉美的华侨来说，中途回家探访的情况极少出现。他们对留守妻子和家庭的支持主要靠定期汇款——如果其居住地与家乡存在着正常邮汇渠道的话。

在传统移民时代，一些出国男性所以在居住地与一个（甚或数个）当地女子成家，其中一个重要的原因是希望依靠女方及其家族的关系更好地在当地生存发展。虽然华侨社会内部有社团可以守望相助，但毕竟无法完全取代家庭的功能。所以，华侨娶当地女子的现象才层出不穷，造成出国华侨在家乡与在侨居地各有妻子的"两头家"局面。

在侨居地娶妻，俗称"娶番婆"。这种情况主要是发生在那些在异国他乡经过一段时间的打拼并有了一定积蓄的华侨中。番婆，是台湾、闽南和广东一带的方言，代指"外国女性"（一般指与中国男人结婚的外国女性），与广东人所说的"番鬼佬"的意思大略相近。对没有结婚的外国女性，也称之为"番妹"。故番婆、番妹只是中国南方人对外国女性的谑称，没有贬义。久而久之，便逐渐常态化，甚至成为可登大雅之堂的称呼。无论是在华侨的家乡还是在其海外居住地，如果一个本乡华侨娶了个外国女人，人们只说他娶了个"番婆"，也不会给

---

① 参见沈惠芬：《构建中国侨乡女性史：资料与方法的探讨》，《福建论坛》（人文社会科学版）2015年第11期。

"番婆"封"夫人""娘子""贤内助"之类的雅号,充分地体现了草根阶层的粗犷本色。对于过去这类华侨家庭来说,这算是一个悲剧,但也是客观存在的历史事实。

实际上,"两头家"现象在华侨华人史上并非个别现象。但华侨的"两头家"不能与当时大户人家的三妻四妾现象相提并论。大户人家三妻四妾,共居一个屋檐下,有正妻、二房、三房之分,虽然彼此地位不平等,但可以"和平共处",各安天命。华侨"两头家"中的两个妻子都是劳动人民,她们天各一方,分属不同的民族,一般互不知情,终生互不相见。另外,两个妻子的角色是不一样的。家里妻子多半不知道丈夫在外所为,仍然一如既往地扮演"留守夫人"的角色,履行持家和照顾公婆的义务,维持丈夫家族的香火;而海外"番婆"除了持家外,还担当为丈夫开拓异乡事业的角色。她会利用自己熟门熟路以及自己家族人脉广的有利条件,为异国来的丈夫打开事业发展的局面。这方面的角色比生理需要重要得多。

就历史上各国华侨娶"番婆"的情况来看,差别是很大的。在邻近华侨家乡的国家(例如东南亚的国家),早年华侨与"番婆"所生的子女中,男孩子往往被华侨带回家乡,而女孩子则基本上留在当地。但在巴西这样的离华侨家乡山迢水远的国家,华侨与"番婆"所生的子女,不管男女,就只能都留在当地了。19世纪来巴西的底层中国移民,本来怀揣一腔发财梦,渴望在异国他乡发迹甚至一夜暴富,最后带上一笔积蓄衣锦还乡,娶妻生子(在家乡尚无家眷者),购置田产。然而无情的现实表明,当初招工头的美好承诺只是为他"挖坑"。他们到了巴西后,每天起早摸黑,如牛似马,却是薪酬微薄,杯水车薪,除了接济家人外,所剩无几,连糊口都难。他们既无力也无面目带"鬼仔"(华侨与"番婆"所生子女)告老还乡。结果只能是夜以继日、年复一年地劳作,久而久之很多人便心灰意冷,身处天涯海角又身无分文,自知无缘返国,感觉老死异乡已成定数。于是,心一横,就永远客居当地了。如果仍然是单身的,就与当地女子结婚生子,自此与家乡父老乡亲不通音讯,家中守望了一辈子的"糟糠之妻"也在绵绵无尽期的等待中变成了"望夫石"。到了20世纪上半叶,这种情况因为交通的改善而逐渐消失。

在巴西圣保罗州的小城市巴纳纳尔,有不少关于传统华人的记载。其中一说中国人只有少数人结婚,大部分人原则上保持单身,但过世后仍留下许多子女。巴纳纳尔华侨不与当地女子办理正式婚姻手续而只是发生性关系从而产下混血后代的现象,可能不是个案,而是大多数华侨的行为。理论上,华侨与当地女子没有办理正式婚姻手续就不算作"娶番婆",但"中国人只有少数人结婚"的情况是否只发生在巴纳纳尔,还是整个巴西传统华人社会尽皆如此?这需要继续探

讨。不过，历史上特别是海外传统华人社会中，办理正式婚姻手续的情况其实较少，很难说这种现象不属于"娶番婆"。笔者认为，由于各种各样复杂的原因，华侨与当地女子没有办理正式婚姻手续而保有长久的事实婚姻的情况司空见惯，应该承认这也是"娶番婆"。至于与当地女子发生短暂性关系，则属于"露水夫妻"，甚至只是"性交易"，是连华侨自己也羞于承认的，当然谈不上是正儿八经的"娶番婆"了。

资料表明，巴西华侨"娶番婆"现象早在中国人移民的初期就已存在。不过可以肯定这些华侨不应是身无分文的契约劳工，而是契约劳工通过奋斗有了一定积蓄的华工。德国画家约翰·莫里茨·鲁任达斯（Johann Moritz Rugendas，1802—1858）于1821—1825年5月参加俄国驻巴西总领事朗斯多夫（Barão de Langsdorff）男爵组织的科学考察队，并于1835年出版了《穿越巴西风景如画之行》（Viagem Pitoresca ao Brasil）一书。书中提到了中国人在当地种茶的情况："在罗德里戈·德弗雷塔斯湖附近和圣克鲁斯庄园居住的中国人大约有300人，但仅少数人种茶，许多人去当商贩，还有的当了厨师。中国人很适应巴西的气候，许多人甚至还结了婚。"[1] 这里说的"结了婚"，无疑就是"娶番婆"，因为那个时候不太可能有中国女子出国到巴西。

"娶番婆"既包括娶巴西土生女子（实际上很多当地女子是混血人的后代），也应包括娶来自其他国家的移民女子。话说到今天，2015年4月8日，新华社记者曾到离圣保罗市343公里、离里约热内卢市160公里的小城巴纳纳尔寻找早年中国人的足迹。他们刚到城门，一群正在做社会实践活动的中学生就拦住了他们的车，询问是否需要帮忙。当记者说明是到小城寻找中国人遗迹后，一个身材微胖的小伙子立刻跑过来说："我就是中国人的后裔啊！"他说："我的曾高祖父是中国人，我是意大利人、葡萄牙人和中国人的混血。"这小伙子名叫马特乌斯（意大利名字），头发卷曲，眼睛棕色，已丝毫没有亚洲人的特征。小伙子说，巴纳纳尔城里确有一些中国人后裔，但都已没有中国人特征，而且已经很多代了。显然，当年从里约热内卢到巴纳纳尔来的那些华人在娶了"番婆"后，再经过多代混血，后裔的外表已无丝毫华人模样，且在文化上早已彻底融入当地。一般来说，其他国家的华人经过多代混血而丧失了中国人的外貌后，还会遗留中国人姓氏，表明他祖辈是中国人。但巴纳纳尔的华人在到达后都完全改成当地人的名字。最关键的是连自己的祖姓也去掉了，也就是说，连中国人最起码也是最重要的痕迹也抹得干干净净。这种情况在世界华侨华人史上属于少数。当然并非

---

[1] 陈太荣、刘正勤：《里约植物园中国茶树纪念牌揭牌仪式》，作者2018年9月15日于巴西累西腓电邮发予笔者。

所有留在巴西的华人都是如此，如下面说的冯臻就还保留冯姓。

另据马特乌斯的爷爷曼努埃尔·戈麦斯·达·奥利韦拉（Manuel Gomes da Oliveira）对陈威华和赵焱说，他的曾祖父是中国人，应该是从澳门来巴西的。他家的中国名字或姓氏在当年华人到达巴纳纳尔时的登记记录上能查到，但由于当时很多华人为了当地人能读懂，都使用当地名字，真实的中国姓他们现在已无从知晓。但从曼努埃尔典型的葡萄牙名字和灰色的眼睛看，很难想象他与中国人有关系。[①]

有关巴西华侨的"两头家"情况史载不多，但还是可以找到一些案例。在1936—1949年，很多浙江青田人要么能回国完婚，要么不能回乡娶妻。在巴西，大约有40人不得不与巴西人组成家庭，[②] 这是中华民国时期的情况。在清朝晚期，由于地理阻隔、交通不便，中国战乱不息、天灾人祸延绵不断，巴西华侨回国更难，"两头家"现象应更为严重。

这里简单讨论一下关于华侨华人血统的衰退以及后果问题，实际上也就是随着时间的流逝华侨华人血统的"水土流失"问题。毋庸置疑，如果华人一方的每一代都与异族通婚的话，华人血统的"水土流失"是不可避免的。一代代华人的血脉，会1/2、1/4、1/8地衰减下去。所以，防止血统"水土流失"的唯一办法是同族通婚，这就需要足够数量的华侨华人女性。但对于上百年前远在天边、交通条件极为不便的南美与加勒比海群岛一带的华侨华人来说，甚若痴人说梦。由于几乎找不到华侨华人女性的身影，这里男性找"番婆"的情况更加普遍，也就是说，华侨华人血统的"水土流失"问题更为严重。在邻近中国的东南亚地区，华侨华人血统"水土流失"问题是靠二十世纪三四十年代后中国本土女性的大量出国而得以解决的。在出国女性的数量达到一定比例（大致平衡）的情况下，便基本上可以"一劳永逸"地解决这个问题。过去，华侨男性只要可以在自己族群内部找到异性，一般都不会到族群外去找"番婆"作为配偶。但这种情况在巴西来说难以实现，是故，华侨华人血统"水土流失"的速度特别快。

目前所看到的华侨娶"番婆"现象，基本上都是草根阶层劳工的案例。但巴西"娶番婆"的传统华人中，有一部分人是天主教徒。根据现在可看到的材料，他们都至少是有一定积蓄的天主教徒，算是华人中已经脱贫的"上等人"。是否所有华人天主教徒都是如此？现在还不好断言。据记载，这些皈依天主教的

[①] 赵焱、陈威华：《在巴西小城寻找遥远的华人足迹》，广西新闻网，2015年4月10日。

[②] 袁一平：《华人移民巴西二百周年简史》，载《华人移民巴西200周年纪念特刊》，南美侨报社编印，2013年，第3页。

中国人对待家人亲切和蔼，不会对孩子严厉体罚，饮食同巴西人不一样，餐桌丰盛，主要吃不放盐的白米饭、鱼虾、腌咸菜、馄饨汤（chachau）。最大的特点是，一些中国人皈依天主教和基督教，在去世前均立下遗嘱，未发现有非天主教徒立下的遗嘱。兹录于此，供继续查证和研究。

有一位叫若泽·卡埃塔诺·达·席尔瓦·秦（José Caetano da Silva Chim）的华人，在商业街 13 号开鱼肉店。他在 1863 年立的遗嘱中声明，"我是澳门人，住在巴西巴纳纳尔城。在此受洗，并同玛丽亚·达·孔塞桑（Maria da Conceição）结婚，但此次婚姻无子女"。他指定"安乐圣母"（Nossa Senhora da Boa Morte）为唯一的全权继承人，"我将属于我和可能属于我的全部财产遗留给她"①。据此，这位华人天主教徒/基督教徒是个鱼肉店老板，起码已小有积蓄，不大可能是贫困潦倒的劳工。但俩人婚姻无子女，乃把遗产交给一位圣母，却不交给太太，应是出于对宗教的虔诚。

秦·若昂·米格尔·佩雷拉（Chim João Miguel Pereira）在 1865 年 2 月 7 日立的遗嘱中称，他于 1808 年来到巴西，受洗成为罗马天主教徒。他同福尔图纳·莱梅·达·席尔瓦（Fortuna Leme da Silva）结婚，无子女，也无任何自然继承人。所以他留下的"一部分金项链、念珠等物"在典当后，除付借款 10 万雷伊（rei，当时巴西货币名称）外，剩余的"这些金子将交给我的教女埃斯科拉斯蒂卡（Escolástica），这些金子属于她"②。这位华人娶了"番婆"，没有子女，但将遗产（金子）交给其教女。

若阿金·卡亚·秦（Joaquim Caiá Chim）在 1860 年 2 月 8 日的遗嘱中说，"以上帝的名义，阿门，我，若阿金·卡亚·秦，广东澳门人。我现在病着，但神志清醒。我决定立下我的遗嘱，以表我最后的意愿。我声明，我是天主教徒。我在救世主好耶稣教区（Paróquia de Senhor Bom Jesus do Livramento）接受教父贝内迪托·安东尼奥·德·戈多伊（Benedito António de Godoi）和教母保利娜·玛丽亚·德·戈多伊（Paulina Maria de Godoi）的圣水洗礼后，我一直生活在此宗教中"。他声明同安娜·玛丽亚·德·耶稣（Ana Maria de Jesus）结婚，生有一子卢西安诺（Luciano）已过世。遗嘱最后写道，"由于我不会念也不会写国家语言，所以我请求弗朗西斯科·德·保拉·费雷拉博士（Dr. Francisco de Paula Ferreira）为我立此遗嘱并签字，我用我的语言文字签字"③。这位华人天主教徒也不大可能是贫困劳工。

---

① 陈太荣、刘正勤：《19 世纪中国人移民巴西史》，北京：中国华侨出版社，2017 年，第 173 页。
② 陈太荣、刘正勤：《19 世纪中国人移民巴西史》，北京：中国华侨出版社，2017 年，第 174 页。
③ 陈太荣、刘正勤：《19 世纪中国人移民巴西史》，北京：中国华侨出版社，2017 年，第 174 页。

　　根据艾雷斯·德·阿泽维多的"报告"和 1960 年出版的"圣保罗省年鉴"（Almanaque Laemmert para a Província de São Paulo）上的资料，若昂·特莱斯·德·阿劳若（José Teles de Araújo）在 1850 年立的遗嘱中说："我是基督徒，至死不渝。我出生在中国澳门，是 Tam-Sá 和 Aran 的儿子。我声明，我按中国习俗同 Ambea 结婚，此次婚姻未留下子女，我来到巴西时，把她留在了澳门。"据说这位中国人去世后留下了一些奴隶，并有遗赠。① 是则，这位华人基督教徒可能是个有身份地位者。不同的是，他娶的太太在他出国前留在家乡澳门，尚不清楚他的太太是否为中国人。但由于两人没有生下子女，他逝世前，把"遗产"（奴隶）留给了在澳门的太太。至于是否要太太来巴西继承这些"遗产"就不得而知了。

　　华侨在巴西"娶番婆"后会生下一个个后代。不管是男孩还是女孩，虽属混血，但按照中国人的后代观和家庭观，他们仍属中国人。由于混血华裔女性越来越多，巴西华侨男性娶妻时的选择余地自然多了起来，可以与混血的"中国女人"结婚。但即使这样，华侨男性在居住地娶"正宗番婆"的情况仍很普遍。

　　从历史上各国的情况来看，华侨娶当地女子的目的是十分务实的，就是希望通过她们及其家庭、亲戚朋友的关系，打开当地的商业网络。如果华侨多在居住地打工或从事贸易，这样的需要更为明确。从事商业的华侨中，第一部分为小商群体，主要是坐商性质的小零售商。华侨经营的零售杂货店，举凡人们生活所需，一应俱全，贵贱货物均有，且任何时候去购买都有供应，故深受当地人民欢迎。零售店多是夫妻或家庭小店，家庭成员既是店主又是售货员，有如中国的杂货店、小商店或夫妻店。不过按照巴西的当地习俗，很可能是男方的华侨"包打天下"。

　　当然，也并非所有"娶番婆"都带有功利目的，也有"为了爱情"的案例。笔者在巴西采访过一个关于广东恩平人冯臻②滞留他乡终老巴西的故事。采访对象为冯臻的女儿冯爱迪（Ede Martins Fon）。她是中巴混血儿，早已从巴西统计局退休。她的父亲冯臻是中国广东恩平人，1924 年来到巴西。在冯臻到来之前 6 个月，他的哥哥冯强已经先期来到巴西的东北城市马塞尧（Maceió），在那里开了一个洗衣店。冯臻来到巴西后，先是在另一个城市累西腓打工谋生，艰难度日。后来冯臻返回马塞尧，在一个意大利人的照相馆打工，也做学徒，因而初步学会了照相。在那个年代，照相算是一门不错的职业。但由于马塞尧城市小，照

---

　　① 陈太荣、刘正勤：《19 世纪中国人移民巴西史》，北京：中国华侨出版社，2017 年，第 173 页。
　　② 冯臻全名为冯福臻。按照其家乡习俗，在口语称呼时，代表其家族辈分的中间的"福"字可以略去。同理，其兄冯强的全称应为冯福强。

相业不足以维生。冯臻只好四处奔波，到各地乡镇为村民照相。在一次宗教庆典里，他为一个名叫娜依尔（Nair）的漂亮巴西女孩照相，结果因缘巧合，两人一见钟情。但是女方父母反对两人结合，于是，两人私奔到邻近地方共同生活，仍以照相为业。未几，妻子怀孕，诞下一女。由于收入不足以养家糊口，冯臻夫妻二人决定带上尚在襁褓中的女儿到圣保罗，在那里开了个小吃铺。不久妻子又怀孕，一家三口便返回马塞尧创业，从此结束了奔波，过上了安定日子。在马塞尧，夫妻二人开了个冷饮店——"上海冰淇淋店"，生意非常红火。有了积蓄之后，冯臻开了个照相馆，日子过得日渐美满。喜欢上照相的冯臻时刻不忘钻研照相技术，便决定关闭冷饮店，全力经营照相生意。在生了 6 个女孩之后，冯臻终于有了一个男孩，取名冯明华（Benvau Fon）。这个男孩大学毕业后，继承了照相馆。1955 年，冯臻的哥哥冯强不幸去世。次年，冯臻将哥哥的儿子冯明高从中国家乡接到巴西来继承父业。冯臻继续经营照相馆，并参加了马塞尧的摄影俱乐部，经常参加各种摄影比赛并获奖。他成了马塞尧市的名人，他的照相馆也成了当地的一个地标。到 1975 年，冯臻在巴伊亚州的萨尔瓦多病逝，终年 75 岁。他去世的当天，侄儿冯明高告诉冯臻的儿女们一个长期隐藏的秘密：他们的父亲冯臻出国时已在家乡结婚，并育有一子。冯臻出国后，还不时瞒着在巴西的家人往中国家乡寄钱。冯臻在巴西的一家人决定接受这个事实，并且继续支持他们在中国的同父异母哥哥。后来，中巴这两个家庭开始通信往来。在 1980 年，冯臻的小女儿终于得以访问中国，在广州与同父异母哥哥认亲。2015 年，冯臻的孙子到了中国广东省恩平市牛江镇其祖父的故乡，代表现在生活在巴西的一家人与祖父老家的亲属相会，并祭拜了祖坟。[①] 话说回来，由于冯臻生前是个照相师，他们家因而保留了很多当年的生活照片，记录了他们很多生活史迹。目前，冯臻年逾八旬的二女儿冯爱迪女士（大女儿已经去世）正争取写出一部完整的家族生活史。

在华侨华人史进入新移民时代后，由于"落叶归根"的观念为"落地生根"所取代，女性在法律上享有与男性同等的出国权利，很多女性已不再甘于被束缚在家中，越来越多的男性也乐意接受女性取得跟自己一样的平等地位，上述现象就逐渐消失了。在今天的新移民时代，虽然男性或女性中国移民与外族人结婚的现象司空见惯，但与"娶番婆"的历史现象已无联系。

一般来说，不在巴西出生的第一代传统华人，基本上都是来到巴西后白手起家的，他们在筚路蓝缕的打工阶段，积累了"第一桶金"后，一般都不安于年

---

① 据［巴西］束长生：《2018 巴西华人移民研究国际研讨会议：地域特征和全球视角总结报告》，圣保罗大学，2018 年 8 月 22—23 日。

复一年的打工生涯。在经过充分准备和时机来临的时候，就会向某个领域投入第一笔资金。很多人的第一笔资金具有试水性质，进可以继续乘胜前行，退可以稍作歇息，总结经验、吸取教训再投资。初次投资的顺利与否并不完全取决于资金投入量的多少，更重要的是投资人的胆略和对机遇的判断、把握。但是，华侨一旦拥有了足够的资金，特别是在将这些资金用于当地投资以后，就会大大地强化对当地生存环境的依赖，加上"娶番婆"以后子女的相继出生，其本人抚育后代（严格意义上还包括"番婆"本人及其家族成员）的责任也会随之增大，后代越多，责任越大。这样一来，华侨本人"落叶归根"的可能性就会相应减少。

三、传统华人家庭

过去巴西传统华人家庭分为几种情况：一是华侨在居住地组成纯华人家庭；二是华侨在巴西居住地保持单身状态，即没有"两头家"。

过去巴西华侨社会中的纯华侨华人家庭虽然不多，但肯定存在。在巴西旧都萨尔瓦多开中餐馆的吴汝华家族就是其中一个典型案例。吴汝华生前与其夫人先后育有 7 个子女，计 4 男 3 女。7 兄妹长大成人后，各自有了家庭。吴汝华在世时要求，所有儿子均娶了中国太太，所有女儿都嫁了中国先生。到 2008 年，85 岁的吴汝华已有 44 名子孙膝下承欢。虽然吴家的子女们一直在巴西的土地上生活，过的也都是巴西的节日，但家族内的通用语言还是广东话。[①]

吴家中餐馆的内部管理是十分传统的，即属于家族式管理。吴家在萨尔瓦多开有一家名叫"Yan Ping"中餐馆，但一直没有正式分家。家族内部实行家（族）长主导下的按需分配制度，但有明确的规矩：重要事情由老大和老二拿主意，柴米油盐事务由二媳妇负责，财务由小姑负责，各司其职。家里人如果逛街需要用钱的话，可以事先跟小姑说明缘由，支取一笔零用钱或者支票。涉及出国旅游或者深造等花钱多的事项时，则实行民主集中制。当然，最后拍板的仍是老大和老二。据说吴家子女都很自律，没有自私自利、损害家人利益的情况。[②]

吴汝华于 1992 年去世。随着家里人丁日益增加，家族婚嫁方面的严格规定开始有所放松，孙辈中有几位已经与当地人通婚。但是作为长房长孙的吴沛景，还是必须为自己找一位中国媳妇。20 世纪初，他和姐姐被家族送到广州学习汉语，在那里认识了自己的太太陈曼丹。[③] 显然，与当地人通婚，已是对中国传统

---

① 陈威华、赵焱：《拥有 14 家连锁店，广东吴姓家族巴西打造餐饮王国》，中国侨网，2008 年 4 月 2 日。
② 陈威华、赵焱：《拥有 14 家连锁店，广东吴姓家族巴西打造餐饮王国》，中国侨网，2008 年 4 月 2 日。
③ 陈威华、赵焱：《拥有 14 家连锁店，广东吴姓家族巴西打造餐饮王国》，2008 年 4 月 2 日，来源：中国侨网。

的进一步弃守了。这种在传统移民时代十分严重的反传统行为，到了新移民时代已不复存在。

历史上，巴西的单身华侨（男方）现象也很普遍，原因自然是这一部分华侨在居住地没有"娶番婆"，因而没有形成"两头家"。于是，在巴西的华侨与其在家乡的妻子便天各一方，两相厮守。他们都苦苦盼望着团聚的一天，但由于各种各样的原因，在巴西的华侨无法回国，在家里的妻子只能无限期地守望。有的厮守大半生甚至老死也无法团聚，留下了许多无比凄凉故事。这种情况，在20世纪30—40年代中国抗日战争时期最为普遍。第一批青田华侨都是抗战前移居巴西的，来时都是20岁左右，家中都有老小，有的刚结婚，有的才定了亲，抗战前都打算回国。无奈战争毁灭了他们的愿望。据郭秉强统计，第一代来巴西的青田华侨中，除了在1936年前回国的30多人以外，剩下的60多人中，与巴西人结婚的有40多人。他们中很多人在国内都有妻子或未婚妻，这些女人则为自己的丈夫守寡终身。在巴西重婚的丈夫，也没有忘记国内的妻子或未婚妻，他们只能选择以频频寄钱给她们的方式来弥补自己的内疚。20世纪50年代后，有部分华侨回国与妻子团聚。然而，他（她）们都已经是白发苍苍的年迈之人，相会时老泪纵横，不敢相认。郭秉强还列举了若干个丈夫早年出国妻子在家厮守的悲怆例子：

孙抱斋，桐桥人，20世纪20年代出国时妻子才怀孕两个月。孙抱斋没有条件回国，最后病逝巴西。国内妻子为他守寡终身。其妻生下的儿子从未见过父亲一面。

林作藩，山口人，约1908年离开中国，其时家中妻子朱金英为他生下一个女儿还不到两个月。母女俩一直等待了30多年，女儿已到中年还未见过父亲一面。抗战胜利后，林作藩却因年迈多病和经济困难而无法回国。他在巴西一人，凄苦孤清，经常惦念着国内的妻子和出国时还不到两个月的女儿，逢人便说"对不起她们"，临终前连连念着这句话，直到咽下最后一口气。国内的妻子一直为丈夫守寡到死。而林作藩出国时还不到两个月的女儿，一直到80多岁高龄寿终正寝，仍未见过父亲一面。

徐伯岩，阜山人，1927年出国时，年仅16岁，其时家中已定下一门亲事。未婚妻陈凤英，阜山王沸潭人，其时年方15岁。到1945年，徐伯岩已34岁，陈凤英已33岁，他们俩远隔天涯，一直等了18年。可叹守寡到老，陈凤英却不见徐伯岩归来。徐伯岩虽经常寄钱给她，但总感问心有愧，内疚不已。他常自叹息"对不起凤英"。而陈凤英却感到满足，她谅解他，知道丈夫远在巴西还惦记着自己。到郭秉强写这个故事的时候，陈凤英已80多岁高龄了。

更凄惨的是苦等多年后忽然听说丈夫早已命丧他乡的例子：徐则然，阜山木

桥头人，1925 年到巴西，家中未婚妻陈妹同一直守候着他，到 1945 年，已足足等了 20 年。可惜徐则然 40 年代后期病故，无法实现回乡之梦。陈妹同闻此噩讯，悲痛欲绝。后来，陈妹同移居丈夫家中，守寡到老，临终前还念着丈夫的名字。[①]

在传统华人移民时代，巴西的华人家庭可以通过在其居住地互不分割的紧密联系来保持居住地家族关系的完整性和稳固性。但是，他们对家庭/家族能否维持与家乡的家族关系的完整性和联系稳固性就无能为力了。他们唯有听从命运的安排。在中华民国时期，国家多灾多难，人命贱若蝼蚁，华侨远在他乡，如同飘蓬。他们也是战乱的悲剧。这一时期巴西有一大批出国谋生却有家难回、终老他乡的老一代华侨。很多人是 20 世纪 30 年代从广东乡村来到巴西谋生的，本以为会像他们的父辈那样，在这块陌生的土地上赚一笔钱就衣锦还乡，然后过上村人羡慕的风光日子，安享天伦之乐。但当他们在巴西劳碌奔波许多年，积蓄了一笔钱财正准备打道回府的时候，日本发动了侵华战争，继而爆发第二次世界大战，整个世界烽烟滚滚，家乡陷于水深火热之中，他们的回国之路、还乡之梦被战争的烽火熔断了。无奈，只好暂时在巴西居留下来，等待机会再买棹回乡。但抗日战争结束了，当他们兴高采烈准备归国时，解放战争爆发了。他们遥望着故国河山，又一次陷入无尽的迷茫中。当时也有人耐不住思乡之苦，冒险踏上归乡之路，但一到香港，人们口耳相传的，都是家乡一幕幕凄风苦雨、民不聊生、田园荒芜的图景，回望眼前，不乏乡人争相外逃的凄凉画面。一些人又想方设法与家乡的亲朋故旧联系，却杳无音信。于是，万般无奈之下，他们只得再回到巴西，回到巴西后，复将他们所见所闻告诉在巴西的乡亲。就这样，那一代巴西华侨有家难回，日复一日，年复一年，思归盼归，却始终无法圆梦。一次次战乱和社会动荡，迫使他们不得不在巴西终身居留下来。虽然他们已过世，但他们的故事或还在传统华人社会中流传，或已飘散无踪。

至于传统华人时代在家乡留守的妻子到巴西寻夫的情况，到目前基本上还没有很确凿的资料可以证实。里约热内卢国家档案馆保存的《外国人登记簿（1818—1841）》中记载 19 世纪上半叶有 4 宗中国人进入圣保罗省和圣保罗市的个案。第一宗个案发生在 1818 年 9 月 5 日，其时中国茶农西普里亚诺·兰热尔（Cipriano Rangel）偕 3 个中国妇女离开里约热内卢市去圣保罗市，之后他返回里约热内卢。[②] 这样的个案的确太少，难以对华侨华人社会，例如这里说的"娶番

---

① 上面诸例据郭秉强：《巴西青田籍华人华侨纪实：1910—1994》，青田县政府刊印本（内部编印），2005 年资料整理。

② 陈太荣、刘正勤：《19 世纪中国人移民巴西史》，北京：中国华侨出版社，2017 年，第 191 页。

婆"现象构成多大影响。但 3 名中国妇女跟着 1 名中国男性茶农来到人生地不熟的巴西，而且事情发生在中国人初到巴西的几年，最大的可能是她们跟随这名中国茶农来寻找她们在巴西的丈夫。她们所以不远万里来巴西，可能是在开始的年头听到巴西这边传回去的生活信息还不错。当然，她们是不大可能通过公开合法的渠道来到巴西的。

另一个例子是巴西巴纳纳尔市的瓦尔德西尔·弗朗西斯科·利马（Valdecir Francisco Lima）所说的一段故事。他的曾祖父母均是中国广东人，可能姓林（Linn），但在市管理处登记时被工作人员错写成"Lima"。他曾祖母是被装在箱子里带进巴西的，他对此非常恼怒，发誓不讲巴西话。但他曾祖母有抽鸦片的嗜好，曾带着全家女眷到大烟馆抽大烟，轰动了全城。瓦尔德西尔母亲名伊雷妮·贡萨尔维斯·德·利马（Inere Gonçalves de Lima），也是华裔，2015 年时已 89 岁。[①] 瓦尔德西尔曾祖母被装在箱子带进巴西只能说是个案，具体原因已经说不清楚了，可能是因为当局禁止女性出国的缘故。这与巴西华侨女性稀少的状况是吻合的。可以肯定，越是早期，妻子到巴西寻夫的情况就越是罕见。到了后来，特别是到了中华民国时期，这种状况可能有所增多，但目前还看不到这样的案例。

---

① 陈太荣、刘正勤：《19 世纪中国人移民巴西史》，北京：中国华侨出版社，2017 年，第 179 页。

第二章　巴西传统华人职业

在传统移民时代，巴西华侨华人的居住地主要是里约热内卢、圣保罗、米纳斯吉拉斯、巴伊亚、马拉尼昂、朗多尼亚等州的一些城镇。他们为巴西的种茶业、餐饮业、日用消费品业、洗衣业、交通运输业、采矿业、城市基础设施建设等行业做出了重要贡献。下面对一些主要职业做一梳理。

第一节　中国茶农在巴西

一、巴西种茶业概述

在中国茶农来到巴西之前，就已经有中国人零星地到过巴西。19 世纪初，曾有一个名叫若昂·安东尼奥（Joao Antonio）的中国海员（可能是澳门船上的中国海员），因私自到巴西游玩，1808 年被马卡库地区一名上尉当成是印第安人抓进里约热内卢的造船厂干活。[①] 这类中国人虽是零星个案，但应不只是若昂·安东尼奥一人，更不只是"私自游玩"之类的偶然事故，但他们的故事的确难以寻觅，早已湮没无闻。不过没有证据显示这些零星的中国人在巴西的足迹对后来中国人的到来有多少先导作用。即使茶农之类的中国人不成规模地到来，零星的中国人偶然涉足巴西的事件还会继续出现，因为中国与巴西已经存在着一条从澳门起航的水路。

中国是世界上最古老的产茶大国，既有成品茶外销的久远历史，也有茶树苗与茶籽外传栽种的悠久历史。葡萄牙王室 19 世纪初引进中国茶农来巴西种茶，这虽然只是葡萄牙的"王室行为"，但作为整个美洲种茶之始，此举对中国与拉美的经济文化交流有积极意义。在此前后，占据澳门的葡萄牙人已向巴西运去了茶树苗和茶籽，但由于缺乏中国茶农，葡萄牙殖民当局在巴西本土种茶的愿望仍然落空。巴西无人会种茶，也无茶树管理经验，更无焙茶技术。中国茶农的到

---

① 陈太荣、刘正勤：《19 世纪中国人移民巴西史》，北京：中国华侨出版社，2017 年，第 2 页。

来，开创了巴西的茶叶种植史，也开启了巴西的华侨华人史。这在世界华侨华人史上堪称独一无二。另外，中国茶农在巴西种茶，一个重要影响是深深地改变了中国人的形象，特别是树立了中国人作为种植业行家的形象。后来巴西一些种植园主引进外来移民时，中国人是重要的考虑对象。

（一）巴西引进中国茶农之缘起

早在中国茶农来巴西之前，巴西的葡萄牙当局就对引进华工表现出兴趣。1807 年英国通过禁止奴隶贸易法令后，葡萄牙王室和巴西殖民地官员就曾预设了补充劳动力的备选方案。巴伊亚州经济学家、首府萨尔瓦多高级法院法官若昂·罗德里格斯·德·布里托（João Rodrigues de Brito）在《关于巴伊亚农业与商业经济政策之函》中提议输入中国劳工和印度劳工。葡萄牙战争与外交大臣利尼亚雷斯（Conde dos Linhares）伯爵甚至设想引进 200 万华工到巴西，后因其于 1812 年病逝，该计划不了了之。[①] 这一计划的弃置，无意中让随之而来的引进中国茶农计划捷足先登。曾任中国驻巴西外交官、退休后长住巴西的陈太荣、刘正勤夫妇二人，花了大量时间和精力，对早年赴巴西种茶的中国茶农历史进行了多年研究。他们认为，中国茶树苗与茶籽传到巴西和中国茶农到巴西种茶应是同步进行的。1809 年，3 名广东人乘"乌利塞斯"号战舰从澳门出发，航行 6 个月后到达里约热内卢，他们被澳门民政长官阿里亚加（Miguel José Arriaga Brum da Silveira，1802—1824 年任澳门民政长官）雇用，在船上照看阿里亚加赠送给葡萄牙王室的茶树和香料等经济价值很高的亚洲植物。[②]

这里不妨对葡萄牙王室与中国茶叶的关系史略做回顾。第一个把中国茶叶带到英国的，是葡萄牙国王若昂四世的女儿卡塔里娜·恩里克·德·布拉干萨公主。1662 年 9 月 30 日她与英国国王查理二世大婚时，专门带去了一箱中国茶叶。公主此举，说明了葡萄牙王室的嗜茶传统。资料记载，早在 17 世纪，葡萄牙与荷兰都是从中国进口茶叶的欧洲国家，故那个时候葡萄牙王室好饮茶应无疑问。同时，能让葡萄牙王室好饮茶持之以恒的重要原因，是葡萄牙商人不时通过澳门向王室敬献中国茶叶。因此，巴西的葡萄牙王室才嗜茶成风。由于巴西的葡萄牙王室喜欢喝欧洲商人贩运过来的茶叶，自然要向英国商人购买，这是一项奢侈的支出。到 19 世纪初，每年要付约 100 万英镑的茶叶购买费。问题是，当时若昂六世的王室财政十分拮据，国库空虚，无法应付这笔庞大开支。但王室毕竟是王室，财政再拮据也不能没有茶喝，于是将巴西价值连城的珍贵宝石折价，用来作

---

① 杜娟：《废奴前后巴西关于外来劳动力问题的争论》，《拉丁美洲研究》2019 年第 2 期。
② 陈太荣、刘正勤：《19 世纪中国人移民巴西史》，北京：中国华侨出版社，2017 年，第 53 页。

为茶叶的开支，可谓穷奢极欲了。然而英国商人非常狡诈，一方面拼命压低巴西宝石的价格，另一方面将茶叶价格抬得很高。葡萄牙王室在茶叶进口和宝石出口价格上双重受损，因此常常造成双方贸易上的严重争端。后来若昂六世发现，从英国进口的茶叶，原来还是经过加工的中国产品。

恰逢此时，1808 年初，法国入侵葡萄牙，战乱中的葡萄牙王室若丧家之犬，在国王若昂六世的带领下慌忙流亡巴西，并把首都从里斯本迁至其殖民地巴西的里约热内卢，在里约热内卢成立了葡萄牙－巴西－阿尔加维联合王国（1808—1821）。随后，葡萄牙国王宣布开放巴西，并准许外国人移居。此后若昂六世在里约热内卢做起了"寓公"，直到 1821 年 4 月 26 日才返回葡萄牙本土，他的儿子佩德罗以摄政王身份留守巴西。而在里约热内卢作为葡萄牙首都期间，若昂六世为解决葡萄牙王室的财政危机，也试图振兴巴西经济，同时希望一劳永逸地解决因购买英国茶叶而被英商欺诈的窘境。若昂六世愿意下决心解决购买英国茶叶时被英商欺诈的问题，部分起源于他本人对喝茶的酷爱。上有好者，下有甚矣。自从他移居巴西后，巴西人（主要是贵族）饮茶就蔚然成风。当时葡萄牙王室专门开辟了一个园地，叫作"皇家引种场"（Fazenda Real de Aclimação），后来改名为里约热内卢植物园。若昂六世决定通过当时同属葡萄牙统治的澳门，请中国茶农前来巴西，种茶地点就在皇家引种场。

若昂六世除了满足本人的嗜好以及解决被英国商人欺诈的问题外，还有更大的目标：期望种茶业在巴西发展起来，让巴西取代中国，直接向欧洲国家出口茶叶赚大钱。此举令当政者和葡萄牙贵族深受鼓舞，内政大臣里尼亚雷斯伯爵和军事外交大臣巴尔卡伯爵就明确予以支持。于是，他的计划付诸实施，因此才有其后中国茶农踏进巴西国门之事。

同时，澳门民政长官阿里亚加也别有所图。1809 年，他利用葡萄牙王室迁到巴西之机，开始向王室大献殷勤。醉翁之意不在酒，在于为澳门元老院谋取更多的自治实权，同时为澳门争取更多的自由贸易权利。1809 年 3 月 6 日，阿里亚加主动上书葡萄牙摄政王若昂，建议选派各种行业的中国人去巴西，帮助建设里约热内卢这个新首都。同年 3 月 22 日，阿里亚加致函葡萄牙王室政府海军与海外领地大臣阿纳迪亚伯爵若昂·罗德里格斯·德萨·梅洛·梅内塞斯－索托·马约尔，通报澳门元老院已派检察官安东尼奥·若阿金·德·奥利维拉·马托斯乘坐"乌利塞斯"号战舰于 3 月 18 日离开澳门前往巴西里约热内卢，代表澳门元老院对若昂六世率葡王室安抵巴西表达敬意与慰问并呈上献礼，献给葡王室安置资金（黄金）、一艘缴获的中国海盗船及随船运去干农活的数名中国人。阿里亚加之举自然令若昂六世"龙颜大悦"，也令他的"雄心壮志"像打了鸡血一样。于是，两人一拍即合。若昂六世决定在巴西种茶、香料、热带果树等农作物，并

把茶列为首选。这样，选派中国人来巴西种茶一事便瓜熟蒂落，水到渠成。1809—1815 年，澳门共向巴西分批运去中国茶农、木工、陶瓷技工共 300 余人。[①] 一说是在 1812—1815 年，澳门执政官先后为葡萄牙王室雇用了 300 多名中国茶农并把他们运往巴西，专门从事茶树种植与茶叶生产。[②] 就此两说而言，中国人来巴西的持续时间及其身份均有异。但据陈太荣、刘正勤夫妇查阅到的澳门政府与葡萄牙王室政府之间正式来往的公文，证明 300 多名中国茶农不是像巴西社会上广为流传的那样一次性于 1812 年乘 "一艘来自澳门的白色帆船抵达里约热内卢" 的，而是在 1809—1815 年，分多批先后抵达巴西的，原因是葡萄牙王室财政拮据。且公文记载有每批茶农人数、出发和到达时间，乃至携带树苗和茶种等项情况。[③] 笔者认为应以陈太荣、刘正勤夫妇所说为准。

关于第一批中国茶农从澳门出发的时间，陈太荣、刘正勤夫妇认为是 1808 年。他们提供了以下背景资料：《澳门茶文化馆》吕志鹏在《论海上茶路宁波与澳门之历史背景》一文中披露，1812 年有一名中国茶农亚腾，在信中向澳门的南兄讲述他们在巴西的种茶情况，要求托带茶种给他们。信中说："吾三人开得茶园地一座，连界上下一十余里，落得细茶种，条条可生，国王甚欢喜。" 据陈、刘二人查证，1810 年和 1812 年澳门并未派中国茶农去巴西，1811 年 2 名中国茶农自带茶树苗与茶种去里约热内卢，1812 年元老院参议员阿尔梅达托人运往巴西的仅是茶种。是故二人认为，1809 年抵达巴西的首批中国茶农应是 3 个人；另 1835 年从里约热内卢到圣保罗省巴纳纳尔镇定居的中国茶农秦·若昂·米格尔·佩雷拉（Chim João Miguel Pereira）在 1865 年 2 月 7 日立的遗嘱中说，他是 1808 年到巴西的。陈、刘二人认为，此人应是 1809 年抵达巴西的首批中国茶农中的一员。因为这批人于 1809 年 3 月 18 日（原定 3 月 16 日）离开澳门，应提前很多时间进入澳门招工馆待运。那时中国人一般以农历春节为新一年之始，因此他们进入招工馆的时间应在春节以前，按中国农历算应是 1808 年。[④] 一般商船从澳门到巴西需要 90 ~ 120 天。但因此船是战舰，又是从澳门直接开往巴西，估计 6 月份可抵达里约热内卢港。[⑤]

巴西历史学界一般认为，1812 年来自澳门的帆船抵达里约热内卢并带来的 300 多名中国茶农，是巴西最早的华侨。2012 年巴西庆祝华人移民 200 周年，便

---

① 陈太荣、刘正勤：《19 世纪中国人移民巴西史》，北京：中国华侨出版社，2017 年，第 5 页。

② Moura, Carlos F., *Chineses e Chá no Brasil no Início do Século XIX*. Lisboa: Instituto Internacional de Macau; Rio de Janeiro, Brazil: Real Gabinete Português de Leitura, 2012, pp. 21 – 22. 该资料由束长生提供。

③ 陈太荣、刘正勤：《19 世纪中国人移民巴西史》，北京：中国华侨出版社，2017 年，第 55 – 65 页。

④ 陈太荣、刘正勤：《19 世纪中国人移民巴西史》，北京：中国华侨出版社，2017 年，第 52 – 53 页。

⑤ 陈太荣、刘正勤：《19 世纪中国人移民巴西史》，北京：中国华侨出版社，2017 年，第 53 页。

是以此作为依据。今天里约热内卢的蒂茹卡国家公园建有一座"中国亭"，就是对这些茶农的永久纪念。巴西方面对中国茶农的纪念，无疑是对中国的友好表示。但历史应讲求真实。按照陈太荣、刘正勤夫妇的说法，1812 年中国茶农首次抵达巴西之说与事实有出入。巴西森林学会的调查报告和里约热内卢植物园编年史也明确指出，1812 年收到的仅是从澳门寄来的茶树苗和茶籽，并无中国茶农随行。①

　　在此插入一事：陈太荣、刘正勤夫妇曾经在里约热内卢翻阅了大量档案，并前往 200 年前中国茶农曾经劳作过的里约热内卢植物园，几经打听，找到了当年留存下来的几棵茶树。陈太荣说："我们搜集到的资料表明，早在 1808 年就有少量中国茶农前来巴西。从 1810 年开始，300 多名中国茶农经由澳门来到巴西。"②

　　说到这里不难看出，同为葡萄牙人管治的澳门在早年中巴交往中具有重要地位。翻阅历史可知，葡萄牙人在 1500 年"发现"了巴西，于 1553 年获当地中国官员"允许"在澳门暂住（实际上是占领）。葡萄牙人占领澳门后不久就在那里建立了贸易货栈。随后，葡商先后开辟了以澳门为基地的三大航线。其中最重要的一条航线便是中国与巴西航线。尽管葡当局不准澳门与巴西之间进行直接贸易，但实际上不时发生由东方前往葡萄牙的船只在巴西萨尔瓦多港和里约热内卢港补给而停靠之事，两地走私的事情多如牛毛，由是形成了澳门与巴西间事实上的经济联系。此外，中国与巴西航线还联通了许多亚洲商港，并通过贸易间接与巴西连接起来。丝绸、茶叶、瓷器、工艺品等中国商品，都是葡萄牙商人的经营范围，且多通过澳门销售到巴西等地。就在中国茶农前来巴西几乎同时的 1810年，葡萄牙王室准许澳门当局与巴西直接进行贸易。1822 年巴西独立后，巴西仍在葡萄牙人建立的商业网的基础上，以澳门为其主要贸易伙伴并与中国继续交往。

（二）种茶繁盛时期中国茶农来巴案例举隅

　　里约热内卢茶树种植的鼎盛时期是 1824—1829 年莱安德罗牧师担任里约热内卢植物园园长期间。在此之前，首批中国茶农于 1809 年 6 月进入里约热内卢植物园开始种茶，最多时达到 200 人，种植茶树 6 000 株。那时候皇都里约热内卢的人只喝植物园生产的茶叶。③ 也有人说，在 1808—1822 年，约有 800 名中国

　　① 陈太荣、刘正勤：《十年磨一剑——谈研究"中国人在巴西种茶史"经过》，巴西侨网，2012 年 4月 4 日。

　　② 陈威华、刘隆：《退休外交官巴西寻访早期华人移民足迹》，新华网，2015 年 4 月 2 日。

　　③ 陈太荣、刘正勤：《19 世纪中国人移民巴西史》，北京：中国华侨出版社，2017 年，第 85 页。

茶农在巴西茶园劳动。① 对于中国茶农来到巴西前期的情况，下面选取有一定代表性的几个例子做一说明。

其一，据刘芳编辑、章文钦校订的《葡萄牙东波塔档案馆藏：清代澳门中文档案汇编》一书披露，1812 年 7 月 8 日有一名中国华工亚腾写信给澳门朋友南兄，讲述他们在巴西的种茶情况，并托带茶种。信中说："吾三人开得茶园地一座，连界上下一十余里，落得细茶种，条条可生，国王甚欢喜。"看来这三个中国人应是属于 1809 年去里约热内卢试种茶的第一批中国茶农，种茶地点应是里约热内卢植物园，摄政王若昂六世那时还不是国王。② 这三人可能因为有"种茶师傅"的身份，是第一批到达巴西的茶农，摄政王又对他们寄予厚望，所以得到巴西官员的较高礼遇。有关"种茶师傅"，且参下述。

其二，梁亚月等一批中国人携带茶种和茶树苗，于 1813 年 12 月 31 日从澳门乘"玛丽娅一世"号赴巴西，他们被安排在船上担任夜班服务员以抵船资，途程 90～120 天。他们在里约热内卢的工期为两年，月薪为 6 块西班牙银圆。他们离开澳门前，澳门元老院已经预先发给他们每人赠家费 300 块银圆（立有字据）。③ 里斯本海外历史档案馆还保存了一批中国契约劳工的领款收据，梁亚月等人的收据应在其中。这说明澳门当局是中国茶农来巴西种茶的热心推动者。

其三，巴西档案记载，有 4 位华人，分别是赵香（Chou Shian）、赵梁（Chou Liang）、黄才（Huang Tsai）和黄明（Huang Ming）。他们 1814 年 9 月 10 日从巴伊亚州南部的卡拉韦拉斯抵达里约热内卢（陈太荣、刘正勤夫妇的书说他们由葡萄牙王室政府海军与海外领地大臣在巴伊亚州南部的让蒂奥桥庄园的管家陪同到达），他们住在巴尔卡伯爵安东尼奥·德·阿劳若·德·阿泽维多（时为葡萄牙王室政府顾问，曾在 1804—1808 年 3 月担任葡萄牙战争与外交事务大臣）家里。他们受过教育，据说是"某个官方代表团"，很可能是受聘到巴西来指导种茶的技术小组，组长是江苏南京人。④ 据估计赵香等 4 人应是有一定身份或地位的人。

---

① 袁一平：《华人移民巴西二百周年简史》，载《华人移民巴西 200 周年纪念特刊》，南美侨报社编印，2013 年，第 1 页。

② ［巴西］束长生、乔建珍：《2019 年第二届巴西华人移民国际研讨会议总结报告》，《华人研究国际学报》2019 年第 11 卷第 2 期，第 97－107 页。

③ 陈太荣、刘正勤：《19 世纪中国人移民巴西史》，北京：中国华侨出版社，2017 年，第 62 页。

④ 袁一平：《华人移民巴西二百周年简史》，载《华人移民巴西 200 周年纪念特刊》，南美侨报社编印，2013 年。在此文中，4 人分别被叫做周梁（Liang Chou）、黄明（Ming Huang）、周建（Chian Chou）和黄财（Tsai Huang）；在陈太荣、刘正勤《19 世纪中国人移民巴西史》一书第 64 页中，4 人被记作赵香（Chou Shian）、赵梁（Chou Liang）、黄才（Huang Tsai）和黄明（Huang Ming）。根据 4 人的中文签名笔迹，应以陈太荣、刘正勤之书为准。

赵香等 4 人在受命去巴伊亚州南部让蒂奥桥庄园之前，已经来到里约热内卢一段时间了。他们被带去让蒂奥桥庄园，看看那里怎样种茶。据记载，让蒂奥桥庄园是伊塔涅姆河北岸一处荒废地，位于阿尔科巴萨镇附近约 35 公里处，此地为巴伊亚州南端穆古里河和阿尔科巴萨河间的热带雨林地区。18 世纪末，此庄园是塞古罗港地区最重要的庄园之一，后因印第安人不断袭扰而被迫废弃。1812年，巴尔卡伯爵以"可笑的价格"将其买了下来。① 1814 年 9 月，巴尔卡伯爵显然是希望在这个热带雨林引种茶叶牟取厚利，便把赵香等 4 人派到那里考察。

其四，19 世纪上半叶有 4 宗中国人进入圣保罗省和圣保罗市的个案，也就是说，中国茶农在 19 世纪上半叶就已进入圣保罗省和圣保罗市。根据里约热内卢国家档案馆保存的《外国人登记簿（1818—1841）》，进入圣保罗市的中国茶农有 4 宗：第一宗为 1818 年 9 月 5 日，中国茶农西普里亚诺·兰热尔偕 3 名中国女性离开里约热内卢市去圣保罗市；第二宗为 1819 年，弗列德里奇·路德维格·威廉·瓦尔尼亚根工程师（当时在圣保罗市附近的索罗卡巴炼铁厂工作）将中国茶农和茶籽从里约热内卢带往圣保罗市种茶（笔者注：茶农姓名不详）；第三宗发生在 1825 年 3 月 21 日，有一个叫做曼奴埃尔·若泽·罗伊斯的中国人从里约热内卢市去圣保罗市；第四宗发生在 1835 年 1 月 16 日，当时圣保罗省最大的咖啡种植中心巴纳纳尔镇议会上书圣保罗省议会，要求派中国人到该镇协助当地奴隶种植茶树、生产靛蓝和制造火药，并指导焙茶。不久，一批中国茶农（笔者注：人数与姓名不详）从里约热内卢市抵巴纳纳尔，但他们很快就弃农经商，到城里另谋生路去了。②

此外，根据里约热内卢巴西国家档案馆外国人入境管理档案第一卷至第四卷的记载，以及巴西森林协会会长佩德罗·保罗·龙巴协助查阅巴西国家森林档案馆等资料显示，第一批中国茶农应于 1808 年、1810 年、1812 年至 1819 年登陆巴西，共 658 人，分别从澳门、广州乘船抵达里约热内卢。首批来自中国的茶农是从湖北招募的，在英国植物园和圣克鲁斯庄园指导巴西茶农种茶。③ 如上所述，1809—1815 年，澳门共向巴西分期分批运去中国茶农、木工、陶瓷技工 300

① 陈太荣、刘正勤：《19 世纪中国人移民巴西史》，北京：中国华侨出版社，2017 年，第 115 页。2015 年 2 月 7 日卡洛斯·H. 奥贝拉克尔·Jr. 发表一篇关于德国移民的文章《巴伊亚南部的莱奥波尔迪娜-弗兰肯塔尔垦民村——欧洲在巴西的一个垦农种植村》，此文在"注释 1"中介绍了阿泽维多大臣在巴伊亚南部建立一座庄园的情况。

② 陈太荣、刘正勤：《1900 年圣保罗州庄园主招募 120 名中国劳工进住圣保罗"移民客栈"》，作者2018 年 9 月 5 日于巴西累西腓通过电邮发予笔者。原文用"第一批、第二批……"，因属文献记录个案，今相应改作"第一宗、第二宗……"。

③ 袁一平：《华人移民巴西二百周年简史》，载《华人移民巴西 200 周年纪念特刊》，南美侨报社编印，2013 年，第 1 页。

余人。故 1808—1819 年分批登陆巴西的 658 人中，应包括这 300 余人。至于为
什么从离出发口岸澳门和广州甚远的湖北省招聘茶农，今天已很难说清楚了。茶
农从湖北出发到澳门和广州再登船，路途遥远，不仅增加成本，也拖延时间。可
能是澳门这一边有河北籍官员与其家乡有密切联系，也可能是招工者相信湖北茶
农的种茶技术比较好。

上述中国茶农是有迹可考的进入巴西的华侨，但当时进入巴西的中国茶农应
该不只是此中所述。有的外来人口（包括中国人）没有登记在册，有的当时有
登记，但后来记录没有保存下来。例如，一些可能只是通过活动于澳门的中国人
贩子渠道引进的茶农（当然还有做其他行业的人），就不大可能记录在册。

（三）种茶导师

有证据表明，中国茶农不仅在巴西种茶，还在巴西指导种茶。后者可以称作
种茶专家。1814 年 9 月 10 日从巴伊亚州南部的卡拉韦拉斯抵达里约热内卢的赵
香等 4 人很可能就是参与指导工作的 "种茶专家"。他们的身份可以通过下面事
实得到印证：一是记载说这 4 个人在卡拉韦拉斯期间，去过离卡拉韦拉斯 30 公
里远的让蒂奥桥庄园，很可能是去那里指导茶农的工作。二是 1814 年 9 月 12
日，他们 4 人在里约热内卢圣克鲁斯庄园的安东尼奥·戈麦斯·达科斯塔少尉陪
同下，考察了庄园农场。他们还为中国茶农选定了两处地方，并向庄园司库若昂
·费尔南德斯·达席尔瓦进行了汇报，最后由海军与海外领地大臣阿泽维多确定
"茶山" 为中国人种茶的地方。三是 1808—1818 年英国商人、旅行家约翰·卢科
克访问了里约热内卢南部一些地方后，出版了《对巴西里约热内卢和南部的记
述》，说到他参观了里约热内卢植物园的中国茶园，同不少中国茶农特别是他们
的负责人南京人进行了交谈。陈太荣、刘正勤夫妇猜测该负责人为赵香等 4 人中
的一个。有趣的是，当时的中国茶农基本上为广东人，他们的负责人却是江苏南
京人。此事如属实的话，则隐约说明此人来历略有不凡。按理说，一般的负责人
可以在广东地方找一个即可，这样有利于管理同样是广东人的其他团队成员，没
有必要跨省另找一个人做负责人。四是 1817 年参观了里约热内卢植物园的奥地
利画家托马斯·恩德尔（1793—1875），曾为一位边看书边抽水烟袋的中国茶农
画了一幅水彩画，画名为《一个中国人与抽烟艺术》。这个看书的人似乎也有一
点茶 "专家" 的派头。五是 1821 年，德国画家约翰·莫里茨·鲁任达斯在参观
里约热内卢植物园茶园时画了一幅《中国人种茶》水彩画。从画面上可以看到，
一个中国人正在指导一些黑奴种茶。右边立着另一个看样子更有文化素养的中国
人，正同两个西方人谈话，其中一个西方人坐着，两手拿着一张大纸铺在膝上
看。此人背后，一个中国人撑着一把阳伞，还有一个穿西服的人，很可能是翻

译。陈太荣、刘正勤夫妇认为，这幅画很可能画的就是赵香等4人在植物园指导黑人奴隶种茶的场景。①

不过根据南京人赵香、赵梁、黄才和黄明于1814年移民巴西的历史资料，他们来巴西的最初目的并非指导种茶，可能是流亡巴西的葡萄牙王室政府原本要澳门向巴西派去的中国陶瓷技工。然而抵达后，4人却被派去指导种茶。换言之，他们4人可能在"中国人都会种茶"的意识指导下被看成"种茶专家"了，因而派他们到处指导种茶也是名正言顺。可以肯定，中国人对种茶的"指导"纯粹是口头上的，还需要经过翻译。1825年1月7日，巴西皇帝佩德罗一世给莱安德罗园长下诏，要他收集茶籽、丁香等香料树苗发往帝国各省种植，并要他编写一本种茶的小册子一并发往各地。由于中国茶农只会具体操作，不善表达与归纳种茶与焙茶经验，更没人能把种茶与焙茶过程编写出来，莱安德罗园长接诏后便立即自己组织编写。1825年3月12日，莱安德罗园长上书皇帝，询问"哪些是实现完善与扩大帝国各州种茶等香料作物最有效、最快捷和最经济的方式"。3月21日，帝国政府答复包括4点：授权植物园买8个新奴隶并"培训他们学会操作种茶和焙茶"；授权聘用一个工头领导这些奴隶；招聘一名书记员，负责同各州及世界其他地方相同机构的联系工作；关于购买"足够数量焙茶炉"之事，"皇帝转告他，将马上下令让澳门运20个焙茶炉过来"。在中国茶师中国·安东尼奥·若泽的讲解与帮助下，经过莱安德罗等人自己的观察，于1825年6月初编写出《关于种茶、采茶和焙茶的经济手册》（共48页）。②虽然此书为莱安德罗园长所编写，但书中所记叙的茶技术（包括种茶、采茶和焙茶等），应来自中国茶师。这本茶叶种植与加工手册，由王室免费分发到巴西各地。③

巴西是中国人在南美地区第一次种植茶叶的国家，地点在里约热内卢。若昂六世不惜从万里之外的中国引进茶农，被认为是他的得意之举，也是他和葡萄牙王室振兴巴西经济的首选决策。就结果（而非产量）来说，中国茶农在里约热内卢的种茶是成功的。他们克服重重困难，辛勤劳作，种出了茶叶，使里约热内卢这个巴西皇都出现了新气象。据说那个时候，在里约热内卢的蒂茹卡山区，茶园漫山遍野。其时巴西出现了饮茶之风，是皇都繁荣的表现，若昂六世自然求之不得。

可惜，若昂六世时运不济，他的种茶事业未能发扬光大。他耗费巨资从中国

---

① 陈太荣、刘正勤：《19世纪中国人移民巴西史》，北京：中国华侨出版社，2017年，第67页。

② 陈太荣、刘正勤：《里约植物园中国茶树纪念牌揭牌仪式》，据作者向笔者提供之原文。

③ Fr. Leandro Sacramento, *Memória Econômica sobre a plantação, cultura, e preparação do Chá*, Rio de Janeiro, Typographya Nacional, 1825. 该资料由束长生提供原文。

引进茶农、茶树苗与茶籽，但生产出来的茶叶数量很少，无法抵消种茶的成本开支。这主要是市场的因素，当时咖啡种植业也在迅猛发展。许多巴西人经过对茶叶和咖啡两者的比较，改喝咖啡。从国际比较来看，后来巴西茶叶无论是数量和质量，还是价格，均无法同中国生产的茶叶竞争。屋漏偏逢连夜雨，巴西的外贸又受英国东印度公司控制，挤不进国际市场，内销又有限。

究其挤不进国际市场的原因，一是英国人害怕巴西茶叶会打破英国人的贸易垄断地位，二是有人嫌巴西茶叶味道不好（有人说它带土味，又有人说它有油漆味），但巴西人卡尔洛斯·奥古斯托·陶奈（Carlos Agusto Taunay）怀疑是英国人的阴谋。他认为有人刻意打压巴西种茶业；[1] 也有人怀疑中国人故意保守茶叶加工的技术秘密；也有学者认为这可能是一种误解，因为很多中国人喝绿茶，所以在巴西生产的茶叶也大多是绿茶。另外，中国茶农很可能并不知道英国人偏爱喝红茶，[2] 等等。

平心而论，任何作物种植都不能违背自然规律。茶树喜欢温暖湿润，其种植对温度与土壤的酸度都有严格的要求，温度平均在18℃~25℃，主要生长在800~1 200米丘陵山地地区，而名茶则产自"春寒不严冬，夏暑不酷热"的名山秀水宜人之地。在这些地方的茶叶采摘期，早晨应有薄雾滋润，使茶叶醇香可人。巴西无此等条件，一些地方如里约热内卢市离海近，气候炎热潮湿，温度偏高，地势高度也不理想（里约热内卢市海拔仅5米，博阿维斯塔山顶高384米，湖畔更低），海风腐蚀性强，不是种茶的理想之地。[3] 当然，巴西也有符合上述条件的适宜种茶的地方，如米纳斯吉拉斯州黑金城、圣保罗州等地。不管怎么说，中国茶农历经千辛万苦成功种出了茶，质量尚可，应该说已经尽力了。总之，种种因素叠加在一起，使1821年若昂六世离开巴西返回葡萄牙本土后，里约热内卢的种茶业逐渐凋敝。后来，里约热内卢植物园园长莱安德罗极力恢复与振兴植物园的茶叶生产，并向巴西其他一些州积极推广茶树种植。这些州的茶叶倒是发展起来了，不过继任的植物园园长的经营理念却不可恭维。他们将重点转移到发展观赏植物上，又因经费问题而对茶园疏于管理，致使茶园再次衰败，一些茶树枯死，种茶业遂失去昔日的辉煌。

---

① 陈太荣、刘正勤：《19世纪中国人移民巴西史》，北京：中国华侨出版社，2017年，第120-121页。参见：Carlos Augusto Taunay, *Manual do Agricultor Brasileiro*, São Paulo：Companhia das Letras，1829，pp. 171-172. 陶奈（Taunay）在他的书中谈到巴西农业生产的政治困境，批评了政府的无能和政治纷争干扰了巴西茶业发展，并暗示有人故意破坏巴西茶的声誉，因为在1829年，巴西茶已经生产好，正准备运到英国出售，"在令人怀疑的情况下，传言茶有漆味，从而使巴西的茶不被信任"（p. 172）。

② Lesser, Jeffrey, *Negotiating National Identity：Immigrants，Minorities，and the Struggle for Ethnicity in Brazil*，Durham，NC：Duke University Press，1999，p. 17. 该资料由束长生先生提供。

③ 陈太荣、刘正勤：《19世纪中国人移民巴西史》，北京：中国华侨出版社，2017年，第135页。

里约热内卢植物园种茶一直到 19 世纪 50 年代中期，在出口受挫后就中止了。有迹象表明，里约热内卢植物园的种茶后来仍然零零星星地持续下来。但其时茶叶已无国际市场，同时也存在经费问题，植物园已经没有能力重铸种茶的辉煌。葡萄牙王室没有调动广大农户种茶的动力，而是自身垄断种茶业，种植面积有限，小打小闹。起初虽然轰轰烈烈，但后来就逐渐虎头蛇尾。

葡萄牙王室起初待中国茶农如嘉宾，确实谦恭有礼。这是因为开始时对他们还寄予厚望，及至看到种茶后果不如预期，便冷淡有加。中国茶农弃家抛子，万里到此，其实也寄寓着迅速发财的愿望，但不久看到百事不遂意，便心灰意冷，大失所望，于是陆续散去，另寻财路。一部分人进城当小贩，仅有一小部分人仍留在植物园维持茶园，管理残存的茶树与香料作物。即使如此，也还不能说里约热内卢植物园的种茶业已经曲终人散，中国茶农杳无踪迹可寻。时至今日，植物园仍存留 3 棵中国茶树。[1]

可以判断，里约热内卢植物园的种茶到 19 世纪 50 年代中期因出口受挫而中止的只是作为出口商品的茶叶生产，种茶行为并没有全盘结束。实际上，非商业性的，或说小商品性的种茶仍在继续，这主要是为了满足当地饮茶爱好者的需要。由于里约热内卢植物园里的小规模种茶仍然存在，因而还需要少量有种茶技术的中国人。巴西的华侨种茶业历经风风雨雨，后来虽然衰败，但余韵犹存，仍然延续了一段漫长的时间。也可以相信，并非巴西各地的种茶业都像里约热内卢植物园可有可无地存在，其他地方的种茶业发展不一，有的兴旺，有的萎缩，有的兴衰无常，很难一语论定。回过头来看，巴西引进中国茶农种茶的意图虽没完全实现，然而，种茶技术、饮茶方式等还是传入了巴西。后来放弃种茶营生、定居巴西的中国人，多数以商贩为生，他们的身份变成了巴西华商。

从巴西茶叶出口来看，早从 1829 年始，巴西出口英国的茶叶屡屡受阻，连遭英国茶叶市场拒绝，致使巴西茶叶逐渐失去了国际市场，巴西的茶叶生产就失去了强劲的势头。加上巴西人爱喝咖啡，国内市场对茶叶的需求有限，故茶叶仅限于小规模生产。市场的力量是巨大的，非人力可轻易左右。由于失去了国际市场，巴西的茶叶生产每况愈下。从这些曲曲折折的事件来看，说巴西茶叶出口受阻是一个政治阴谋，似非空穴来风。

最后，对中国茶农被"猎杀"一事这里应有所交代。一般来说，早年有一批华侨茶农的最终命运是极为悲惨的，这突出表现在他们最后被"猎杀"一事

---

[1]　陈太荣、刘正勤：《19 世纪中国人移民巴西史》，北京：中国华侨出版社，2017 年，第 98 页。小巴尔博扎·罗德里格斯的父亲若昂·巴尔博扎·罗德里格斯（1842—1909）是巴西著名植物学家，共发表 52 本关于植物的著作。1890 年 3 月 25 日被任命为里约热内卢植物园园长，直到 1909 年 3 月 6 日去世，去世时有 13 个子女、22 个孙子孙女。小巴尔博扎·罗德里格斯一直是他父亲任植物园园长时的助手。

上。一般对此事的描述是：1812 年，葡萄牙王室让澳门运送近 200 名茶农，其在里约热内卢植物园试种茶叶失败，这批中国侨民的命运堪称荒谬绝伦，令人心寒。根据证人指控，这些中国劳工被关在港口的大棚子里，然后被赶到里约热内卢附近的森林里，让一帮人带着猎犬追杀。这帮杀人匪徒的头子，就是葡萄牙摄政王若昂的三儿子米格尔王子。米格尔竟然说，他们这些精力充沛的贵族子弟猎杀中国劳工是在进行"体育运动"。在这些贵族子弟的围猎下，第一批中国侨民没有一个人侥幸生存下来。① 据一些历史学家研究，米格尔一帮人骑着马、带着猎犬追杀的是 2 名"逃跑"的中国茶农。② 按照目前所知，应不是所有的中国茶农都遭到猎杀。中国茶农被追杀之事还有一旁证：1834 年，英国下院的一名议员曾在下院指控过巴西猎杀中国茶农。不过根据上述资料，中国茶农被追杀的原因不是因为种茶失败，而是因为他们要"逃跑"。"逃跑"的原因是中国茶农不堪忍受当时的农奴处境，并进行了抵制与反抗，其中有两个人"逃跑"后被杀害。

二、巴西主要中国茶叶种植地情况

19 世纪初中国茶农开始在巴西种茶，他们不仅开创了美洲种茶业的先河，还把种茶与制茶技艺传授给巴西人民。巴西种茶业一度蓬勃发展，从里约热内卢市扩展到里约热内卢州、圣保罗州、米纳斯吉拉斯州、巴拉那州和巴伊亚州等多个州。中国茶树苗与茶籽又从巴西传到了欧洲的葡萄牙与法国。巴西生产的茶叶不仅满足了国内的消费需要，甚至一度打入国际市场，在 1873 年维也纳国际博览会上巴西茶荣获第二名，仅位列中国茶之后。中国茶农对巴西种茶成功和巴西种茶业的发展起了积极推动作用，功不可没。

（一）在里约热内卢植物园种茶的华侨

里约热内卢曾经是巴西的首都，曾称卡里奥卡（Carioca），来自图皮－瓜拉尼语，意思是"白人的房子"。此前，里约热内卢植物园（建于 1811 年）已于 1812 年获得了由澳门寄去的茶种。在当时出版的《巴西游记》一书中，有对中国人在里约热内卢种茶的肯定性描述。该书作者于 1817 年写到，在里约热内卢植物园中有 600 株中国茶树，来到巴西的中国茶农"不是那些因生活贫困而背井离乡流落到爪哇及邻近岛屿像西班牙和葡萄牙的加利西亚人那样找工作的沿海居

---

① 陈太荣、刘正勤：《19 世纪中国人移民巴西史》，北京：中国华侨出版社，2017 年，第 111 页。
② 陈太荣、刘正勤：《19 世纪中国人移民巴西史》，北京：中国华侨出版社，2017 年，第 112 页。

民，而是来自中国内地的种茶经验丰富的人"①。

里约热内卢植物园在里约热内卢成为葡萄牙的海外首都期间曾经是皇家御苑，极尽风光于一时。1808 年 6 月 13 日，刚到巴西不久的葡萄牙摄政王若昂就发布敕令，在被征用的罗德里戈·德弗雷塔斯湖的一家糖厂里建立移植园（位于火药厂附近），用来移种东印度群岛的核桃树、桂皮树、王胡椒树等东方香料植物，由火药厂厂长兼任园长。1819 年 5 月 11 日，皇家植物园隶属 1818 年 6 月 6 日成立的"皇家博物馆"管理。1820 年，皇家植物园由战争与外交事务部管辖改为由新成立的战争事务部管理。1821 年 4 月 26 日，若昂六世国王由巴西迁返葡萄牙。1822 年 2 月 22 日，巴西摄政王佩德罗将皇家植物园划归内务部（巴西独立后改名为"帝国事务部"）管辖。同年 9 月 7 日巴西独立，皇家植物园改为"帝国植物园"。1860 年，植物园改由农业、交通运输与公共工程部管辖。巴西帝国政府被推翻后，植物园于 1890 年改称"里约热内卢植物园"②。

据巴西著名女记者罗萨·内波穆塞诺描写里约热内卢植物园 200 年沧桑史的《唐·若昂的园子》（"*O Jardim de D. João*"，里约热内卢 "Casa da Palavra" 出版社，2007 年第 1 版）一书，在里约热内卢植物园种茶是葡萄牙海军中校路易斯·德·阿布雷乌建议的。他向澳门元老院的拉菲尔·博塔多·德·阿尔梅达要求给巴西运送茶种，后者于 1812 年运来了茶种和一些珍贵树苗。计有帝王茉莉花树苗（用来做茉莉花茶）、中国漆树苗、日本漆树苗、大黄、八角、中国桂皮、荔枝、龙眼、山竹、杨桃、碧玲（一种酸味多汁水果，形状像小黄瓜，味道像杨桃）、乌木、槟榔树（果实称为槟榔）、亚洲胡椒、阿拉伯胡椒（果实较大）、竹子、菖蒲、桑树、人参和木樨草共 20 种树苗。为保证成活率，每一种需运数株。这样可能有近百株，要占很大一块地方，途中还需人浇水。③

陈太荣、刘正勤夫妇认为，"乌尔加诺"号军舰一次不可能运这么多树苗来巴西。理由有三：一是葡海军中校德·阿布雷乌仅要求澳门元老院德·阿尔梅达运茶种到巴西；二是德·阿布雷乌在"报告"中只提及收到茶种，并未涉及果树苗之事，如真有果树苗运到，他不可能不在"报告"中大书一笔；三是女记

---

① 转引自澳门文化司：《文化杂志》（中文版），1995 年春季号，第 34 页。另参见张宝宇：《中国文化传入巴西及遗存述略》，《拉丁美洲研究》2006 年第 5 期，第 3 页。笔者注：此处说茶树 600 株，与上面 6 000 株，必有一个抄误。综合分析，取后者。

② 1937 年，里约热内卢植物园被巴西国家历史艺术遗产委员会列为国家文物单位。1991 年，被联合国教科文组织列为"生态保护地"（Reserva da Biosfera）。面积 137 公顷，其中种植面积为 54 公顷。1998 年，改为现名"里约热内卢植物园研究所"（Instituto de Pesquisas Jardim Botânico do Rio de Janeiro），隶属巴西环保部。2002 年，成为联邦政府直属单位。参见陈太荣、刘正勤：《19 世纪中国人移民巴西史》，北京：中国华侨出版社，2017 年，第 86－87 页。

③ 陈太荣、刘正勤：《19 世纪中国人移民巴西史》，北京：中国华侨出版社，2017 年，第 89 页。

者罗萨在书中从未提到澳门民政长官阿里亚加向巴西运送茶农、茶种、珍贵树苗之事，很可能她在写书时还不知道有这一史实，故牵强附会地全部算在澳门元老院德·阿尔梅达头上。①

1817 年 12 月 10 日，德国著名植物学家约翰·巴普蒂斯特·冯·施皮斯（1781—1826）和卡尔·费里德利希·菲利普·冯·马蒂乌斯（1794—1868）参观了里约热内卢植物园的中国茶园，他们在《1817—1818 巴西之行》一书里描述了这次参观的情况："各种各样成行的太平洋面包树、浓密叶子的铁树和芒果树把植物园切成整齐的方块，最主要的种植物是中国的茶树。到目前为止，共种有 6 000 株小茶树，成行的茶树株距 3 英尺。气候看来适宜茶树生长，7—9 月开花，茶籽完全成熟。除尝试在美洲移植其他亚洲植物之外，种茶树之例再次特别证明同纬度是使树苗繁茂的重要因素。在这儿种的茶，使用同中国本土完全一样的方式进行采茶和焙茶。葡萄牙王室政府特别关注此植物的种植，中国每年向英国出口 2 000 万埃斯库多（葡盾）茶叶。前大臣利尼亚雷斯伯爵下令运来数百中国茶农，运用这儿的优势进行种茶和焙茶。"他们在书中还引用了德国王子马克西米利安书中的一些资料，认为"这些中国人不是那些因生活贫困而背井离乡流落到爪哇及其附近岛屿，像西班牙和葡萄牙的加利西亚人那样寻找工作的沿海居民，而是来自（中国）内地的种茶经验丰富的人"。② 这两位德国人访问植物园时，看到仅有少数中国人留在植物园里，在火药厂厂长若昂·戈梅斯·阿布雷乌上校（当时由火药厂厂长兼管植物园）监督下照管茶园，进行采茶与焙茶，而大部分人居住在圣克鲁斯庄园内。其时植物园的茶叶每年采摘两次。

值得注意的是，若昂·戈梅斯·阿布雷乌上校让两位德国人品尝各种时鲜茶叶。他们品后认为："茶味浓，但远比不上中国优质茶叶的那种茶香味醇，而是有一点苦涩和泥土味，此点不爽的味道绝不会影响种茶的初衷，因为这是茶树还没有完全适应的正常结果。"这种味道在德国画家约翰·莫里茨·鲁任达斯（1802—1858）1835 年出版的《穿越巴西风景如画之行》（*Viagem Pitoresca ao Brasil*）一书中又被重复了一次。鲁任达斯 1821—1825 年 5 月曾参加俄国驻巴西总领事朗斯多夫男爵组织的科学考察队。在此行中，他 1821 年参观里约热内卢植物园并画了《中国人种茶》水彩画，还现场参观了中国人种茶的情况。他后来在书中说："茶园位于驼峰山后面、罗德里戈·德弗雷塔斯湖畔、植物园附近，在 1825 年有 6 000 株茶树。"有趣的是，他也认为植物园生产的茶"未达到中国上等茶讲究的清香味，反而带有一点土腥味"。同时也认为，这可能是中国茶树

---

① 陈太荣、刘正勤：《19 世纪中国人移民巴西史》，北京：中国华侨出版社，2017 年，第 90 页。
② 陈太荣、刘正勤：《19 世纪中国人移民巴西史》，北京：中国华侨出版社，2017 年，第 91 页。

还不适应环境，也可能是茶叶处理失误——主要是茶叶烘干问题，也可能是未雇用到好的中国茶农（也许他们以前也不是所有人都种过茶）。他赞扬政府的尝试，虽未取得足够的成果，但会在短期内予以改善。① 这位德国人是否引述了上述这位德国植物学家的著述，还是他们有过直接的交谈，抑或是当时里约热内卢人都有同样的感觉而他们也赞同之，今已不可考。不过，既然他们对中国茶农所种的茶叶都有同样的味感，并且都认为是茶树不适应环境的缘故，说明当时的情况还是比较真实的。

　　1823 年 11 月 13 日，莱安德罗·多萨克拉门托牧师（1778—1829）被任命为"罗德里戈·德弗雷塔斯湖帝国植物园"园长，同年 12 月举行就职仪式，1824 年 3 月 25 日正式上任。此人 1798 年成为卡尔默教派牧师，1806 年进入葡萄牙科英布拉大学学习自然科学。除担任植物园园长外，他还担任皇家公共漫步公园园长，并在此教授植物学和农艺学。他在任期内，在植物园开挖了一个人工湖种植王莲等水生植物，建立了植物标本苑，扩大了热带植物品种交换与种植，振兴了植物园茶叶生产，并向巴西其他州推广茶树与香料作物种植，把植物园变成名副其实研究植物的机构。② 从这一记载来看，莱安德罗·多萨克拉门托对他管理的植物园是尽责的，对振兴植物园的茶叶生产也有贡献。

　　莱安德罗牧师1824 年 3 月接手植物园时，里面有一大片茶园，但分成大小不等的三块。最小的一块还凑合，其他两块完全荒芜，几乎被野草吞噬，茶树苟延残喘。据说当时的茶树长有 5 英尺高，树龄约 14 年，③ 应都是第一批茶树苗。可以看得出，其管理的植物园并不景气，由此可以猜测整个地区的茶叶生产应是在衰退中。所以，莱安德罗上任伊始，就首先抢救茶树，恢复茶叶生产。茶叶生产衰落应是自然气候造成的，也就是上面所说的环境因素。据记载，莱安德罗园长曾连续 3 年 3 次在他授课的公共漫步公园（位于今拉帕区）播种茶种，开始长得枝叶茂盛，但一到夏季，尽管按常规浇水和施肥，但晚上茶树苗对露水极不敏感，故大部分茶树苗枯萎而死，在其他地方种的茶树苗也是同样的命运。不过作为植物学家的莱安德罗有所发现，他通过此试验结果得出结论，只有像植物园那样的黏土砂石地方才适宜种茶。这个记载很重要，说明茶树苗栽培不甚理想不是中国茶农的技术问题，而确实存在着环境（土质）问题，具体来说，是巴西此一地的土质可能适合茶树苗栽培，而彼一地的土质不一定适合。哪些土质适合茶树苗栽培，开始时肯定谁也没有把握，只有通过不断的实践和探索才能知道。莱

　　① 陈太荣、刘正勤：《19 世纪中国人移民巴西史》，北京：中国华侨出版社，2017 年，第 91－92 页。
　　② 陈太荣、刘正勤：《19 世纪中国人移民巴西史》，北京：中国华侨出版社，2017 年，第 93 页。此资料来自莱安德罗牧师任园长期间（1824 年 3 月—1829 年 7 月 19 日）的记载。
　　③ 陈太荣、刘正勤：《19 世纪中国人移民巴西史》，北京：中国华侨出版社，2017 年，第 93 页。

安德罗通过试验，得出像植物园那样的黏土砂石地方才适宜种茶的结论十分难能可贵，对其后的茶树栽培有积极的参照作用。莱安德罗肯定将他的结论付诸实践。据说在他的努力下，植物园茶树又苗壮生长，不久，里约热内卢的人只喝植物园生产的茶叶。莱安德罗的努力也有一定成效，根据农业大臣的报告，1828年巴西产茶 23 个阿罗巴（阿罗巴即 arroba，1 阿罗巴 = 14.688 公斤）。据 1821—1825 年访问巴西的英国女士玛丽娅·格兰翰写的《巴西旅行日记》，巴西皇帝佩德罗一世经常去里约热内卢植物园参观，从不放弃视察茶园和中国茶农住房。根据莱安德罗园长的建议，自 1824 年 5 月 21 日起，将负责种茶与焙茶的中国茶师中国·安东尼奥·若泽的日工资由 640 雷伊调至 800 雷伊。莱安德罗园长于 1829年 7 月 19 日去世，接任园长的是贝尔纳多·若泽·德·塞尔帕·布兰当。他重点发展观赏植物，因经费问题而对茶园疏于管理，致使茶园再次衰败，一些茶树枯死。① 据认为，里约热内卢植物园种茶一直持续至 19 世纪 50 年代中期，在出口受挫后才中止。有迹象表明，里约热内卢植物园的种茶后来仍然零零星星地持续下来。此事前已述及，不赘。

1825 年，复有一位德国人卡尔·塞德莱尔参观了植物园。卡尔·塞德莱尔在巴西居住了 10 年，后来出版了《在巴西十年》一书。他在书中写道："克服无数的困难和巨大的开支，把中国人从他们遥远的祖国运来巴西按中国方式种茶。此想法很好，也取得了成功，在这儿生产的茶仅次于中国茶。"由于缺乏"管理与监督"，他指控中国人"把最好的茶叶留给自己，而把其余的茶叶运到城里街上便宜卖"。② 这说明中国茶农在茶园里的环境相对来说还是比较宽松的，他们甚至可以将好茶截留己用，包括拿到市场上去销售。这一记载也与后面关于中国茶农纷纷脱离茶园到城里做生意的说法吻合。

有关里约热内卢华侨种茶业的兴衰，目前很难做翔实的描述。但历史记载中有三份带有数据的资料，有一定的参考价值。

第一份是里约热内卢植物园中国茶农的一份请愿书。根据里约热内卢国家图书馆一份文件记录，事情的缘起是，1819 年 9 月 6 日（原文件上茶农签名日期），有 51 名中国侨民（茶农，名单见表 2 - 1）联合写了一份"请愿书"，要求任命一名会说葡萄牙语的中国人（他可能是在澳门学会葡萄牙语的）担任整个中国茶农群体的"领事""主管"和"翻译官"。③

---

① 陈太荣、刘正勤：《19 世纪中国人移民巴西史》，北京：中国华侨出版社，2017 年，第 99 页。
② 陈太荣、刘正勤：《19 世纪中国人移民巴西史》，北京：中国华侨出版社，2017 年，第 92 页。
③ Leite，José R. T.，Chineses Entrados no Brasil 1814 - 1842，In *A China no Brasil：Influências，Marcas，Ecos e Sobrevivência Chinesas na Sociedade e na Arte Brasileiras*，Campinas，SP：Ed. da Unicamp，1999，pp. 269 - 275. 该资料由束长生先生提供。

这份文件列有 51 人的详细中文名字、广东话名字，也有葡文名字（当时一般中国人入境时都有一个葡文名字）。但可以肯定这 51 名中国茶农是居住和工作都在一起的，其他地方也有中国茶农，另有居处，彼此相隔很远，平时不大可能互通音讯。而被众人推举的这位多明戈斯也应是其中一位，但现在暂时无法确认哪一个姓名是他。可以肯定，多明戈斯本人不但通葡语，且服众望，要不这群中国茶农就不会推举他当翻译及做他们的负责人和联系人了。这份文件清楚表明，当时里约热内卢植物园的中国茶农人数不少，为了更好地维护全体茶农的利益，更好地与当地相关机构沟通，于是茶农们联合起来，组成一个侨民社团。由此也可以判断，中国茶农从 1809 年前后来到里约热内卢开始，到 1819 年的 10 年间，基本上没有内部组织，工作和生活听从巴西当地人安排。种种不便凸显无遗，于是才有了向葡萄牙国王发出请愿书，要求成立侨民社团之举。

第二份是 1853 年里约热内卢植物园园长坎迪多·巴普蒂斯塔·德·奥利维拉的报告片段。据园长说，植物园有巴西与非洲奴隶及自由民共 67 人，但他没有提到有中国人。① 园长未提到中国人，很可能是这时候园里的中国茶农多已各奔东西了。也可能先前的中国茶农是跟这些非洲奴隶与自由民在植物园里一道共事的，中国茶农从事种茶的核心工作，如栽培、采茶、制茶等技术活儿，其他非中国人只做种茶的外围性工作。中国茶农也可能负责对其他非洲奴隶与自由民的种茶技术的指导工作，就如上面所述的赵香等 4 人在植物园指导黑人奴隶种茶的场景一样。总之，可以看出这样的趋势：开始时在里约热内卢从事种茶行业的都是中国人，但到了后来，中国人就越来越少。从 1819 年到 1853 年，已经过去了 34 年，当初发出请愿书的 51 名中国茶农应都已不在茶园里（此外还应有居住和工作在别处的中国茶农），那么后续来的中国茶农有多少，什么时候越来越少乃至于趋零，今已不可知。可以相信的是，一代代到来的中国茶农，已经教会当地人种茶的基本技巧。所以到 1853 年时茶园里没有多少中国茶农也合乎情理，这自然也不会影响当地种茶业的发展。

第三份是傅云龙在里约热内卢的考察记录。据清朝官派游历使傅云龙 1889 年 3 月 7 日—4 月 5 日在巴西考察所见，当时里约热内卢植物园内仍有 8 名中国茶农在干活。他在撰写的巴西考察报告中写了中国人在巴西种茶的情况，"巴西语茶曰沙，据言传自湖北"，"盖嘉庆十七年（1812）有湖北人至彼创植以来，已寖旺"，"初植茶，华工二十（应为百）余司之，而今仅八工耳"。② 这说明里约热内卢植物园里的种茶业一直留存，只是其规模与产量已远不如昔。同时，中

---

① 陈太荣、刘正勤：《19 世纪中国人移民巴西史》，北京：中国华侨出版社，2017 年，第 97 页。

② （清）傅云龙：《游历巴西图经·务农》。

国茶农也还零零星星地被雇用。巴西学者若昂·孔拉多·尼迈尔·德拉沃尔认为，当时中国茶农在里约热内卢植物园内阿梅莉娅·德·列支登贝格"猴子谷庄园"种茶并一直持续至 1890 年。① 因此，傅云龙所看到的只是巴西种茶业的一瞥夕照。

（二）在里约热内卢圣克鲁斯庄园种茶的华侨

圣克鲁斯庄园（Fazenda de Santa Cruz）在巴西种茶史上的地位仅次于里约热内卢植物园。它是巴西耶稣会传教士建立的庄园，面积 1 919.05 平方公里，也是里约热内卢领地最大的庄园，曾拥有数千奴隶。在 1758 年耶稣会传教士被逐出巴西后，此庄园由巴西总督管辖。1808 年 8 月 31 日，这里成了葡萄牙摄政王若昂的夏宫。今天，此处已成为里约热内卢市西区的一个居民区。

中国人何时开始在圣克鲁斯庄园种茶？据记载，1813 年 12 月 31 日，梁亚月等一批中国茶农从澳门乘"玛丽娅一世"号轮船去巴西，约 1814 年 4 月抵达里约热内卢。1814 年 6 月 3 日，海军与海外领地大臣安东尼奥·德·阿劳若·德·阿泽维多致函澳门民政长官阿里亚加，通报葡摄政王若昂下令让"玛丽娅一世"号船（此船以葡摄政王若昂母亲的王位号 Maria I 命名）上的梁亚月等中国茶农入住圣克鲁斯庄园。但由于庄园房屋修缮问题，这批人将等到 1815 年 1 月 9 日之后才能进驻。② 这样，这批中国茶农就得先在里约热内卢植物园边干活边等候。

如上所述，1814 年 9 月 10 日，赵香、赵梁、黄才和黄明 4 人抵达里约热内卢，住在阿泽维多大臣的府邸。9 月 12 日，赵香等 4 人被带到圣克鲁斯庄园为即将进驻的中国茶农选择居住地和种茶地点。事后，圣克鲁斯庄园司库若昂·费尔南德斯·达席尔瓦向阿泽维多大臣报告说："我派安东尼奥·戈麦斯·达科斯塔少尉陪同中国人在庄园转，并向他们展示此王室庄园的土地与农场，以选定他们最满意种茶的地方。少尉向我介绍说，他们看中的第一个地方是'风山'，第二个是'沙佩罗山'。我也同中国人谈了谈，他们重复了同样的话。'风山'离西班牙垦民和奴隶农场较近，'沙佩罗山'住着佃农，但中国人说他们仅需要一小块地方，因为他们的种植方式与本国不同。他们究竟在哪一处种茶，请阁下定

---

① 佩德罗一世与其第二任皇后阿梅莉娅（1812—1873）于 1829 年成婚，佩德罗一世将"猴子谷庄园"送给她作为私宅。阿梅莉娅晚年住在里斯本，1873 年 1 月 26 日去世。阿梅莉娅在遗嘱中，将该庄园留给佩德罗二世，伊莎贝尔公主将此庄园作为她的夏宫。1874 年，此庄园被卖给皇家弗卢米嫩塞农业学院，创办"国立热带植物学校"，植物园也划归该学院管辖。阿梅莉娅庄园的大宅院仍保留在植物园内，现为植物园参观接待中心。参见陈太荣、刘正勤：《19 世纪中国人移民巴西史》，北京：中国华侨出版社，2017 年，第 97 页。

② 陈太荣、刘正勤：《19 世纪中国人移民巴西史》，北京：中国华侨出版社，2017 年，第 104 页。

夺。"后来，中国茶农是在"沙佩罗山"种茶，此山后来被称为"茶山"。① 从这段话可以看出，圣克鲁斯庄园并非大部分地方都提供给华侨种茶，种茶的地方只是庄园的一小部分。当然，开始时华侨和庄园方对园内种茶地方的选择只是基于方位的考虑。

中国茶农入住圣克鲁斯庄园的时间应是在 1815 年 1 月 9 日之后。在此之前，1814 年 12 月 24 日，阿泽维多大臣再次致函圣克鲁斯庄园司库达席尔瓦："要向庄园派一些中国茶农过去，请务必通知我咖啡园入口处的房子何时准备好可以入住。"1815 年 1 月 7 日，圣克鲁斯庄园司库达席尔瓦回复阿泽维多大臣："准备给中国人居住的咖啡园入口处的房子，本月 9 日（星期一）即可完工。之所以未修好，是因为连续下雨。"

至于有多少中国人在圣克鲁斯庄园种茶，根据圣克鲁斯庄园财务部门的统计，可以大致知道中国茶农的人数：1815 年，从澳门来了 45 个中国人。1816 年 1 月 31 日，给 45 个中国人发月薪；1816 年 3 月 31 日，给 72 个中国人发月薪；1816 年 4 月 30 日，给 69 个中国人发月薪；1819 年 2 月 28 日，给 54 个中国人发月薪；1821 年 5 月 1 日—12 月 31 日共发月薪 229.84 康托。② 奥地利植物学家波尔（1782—1834）在 1817—1822 年访问巴西，回国后出版了《巴西内地之行》一书，书中提到他于 1818 年 2 月 19 日参观圣克鲁斯庄园茶园时，首先看到的是一栋漂亮的小房子，挂着彩色灯笼和中文条幅。实际上，这是大约 30 个中国人的居住地。③ 综合上述资料可知，中国茶农应为 30～72 人。不同时间的中国茶农人数相差很大，人数并不稳定。

中国茶农人数不稳定应是因为他们初到异乡，人生地不熟，对居住在庄园里并不习惯。1817 年 12 月 10 日，德国著名植物学家施皮斯和马蒂乌斯参观了圣克鲁斯庄园中国茶园后，在其所著的《1817—1818 巴西之行》一书中说，他们只看到少部分中国茶农待在茶园里。显然，很多中国茶农都"跳槽"了。他们主要是进城当流动商贩，卖棉织品、中国烟火等"中国小商品"去了。虽然留在庄园的中国人"在低矮的草房周围种植咖啡和他们喜爱的茉莉花与罗勒，他们的住房内部非常整洁"，但疾病、思念祖国、不适应新环境等因素仍使中国人减员（笔者注：意即流失）。④

有证据表明，圣克鲁斯庄园的中国茶农经常一边种茶，一边在外做生意"赚外快"，其中以倒卖从中国进口的布匹为主。由于对当地商人构成竞争，当地商

---

① 陈太荣、刘正勤：《19 世纪中国人移民巴西史》，北京：中国华侨出版社，2017 年，第 103 页。
② 陈太荣、刘正勤：《19 世纪中国人移民巴西史》，北京：中国华侨出版社，2017 年，第 104 页。
③ 陈太荣、刘正勤：《19 世纪中国人移民巴西史》，北京：中国华侨出版社，2017 年，第 107 页。
④ 陈太荣、刘正勤：《19 世纪中国人移民巴西史》，北京：中国华侨出版社，2017 年，第 106 页。

人便报了警。警方搜查了这些茶农小贩的住处，没收了他们的货物与营业所得。茶农小贩于 1819 年的某天，向当局递交请愿书，很多人在请愿书上签了名。里约热内卢国家图书馆藏有一份茶农小贩的签名档案，在上面签名者有 51 人，兹整理如下：

表 2 - 1　1819 年圣克鲁斯庄园在请愿书上签名的中国茶农名单（51 人）

序号	粤语名	中文名	普通话名（文件中无）	葡文名
1	Pan Gin Liun	潘雷（?）濂（?）	Pan Lei Lian	Luis Caetano
2	On Tin Pao	吴天保	Wu Tian Bao	Joao Pereira Mútianpaú
3	Lim Guim E hin（?）	林观义（林贤义?）	Lin Guan Yi	Manuel Antonio Silva
4	Chon A Gui	张亚纪	Zhang Ya Ji	Domingos Pereira
5	Chu A Toan	朱亚通（?）	Zhu Ya Tong	Ignacio Joaquim
6	On A Fon	吴亚凤（?）	Wu Ya Feng	Joao Antonio
7	Lú A Ten	卢亚登	Lu Ya Deng	Joao Francisco
8	Chon A Cham	张亚长	Zhang Ya Chang	Jose Joaquim Souza
9	Pan A Chin	潘亚陉	Pan Ya Xing	Francisco
10	Jou Joã Pa	邱杨伯	Qiu Yang Bo	—
11	Li A In	李亚兴	Li Ya Xing	João（?）
12	Von A IA	王亚夜	Wang Ya Ye	Francisco Carvalho
13	Chan A Sam	郑亚三	Zheng Ya San	Manuel Joaquin
14	Jou A Si	邱亚西	Qiu Ya Xi	Joaquim Mariano
15	Li Hó Zoi	李学才	Li Xue Cai	Joaquim
16	Ja A Kou	叶亚宽	Ye Ya Kuan	João（?）Cristovão
17	JúN pien Guai	钟炳贵	Zhong Bing Gui	José Joaquim
18	Jún A Sam	钟亚三	Zhong Ya San	José
19	Jún Tin Fi	钟廷辉	Zhong Ting Hui	João Júnfi
20	Ja A Lio	叶亚六	Ye Ya Liu	José Joaquim
21	Jou Zó Sen	邱长生	Qiu Chang Sheng	Jacinto（?）
22	Jao Chien（?）	兆盛	Zhao Sheng	Antonio Francisco
23	Chin Vi Ten	陈维腾	Chen Wei Teng	Antonio Manuel Joaquim
24	Chin Fún Hi	陈禧鸿（陈鸿禧?）	Chen Xi Hong（Chen Hong Xi）	Ignacio Estevão

（续上表）

序号	粤语名	中文名	普通话名（文件中无）	葡文名
25	Zia A Nam	谢亚南	Xie Ya Nan	João José
26	Zin Zon Fún	曾张凤	Zeng Zhang Feng	—
27	Eu A lian（？）	侯亚二	Hou Ya Er	—
28	Eu Nam Teu	侯南斗	Hou Nan Dou	Antonio
29	Jou A Si	邱老时（？）	Qiu Lao Shi	Manual Soares
30	Zin Tai Sam	曾大三	Zeng Da San	Joaquim
31	Zia A Cam	谢亚金	Xie Ya Jin	Manuel Joaquim（？）
32	Fan A Sam	范阿三	Fan A San	José Antonio
33	Jon Ju Chin	杨玉成	Yang Yu Cheng	—
34	Jon Cun Vo	杨坤和	Yang Kun He	Antonio Espirito Santo.
35	Liaõ A Fom	梁焕郎	Liang Huan Lang	Joaquim Antonio
36	Jo A Ló	邱阿罗	Qiu A Luo	João
37	Liau A Si	廖阿四	Liao A Si	Miguel José Pereira
38	Jon Hi Vão	杨喜旺	Yang Xi Wang	José Pereira
39	Io A Se	邱阿四	Qiu A Si	Miguel Francisco
40	Chú A Fun	朱阿红	Zhu A Hong	Luis
41	Chin Gum Zom	陈孔传	Chen Kong Chuan	Jacinto Ballares
42	Zen Sei Sam	曾细（？）三	Zeng Xi San	José Antonio
43	On Ia Sio	温乙秀	Wen Yi Xiu	Jozé
44	Chin A Hi	陈亚二	Chen A Er	Antonio Jesus da Silva
45	Liaõ A Jún	梁亚润（？）	Liang Ya Run	João Da Silva
46	Zeu Gui	邹启	Zou Qi	Francisco
47	Zia A Si	谢亚四	Xie Ya Si	Francisco Manuel José da Silva
48	Li Se Moi	李细妹	Li Xi Mei	João Pereira
49	Li A Hún	李亚五	Li Ya Wu	—
50	Zia A Lio	谢亚六	Xie Ya Liu	Joaquim
51	Chau A Son	赵亚香	Zhao Ya Xiang	José Antonio Souza

资料来源：里约热内卢国家图书馆（Bibloteca Nacional, Rio de Janeiro），文件号为：Ⅱ–34，27，4。该文件由束长生整理，有"？"处表示原件中此字不清。

　　根据圣克鲁斯庄园财务部门的统计，在庄园的中国茶农的待遇还是不错的。关于他们的开支情况有如下数据：1816 年 1 月 31 日，购买了中国人住房门漆（中国朱砂、铅白、亚麻油等），给 45 个中国人发月薪共 1 440 康托（1 康托 = 1 000雷伊，每人月薪 32 康托），给中国人购买 48 袋带壳大米 432 康托、3 阿罗巴（1 阿罗巴 =14.688 公斤）猪肥肉 120 康托、3/4 阿罗巴盐 13.20 康托。1816 年 3 月 31 日，给 72 个中国人发月薪共 2 304 康托，给中国人购买 75 袋带壳大米、5 阿罗巴猪肥肉和盐。1816 年 4 月 30 日，给 69 个中国人发月薪共 2 208 康托，给中国人购买 7.5 阿尔凯雷（阿尔凯雷即 alqueire，1 阿尔凯雷 =13.9 公斤）带壳大米、猪肥肉和盐。1819 年 2 月 28 日，给 54 个中国人发月薪共 1 718 康托（每人月薪仍是 32 康托）。圣克鲁斯庄园总管最后一份给在庄园干活的中国人发月薪的账单是 1821 年 5 月 1 日—12 月 31 日共 229.84 康托[①]。由于没有当地人收入的相关资料进行比较，今天已很难比算出当时中国茶农上述收入的高低，但从庄园给中国茶农供应大米、猪肥肉和盐的情况来看，茶农的生活还是有保障的。当然，这里所描述的情况发生在种茶的早期，当时巴西当局期望中国茶农尽快给他们栽培出高质量的茶叶，给予茶农较好的待遇也是合理的。1820 年，圣克鲁斯庄园建了一个小花园（当时称为 Jardim do Cercadinho 或 do Cascarinho，巴西共和国成立时被废弃），里面有一个人工湖、迷宫和花坛。可见中国茶农的生活还得到一定程度的照顾。据说中国人在花园里开辟了一个草药园，里面的药用植物是他们同植物园交换得来的。

　　1817 年 12 月 10 日，德国著名植物学家施皮斯和马蒂乌斯，在参观了圣克鲁斯庄园的中国茶园后所著的《1817—1818 巴西之行》一书中说，中国人素以精心从事农业和园艺闻名。两位德国人对中国人在圣克鲁斯庄园留下的劳动痕迹如此之少感到奇怪，但对中国人以娴熟的嫁接技艺促进植物发展表示钦佩。他们还说，这些中国茶农是"国王以其政治睿智，把他们从其祖国招来在此种茶"的。由此可见，当时庄园雇用的中国茶农应是以技术人员为主。同在 1817 年，奥地利画家托马斯·恩德尔参观了圣克鲁斯庄园，画了一幅圣克鲁斯庄园风景水彩画和一幅中国茶农劳动的铅笔素描。这幅素描标题为《圣克鲁斯茶园的中国人》，画了两个中国人（一人穿布鞋，另一人赤脚）用一根竹竿抬着竹筐等物的劳动场面。另外，巴西学者法尼亚·弗里德曼在《圣克鲁斯庄园：从宗教土地到私人土地》一文中，介绍了中国茶农在圣克鲁斯庄园种茶与生活的情况，包括他们居住在"中国人山"（后改称"茶山"），他们在莱梅填埋地至沙夸苏低地之间种茶，等等。不过，当时当局对华侨茶园的管理十分严苛。根据 1817 年的档案，

---

　　① 参见陈太荣、刘正勤：《19 世纪中国人移民巴西史》，北京：中国华侨出版社，2017 年，第 108 页。

一个名叫"贝西加"的中国人被任命为茶园的"工头"，他的任务就是管理"叛逆"的同胞。① 按照此一描述，当时中国茶农的劳动关系带有奴役性质。他们有日薪，不能进城，当然也不可能再去经商，只能住在茶园外面，有来访时才去茶园接待。

圣克鲁斯庄园同样寄托着若昂六世巨大的经济欲望。1821—1825 年，英国的玛丽娅·格兰翰女士在巴西旅行，并于 1823 年 8 月 24 日参观了圣克鲁斯庄园的中国茶园。后来她在《巴西旅行日记》中这样写道：陛下修建了中国式门楼和草房，同花园的格调协调。房子位于草木之间，树叶深色发光，番樱桃花等花草种在花坛里，并不使人感到不愉快。路两边种有橘子树和玫瑰花，篱笆是一种漂亮的含羞草。总的来说，圣克鲁斯庄园的中国茶园真是漫步的好去处。中国式门楼和草房的修建，应有照顾中国茶农的考虑。但玛丽娅·格兰翰女士说，皇帝懂得，最佳选择是卖咖啡买茶叶，不用再继续种茶。② 可以合理地猜测，若昂六世当时之所以还不选择卖咖啡买茶叶，是因为他仍然对提高茶叶质量和产量抱有希望。可惜后来的事实表明这只是他的一厢情愿。

天不遂人愿，中国茶农在圣克鲁斯庄园的种茶没有成功。奥地利植物学家波尔于 1817—1822 年在巴西访问。回国后，他出版了《巴西内地之行》一书，其中提到他于 1818 年 2 月 19 日参观圣克鲁斯庄园茶园的情况。但他没有像上述诸人那样对种茶园大加赞美。波尔在茶园看到近 150 棵将近 1 米高的茶树，他认为像是中国福建省种植的一种"薄荷茶"。茶树在沙土地长得很好，茶树种在长 20 米、宽 45 米的茶畦里。在茶园前，"立着一个自负的中国人，他像哨兵一样从上往下走"。波尔接着说，毫无疑问，土壤和气候适宜种茶，但"不幸的是，选错了种植者。此外，似乎观点也是错误的，放弃本身优越性而全靠茶园繁荣。种茶利润远比种咖啡差得多，向里约热内卢和其他城市卖日用品也是稳妥的生意"。他指出，由于小面积种茶，其收入大大低于成本。③

显然，按照波尔的说法，中国茶农种茶没有成功，并非种不出茶叶，相反，种出来的茶叶长得很好，土壤和气候也很适宜。问题只在于当局选错了种植对象（即"选错了种植者"）。本来，当地的咖啡种植业是很赚钱的，但改种茶叶以后，所赚利润远比种咖啡少得多。简而言之，当地种茶的不成功指的是其利润远逊于种咖啡，这是一种纯粹的商业利益考虑。两相权衡的结果，国王后来不得不辞退了中国人另找劳工（可能是另找懂得种咖啡的劳工）。

① 陈太荣、刘正勤：《19 世纪中国人移民巴西史》，北京：中国华侨出版社，2017 年，第 108 页。
② 陈太荣、刘正勤：《19 世纪中国人移民巴西史》，北京：中国华侨出版社，2017 年，第 107 页。
③ 陈太荣、刘正勤：《19 世纪中国人移民巴西史》，北京：中国华侨出版社，2017 年，第 107 页。

在此过程中，由于患病、新环境不适应等诸多因素，中国茶农还是逐渐流失。自 1819 年起，许多中国茶农开始逃离庄园。从历史记载来看，逃离的原因不仅是生活环境不适，还有华侨内部不团结、发生矛盾等因素，包括某些中国人放弃种茶，组成"广东帮""澳门帮""茶帮"，作风败坏，进行偷盗，等等。①此外，不排除其时奴隶制残余尚存的巴西庄园主像虐待奴隶一样对待庄园职工和中国茶农（当时巴西名义上已经开始废奴），因而激起了茶农的不满和反抗。当时当局对待逃亡的办法是抓回处置。据记载，到 1822 年，一些人逃到了瓜拉吉巴（Guaratiba）一带，那里位于今里约热内卢西区、圣克鲁斯居民区东南的瓜那巴拉海湾地区，那时候那里是丛林沼泽，十分偏僻荒蛮，但逃跑的中国茶农还是被抓回了。②

对于中国茶农来说，逃亡虽是获得了一定程度的个人自由，但他们同时也远离了平日守望相助的同胞，自然多了几分孤寂和无助，自身权益可能更容易被剥夺。于是，1825 年，有一名叫若昂·安东尼奥·莫雷拉的中国人（葡文名）挺身而出，致函里约热内卢警察总监弗朗西斯科·阿尔贝托·佩雷拉·阿拉冈（1824—1827 年任总监），请求任命他为"上尉"，以协助当局管控其同胞闹事。莫雷拉致函警察总监应是为了同胞整体利益考虑。当时莫雷拉本人已经在巴西居住了 11 年多，其中在圣克鲁斯庄园务工近 6 年，应该深谙同胞在异国他乡拼搏的艰辛和心灵的痛苦。他在函中向该警察总监建议佩德罗一世皇帝理解中国人的处境，因为中国人已完全适应本国，不需要另行对待，"错误的行为应在法律的框架内进行处置"。③莫雷拉意在希望当局对华侨同胞采取柔性措施，而不是一味强硬抓捕与审讯。

记载表明，中国茶农后来逐渐放弃种茶，而改为养蚕。这种改变应不是茶农见异思迁，而是一种无奈的选择。如上所述，当地本来是种植咖啡的，且利润可观。改种茶叶后，所赚利润却远比种咖啡少得多。原先当局寄希望于种茶能够获得比种咖啡更高的利润，结果适得其反。于是，当局改弦易辙，重新种咖啡。这样一来，中国茶农也只好放弃种茶，但茶农的本行是种茶，改种咖啡当非其所长，因此，他们只好改为养蚕。

综上看来，中国茶农原先之所以备受厚遇，是因为当局指望种茶能给他们带来厚利。现在种茶"竹篮打水一场空"，加上华侨内部不团结，经常外逃，当局自然对他们冷眼相看，甚至加以迫害。中国茶农不再种茶后，茶园依然保持下

---

① 陈太荣、刘正勤：《19 世纪中国人移民巴西史》，北京：中国华侨出版社，2017 年，第 110 页。
② 陈太荣、刘正勤：《19 世纪中国人移民巴西史》，北京：中国华侨出版社，2017 年，第 110 页。
③ 陈太荣、刘正勤：《19 世纪中国人移民巴西史》，北京：中国华侨出版社，2017 年，第 110 页。

来，但只是小规模种植，不再追逐利润。于是，当局将茶园改由黑奴管理。许多黑奴因而被送到圣保罗培训种茶技术，但这样一来，茶园必然疏于经营。到1854年，茶园还是衰败了。

茶园衰败后，圣克鲁斯庄园的经济也随之衰败。当局为了振兴庄园经济，打起了多种经营的主意。1846—1856年担任庄园种植总监的孔拉多·雅各布·尼迈尔上校发布了改善庄园种植业的第409号令，仍然在沙夸苏种植了2.4万株茶树，同时扩大咖啡种植并发展养蚕业。不过，由于里约热内卢这个领地最大的庄园浓重的奴隶制性质，曾经拥有数千名奴隶，继任的庄园总监伊纳西奥·若泽·加西亚不改本性，虐待庄园职工和奴隶。苛政猛于虎，导致大家纷纷逃离庄园、仓库、医院、码头、畜栏、农田，他本人也于1867年被人杀害。由于庄园荒芜，无人管理，到1869年圣克鲁斯庄园的茶树已不复存在。[1]

（三）在巴伊亚种茶的华侨

中国茶农于1811年和1813年开始在巴伊亚州首府萨尔瓦多地区和南部地区试种茶。19世纪30年代以及1904年，巴伊亚政府曾经在萨尔瓦多种茶，但均不了了之。中国茶农在巴伊亚的种茶情况可分两部分：

其一，中国茶农在巴伊亚首府萨尔瓦多地区种茶情况。萨尔瓦多地区种茶的情况不大详明，只知道1811年3月，澳门"乌利塞斯"号战舰载运货物、茶种和4大箱茶树苗和两名途中照料的中国茶农去巴西。由于此船不去里约热内卢，在巴西仅停靠萨尔瓦多港。为此，澳门民政长官阿里亚加给巴伊亚州主席（应即州长）写了两封信：一封说，此船上载有澳门元老院运到巴西的中国丝绸与茶叶，根据最新的摄政王谕，中国货物应装载在葡萄牙造船厂制造的船只上，才能享受巴西海关免税。因澳门船厂正在造船，此次临时利用"乌利塞斯"号战舰运货，请州主席予以关照放行。另一封说，请州主席关照将中国茶农、茶树苗与茶种转往里约热内卢。阿里亚加在信中说，"如贵州土地不适宜，最好由中国人自己决定，请将有关茶树苗保护转运"。[2]

出乎意料的是，中国茶农在萨尔瓦多等船去里约热内卢期间，在当地种下了茶种。中国茶农此举应非阿里亚加本意。如上所述，阿里亚加本意是将中国茶农、茶树苗与茶种转往里约热内卢。更令人意外的是，中国茶农此举竟"无心插柳柳成荫"，获得了成功。当然，后来中国茶农应该继续将茶种随船从萨尔瓦多带到了里约热内卢，并栽种在那里。后来在1814年6月18日，海军与海外领地

①　陈太荣、刘正勤：《19世纪中国人移民巴西史》，北京：中国华侨出版社，2017年，第110页。
②　陈太荣、刘正勤：《19世纪中国人移民巴西史》，北京：中国华侨出版社，2017年，第113页。

大臣阿泽维多致函阿里亚加，说他已向摄政王汇报了阿里亚加此次向巴伊亚省运送新茶种之事，摄政王感到非常高兴。[①] 茶树苗在里约热内卢也生长得相当好。里约热内卢种的这些茶树应该就是 1811 年澳门"乌利塞斯"号战舰载运来的茶种和茶树苗。随着茶树的生产发展，种茶从里约热内卢更容易扩散到其他任何省份。

1813 年 12 月 30 日，阿里亚加致函加尔韦亚斯伯爵，通报巴伊亚州主席阿科斯伯爵，告知他茶种发芽长势很好，并表示："我现在给他再运一些茶树苗过去，途中也有中国人照料，可能仍通过'玛丽娅一世'号船运到穆古里。"[②] 阿里亚加这里给巴伊亚州主席运送的茶树苗之所以不运到萨尔瓦多而要运到巴伊亚州南部的穆古里，可能是因为阿里亚加知悉 1813 年在穆古里附近庄园开始种茶的，是曾任葡萄牙外交大臣的安东尼奥·德·阿劳若·德·阿泽维多。穆古里是茶树苗从中国直接运去栽种的另一个地方。

其二，中国茶农在巴伊亚南部阿尔科巴萨种茶情况。1813 年中，费尔德内尔上尉从里约热内卢带来 4 名黑奴、14 名中国人和 2 名德国木工返回让蒂奥桥庄园。庄园很大，里面有一个种植园和一个小锯木厂。他安排德国木工埃尔内斯托·克拉梅尔为庄园负责人。[③] 陈太荣、刘正勤夫妇认为，这 14 名中国人应是 1813 年从澳门抵达里约热内卢的 25 名中国茶农中的一部分。1813 年 1 月 2 日，澳门民政长官阿里亚加致函海军与海外领地大臣加尔韦加斯伯爵，通报 25 名中国茶农将乘"乌利塞斯"号战舰去巴西，3～4 个月后抵里约热内卢。如前所述，1814 年 9 月 10 日，中国人赵香、赵梁、黄明和黄才抵达里约热内卢。之前，他们在卡拉韦拉斯期间应是住在阿泽维多的庄园里，指导中国茶农的工作。[④]

后续的故事枝蔓很多，在此略去不谈。且说到了 1816 年 1 月中旬，德国王子马克西米利安抵达穆古里河入海处北岸的圣若泽·杜阿莱格雷港镇。他后来出了一本书，书中一些故事跟中国茶农有关，不妨稍加引之。他在书中写道，"这是条不大的河流，自热带密林流下来"，于是，他决定乘小船逆水而上，一天半后到达巴尔卡伯爵（海军大臣阿泽维多于 1815 年 12 月被封此称号）的锯木厂。此处的热带雨林生长着各种各样的珍贵树木。由于印第安人和野兽袭扰，开采困难，阿泽维多大臣下令建一座庄园作为后勤服务基地。马克西米利安王子在此访

---

① 陈太荣、刘正勤：《19 世纪中国人移民巴西史》，北京：中国华侨出版社，2017 年，第 114 页。

② 陈太荣、刘正勤：《19 世纪中国人移民巴西史》，北京：中国华侨出版社，2017 年，第 113 页。

③ 陈太荣、刘正勤：《19 世纪中国人移民巴西史》，北京：中国华侨出版社，2017 年，第 115 页。2015 年 2 月 7 日，卡洛斯·H. 奥贝拉克尔·Jr. 发表了一篇关于德国移民的文章《巴伊亚南部的莱奥波尔迪娜－弗兰肯塔尔垦民村——欧洲在巴西的一个垦农种植村》。此文在"注释 1"中介绍了阿泽维多大臣在巴伊亚南部建立一座庄园一些情况。

④ 陈太荣、刘正勤：《19 世纪中国人移民巴西史》，北京：中国华侨出版社，2017 年，第 115 页。

问了巴尔卡伯爵的让蒂奥桥庄园，并同庄园里9名中国茶农进行了交谈。他在书中叙述了参观情况，庄园里有24个印第安人、6户亚速尔人、一些黑奴和9名中国人。"中国人是被政府运到里约热内卢种茶，之后有一批人被送到卡拉韦拉斯。另一批被带到这儿干活"，但他们"非常懒惰，只干轻活"。他还说："他们一起住在一个简陋的草棚内，其中一人是基督教徒，并同印第安女人结了婚。他们保持家乡习俗过节日，爱吃各种带羽毛的动物，他们似乎对食品不太挑剔。他们住室非常整洁有序，如床上面悬挂着雅致的细白帘子，并用漂亮的铜钩分开两边，如此之床同简陋的草屋很不协调。他们睡在精美的草席上面，头枕着一个小圆枕头。我们看到他们吃地道的中国米饭，他们使用筷子吃饭。他们看到我们到访很高兴，用蹩脚的葡萄牙语向我们讲述他们尊贵国家的事情，说那儿要比巴西舒适得多。他们还打开行李箱，里面保存着他们带出来售卖的普通中国瓷器和大量各种各样的扇子。"①

笔者对马克西米利安王子在让蒂奥桥庄园里同9名中国茶农的交谈内容感兴趣。这次交谈从侧面表明这里的中国茶农已有人初步融入巴西当地社会，他们大体上也已适应了当地的生存和文化环境。首先，9个中国茶农能够与24个印第安人、6户亚速尔人以及一些黑奴生活在一起，彼此相安无事。在人数上，中国茶农是少数；在生活环境上，他们是陌生的远客，而其他当地人都是"地头蛇"，但中国茶农能与比他们社会地位低的当地其他少数民族（包括黑人奴隶）和平共处，表现了他们融入当地的能力和生存智慧。其次，虽然他们的生存条件非常原始，一起住在一个简陋的草棚内，但他们中个别人融入当地的程度已十分深。9个人中有一人为基督教徒，并同印第安女人结了婚。加入当地宗教并与土著妇女结婚，往往是深度融入当地的一个重要标志。茶农与当地人通婚虽不可能是"天作之合"，甚至是为了生存需要而万般无奈，但一旦走出这一步，就意味着他们已不大可能再回到遥远的中国故乡，至少已有扎根此地的朦胧意识。尽管过去中国人在异国他乡迈出这一步不容易（这一群人里迈出这一步的也只有一个人），但这不表明其他人不会迈出这一步。一个小群体里的人的思想和世界观是可以相互影响的。值得注意的是，这位茶农这时候还在种茶期间，按理还有回国的可能，但已经迈出了跟印第安人结婚这一步。当然，当地人的婚姻关系松散，特别是与印第安女性的婚姻，离合都是相对容易的事。但毕竟婚姻非儿戏，往往要增加本人作为家庭成员的负担。另外，由于他们是来自中国的第一代华侨，因此还顽强地保留着家乡的风俗习惯。例如，保持家乡习俗过节日，吃地道的中国米饭，使用筷子吃饭，等等。当然，由于生活条件恶劣，加上当地习惯使然，他

---

① 陈太荣、刘正勤：《19世纪中国人移民巴西史》，北京：中国华侨出版社，2017年，第117-118页。

们对食品已不挑剔，爱吃各种带羽毛的动物。与此同时，他们也有自己的审美情趣，例如，住室非常整洁有序，床上面悬挂着雅致的细白帘子，并用漂亮的铜钩分开两边，睡的草席也很精美，等等。他们仍然对家乡一往情深，虽然葡语十分蹩脚，但仍然努力向客人表达祖国和家乡的美好，显示了他们在异国他乡对家乡的怀恋。

（四）种茶业由里约热内卢扩展到其他州

中国茶农在里约热内卢市最初种茶取得成功，巴西其他州纷纷效仿。最早效仿种茶的是圣保罗市。根据历史记载，在圣保罗市种茶的巴西名人可举出以下几位：

第一位在圣保罗市种茶的是英国人约翰·拉奇·马克思韦尔（1792—1861）。他是英国茶叶专家，1808 年随葡萄牙摄政王若昂到巴西，起初在里约热内卢经商。摄政王在 1813 年将圣保罗市的莫鲁姆比庄园赐给他种茶。据说，他 1813 年从迪奥戈·安东尼奥神父处接收了"大宅院"一带，又于 1825 年 6 月 26 日签约从圣保罗州索罗卡巴镇圣克拉拉修道院贝内迪塔母女手中购得莫鲁姆比祈祷堂一带。此庄园面积很大，现今位于圣保罗市圣阿马罗区与松林区之间的松林河两岸地区。

第二位在圣保罗市种茶的是弗列德里奇·路德维格·威廉·瓦尔尼亚根（1783—1842），原为德国中校军事工程师，后加入葡萄牙国籍。1809 年底，他到里约热内卢，被聘用到圣保罗市附近的索罗卡巴建炼铁厂做工程师。他将中国茶农和茶籽带往圣保罗市，圣保罗市的种茶业也繁荣起来了。圣保罗市种茶的地方主要是在老市中心、伊比拉普埃拉、贝希加、莫鲁姆比、桑塔纳等区。

第三位在圣保罗市种茶的是若泽·阿罗谢·德托莱多·伦登中将（1756—1834），他 1818 年从里约热内卢植物园偷来茶种并在自己的庄园（今 Vila Buarque 大部分、Largo do Arouche 与共和国广场一带）种茶，共 4.4 万株。因为他不信任中国茶农，所以使用非洲奴隶种茶。

第四位在圣保罗市种茶的是伊塔佩蒂宁加男爵若阿金·若泽·多斯·桑托斯·席尔瓦（1799—1876）。他继承了叔叔在阿尼安加巴乌河谷一个很大的庄园（位于今茶桥、圣保罗市立大剧院一带），在庄园内种茶与蔬菜，养奶牛，因而被称为"茶庄园"。1889 年"茶山"被转手给安东尼奥·普罗斯特·罗多瓦利亚上校，1903 年被征用修建圣保罗市立大剧院。

第五位在圣保罗市种茶的是阿纳斯塔西奥·德弗雷塔斯·特兰科索上校，他从岳父处继承了在今拉帕区的一处大庄园。1829 年左右，他在铁特河两岸（今 Vila Anastásio）种茶，共有茶树 2.5 万株，茶树龄 1～10 年的都有，每年采茶两

次。据说茶叶质量比不上中国优质茶，而且茶价比当时进口的中国茶高。

除上述几位圣保罗种茶名人所在的地区外，圣保罗市还有伊比拉普埃拉、贝希加、桑塔纳等区种茶。圣保罗市种茶一直延续到 20 世纪 40 年代，当时日本移民到达圣保罗市，见到在卡朗村、曼彻斯特村等地均有废弃的茶树，日本人还去采摘茶叶自用，甚至砍掉茶树盖房子。可能由于鸟类叼去茶籽，现今在坎塔雷拉山上仍长有许多野生的中国茶树。[1]

从上述几位圣保罗市的种茶名人情况来看，都没有使用中国茶农的记载。不仅没有使用中国茶农，若泽·阿罗谢·德托莱多·伦登中将甚至不信任中国茶农而使用非洲奴隶种茶。只能说这些圣保罗种茶名人仅是该地区茶叶种植的实践者。但他们对中国茶农的到来也有间接作用，因为当圣保罗市的种茶业发展起来后，圣保罗省内许多地区也纷纷种茶并获得成功。在此情况下，1835 年，一批中国茶农从里约热内卢到圣保罗省最大的咖啡生产中心巴纳纳尔去指导种茶。这批中国茶农是圣保罗州议会应当年巴纳纳尔镇议会的请求，派遣到该镇帮助奴隶种茶、生产靛蓝、制造火药和指导焙茶，但他们很快就弃茶经商，到城里另谋生路。有趣的是，这批茶农的出走，在巴纳纳尔留下了目前所知的有关传统华人时代巴西华侨华人最有价值的历史遗存。

19 世纪 50 年代开始，圣保罗州的卡皮瓦里（离圣保罗市 108 公里）、幸福港、茹克里等地种植中国茶树，1852 年仅圣保罗州就生产茶叶近 3 万公斤，茶叶质量也很好，主要品牌是穆鲁米茶。也就是从 19 世纪 50 年代起，圣保罗、米纳斯吉拉斯、巴拉那和里约热内卢四州茶叶生产发展很快，曾连续 8 年年产达到 30 万磅，年增 2.5 万磅，到 1873 年年产已达 50 万磅。有的巴西专家认为，除茶叶味浓外，巴西茶的香醇并不比中国茶差。1900 年 8 月，引进一些中国茶农。[2]

其实，不只是圣保罗州，其他各州也都开始种茶。1825 年 6 月，里约热内卢植物园园长莱安德罗奉皇命编写《关于种茶、采茶和焙茶的经济手册》，连同茶籽、丁香等香料树苗发往里约热内卢、圣保罗、米纳斯吉拉斯、巴拉那等州，使这些州的种茶业很快发展起来。[3] 有一些关于中国茶农在米纳斯吉拉斯州种茶的片段信息，这里也应一提。

现有记载表明，中国有一批茶农是在 1840 年左右到达米纳斯吉拉斯州种茶的。在此之前，1825 年 9 月 2 日，黑金城植物园开业，园长为自然学家安东尼奥·佩雷拉·德瓦斯康塞洛斯。他引进茶、香料作物、果树等，茶种、香料作物

---

① 有关圣保罗市上述种茶情况参见陈太荣、刘正勤：《19 世纪中国人移民巴西史》，北京：中国华侨出版社，2017 年，第 124 – 126 页。

② 陈太荣、刘正勤：《19 世纪中国人移民巴西史》，北京：中国华侨出版社，2017 年，第 123 页。

③ 陈太荣、刘正勤：《19 世纪中国人移民巴西史》，北京：中国华侨出版社，2017 年，第 120 页。

苗等由里约热内卢植物园提供。据 1836—1841 年住在该城的苏格兰植物学家乔治·加德内的描述，此植物园主要种茶、桂皮、面包树、芒果、菠萝蜜等，年收获量可观，植物园产出的茶在城里的售价几乎同进口的中国茶一样。1840 年，植物园建立教授农业实践课的师范学校，重点教种茶。据记载，约 1840 年，一批中国茶农去该州的卡埃特、玛丽亚纳、欧罗菲诺、黑金城等地指导种茶工作，但仅在卡埃特和黑金城获得成功。[①] 可见中国茶农这个时候来到该州，与植物园产出的茶在城里售价昂贵以及植物园建立师范学校重点教授种茶密切相关。由于此植物园位于黑金城郊区，在 19 世纪下半叶被荒废。[②]

1890 年，李鸿章在与巴西使节喀拉多谈到华工问题时，问道："曾闻贵国虐待华工如同奴仆，有否？"喀拉多回答："没有。华人先后到巴约两千人，皆是出于自愿。本国亦待之甚好，且贵国人有在本国成亲者。此次本大臣来华，兵船上亦有华人三名，皆愿回本国。盖本国待华人与待英法人无别。"[③] 这段来自巴西使节的"证词"说明到 19 世纪 80 年代末，通过不同途径来巴西种茶的华农有 2 000 人之多。这个数字可能不十分准确，但作为中国茶农数量的参考数据有一定价值。

1914 年第一次世界大战爆发后，巴西茶特别是米纳斯吉拉斯州茶又出现在国际市场。但由于种茶与制茶技术低下，茶叶质量很差。自 1920 年起，米纳斯吉拉斯州黑金城地区开始采用现代种茶与制茶技艺，生产绿茶与红茶，在海拔 1 280 米山坡上种出优质茶。有 8 家公司经营种茶、制茶、销售与出口。圣若泽·多曼索庄园于 20 世纪 30—50 年代产茶，1946 年有茶树 180 万株，庄园主若泽·萨列斯·安德拉德从印度购买阿萨姆茶籽，从德国进口制茶机器。但在 20 世纪 50 年代，茶园衰败荒芜。1974 年，历史学家塔基尼奥·巴尔博扎·德奥利韦拉购买此茶园，恢复了红茶生产，但已无昔日的繁荣景象。[④]

虽然目前尚不清楚中国茶农在各州种茶的具体所为，不过可以肯定的是，中国茶农至少发挥了指导性的作用。比如前文提到的《关于种茶、采茶和焙茶的经济手册》一书就是在中国茶师的讲解与帮助下编制的。1835 年那批中国茶农从里约热内卢到圣保罗州最大的咖啡生产中心巴纳纳尔，也对该地的种茶进行了指导。不过，自从中国茶农将茶叶市场技术传授给当地人，当地人再将技术加以消化和提高后，他们对中国茶农的依赖就渐渐减少了。今天，圣保罗州南部里贝拉

---

① 陈太荣、刘正勤：《19 世纪中国人移民巴西史》，北京：中国华侨出版社，2017 年，第 120 页。

② 陈太荣、刘正勤：《19 世纪中国人移民巴西史》，北京：中国华侨出版社，2017 年，第 129 页。

③ （清）李鸿章著，顾延龙、叶亚廉主编：《李鸿章全集》（第 2 册），上海：上海人民出版社，1968 年，第 1166 – 1167 页。

④ 陈太荣、刘正勤：《19 世纪中国人移民巴西史》，北京：中国华侨出版社，2017 年，第 129 页。

河谷的雷吉斯特罗、帕里克拉－阿苏和卡雅蒂三市是巴西的主要茶叶产地，但已与当年中国茶农带来的中国茶无关。三市所种的茶叶是日裔种植的阿萨姆茶。在20世纪80—90年代极盛时期，所产茶叶向美国、英国、智利、乌拉圭等国出口。21世纪以来，巴西货币雷亚尔再次贬值、非洲国家生产的茶叶更有竞争性等因素加速了巴西茶叶生产的衰落。里贝拉河谷茶园和茶厂因依靠出口而受冲击较大，纷纷关闭转产。

中国人在巴西种茶是巴西华侨华人史上浓墨重彩的一笔。但历史的风烟已经散尽，今天，中国茶农当年的踪迹大多数已难寻觅，只有少数历史陈迹尚可使人依稀追忆当年的时光。在蒂茹卡国家公园内有一个中国观景台（Mirante da Vista Chinesa），台上建有一座中国观景亭。该亭建于1903年，为时任里约热内卢市市长 Francisco Pereira Passos（1836—1913）所修建。亭子为铸铁结构，上铺仿竹瓦，最初称"中国人观景台"（Vista dos Chineses），后改称"中国棚屋"（Rancho dos Chineses）。1906年重建时改现名"中国观景亭"，同时形状改为六角形双层宝塔。结构简朴大方，新颖别致，玲珑剔透，亭子的檐角上雕刻着色彩艳丽、龙头向下的滴水檐，前几年曾荣获中国最佳海外亭阁建筑奖。自1906年起，中国观景亭就成为里约热内卢的著名旅游景点。中国观景亭所在之处正是1856年左右一批中国劳工修建植物园至博阿维斯塔（Boa Vista）山顶马车道建工棚安营之处，当时称为"中国人村"（Arraial dos Chineses）。[1]

今天巴西有两座因种茶而得名的"茶山"，一个在里约热内卢市西区圣克鲁斯区，原是中国茶农19世纪在圣克鲁斯庄园种茶的地方，现为居民区；另一个在圣保罗市内，现今圣保罗市立大剧院所在之处，伊塔佩蒂宁加男爵若阿金·若泽·多斯·桑托斯·席尔瓦于19世纪中期曾在现今圣保罗市立大剧院之处"茶山"和"茶桥"一带种茶，"茶山"于1903年被征用建圣保罗市立大剧院。[2] 另外，原先里约热内卢茶园入口处还立有一碑，刻有"中国茶奴在此劳作"字样。今天漫山遍野的茶树仍然敦厚古朴，充满生机，仿佛在诉说着200多年前那段平凡但永不凋谢的往事。

中国茶农的身份是什么？从第一批到来的数百名茶农来看，他们与后来到巴西来的华工身份不同。前者是由葡萄牙引进、意在开发新的出口产品——茶。他们没有被强制从事无薪酬的劳动（实际上还有一定的工薪），个人身份是自由或半自由的；后者是由巴西政府招募、意在补充大小种植园的劳动力，身份是契约劳工。至于在后来的岁月里接踵而来的中国茶农，由于历史记载比较模糊，很难

---

① 陈太荣、刘正勤：《19世纪中国人移民巴西史》，北京：中国华侨出版社，2017年，第190页。

② 陈太荣、刘正勤：《巴西19世纪引进中国劳工简史》，巴西侨网，2012年11月6日。

一下子断定他们的身份是自由劳工而不是契约劳工。不过笔者倾向于认为后来的大部分中国茶农的身份至少是自由劳工或半自由劳工。据资料记载，由于生活条件恶劣，不少茶农心怀不满，一些人在岗期间逃离茶园而移居城市，或经营饭店或贩卖小商品。虽然这些逃离者只是中国茶农的一部分，但从这一点来看，茶农是有一定自由度的。当然中国茶农的身份不能一概而论，有资料表明早年一部分茶农的地位的确是很低下的，例如上文说的1812年茶农遭到"猎杀"的事件就是一个典型的案例。

第二节　传统华人小商贩

一、从契约劳工到小商贩的身份转换

海外华侨以善于经商著称。在传统华人时代，"善于经商"很大程度上指善于做小商贩。在华侨华人史上，小商贩人数之多，分布之广，对其他行业磁吸性之大、作用之殊，是其他行业所难以企及的。可以说，华人小商贩构成了传统华人时代华商的主体，在整个华侨职业结构中占据十分重要的地位。即使到了新移民时代也不可或缺，在缺乏大工业的拉美地区更是如此。

除了一小部分华侨是一来到居住地就开始经商外，拉美地区早期的华侨多是在契约期满后才转而经商的。契约劳工身份的结束，意味着他们变成了"自由人"。在巴西，传统移民时代各类中国契约劳工人数虽无法统计，但他们期满后不回国者居多，唯一目的就是留下来经商，究其初衷，是赚一笔钱后再回去。要经商，就要转换身份。巴西的中国劳工们在契约期满后留下来经商的积极性，丝毫不亚于其他拉美国家的同类华人。在巴西经商，有一个优胜于很多国家的条件，巴西地域辽阔，处处落后，商业空档多。从现有材料看，当地政府对华侨华人营商基本上没有非商业性的限制。于是，随着移居巴西的中国人日益增多，在巴西跃入"商河"成为华商的人就越来越多，华商在当地人口中所占的比例也不断提高。当然，巴西华侨华人营商能保持稳定性的一个重要原因，是经商一业非当地民族所长，也非当地民族所愿，但千家万户的日常生活离不开商业，因此华人小商贩才大量增加。

有迹象表明，早年从中国前来巴西种茶的华侨，在雇用期满后，一般都留在当地自寻工作。同时也有证据表明，一些茶农因为当地种茶业衰退，也离开茶园自寻职业。德国著名植物学家施皮斯和马蒂乌斯于1817年12月10日参观了圣

克鲁斯庄园的中国茶园，后来在其所著的《1817—1818 巴西之行》一书中说，他们在茶园看到只有少部分中国茶农住在那儿，大部分人进城当流动商贩，卖棉织品、中国烟火等"中国小商品"。[①] 应注意的是，在 1817 年，第一波华侨——中国茶农抵达巴西还没有多少年。可见最早来到巴西的华侨在落地之初就已有悄然转身为商者。合理的推测是，这些人多半在家乡时就已有做流动商贩的实践经验。再如，里约热内卢植物园的种茶业一直到 19 世纪 50 年代中期出口受挫才中断，据里约热内卢植物园园长坎迪多·巴普蒂斯塔·德·奥利维拉 1853 年的报告，园中巴西与非洲奴隶和自由民共 67 人，没有提到有中国人。正如前述，这个植物园曾经有大批从中国雇来种茶的华侨，很可能是因为种茶没有出路就各奔前程了。那么他们出去做什么？经商的可能性最大。1857 年 1 月（这时候离第一批中国茶农来巴西已有近半个世纪），植物园还雇用了 16 个刚到巴西的中国劳工，但因为这时候茶叶没有国际市场以及经费匮乏，这些中国茶农不久便纷纷散去，大部分人进城当小贩，仅剩一小部分人仍留在植物园维持茶园，管理残存的茶树与香料作物。[②] 概而言之，早年的中国茶农是后来华人小商贩的直接来源之一，极可能是巴西历史上华人小商贩的最早来源。对于华侨来说，留在巴西做不需要什么技术却能较快赚钱的小商贩是最好的出路。

由于中国人节俭、肯吃苦，全家老少一起努力工作，点滴积累，所以第一代劳工的子女们成人后开始摆脱种植园的奴隶生活。有的华侨不仅很快进入了新的角色，还换了全新的身份。有人研究了 19 世纪中叶巴纳尔镇一些中国移民的遗嘱和遗产清单等公证文件后认为，当时有些人过着相对舒适的生活，有些人却生活贫困，只能在杂货店做员工。他们中的大多数是店主或小商贩，还有一些人是"奴隶主"。一名中国人甚至有 18 名"奴隶"（8 名土著和 10 名非洲黑人），并且与巴纳纳尔的两个天主教组织有联系，分别是罗萨里奥兄弟会（Irmandade N. S. do Rosário）和博阿莫特兄弟会（Irmandade N. S. da Boa Morte）。[③] 这里所说的华侨与教会发生联系的事情应不是普遍现象，但第一代劳工的子女们成人后开始摆脱种植园的奴隶生活不应是个别现象。

---

① 陈太荣、刘正勤：《19 世纪中国人移民巴西史》，北京：中国华侨出版社，2017 年，第 106 页。

② 陈太荣、刘正勤：《19 世纪中国人移民巴西史》，北京：中国华侨出版社，2017 年，第 97 页。

③ Marco Aurélio dos Santos（马科·奥莱里奥·多斯·桑托斯）："Chinese immigrants in the coffee vale of Bananal in the 19th Century"，（《19 世纪巴纳纳尔咖啡谷的华人移民》），参见［巴西］束长生：《2018 巴西华人移民研究国际研讨会议：地域特征和全球视角总结报告》，圣保罗大学，2018 年 8 月 22—23 日。一般来说，奴隶主是占有生产资料和奴隶并使用奴隶进行生产经营的个人或集团，同时其所役使的奴隶对其有完全的人身依附关系，奴隶主对奴隶甚至有生杀予夺的权力。笔者认为这里所说的奴隶主可能只表现在占有生产资料并使用奴隶进行生产方面。具体情况有待进一步研究。

二、小商贩类别

小商贩包括流动小贩、固定摊贩、小商。流动小贩和固定摊贩属于小商贩群体的低级形式，小商则是高级形式，小商贩包括了零售商店、小杂货铺、市场摆摊、走街串巷以及在乡村叫卖的人。具体来说，三者主要区别如下：

（一）流动小贩

所谓流动，是因为无固定的买卖地点，哪里有生产或有货物，哪里就有市场，哪里就是买卖地点。或者说哪里有顾客，流动小贩就出现在哪里。绝大多数流动小贩属小本经营。就经营地域来说，巴西流动小贩的足迹遍及居住地的郊区和居住区的偏僻地带。正因为巴西很多地方位置偏僻，居民需要的大量日常小商品无法就近购买，才存在流动小贩的活动空间，华侨华人才可能将之作为自己在异国他乡生存发展的广阔天地。流动小贩经营的货品包括杂货、百货等日用品（通常售给顾客）和土特产（通常为他们所收购）。世界上的流动小贩的经营方式有用肩挑的，有用小推车推的，也有用两条腿走的，不一而足。但就巴西的华人流动小贩来说，主要交通工具就是两条腿。他们依靠双腿穿村过镇，走街入室，兜售货物，这可能与巴西当地道路崎岖不平、民众居住分散有关。

巴西华侨华人长期经营的"提包业"属于流动小贩的类别。"提包"一词，最早是由旅居巴西的江浙籍华侨在 20 世纪 10 年代开始使用，缘于从事这一行业的华侨华人提着装满货物的提包，穿街走巷，逐家逐户按响门铃，召唤主人出来看货、买货。这些上门叫卖货物的人就叫"提包客"。应注意，"提包客"与提包制作者毫不相干。简言之，"提包客"是专指那些拎着鼓胀的旅行提包挨家串户兜售商品的流动商贩。他们把要卖的东西统统打包装在提包里，背起来就上路。久而久之，凡背着提包售货者，不管提包里装的是哪一类货物，皆概称为"提包客"。于是，"提包业"这个俗称便成了正式的行业称呼，"提包客"成了一个具有巴西特色的华人职业，因为从业者身上都背着一个甚至数个"提包"，形象而生动。事实上，"提包客"相当于过去中国的负贩、行商，也类似于东南亚华人中的货郎。负贩和行商都是比较文雅的称呼，但说得再文雅，也是贩夫走卒，是携货沿门求售的人。这一行业的存在，使大量甫到巴西的中国下层移民获得了一个渐进式原始积累的机会。据说"提包业"并非巴西的专利，其他南美国家也有，只不过巴西"提包客"人数多，这个概念在巴西华侨华人中最为盛行，且长盛不衰。

（二）固定摊贩

既然曰固定，则一般都应有固定的摊位和营业时间，一般是人在摊存，人走摊撤。固定摊贩跟流动小贩一样，以勤奋、节俭著称，这也是其取得成功的主要原因。固定摊贩也属小本经营，与流动小贩（在巴西主要是"提包客"）不同的是，他们的固定摊位（一般不是商铺）大体上尚可遮风挡雨，不用像"提包客"那样常常雨淋日晒。但固定摊贩在规避政府管理人员的监管方面（有合理的，但常常是不合理的）比不上流动小贩。固定摊贩必须设在政府指定的集市地点，可能与其他小商贩包括当地民族小商贩混杂在一起。目前还没有找到巴西华侨华人史上固定摊贩的材料，但这不意味着华侨固定摊贩在巴西不存在。

（三）小商

小商是指"坐商"性质的小零售商。小商有几大特点：其一，通常有一个用于买卖商品的铺面或勉强称得上是商店的地方，这个地方常常也被他们当作仓储地，这明显与固定摊贩有别，更与流动小贩大有不同。其二，小商经营货色品种较多，更有针对性，其所售货物多是与居住地居民日常生活有关的必需品。其三，小商多为家庭或家族式经营，或夫妻店，或父子店，也有亲属店，有少数小商还雇有一二同乡或其他华侨。这是华侨小商最突出的特点。其四，营业时间长，从早到晚都是营业时间，或者说压根儿没有休息时间。尤其是小商店，夫妻、父子或亲属常常轮流"站岗"，几乎昼夜不分，这一点是华人小商所独有，巴西当地民族几乎不可能像华人这样近乎"玩命"地工作。一些当地人喜欢称华人为"经济动物"，这一印象大概起源于小商。其五，在家庭/家族经营模式下，一般实行"集权"管理。这里"集权"管理的特点是，没有所有者与经营者分离的概念，却有家庭/家族成员角色分工的意识。例如，做丈夫的，既是业主，又是经营管理人员，还是对外联系的业务员；做妻子的，主要担当工人的角色，也承担一定的管理事务；如果雇用了同乡，则其唯一身份就是工人。其六，销购结合，特别是在穷乡僻壤，普遍如此。他们大都一身二任，既销售日用小商品，也兼收购当地土特产品。在一些人口稀少的巴西乡镇，这种情况很普遍。总的来看，勤奋、节俭和善于理财是华人小商的独特优势。随着时间的流逝，特别是随着华侨华人与居住地民族关系的亲近，杂货铺也逐渐成为当地民族的光顾对象。

巴西历史上的"提包客"多属流动小贩一类，但"提包客"与固定商铺主密不可分。不少年深日久的流动小贩在积累一笔资金购得一定面积的固定商铺后，会变为杂货铺（店）主，或者成为带货栈主人性质的杂货铺（店）主，后

者仍然经营和管理一部分"提包业"，但他们已属小商行列。总的来说，属于杂货铺（店）主的小商，一般是从做流动小贩或做店员的过程中积累了一定金钱和经验，才转而开设小商店，成为杂货铺（店）小老板的。

小商与流动小贩、固定摊贩都与居住地民族在语言、习俗等方面存在着天然障碍。但相对而言，小商的经济地位较高，其资金和营业额比流动小贩或固定摊贩多，他们有自己的店铺，经营规模有大中小之分。在城市中，资金较多的小商也可以少量雇工，层次较高者，则向商业企业家转变。一般来说，小商中的杂货铺（店）主的资金相对充足，较容易得到别人的赊欠和代销。不管是流动小贩、固定摊贩还是小商，他们对于促进华侨华人内部的经济发展，以及推动居住地的经济发展和社会进步，都功不可没。直到今天，在不少经济发展落后、交通不便的国家，这种情况仍然存在。

流动小贩、固定摊贩和小商的商业理念和营商才能是他们在家乡的时候就已练就的。有人说华人的商业才能与生俱来，这并不准确。实际上，是家乡（特别是中国沿海地区）的生存环境造就了他们的初级商业才能。所以后来到了异国他乡，他们才能不用培训就可以立马"上岗"成为小商贩。这也是为什么老一辈华侨喜欢通过营商尽快实现其致富梦。不过，虽然他们具有小商贩的商业才能，但在他们积累了"第一桶金"然后向各个领域投资时，他们的商业才能就显得不够用了。不少人的生意做得越大，就越感营商知识的不足。这时候的他们已是投资领域的"大老板"，他们更需要的是企业管理方面的知识和发展眼光，而不只是当年做小商贩时的那一点生意经。到了这个时候，他们只能边干边学，很多时候也要靠碰运气。

三、提包业

（一）"提包业"之成因

中国商品例如丝绸、茶叶、瓷器、纺织品、服饰和其他艺术品很早就输入巴西。这些从中国输入的货物，既有贵重商品，也有大众化的小商品，不只在巴西最早的中心城市萨尔瓦多和里约热内卢流传，在其他城市例如圣保罗等地也可以看到。在圣保罗州的巴纳纳尔"Fazenda Rescate"庄园（建于 1820 年）宴会厅的墙上悬挂着两幅中国古画，宴会厅里摆着中国家具，餐柜里摆着中国 19 世纪的瓷餐具。[①] 这些中国货物应是通过种种渠道辗转而来的，这些渠道可以看作后

---

① 陈太荣、刘正勤：《巴西 19 世纪引进中国劳工简史》，巴西侨网，2012 年 11 月 6 日。

来巴西华人"提包业"的前身。

"提包客"是一个具有巴西特色的华侨职业。在华侨来到巴西后很长一段时期中，巴西纯属农业社会，商品化程度低。在这些地方，小商品生产占优势，产品基本上都是手工业品和当地农产品，且生产与消费均很分散。这时"提包客"的出现，便适应了地方市场商品流转的客观需求。到了新移民时代，巴西需要大量进口日用小商品。这些小商品中的很大一部分来自改革开放后的中国。华人小商贩往往与从事进口的华商联营，后者负责海上进货，前者负责陆上批发销售。

可以设想，华侨开始销售小商品时，应该是定点销售，即通过"坐商"方式进行销售（这种定点方式是充分自由的，与接受政府管理的固定摊贩有别）。后来，一些类型的小商品供不应求，且很多地方居民分散，上门销售便逐渐代替"守株待兔"式的定点销售。这样可以找到更多顾客，建立更稳定的商业网络，推销更多商品，得到更丰厚的利润。于是，很多华侨便用提包装着各种各样当地人需要的小商品上门销售，乃至提着包沿街沿村、逐家逐户登（敲）门推销。当然，华侨这样做，还基于他们对自己与当地民族的关系有充分的信心。他们的总体评价是，巴西人普遍热心肠、包容性强，但懒散、贪玩，很少加班。这是巴西人的禀赋与生活习惯，无关好坏。不过对中国人来说，则有助于他们从事"提包业"并取得成功。于是，"提包客"便应运而生，加入者日众。"提包客"依靠自己两条腿，拎着装满各种杂货的提包，跑遍所住城市的街巷和穷乡僻壤。同时在长期的提包生涯中，建立和拓展了自己的商业网络。不消说，每个在巴西的华侨华人都有一部艰苦的奋斗史。他们初来时语言不通，只能在叫卖的同时学说葡萄牙语，边学边用，急用先学；他们往往清晨出门，深夜归家，几乎没有休息时间。一入家门，草草洗漱就睡，次日一早又出门。如此循环往复，连当地人都十分敬佩。

不难明白，巴西华人"提包业"之所以兴盛，主要是它有诸多便民之处：一是送货上门，省了顾客远足之劳，尤其受那些居住在偏远地区的人欢迎。二是日常用品，价钱便宜。提包里所装的无非一些百姓日常所需物品，例如服装玩具、文具礼品、化妆用品，等等。三是便于挑拣和讨价还价。四是可以分期付款（这当然要建立在良好的信用基础上），满足了偏远地区贫困人口的需求。因此，"提包业"颇受人们欢迎。尤其是那些家务繁重，无暇上街采购的家庭主妇和行动不便的老者，更是求之不得，一日也离不开"提包客"。当然，这里也别忘记"点赞"一下巴西顾客。巴西的家庭妇女包括上层家庭主妇，绝大多数都很善良且富有同情心，对讲礼貌的中国人特别有好感。她们很乐意接待华人"提包客"。当然，"提包客"也懂得投桃报李，以诚待诚。他们不仅收获了财富，也收获了友谊，有的还与顾主成了莫逆之交。这样的关系应有一个从不了解到了

解、从陌生到熟悉、从怀疑到信任的磨合过程。磨合过程也是好感在顾客与华人"提包客"之间互相传递和扩散的过程。

华人"提包客"在经营时最怕遇到"老匪"（即查税警察），一旦被"老匪"查出没有营业执照或者货物来源不明，便难免成为其敲诈的对象。更有甚者，人被关押，货品被没收，却投诉无门。

那么，有没有路上做类似交易的可能？笔者没有看到相关资料，不便判断。按理说，路上交易并非不可，但一要看路上有无需求的顾客，二要看"提包客"是否愿意取出货来。在一个装满乱七八糟货品的提包里，把所需东西拿出来然后再装回去并非易事，更何况很多顾客只想看看而不想购买。但有一点可以肯定，即使存在路上交易的情况，也应属个案，绝大多数交易是在住宅内进行的。

另外，巴西的"提包业"有没有出现售卖与收购并行的现象？笔者倾向于没有，因为从业者以步行为主，穿街过巷，甚至走壑入沟，所携提包装货数量有限（以其所能承受的最大量为限），如果兼做收购，无疑会减少小商品的携带量，也就减少了营业额。再说，巴西郊区和农村地带可以提供给"提包客"的有价值的产品不多，收购后一般将原物易地再出售，而不是加工后再销售。易地再出售不会产生多少附加值，华人"提包客"不大可能做这样薄利甚至无利的买卖。当然，华人"提包客"如果偶然遇到合适的产品，也可能愿意收购，带走自用或易地出售，但这应属个别现象。

从商业层面来说，"提包业"发展的过程，也就是华人小商品零售业在一片地区（包括城镇和农村）逐步实现全覆盖的过程。虽然"提包业"本身存在激烈的竞争，但经过一定时间的行业磨合，"提包业"从业者之间会形成相对固定的区域分工，或者说形成一个个"提包业"分销网络。例如，同一个地缘来源的华侨华人经销某一片城镇或乡村，另一个地缘来源的华侨华人经销另一片城镇或乡村，从而形成相对固定的行业区域。这既满足了所有侨胞维持本行业有序、稳定运转的愿望，也有利于不同来源地的同胞的团结和互助合作。毕竟，无序紊乱的竞争对本行业每个人都没有好处。

（二）"提包客"之源

巴西历史上的华人"提包客"来源大抵有以下几类：

首先，最早的"提包客"应是中国劳工，"提包业"是他们熬过了卖身契上的工作合约获得自由身后所从事的第一种职业。但按照"提包业"始自20世纪10年代之说，这些成为"提包客"的中国劳工，最早也应是19世纪晚期才来到巴西的。不难想象，这一部分"提包客"不管年龄大小，都只是一代人。等到

他们一个个年老退出或是中途因别的原因退出后，由契约华工转换身份而来的一代"提包客"便成为历史。即使契约华工的后代们仍然有人愿意继承父业，但他们一开始就已是具有真正自由移民身份的"提包客"，跟父辈们全然不同。

其次是从中国移民巴西的华侨，每个时期都有。早年的"提包客"多半是浙江温州人和青田人，多年后一些刚从台湾来的侨民加入了"提包客"行列。他们来到巴西后，便直接从事"提包客"这一职业。例如，吴汝华20世纪50年代跟随其父亲来到巴西创业。刚抵达萨尔瓦多的时候，吴汝华以推销台布为生，过了一段艰苦的日子。待积累了一些资金后，他开了一家小型洗衣店。① 又如，1968年，已是传统华人"提包业"的"夕阳阶段"，作为上海名门之后，30岁的上海人郑玲琴带着7个大箱子来到圣保罗，她不畏艰难，从头做起，尝试老一辈华侨华人走过的沧桑之路。郑玲琴在巴西安顿下来后，丈夫娄炳麟也过来团聚。夫妻俩胼手胝足，奋力打拼，一年后，二人来到萨尔瓦多，在此定居下来，一起做"提包客"。

还有从其他国家移民巴西的华侨华人，大抵也跟中国来的华侨一样。不同的是从其他国家来的这部分人一般要更富有。

说到底，不管是哪一类人，之所以在来到巴西之初愿意从事本小利薄的"提包业"，是因为"提包客"门槛低，一般人都能做。如果是妇女和小孩做"提包客"，还会歪打正着，因其妇孺身份而得到主顾信任与怜悯，有利于货物销售。所以，"提包业"这种生计在巴西华侨华人中十分流行。不少巴西老华侨谈起早年的打工生涯时，都会情不自禁地谈到自己或同伴的"提包客"经历。合理推测，如将来自中国大陆的"提包客"与来自台湾的"提包客"相比，则前者参与这一行业的积极性应更高一些，缘于他们来巴西前的社会地位较低，故很多人在来到巴西之初，对自己从"提包客"做起并无怨言；后者在来巴西之前多数有比较高的社会地位，如政府文员、律师、教师、会计师、医生等技术阶层人员。他们来巴西本不是来做"提包客"的，只是因为到巴西后一下子找不到工作，不得已才加入"提包客"行列。他们做"提包客"是骑驴找马，一旦找到稍好一点的工作，便会马上放下提包，转行他去。

（三）"提包经"种种

大多数华人"提包客"所销售的，是当地居民所需要的日用小商品。居民需要什么，他们的提包里就装什么。每个"提包客"的提包里所装的货物大同小异，彼此之间没有严格的商品销售范围的区分。各种各样的家庭用品全都装在

---

① 陈威华、赵焱：《拥有14家连锁店，广东吴姓家族巴西打造餐饮王国》，中国侨网，2008年4月2日。

一两个提包内，提在手上或背在肩上。

如何进入大厦的住户家中去，往往是"提包客"的第一道难关。道理再简单不过，只有进了客户的家，才能打开提包，亮出商品，谈得上交易。在门禁森严的大厦"司阍"面前，外来人是很难进入的。但在"提包客"时代，住户一般知道"提包客"，如果他/她要购买东西的话，面对背着大包小包的中国人，一般都会开门迎客。"提包客"来到居民住宅区，伸手按响门铃后（谁家是富人或可能是富人全凭眼力），屋主应声而出。"提包客"即开门见山，说有货要卖，如果屋主迎入客厅，就要争分夺秒，眨眼工夫就把客厅变成商场，把地面当作货栈，闪电般把所带货物铺陈开来，琳琅满目，令人眼花缭乱（但手脚不能乱），任凭屋主挑选。屋主选毕，讨价还价，成交付款。一旦交易结束，即三下五除二，飞快地将没脱手的货物塞回提包，把现场收拾干净，不遗一物，然后告谢退出，再寻另一家。如此这般，一家家依样画葫芦便是。显而易见，任何"提包客"都不能把时间浪费在一个地方、一个家庭里，摆货、收货均要"兵贵神速"，分秒必争。假若一地买卖不成，就得马上另觅新主顾。"提包客"往往像个职业军人，风风火火，干脆麻利。所以，作为"提包客"主要"交通工具"的两条腿能否给力，就特别重要。而且"提包客"也要吃苦耐劳，坚韧不拔。据说他们在长期的"提包"生涯中，练就了一种身手敏捷、日行百里的真功夫。靠两条腿跑遍城市的长街短巷、农村的穷乡僻壤，挨家挨户地央求住户开门，笑容可掬地摆开"龙门阵"，不厌其烦地说服住户买货，绝不是轻松的活儿。当然这只是对身强力壮、两腿健迈的"提包客"的身体素质要求，无奈充当"提包客"的老弱病残者，就只能尽力而为了。

此外，"提包客"还要靠一张嘴。这张嘴不是用来"软磨硬泡"的，而是用来推销货物，有时候少不得要"低声下气"，耐心介绍商品的好处，说到顾客动心。由于长时间做"说客"，"提包客"常常唇焦舌燥。但要生存下去，必然要靠出色的上门服务和良好的个人商誉逐渐赢得客户的信任和好感。但在此过程中，"提包客"那张嘴并不是可有可无的。当然，有付出自有回报。在长期的提包生涯中，很多客户与"提包客"建立了深厚友谊，成为固定的老客户，因而构筑起一个稳定的供需关系网。有的"提包客"做到得心应手，常常可以在高级豪华公寓大大方方地进进出出，不会被人挡驾。一般女性"提包客"的手提包要特别漂亮，她们也衣衫光鲜，而对男性"提包客"来说，就没有此要求了。

"提包业"是个巴西华侨华人经营已久的行业，从业者众，于是在巴西侨民中逐渐形成了教人如何做好"提包"生意的一套"提包经"。到了后来，创业者"上岗"前要上"提包课"。这一说法当然带有戏谑成分，但多少反映了"提包业"在华侨华人大众中某种程度上的专业性。所谓"提包经"，并非高深学问，

无非教人如何按门铃，如何做到用一两句简单葡语吸引顾客，如何批发提包货品，如何找买得起外国货的主顾，如何向有钱人进攻，如何避免政府查税人员，等等。① 也有人说听"提包课"就如听"侦探小说"一样，可见"提包业"并非主客之间"一手交钱一手交货"之类的简单交易。它一样存在着竞争，有时还要冒违反当地市场规则的风险，例如与政府市场管理人员巧妙周旋，甚至玩"老鼠避猫"的游戏。这些情况应非子虚乌有，要不就不会将之与"侦探小说"相提并论了。笔者判断"提包经"的出现时间多半已在新移民时代。但在传统移民时代相当长的一段时期内，类似的"提包经"也应风靡一时。由于"提包客"众多，行业竞争必定难免。但"提包客"之间的竞争不是在商品品种上，而是在同一类商品的价格上。为争取更多顾客，"提包客"必须千方百计采购到价廉物美的小商品，才能在同行中站稳脚跟。

（四）从青田华侨经营的"提包业"看其发展阶段与货物变化

"提包客"最早销售的小商品是从中国带来的工艺品，如刺绣、雕刻、披肩，还有成衣、百货、珠宝饰物、化妆品、玩具等。这些工艺品最早是为何被带到巴西的，今天已难详细考实。可能是华侨从中国带来巴西"试售"，也可能是华侨从中国带来后无意中得知巴西人十分喜欢，估计必可卖得好价钱，便从中国批量带到巴西销售。不管怎样，这些中国工艺品一旦在当地贩卖，便大受欢迎，购买者众。后来，华侨销售的商品不只是工艺品，还扩展到其他类型的小商品。有此一说：巴西富户人家的家庭主妇最喜欢的货品是刺绣台布、瓷花瓶和手帕，售价常常超过货物成本的十数倍，利润丰厚。有说"提包业"者卖出一块台布所赚的钱可维持全家半年的生活。其获利之大，胜过任何行业。因此，华侨干"提包"这一行的，一跃成为富商巨贾者并不稀奇。② 不过，笔者不认为每个人都会有如此运气，也并非每个时期都是如此。像卖台布而一夜致富者，多发生在下面所说的第二阶段。

从资料记载来看，"提包客"所兜售的货品来源是有限的，有的是由船上的中国水手带进，有的是"提包客"托人从香港寄来或托港客带来的。不管怎样，这些货品都是中国土产货，诸如刺绣台布、床褥、衫、鞋、钱包、瓷花瓶、盘碟、丝质衣服、领巾、手帕等，③ 都是中国舶来品无疑。旅居巴西多年的青田老华侨郭秉强按照"提包业"主体货物的变化，将"提包业"大体上分为四个

---

① 邱罗思闾：《梦里不知身是客》，载［巴西］朱彭年编：《中国侨民在南美》，北京：文化艺术出版社，1990年，第2页。

② 《华侨提包业的时代》，载《巴西华人耕耘录》，巴西美洲华报编印，1998年，第381页。

③ 《华侨提包业的时代》，载《巴西华人耕耘录》，巴西美洲华报编印，1998年，第380页。

阶段：

一是珠链首饰阶段，始自1910年前后从欧洲转入巴西的第一批青田华侨上街叫卖珠链，到1930年，有四都下陈人陈育行从法国来到巴西做珠链和各种首饰批发生意，这一阶段时间长达20年左右。

二是绣花台布阶段。1926年，周继文（1897—1976）随回国探亲的华侨王益宗来到巴西，两人随身带来了许多温州十字绣花台布，在里约热内卢的OVIDOBR（"拗维宕"）租了一间"写字楼"，挂出"上海绣花店"招牌，合营批发上海绣花布。这是青田华侨第一间进出口公司的前身。开始时，周继文背着"提包"，里面装着台布，串家挨户叫卖，王益宗则负责店内的业务和财务。周继文背着"提包"上街过巷之举，应是"提包业""提包客"这一行"专业"概念的由来。他们的货源主要是台布，靠周继文的妹夫陈楚豪（青田阜山陈宅人）从温州"生生公司"批发后海运过来。陈楚豪实际上就成了周、王二人在国内的业务办事处联络人。两人的"上海绣花店"做得风生水起。榜样的力量是无穷的。几年后，人们见有利可图，便纷纷从"上海绣花店"批发台布，做起"提包"生意。周继文和王益宗看到势头良好，就乘势而上，扩大国内货源。除了扩大温州"生生公司"的业务外，还联系广东汕头、山东烟台等地一些公司，由对方将货物出口到巴西。同时增加货物品种，主要有上海抽纱、湖南湘绣、温州瓯绣等工艺品。到此时，"上海绣花店"的经营范围已不只是单一经营"提包"台布，而是转为专门批发各种绣花台布和绣花工艺品。"上海绣花店"这一变化，促进了"提包"行业队伍迅速扩大。一时间，人们不管有没有开店经验，都一窝蜂地经营起"提包"台布生意，当然，从业者基本上还是青田人。

1935年，为扩大批发业务，周继文、王益宗两人分店，周继文前往圣保罗开创"周继文贸易行"。当时香港的"汕头公司""公兴公司""昌文公司"等都与他有业务联系。到了抗日战争初期，国内海运被截断，好在有这些香港公司在，周继文的进货来源才没中断。但到1941年12月太平洋战争爆发，这些香港公司运输的海路被切断了，于是周继文又找到葡萄牙的"依列本台拉"公司作为主要进货点。也就是说，虽然第二次世界大战不可能对所有商人的经营全无影响，但对周继文来说，影响已算减少到较低程度，起码他在巴西的业务没有中断，已属不幸中之万幸。有"周继文贸易行"在，里约热内卢和圣保罗做"提包"台布生意的华侨越来越多，其中包括来自中国其他省份的华侨。经过多年的实践，"提包"这种特殊的经营方式日臻定型。在此过程中，"上海绣花店"和"周继文贸易行"发挥了行业催化剂的作用。周继文始终在青田华侨中执经营之牛耳。

1948年前后，中国大陆的国民党政权已经苟延残喘，行将就木。"周继文贸

易行"也因这一特殊形势的出现而获得特殊生机，很快达到顶峰。1953 年前后是"周继文贸易行"最兴盛的时期。单从进货的情况就可略见一斑。1951 年，周继文许多亲属从中国到巴西都随身为他带来好几批台布。周继文自己每次从香港等地进货，至少都有 20 多箱台布和 10 多箱瓷器，总价值都在 6 万美元以上。1953 年，陈楚豪从香港为他带出的台布，本钱就值 48 000 多美元。

可惜好景不长，到 20 世纪 50 年代中期，"周继文贸易行"刚刚攀上昌盛顶峰就开始走下坡路。主要原因是这个行业犯了"水满则溢"的大忌。其时方从国内逃逸到巴西来的资本家和国民党官员，看到周继文的商业盛况，被台布生意的巨大市场所吸引，又看到庞大的"提包"队伍，便纷纷开办各种绣花工艺品工厂和台布批发公司。当时计有 20 多间台布批发公司，都成了周继文的竞争劲敌，其中包括原国民党东北财政厅厅长李肖同，东北资本家李星、李程、曲元堂，上海资本家应学本，山东资本家宋福庭、毕务国、陶遵选、周学倜，温州资本家李友三、陈政、仇朝豪等人，他们都有相当的实力。在激烈竞争中，周继文力挽危局，无奈财力、能力均不济，终至力不从心，精疲力竭。"周继文贸易行"遂开始滑坡，日趋萧条，到了 50 年代末已一蹶不振。[①] 话说回来，作为青田华侨第一间进出口公司的"周继文贸易行"，从 1935 年开始历经 30 多年浮沉，已属不易。特别是周继文以"提包业"这一特殊经营方式对巴西华人经济的贡献，更是功不可没。

但"周继文贸易行"的衰落并非意味着这一阶段"提包业"的终结。"绣花台布阶段"退出历史舞台是一个逐步退缩的过程。例如，娄炳麟、郑玲琴夫妻1968 年开始在萨尔瓦多做"提包客"，此时已近这一阶段的尾声，但他们仍然生意兴隆。其时"巴西奇迹"开始出现，这对夫妻便沿街叫卖从中国带来的人工刺绣台布。郑玲琴后来说，那时卖 10 块台布就能买一辆小汽车。郑玲琴当初带来的 7 箱行李中，有 4 箱台布。于是她抹着口红，拎着提包，一户一户地敲门拜访推销。皇天不负苦心人，她的台布销路很好，这对夫妻用一年时间就告别了提包叫卖，开了自己的小店。不过当年在华侨华人中，即使像娄炳麟、郑玲琴这样生意顺风顺水的，也需要一直干到 75 岁才退休。后来这对夫妻开过服装店、唱片店、夜总会，最后一份职业是开旅馆，曾一年被抢劫过 7 次。郑玲琴因压力过大而失聪，最终卖掉旅馆安享晚年。[②]

其实，"卖绣花台布"在很长时期里还成为"提包业"的代称。粤籍华侨华

---

①　上述周继文的经营情况参见郭秉强：《巴西青田籍华人华侨纪实：1910—1994》，青田县政府刊印本（内部编印），2005 年。笔者所据版本为郭秉强：《巴西青田籍华人华侨纪实》，自印本，1995 年。

②　肖春飞、赵晖、申宏：《萨尔瓦多重新"发现"中国》，《新华每日电讯》，2016 年 11 月 7 日。

人就喜欢称"提包业"为"卖台布"（不过广东人做"提包客"的很少），因为早期的"提包"从业者都是以台布为主货，那时候色彩缤纷的中国台布也最受巴西顾客欢迎。粤籍华侨华人这种叫法无疑更直接更通俗，实际上"提包客"不只是卖台布，还卖一些别的生活用品。到后来，台布逐渐不再是主货了，售卖的货物种类也多了起来。

三是黄金珠宝阶段，这一阶段大略从 20 世纪 50 年代到 70 年代。这一阶段是巴西经济伴随着拉美经济起飞的时期。拉美国家从 20 世纪 30 年代起开始探索民族自主的现代化道路。到 20 世纪 50 年代中期，拉美的制造业产值就超过农业产值。到 20 世纪 60 年代中期，巴西工业品的自给率已达到 85% 以上。20 世纪 60 年代末，这个国家正在发生"巴西奇迹"，1968 年到 1974 年，巴西国内生产总值连续 7 年飙升，平均增长 11% 以上，成为拉美实力最雄厚的国家，也一跃成为世界上第十大工业国。在这一时代背景下，巴西中产阶级群体逐步成长起来，羽毛开始丰满，消费能力迅速增强，对奢侈品的追求也很热衷。他们既是中国刺绣台布的主要购买者，也是随后华人经营的黄金珠宝首饰的购买者。

实际上，早在 1935 年周继文离开里约热内卢迁居圣保罗开办"周继文贸易行"时，里约热内卢的"提包客"便因失去了一个台布进货源而遭受沉重打击，他们中的一些人开始向兜售黄金首饰的"提包业"领域探索。首先是高岗人卓学武大约于 1937 年开始用提包卖黄金首饰，接着有很多人也跨进这个行业，其中包括台湾等其他省的华侨以及巴西人。从此，"提包"发展史开始向第三阶段——黄金珠宝阶段转化。但由于卖黄金珠宝需要较多本钱，不为大多数青田华侨所接受，难以得到发展。因此，只是在 20 世纪 50 年代后陆续进入巴西的青田华侨，经过几年"提包"卖台布积蓄了财力后，才逐渐转做黄金珠宝生意，该行"提包业"才得到全面发展。

然而，卖黄金首饰和做珠宝生意需要相当大的本钱，大多数青田华侨还是望而却步，或是在十字路口徘徊。其中，染珠技术是一大关键，要将珠宝染成闪烁着各种色彩、光华灼灼的样子并非易事。原来技术过关的青田染珠作坊是"上海绣花店"和陈育行珠链批发公司（号称"两棵大树"），生意皆为其垄断。后来，"两棵大树"在里约热内卢消失，其他作坊遂应运而生，在十字路口徘徊的大多数"提包"者又回到珠链生意上来，染珠作坊亦获生机。当时里约热内卢有吴仲儒、季宗光、吴本先、吴本方、吴本超、金元典、孙正方、吴林然等人的染珠作坊，圣保罗有洪汉宸、孙振兴二人的染珠作坊。但这些作坊全是家庭作坊，多属原始状态，染珠技术落后，顶多靠一家人做半成品染珠色而已。后来能够发展为造珠工厂的，独青田方山人季宗光（号伯华，1905—1972）一人。季宗光 18 岁到欧洲闯天下，先后在德国、瑞士、苏联等国做皮革生意，1936 年迁至巴西

定居。他在染珠行业取得成功的关键是他凭着自己的智慧闯过一道染珠技术大关。季宗光虽没读过书，但天资聪颖，有敏锐的观察力。一天，他偶然看到鱼鳞闪烁的光华与珍珠的珠光很相似，便利用鱼鳞做试验。经过无数次失败，终于利用鱼鳞加上几种化学物品在一个小瓷罐中制成酱状的染料，染成的珠子能以假乱真。1938 年，他办起了家庭染珠作坊。[①] 在黄金首饰和珠宝生意行业独领风骚 20 余年，在 20 世纪 60 年代后才被其他新兴行业取代。

四是电器手表阶段，此时已经进入新移民时代，并有大量新移民参与，且见后述。[②]

郭秉强这里的阶段划分主要以青田人的"提包业"为基础，未必可以全面概括所有巴西华侨华人"提包业"的阶段特征，但可以供观察、研究巴西华侨华人"提包业"者参考。另外，这里所说的四个阶段并不是截然分开的，下一个阶段往往还含有上一阶段的商品。每个阶段中"提包客"所经营的商品，只是就其代表性商品而言，并不是说每个阶段都只卖一种商品。除了这种代表性商品外，还同时兜售其他商品，只是数量少一些而已。例如，一个提包客在携带黄金饰品的同时，还可能携带珠宝、古董、手表、照相机、台布或其他电器，当然也不一定都同时携带，可能携带其中的一两种、两三种；还要注意，这里所说四个阶段的代表性商品，基本上属于青田人的经营特色，不一定代表其他地籍人士也是如此经营。

（五）破茧成蝶的"提包客"

概言之，对于那些刚刚踏足巴西，囊中羞涩而又葡语欠通的华侨华人来说，"提包业"不失为一条资本原始积累的捷径。只要凑上一笔钱，在银行开个账户，找个内行的过来人稍做指点，自己边学边干，便可轻而易举地入门，做得多了，也可成为师傅。当然，作为第一步，最好是到华人批发行庄，与主人通融，赊购一批易销的便宜货物。待快速脱手，积得第一笔资金后，便可"特立独行"，走街串巷。很多初到巴西的华侨华人，就是通过本小利薄的"提包业"进行资本的原始积累，一步一个脚印，筚路蓝缕，艰难前行。很多从事"提包业"的华侨华人都吃尽了苦头，有人甜酸苦辣各种滋味都尝遍了，到头来依然一贫如洗。但也有少数人有意想不到的收获，苦尽甘来，如愿以偿。一切既要看运气，也要靠自身的勤奋。运气好的人等到积累了一定的财富后便转换职业（一般是投

---

① 郭秉强：《巴西青田籍华人华侨纪实：1910—1994》，青田县政府刊印本（内部编印），2005 年。
② "提包业"四个阶段的划分见郭秉强：《巴西青田籍华人华侨纪实：1910—1994》，青田县政府刊印本（内部编印），2005 年。

资利润更高的行业），走上致富的快车道。而新来的一代侨民，又接过他们的"提包"，同时接受他们的"提包经"，继承他们的"提包业"区域销售网，使这一极具巴西特色的行业薪火相传。应该指出，由于社会的发展以及通过"提包业"所销售的主流小商品类别的变化，华侨华人"提包业"实现资本原始积累的速度也在加快。例如，早年"提包业"从业者心目中实现转换职业所需的原始积累时间为十年，那么后来的从业者可能只需要七八年甚至五六年。当然，具体情况具体分析，但总体上来说，速度在加快是可以肯定的。

当"提包客"觉得自己大抵已经完成了资本原始积累的阶段后，下一步，通常是将原始积累得来的部分资金向某个行业投资。就是说，他们会等到积蓄了充足的资金才会放弃"提包业"，然后转换到能够快速致富的其他行业。但有一部分"提包客"则不同。他们之所以愿意从事"提包业"，只是因为刚移民巴西，暂时找不到合适的职业，又不想总是闲着，因而权且以"提包业"作为过渡，等待时机。一旦找到了满意的工作，他们便会弃"包"而去。不过，相信他们之中也会有少量一辈子从事"提包业"者。

最早到巴西来的浙江人是青田人，可追溯到20世纪初。家乡青田的生存环境恶劣，造就了青田人先天特别能吃苦的本色以及相互依存、团结互助的良好风尚。一般认为，第一批来巴西的青田人是从欧洲来的。他们在欧洲时做的是沿街叫卖珠链的生意，来到巴西后便重操旧业。他们在欧洲时是不是用提包叫卖不详，但到巴西后肯定是用提包叫卖珠链。早年在巴西的青田"提包客"在经过一段时间的沿街叫卖珠链，积累了一定的资本后，便开始尝试拓展饮食行业，开起了小餐馆。最早由青田人开办的餐馆有瑞丰餐馆、凤兴餐馆，不过那时候大多数青田人还是在沿街叫卖珠链。到1926年，青田人周继文来到巴西，把温州十字绣花台布带到巴西兜售。作为中国绣花织品，其精美大受巴西人欢迎，加上珠链货源不继，且价格下跌，台布便逐渐取代了珠链，成为青田人提包里的主要商品。[1]

巴西华侨事业有成的是周继文，他于1935年在圣保罗市创办了巴西青田华侨的第一家进出口公司——"周继文贸易行"，从中国进口货物。1950年，何冠英在圣保罗市开设第一家华人礼品店——"中巴商店"，后又相继开办3家，其货源多来自"周继文贸易行"。[2]

有人在20世纪80年代末撰文认为，中国人的"提包业"在早二三十年前是

---

① 袁一平：《华人移民巴西二百周年简史》，载《华人移民巴西200周年纪念特刊》，南美侨报社编印，2013年，第2页。

② 陈太荣、刘正勤：《中华民国时期与巴西的关系》，巴西侨网，2011年2月13日。

黄金时代（按推算即 20 世纪 50 年代末到 60 年代末），从业者三五年间便成巨富，洋房、汽车、农场应有尽有，转业不乏其人。但亦有不少失败者。当然，目前此业境况已不如往昔。① 这里所说的从业者三五年间便成巨富，应非人人可以如此，不过，即使是一部分人有此运气，也说明"提包业"真的有过令人刮目相看的时期。从时间上看，20 世纪 50 年代末到 60 年代末应涵盖了青田人"提包业"的"黄金珠宝阶段"和"电器手表阶段"。毋庸置疑，"提包业"属小商品买卖，关键是打开销路。

这个阶段的"提包客"之所以能够致富，有"二战"造成的巨大经济阴影的特定历史背景。巴西工商业本不发达，商品多依赖进口，战争更使各国商品供不应求，市场上的家庭用品更是奇缺，连富裕人家也一筹莫展，即使有钱也买不到所需物品。在这种情况下，有各种货源的"提包客"送货上门，对于有各种刚性需求的巴西人家来说，何乐而不为？

在传统移民时代从事"提包业"成为巨富的华侨，可举周继文和黄隆杰两位"提包客"为例。他们曾任中华会馆理事长，担任这个职务的华侨虽不一定是华侨首富，但肯定是富裕华侨中名列前茅者。据说黄隆杰的侄儿黄卓云也是一位"提包"新秀，他年少英俊，能说流利的葡语，"提包业"做得非常出色，他在其叔父处取货贩货，收入甚丰，且已有"龟仔车"代步，不像其他"提包客"那样只能搭乘公车或徒步行走。②

传统移民时代从"提包业"开始，后来转型到其他行业从而成为巨富的，还有温州孙华凯家族闯荡巴西的故事。1928 年，孙华凯的爷爷从欧洲转到巴西创业，一去就是半辈子，孙华凯的父亲也在 1958 年 5 月来到巴西，孙华凯本人则于 1967 年 4 月 21 日与姐姐孙特英一起来到巴西。孙华凯当时仅 12 岁，与在巴西的大多数中国人一样，做起了"提包"生意。姐弟俩上午上学，下午做"提包"生意，每天尽管只赚几美元，却满心欢喜。尽管父亲不支持上学，但孙华凯还是坚持读完了小学、中学、大学，并从里约经济大学国际贸易专业毕业。③

有人认为，到 20 世纪 60 年代巴西工商业兴起以后，由于市场货品日增，"提包业"生意日渐式微，侨胞们大多转行开店，圣保罗市的礼品店、食品店都有中国商品可买。到 20 世纪 70 年代，"提包业"已不复存在。④ 笔者认为这种说法值得商榷，20 世纪 60 年代巴西工商业兴起后侨胞们转行开店，但并没有完

① 徐蜀源：《行行色色话提包》，载〔巴西〕朱彭年编：《中国侨民在南美》，北京：文化艺术出版社，1990 年，第 110 页。
② 《华侨提包业的时代》，载《巴西华人耕耘录》，巴西美洲华报编印，1998 年，第 380 页。
③ 鲍南南：《孙华凯：十年一剑终磨成》，《温州日报》，2017 年 1 月 11 日。
④ 《华侨提包业的时代》，载《巴西华人耕耘录》，巴西美洲华报编印，1998 年，第 381 页。

全结束"提包业"，相反，它标志着"提包业"的转型，即进入了"固定店铺 + 提包"的时代。原先的"提包客"有了一定积蓄后开店，作为自己"提包业"进一步发展的基地。他们成了老板，雇用新的"提包客"继续背着提包上门销售。这也是在新移民时代所看到的现象，且参后述。

四、杂货店铺[①]

（一）作为华人守成之业的杂货店铺

19 世纪初，特别是 19 世纪中期大规模到达南美的中国劳工，如果熬过了卖身契上的工作合约（一般为 8 年）成为自由之身后，大都靠卖凉茶、花生米、木炭等糊口度日。从事这些行业的华侨华人一般需要一个固定的店铺，即杂货店铺。

杂货指食品类商品，凡果菜、肉类、副食品等可以入口之物，无所不包；百货一般指日用小商品，即食品之外的其他大众日用消费品。在一些拉美国家，属于杂货的商品与百货是分开销售的。但在另一些拉美国家，两者一起销售，并不分开，销售杂货（食品）的商铺同时也销售百货商品。反之，销售百货的商铺同时也销售杂货商品。巴西基本上属于后一种情况，即将杂货与百货在同一个店铺里混合销售。混合销售的店铺，华侨华人一般统称"杂货铺（店）"而不称"百货铺（店）"。就商品种类而言，无论是杂货还是百货，都是日常生活中不能缺少的商品，自然也是消费群体大而广、交易量多且繁的商品。而对于销售者来说，本质上都是靠薄利多销而小额赚钱的行业，需要经营者辛苦而小心谨慎地经营，一天工作十多个小时，节假日无休，也不叫苦、不喊累。因此，需要经营者善待每一个客户，千方百计稳住他们，扩大客源。

根据巴西历史学家若泽·罗伯特·莱特《中国人在巴西》一书，巴西里约热内卢国家档案馆保存的里约热内卢《外国人登记簿（1818—1841）》中，1818—1841 年共有 54 名中国侨民进出里约热内卢，其中，有 25 人申办经商许可证，另有 4 名中国妇女和 1 名中国儿童。[②] 可以肯定，这个《外国人登记簿（1818—1841）》档案中的中国侨民人数是不齐的，不过从中可看到华侨华人经商的一些情况。记载表明，华侨华人需要领取经商许可证才能营业。以下是

---

① 理论上，"店"的经营是在内柜台上，且是封闭式的；"铺"是半封闭式的，在店的门口会有一个小摊。一般来说，广东籍华侨华人多喜欢称"铺"；非广东籍华侨华人多喜欢称"店"。但多数华侨华人对两者不做细分，"店""铺"混用。

② 陈太荣、刘正勤：《19 世纪中国人移民巴西史》，北京：中国华侨出版社，2017 年，第 12 页。

1818—1841 年进出里约热内卢领取经商许可证的中国侨民名单。里面记录了 25 名华商到里约热内卢领取"经商许可证"的时间、离开里约热内卢的时间以及去向（里约热内卢以外的地方）。

（1）伊格纳西奥（Ignacio），1825 年 4 月 9 日领证。离开时间与去向不详。

（2）安东尼奥·弗朗西斯科（Antonio Francisco），1825 年 7 月 1 日往里约热内卢州雷森德，1825 年 7 月 4 日领证，1826 年 6 月 9 日往米纳斯吉拉斯州。

（3）安东尼奥·若阿金（Antonio Joaquim），1825 年 2 月 18 日与 3 月 10 日领证（两次）。离开时间与去向不详。

（4）若昂·费利什·德·阿劳若（João Felix de Araujo），1825 年 3 月 18 日、8 月 27 日与 1826 年 4 月 26 日领证（三次）。1828 年 5 月 10 日往里约热内卢州雷森德。

（5）安东尼奥·科埃略（Antonio Coelho），1825 年 3 月 15 日领证。离开时间与去向不详。

（6）若泽·安东尼奥·达·科斯塔（José Antonio da Costa），1825 年 4 月 13 日领证。1827 年 1 月 15 日往里约热内卢州海岛格兰德岛和帕拉蒂。

（7）若泽·安东尼奥·达·库尼亚（José Antonio da Cunha），1826 年 3 月 16 日领证。离开时间与去向不详。

（8）雅辛托·埃斯皮里托·桑托（Jacinto Espirito Santo），1825 年 3 月 3 日领证。离开时间与去向不详。

（9）弗洛伦西奥·安东尼奥·费若（Florencio Antonio Feijo），1825 年 6 月 25 日与 1826 年 4 月 8 日领证（两次）。离开时间与去向不详。

（10）若昂·米格尔·费雷拉（João Miguel Ferreira），1825 年 2 月 10 日领证，1826 年 5 月 11 日往里约热内卢州雷森德。

（11）若泽·费利佩·费雷拉（José Felipe Ferreira），1825 年 3 月 15 日领证，1827 年 2 月 15 日往里约热内卢州马卡埃。

（12）安东尼奥·贡萨尔维斯·达·弗朗萨（Antonio Goncalves da Franca），1825 年 3 月 15 日领证，1827 年 2 月 15 日往里约热内卢州马卡埃。

（13）安东尼奥·贡萨尔维斯（Antonio Goncalves），1826 年 3 月 15 日领证，1828 年 1 月 18 日与 1829 年 2 月 25 日往里约热内卢州雷森德。

（14）若昂·弗朗西斯科（João Francisco），1825 年 3 月 18 日与 1826 年 4 月 7 日领证（两次）。离开时间与去向不详。

（15）若昂·米格尔（João Miguel），1825 年 3 月 15 日领证。离开时间与去向不详。

（16）若阿金·若泽（Joaquim José），1825 年 3 月 5 日领证。离开时间与去向不详。

（17）若泽·马里阿诺（José Mariano），1825 年 3 月 5 日领证。离开时间与去向不详。

（18）马诺埃尔·弗朗西斯科（Manoel Francisco），1824 年 4 月 8 日与 1825 年 3 月 10 日、3 月 18 日与 4 月 11 日领证（四次）。1828 年 2 月 1 日与 1830 年 7 月 14 日往里约热内卢州雷森德。

（19）马里阿诺（Mariano），1826 年 4 月 8 日领证，往里约热内卢州雷森德。

（20）若泽·贝尔南德斯·蒙泰罗（José Bernandes Monteiro），1825 年 3 月 23 日与 7 月 4 日领证（两次）。离开时间与去向不详。

（21）若昂·佩雷拉（João Pereira），1825 年 3 月 10 日与 1826 年 2 月 18 日领证（两次）。1829 年 2 月 20 日往里约热内卢州雷森德。

（22）若昂·席尔瓦（João Silva），1825 年 3 月 18 日领证。离开时间与去向不详。

（23）若昂·弗朗西斯科·达·席尔瓦（João Francisco da Silva），1825 年 3 月 18 日领证。1826 年 3 月 16 日往里约热内卢州雷森德。

（24）路易斯·若泽·达·席尔瓦（Luiz José da Silva），1826 年 3 月 16 日领证。离开时间与去向不详。

（25）若泽·费利佩·佩雷拉（José Felipe Pereira），生意人（Negociante），1829 年 9 月 14 日由里约热内卢州马卡埃进入里约热内卢市。

资料来源：陈太荣、刘正勤：《19 世纪中国人移民巴西史》，北京：中国华侨出版社，2017 年，第 13 - 14 页。笔者注：以上所有人皆华侨，但均用葡文名，无中文名。在清代，赴巴华侨在巴西基本使用葡文名，可查询到中文原名的华侨极少。

里约热内卢是当时巴西的首都，也是当时巴西最繁华和商业最发达的城市。华侨一般都喜欢到这样的地方经商。以上出现的华侨，大部分可能是第一次来领取"经商许可证"的。有趣的是，有人不止领取一次，而是领取了两次甚至四次，原因不明确，可以猜测是所需证件不足，或可能是补办证件必需的程序。值得注意的是，大部分领取了"经商许可证"的人，都没有马上离开里约热内卢。这似乎表明领取"经商许可证"本身是独立的，只是营商者应完成的程序，领证人或许不一定要拥有自己的店铺或注册资金。而他们领证后之所以在首都逗留了一段时间，可能是因为在这座全国最繁荣的城市寻找商机，在找到某个职业并经营了一段时间后，生意无起色或者在外埠又找到了更好的机会，才离开里约热内

内卢。很多华侨在离开首都后都到了本州一个叫雷森德（Rezende）的地方，从一个角度突出了华商喜欢"扎堆"的特点。他们在一个地方尽可能密集居住，彼此帮扶，守望相助。可以相信，彼时里约热内卢作为巴西首都，营商者领取"经商许可证"的流程是比较规范的，但在别的城市，特别是巴西的边缘城市就很难说了。

前文的华侨领取到"经商许可证"后可以经营什么行业尚不清楚，不过笔者相信应集中在杂货店和餐饮业这两个华侨华人喜欢经营的行业。那时候的杂货店多是从事小商品零售，是华侨华人谋生的一大支柱行业。作为那个时代的主要行业，杂货店一直支撑着传统华人在异国他乡的艰难人生。相对于同样作为华侨华人主要行业的餐饮业来说，杂货业的经营范围更广，举凡人们衣食住行所需的日用必需品都属杂货店的经营范围。那时候的杂货店商品多半是农产品、手工艺产品、原材料或半成品、土特产品等。这些产品也就是"提包业"的销售商品。可以说，从契约华工制度结束到改革开放后的新移民涌入之前的漫长的传统华人时代，大多数人主要从事各种各样商品的批发和零售，特别是开杂货店。

巴西历史上的华人杂货店似乎很难做到家庭或家族式经营，原因是他们初时多是把妻子留在家里照顾一家老小，只身漂洋过海赚钱去，原打算赚得差不多便打道回府，没有在海外长期驻扎的计划。当然也有一些华侨华人在居留地娶当地女子为妻，希望对方帮助人生地不熟的自己打开商业局面，包含着一种十分现实的利益考量。可以想象，那些在当地另娶（或"临时"娶）一个"土著"妻子然后共同经营的杂货店都实行家庭或家族式经营。来到居住地时间较长的华侨一般经营的杂货店规模也应比较大。

早年城市里开小商铺的华侨与流动小贩是并存的，彼此在货物销售方面可以互补，经常可以在街头看到两者的身影。里约热内卢市原是巴西的首都，1888年就有500名中国人，主要居住在原城堡山（Morro do Castelo，今市中心）的Misericórdia街与Fresca街一带称为"铁匠胡同"（Beco dos Ferreiros）的地区。1900年左右，在里约热内卢市中心的中国人集中地，华人开设了"天津""宁波""上海"等几家鸦片烟馆，残害自己同胞。"铁匠胡同"15号也有一家中国人开的烟馆，老板叫阿丰索（Afonso），1874年才来巴西，其时已70岁。他称他的烟馆有好几个厅，里面始终挤满人。[1] 这些华侨开的烟馆无疑是杂货店商业的一种畸形发展，无论是对侨胞的身心健康，还是对大多数人艰难的资本原始积累，都起了消极的作用。鸦片战争后，神州大地吸食鸦片成风，烟馆充斥市井。一些人出国前，本来就有吸食鸦片之习，到了国外仍劣习不改。当然，之所以如

---

[1]　陈太荣、刘正勤：《19世纪中国人移民巴西史》，北京：中国华侨出版社，2017年，第142页。

此，有在异国他乡孤独难耐、寂寞无助的因素。但一些专营烟馆生意的人，把这种"业务"带到国外，大发横财，就不是民族正气所提倡的了。

到了 20 世纪 40 年代，当年华侨的孙辈们已经摆脱了沿街叫卖的生活方式，在南美当起了卖货郎或开起了杂货店。一般来说，华侨在巴西居住地打工，要等到有了一定积蓄后，才能开杂货店。这些人中，有不少上面说到的"提包客"。传统华人中，有了一定积蓄再开杂货店的固然不少，但也有人在来巴西之前就有一定的积蓄，或者来到巴西之后经营别的行业，有了一定积蓄后开杂货店的。

虽然"提包业"与杂货店属于两个不同的行业，但两者密不可分。这可从两个方面理解：其一，一般来说，"提包业"者（"提包客"）是杂货店主（小商）的前身。很多小商在成为杂货店主之前，都经过一个长期作为"提包客"的"修炼"阶段。其二，从两者的业务关系来说，更是鱼水难分。"提包客"通常要从杂货店批发各种小商品，才能提着大包小包上门零售。而杂货店离不开"提包客"，若没有"提包客"，店铺里的存货就会因为不能及时批发出去而造成积压。传统华人时代的杂货店主多是租房经营，为了省钱，所租房间能小就小，有的店主甚至没有专门的仓储间，来货到处乱堆放。在 20 世纪 50 年代"提包业"兴盛的年代，不少杂货店与"提包业"更是你离不开我，我离不开你，杂货店成了"提包业"的批发店。后来成为圣保罗中华会馆元老的何冠英，1927年从香港乘日本轮船来到巴西时才 18 岁，他先是在其堂兄的西餐馆打工，1935年与人合资开中央饭店。1950 年"提包业"（时称卖台布）兴起，他在圣保罗市中心 Largo da Paissandu 开设第一家华人礼品店——"中巴商店"。其后，何氏兄弟相继开设 Hok Ying & Irmaos Lida——新中华、北京等分店，均在市中心商业区。到 20 世纪 80 年代初，他结束了原先的主店，但其余 3 家仍在营业。①

从二十世纪六七十年代起，受教育的华裔后辈开始进入当地的中层社会，改变了中国人过去的奴隶、小商贩形象。商业领域是华侨华人比较成功的发展领域。二十世纪三四十年代移民巴西的老一代华侨华人，经过几十年的艰苦拼搏，在商业经营方面取得了显赫成就，积蓄了一定的资金，也取得了丰富的管理经验。他们当初出国时从家乡带来的小孩已经长大，同时在巴西出生的第二代（华裔）已长大成人。他们接过父辈的班，成为商业领域的生力军，并在父辈经营的领域脱颖而出，同时也对别的领域"虎视眈眈"。由于他们在当地长大，见多识广，与当地民族关系良好，更具有知识、技能的优势，自身也各有特长，因此他们更善于审时度势、趋利避害，更善于选择较有发展前景的经营项目。20 世纪60 年代后，一些青田老华侨积累了一定资本（多通过"提包业"的渠道）后陆

---

① 《会馆唯一元老——何冠英》，载《巴西华人耕耘录》，巴西美洲华报编印，1998 年，第 24 页。

续选址开店。1965年，仁庄人伍先昭率先在里约热内卢开起了第一家青田人的礼品店。因生意兴隆，翌年，季福仁开了第二家。随后，季礼仁、孙志凯、刘伯忠、裘克毅也先后开起了礼品店。①

二十世纪六七十年代，巴西经济迅速发展，生活在巴西的华人企业家利用他们拥有的聪明才智，除了在商业领域继续发展外，还有越来越多的人选择在工商界的各个领域发展。他们勇探前路，积极经营，如豆油厂、花生油厂、棉花厂、棉纱厂、面粉厂、食品加工厂、石油化工厂等，均办得风生水起，并打进了本土巴西企业行列，与当地人的企业并驾齐驱。这些华人企业在巴西占有一定地位，对巴西的经济发展做出了自己的贡献，得到了巴西政府的重视。

（二）华侨杂货店群

如果华侨经营的杂货店铺（以下统称杂货店）集中在一个小镇里，则五花八门的华侨杂货店常常会成为该小镇的一道风景线。当年的传统华人杂货店主，往往喜欢寻找一个人口和市场达到一定规模的小镇进行有分工、有合作的小商品经销。他们同处一镇，可以各安己业，守望相助，互相帮扶，这里姑且称之为"华侨杂货店群"。

今天华侨华人史工作者还没有对这类型小镇的华人杂货店历史进行系统的发掘。下面且以当年的巴纳纳尔镇为例，对"华侨杂货店群"现象进行一个粗略梳理。陈太荣、刘正勤夫妇整理过当年巴纳纳尔的一批华商清单，虽然不可能齐全，但从中仍可窥见这个小镇存在的"华侨杂货店群"之一斑。下面是巴纳纳尔镇一批杂货店主名单。当然，他们可能不存在于同一个时间段，但考虑到巴纳纳尔华人杂货店存在的长期性（代代继承），因此同一个时间段里存在着一批经营不同日用小商品的华侨杂货店这一推断，是可以成立的。②

中国·科罗约（O China Coloiô）：巴纳纳尔一家著名客栈的老板，后在客栈原址处建成"马兰瓜配旅馆"（Hotel Maranguape，已拆毁），位于今"慈善圣人之家"（Santa Casa）对面、好耶稣大街（Avenida Bom Jesus）与奥斯卡·若泽·德·阿尔梅达部长大街（Rua Ministro Oscar José de Almeida）拐角处。

---

① 袁一平：《华人移民巴西二百周年简史》，载《华人移民巴西200周年纪念特刊》，南美侨报社编印，2013年，第4页。
② 陈太荣、刘正勤：《19世纪中国人移民巴西史》，北京：中国华侨出版社，2017年，第172页。据作者说，巴西历史学家路易斯·德·阿尔梅达·诺盖拉·波尔图（Luis de Almeida Nogueira Porto，巴西外交部退休大使，退休后住在巴纳纳尔市祖传的庄园里）撰写的《中国人在巴纳纳尔》（"Chineses no Bananal"），1992年5月10日发表在圣保罗《官方阅读日报》（Diario Oficial de Leitura）上。

中国·卡欣博（O China Cachimbo）：向城里和各大庄园销售面包，家喻户晓，非常受人尊重。

若泽·佩德罗·达·席尔瓦（José Pedro da Silva）：在巴纳纳尔商业街（Rua do Comércio，1878 年易名为 Rua do Comendador Manoel Aguiar Valim）17 号开鱼肉店。

若泽·安东尼奥·皮雷斯（José Antonio Pires）：在巴纳纳尔商业街 33 号开杂货店。

若泽·洛伦索（José Lourenço）：在巴纳纳尔商业街 2 号开鱼肉店。

若昂·安东尼奥·达·席尔瓦（João Antonio da Silva）：在巴纳纳尔商业街开鱼肉店。

若昂·若泽·马沙多（João José Machado）：在巴纳纳尔商业街 16 号开鱼肉店。

若昂·达马塞诺（João Damasceno）：在巴纳纳尔商业街开鱼肉店。

安东尼奥·达·席尔瓦（Antonio da Silva）：在巴纳纳尔商业街 18 号开鱼肉店。

若泽·弗朗西斯科（José Francisco）：在巴纳纳尔念珠街（Rua do Rosário）20 号开鱼肉店。

若泽·若阿金·费里西奥（José Joaquim Felício）：在巴纳纳尔商业街做土特产生意。

曼诺埃尔·安东尼奥·达·席尔瓦（Manoel Antonio da Silva）：在巴纳纳尔商业街 22 号做土特产生意。

曼诺埃尔·若泽·达·席尔瓦（Manoel José da Silva）：在巴纳纳尔念珠街 21 号开鱼肉店。

曼诺埃尔·伊纳西奥（Manoel Inacio）：在巴纳纳尔商业街 25 号开肉店、做土特产生意。

这里所记录的杂货店群多是食品类，但也有日用品类，例如土特产。不过可以相信，这个时候的杂货店还处于早期，多是将食品类商品和日用类商品分开经销。经营杂货店的首要条件是有一定数量的货物，其次是各自之间应有合理的地域分布，更重要的是，要在一个居民区内形成销售不同消费品的分工明晰的布局，或者说，形成杂货店群内部的行业分工。行业分工是自然形成的，不需要谁来指派。自然形成的过程主要发生在布局阶段，例如，杂货店甲主销餐具，杂货店乙就不会再主销餐具。只有当所有小商品品类在一个地域内基本上都有主销的杂货店时，才可能因为有新店主来主销同类商品而形成行业竞争。笔者还相信这

种情况在巴西的小镇不大会发生。如果一个地方已有同胞捷足先登了，那么后来者会另找地方开店，一般不会挖人"墙角"，抢人生意。由于一个居民区总会形成对各种各样日用小商品的需求，因此这个居民区总会出现相应的系列杂货店，这样就会形成一个杂货店群。当然，每个杂货店都会逐渐形成对外界货源地相对固定的依赖。除了这里所说的巴纳纳尔可以看作具有"华侨杂货店群"的基本特征外，目前还不清楚巴西华侨华人史上还有哪些类似的小镇。上面提到很多华侨在里约热内卢办理了"经商许可证"后所去的本州一个叫雷森德的地方，应也是一个华侨集中经商的小城市，可能是另一个"华侨杂货店群"小镇。

但是，华侨杂货店不大可能形成巴纳纳尔日用小商品销售的"全覆盖"局面，因为"全覆盖"意味着华侨对当地杂货业的"全垄断"。由于一些商品的货源华侨不一定可以轻易得到，因此笔者相信总有一些小商品种类需要由当地人经营。当然，由于华侨刻苦耐劳，加上经营上的灵活性，不排除一些华侨杂货店曾经"挤垮"了由当地人经营的杂货店。但这只是推测，尚无材料证明。

不过就巴西小城镇的华侨杂货业来说，巴纳纳尔有一个特别之处，就是杂货店主大都是同时从圣保罗来的茶农，只是因为到了巴纳纳尔后没茶可种或不愿意种咖啡，才先后跑到小镇里开起了杂货店。他们作为同一批茶农，几乎不分先后地到了同一个小镇，一下子占据了多个杂货细分行业。假如这些茶农当初不是"一窝蜂"地涌到一个小镇经营杂货店，而是零星前来，分散开店，前后时间拖得很长，彼此又互不认识，那么巴纳纳尔还会不会成为这样一个"华侨杂货店群"小镇？进而推测，在传统华人时代，还有哪些巴西小镇曾经复制过华人"一窝蜂"前去经营杂货店的图景？对这个问题，还有赖于继续深入探索。

由于巴纳纳尔的华侨杂货店数量较多，华侨店主们各安本业，多半会抱团取暖。但杂货店数量毕竟尚少，商业发展总体上还较落后，故估计不会形成行业商会一类组织（纵观巴西传统华人时代，目前也还没发现商会一类组织）。杂货店集群往往会与华侨的乡帮或地缘因素联系在一起，如果这个地方没有华人社团的话。小商贩们彼此互相合作、和平共处，与当地民族也维持和谐的关系。

在大部分拉美国家，杂货业（一般也包括百货业）是老一辈华侨安身立命之本，往往都是私人资本起家，都属于私营企业，故而无外在压力，多半可以较快地发展起来。这里所说的外在压力，是一个广义的概念，但不外乎是指其所在国政府的政策以及所在国的社会治安的影响。政府政策往往对一国产业的发展产生导向作用。例如有的国家的国有化政策，就使得包括华侨华人在内的所有私营企业、私有财产一夜之间被收归国有了。至于社会治安的影响，包括比治安不靖更严重的社会动乱。如果有动乱发生的话，最先受到冲击的无疑是商业。华侨华人主要从事商业经营，故而其所受影响首当其冲。如果治安长久不靖，转行就可能是华侨华人最好的选择。

事实上，华侨华人小商贩一旦进入这一行，正常状态下一般不会轻易转行，而多喜欢选择一路前行，发展壮大，然后坚守地盘，稳扎稳打，步步为营。这便是以"守成"为基本策略的营商之法。守成的基础，一般要建立稳定的、有一定规模的杂货店并已在当地占有相当的市场份额。所以，在"提包业"阶段是谈不上守成的。但一旦有了守成的本钱，他们通常会紧守看似风生水起的这一个行当。因为在这一行干久了，一者着实不容易，回首往事，不胜咨嗟，不能轻易言弃。二者频年栉风沐雨，已熟悉了这一行的"家传技艺"。三者在一方地盘已初步立足，有了自己的品牌和商业信誉。所有这些，无疑都是无形资产，继续走下去，便有望发扬光大。江山是拼搏出来的，在别的行业，可能是"江山代有才人出，各领风骚数百年"。但一般来说，在小商贩群体中脱颖而出十分困难，鹤立鸡群者寥若晨星，家大业大者绝无仅有。所以作为小商贩，守成不易，逆水行舟不进则退，这一行不成文的为商规矩是"占山为王"，成为一方诸侯，宁为鸡首，不为凤尾。地盘占稳了，即使这一方世界暗淡了，至少在一段时期内此"王"仍然非你莫属。有了"王"之号，有朝一日卷土重来便有指望。

华侨华人小商贩一般情况下之所以不愿意转行，还因为转行意味着重新出发，成本很大。但有一种情况是促使华侨华人小商贩急着非转行不可的，这就是"资本原始积累"的完成使当事人处于"商业亢奋"状态。这时候他们已经积累到足够的资本，但不能总让资本处于"休眠"状态，于是他们会为资本苦寻出路，在原有行业的基础上，将目光投向另一个行业（一般是他们熟悉的相近行业），转向对这个行业的投资，或者实行多种经营，把事业扩大到相关的领域。

一般来说，在"华侨杂货店群"中，小镇里的华侨小商贩会在"各安本分"的状态下巩固其守成性，"华侨杂货店群"也作为当地稳定社会经济结构的一个子系统存在。那个时候，一个华侨小商贩如果真要转行，可能是因为自己经营的那一行已属"夕阳产业"，没有发展前景。要不就是运气不好，濒临破产，资不抵债。

就巴西华侨华人职业而言，经过长期的发展，包括杂货店个体户和杂货业群的长期起落浮沉、分化组合，到20世纪60—70年代后，华侨华人社会已经发生了量与质的变化，经营范围极广，遍及农工商各业。数量最多的，当属商业和服务业，占了十之七八。商业以小本经营家庭式的居多。这时候，华营大小店铺有数千家，其中餐馆和杂货店数以千计，另有一些礼品店、五金店、花店、珠宝店和中西药店等。大批发商数以十计，还出现了多家大型超市。经营服务业的店铺数以百计，其中包括旅馆、旅行社、医院、诊所、理发馆和洗衣店等。经营加油站和停车场，兼营洗车是港台新移民开辟的新行业，也引人注目。

及至今日，海外华侨华人经济结构中，商业仍然是一家独大。包括巴西在

内，今天在大部分拉美国家，华侨华人都以经商为主。如上所述，所谓经商为主，很大程度上指经营杂货店为主。这种情况，以巴西圣保罗市的 25 街最为典型。在这条街上，开设的华人商店数以百家，形成了一条没有唐人街称号的"准唐人街"。当然，这是新移民时代才出现的景象。但在传统移民时代，大多数华侨华人基本上都是坚守原先赖以持家的那个行业。

五、忍字诀：对巴西华人小商贩的概括

回过头来看，为何大多数拉美国家早期的华侨华人在获得人身自由后不再从事自己熟悉的农业种植，转而去经营小型商业？究其原因，主要有以下几方面：

首先，自身资本积累不足。最初来到巴西的中国人，多是从契约劳工转而从事低层次工作，收入微薄。他们在契约期满之后，自然无力从事大一点的商业活动。巴西的土地资源都集中在大庄园主或大种植园主手里，华侨华人无法依靠自己微薄的积蓄购买大片土地，且大土地制度下无法进行土地细分，亦无法进行分割交易。因此，他们只能从事低成本、低技术的小型商业活动。小型商业不需要太多启动资金，资金周转速度也比较快，对于家无充足"余粮"的华侨华人来说，无疑是最佳的选择，有助于他们在获得人身自由后尽快建立稳定的生活。

其次，华侨华人经营小商业也是巴西当地经济社会发展状况制约的结果。殖民者统治下的巴西，经济发展是不平衡和畸形的。巴西除了与葡萄牙殖民者发生贸易联系外，其他任何形式的贸易都要受殖民者支配。葡萄牙人只想从巴西获取原材料，并将之作为其生产出来的制成品的销售地。葡萄牙人本质上是不愿意异乡人在巴西进行损害其既得利益的大型商业活动的。因此华侨华人在巴西的主要谋生手段仅限于做民间小商贩，小打小闹，活动范围多限于殖民者无法顾及的商业空隙，而一些大型的被殖民者垄断的商业领域，华商是难以插手的。上述情况形成于巴西独立前和独立后很长一段时期。巴西独立后，历史上形成的状况不可能很快得到改变。华侨华人来到巴西后，也无能力在中葡双边贸易中充当任何角色。

最后，观念和意识使然。华侨华人移居巴西大都迫于生计，在他们内心深处，巴西只是一块赚钱的地方，总有一天自己要"回归故里"。到了清末，在中国，尤其是在东南沿海地区，资本主义经济已经萌芽，通过做买卖赚钱的观念深入人心，外出打工谋生现象更是比比皆是（包括离开家乡到外县打工）。大量来自中国东南沿海的中国人，早已具备了浓厚的商业意识和理念（特别是在小商贩领域）。在华侨华人出国最多的广东省三角洲地区（这里的华侨华人也最早来到巴西），由于地少人多，且经常发生自然灾害，农民生产出来的粮食往往不敷糊

口，很多家庭的男性青壮劳动力不得不外出打工，以补无米之炊，有的则长年不在家。外出打工无形中培养了他们勤劳勇敢的好品格，也培育了他们的商业头脑。中国沿海的家庭大多喜欢在屋前屋后种瓜种菜，收成后拿到市场上出售。南方的乡镇都有定期集市之俗（一般五天一集），农家种植出来的作物，除自用外多拿到集市交易。因此，这一带的农民，一代又一代都有做生意的才能，一个个都头脑灵活，算术了得，生意盈亏，当下立判。及至到了异国他乡，不用培训便可无师自通，立马"上岗"，成为小商贩。故而，在异国他乡经商，最容易达到快速致富和尽早还乡的愿望。这也是为什么老一辈华侨喜欢以营商实现致富梦。

客观地说，当中国人来到巴西的时候，当地商品经济还没有得到充分的发展。在这种情况下，华侨华人从事商业经营，既填补了巴西的经济短板，也因当地商品经济不完善、市场空间大、竞争压力小而较容易取得成功。面对陌生的环境，他们生存困难，只能从零开始，筚路蓝缕，在积累了一定的财富和经验后独立经商。这样一来，华侨华人的商业圈就会不断扩大，商业网络渐趋密集，并逐步向其他行业和产业延伸。

除以上因素外，巴西华侨华人具备的"忍"的特质也十分重要。这一特质很大程度上是与生俱来的，是他们在中华传统文化氛围下，一代接一代耳濡目染的结果。"忍"，是指华侨华人身上那股"坚忍"劲，是华侨群体取得成功的保障。巴西华侨华人史就是一部契约华工史，大量华工在巴西的种植园等地方充当苦力，受尽折磨和虐待。尽管如此，大部分人还是历经磨难而不死，硬是挺了过来，最终获得了人身自由。这段人生经历虽然残酷，但十分宝贵，因为能从精神上、肉体上的痛苦中挺过来的人，此后在小商业经营过程中所遇到的各种困难也就不在话下了。这种先苦难后平坦的境遇，十分符合中国人传统的处世哲学。《孟子》说："天将降大任于是人也，必先苦其心志，劳其筋骨，饿其体肤，空乏其身，行拂乱其所为，所以动心忍性，曾益其所不能。"正因为如此，在华侨华人的创业过程中，虽然生活艰苦，困难重重，但他们都能勇敢面对，毫不退缩，一一克服，直至成功。

忍，意味着职业选择与坚持的需要。如上所述，华侨华人在当初之所以选择小商业，是因为巴西没有完善的商业体系，尤其是在事关老百姓日常生活的小商业领域，没有多少竞争，能够较快站稳脚跟，发展壮大。

忍，意味着行业上的"从一性"与"经营定力"。华侨华人选择小商业起家，谁都希望能够"投资少且见效快"。但在操作过程中难免受到客观条件限制，总是出现这样那样的波折，不一定马上如愿以偿。这时候如果见异思迁，很可能前功尽弃，毁于一旦。因为行业一旦选定，一般人都不会轻易转行。哪怕后来积累了资金，还是投入自己正在经营的行业。只要咬紧牙关"忍"住了，才

会雨后天晴，云开日出，待走过了最艰难时期，才能不断壮大。但是话说到今天，华人经济已向多元化方向发展，很多华侨华人的投资也呈多元化趋势。但多元化不意味着"无的放矢"，都是深思熟虑后的郑重选择。其实，投资风险多元化，一般是指渡过了最艰难阶段后考虑的事情。在入门阶段，还是需要在一个选定的领域念好"忍"字诀。

在中国大陆新移民大批量来到巴西之前，广东、浙江和台湾三省籍移民已形成三足鼎立之势。事实表明，三省籍侨民成功人物在巴西华人经济发展中各具特色，各显风流，也具有鲜明的地缘色彩："广东帮"以饮食业为重点，粤菜名闻神州，传到巴西后，一些具有广东地方特色的烹饪技艺世代相传。"三江帮"（原籍上海、江苏、浙江）实业界人士在1911—1950年的40年间进军工业经济界，巴西最具规模的纺织厂、炼油厂、化工厂、塑胶厂和面粉厂均由他们经营。"台港帮"（台湾人和香港人为主）多是20世纪50年代初移居巴西的，后来逐渐占据了百货零售业、进出口业和其他商品的批发业务。他们的经营优势是拥有台、港、澳和大陆的固定货源，同时又可通过华人商业圈，拥有东南亚、北美和西欧的商业网点以及市场信息网络。[①] 同时，地籍移民也共同开辟和打造自己的经济新天地。

时过境迁，到20世纪60—70年代后，华侨华人社会发生量与质的变化。他们经营的行业极广，项目繁多，农工商各业俱备。数量最多者当属商业和服务业，约占80%，其次为工矿企业，再次为农牧业。就规模而论，华营农牧业资本最雄厚，工业次之，商业最小。在这个过程中，一批华人经济精英开始出现。

商业以小本经营家庭式的居多，据《华侨华人百科全书》记载，巴西传统华人最突出的行业如下：

一为餐饮业，特别是油炸角仔馆。油炸角仔（油炸饺子）已成为巴西人民普遍爱好的食品，仅圣保罗一地就有300～400家，可以解决30%以上的华侨工人就业问题。华侨李群拥有30多个油炸角仔店，有"角仔大王"之称。规模较大的华人餐馆有"中巴""红楼""大华""中国""酒家福禄寿"等二三十家。

二为"提包业"，从业者众，他们沿街逐户按铃售货，类似货郎。这个群体多为浙江温州人、青田人和一些台湾人。他们推销的商品有成衣、百货、珠宝饰物、化妆品、玩具和手工艺品等。华人经营大小店铺4 700多家，其中餐馆1 800多家，杂货店约2 000家，另有一些礼品店、五金店、花店、珠宝店和中西药店等。大批发商有40多家，大型超市有7家。经营服务业的有150多家，包括旅

---

① 白俊杰：《巴西华侨华人概述》，载《华侨华人百科全书·历史卷》编辑委员会编：《华侨华人百科全书·历史卷》，北京：中国华侨出版社，2002年，第36页。

馆、旅行社、医院、诊所、理发馆和洗衣店等。经营加油站和停车场，兼营洗车是港台新移民开辟的新行业，约有 100 多家。

巴西传统华人商业的另一特色是，一些人从事的进出口业营业规模相当大。根据《巴西贸易年鉴》记载，1970 年，4 家华商所经营的出口贸易总额达到 2.2 亿美元。进出口业以输出黄豆、黄豆油、蚕丝等农产品或农产品加工品为大宗。

巴西华人所经营的农牧业，少数是种植小麦、大豆、棉花的大农场，大多数是养鸡、养兔、养花、养蚕、种蘑菇的小农场。全国较具规模的华营大型农场有 60 多家，一般都拥有超过 1 平方千米的耕地，最大的达 40 平方千米。中小农场有 50 多家。经营畜牧业的有 30 多家，所养鸡、牛等不仅供应本地市场，还出口邻国。[①]

第三节　传统华人餐饮业

人们常说，凡是有井水的地方都有华人，凡是有华人的地方都会有中餐馆。中国人走到哪里，中餐馆就开到哪里。过去中国人的海外事业有"三把刀"之说，"菜刀"便是其中一把。"菜刀"凸显了从事餐饮业的华侨华人在海外创业的重要地位。在中国人的观念中，"民以食为天"，"食"被放在首位。饮食又滋生了饮食文化。历代华侨移居巴西，自然也把他们耳熟能详的中华饮食文化带到居住地。

早期华工苦力作为拉美的劳工阶层，日出而作，日落而息，且与当地人几乎是隔绝的。他们在居住地所感知的饮食文化，不可能离开饮食本身的功能认知，也不可能有丰富的文化联想与文化感受。说到底，还离不开"日求三餐"的初始追求，维持在果腹的阶段。对于当地居民来说，由于对中华文化特别是深层次文化的认知尚属陌生，对华侨从中国带过来的饮食文化的价值认知，也仅限于饮食本身的功能性需求。

餐饮业，即饮食业。由于很多国家的华侨华人主要从事中餐馆经营，故华侨华人在这些国家所经营的餐饮业其实就是中餐业。中餐业在南美的美誉一点也不亚于其他有华侨华人的地区。19 世纪 40 年代，中餐业已在南美享有盛名，之后发扬光大，不断发展。作为早年华侨华人谋生发展最重要渠道的"三把刀"之一的餐饮业，许多老华侨都是在此起步，等做大了，积累了一笔可供再发展的资

---

① 白俊杰：《巴西华侨华人概述》，载《华侨华人百科全书·历史卷》编辑委员会编：《华侨华人百科全书·历史卷》，北京：中国华侨出版社，2002 年，第 35 - 36 页。

金才转行投资其他行业。当然,也有老华侨几十年来一直经营中餐业,"咬定青山不放松",且保持原中餐馆的老字号,不管风吹雨打,砥砺奋进。少数运气好的则做大做强,成为著名华人企业,但大多数只能艰难生长,维持不生不死的状态。老华侨本人则守此基业直至终老而交给后代。

应指出,在南美一些国家,华侨华人餐饮业并不一定就是中餐业,有的华侨华人在经营中餐菜式的同时,也兼做一点当地的菜式。或者,让传统的中餐菜式与当地菜式进行不同方式的融合,形成一种"非驴非马"的新式餐馆。有的餐馆虽名曰中餐,但由于经营者着意在中餐中融进了一些当地元素,以迎合当地人口味,故这类中餐馆已在一定程度上当地化了。所以,巴西的华侨华人餐馆既有完全保留中餐菜式的(一般称中餐馆),也有完全经营当地菜式的(当地华侨华人也称西餐馆),还有的中餐馆以中餐菜式为基础,不同程度地接近当地菜式(即中餐成分与当地餐饮成分有不同的比重)。三者中,应以中餐馆为主。这三类餐饮业一般都统称为华人餐饮业。实际上,在很长时期内,还有华侨经营咖啡馆的,不过有关咖啡馆的记载很少。笔者相信有一部分咖啡馆与中餐馆合为一体,即由一个华侨老板经营。类似的情况在南美其他地方也出现过,至今还有,不过巴西是否如此还有待史料证明。

巴西的华人餐饮业最早出现在什么时候,今天恐怕已经很难找到确凿证据了。但从理据上看,巴西的华人餐饮业跟其他国家一样,应先在华侨华人群体内部出现,然后才逐渐扩展到当地人社会。而最早出现的华人餐饮业,则应先出现在华侨华人居住比较密集的地方。没有足够的"人气"就不可能有市场,华人餐饮业同样需要一定密集度的"人气",先是聚居地华侨华人的"人气",然后逐渐加上越来越多的当地人的"人气"。

早年华侨来到巴西,一般先是自己做饭,靠自己解决一日三餐的饮食问题。后来,居住地域内找到了谋生职业的华侨越来越多,但他们每天工作时间很长,自己做饭自然越来越困难。起先还可以由同宿的人集体做饭或轮流做饭。例如,民国时期巴西的青田华侨中流传着一句话:"风炉放在皮箱里提。"当时大多数人没有稳定的生活,稍有条件的人,也是几个人合租一间房集体居住,一间小客厅里集体做饭,整个客厅尽是无数的盘盘碗碗、刀叉筷匙、瓶瓶罐罐,杂乱不堪。到后来,集体做饭或轮流做饭也难以坚持下去了,后来此处仅成了青田华侨经常聚集娱乐的中心。[1] 由此就产生了专为"上班族"做饭卖饭的行当——中餐馆。中餐馆是一个长盛不衰的行业,因为大部分华侨华人都愿意吃中国菜、家乡菜,不仅是因为中餐合口味,而且吃中餐还兼有消解"乡愁"的精神功能。在

---

[1] 郭秉强:《巴西青田籍华人华侨纪实:1910—1994》,青田县政府刊印本(内部编印),2005年。

往后的岁月里，中式饭菜逐渐为巴西当地民众所欢迎是无可置疑的，一些特殊食品（例如下面说的"角仔"）还特别受青睐。于是，一些当地民众也慢慢从中餐馆的意外来客变成常客。

可以肯定，早期大部分传统华侨在巴西都是从事重体力劳动。清末能够到巴西去的华侨不多，基本上都是通过巴西公司私下招工或听信了不实的发财致富信息才过去的。那时候到巴西务工的华侨多为杂工或农业劳工，或者做与黑人一样的繁重工作，生活上多穷困潦倒，后来才有些人逐渐转向经营餐馆、杂货、洗衣店等传统小商业。1949 年前，巴西的老一辈华侨绝大多数来自广东，主要也是从事小本经营，或受雇于人。这些广东来的打工者一般由老板提供食宿，但工作时间长，工资不高，仅可维持生活。后来换得自由之身而做小生意的，开小咖啡馆、餐馆及油炸角仔店等，则多是白手起家。他们身上有中华民族吃苦耐劳和不惧艰险的文化气质，在险恶环境中生存下来，然后逐渐摆脱当初的窘迫处境，一步步发展起来。虽然可以说每一个早年巴西华侨的背后都有一段段不寻常的故事，但他们在巴西的劳动强度很高，工作时间很长，工薪不高，对饮食的需求却很低，甚至仅满足于果腹。如果略有结余，都小心翼翼地储存起来（很多人习惯以纸质货币形式存于住宅）。

虽然华侨不追求高档饮食消费，但起码的果腹需求还是必不可少的。华侨早期的饮食习惯是很"顽固"的，即基本上只吃来自家乡的食品。很多人在打工之余，就到中餐馆去吃上一两顿中餐果腹了事，因为他们每天的工作时间很长，下班时早就筋疲力尽，不大可能再给自己做饭（那时候华侨身边基本没有家眷）。于是，在巴西，凡有一定规模的华侨居住区，中餐馆的中文招牌就随处可见。此外，当地人也喜欢光顾中餐馆，中餐逐渐成了当地人饮食不可缺少的一部分。这样，华侨和当地人的需求"相向而行"，相得益彰。今天已经很难发现华侨最初在巴西经营中餐业的资料。有资料说巴西伊瓜苏的森林里有一家挂着中国红灯笼和长城大幅画的中餐馆，很难想象在异国他乡还能看到这么多有中国风格装饰的中餐馆。巴西中餐馆的名字更包含着中国特色，如聚福楼、长城饭店、明月楼，等等，一看就知道中国色彩浓郁。规模较大的华人餐馆还有"中巴""红楼""大华""中国""酒家福禄寿"等，也曾饮誉一时。资料未记录发生的年代，不过估计那时候华侨已在巴西稳稳立足了。当然，花有开谢，潮有起落，没有一间餐馆可以保证永久不衰。经过岁月的洗礼，大浪淘沙，有的风光犹在，有的盛景不再，有的退出历史舞台。总之，华人餐饮业各领风骚三五年、七八年乃至十数年，都是常见现象，也是经济规律。

总体上说，巴西的广东侨民来得最早，因此老华侨及其后代较多，根基较深。但那时候的移民文化素质低，经济实力不强，难以做大做强。早年到巴西的

广东华侨已融入当地普通民众阶层，但难以融入当地主流和上层社会。

一、角仔店与广东传统华人餐饮业

角仔店仍属于中餐馆的范畴，只不过是中餐馆的专项经营方式。故下面对巴西的角仔店做较为详细的分析。

"角仔"也称广东角仔，葡文称 Pastelalar，是闻名天下的广东食谱中的一种。"角仔"应是广东人的叫法（广东人对细小的东西多在其名称末带一个"仔"字）。角仔类似于北方的饺子。当然，严格来看，广东人所做的角仔与北方人所做的饺子还是有很大区别的。过去外籍人士多以为角仔是中国所专有，其实巴西面包店也有角仔这种食品。巴西的角仔叫 Pastel 与 Pasta，原意是"夹心饼"，是一种方形食物，大约如普通烟盒大小，外面是麦面皮，里面的馅有乳酪、肉末、蔬菜，在油锅里炸熟，供客人购食。[①] 一般人吃两三个，喝一瓶可乐，便可果腹。显而易见，角仔是中下层工人群体的重要食品。既然角仔要油炸，故角仔店也称油炸角仔店。角仔成为影响数代巴西人的名小吃，也支撑起传统华人一片谋生天地。

早年广东华侨华人主要经营两大重要行业，一是中餐业，二是杀鸡店，中餐业以经营角仔店为主。巴西中餐馆与其他拉美国家最大的不同是，后来很多经营者（主要是广东侨民）专营角仔店。今天很难确切得知华侨最早开角仔店的准确时间，但可以肯定最早的角仔店是广东台山人开的。后来几乎所有的广东人都在开角仔店，应是其他广东人看到台山人开角仔店成功而"依样学样"。事实上，作为一个行业的角仔店不只是角仔的制作和销售，还包括为角仔店提供服务的部分，如面粉、配料店。做角仔店生意的一个好处是资金回收快，立竿见影。早上买了面粉，做成食品后即可进行现金交易，晚上便可盘点一天所得。而且，开角仔店不需要高深的葡语能力，店员通常加上一些肢体语言即可与当地食客交流。当然，店员能够懂葡语最好，可以更方便地与当地食客沟通。一些有远见的角仔店员，把做角仔店员当作学习葡语的好机会，目的是为以后的事业做准备。来自广东台山的梅裔辉在初到巴西做角仔店员的时候就想到，他虽然眼下经营角仔店，但不能永远经营角仔店，必须进一步提高葡语水平，将来才有机会从事更好更大的事业。他在一天工作十四五个小时、整天站立和跑腿的情况下，还以顽强的毅力坚持在下班后学习葡语。为了学好葡语，他先后请了两位私人教师。其中最后一位是葡萄牙籍男老师，两人相处仅一个月，彼此间便结下了深厚的友

---

① 《粤籍侨胞的角仔店》，载《巴西华人耕耘录》，巴西美洲华报编印，1998 年，第 378 页。

谊，乃至这位葡语老师因为家事回到葡萄牙后，梅裔辉用这位葡文老师的名字（Alvaro）作为自己的葡文名字，以表示对他的怀念。①

过去在巴西华侨华人社区，流行着一句广东俚语："朝头货，晚头钱。"意思是开角仔店比较简单，容易经营管理，赚钱快。这成就了台山人在巴西创业掘得的第一桶金。台山人在出国前大多是农民，虽然文化程度不高，但特别肯吃苦。当他们发现巴西人的饮食偏好后，因地制宜地创造出角仔这种"很巴西"的特色食品。巴西人对角仔的感情几十年不变，在某种程度上也是华侨华人对巴西餐饮业发展的贡献。

后来作为"中餐明珠"遍布巴西华埠的角仔店，可以大致考证出角仔店乃至中餐馆的出现年代。据广东同乡会会长陈锡钦说，广东人在里约热内卢经营角仔店已有六七十年历史。② 如果从 21 世纪 10 年代开始追溯的话，则里约热内卢的华人角仔店史至少可追溯至 20 世纪 40 年代。里约热内卢在那个时候还是巴西的首都，很可能也是角仔店的发源地。

20 世纪 40 年代广东侨胞从里约热内卢来到圣保罗的时候，由于就业受到限制，便效法当地的小贩，到面包店批发一些角仔，到车站和广场叫卖，逐渐地以此为业。到后来，他们觉得角仔的销路好，便打起餐馆、酒吧等场所的主意，租赁其多余的空间，作为"角仔部"，自行做角仔出售。到了 20 世纪 50 年代末期，卖角仔已发展为一个行业，也是粤籍侨胞当时的专业。③ 慢慢地，角仔便成为广东华侨华人开的中餐馆最重要的食品，当年几乎成了广东中餐馆的代名词。据说在里约热内卢，几乎所有的广东人都在开角仔店。不过可以相信，不仅在里约热内卢，甚至全巴西的广东人开餐馆都曾经开过角仔店。而且，过去大多数广东同胞在巴西创业，都是以开角仔店等餐饮业作为终身职业。举凡适合开角仔店的地方，例如广场、电影院、巴士和电车总站等地，都有华侨开的角仔店。圣保罗的所有公交车总站，如 Lapa、Penha、Mooca、Pinheiros、Santana、Casa Verdde、Ssntoamaro、Vila Prudente（皆区名）等地区的车站，几乎都有角仔店。④ 因此也不难推测，为角仔店提供服务的面粉、配料店肯定也生意兴旺。

苏新亮一家在巴西的"淘金梦"也是从做角仔开始的。按照苏新亮家族在巴西的发展史，则华人角仔店行业的起源应更早。据说 90 年前（如果从 21 世纪 10 年代起算应前溯至 20 世纪 20 年代），苏新亮的二爷爷就在巴西开角仔店。他赚了第一桶金后，又陆续开了五六家角仔店。苏新亮四兄弟到圣保罗后，开始都

① 梅裔辉：《梅花香自苦寒来：梅裔辉传记》（自印本），2017 年，第 61 - 62 页。
② 申鹏：《台山人里约大冒险》，《南方都市报》，2016 年 8 月 14 日。
③ 《粤籍侨胞的角仔店》，载《巴西华人耕耘录》，巴西美洲华报编印，1998 年，第 378 页。
④ 《粤籍侨胞的角仔店》，载《巴西华人耕耘录》，巴西美洲华报编印，1998 年，第 378 页。

在堂哥开的角仔店里打工，后来各自也都开起了多间角仔店。据苏新亮介绍，一个角仔店一天最少要用掉五六十公斤面粉。他伯父的角仔店生意很好，一天要用掉一吨面粉，门口从早到晚都有人排队。[1]

随着20世纪60年代巴西工商业的兴起，角仔店的发展也星罗棋布，于是转向其他州、市发展。"角仔业"成了巴西全国性的饮食行业。另外，20世纪六七十年代的角仔店，已跟20世纪50年代的角仔店不一样了。50年代的角仔店只有少数食品，但到六七十年代，角仔店的食品多了起来。例如，麦米条、餐包、意大利饼、三明治等，应有尽有。到20世纪70年代末期，多数粤籍侨胞已经放弃了摊贩式的经营，转而经营酒吧式的小食店。但随着时代的演进，一些跨国饮食集团如麦当劳、SEIO等，纷纷进入巴西，脆弱的角仔店经不住一波又一波的冲击，经营者逐渐焦头烂额。加上巴西货币贬值，通货膨胀，税金、租金猛涨，华侨开的角仔店渐渐不胜重负。于是到了20世纪70年代末，不少角仔店相继关门。再到20世纪90年代，又纷纷改头换面，变成不伦不类的饭店，干脆连角仔也不卖了。于是，风云多年的华侨角仔行业的火爆地位逐渐消退，[2]但还不至于马上退出历史舞台，请参见后面对新移民时代华人餐饮业的阐述。

角仔店有大有小，一般来说，有100多平方米就很不错了。巴西每个城市中心都有步行街，如果在步行街开角仔店，那生意肯定是最红火的。地段好的角仔店，每天的营业额可达六七千雷亚尔。每家店卖的角仔分大角仔和小角仔，半圆形的大角仔叫"Pastelao"，长方形的小角仔叫"Pastel"，大角仔比小角仔差不多贵一个雷亚尔。

角仔店除了卖角仔，还可以做一种"很来钱"的生意，就是卖鲜榨甘蔗水和混合水果汁。角仔店一天可以榨两三百打甘蔗。同时，巴西水果多，台山人又将新鲜木瓜、香蕉、苹果等多种水果混合牛奶榨成果汁，因为维生素丰富，于是就把这种鲜榨果汁命名为"Vitamina"，巴西人很喜欢。角仔配甘蔗水或果汁，几乎成了角仔店的标配套餐。[3]

广东华侨华人在开始大规模经营角仔店之后，对巴西角仔进行了某种改良。但怎样改良，则只有内行人才能说得清楚。一般来说，华侨做角仔，比较典型的做法是，先把红萝卜、大头菜切成粒状，芹菜、姜也切成粒状，肉则是提前在市场让人绞好，加入适量盐，另用平底锅把切好的大头菜、红萝卜、芹菜分别炒

① 沈卫红、黄丽娜：《广东台山有片"巴西村"：7%旅巴华人华侨来自海宴镇，24年里近1.5万人演绎了一场跨国大迁移》，《羊城晚报》，2016年8月7日。

② 《粤籍侨胞的角仔店》，载《巴西华人耕耘录》，巴西美洲华报编印，1998年，第378－379页。

③ 沈卫红、黄丽娜：《广东台山有片"巴西村"：7%旅巴华人华侨来自海宴镇，24年里近1.5万人演绎了一场跨国大迁移》，《羊城晚报》，2016年8月7日。

干，然后下油、下姜，把肉下锅，再炒干，然后加上其他菜一起炒，并加入适量盐、糖。把粘米粉倒入一个大盘，再加预先准备好的烫开水，用筷子搅均匀，再用手把粘米粉搓成扁片状，取大小适当的一片粘米粉搓圆，将之放入角仔器中，一压就成角仔皮了，然后就像包饺子一样包好，包好一堆角仔后，放在锅里隔水蒸25分钟左右就可以了。

说到底，角仔深受巴西公众欢迎最重要的原因当然还是价廉物美，味美可口，极具特色。据说1953年一个角仔售价只有二毫五分，与公共汽车票同价，且现做现卖，新鲜可口。三个角仔加一杯甘蔗汁，就可以吃饱，[①] 因此角仔店就成了单身贵族的天堂。总之，在巴西中餐史上，角仔曾经是一种巴西人喜欢吃的类似炸饺子的面食。有人将角仔誉为不亚于风靡各地的意大利比萨饼。

华侨做角仔生意的一个好处是资金回收可以立竿见影。早上买了面粉，做成食品后即可现金交易，晚上便可盘点一天所得。[②] 过去的粤籍华侨移民巴西，多是赤手空拳而来，语言不通，又没有什么技术，像经营洗衣店一样，经营角仔店也是不错的出路。那时候的华侨几乎人人都在角仔店打工维持生活，因此其他省籍的华侨都称广东籍华侨为"角仔佬"，巴西当地人也渐渐地误以为角仔店为华人所专有。角仔店虽小，但营业时间长，一般早上8点就开市，到午夜才休息。员工一般采取13小时轮班制；店主更辛苦，因为无法轮班，每天工作十五六个小时很平常，如果遇到人手不足，则带病上阵也是常事。[③] 如果将之与同一时代华侨经营的另一重要行业——"提包业"进行比较，则在角仔店打工无疑辛苦得多。据说有的粤籍华侨熬不了在角仔店打工的"活罪"，就出来做"提包客"。

曾任广东同乡总会第一届会长的王森，广东台山人，他的舅舅即著名侨领李安。1950年，时年27岁的王森经过海上70个昼夜的漫长航程，孑然一身来到里约热内卢。他先在舅舅李安的饭馆（笔者注：一说是角仔店）中打工，把舅舅的饭馆当作自己的家。他当服务生，下厨房，站柜台，看收款台，什么都干，没几年就成为饭馆里不可缺少的顶梁柱。他在舅舅的饭馆里一干就是9年。在此期间，他刻苦学习葡语，先是参加里约中华会馆举办的葡语短期班，然后刻苦自修，可谓聚沙成塔，集腋成裘，终于能说一口流利的葡语。1958年，舅舅将生意扩大到圣保罗，王森前去打理那里的一家角仔店。1960年，他在角仔店管理方面已驾轻就熟。于是他与朋友3人合作，通过艰难借款，开了一家自己的角仔店。之后30年间，他和他的妻子、儿女没有离开过角仔店。全家人合力打拼，

---

① 《粤籍侨胞的角仔店》，载《巴西华人耕耘录》，巴西美洲华报编印，1998年，第378页。

② 林克风：《巴西、秘鲁、智利华侨华人经济与中国企业"走出去"》，载吕伟雄主编：《海外华人社会新观察》，广州：岭南美术出版社，2004年，第65页。

③ 《粤籍侨胞的角仔店》，载《巴西华人耕耘录》，巴西美洲华报编印，1998年，第378页。

与别人合资或独资开了 10 多家角仔店，分布在圣保罗市区以及附近卫星城。王森成了华侨华人中开角仔店最多的人，被侨界称为"角仔大王"。① 他家族的 6 处公寓、5 辆汽车、2 处坐落在市中心黄金地段的上千平方米的房屋，都是靠他一瓶瓶饮料、一只只角仔卖出来的。②

王森开角仔店的经验和策略是"不做盲人骑瞎马"、不乱租店、不乱投资，凡开店都要做到稳赚不赔。从选址到租房，从装修到雇人，他都要审慎考察，认真分析和规划。当然，很重要的一点是他为人厚道，愿意与他合作的人不少。因此他开一家便成功一家。为了表彰他在饮食文化方面的贡献，巴西文化教育协会后来给他颁发了勋章和证书。③

梅裔辉出身于广东省台山市端芬镇朝阳村的一个农民家庭，毕业于家乡著名的乡村公立中学——端芬中学和县立台山高级第一中学。他于 1963 年 1 月 12 日移民巴西，时年 20 岁。到巴西后，梅裔辉开始白手创业，先是在 Vila Prudente 其父与苏宇波、苏光权合股的"香港角仔店"工作。1964—1966 年，在圣保罗市中心的 PC Mesquita（AV. S. JOAO）其父持股（苏新祥、梅卓俊、梅联进、苏均亮、苏均明）的 Kiberama 角仔店工作。1966—1967 年，他与父亲离开了 Kiberama，在 Penha 区承购了一家台湾人的角仔店。这是梅家第一家独自经营的角仔店。1967—1969 年，梅裔辉在圣约瑟 AV. Tiradente 买下了一间店铺，并改装为一家较大的角仔店。同时在 R. Alameida de Lima，Bras 北方汽车站旁开了一家角仔店。梅裔辉后来说这是一家"彻头彻尾失败的角仔店"，那是他创业最艰难的年代。1968 年至 1970 年 11 月前，梅裔辉在 R. Do Gazometro 开了一家角仔店。这是挽救他事业继而走上康庄大道的转折点。1970 年 12 月，梅裔辉在平原市开了他在这里的第一家角仔店"Prospera"。只是后因缺人管理，业主又出卖铺面，于是结束了这家角仔店的业务。1976 年，梅裔辉在圣约瑟平原市开的角仔店的另一端又开设了一家新的角仔店。④ 伴随着传统移民时代的终结，梅裔辉的角仔店生意潮落潮起，但他坚韧不拔，砥砺前行，到了新移民时代后继续经营他的餐饮业。

1936 年 6 月出生于广东省台山县海晏石阁村的苏均亮，则于 1956 年离开家乡、远渡重洋来到巴西。他在巴西一开始也是在角仔店打工，一边上夜校一边学习葡语。随后，苏均亮用在角仔店打工赚的钱，先与别人合作开角仔店，后来又

① 袁一平：《华人移民巴西二百周年简史》，载《华人移民巴西 200 周年纪念特刊》，南美侨报社编印，2013 年，第 4 页。
② 《角仔大王》，载《巴西广东同乡总会成立二十周年（1993—2013）》特刊，2015 年，第 62 页。
③ 《角仔大王》，载《巴西广东同乡总会成立二十周年（1993—2013）》特刊，2015 年，第 62 页。
④ 梅裔辉：《梅花香自苦寒来：梅裔辉传记》（自印本），2017 年，第 212 页。

自己投资开角仔店。由于他的角仔店地点好，经营有方，因而顾客盈门，生意兴隆。[①]

1939 年 9 月同样出生于广东省台山县海晏石阁村的苏均明，于 1957 年 12 月移居巴西。像大多数广东侨胞一样，他抵达巴西后也在角仔店打工。等到在角仔店打工有了一定的积蓄，他就创业开起了自己的角仔店。他起早摸黑，勤劳踏实，待人和蔼可亲，诚恳厚道，因此角仔店生意兴旺。后来他开的角仔店也由一家发展到多家。他在角仔店打工时，下班后还去巴西公立学校就读晚间班，以优良的成绩完成了巴西的高中教育，为他后来在巴西的事业打下了一定的文化基础。[②]

包括角仔店在内的餐饮业，善于管理和经营固然重要，但最重要的是客源，客源多的首要条件是店铺地点足够好。当然，"酒香不怕巷子深"，善于管理和经营也可以使一家店铺名声在外，吸引较多客源，但这是后天的条件，选择好地点才是先天的条件。例如，梅裔辉一辈子经营角仔店，有失败也有成功，其中角仔店地点的选择就是关键的因素。角仔店地点的选择主要是靠店主的预判，判断是否准确直接影响角仔店经营的成败。地点选择的多个判断要素中，地理位置对客源的影响肯定是最直观的，也是最重要的，但不是唯一的，此外还有社会治安、环境卫生状况和当地居民及流动人口工作、生活习惯等也是重要的判断要素。一般来说，人们多注意店铺地点本身对客源的影响，对其他要素多有忽略或估计不足。例如，1968 年，梅裔辉和父亲听到一位朋友介绍说北方汽车站 R. Alameida de Lima, Bras 的路上有一家房子出租，那是辐射全国各州的长途汽车站，来往人流很多，开一家角仔店生意一定很兴旺。于是，梅裔辉的父亲用几年积蓄下来的 10 万美元买下了店面的租用权，将多年来所有积蓄像押宝一样押在这上面。一个月后，经装修，角仔店如期开张营业。然而该店开张后营业情况意想不到的糟糕，因为来往的人行色匆匆，只是拼命赶车，对这家角仔店视而不见，无人过街来光顾。所以开业第一天的收入只有几元钱。后来，梅裔辉父子还发现当地的治安情况非常糟糕，小流氓和土匪强盗云集，角仔店常常遭到他们骚扰，有时候当地警察也趁机勒索，但木已成舟，只能够暂且撑持下去。3 年后，有一个巴西人看中了梅裔辉父子生意冷落的角仔店，想买下来改造为销售旅行箱包的商店，但出价太低，只给三四万美元，但梅家看到这家角仔店 3 年来没有赚钱，这时候即使亏损六七万美元也忍痛卖掉了。同时用这得来的三四万美元再加上借来的钱在附近街上另开了一家角仔店。开张前，梅裔辉经过综合判断，认为

---

① 《巴西广东同乡总会成立二十周年（1993—2013）》特刊，2015 年，第 44 页。
② 《巴西广东同乡总会成立二十周年（1993—2013）》特刊，2015 年，第 47 页。

这家角仔店的生意会很好，后来生意确实出奇地好，梅裔辉还将之改造为24小时营业的角仔店。他后来说，这家角仔店是他的大恩人。1971年上半年，梅裔辉结婚，将这家角仔店转让予人，搬到了离圣保罗市100公里的圣约瑟平原市工作和生活。[①]

角仔店生意只是华侨餐饮业的一部分，尽管曾经是最重要的一部分。华侨中餐业还有角仔生意之外的其他部分，这里不拟细说。不过应知道的是，很多做中餐业的广东华侨在赚了一笔钱后，都喜欢转向经营进出口贸易。在一部分广东华侨华人致富的道路上，中餐馆是他们的一个从事业低端走向高端的起点。下面且举几例：

广东侨胞简健生靠4美元起家的故事在巴西广为人知。他1957年从广东开平经香港乘船50多天来到巴西，当时年仅16岁，下船时身上只有4美元，所有的家当只有两件短袖衬衣、两件长袖衣、两条内裤、两双鞋子和一套廉价的西服。来到圣保罗后，他先在角仔店打工，赚了一笔钱后便开了一家角仔店，但经营失败，转而从事"提包业"卖台布。1980年，他来到米纳斯吉拉斯州首府贝洛奥里藏特市，开了一家"皇宫饭店"，生意日渐兴旺。有时周末一天的收入就达2 500美元。1988年，开始转做焦炭进口生意。1992年，他卖了餐馆，到圣卡塔琳娜州做海产品加工出口生意，成为南美洲最大的鱼翅出口商。后来，政府出于环保考虑而禁捕鲨鱼，他又毅然关闭经营多年的加工厂，转型房地产业，买下了数十万平方米的土地，利用当地经济快速发展的机会，于2005年建成一万平方米仓库出租给港口储存货柜。后来又兴建商业大楼和公寓出租出售，建筑面积共38 000平方米。2008年，他所在的城市发生水灾，他组织当地华人捐助。作为华侨华人代表，他与太太应邀参加2009年中华人民共和国成立60周年庆典，夫妻双双登上观礼台。[②]

苏均亮在开角仔店取得成功后，不甘停留在这一水平，而想靠自己的智慧另闯一条发家致富之路。经过一番考察，他选择了房地产租售生意。创业之初，没有大资本，他就从小做起，不断累积和拓展。经过数十年的发展，他在巴西的房地产业已经形成了一定规模，还在美国洛杉矶投资经营超市。[③] 经过在商海的拼搏，他成为一名成功的商人。同样，苏均明也在1988年告别了角仔店生意，在广东籍侨胞中率先步入上流社会光顾的购物中心"SHOPPING"，开起了百货商店。由于购物中心环境幽雅，店家集中，客流量大，故销售利润高，获得了丰厚

① 参见梅裔辉：《梅花香自苦寒来：梅裔辉传记》（自印本），2017年，第63－66页。
② 袁一平：《华人移民巴西二百周年简史》，载《华人移民巴西200周年纪念特刊》，南美侨报社编印，2013年，第4页。
③ 《巴西广东同乡总会成立二十周年（1993—2013）》特刊，2015年，第44页。

的回报。在随后几年中，他又向其他购物中心拓展，先后在几家购物中心共开了5家店面，均获成功。[1]

不难看出，做角仔店生意的确是苦不堪言的，很多侨胞甚至有不堪回首的感觉。当然，一路走过来后再回头看，角仔店生涯也磨炼了很多人的意志，为后来的发展打下了基础。这里应补充说明的是，并非每一个从事角仔生意的人都能有一个苦尽甘来的美好结局。浙江青田方山人崔益兴，在里约热内卢同乡人的餐馆里打了一辈子工，年老失业，终身光棍，无依无靠，也无积蓄，孤苦伶仃。白天吃餐馆的残羹剩饭；夜里，睡在餐馆的楼角里。[2] 当然，崔益兴后来得到非亲非故也素昧平生的同乡热心人伍春和的同情与关照，但崔益兴的处境说明，过去从事角仔生意的侨胞中，也有一生贫困潦倒者，虽然可以相信，他们所占的比例不高。

那么，按照上面所述，传统华人时代的中餐馆是否基本上就是角仔店？这当然只是一种印象而已。那时候的中餐馆除了做角仔，还会做其他的中餐，只不过那时候的中餐馆中，作为主食的角仔鹤立鸡群，且中餐馆多为广东人所经营，于是角仔店几乎成了中餐店的代名词。

二、浙江传统华人餐饮业

除了以角仔店为代表的广东华人餐饮业外，早年巴西还有浙江华侨（基本上都是青田人）经营的华人餐饮业，其实也是青田华侨的一个主要行业。跟广东华侨不大一样的是，青田华侨餐馆都是在人力和财力极其薄弱的情况下白手起家的，且集中在当时的巴西首都里约热内卢。青田华侨中最早从事餐饮业的是徐志仁、叶秀明、邱仁丰3人。他们大约于1925年下半年，在里约热内卢 Rua Barao Demequita 大街租了一间屋，合资开办一间规模很小的、以送餐为主的"平松"（译音），即没有店面的家庭餐馆。这是巴西青田华侨的第一间餐馆。此后不久，陈瑞丰也开了一间小餐馆——"瑞丰"，算是青田华侨第二间餐馆。大约在1930年前后，徐志仁等3人都赚到一定资本，于是，3人各自单独开餐馆。徐志仁开了一间"凤兴餐馆"（NITER01），在对港中心区 Rua Coceicao 大街57号，生意很好，成为当时青田华侨中最大、最兴旺的餐馆；叶秀明开的餐馆在中央车站旁边；邱仁丰则在 Prcarepublica 开了餐馆。从此，青田华侨的餐饮业开始走上轨

① 《巴西广东同乡总会成立二十周年（1993—2013）》特刊，2015年，第47页。
② 李海安主编：《中国移民巴西190周年纪念特刊》，圣保罗：巴中文化友好协会、南美侨报社，2004年，第18页。

道。到 1930 年前后，吴仲儒与金元典合资在 Uromeches 大街 56 号开了一间餐馆；1932 年前后，徐志仁又与孙正方、邱仁丰、叶秀明合资在吴仲儒餐馆附近的 60 号增开一间餐馆；不久孙逢王在此处 44 号开了一间餐馆；四都石砻人留艺泉、方山人裘志贤先后各自在 Santana 开了餐馆。[①] 这样一来，青田华侨开的餐馆就星罗棋布地发展起来，只是由于财力小、人手不足，此时青田人餐馆的一个共同特点是档次低、面积小。

1937 年，王益宗在"拔拉沙其拉定其" 47 号开了一间餐馆，取名"卡蒙"。"卡蒙"算是青田华人餐馆的一个标志。由于人手不足，其时青田从业者迫切盼望中国亲人到巴西帮忙，但由于路途遥远，加上战乱，愿望难以实现。"卡蒙"因人力财力缺乏而难有起色，生意平平。于是王益宗选择忠厚能干、与自己从小就意气相投的徐志仁和善良守信的孙逢王作为自己的合作伙伴。随后，他甩出"三板斧"，一是买下隔壁店面，从而扩大了餐馆面积；二是装修店面，"卡蒙"因而焕然一新；三是在原来经营巴西便餐的基础上再增设中国快餐。每份快餐四菜一饭，其中有牛肉、鱼、青菜、黑豆或鸡肉、香肠、马铃薯、青菜等，总之都有两荤两素。加上"卡蒙"价廉物美，分量充足，供餐迅速，服务热情周到，故很受巴西人欢迎。当时"卡蒙" 40 多张餐桌，每桌至少 4 人，几乎天天满座，平均每天有 1 000 多名客人，成为当时里约热内卢最有声誉的快餐馆。由于顾客如潮，"卡蒙" 16 个工人忙得脚不沾地。因为"卡蒙"的兴盛，王益宗、徐志仁、孙逢王被侨界公认为华侨中的麟凤龟龙。但到 20 世纪 40 年代后期，青田华侨的餐馆业开始滑坡，至 20 世纪 60 年代全军覆没，"卡蒙"也难逃厄运。[②] 可见，王益宗的聪明之处就是敏锐地感到从事餐饮业必须与他人合作，单打独斗可能一事无成。另外，不能宅守尺寸之地，该扩大店面规模时必须当机立断地扩大面积。更重要的是，迎合顾客口味变化，增加和改善饭菜的品种，价格合理，让顾客可以接受。这些都是华侨从事餐饮业的必备常识。常识虽然简单，但存在着诸多机变，并非人人都有此心计，运用之妙存乎一心。

三、江苏传统华人餐饮业

在传统华人时代，江苏菜应是继广东菜和浙江菜之后进入巴西的另一大餐饮品牌，在巴西的出现时间大约在 20 世纪 50 年代初，准确地说应是在 1954 年前后。实际上，巴西的江苏菜以扬州菜为主，缘于江苏菜的厨师基本上是扬州人。

---

① 郭秉强：《巴西青田籍华人华侨纪实：1910—1994》，青田县政府刊印本（内部编印），2005 年。
② 郭秉强：《巴西青田籍华人华侨纪实：1910—1994》，青田县政府刊印本（内部编印），2005 年。

他们在来巴西之前都在上海给官宦人家做饭。1949 年上海解放前夕或解放初期，他们的雇主先是去了香港，后来又迁居巴西圣保罗。例如 1926 年出生的扬州人许长永（Shu Shang Yor）1944 年到上海荣家做厨师，1948 年底去香港，1954 年随雇主迁居巴西圣保罗市。对扬州厨师来说，最好的生计非老本行莫属，做了一段时间的厨师后便自营餐馆，总之，他们在巴西纷纷重操旧业。扬州菜是江苏菜的代表，在中国本来就颇有名望，重要的是，能够在大上海给官宦人家做饭的基本都是名厨。由于有他们操厨，扬州菜在巴西风生水起，且档次也较高。扬州菜随着这些厨师及其徒弟的足迹，在巴西多地生根开花。由于代代繁衍，扬州菜在巴西得以薪火相传，不少在 20 世纪 50 年代从香港去的江苏厨师开创的餐饮业，一直延续到新移民时代，尽管一些餐馆中道衰落，或由于种种原因而变卖，但后继的扬州风味餐馆仍然不在少数。如许长永先与人合伙创办了圣保罗第一家上档次的中餐馆"中巴饭店"（Restaurante Sino-Brasileiro），之后又开了分店"锦江饭店"，1984 年自己开"金宫酒家"至今。[①] 当然，由于后来的厨师并非全部都是正宗的扬州人，也由于中餐馆需要迎合当地人口味而求新求变，故原来有的扬州风味比较正宗的中餐馆也在逐渐泛化，在保留底色的基础上，越来越多带有江苏其他地方的风味，也带有上海风味甚或巴西当地风味。不过 1978 年中国实行改革开放政策后走出国门的新移民在巴西多以经商为业，虽然还有开中餐馆者，但已经大大减少。新移民中，较大一部分人做进出口贸易。

祖籍江苏省常熟县的冯志超（1922—2016）1945 年移居香港，1950 年去台湾，1956 年返回香港，其间都是从事餐饮业，1964 年移居美国、加拿大等地，1968 年定居巴西圣保罗，与人合开中餐馆，但由于资金被人骗走，只好以当厨师为生。1972 年，在友人帮助下，冯志超在圣保罗创办"扬嘉饭店"。1974 年因友人退股，由冯志超独自经营。值得注意的是，扬嘉饭店专营正宗的中国菜肴，糅合江浙菜、川菜、粤菜之特色，因而受到广大顾客喜爱。

这里顺便提及扬嘉饭店在新移民时代的经营情况。1989 年，圣保罗美国学校举办中国周，冯志超主持的中国菜肴烹调获好评。1990 年，得到日本味精公司赞助，冯志超发起成立了圣保罗中餐业主公会。1995 年 1 月，圣保罗市恺撒公园宾馆（Ceasar Park Hotel）和 Espaço Banco Nacional 影院为台湾电影《饮食男女》举办首映式，冯志超等主厨传授烹制中餐技艺。扬嘉饭店于 1990—1991 年

---

① 陈太荣、刘正勤编著：《中国江苏人移民巴西史》第三章第二节，北京：中国华侨出版社，2022 年。主要资料来源：Armando Antenor："Kikon, o Chinês mais antigo de SP, fecha as portas", Folha de São Paulo 之 "Cotidiano"，2003 年 5 月 18 日；《巴西江苏同乡会探访扬州籍 95 岁老华侨许长永》，巴西侨网，2019 年 1 月 21 日。

停止营业。2002—2004 年租给他人经营，2004 年后卖掉了。[①]

中巴饭店的合伙人是许长永与翁太太（Betty Ong，生于 1920 年，丈夫翁仲恩）、戎华兴（扬州人，1954 年到圣保罗，2013 年去世）。戎华兴负责中巴饭店的管理，许长永为厨师长。后来，饭店进一步扩大，迁至同一区的 Rua Paraguaçú 街 193 – 201 号。圣保罗市历史学家 José Aranha de Assis Pacheco 1982 年出版的《圣保罗居民区史》（*História dos Bairros de São Paulo*）一书认为，中巴饭店是圣保罗市第一家中餐馆，中国美味佳肴深受巴西人喜爱。中巴饭店在 1994 年因当地报纸报道厨房脏、不卫生而被迫关闭，但其影响犹在。12 年后的 2006 年 2 月 26 日，还有人根据此书提供的史料在网上发帖，号召大家去中巴饭店原址（Rua Paraguaçú，193 – 201，Perdizes）举行集会，抗议拆毁原中巴饭店建筑物以建新住宅区，可见其影响之大。当时云集圣保罗的许多厨师均在这两家餐馆工作过。他们积累了一定资金后，或在圣保罗市另开中餐馆，或到巴西其他城市开中餐馆，如朱云福去伊瓜苏市开中国饭店，徐天青去巴西利亚开中华楼，曹志祥去贝洛奥里藏特开远东饭店，把中国烹饪文化在巴西进一步发扬光大。[②]

锦江饭店（Restaurante Kin Kon）为中巴饭店的分店。翁太太负责管理，戎华兴当厨师长，上海人 Rita Doong Santos 女士（生于 1941 年，1953 年到圣保罗市，与巴西人结婚，2016 年去世）担任大堂经理。锦江饭店最初位于 Avenida Paulista 大街 1963 号，1975 年迁至 Rua Peixoto Gomite 街 1066 号（Jardim Paulista 区）。锦江饭店有三个大餐厅，可容纳 200 人就餐。锦江饭店和中巴饭店合用一个菜谱，两家饭店合办一所烹饪学校，开始时仅收中国人，后逐渐扩收其他种族，有学员约 200 人。

这里顺便提及锦江饭店在新移民时代的经营情况。中巴饭店于 1994 年停业后，食客们移情于锦江饭店，导致其生意火爆，菜谱上列有 109 道菜，最多时有职员 30 多人。如此兴旺了近 10 年，到 2003 年 5 月 12 日，锦江饭店因不动产税猛增且房租翻番无力维持经营而关闭。

这里应该指出，早年中餐馆不仅存在于里约热内卢和圣保罗这两个大城市，在一些比较偏远的城市也有中餐馆，并颇受欢迎。其中广东恩平华侨冯氏开的餐馆颇有代表性。冯氏在巴西的第一代包括冯强和冯臻两兄弟。冯强 1924 年来到巴西东北城市马塞尧，弟弟冯臻也是 1924 年来到马塞尧，但比冯强晚来半年。

---

①　陈太荣、刘正勤编著：《中国江苏人移民巴西史》第三章第二节，北京：中国华侨出版社，2022 年。

②　陈太荣、刘正勤编著：《中国江苏人移民巴西史》第三章第二节，北京：中国华侨出版社，2022 年。

冯强一直经营洗衣店，直到 1955 年去世。冯臻于是回中国将哥哥的儿子冯明高接来马塞尧，继承哥哥的洗衣店。不久冯明高在中国家乡的太太和他们 6 岁的女儿 Pei Lan（明高的长女，音译佩兰）也来到巴西。但冯明高后来没有经营洗衣店，而是与后来成为他女婿的 Sun Tan（音译孙檀）合伙开了一家小餐馆，生意越做越大。这家餐馆就是后来的"龙餐馆"。据冯臻的二女儿冯爱迪说，"龙餐馆"开张 4 年后，冯臻就去世了。冯臻是 1975 年病逝的，是则，"龙餐馆"的开张时间应在 1970 年左右。后来，Sun Tan 娶了冯明高的长女 Pei Lan，"龙餐馆"的老板便成了翁婿俩。冯明高退休后，"龙餐馆"的老板就是 Sun Tan，之后 Pei Lan 也加了进来。说到 Pei Lan，她 6 岁移民巴西后就在巴西读书，学的是医学，毕业后做了几年医生。后来她放弃了医生职业，跟丈夫一起经营"龙餐馆"，于是"龙餐馆"又变成了"夫妻店"。[1] 据说冯明高退休时才 50 多岁，退休后供养着他的第二任巴西妻子（在此之前他已与从中国家乡来的第一任妻子离异）以及先后出生的 4 个女孩。"龙餐馆"颇受当地人欢迎，直到今天仍然人来人往。因为马塞尧的华侨华人很少，故"龙餐馆"的顾客基本上都是当地人。据笔者观察，龙餐馆的各种菜色中，中餐的成分很大。很多菜色完全按照中餐的传统格调制作，大厨和其他师傅也来自中国。中餐在这个华侨华人不多的巴西城市中颇受当地人欢迎。

华侨华人作为移民者，即使他们本人能够终生在居住地保留其传统，但是，他们的后代最终都要本地化。特别是在语言和食物本地化方面，华裔的本地化表现得最为突出。他们要讲当地语言，吃当地食物。在食物的中华传统文化基础方面，他们能够做得到的，是在情感上将之与家乡联系起来，表达对家乡的认同。中华饮食文化也潜移默化地影响着当地巴西人的饮食习惯。陈志明教授指出，移民对地方美食和民族美食的传播有莫大作用，移民带动了移民者与当地饮食文化的互动。享用家乡美食或民族美食与个人作为特定民族范畴的自我意识相关。华人餐厅在传承中国地方美食方面起着重要作用，华人餐厅是中国饮食全球化的重要推动者，迁移世界各地的华人增添了传统和再发明的华人美食的多样性。[2]

---

① 据束长生在巴西对冯爱迪及其家族的调查资料。

② 参见陈志明：《海外华人：移民、食物和认同》，《北方民族大学学报》（哲学社会科学版）2018年第 4 期，第 5 - 12 页。

第四节　在巴西修公路和铁路的华工

跟其他常态化的职业不同，修公路和铁路只是一种工期短暂的工作，华工参与的过程也很短暂，但他们可以通过参与修建公路和铁路，作为在巴西居留下来继续打工的跳板。

巴西独立后很长时期内，大部分地方还没有得到开发。在经济开发过程中，需要进行各项基础设施建设。其中最重要的基础设施就是铁路和公路，华侨曾经被招募参与基础设施建设的行列。应说明，巴西是在 19 世纪中叶开始修建铁路的，其时铁路在世界上还没有诞生多久，属于最先进的交通工具。世界上第一条铁路，是英国在 1825 年 9 月 27 日修建的；美国 1826 年在宾夕法尼亚修建的那条铁路，是美洲第一条铁路；1837 年 8 月，古巴修建了拉丁美洲第一条铁路。巴西当时修铁路，无疑是紧跟世界上最先进的基础设施建设潮流。巴西是美洲第七个修建铁路的国家，时间在 1854 年 4 月 30 日，排在美国、古巴、牙买加、墨西哥、秘鲁和智利之后。不过巴西修的这条铁路很短，里程只有 14.5 公里。[①]

巴西地域广阔，多未开发，当时的铁路和公路都要经过这些原始荒蛮的地带，工程极其艰巨。但华侨不惧艰险，参与了巴西的铁路与公路建设，为促进巴西内陆开发做出了贡献，也付出了重大牺牲。他们的大无畏精神，他们的功绩，将永远铭刻在华侨华人的史册上。今天可以找到的当年华侨参与建设的过程，包括他们参建了位于巴西大西洋森林腹地的费城－圣克拉拉公路（特奥菲洛·奥托尼公路）、"佩德罗二世铁路"以及位于亚马孙大森林腹地的"魔鬼之路"即马代拉－马莫雷（Madeira-Mamoré）铁路。下面分别做一简述。

一、费城－圣克拉拉公路（特奥菲洛·奥托尼公路）

巴西第一条收费公路是特奥菲洛·贝内迪托·奥托尼（Teófilo Benedito Ottoni，1807—1869）集资修建的。特奥菲洛·贝内迪托·奥托尼，米纳斯吉拉斯州东北部塞罗市[②]人，是巴西帝国时期著名的政治家与企业家，经历过政坛的刀光剑影，曾政坛失意，但 1860 年，作为政坛老宿的他最后一次重返政坛依然虎虎生威，直到 1869 年告别人世，享年 61 岁。在政坛失意时，特奥菲洛·贝内

---

① 陈太荣、刘正勤：《19 世纪中国人移民巴西史》，北京：中国华侨出版社，2017 年，第 143 页。
② 塞罗市（Serro），1714 年建镇。该地离州首府贝洛奥里藏特（Belo Horizonte）312 公里。

迪托·奥托尼决意在家乡修建费城－圣克拉拉公路。1847 年，特奥菲洛·奥托尼回到家乡，组建了"穆库里（Mucuri）河商业与航运公司"（穆库里河公司），于 1853 年 9 月 7 日建立菲拉德尔菲亚（Filadélfia）镇。① 随后，他集资于 1853 年至 1857 年 8 月 23 日在巴西大西洋森林腹地修建了一条公路到菲拉德尔菲亚－圣克拉拉（Filadélfia-Santa Clara）港，② 全长 270 公里，中间建 54 座木桥。公路的工程要求严格，坡度不得超过 5%。据统计，1859 年有 40 辆马车、200 辆牛车和 600 辆驴车先后行驶过这条公路。但到 1898 年 5 月 3 日巴伊亚－米纳斯铁路通车后，这条公路便完成了历史使命，废弃不用。今天纳努基市（Nanuque）还遗存有 200 米的老公路旧址。③

起初，特奥菲洛·奥托尼计划从新米纳斯镇招募居民去费城，但因自然条件太艰苦，印第安人又经常出没，骚扰袭击，故只有少数人去。后来，穆库里河公司通过"国际移民协会"从欧洲招募垦民。1855 年，有 28 户 153 名葡萄牙马德拉群岛人到达。1856 年 6 月 2 日，又有一批德国人到达。1858 年 6 月，再有 162 名比利时人和荷兰人到达。④ 穆库里河公司招募欧洲垦民的目的是垦荒与修路双管齐下，利用外来移民修路的同时，也可开发一方。这些移民乍到目的地后，首要任务自然是安家落户，伐木盖房，垦荒种地。可惜天不从人愿，遇上干旱，只好实行口粮定量。外来移民水土不服，身上长疮，又加上伤寒等疾病流行，导致数十人死亡。

几乎同一时间，特奥菲洛·奥托尼开始招募德国人修费城－圣克拉拉公路。1856 年，有 15 名德国人闹事被抓，同时有 30 多名工人逃走。在此情况下，特奥菲洛·奥托尼转念招募中国人前来修路。他于 1856 年 8 月 25 日同巴西帝国政府签订合同，在里约热内卢招募 100 名中国劳工（广东人）到米纳斯吉拉斯州东北部修建这条公路。但实际上没有招到 100 名中国劳工，只去了 89 人。笔者认为，这些早期来到里约热内卢的广东华侨本与费城－圣克拉拉公路"无缘"，只是因为被招募的德国工人修路失败，他们才被招募过来。特奥菲洛·奥托尼后来于 1857 年 10 月 15 日在股东大会上做的年会报告中，谈到他对招募中国劳工的看法，说他经过 1857 年对中国人劳动的观察，认为"天子帝国"（即清帝国）的无产者比奴隶劳动者强得多。"他们（中国劳工）比黑人聪明，完美地完成修路

---

① 华侨华人称菲拉德尔菲亚（Filadélfia）为费城，1878 年 11 月 9 日废城，并易名为特奥菲洛·奥托尼，脱离新米纳斯镇单独建镇。费城离州府贝洛奥里藏特 470 公里。

② 菲拉德尔菲亚－圣克拉拉即今纳努基市，1948 年 12 月 17 日建市，面积 1 515.37 平方公里，人口 4 万。

③ 陈太荣、刘正勤：《19 世纪中国人移民巴西史》，北京：中国华侨出版社，2017 年，第 154 页。

④ 陈太荣、刘正勤：《19 世纪中国人移民巴西史》，北京：中国华侨出版社，2017 年，第 154 页。

工作，不需要工头向他们解释第二遍。"①

根据记载，这条公路的修建时间为 1855 年 12 月—1857 年 8 月。是则，中国劳工参加修路的时间应为 1856 年 9 月至 1857 年 8 月。又据特奥菲洛·奥托尼 1859 年《穆库里垦殖》的报告，来穆库里的 89 名中国劳工中有 2 人死亡。他在报告中对这群中国人独特的卫生习惯印象深刻，说他们特别爱干净，注意头、脚保护，从不会患上导致死亡的脚虫病，等等。② 这也应是绝大部分中国劳工在十分恶劣的自然条件下能够有惊无险地生存下来的重要原因。另外，该公路的工程要求严格，表明这些修路华工必须接受较高的技术标准检验，仅仅刻苦耐劳是不够的。费城 – 圣克拉拉公路很可能是华侨在巴西参与修筑的第一条公路。虽然参与的人数不多，但其开创性意义不可忽视。

费城 – 圣克拉拉公路修好后，这些广东华侨有少数人留在当地，定居在穆库里河流域（具体人数不详）。他们先是在乌鲁库军屯区（Colonia Militar do Uruca）垦耕（与之在一起垦荒的还有其他国家的移民），后来慢慢融入当地。大部分人则返回当初的出发地里约热内卢，因为他们当初与穆库里河公司签署的是临时合同。这些回到里约热内卢的广东华侨后来可能又先后找到了工作。至于他们日后是留下来还是回到中国，则史无记载。

二、佩德罗二世铁路

巴西第一条铁路没有中国劳工参加修建，直到佩德罗二世铁路时，中国劳工才参加修建。与修建费城 – 圣克拉拉公路相比，参与修建佩德罗二世铁路的中国劳工人数多得多，所付出的代价也惨烈得多。参加修建佩德罗二世铁路的中国劳工侥幸生还者很少，可以说是他们用自己的尸骨铺设了巴西经济发展的康庄大道。

佩德罗二世铁路以当时的皇都里约热内卢作为起点，计划先连接 3 个州，即里约热内卢州、米纳斯吉拉斯州与圣保罗州，再拟北上经过沿海各省一直通到帕拉州州府贝伦市。该铁路工程分两期，第一期是巴西铁路大动脉，1855 年 6 月 11 日开始修建，为里约热内卢至新伊瓜苏段铁路，1858 年 3 月 29 日通车。1856 年 11 月 8 日第一期工程完工以后，第二期工程交由美国人承包。第二期为从临时焚烧站（Pouso dos Queimados）至贝伦段铁路，1858 年 11 月 8 日通车。整条佩德罗二世铁路运行多年，到 1889 年巴西共和国建立后，改称为"巴西中央铁

---

① 陈太荣、刘正勤：《19 世纪中国人移民巴西史》，北京：中国华侨出版社，2017 年，第 154 页。
② 陈太荣、刘正勤：《19 世纪中国人移民巴西史》，北京：中国华侨出版社，2017 年，第 154 页。

路"（Estrada de Ferro Central do Brasil）。顺便指出，这条铁路当初以"佩德罗二世"命名是因为佩德罗二世在 1850 年宣布解放所有奴隶，这在巴西历史上是浓墨重彩的一笔。其实，他在巴西经济建设方面的作为也应该被记上一笔，即修建铁路和电信建设。至于他为什么要修这条铁路，今天只能从巴西发展的历史背景来看。佩德罗二世的政策是鼓励外国移民开发国内资源，发展资本主义经济。在佩德罗二世统治下，巴西的工农业生产呈现出显著增长的势头。

1855 年，巴西帝国政府开始修建佩德罗二世铁路。在此之前的 1852 年 6 月 26 日，作为落实 1850 年废奴之举，巴西颁布一项法令，规定建筑公司不得拥有和使用奴隶，但可以免关税自行招募工人。1855 年 2 月 9 日，巴西帝国驻英国公使塞尔吉奥·特谢拉·马塞多（Sergio Teixeira Macedo）在伦敦与英国承包商爱德华·普赖斯（Edward Price）签署了第一期工程承包合同。第一期工程从里约热内卢市中心的"阿克利马桑广场"（Campo da Aclimação）至海洋山脉山脚下的"贝伦圣母与上帝之子村"（Freguesia de Nossa Senhora de Belém e Menino Deus，今为雅佩里市）、"关杜河"（Rio Guandu）边的"卡拉穆若斯站"（Caramujos，后改名"佩德里拉工程师站"），全长 61.675 公里。1855 年 5 月 19 日，"佩德罗二世铁路公司"成立，为股份制私人企业。博尼托子爵（Rio Bonito）克里斯蒂亚诺·贝内迪克托·奥托尼（Christiano Benedito Ottoni）任副董事长，1857 年 2 月被任命为董事长。[①]

关于第一期工程招募华工的缘由，公认的说法是，英国承包商爱德华·普赖斯最初是从欧洲招募了 1 000 人作为修路工人（英国人和爱尔兰人）。岂知第一期路段经过伊瓜苏河流域低洼地，但伊瓜苏河经常泛滥，每每泛滥这一带就成泽国，而且当地卫生条件恶劣，黄热病、疟疾等时疫流行。大多数欧洲工人看到这种情况就打起了退堂鼓，拒绝上岗。爱德华·普赖斯无奈，只好通过当地一华人从国外招募数千名华工，以替代欧洲工人。于是，中国劳工就成了修建"佩德罗二世铁路"第一期工程的主力军。

关于招募中国劳工一事，一直在佩德罗二世铁路公司工作的巴西土木工程师保拉·佩索阿（Vincente Alves de Paula Pessoa Filho，1857 年 4 月 30 日—1917 年 9 月 17 日）在他 1902 年出版的《巴西中央铁路指南》（Guia da Estrada de Ferro Central do Brasil，全 2 册）一书中指出："至今仍在蔓延的时疫笼罩着这个沼泽地区，使承包商真正处于无比的窘境。他虽给予高薪，仍无法阻止工人逃亡。为使工程继续下去，普赖斯先生决定引进中国工人，最终用茜草垫底进行大填埋。但这些中国人成百上千染上时疫。据当时一个证人估计，这些不幸的工人有

---

① 陈太荣、刘正勤：《19 世纪中国人移民巴西史》，北京：中国华侨出版社，2017 年，第 144 页。

5 000 多人被埋在了贝伦。"①（笔者注：贝伦是指当时隶属于伊瓜苏镇的"贝伦圣母与上帝之子村"）保拉·佩索阿是佩德罗二世时代的人，他所说的那个时代有关铁路与华工之事，具有足够的权威。

一个问题是，当时人们都知道在伊瓜苏河流域低洼地，时疫（包括疟疾、天花和霍乱等）是经常发生的，爱德华·普赖斯当然知道这一点，但他仍然招募中国劳工，这只能说是爱德华·普赖斯向中国劳工隐瞒了当地的疫情和恶劣环境，即让欧洲工人打退堂鼓的实情。如果爱德华·普赖斯说了实话，就是给再高的薪金，估计也不会有几个中国劳工愿意往地狱里跳，更不用说是数以千计的劳工了。实际上，爱德华·普赖斯不仅隐瞒了伊瓜苏河流域低洼地既往的疫情，而且在该地暴发导致中国劳工大规模死亡的疫情后，事后也有对外界隐瞒中国劳工死亡事态之嫌。据陈太荣、刘正勤夫妇在巴西国家图书馆查阅 1855 年 7 月至 1856 年 3 月的《商业邮报》中所有有关"佩德罗二世铁路"的内容，其中关于铁路公司的情况与里约热内卢发生霍乱死亡人数的报道很具体，他们甚至还查到了 1855 年 2 月到达里约热内卢的中国劳工中有 2 人染病身亡的报道，唯独没有修建铁路的中国劳工死于霍乱的任何报道。② 因此，爱德华·普赖斯有隐瞒中国劳工因疫情死亡的嫌疑不是没有根据的。

客观事实是，霍乱疫情暴发期间，中国劳工死亡人数有 5 000 多人。那么，爱德华·普赖斯究竟招募了多少中国劳工？既然中国劳工死于霍乱的就有5 000 多人，那么至少还幸存一部分，不可能全军覆没，实际招募的中国劳工总数应大于此数。陈太荣、刘正勤夫妇指出，霍乱肆虐的时间是 1855 年下半年，5 000 多名中国劳工就是在这段时间染病身亡的。从现有资料判断，爱德华·普赖斯没有再招募其他劳工修建铁路，故陈、刘二人认为，爱德华·普赖斯最初招募的中国劳工应是 6 000 人左右，因为至少需要 1 000 多人才能把铁路继续修完。1856 年 11 月 8 日第一期工程完工以后，第二期工程交由美国人承包。这 1 000 多名中国筑路工人中的一部分有可能参加修建第二期工程铁路，有些人可能散居里约热内卢州各地。有一位巴西历史学家所著的里约热内卢历史小说中就有描述中国铁路工人后裔的章节。③

由于霍乱，佩德罗二世铁路的竣工计划不得不延期。原定 1857 年 8 月 9 日通车至贝伦村推迟到 1858 年 11 月 8 日方才通车至贝伦村。④ 而爱德华·普赖斯承包的第一期工程自 1855 年 6 月 11 日开工，1858 年 3 月 29 日才通车至伊瓜苏

---

① 陈太荣、刘正勤：《19 世纪中国人移民巴西史》，北京：中国华侨出版社，2017 年，第 146 页。
② 陈太荣、刘正勤：《19 世纪中国人移民巴西史》，北京：中国华侨出版社，2017 年，第 149 页。
③ 陈太荣、刘正勤：《19 世纪中国人移民巴西史》，北京：中国华侨出版社，2017 年，第 150 页。
④ 陈太荣、刘正勤：《19 世纪中国人移民巴西史》，北京：中国华侨出版社，2017 年，第 145 页。

镇的马拉皮库孔塞桑圣母村（Freguesia de Nossa Senhora da Conceição de Marapi-cu，后改名 Queimados，即现在的凯马多斯市），铁路还剩下 13.465 公里。然而，爱德华·普赖斯的代表贝利斯因巴西铁路公司未满足他们的一些要求，拒绝将此段铁路交付巴方通车，还带人升起英国国旗，坐在铁路线上封锁道路。巴西铁路公司董事长克里斯蒂亚诺·贝内迪克托·奥托尼闻讯，带着里约热内卢州警察厅厅长和一队士兵坐火车赶来处理，巴方认为英国承包方的态度与行径侮辱了巴西主权，因而拒绝了英国承包方的要求，决定自 1858 年底由巴西公司自行承建铁路，靠出租铁路筹集资金（实际上二期工程改由美国人承包）。1858 年 11 月 8 日，凯马多斯－贝伦（Queimados-Caramujos）段铁路通车。在 Bento Ribeiro 市史简介中，1858 年 3 月 29 日有 5 个车站通车，其中包括里约热内卢市 Campo da Aclimação 广场的皇宫站（Estação da Corte，后改为中央站）。①

爱德华·普赖斯在什么地方招募到 6 000 多名中国劳工尚存在一些疑点。一说他是在欧洲工人拒绝上岗后通过当地（巴西）一个华人自行从国外招募数千名华工的。在巴西人马格列夫·科巴拉（Maglev Cobra）2007 年 8 月 4 日发表的历史题材小说《金骡子》（A Mula do Ouro）的第 10 章"战胜巨大的挑战"中写到，巴西刚于 1850 年颁布法令禁止进口非洲奴隶，修铁路缺少劳动力。当地负责人 Souza Breves 少校为"佩德罗二世铁路"英国承包商爱德华·普赖斯引荐了一位中国人，通过此人在国外招募了 5 000 多名华工到巴西修铁路，其中甚至有一些参加过美国加利福尼亚铁路建设的筑路工人。由于伊瓜苏河泛滥，当地流行疟疾、天花和霍乱，在修建凯马多斯－贝伦段的铁路时，有大批中国工人染病身亡。根据保拉·佩索阿工程师的报告，在 9 个月中有 5 000 多名中国劳工死于霍乱、天花与疟疾。②

笔者认为，《金骡子》是历史题材小说，其细节可能存在着虚构成分，但如果摒弃其细节，只注意其枝干，则仍有一定的参考价值。虽然不清楚《金骡子》关于华工来源于美国一说的原始出处，但就此说本身来看，还是有可能的。试想，如果说修路华工全来源于中国大陆，那么一个难以解释的问题是时间太短促，从爱德华·普赖斯决定招募华工到霍乱疫情暴发之间很短的时间内 5 000 多名华工就相继命丧黄泉。即使是不停地分批招募，在短期内陆续完成 6 000 多名劳工的招募也是十分困难的，更何况这是突然大量招工。即使以最快速度招到劳工，除去在澳门候船的时间，运输船从澳门到巴西也要三四个月。所以，笔者并不认为《金骡子》美国招募华工之说毫无道理。从理据上看，美国华工从中国

① 陈太荣、刘正勤：《再谈中国劳工在巴西修铁路》，巴西侨网，2012 年 4 月 4 日。
② 陈太荣、刘正勤：《再谈中国劳工在巴西修铁路》，巴西侨网，2012 年 4 月 4 日。

人最多的旧金山到里约热内卢的航程短得多，招工进度快，几乎可以召之即来。因为这些华工已经离开家乡在外（在美国），再迁移到另一个地方就无须像在中国初次离家那样，要花很长时间做准备。当然，也有可能是爱德华·普赖斯在中国大陆和美国同时招工。如是，则在美国招募的那一部分先到达巴西，在中国大陆招募的那一部分在后来的两三年内再分批到来。爱德华·普赖斯所找的招募劳工的公司，可能双管齐下，既依靠华侨公司，也依靠英国公司。

　　这样看来，那个"爱德华·普赖斯引荐的中国人"应该大有来头。[①] 其祖籍应该在中国大陆，但本人已出国多年，他有可能是常住美国的华侨，当时从美国来到巴西，可能就是专门为了这次铁路招工之事而来的。作为招工中介人，他应该十分熟悉相关招工公司（包括中国大陆、美国和巴西的公司）的运作业务，并与这些公司有一定联系，甚至他本人有可能就是这类公司的业务负责人。如要从中国或美国向巴西引荐华工，应通过当时分布在美国旧金山和中国各地的招工公司进行，不可能是他一个人独力而为。这些中国劳工既然参加过美国加利福尼亚铁路建设，则对修铁路工作应轻车熟路，听信了中介人对到巴西修建铁路前景的一番渲染，才愿意到巴西来的。

　　中国劳工从美国来巴西，稍后有美国华工被招工到加拿大"淘金"作为佐证。咸丰七年（1857），有一个叫阿康（Ah Hong）的中国人从美国旧金山来到加拿大不列颠哥伦比亚省，参加了弗雷塞河谷的金矿开采。1858 年 5 月他回到旧金山后，把加拿大不列颠哥伦比亚省发现金矿的消息告诉了同胞，引起轰动，于是有一群华侨淘金客从旧金山前往加拿大，开启了加拿大华侨的"淘金时代"。

　　上面所说的 6 000 多名修路华工来源，目前还处在探讨阶段。为了查清英国承包商究竟招募了多少中国劳工以及他们到底来自哪里，陈太荣、刘正勤夫妇做了巨大努力，笔者十分敬佩。他们买了不少有关"佩德罗二世铁路"的书，可惜这些书对此均未提及。他们还到里约热内卢的火车博物馆去查阅，但看到的只有未经整理的乱纸堆。或许有朝一日这些资料得到整理，有关中国劳工的人数和来源等秘密才可能大白于天下。

　　不夸张地说，因瘟疫盛行而导致修路华工中 5 000 多人死于他乡而无葬身之地，是华工出国史中最惨不忍睹的重大事件之一。现代很多巴西著述都曾提到此事，此不俱列。陈太荣、刘正勤夫妇 2012 年 3 月 18 日查到圣保罗大学经济学教授 Maria Lúcia Lamounier 的一篇题为《从奴役到自由劳动：巴西 19 世纪建设铁路工程中的奴隶和移民》的论文，其中谈到数千名中国劳工在修建佩德罗二世铁路

---

　　① 据束长生提供的线索，该华侨名叫 CHUCHAY LAU/CHUCHAY TAU，没有中文名字留下来。笔者怀疑他可能是一位生活在美国的中国移民中介。可惜多方搜索均无线索。

一期时染病身亡之事。论文云，根据史料，爱德华·普赖斯招募了数千名中国人，但其中 5 000 多人似乎在筑路工程中死亡。在另一篇介绍佩德罗二世铁路公司的文章中，提到 5 000 多名华工的死亡原因是瘟疫和 1858 年夏天暴雨冲毁铁路路基、枕木与轨道。[①] 是则，修路华工的死因除了瘟疫外，还有暴雨引起的次生灾害。

笔者认为，当时使华工丧命的瘟疫主要是霍乱。霍乱是一种由霍乱弧菌引起的急性腹泻疾病，能使人在数小时内腹泻脱水甚至死亡，即使到了 20 世纪人们还谈之色变，更不用说在 19 世纪 50 年代了。1855 年 7 月霍乱最先暴发于里约热内卢市区，当年就致 4 813 人死亡。同年 9 月蔓延到伊瓜苏镇，死亡 237 人。[②] 里约热内卢市和伊瓜苏镇的医疗条件还算好，故疫情发生后政府立即采取措施控制疫情，事态逐渐好转，不至于一发不可收拾。但市郊地区就没有那么幸运了，特别是中国劳工居住和工作的地方是伊瓜苏河流域低洼地，那里草木丛生、蚊虫满天，工棚卫生条件极差，在突如其来的疫情面前，中国劳工毫无招架之力。应指出的是，他们来到异国他乡，水土不服先不说，工作还异常辛苦，要整天泡在深至脖子甚至一人多深的泥水里填埋路基。本来身体就十分虚弱，故当霍乱迎头袭来，根本无法抵抗。此外还有人为的因素，当时里约热内卢州、佩德罗二世铁路公司和英国承包商都没有采取有效措施防范，因此中国劳工死亡情况尤甚也就不奇怪了。

1857—1858 年，里约热内卢市区流行黄热病，死亡 3 413 人。[③] 这个死亡数字中有无包括修路华工暂不清楚，但估计都是当地人，因为华工当时不居住在市内而居住在荒野地的工棚里。

至于夏天暴雨，则是指中国劳工在工程收尾的 2 月中旬的一场暴雨，冲毁许多已修好的路基、枕木与铁轨，故巴西帝国政府临时决定只通车到马拉皮库孔塞桑圣母村（后改名凯马多斯）。此处在原设计中本无车站（Estação），只能赶建一个临时站（Pouso），后来才正式定为车站。由于中国劳工大批死亡，延误了铺轨进程，在贝伦已建好的新车站 "Estação de Caramujos"（后改名为 Estação Engenheiro Pedreira）用不上，只好在凯马多斯赶建新车站作为通车站。另外，在 Bento Ribeiro 市史中提到在 1858 年 2 月 14—16 日狂欢节后下暴雨，影响了佩德

---

① 陈太荣、刘正勤：《再谈中国劳工在巴西修铁路》，巴西侨网，2012 年 4 月 4 日。Maria Lúcia Lamounier 的论文《从奴役到自由劳动：巴西 19 世纪建设铁路工程中的奴隶和移民》（Entre a Escravidão e o Trabalho Livre, Escravos e Imigrantes nas Obras de Construção das Ferrovias no Brasil no Século XIX），发表于（巴西）《经济杂志》（Revista Economia），2008 年 12 月。

② 陈太荣、刘正勤：《19 世纪中国人移民巴西史》，北京：中国华侨出版社，2017 年，第 144 页。

③ 陈太荣、刘正勤：《再谈中国劳工在巴西修铁路》，巴西侨网，2012 年 4 月 4 日。

罗二世铁路第一期工程的收尾工作，冲毁了许多已建成的路段。① 按照此处的说法，铺轨进程之所以延误，是因为中国劳工大批死亡，死亡的原因就是瘟疫。夏天暴雨不应是导致中国劳工死亡的主要原因，虽然不排除个别华工在暴雨中不幸遇难。

为什么修路华工的死亡率如此之高？这应与当时华工较容易感染时疫有关。在传统华侨生活的那个时代，中国的病疫情况也十分严重。每隔若干年，不同类别的疫情就会发生一次。这从那个年代盛行"送瘟神"的习俗可以得到印证。过去外邦（例如南洋）有令人生畏的"瘴气"之说，在出国华侨中十分盛行。实际上，所谓"瘴气"，就是"蛮荒"状态下人类可能遇到的各种病疫。当年华侨出国来到巴西伊瓜苏河流域低洼地，居住在野外工棚，卫生条件又极差，属于典型的"蛮荒"地域，因而感染上当地疫病是不奇怪的。且当时的出国华工在中国处于社会最底层，身体素质较差，到了巴西后又承负重体力劳动，吃不好睡不好，容易感染疫病。更可悲的是，这些华工感染疫病去世后，无法就地下葬，更无法入殓扶灵回家，而只能在当地草草火化，甚至连起码的葬礼也没有。人生的最大悲哀，莫过于此。

凯马多斯是里约热内卢州境内的一个小城市，葡语意思是"烧死人"，就是因为当年在此焚烧死尸而得名。② 当时中国劳工在离伊瓜苏中心较远的马拉皮库孔塞桑圣母村一个糖厂附近安营扎寨。这个地方没有正式名称，为防止霍乱进一步蔓延，中国劳工只好在铁路两边焚烧工友的遗体。陈太荣、刘正勤夫妇从巴西地理统计局（IBGE）图书馆的资料中得知，当时有数千名中国人病亡，当地居民就把那个地方称为"焚尸路"（Queimados），音译"凯马多斯"。久而久之，凯马多斯就成为该地的地名。③ 此史料还被"City Brazil"等网站用作介绍凯马多斯市历史的资料。不过，即使到了国外，中国人也是用土葬的方式处理死者遗体。这里焚烧死者遗体，应是因为他们死于瘟疫，特别是死于剧毒性瘟疫。如若不然，即使是在巴西当地死亡，也是要在当地土葬的，因为华人同胞在巴西等拉美国家死亡，没有条件像在美国和加拿大的同胞那样死后被捡骨送回家乡安葬。

又据工程师保拉·佩索阿的调查报告，当时有 5 000 多名中国劳工死亡。因瘟疫死亡的人要就地火化，故常在铁路沿线附近焚尸，当地人因而称此铁路为"焚尸之路"（Estrada dos Queimados），连新建成的马拉皮库（Marapicu）车站也被称为"焚尸之站"，随后凯马多斯也就当然变成了村名、区名和市名。具体来

---

① 陈太荣、刘正勤：《再谈中国劳工在巴西修铁路》，来源：巴西侨网，2012 年 4 月 4 日。
② 陈威华、刘隆：《退休外交官巴西寻访早期华人移民足迹》，新华网，2015 年 4 月 2 日。
③ 陈太荣、刘正勤：《19 世纪中国人移民巴西史》，北京：中国华侨出版社，2017 年，第 145 页。

说，是 1858 年建居民点，1892 年 5 月 8 日建"凯马多斯区"，1991 年 11 月 26 日单独建市，仍叫"凯马多斯"。[①] 今凯马多斯市面积 76.92 平方公里，人口 13.93 万（2010 年）。总之，这是巴西唯一一个因死亡华工而起的地名，令人倍感历史的残酷惨烈。

一说该地名来源于佩德罗二世。当时他看到附近一座小山顶上正在焚烧一大堆枯树枝，就说站名就叫"Pouso dos Queimados"（临时焚烧站）吧！不过，如果说皇帝专门为这个地方起了这样一个地名，殊不可能。比较靠谱的猜想是，皇帝也许早就听说此事，且知道当地人把此一路段称作"焚尸之路"。因此当有人提起，他就附和了一下。旁人听了，传出去就成了圣旨。另外也有人说，此山顶处曾烧过麻风病人尸体和被奴隶主打死的逃奴尸体。

在离里约热内卢 25 公里的新伊瓜苏市（原称伊瓜苏）附近有两处中国人公墓，一处在雅佩里市，另一处在帕拉坎比市（Paracambí），[②] 大约建于 1860 年。为什么会在此两处建有中国人公墓？一是因为在 1875 年之前，伊瓜苏只有天主教堂公墓，禁止安葬非天主教徒。而更重要的原因是 1855—1860 年参加修建佩德罗二世铁路的大批中国劳工染病死在这段铁路线上，无数中国筑路工人的尸骨火化后被埋进了这两处公墓。据说，在雅佩里市还有不少中国筑路劳工的后裔。[③]

如果继续追问，巴西当局是如何从中国招募到如此多华工的？修路华工的组织性肯定比茶农强，在修路过程中私自逃逸者应极少甚至没有。但在完成修路工程后的幸存者中，有多少人回到中国，有多少人留在了巴西？令人颇感好奇的是，在巴西华侨华人历史上一批如此大规模的移民，今天几乎了无痕迹。很多谜团还有待继续发掘和研究。但可以肯定，铁路工程结束后，一些华工留在巴西，其中圣保罗州境内的巴纳纳尔就是华工的一个主要聚居地。陈太荣、刘正勤夫妇在调研过程中也发现，早期移民巴西的华侨中，就有人参加了修建公路、铁路等当地工程项目。[④]

佩德罗二世铁路一期工程建成通车，对"Baixada Fluminense"低洼地区 13 个市的经济发展起了巨大的促进作用。一方面，人们感谢为建设这一条铁路而英勇献身的中国劳工们；另一方面，修建铁路时，连续 9 个月在铁路沿线焚烧中国劳工遗体那种凄惨情景永远镌刻在此段铁路的历史中，因此 150 多年来

---

① 陈太荣、刘正勤：《巴西 19 世纪引进中国劳工简史》，巴西侨网，2012 年 11 月 6 日。

② 雅佩里市原属新伊瓜苏市，1991 年 12 月 2 日建市，离新伊瓜苏市 45 公里、凯马多斯市 35 公里、帕拉坎比市 35 公里。帕拉坎比市原属 Vassoura 市，1960 年 8 月 8 日建市，离凯马多斯市 31 公里、雅佩里市 35 公里、里约热内卢市 76 公里。

③ 陈太荣、刘正勤：《巴西 19 世纪引进中国劳工简史》，巴西侨网，2012 年 11 月 6 日。雅佩里市离里约热内卢市 70 公里，面积 82.832 平方公里，人口 9.5 万（2010 年），黄种人占 1%。

④ 陈威华、刘隆：《退休外交官巴西寻访早期华人移民足迹》，新华网，2015 年 4 月 2 日。

"凯马多斯"一直作为车站名、区名、市名、村名，这个名字代表了凯马多斯市人民对中国筑路劳工的永久缅怀！凯马多斯市议会巴西民运党（PMDB）市议员德基尼亚（Dequinha）于 2008 年 7 月 17 日发起为建设佩德罗二世铁路做出突出贡献而死亡的中国劳工修建纪念碑的倡议书。[①]

修铁路的华工在完成工程后，侥幸活下来的那些人中，估计终生留在巴西了。同时可以猜测，他们中很多人当初可能只是打算短期居留，等赚了一笔钱后便打道回家，但是后来由于各种各样不可预料的因素，巴西成了他们最终的归宿。

三、马代拉－马莫雷铁路

巴西还于1907—1912 年在亚马孙大森林腹地修建马代拉－马莫雷铁路（俗称"魔鬼之路"），中国劳工参加了"魔鬼之路"的修建。

"魔鬼之路"开工之前，1907 年，美国人珀西瓦尔·法夸尔（Percival Farquhar）从巴西人若阿金·卡特拉朗比（Joaquim Catrambi）处购买了建设马代拉－马莫雷铁路权，于 6 月 4 日成立了马代拉－马莫雷铁路公司（Empresa The Madeira-Mamoré Railway Company）。该铁路位于亚马孙大森林腹地的朗多尼亚（Rondônia）州，全长 366 公里，自州府波多韦柳（Porto Velho）至瓜雅拉－米里姆（Guajará-Mirim）。[②]

实际上，当时为建设此铁路，铁路公司不只是招聘中国人，还在多个国家招兵买马。据统计，公司一共在 25 个国家的港口招募了正式合同工 21 817 人，主要有葡萄牙人、西班牙人、意大利人、俄国人、古巴人、墨西哥人、波多黎各人、黎巴嫩人、叙利亚人、美国印第安人、巴西东北部人、格林纳达人、圣卢西亚人、巴巴多斯人、挪威人、波兰人、中国人、印度人、德国人、瑞典人、爱尔兰人、希腊人、法国人、土耳其人、玻利维亚人、英国人、奥地利人、阿拉伯人、日本人、丹麦人。加上非法招工 1 万人，一共有 50 个国家 3 万多人（除了上述，应还有很多国家未在列）。[③]

这条铁路的修建过程一样惨象重重，估计有 6 208 人死于修路过程中。死者主要为美国人、英国人、中国人、西班牙人、丹麦人、意大利人、德国人、希腊人、巴西人等。死亡原因包括：一是时疫，黄热病、疟疾、伤寒、肺炎、肺结

---

① 陈太荣、刘正勤：《19 世纪中国人移民巴西史》，北京：中国华侨出版社，2017 年，第 191 页；陈太荣、刘正勤：《再谈中国劳工在巴西修铁路》，巴西侨网，2012 年 4 月 4 日。

② 陈太荣、刘正勤：《19 世纪中国人移民巴西史》，北京：中国华侨出版社，2017 年，第 150 页。

③ 陈太荣、刘正勤：《19 世纪中国人移民巴西史》，北京：中国华侨出版社，2017 年，第 150 页。

核、痢疾等，随时可以夺人性命；二是事故，如翻船溺死等；三是遭土著印第安人毒箭射死等。其中，在医院死亡的就有 1 522 人。[①] 他们应多是出于上面几种原因而住院的。但医院死亡人数约占死亡总人数 1/4，死亡率之高，说明当地自然环境之恶劣，以致很多人难以救治。

马代拉－马莫雷铁路于 1912 年 4 月 30 日竣工。铁路建成后，该铁路的终点瓜雅拉－米里姆成了一个新兴城市，一些印度人、中国人、希腊人、格林纳达人、巴巴多斯人、古巴人、西班牙人、美国人、黎巴嫩人、法国人、葡萄牙人、德国人、以色列人曾移民此处经商。[②] 这些到瓜雅拉－米里姆经商的移民来源国与上面修路工人的来源国多有重合，故这些来经商的移民很可能是原先来参加修铁路的工人。

中国人也名列修路工人来源国与经商移民来源国两个清单中。前一个清单，涉及修路工人来源人数。研究世界各国在巴西移民的历史学家、巴西国会议员库尼亚·布埃诺（Cunha Bueno）在其所著《世界各国移民巴西史》一书中说，有 300 名华工是从广州到里约热内卢来的。就人数来看，中国工人只占参加修路总人数的 1/100，显得微不足道。其时中国已是清末，清政府的华侨政策已经发生了巨大变化，华侨的地位已有所提高。重要的是，经过此前几十年的社会变迁，中国人出国务工也已合法化和常态化。因此，这 300 名华工应是通过正规渠道出国的。但他们的修路环境和工作条件依然艰苦，要不就不会有"魔鬼之路"一说了；后一个清单，涉及经商移民人数。估计前来修铁路的 300 名工人，除死亡者外，在工程完成后都没有回国而留在当地经商。他们应是大清帝国灭亡前来到巴西的最后几批中国人之一。

还顺便指出，库尼亚·布埃诺在其所著之书中称，"1810 年间，有 300 名筑路工人从广州来到里约热内卢，参加修建里约热内卢至维多利亚的铁路修建工程（Ferrovia Rio-Vitória）"。但据陈太荣考实，他们是 1910 年才到巴西修铁路的华工，[③] 而被说成 1810 年，应是打字失误而造成的时间错讹。

概言之，传统移民时代华侨到巴西修筑公路和铁路之事至少发生过上述三次。1855—1858 年修建佩德罗二世铁路和 1907—1912 年修建马代拉－马莫雷铁路都十分惨烈。1853—1857 年修建特奥菲洛·奥托尼公路因资料不详而不大清楚，但由于修路地方是在巴西的森林腹地，其艰险程度不容低估。巴西早年中国

---

① 陈太荣、刘正勤：《19 世纪中国人移民巴西史》，北京：中国华侨出版社，2017 年，第 151 页。

② 陈太荣、刘正勤：《19 世纪中国人移民巴西史》，北京：中国华侨出版社，2017 年，第 151 页。

③ 陈太荣、刘正勤：《19 世纪中国人移民巴西史》，北京：中国华侨出版社，2017 年，第 143 页；又见陈太荣、刘正勤：《十年磨一剑——谈研究"中国人在巴西种茶史"经过》，巴西侨网，2012 年 4 月 4 日。

劳工修路史，说得上惊天地泣鬼神，可以用死亡枕藉来形容。其中很重要的原因就是自然环境的险恶。修路的地方都在原始森林地带，瘟疫横行，工程的竣工往往以很多劳工的生命作为代价。

今天还可以找到当年华工参与修铁路的实物证据。这就是19世纪中叶来巴西修筑铁路的华工的后裔和当年修建的铁路遗址。另外，陈太荣、刘正勤夫妇还在市政府里查到，这里曾出过华裔将军。许多人虽然与中国没有联系，但是都知道自己的祖先来自中国。[①]

2018年8月17日，中国驻里约热内卢总领事李杨赴里约热内卢州雅佩里市看望了19世纪中叶来巴西修筑铁路的华工的后裔。此次李杨所见的华工后裔祖先姓陈，为厨师，祖籍广东，当年其祖先随船来到巴西并于船上生下一女。后其女与当地居民结婚生子，后代聚居于雅佩里市旧火车站对面街道，并负责照管车站，目前已是第六代。参加会见的华工后裔谈及这段历史也情绪激动，几度落泪，对总领事的关怀表示感谢，称他们长久以来的梦想便是回中国寻根，去祖先生活的地方看看。会谈后，李杨与华工后裔们一起参观了雅佩里市旧车站及华工家族聚居地，还与陈太荣、刘正勤夫妇和提供1855年铁路工人信息的巴西作家Eduardo夫人在雅佩里合影。从合影可以看出他们身后的铁路线，就是当年修建铁路的遗址，其支线现在还在运货。雅佩里市城建局局长称，他们想恢复老车站（白房子），规划中的"中国筑路工人纪念园"就将建在这附近。[②] 说此次李杨与华工后裔的会见是历史性的毫不为过，因为此次会见把过去尚属模糊的带有传说性质的华工在巴西修筑铁路之事，变成了真真实实的信史。正如李杨所说，这次会见证明了华工来巴西修铁路这段历史是真实存在的，也表明了中国与巴西的友谊源远流长。

当然，华工在巴西修铁路，与茶农、餐饮人员、提包客等其他职业不一样。其他职业属于常规性的职业，且基本上是华侨的自主选择，可以在做了一段时间后再自主选择放弃，然后谋求别的职业。而修铁路本来就是一个短暂的职业，工人都是巴西当局通过中介从中国招募而来。铁路一修完，就意味着他们的职业宣告结束。当然，修路工人也可以想办法留下来另寻工作。修铁路华工后裔的存在，表明了一部分修铁路华工在工程完成后留了下来，再也没有回到他们的家乡。

---

① 陈威华、刘隆：《退休外交官巴西寻访早期华人移民足迹》，新华网，2015年4月2日。
② 陈太荣、刘正勤：《李杨总领事看望雅佩里市华工后裔》，《侨情动态》，2018年8月20日，来源：作者陈太荣、刘正勤发给笔者的原文。

第五节　传统华人洗衣业

巴西早期华侨洗衣业出现的背景是，欧洲移民及其后裔一般较为传统、保守，他们注重消费和享受。巴西当地的市民生活深受其风气影响，讲究穿衣和排场。但上流社会的人忙于赚钱与应酬，隔三岔五便要与人觥筹交错。他们的衣服自然也换得勤——不是因为脏了才换，而是为了应酬而换。这就迫使他们不得不把洗衣这样耗费时间精力却不怎么耗费钱财的低端工作交给专职的洗衣工人，洗衣业遂应运而生。华侨洗衣业自然不会落人之后，移民之初的华侨，更是愿意将之作为赖以立足的基础产业。且华侨洗衣店的一个优势是，可以提供优质、快速、廉价的服务，满足城市家庭的日常需要。于是，华侨开的洗衣店越来越多，逐渐与城市生活融为一体，成为当地社会分工的一部分。

一般来说，华侨洗衣业在最初阶段都出现在城市、集镇，或正建设中的新兴城镇等人口密集区。从事洗衣业的华侨，倒不是为整天汗流浃背又没有时间洗衣服的建筑劳工服务，而是为中产阶级服务。这个阶层中大部分人都有稳定的可观收入，需要一个专门洗衣服（含熨衣服）的群体为他们服务。一般来说，从事洗衣业的华侨多是游走型的，以上门找客服务为特征。

早期巴西华侨洗衣业是一个门槛低（资本投入少、技术要求低）、本小利微的行业，十分适合那些需要通过原始积累来获取前期发展资金的"低端人口"来经营。早期从事洗衣业的华侨人数甚多，持续时间长，一直是那些初到目的地还没有找到工作的华侨的主要维生手段之一。经营洗衣店对早期华侨有莫大的吸引力。它几乎不需要启动资金，仅需要一个洗衣池、一些肥皂及一个熨斗便可开业。洗衣工只要勤快肯做，忍辱负重，耐得了洗衣工作的单调、沉闷和寂寞就可以胜任。经营洗衣业这一行，虽然收入不高，但胜在细水长流，工作相对稳定。另外，单干的洗衣店主人常常将十分简陋的居室与工作室合一使用，居住之所就是工作之处。这样可以省很多开销，节约成本。显而易见，对于那些初到异国他乡、以日求三餐夜求一宿为初始目标的华侨来说，要站住脚跟，洗衣业还是一个不错的起步选择。总之，洗衣业的一个好处就是成本低，容易积蓄，实现原始积累的过程较快。一般来说，一两年内就可以由原来的家庭式作坊扩大为洗衣馆。有了洗衣馆，便可以招聘工人，自己就是老板了，就可以向别的地方发展。所以，对于那些初到巴西或者没有什么积蓄的人来说，从洗衣业做起，等到了一定阶段积蓄到一笔资金，再转行做其他行业。

在开始的时候，常常是华侨洗衣工独自打天下，四处游走。他们将搓板、肥

皂、熨斗和熨衣架装在一个箱子里，这个箱子便是他们行走四野的"集装箱"。很多洗衣工挑着这个笨重行李箱穿街过巷，游走四方，过着处处无家处处家的生活。到了一个地方，找一个简陋的铺位，甚至一个土石高台，就可开张营业了。游走的洗衣工一点也不"浪漫"，工作疲劳且乏味，没有固定床铺，甚至拿洗衣板当床睡。

洗衣工每天一大早即开始工作，深夜一二时才收工，长年累月，疲倦不堪。洗衣工作虽看似简单，但也属粗活，且非常费力。洗衣工要亲自上街收衣服，然后拿回来洗烫、整修，完成后再送回去。整个流程琐碎而繁杂。洗衣时，腹部受熨斗干烤，背上常常要披上一条湿巾解热才能继续工作。洗衣是以水为伴的工作，时时刻刻泡在水里，一年到头，冷热不匀，久而久之，即使身体再好，也会引起健康问题。洗衣工患上水肿，两足僵直无法动弹，都是常见的事。

在顾客比较集中的地方（尤其是市镇），就可以开洗衣店（铺），作为店主的洗衣工的工作也就比较稳定。洗衣店里面有工作间，有一个煤炉，一天到晚生着火，不断烧水。洗衣店一般有好几个熨斗，轮换着用。一只熨斗足有八磅重。熨斗凉了，可以放回炉子加热，另换一只滚烫的熨斗继续干活。工作间里，又热又闷。泡在里面，大汗淋漓，全身湿透。但洗一件衬衣收费很低，这就是只有华侨才能忍受的"洗衣生涯"，从一个侧面说明洗衣工身无分文白手起家的艰苦。但是由于华侨勤劳刻苦，所以有一段时间，巴西人直接称洗衣店为"China"，甚至连巴西人开的洗衣店也被称为"China"。[①]

一些地方可能会有洗衣夫妻店，采用家庭作坊式的经营方式。不过如果是夫妻店，则应是固定式的（例如租房），在小有积蓄之后还会雇上一两个工人，规模一般不大，充其量是小打小闹。

华侨选择经营洗衣店的另一个原因是他们普遍缺乏语言表达能力。华侨刚从中国农村来，不会葡语，洗衣业可以让他们扬长避短，不需要太复杂的语言沟通，一般来说除了数字以外，只需掌握少数常用单词即可。大部分洗衣工领悟顾客的意思是靠"灵犀"，靠面对面的手势交流、眼神和其他肢体语言。洗衣工作简单而规范，听不听得懂顾客说什么不是很要紧，甚至全然听不懂也不大要紧，只要琢磨着似乎听懂了就行。很多洗衣场合，往往是顾客在认认真真地讲，华侨洗衣工在一旁装作仔仔细细地听，偶尔还会会意地点点头，其实他可能一句也没听懂，但顾客的意思八九不离十他都猜得到。只要有衣服拿来，洗完肯定准时交货。

---

① 杨宗元：《南美华侨概况》，载《南美华文天地（三十年来南美华人生活文化学术研讨会论文集）》，台北：世界华文作家协会、南美华文作家协会联合编印，1999年，第51页。

笔者尚找不到详细资料说明巴西华侨洗衣业的起始时间。不过一些模糊的历史资料表明，20世纪20年代末期，移居巴西的华侨，应是从里约热内卢港口登岸，然后再分散到各地的。当时的华侨洗衣工可能有两个来源。一是加勒比地区。笔者可以有把握地说，南美洲的华侨洗衣业发源于北美大陆。北美洲的经济发展比较早，洗衣业也开始比较早。及至洗衣业发展起来后，便向经济次发达地区的加勒比地区较大的海岛国家（例如古巴、牙买加、特立尼达和多巴哥等）扩展，再由于风气所及，普及到南美大陆。在南美洲，巴西的洗衣业主要是在东海岸一些经济较为发达的城市。二是来自中国大陆的脱离了契约华工身份的华侨，也可能有少数刚从中国大陆来的自由华工。有如此一说，是因为那个时候新来的侨民，除了少数到餐馆打工外，绝大多数从事洗衣业。[1] 由此看来，巴西的华侨洗衣业可能开始于20世纪20年代。这表明，最初在巴西经营洗衣业的华侨，其热门选择地是里约热内卢这个国家首都，这里居住着最多中产阶级和政府公务员阶层，需要洗衣服务的顾客最多、洗衣业市场最大。

20世纪20年代的里约热内卢是巴西首都，也是世界名城。在这个经济发展较快和社会文明程度较高的大都市，中产阶级和富有群体人数较多。受葡萄牙文化的影响，"绅士阶层"社会交际频繁，且讲究体面和排场。各种因素叠加在一起，使得里约热内卢非常适合洗衣业的发展。还有一个因素是，初到此地的华侨大多两手空空，一无所有，且人生地不熟，语言不通，连最起码的食宿都成问题。那时候很多新来的华侨都批购一些糖果、花生等上街叫卖，赚点蝇头微利，勉强维持生活。等到对当地行情有了一点了解后，便买一些生的花生自制成花生糖上街兜售，利润稍微好一点。据说那时候的华侨一旦失业，就向熟人请求"让工"（即在工作岗位有限的情况下由别人上班，自己让位以免竞争）几天，以解燃眉之急。解决住宿问题是头号大事，失业者由于无处住宿，便等到熟人经营的餐馆收盘时，过来帮忙清理一切，然后睡到餐桌上，度过残宵。[2] 总的来说，那时的华侨很难找到一个心满意足且可以安身立命的职业，于是，有较大社会需求的洗衣业无疑是他们很好的选择。华侨洗衣店可以提供优质、快速、廉价的服务，恰好可以满足中上层家庭的日常需要。那时候巴西华侨洗衣业很重要的一部分服务对象，应是中上层家庭的妇女。

可以相信，华侨洗衣业会分流到巴西其他城市。分流是市场调节的结果。前来里约热内卢谋生的华人洗衣工不可能太集中，一些人自然会分流到其他同样需要洗衣业的城市。随着城市空间不断向外延展，为满足顾客所需，洗衣店就要

---

① 《旅巴华侨洗衣业》，载《巴西华人耕耘录》，巴西美洲华报编印，1998年，第376页。
② 《旅巴华侨洗衣业》，载《巴西华人耕耘录》，巴西美洲华报编印，1998年，第376页。

"与城俱进"，城市建到哪里，洗衣店就设到哪里。华侨洗衣业也就是铺随人驻，散落各地。当然，随着城市规模的扩大和城市空间的外延，在靠近服务对象的同时，还可以减少同行相互之间的恶性竞争，争取利润保障。相信巴西的华人洗衣业主要分布在巴西沿海地区经济比较发达的城市，也应有少数与沿海地区经济联系比较紧密的内陆城市，绝大部分内陆地区由于经济欠发达，从事洗衣业的华侨很少。

至少到 20 世纪 50 年代，洗衣业在巴西一些城市还存在。例如，广东恩平华侨吴汝华 20 世纪 50 年代随其父亲到巴西创业。刚抵达萨尔瓦多，吴汝华以推销台布为生。待积累了一些资金后，他便开了一家小型洗衣店，收入日益丰厚。[①]他洗衣店的红火得益于天时地利——当时美国军舰频繁停靠萨尔瓦多港，吴汝华承揽了大部分美军衣物洗刷的业务。货源充足，工作稳定，生意自然会好。

1858 年，一个叫汉密尔顿·史密斯的美国人在匹兹堡制成了世界上第一台洗衣机，标志了洗衣业使用机器洗衣的开端。但这台洗衣机使用费力，且损伤衣服，因而未广泛使用。1859 年，德国出现了一种用捣衣杵作为搅拌器的洗衣机。到 1880 年，美国出现了蒸汽洗衣机，之后水力洗衣机、内燃机洗衣机也相继出现。到 1911 年，美国试制成功世界上第一台电动洗衣机。虽然现在不知道洗衣机是什么时候流传到巴西的，但从上面洗衣机的发展过程可以看出，即使巴西在 19 世纪下半叶就引进了洗衣机，也不可能全部取代手工洗衣，因为洗衣机技术还不过关，手工洗衣还大有用武之地。华侨手工洗衣（一般是手工擦洗晾干后用熨斗烫平）可以保障衣服干净且不易损坏，更好地保护衣料及其颜色。那时不管是机洗还是手洗，都不能保证即洗即取。这样，顾客也就乐于选择价廉物美的手洗店，这对华侨洗衣店有利。另外，华侨开设的洗衣店散布在城市的各个街区，可以为当地市民就近提供便捷的服务。华侨洗衣工更是擅长走街过巷，他们肩挑箩筐，上门收接脏衣或送回洗干净的衣服，时间长了，便成为城里一个独特的群体。

应指出，日本在巴西的侨民较多，很多日本人在巴西也从事洗衣行业。实际上，由于前去巴西谋生的华侨越来越多，故从事洗衣业的华侨也越来越多。有些城镇的华人洗衣店甚至比日本人的洗衣店还多。早年日本侨民的人数比华侨人数多好几倍，虽然并非所有日侨都从事洗衣工作（大多数日侨生活在农庄里），但经营洗衣业的日侨人数应是不少，华侨洗衣店与日本人的洗衣店交杂相处，于是，竞争势难避免。这种状况，如果是在和平年代，就不见得十分激烈。但如果遇上战争状态，民族矛盾势同水火，洗衣业就会遭受池鱼之殃。中国本土的抗日

---

① 陈威华、赵焱：《拥有 14 家连锁店，广东吴姓家族巴西打造餐饮王国》，中国侨网，2008 年 4 月 2 日。

战争爆发后，日侨的农庄都装有无线电，随时可以收听到侵华消息，难免引起民族之间的关系紧张。[①]

1932 年，华侨洗衣业开始向圣保罗转移。但转移到圣保罗的华侨很快就离开了洗衣业，转行做餐饮业，主要是做西餐店和角仔店。1953 年有华侨到圣保罗，看到只有华侨伍誉时所开的一间洗衣店还坐落在 AV. Brigadeiro Luis Antonio。到 20 世纪 90 年代末，这家洗衣店还保持原来的面貌，不过早在 30 年前就已经换了主人。[②] 相信以手工洗衣为特征的华人洗衣业，已随着社会的变化和洗衣机的大量普及而逐渐退出历史，只是具体时间还有待考实。

世界上发达国家的洗衣业大势是，到了 20 世纪 30—40 年代，随着工业化时代的来临和电机技术的进步，电动洗衣机开始问世，华侨手工洗衣店遭到了机器和蒸汽洗衣技术的强烈冲击，不可避免地走向下坡路。到"二战"前夕，批量生产的缸式洗衣机开始大量进入普通家庭，由于方便、洁净、高效，赢得广泛青睐。洗衣机的普及，意味着华侨手工洗衣业日薄西山，成为夕阳产业。不过，由于部分顾客偏好或者相信手洗的种种好处，仍然把衣服拿到华侨洗衣店去，这样，华侨洗衣店仍然冷冷落落地运转了一些年头，但已残灯将尽。延至 20 世纪 60 年代，华人手工洗衣店逐渐销声匿迹，终于完成了历史使命。

第六节　传统华人其他职业和零散务工者

前面几节所概括的传统华人时代主要职业，显然并未包括那时候华侨所做的全部工作，还有一部分务工者为人所忽略，他们可能少至三五人甚至一两人。对他们来说，人数少有一个好处，就是招工容易，不仅容易躲过国内耳目（大规模非法移民可能会遭到政府缉捕），而且在巴西登岸时也较容易蒙混过关。还有，对于较小的巴西移民公司和中介来说，华工人数少也容易暗箱经营，可以节省运营成本。

这里有一个典型的例子。1855 年 2 月 19 日《里约热内卢日报》刊载的曼努埃尔·德·阿尔梅达·卡尔多索的办事处（位于里约热内卢市中心的右马路 70 号）关于雇用华工的广告，列出这些即将登岸的"清国移民"中包括木工、泥水匠、做木椅的木匠、篾匠、烧饼师、漆匠、石匠、砖瓦窑工、农活工，等

---

① 《旅巴华侨洗衣业》，载《巴西华人耕耘录》，巴西美洲华报编印，1998 年，第 376 页。

② 《旅巴华侨洗衣业》，载《巴西华人耕耘录》，巴西美洲华报编印，1998 年，第 377 页。

等。① 这些华工显然是通过半官方的移民公司来到巴西的。移民公司负责在中国招工（一般与中国民间群体的或个体的人贩子合作），招到工后安排华工乘船来巴西，到巴西后负责为他们寻找工作（例如在《里约热内卢日报》刊登广告等）。这则广告表明，当时到巴西来的华工职业特长五花八门。由此可见，当时到巴西来的中国务工者远远不止下面所述，可能囊括了中国民间所有职业。在异国他乡，只要能糊口谋生，不管什么工作华侨都愿意去做，而且任劳任怨，不怕苦不怕累。只不过是那时有些职业华侨从业人数少，有的职业不是常态性的甚至只是昙花一现的，加上年深日久，留存下来的历史资料不多。有的职业由于各种因素很可能早已荡然无存，湮没在历史的尘埃里。下面试对目前能找到的几种传统华人隐蔽职业和务工种类略作描述。

一、淘金者

淘金，是指打捞起河里或湖里的淤泥后，在淘盘上进行洗涤，以便找出含在淤泥里的天然金砂。自然界的金矿分山金和砂金两类：山金即原生金，一般是从坚硬的石头中开采并经加工选矿而成；砂金多存在于河流的泥沙中。这里说的淘金显然是指后者。客观地说，淘金曾是众多移民眼中的致富手段，一些国家历史上的移民潮就是因为淘金潮而发。淘金潮起，移民潮兴；淘金潮落，则移民潮衰，参加淘金的移民多散居当地而成为侨民。巴西的淘金历史世所闻名。最著名的淘金遗迹，莫过于圣保罗西北部的黑金城，亦称欧鲁普雷图（葡萄牙语意即"黑金"）。但中国人参加黑金城淘金的可能性很低，这里就略去不说了。

据目前所知，华侨参与淘金的遗迹，在米纳斯吉拉斯州州府贝洛奥里藏特市南部 22 公里处一个叫新利马市（Nova Lima）的地方，过去称"老山矿"，原为巴西人庄园，1822 年巴西帝国允许外国人参与这里的矿业开采，1830 年该地被英国上尉乔治·弗朗西斯·利翁购买，1834 年利翁将之转卖给英国圣约翰·德尔雷伊矿业公司开矿。1850—1867 年，该地年产黄金 1 吨，1867 年 12 月毁于火灾，1873 年恢复生产。翌年，华侨始姗姗而至。其时有一个叫"巴西亚洲劳工引进社团基金会"的组织，从广州运送约 1 000 名中国劳工到英资"老山矿"。② 该公司输送的这约 1 000 名华工，是在英国政府于 1855 年、美国政府于 1862 年、葡萄牙政府于 1873 年 12 月 20 日分别下令禁止从香港和澳门运送中国劳工去外

---

① 《清国移民》，《里约热内卢日报》，1855 年 2 月 19 日，第 5 页。来源，巴西国家图书馆的数字档案资料，此据束长生提供。

② 陈太荣、刘正勤：《19 世纪中国人移民巴西史》，北京：中国华侨出版社，2017 年，第 167 页。

国的背景下进行的。① 这约 1 000 人到矿上后，可能听说曾经发生过事故，于是大部分人拒绝下井，一小部分人愿意下井，但不久也溜之大吉。据一本名为《四个世纪的大庄园》的书透露："老山矿进行大规模开采的奇妙试验，进口一名中国人仅花费 3 万雷伊，但艰巨的劳动每人年薪则需 24 万雷伊。"② 暂且未详此一"大规模开采的奇妙试验"是在从广州运进约 1 000 名中国劳工之前还是之后。又，此一"试验"是否就是使用这约 1 000 名工人中的一部分。现在只能说，中国劳工可能参与了巴西的金矿开采。此外，"老山矿"离黑金山并不远，这约 1 000 人有没有到过这个闻名遐迩的黑金山去开采金矿，则很可能是一个难解之谜。

再说"老山矿"的后续开采。1879 年，也就是从广州引进约 1 000 名劳工之后 5 年左右，"老山矿"再次招募中国劳工。1879—1885 年，由于矿上劳力匮乏，该矿又招募了 90 名中国劳工。1886 年，法国矿物学家埃内斯特·罗塞尔·德科尔西在访问了米纳斯吉拉斯州一些金矿后，于 1889 年在巴黎出版了他的访问记《在巴西金矿的六个星期》。书中透露，"老山矿"有矿工 1 500～2 000 人，其中有近 400 名奴隶，还有许多中国人。不幸的是，在他访问后不久，矿井在 1886 年 11 月 10 日发生大面积塌方，坑道被封堵，在矿井里干活的矿工没有一个能逃出来。估计 90 名中国劳工也难逃厄运。今天在矿井入口处仍竖立着一块墓碑，纪念历次矿井事故罹难者。③ 这则消息隐隐告诉后人：巴西华侨采矿史之所以湮没无闻，除了其神秘性以外，还可能是因为华侨采矿者多已成了地下冤魂，少数幸存者后来都不敢回首当日。

此外，今巴西马拉尼昂州东北部，离州府 191 公里处，有马拉卡苏梅市（Maracacume），过去称马拉卡苏梅矿，原有许多金矿。巴西帝国时期，在最大的实业家伊里内乌·埃瓦热利斯塔·德索萨（马华男爵）发起下，马拉尼昂州矿业公司（私人公司）获得大量投资，于 1855 年在马拉卡苏梅地区开采金矿。起初主要开采弗朗西斯卡夫人矿、基督山矿和银矿，但由于当地有的季节发生洪涝，有的季节则干旱缺水，机器无法正常运转，加上土著印第安人不时袭击矿工住地，矿工陆续逃走。更严重的是，这里没有挖到富金矿层，虽也有黄金产出，但入不敷出，导致该公司于 1860 年宣布破产。马华男爵说他自己损失了 100 康托雷亚尔（10 万雷亚尔）。破产的原因还有公司管理不善、非法偷运黑奴被查

---

① 陈太荣、刘正勤：《19 世纪中国人移民巴西史》，北京：中国华侨出版社，2017 年，第 24 页。

② 陈太荣、刘正勤：《19 世纪中国人移民巴西史》，北京：中国华侨出版社，2017 年，第 166 页。《四个世纪的大庄园》作者为阿尔贝托·帕索斯·吉马良斯，此书为 Paz e Terra 出版社 1977 年出版于巴西里约热内卢。

③ 陈太荣、刘正勤：《19 世纪中国人移民巴西史》，北京：中国华侨出版社，2017 年，第 167 页。

等。此处金矿在 1865 年转让给一家英国矿业公司开采，直至 1870 年巴西政府不再更新转让合同。开矿的工人为黑奴、葡萄牙移民、中国劳工。他们都住在"马拉卡苏梅垦民村"，此处也是公司总部所在地。[1] 但不知道参加此地开矿的中国劳工有多少，下落如何。

马拉尼昂州矿业公司还于 1855 年 7 月在里约热内卢招聘了 40 名中国劳工到马拉卡苏梅矿开矿，工期 5 年。这 40 名中国人是 1855 年 2 月被"巴西中国航运公司"从新加坡运进巴西的 303 名中国劳工中的一部分。他们全是男性，1855 年 2 月 9 日乘美国埃莉萨·安娜号抵达里约热内卢的萨普卡亚港。他们的合同期为两年，期满后有免费回程船票。开始时因为他们"听话"，还受到巴西帝国公有土地总管马诺埃尔·费利扎尔多·德索萨－梅洛的表扬，说他们身体强壮，完全适合巴西农田劳动。但将他们全部安排到里约热内卢皇家海军造船厂干活后不久就予以遣散，称他们"什么也干不了"。这批华工离开造船厂后，有 40 人于 1855 年 7 月被招聘到马拉尼昂州开金矿。[2]

二、自由种植者：在巴纳纳尔种植咖啡的华农

目前发现的史籍记载中唯一有中国人种咖啡的地方是在巴纳纳尔镇。该镇位于圣保罗州最东端与里约热内卢州交界处的帕拉伊巴谷地（Vale do Paraiba），离里约热内卢市 160 公里，离圣保罗市 343 公里。巴纳纳尔 1783 年 7 月 10 日建村，1832 年 7 月 10 日升格为镇（Vila），1849 年 4 月 3 日又升格为城市。1822—1888 年，巴纳纳尔市成为帕拉伊巴地区最富裕的城市、圣保罗州最大的咖啡种植中心，曾一度发行自己的货币。该地曾经富甲一方，帕拉伊巴地区大咖啡种植园主均住在巴纳纳尔。

巴纳纳尔位居圣保罗州内陆一个山谷中，这里的气候适合种植咖啡。据史料记载，由于庄园中的奴隶劳动不能满足咖啡生产，巴纳纳尔镇议会乃于 1835 年 1 月 16 日上书圣保罗州议会，要求派中国人到该镇协助当地奴隶种植茶树、生产靛蓝和制造火药，并请中国茶农去指导焙茶。应注意，这里没有提到镇议会上书要求派中国人来种咖啡。笔者估计，当时镇议会对劳动力的需求十分迫切，对种茶与种咖啡的工作性质不会细加区分。镇议会知道圣保罗那边来了大批中国茶农，兴头之下就上书圣保罗州议会请他们前来帮助种咖啡了。故此可以相信，中国茶农来到巴纳纳尔后，至少有一部分人曾帮助种过咖啡。但是，由于巴纳纳尔

① 陈太荣、刘正勤：《19 世纪中国人移民巴西史》，北京：中国华侨出版社，2017 年，第 168 页。
② 陈太荣、刘正勤：《19 世纪中国人移民巴西史》，北京：中国华侨出版社，2017 年，第 21、168 页。

土地逐渐贫瘠，加上到 1888 年废除奴隶制后，咖啡庄园便遭到巨大打击，巴纳纳尔的咖啡业也就逐渐衰萎。不过到 1888 年的时候，华侨早就没有在咖啡园里工作了，实际上在此之前，他们已经开始转向种植茶叶、制作燃料和烟花爆竹等行业。诺盖拉大使的《中国人在巴纳纳尔》一文说，中国人不愿种茶，让他们去种水稻和生产靛蓝也不愿意。他们从事农田耕作时间不久，便放弃了，全跑到巴纳纳尔城里谋生去了。他们开烟火作坊、洗衣店、客栈、饭馆，做小买卖。据说，中国人喜欢挑水卖（那时，城里无自来水），每一洋铁皮桶水 80 雷伊。[①] 华侨对种水稻、茶和生产靛蓝不感兴趣，而纷纷跑到巴纳纳尔城里做生意，显然是因为做生意收益更快、更多。华侨多是营商能手，特别是经营小商品买卖，能吃苦耐劳，但其辛劳程度一点不亚于田间劳动。

三、烟花工匠

如上所述，1835 年 1 月 16 日，巴纳纳尔镇议会上书圣保罗州议会，要求派中国人到该镇协助当地奴隶种植茶树、生产靛蓝和制造火药，并要求中国茶农去指导焙茶。显然，当时镇议会要求圣保罗州议会派来的中国人包括好几类，其中包括火药制造者。但实际上来的都是种茶人。巴纳纳尔镇议会上书后不久，一批中国茶农即从里约热内卢的里贝拉湾港口（Bahia da Ribeira）抵达巴纳纳尔。这批茶农人数不详，但肯定不是寥寥数人。

上述这批华侨抵达巴纳纳尔之后，先开始种茶树和到卢西亚锘·若泽·德·阿尔梅达（Luciano José de Almeida）的美景庄园（Fazenda da Boa Vista）里的碳酸钾工厂（Fábrica da Potassa）干活。碳酸钾是一种制造火药的重要材料，当时此工厂试验从咖啡枝提取。由茶农变成碳酸钾制造者，以中国人的聪明能干，不应有什么不可思议。据 1854 年《巴西农业生产者》（Agricultor Brasileiro）杂志发表的若泽·托马斯·纳布科·德·阿劳若（José Tomas Nabuco de Araújo）的报告，在巴纳纳尔开办的这家工厂，在两年中共生产了 100 金塔尔（quintal）碳酸钾。1 金塔尔等于 60 公斤，即共 6 000 公斤碳酸钾。其质量可同美国最好的同类产品相媲美。报告说，"这个新的重要工业所使用的原料是迄今为止被认为无价值或无用的东西，值得你们保护，应在进行必要的调查之后给予保护"。他们生产的火药全部卖给了里约热内卢火药厂，间接为巴西军火工业发展做出了贡献。[②]

该镇有一条"华盛顿路易斯（Washington Luiz）总统街"，街上 36 号与 40

---

① 陈太荣、刘正勤：《19 世纪中国人移民巴西史》，北京：中国华侨出版社，2017 年，第 172 页。
② 陈太荣、刘正勤：《19 世纪中国人移民巴西史》，北京：中国华侨出版社，2017 年，第 171、185 页。

号为两栋 19 世纪华侨住的房子，被称为"中国人故居"（Casas dos Chineses）。由此看来，在巴纳尔造烟火的华侨原先是在当地跟着别人一起造火药的。造火药与造烟火的技术有密切的相关性，后者还更容易。于是，造烟火的华侨在火药场工作一段时间后，自己出来独立造烟火是大概率的事情。烟火即焰火，在中国有悠久的生产历史。到华侨出国的年代，烟火已如同等闲之物。华侨在家乡的时候应该懂得制造烟火的技术，出国后就把这一技术带到居住地巴纳纳尔镇来了。

据说造烟火的华侨举止文雅，待人有礼貌，受到当地人的喜爱。华侨在这两栋房子里生产烟火，故这两间房子也是烟火作坊，当地居民称这条街为"火街"（"火"即烟火或焰火，故也有人写作"烟火街"）。所谓"火街"，指的是一家华人"烟火厂"，老板叫张亚敬（Manoel Carlos Carvalho），原是 1835 年抵达巴纳纳尔的中国茶农，即最早到巴纳纳尔来的中国人之一。是故，张亚敬也应是烟火厂第一代老板。至于烟火厂后来有没有换老板，则无从得知。现在只知道张亚敬经营烟火厂发了迹，证据是他雇有五六个中国人，又曾买了不少地。[1]

"火街"在小镇的历史已经远去，成为明日黄花。究其"火街"名称的出处，还有一个说法是因为当年居住在那里的中国人大多制造烟花爆竹，经常会发生火灾或爆炸事故，于是就被当地人称为"火街"。这个街名似乎也说明当年华侨制造的烟火在当地曾经名噪一时。巴纳纳尔"火街"的盛名，除了因为中国人的烟花在当地独树一帜、绝无仅有之外，还因为经常发生令人生畏的火灾或爆炸事故。[2]

四、垦民：乌鲁库军屯区垦荒华农

第二章第四节提到，巴西帝国时期著名政治家与企业家特奥菲洛·奥托尼修建家乡米纳斯吉拉斯州东北部的费城-圣克拉拉公路时，有 89 名中国劳工（广东人）应募参加修路。公路修完后，有少数人留下来，定居在穆库里河流域，在乌鲁库军屯区垦耕（与之在一起垦荒的还有其他国家的移民）。那么，这少数广东劳工的后续故事如何？

1966 年，荷兰圣方济各传教士奥沃拉·廷梅尔斯（Frei Olavo Timmers，1901—1990）获准到巴西穆库里河流域传教，他后来撰写了荷兰人移民巴西史一书，其中提到 1858 年荷兰移民在乌鲁库军屯区看到了印第安人和中国劳工。当时如果从里约热内卢出发到乌鲁库军屯区去，则要先乘船到穆库里河入海处的圣

---

① 陈太荣、刘正勤：《19 世纪中国人移民巴西史》，北京：中国华侨出版社，2017 年，第 182 页。
② 赵焱、陈威华：《在巴西小城寻找遥远的华人足迹》，广西新闻网，2015 年 4 月 10 日。

若泽·杜阿莱格雷港镇（今穆库里市），再坐小货轮到圣克拉拉码头。下船后，再步行 6 天才到达目的地。当时这位传教士白天还不敢上路，因为怕印第安人袭击，只能夜行。传教士看到，乌鲁库军屯区跟巴西移民公司宣传的完全相反，没有盖好的房子在等着他们入住，没有种好的庄稼在等他们收割，他们（荷兰移民）要自己伐木盖房、垦荒种地。那里的移民大多来自城里，不会干农活。特奥菲洛买奴隶、租用军屯犯人、买牛来帮助他们（移民）安家立业。播种后又逢干旱，实施口粮配给。荷兰人（移民）在抵达后半个月内就有 36 人死亡，4 个妇女成了寡妇。荷兰人在乌鲁库军屯区看到了印第安人和中国劳工。"这些中国人都皈依了基督教，同一些欧洲女垦民结婚定居在乌鲁库军屯区。荷兰人后来与德国人、意大利人、中国人后代混血，许多后裔都不知其先祖的国籍情况。"[1]乌鲁库军屯区是个未开发的荒蛮之地，荷兰人等欧洲移民都是被招募到这里垦荒的。到那里去的少数中国人，则是先前修完费城－圣克拉拉公路后留在当地的劳工，而大部分中国修路劳工则回到当初他们被招募的出发地里约热内卢去了。这些广东劳工显然是听信了带有欺骗和诱惑性质的招工广告才到乌鲁库军屯区去垦荒的，不知道他们到了乌鲁库军屯区看到满目荒蛮的景象以后是怎样一种心情。他们肯定做梦也想不到他们应募而去的地方竟是这样一个极度荒蛮之地。但一切都晚了，只能既来之则安之。在往后的岁月里，他们只能无奈地在原地苟且过活，打发余生。他们的后代处境更加悲惨，已经沦落为社会的最底层。

乌鲁库军屯区是巴西帝国政府于 1854 年 5 月 24 日批准成立的。该军屯区离费城 72 公里，离大西洋海岸 220 公里，位于 1857 年建成的费城－圣克拉拉公路附近。1861 年约有外国垦民 300 人，主要为葡萄牙的马德拉群岛人、瑞士人、比利时人、荷兰人、中国人。他们住在军屯区外围，靠种农作物维生。1873 年，乌鲁库军屯区有移民 402 人。[2]

根据记载，1859 年 1 月，一个来自德国的医生在乌鲁库军屯区进行了一番考察。该医生对穆库里河公司特殊经营的乌鲁库军屯区外来垦民恶劣的生活环境，以及该公司没有履行诺言为外来移民发土地证等种种不端行为进行了强烈谴责，因而掀起了一阵风暴，穆库里河公司本来已经困境重重，德国医生的责难更是使他们雪上加霜。于是，巴西帝国保守党政府趁机取消了对该公司的一切支持和特殊优惠政策。1860 年，穆库里河公司宣告破产，由米纳斯吉拉斯政府接管。是则，留在当地的华侨处境必是雪上加霜。直到 1876 年，乌鲁库军屯区被撤销。

如是看来，乌鲁库军屯区的开发应是外来移民筚路蓝缕、艰难创业的产物，

① 陈太荣、刘正勤：《19 世纪中国人移民巴西史》，北京：中国华侨出版社，2017 年，第 159 页。
② 陈太荣、刘正勤：《19 世纪中国人移民巴西史》，北京：中国华侨出版社，2017 年，第 157 页。

其中凝聚着中国垦民的贡献。1887 年 9 月 28 日，乌鲁库建区（Distrito do Urucu）划归特奥菲洛·奥托尼市管辖。1892 年该区政府给米纳斯吉拉斯州农业厅厅长的报告中说，该区有 500～600 户、3 000～4 000 人，主要为巴西人、葡萄牙人、德国人、荷兰人和中国人。但他又说，只有德国人和荷兰人"进行了巨大的劳动，创造了财富"，"至于来此的亚洲移民，只有那些同日耳曼家族女人结婚的人才兴旺起来，其他人今日仍以编竹箩、竹帽和叫卖为生"。① 这些亚洲移民极可能就是中国人，即修路华工的后代。乌鲁库建区区政府的报告不无偏见，在政府看来，只有在当地开发中获得了巨大财富的欧洲人（德国人和荷兰人）才算兴旺，才算成功，而从事编竹箩和竹帽等手工业工作与叫卖一类商业活动的中国人则不算成功。实际上，欧洲人和中国人的区别是社会分工的不同。欧洲人对当地财富的占领，虽然与社会分工有密不可分的关系，但不排除是种族歧视因素的产物。中国人与欧洲人的通婚表明，经过几十年的社会变迁，当年修路华工的后代已经走过了先辈无比悲怆的岁月，一步步站立起来，尽管他们与其他外来民族还存在着明显的经济差距。据说，到 19 世纪末 20 世纪初，又有中国人到这里来，外国移民均住在 Vale do Urucú 区。1938 年 12 月 17 日，Vale do Urucú 区另建 Carlos Chagas 市。②

有时候，一些契约华工被招募时没有一个十分确定的工作目的地，而只有一个大体的工作目标，可能上岗时间还不确定。他们来到巴西后，如果遇上不测而无法上岗，处境便十分尴尬：在当地一下子没有工作，但又无法马上回乡。例如，1866 年 10 月，巴西马诺埃尔·德·阿尔梅达·卡多佐的"君主"号（Soberano）轮船，将 312 名中国劳工从中国运进巴西，合同期为 5 年。这批中国劳工在里约热内卢港口等了 3 个月，由于农业和工业部门找不到工作给他们，而被里约热内卢市一个公共工程企业家雇用干活。③ 这对他们来说，应是不幸中的万幸了。

巴西历史学家卢辛达·科蒂尼奥·科埃略·德·梅洛称，在 19 世纪 70—80 年代，巴纳纳尔曾试图引进中国垦民，她在巴纳纳尔登记处发现了一些中国人的登记表。④ 可惜今天还无法确证巴纳纳尔当日引进中国垦民的计划有没有付诸实施。可见，巴西引进中国垦民的地方应不止一两处，其他引进中国垦民的地方有

---

①　陈太荣、刘正勤：《19 世纪中国人移民巴西史》，北京：中国华侨出版社，2017 年，第 157 页。

②　陈太荣、刘正勤：《巴西 19 世纪引进中国劳工简史》，巴西侨网，2012 年 11 月 6 日。

③　陈太荣、刘正勤：《19 世纪中国人移民巴西史》，北京：中国华侨出版社，2017 年，第 23 页。

④　陈太荣、刘正勤：《19 世纪中国人移民巴西史》，北京：中国华侨出版社，2017 年，第 169 页。参见卢辛达·科蒂尼奥·科埃略·德·梅洛（Lucinda Coutinho Coelho de Mello）在《帕拉伊巴谷地区域的社会与经济试验》（*Ensaio Socio - econômico de Áreas Valeparaibanas*，里约热内卢"Asa Artes Gráficas"出版社，1984 年）一书第 86 页。

待继续发现。

除了上述，还有 1854 年，一个专门从事远洋运输的商人马诺埃尔·德·阿尔梅达·卡多佐向巴西政府提议组建一家航运公司，在巴西和中国之间运营，并且也停靠亚洲（即东亚和东南亚）其他港口，专门引进一些在甘蔗和其他农作物生产方面有一定经验的亚洲工人。于是，1855 年 2 月 9 日，303 名中国人乘美国埃莉萨·安娜号船抵达里约热内卢的萨普卡亚港，被迅速分配到已经签订了协议的几家农场工作。[①]

五、零散务工者（含工匠）

务工者是个宽泛的概念，中国民间也称杂工、散工，他们的身份更接近于中国过去的"杂役"，专指从事非专业或低专业水准的，一般以轻、重体力劳动为基础的手工或低端工程方面的工作的人。这类工作还有一个重要特点是，工作性质不以部门的性质划分。换言之，不管在政府部门，还是在公共机构，或是在大小庄园，他们的身份都一以贯之，即"务工者"；如果他们从这个部门转换到那个部门，他们的身份仍是"务工者"，他们只需付出自身拥有的时间和体力。在传统华人时代，务工者一般是应招募而去巴西，去之前要不要签订契约还很难一概而论。笔者认为至少很大一部分人要签约，但他们签的契约跟在巴西从事种植业的劳工契约显然有别。有迹象表明，在晚清时代，澳门的葡萄牙当局对从中国招人到巴西充当务工者的态度很积极。主要原因是澳葡政府可以从中抽得一笔中介费，由此也可从一个侧面看出当时到巴西去的中国务工者数量不在少数。

在所有巴西的务工行业中，中国人在巴西皇家海军造船厂务工应是最早的。1801 年有 1 人在此工作，1815 年有 10 人，1855 年有 303 人。这样加起来，19 世纪就有 314 名中国人在皇家海军造船厂工作过。考虑到这 3 个年份间隔很久，故这个总数应该没有重复计算，但可能会有遗漏，不知道其他年份还有没有中国人在造船厂工作过。

这个皇家海军造船厂位于里约热内卢。葡萄牙王室 1808 年迁到里约热内卢后，曾经从里约热内卢州和圣埃斯皮里图州招募一些印第安人到造船厂从事划桨手、码头装卸工等苦力工种。1801 年在这个造船厂干活的那个中国人在前面已经提过，他名叫若昂·安东尼奥（João Antonio），在马卡库地区博尼托河（Rio Bonito，离里约热内卢 83 公里）分厂干活。他因被误认为是印第安人而被抓进

---

① Elias，Maria José，*Introdução ao Estudo da Imigração Chinesa*，*Anais do Museu Paulista*，São Paulo，1970，XXIV，pp. 57 – 100.

去，后因身体不适，致信葡萄牙摄政王若昂，要求派船送他回祖国治病（写信日期不详）。里约热内卢陆海军医院医生安东尼奥·弗朗西科斯·莱亚尔为他开具了"患有痔疮，经常发作"的医生证明。这个中国人迫切希望回国肯定是真的，他痔疮发作的回国理由也应是真的，就不知道他是不是真的被放回国去了。估计他在造船厂待了一年。

1853 年以前，在圣克拉拉港的穆库里河码头已有中国人居住，并修建了造船厂、锯木厂、石砌码头等。1856 年 6 月 2 日，第一批移民德国人、葡萄牙人、法国人、比利时人、荷兰人、中国人抵达圣克拉拉港和费城地区，但只有德国人在费城定居。1858 年底，费城有外国垦民 2 091 人。① 据此消息，华侨很可能是在造船厂、锯木厂、石砌码头里当"杂工"（可能一部分属有一定技术的工匠），也可能有一小部分人当了垦民。

1815 年，皇家海军造船厂还出现有中国人务工的记载。澳门民政长官阿里亚加多次和海军与海外领地大臣等巴西官员谈及向巴西的皇家海军造船厂派遣中国木匠，时间在 1813 年到 1815 年。其中记载派出木工的一次是 1815 年 2 月 4 日，阿里亚加再次致函海军与海外领地大臣，说他已经通知"乌利塞斯"号战舰运送 10 名中国木工去里约热内卢皇家海军造船厂干活。说原已招募 20 人，但船上仅能容纳 10 人，去的 10 个人船资免费。他们每人月工资 10 块西班牙银圆，在澳门已预付 30 元，共计 300 元预付金。10 个人都立字为据，并签了名。②

关于此事，一说是澳门民政长官阿里亚加曾经雇用了大约 140 名中国木匠，准备把他们派往巴西的皇家海军兵工厂工作。据巴西学者卡尔洛斯·穆拉（Carlos F. Moura）研究，1814 年，至少有 87 名中国木匠抵达里约热内卢，被派往海军兵工厂。③ 这批中国木匠是澳门专门派出的，但这里说"至少有 87 名"与上面说的人数相差甚远。无论人数是多少，关于其身份，一个比较合理的解释是，他们皆为有一定技术的工匠。如此看来，技术工匠是到巴西的中国劳工中的一种，与一般的没有什么技术含量的务工人员是有区别的，估计还不止 1814 年派出的这一批。关于这一类人的情况，还有一些谜团远没有被揭开。

关于上文提到的在皇家海军造船厂务工的 303 名华工，巴西帝国公有土地总管马诺埃尔·费利扎尔多·德索萨-梅洛在一份报告中说，他对中国劳工印象很好。他们体格健壮，完全适合巴西农业劳动。根据巴西学者玛利亚·若泽·埃利亚斯 1971 年 9 月 8 日《关于 19 世纪中国劳工与巴西劳动力问题的辩论》一文，

① 陈太荣、刘正勤：《巴西 19 世纪引进中国劳工简史》，巴西侨网，2012 年 11 月 6 日。
② 陈太荣、刘正勤：《19 世纪中国人移民巴西史》，北京：中国华侨出版社，2017 年，第 161 – 164 页。
③ Carlos F, Moura. *Chineses e Chá no Brasil no Início do Século XIX*，Lisboa：Instituto Internacional de Macau；Rio de Janeiro，Brazil：Real Gabinete Português de Leitura，2012，pp. 21 – 22.

称巴西土地总管德索萨－梅洛将这批中国劳工全部送往里约热内卢皇家海军造船厂务工。但由于什么也"干不了"，不久予以遣散。[①] 这一说法也印证了一般务工人员与工匠的明显区别。

上述务工者（含工匠）应具有契约劳工的性质，他们在巴西按约务工，到期解约，只是目前都不知其下落。如果按照契约劳工的愿望，他们在合同期满后多在巴西至少居留一段时间，作为自由劳工赚上一笔后再考虑是否归国。但最终结果仍然是一些人选择留在巴西。在所有务工者中，归国者与留下者的真实情况还需进一步研究。

到了 1893 年，时间过了近 80 年，里约热内卢州州长下令成立的"大巴西国京都大公司"在澳门的代理人卑拿威地士（Julio Benevides）通过巴西人开办的"华利栈"和"万生栈"两家招工馆招募了 475 名中国劳工，于 10 月 16 日乘"地打杜士"号轮船离开澳门。他们于 1893 年 12 月 6 日到达里约热内卢，原计划是派往米纳斯吉拉斯州的燕卑泰巴（可能是 Uberaba）务工的，但到巴京后被分到了里约热内卢州务工。据说里约热内卢州州长称他们是"该州最好的劳工"[②]。他们应是被分散到不同的地方（可能都是庄园）干活，例如有 25 人被分到"喜马拉雅山庄园"。该庄园主还对他们赞不绝口，说他们"认真""听话"，完全遵守卫生规定。值得注意的是，据说这 25 人中，只有 3 个人是标准的中国人眼睛，其他人像欧洲混血种人一样肌肉强壮结实。这说明，当年巴西通过其代理公司在澳门所招的中国劳工中，有一部分混血人种，即居住在澳门的葡萄牙人与当地中国人生育的混血儿。不过，令巴西方面想不到的是，这次在中国招工引起了清政府与巴西间的招工"关门风波"，两广总督李瀚章（李鸿章之兄）据此"禁止巴西商人在澳招工"，具体参见前述。清政府从此封堵了巴西非法招募华工的途径。此后，中国对巴西的东方移民输出大国地位为日本所取代。

虽然清政府禁止巴西从中国引进劳工，但通过"非法移民"引进劳工的现象依然存在。2018 年 7 月 10 日上午，陈太荣、刘正勤夫妇在圣保罗州移民博物馆参观发现圣保罗"移民客栈"（Hospedaria de Imigrantes）1900 年有 4 批华工信息。该馆的保护、研究和鉴定中心历史专家当场给二人打印了登记簿第 66 册第 73～75 页，上有 107 名中国劳工于 1900 年 8 月 15 日的登记。经他们二人核对，第 73 页 28 名中国劳工的名字，编号为 8610～8637 号；第 74 页有 50 名中国劳工的名字，编号为 8638～8687 号；第 75 页有 29 名中国劳工的名字，编号为 8688～8716 号。

[①] 陈太荣、刘正勤：《19 世纪中国人移民巴西史》，北京：中国华侨出版社，2017 年，第 164 页。

[②] 陈太荣、刘正勤：《19 世纪中国人移民巴西史》，北京：中国华侨出版社，2017 年，第 46 页。

随后，经过陈太荣、刘正勤夫妇两个多月的深入查询，发现实际上进住圣保罗"移民客栈"的有 4 批华工。第一批 107 人，于 8 月 15 日进住；第二批 2 人，于 8 月 19 日进住，他们在第 78 页上登记，编号为 8752 和 8753；第三批 8 人，于 10 月 4 日进住，在第 93 页上登记，编号为 9015 ~ 9022；第四批 3 人，于 10 月 5 日进住，也在第 93 页上登记，编号为 9028 ~ 9030。四批人加起来共 120 人，第一、二批 109 人为保利诺·卡洛斯上校（Paulino Carlos de Arruda Botelho，1834—1908）招募，第三、四批 11 人为 Brodrras Dionízio Zé dos Santos 工程师招募。这四批人均是从里斯本乘"Vapor Malange"号轮船于 8 月 9 日抵达里约热内卢，再分四批进住圣保罗市"移民客栈"。再据陈太荣、刘正勤夫妇对第一、二批 109 人的情况分析，进住"移民客栈"的人均需填表，除进住日期、登记编号外，还要填写姓名、性别、国籍、婚姻状况、年龄、有无家眷、职业、宗教、是否识字、从何处乘船来、前往何地、招募庄园主姓名等。登记编号每家只有一个号，写男性户主姓名，下面接着写妻子、子女等人姓名。再根据陈太荣、刘正勤夫妇对第三、四批 11 名华工的情况分析，第三批 10 月 4 日进住"移民客栈"的 8 个人，其中 6 人年龄为 12 岁；另 2 人未填，估计可能不到 12 岁。第四批 3 人于 10 月 5 日进住，年龄分别为 25、27、28 岁。职业一栏 11 人均未填；前往目的地未填。[①]

因此，陈太荣、刘正勤夫妇认为，上述 1900 年圣保罗"移民客栈"4 批华工信息，是由于中国政局动荡，特别是 1900 年英、法、俄、美、日、德、意、奥八国联军同中国军队开战混乱之际，巴西圣保罗州派人在澳门私自招募 120 名中国劳工运到里斯本，再转乘"Vapor Malange"号轮船到巴西的。他们很可能仍是通过巴西设在澳门的"华利栈"和"万生栈"两个招工馆招募的。根据第一、二批 109 人的信息，他们全部为男性、单身、无家眷，国籍中国，年龄 21 ~ 46 岁，只有 43 人填了职业，其他人未填写。43 人职业为：木工（carpinteiro）10 人、农民（agricultor）10 人、油漆工（pintor）2 人、铁路工人（estrada de ferro）2 人、锯工（serrador）5 人、泥瓦匠（pedreiro）8 人、机械师（maquinista）1 人、菜农（hortelão）1 人、铁匠（ferreiro）2 人、车夫（carroceiro）2 人。他们的目的地是圣保罗州内地城市 Mattão，离圣保罗市 305 公里远。[②] 这些从业人员中，多有务工者。值得注意的是，他们的务工地点是在巴西内地，说明当时来巴西的零散务工者不一定都在沿海城市。不应怀疑，巴西内地许多地方一定还有不

---

① 陈太荣、刘正勤：《1900 年圣保罗州庄园主招募 120 名中国劳工进住圣保罗"移民客栈"》，作者 2018 年 9 月 15 日于巴西累西腓通过电邮发予笔者。

② 陈太荣、刘正勤：《1900 年圣保罗州庄园主招募 120 名中国劳工进住圣保罗"移民客栈"》，作者 2018 年 9 月 15 日于巴西累西腓通过电邮发予笔者。

少零散的务工者，埋藏着不少如同前面巴纳纳尔镇的种咖啡华工一样的精彩故事。只可惜这些务工者连同他们的故事都已湮没无闻，留给后人的，只有无穷的遐想。

当时招募这些华工的是巴西的达官贵人。以招募第一、二批 109 人的保利诺·卡洛斯上校为例，从政治上看，保利诺·卡洛斯家族可说是威风八面。保利诺·卡洛斯上校共有 23 个子女，其中有 6 对双胞胎，是个庞大的家族。他本人当时的职务是圣保罗州内地圣卡洛斯镇（São Carlos）国民卫队驻军司令，且积极参与政治活动。他的父亲和兄弟都是当地呼风唤雨的人物。从现实财力来看，这个家族自筹资金于 1880 年成立铁路公司，自行修建一条通到他们咖啡种植园的铁路。1889 年将此铁路卖给英资圣保罗铁路公司后，在圣保罗市和圣保罗州内地开设"圣保罗银行"等数家银行。由此可见保利诺·卡洛斯家族势力之大。故陈太荣、刘正勤夫妇认为，他招募这批中国劳工很可能是为这个大家族服务，但有一部分可能会去种植园干活。[①] 从这个案例可以看出，当时巴西的大种植园主、大农场主、有权有势的达官贵人对中国劳工有刚性需求，在通过正规渠道难以招工的情况下，通过私下渠道向中国招工对他们来说并非难事。

笔者相信，务工者是通过"非正常移民渠道"出国到巴西的华侨中比例最高的，因而历史上没有留下记载的务工者比例也应是最高的。由于他们身处社会底层，对生活的要求不高，又勤恳肯干，不怕脏不怕苦不怕累，可能比其他阶层的华侨赚钱多，更容易有满足感。从这一点来推测，他们应更容易在一定时候买棹回乡而不至于终老巴西。

至于漫长的传统华人时代临时招募或临时被召唤改行做杂务的华工，就更难统计了。但这种情况肯定存在。例如，1856 年，博姆雷蒂男爵策划修建一条从里约热内卢植物园到蒂茹卡国家公园博阿维斯塔山顶的马车道，承包人托马斯·科克伦让一批原被运来种水稻的中国劳工去修建此路。据说，这批筑路工人在今天"中国观景台"所在之处安营扎寨，修建居住工棚，被称作"中国棚屋"。[②] 这条马车道不算大建筑工程，所使用的中国人也不需要有多大的技术，他们的身份更接近于务工者。

---

① 此据陈太荣、刘正勤：《1900 年圣保罗州庄园主招募 120 名中国劳工进住圣保罗"移民客栈"》，作者 2018 年 9 月 15 日于巴西累西腓通过电邮发予笔者。

② 陈太荣、刘正勤：《19 世纪中国人移民巴西史》，北京：中国华侨出版社，2017 年，第 159 页。

第七节　从事农业的台湾移民

台湾人在 20 世纪 60 年代初开始移民巴西，以农民居多，主要来自中国台湾高雄县六龟、美浓、屏东县内埔、高树等乡镇，其中最有代表性的就是前面提及的"六家族"。还有不少在台湾从事不同职业的移民，在到了巴西后从事小商贩（例如"提包业"）一类工作，可参第四章第二节，此处从略。这里主要对在巴西从事农业的台湾移民做一简要梳理。

对于台湾人移居巴西，当时执政的国民党当局起先采取不支持的态度，限制其移民，或许是害怕人民纷纷出走会影响台湾的民心稳定，因为当时正是国民党当局大肆喧嚣"反攻大陆"的时候。台湾当局其时仍与巴西保持所谓的"邦交"关系，台湾农业经验丰富，每年都向巴西派出农耕队，帮助可耕垦土地辽阔的巴西开发农业。但不少农耕队员趁援巴之机，延期不归，有的就在巴西居住下来。这种情况与台湾农民的迁居巴西热结合起来，形成了一股台湾人移民巴西流。台湾当局既要履行农耕队计划，又要遏制民众的迁居热，于是允许人民向政府报名，以农业技术团的方式前往巴西，待到官方合约届满时，向巴西政府申请居留并取得永久居留许可。[①]

下面所说的，只是一部分巴西的台湾移民的职业，其他的一些职业，特别是从业人数少且他们已成功实现转型的职业，今天已经逐渐被人遗忘，故需要继续研究和补充。例如，20 世纪 50 年代后陆续从台湾来到巴西的移民中，一些人原先在台湾时就是具有较高技术能力和较好职业的中产阶级人士，来到巴西后不得不从事与其原来身份不甚相称的工作。

在巴西从事农业种植的，主要是 20 世纪 60 年代来自台湾的侨民，其中以"慕义六家族"（以下简称"六家族"）为代表，且"六家族"移民与移居巴西的其他台湾移民不同。其他台湾移民基本上是到了巴西后才根据自身特长和市场需要择业的，而"六家族"在移居巴西前，已经选择好来到巴西后的行业——农业，而且还选择好其落脚地——慕义。"慕义"一词是台湾人对"六家族"的移民目的地 Mogi Das Cruse 的音译（取第一个词），其中"译音蕴义"之意甚明（出于"慕义"而在他乡结缘）。应注意，"六家族"到巴西来时所携带的财物，

---

① 在 2019 年 6 月 5—6 日于里约热内卢举办的"第二届巴西华人移民国际研讨会"上，台北市立大学教授徐荣崇根据台北相关部门的解密档案，对 1962 年开始的台湾人移民巴西的历史过程做了梳理，提出了上述看法。参见［巴西］束长生、乔珍珍：《2019 年第二届巴西华人移民国际研讨会议总结报告》，《华人研究国际学报》2019 年第 11 卷第 2 期，第 97－107 页。

不是现代移民常常携带的装有贵重物品的皮箱，而是由大卡车载运的笨重生活用具和务农工具，如锄头、畚箕、犁具、斗笠、破旧脚踏车、蒸笼、石磨等（一说所携带农具是石磨、犁锄、锯斧等）。从"六家族"所携带农具来看，他们来到巴西后继续以种地维生的移民目的是坚定不移的。"六家族"还在台湾彰化时，都是种稻农夫，务农经验丰富，到了巴西后仍干老本行。话说到后来，1990年，这些农具在慕义教会举行"世界台湾人基督徒大会"时都还拿出来公开展示。

1963年10月27日，经吴焕龙先生介绍，"六家族"购置了一片德国人的农地（为今"六家族村"），决定将由6户人家平均分配这片土地，不管有没有出钱，一家一份。10月29日，陈振昌与陈荣华两户人家由平多拉马（Pindorama）迁往伊瓜佩（Iguape）吴家铭先生的农场服务，另4户人家住进Botojuru农场。[①]然而没想到的是，有两个家庭前往伊瓜佩试种稻米之后发现，尽管土地肥沃，稻梗发育足有一人高，开花也很好，但结穗率却很低，一片绿油油的农地，虽然算不上颗粒无收，但收成少得可怜。显然，这里的土地不适合种植水稻。他们感到失望，但没有气馁，而是转行另谋发展。1964年9月2日，"六家族"再次聚到一起。他们整合共同购买的农场，按各人的兴趣和能力分别发展农业，有的养鸡，有的种菜，有的开始试种洋菇。于是，经营种类多样化了。下面单说当时风险最大的种洋菇一业。

圣保罗是世界上有名的气候良好的地方，一年四季均可种植洋菇（台湾只有冬季可以种菇）。当时圣保罗地区仅有德裔、日裔种植洋菇，"六家族"受其启发，便也开始学种洋菇。对于"六家族"来说，这像是一种"赌博"，因为"六家族"在台湾时都不曾种过洋菇，来到巴西后种洋菇是头一遭。困难不在于他们是第一次种洋菇，而是洋菇靠菇菌繁殖，"娇气"，不好伺候，且这种作物在繁殖、种植、成长过程中常遇到虫害。这对没有经验的人来说实在不易。但"六家族"不畏其难，大家同心协力，居然第一次就试种成功。更奇的是，平常一期洋菇只能收成2个月，他们首次种植却奇迹般地收成了9个月之久（一说收成达半年多），可谓苍天相佑，"六家族"大受鼓舞。1966年起，"六家族"信心十足地投入洋菇种植。尽管当时的洋菇市场尚小，但"六家族"携手合作，共同努力，洋菇种植逐渐得到推广。至少到20世纪90年代，巴西的洋菇市场已全为华人所掌握。"六家族"在这个过程中功不可没。

不仅如此，"六家族"还通过开设食品加工厂解决了洋菇的保存问题。1971年1月，他们在路加开办了一家食品加工厂，后来这家加工厂成了巴西洋菇加工界的佼佼者。由于"六家族"种菇业成功，经济上有了显著的改善，于是陆续

---

① 《慕义六家族》，载《巴西华人耕耘录》，巴西美洲华报编印，1998年，第62页。

吸引了大批的台湾移民，其中包括"六家族"的亲戚。到巴西来的台湾侨民，不管从事任何行业，大多会先在慕义六家庄落脚，"六家族"仍然照顾台湾来的乡亲，提供住宿，分享经验、技术等，协助他们立业。除了兴趣不合者前往圣保罗另谋发展外，大多数人留在慕义从事种菇业，以致巴西的洋菇业后来完全操控在台湾移民手中，而慕义也成了巴西最大的菇业中心，这也是"六家族"当初所料想不到的。① 于是，不知什么时候开始有了"六家庄"之说，他们的声名也因此传扬开来。

"六家庄"与"六家族"虽一字之差，但按照笔者的理解，两者并不等同。"六家族"是他们在台湾以及来到巴西一段时间后的称呼；"六家庄"则是他们来到巴西定居下来后的称呼。"庄"，含有"居住""村庄"之义。"六家族"指的是原先六个家族的人群；"六家庄"则代表他们在慕义建立的村庄，其居民已不只是原来六个家族的成员。

洋菇也成了当年一批批到慕义来的台湾移民最初乃至毕生的生存依靠。1974年后，移民巴西的台湾人猛增。台湾侨民到了慕义后，在"六家族"打下的基业的基础上从事洋菇种植，在当地生存下来的同时，洋菇种植业也越做越大。1983年10月，种洋菇者还在慕义基督长老教会成立了一个"慕义山度士菇农协会"，当时参加者80人。到1994年10月召开会员大会时，参加的会员达150人。据说20世纪90年代的慕义，有80%台湾教会会友在六家族的关怀下栽培洋菇。1997年12月23日，他们在圣保罗州农业厅慕义市技术辅导分处成立了菇农合作社，参加会员有20位，胡宗雄任合作社主席。②

总的来说，包括"六家族"在内，早期从台湾来的移民的创业历程同样是十分艰辛的。他们在居住地人数不多，语言不通，起步阶段充满唏嘘。但一路走来，辛苦倍尝，终有回报。天长日久，大多数人都渐渐融入当地社会。作为台湾农业移民的先驱，"六家族"当年住过的地方，至今还保留着台湾40年前农业社会的韵味。他们在巴西的第二、三代还能讲一口标准流利的台湾当地语，这种现象是其他台湾移民社区所没有的。③

早年台湾移民也从事养鸡业，供应圣保罗市场需要。由于其产地离市场近，销路很好，加入养鸡业的人越来越多。据统计，到1965年，养鸡专业户已发展到40多家，投资总额百万美元，所养鸡只五六十万，日产鸡蛋50万个左右，占

① 《信心之旅——巴西台湾六家庄传奇》。王武聪牧师撰录自"台湾基督长老教会台中忠孝路教会"网页，2009年7月1日。

② 《慕义山度士菇农协会》，载《巴西华人耕耘录》，巴西美洲华报编印，1998年，第63页。

③ 《心之旅——巴西台湾六家庄传奇》，载《巴西华人耕耘录》，巴西美洲华报编印，1998年，第63页。

该地区鸡蛋产量的20%左右。1965 年 8 月 7 日，华侨养鸡业者在苏山诺市周绍刚农场召开合作社成立大会，会议决定以"巴西华侨农业养鸡合作社"名称向政府正式登记，办理招股事宜，每股 100 雷亚尔，每份 500 股。20 世纪 70 年代起，巴西资本家开始涉足养鸡业，在饲料原料产地设立大型养鸡场，以企业方式进行经营。由于其原料、土地和人工均较便宜，加上自设销售网络，薄利多销，遂雄霸市场。小型养鸡场仅三五万只鸡者，无法与之竞争。后来，华侨养鸡业由盛而衰。慕义原称"养鸡之乡"，原有鸡场 500 多家，衰落时断崖式跌至 10 多家，华侨养鸡业者纷纷转行他去。1972 年，向政府注销登记，清理债款账目后顺利结束，养鸡合作社至此成为历史。①

二十世纪六七十年代的台湾移民子女受到良好教育，学业有成，或经商，或当工程师、医生、律师和公务员等。其中在事业上卓有成就并热心侨社事业的，有张胜凯、斯子林、刘学琳、陈华义、廖安雄、宗成本、李根涂等人。张胜凯等台湾移民兴建了大型佛教寺庙如来寺，兴建了双语教学的仁德国际学校，还修建了众多寺庙。②

除了慕义"六家族"及其后续台湾侨民外，据目前所知，当时在巴西从事农业的台湾人，还有当初作为"台糖公司农耕队"被台湾当局派往巴西而后来留居巴西的原农耕队队员。严格来说，农耕队不能算是真正意义上的移民。但农耕队结束了其使命后，有多人在巴西定居下来，成为台湾移民。

台糖公司农耕队是台湾方面根据 1964 年 8 月 17 日台湾当局与巴西圣保罗政府签订的农业技术合作协定向巴西派出的。当时农耕队来巴西耕作一片土地面积为 80 公顷的示范农场，地点在巴拉伊巴河流域的洛源（Lorena）第一号浦地。其间，农耕队曾邀请慕义"六家族"参加示范插秧。整个过程中，台湾方面曾派出两批农耕队。第一批队员于 1965 年 10 月 7 日抵达巴西山度士（桑托斯）港，团长和副团长分别是靳广廉和李安调；第二批队员于 1968 年 4 月 21 日抵达山度士港，团长和副团长分别是刘锡彬和文少白。台湾农耕队于 1971 年 5 月 31 日结束了与巴西方面的合作协约，前后时间不足 6 年。③

这里应简单交代一下老一代台湾移民的职业转型。一方面，1979 年后中国大陆逐渐发展起来，尤其是大量小商品进口巴西，给台湾老移民带来了不少机会。很多台湾老移民在 25 街和巴拉斯（Bras）街开店。旅行社、翻译、导游、商品进口、清关物流等从业者也不乏其人。另一方面，在中国大陆新移民越来越

---

① 《巴西华侨农业养鸡合作社》，载《巴西华人耕耘录》，巴西美洲华报编印，1998 年，第 72 - 73 页。

② 袁一平：《华人移民巴西二百周年简史》，载《华人移民巴西 200 周年纪念特刊》，南美侨报社编印，2013 年，第 5 页。

③ 《台糖公司农耕队》，载《巴西华人耕耘录》，巴西美洲华报编印，1998 年，第 125 页。

多的市场环境下，台湾移民的经营空间受到一定程度的挤压。例如，以前在圣保罗开店的台湾移民，由于价格无法与大陆新移民竞争，乃逐渐退出市场；有些进口公司由于采购环节无法跟中国大陆新移民竞争，业务日益萎缩；甚至旅行社、票务服务、清关等台湾老移民占传统优势行业也日渐萎缩。这在行业竞争中是正常的。中国大陆新移民的一个普遍优势是出国前他们在国内的薪酬和待遇起点低，因此他们在移民巴西后经营的起始阶段，利益期待值也比较低。这样一来，台湾老移民（应多半是在巴西接受过教育的第二代）便将其经营行业转移到专业要求较高的律师、会计师、医生等行业上来。更有台湾老移民报考巴西政府公务员等，也有台湾老移民在经营一些生产特殊产品的工厂。大陆新移民便承接台湾老移民的部分旧产业。

据汤熙勇 1987 年 12 月的调查资料统计，在商业方面，当时计有华侨经营之各类商业共约 1 750 余家，其中包括杂货业 650 余家（含批发商 40 余家，大型超级市场 10 余家，其余多为中小型杂货店），餐馆业 820 余家，服务业共 160 余家（含旅馆、旅行社、医院、诊所、理发、洗衣和经纪商等），进出口贸易业 40 余家，娱乐事业 60 余家。就营运业绩分析，服务业营收最佳，进出口贸易及娱乐事业次之，餐馆和杂货店由于数量发展太快，同业竞争激烈，利润微薄，经营日益困难。在工业方面，华侨经营较具规模之各类工业共 200 余家，其中以食品制造业最具规模；在农牧业方面，当时华侨经营之大小型农场多达 40 余家，另有畜牧业 30 余家，以养牛养鸡为最多。[①] 汤熙勇这里所提供的数据应是包括了巴西所有华侨华人的行业统计。但这里无从区分台湾移民和大陆新移民各自的职业情况。笔者注意到，1987 年之时，中国大陆新移民已陆续迁居巴西，但那时距离改革开放才九年，大陆新移民前来巴西还处于初始阶段，在当地华侨华人的总体构成中尚不占多数，1987 年的时候也还可能没有被统计进来。中国大陆新移民逐渐后来居上，乃至占绝对多数，是在 20 世纪 90 年代到 21 世纪 10 年代。因此，汤熙勇这里说的行业统计数据，应以传统华人（多为 1949 年前来自中国大陆各省）和 20 世纪 60 年代后到巴西来的台湾新移民为主体。很可能是以来自台湾当局在巴西的代表机构（"台北经济文化办事处"）所掌握的相关数据，以及圣保罗中华会馆等传统华人社团的数据为基础。

---

① 汤熙勇：《巴西招徕台湾人移民》，《人口学刊》2013 年第 46 期。

第八节　传统华人社团与文化辑遗

一、传统华人社团

　　顾名思义，传统华人社团是由传统华人建立的社会组织。但传统华人社团不一定在华侨落脚之日就马上产生，有华侨华人足迹的地方也不一定有华人社团。历史上巴西华侨居住分散，一些地方华人人数少，没有出现华人社团很正常。

　　历史上各国传统华人社团的名称大同小异，多数称"中华会馆"或"中华公所"（翻译为当地文字时一样）。发起成立社团者是同时代的传统华人。传统华人社团代代相承，到今天基本上多由当年的传统华人后裔主持。传统华人社会几乎所有的重要活动都以社团的名义举行。20世纪80年代后来到巴西的中国大陆新移民，到目前为止基本上以他们所在的新移民社团的名义举办活动。传统华人社团与新移民社团合办活动的情况还不多，但新移民社团对传统华人社团举办的一些活动多有参照，特别是彼此举办中华传统活动的时候，形式上多大同小异。总的来说，传统华人群体由于移居巴西的历史久远，社团的成熟程度较高，融入当地的程度也就较深。

　　1949年以前，传统华人（包括作为其后裔的土生华人）与当时代表中国的中华民国政府保持着正常关系。但在1949年后的相当长时期内，由于复杂的历史原因，传统华人继续与败退台湾并打着"中华民国"旗号的国民党当局维持关系。1949年，中华人民共和国成立，中国政府在很长一段时间内忙于建设千疮百孔的国内经济，改造和治理国内社会；同时，在二十世纪五六十年代还要应对朝鲜战争、台湾当局不时对大陆的骚扰以及其他发生在周边的事态；且新中国成立后，西方国家对中国进行长期的经济封锁和政治打压。因此，在中国周边国家的华侨华人相继与新中国建立联系的情况下，远在拉丁美洲国家的华侨华人就暂时没有这样的机遇。1949年以后很长一段时期内，能够出国的中国大陆民众不多。那时候台湾当局在很多拉美国家还设有所谓的"外交"机构，中国大陆移民在拉美居住国的活动还受到台湾当局的影响。跟其他一些拉美国家有所不同的是，巴西在二十世纪五六十年代来了很多台湾地区的移民。这样，巴西的传统华人社团就有两大类型：一类是1949年以前从中国大陆来巴西的传统华人建立的社团，它们在1949年后很长时间内仍与台湾当局维持关系；另一类是20世纪50年代后从台湾来的移民成立的社团（很多人籍贯在大陆，他们是1949年前后

随国民党政权败退台湾的）。

在这一背景下，台湾当局利用其在 1949 年之前与当地华侨建立的关系，不遗余力地在巴西华侨华人中开展"侨务活动"，有时其活动范围和幅度甚至超过其在同一个国家的"外交"活动。即使 20 世纪 70 年代起拉美许多国家与中国政府建立外交关系，台湾当局仍以"经济文化代表处"的形式维持其在原"邦交"国的存在。应指出的是，传统华人社团的活动并非都是服务于台湾当局的政治需要的，大部分传统华人社团举办的常态化活动，主要还是服务于同胞的生存发展需要。实际上，就传承中华文化、为同胞服务、与当地民族的交往、开展华文教育和慈善事业等多个方面，传统华人社团发挥了积极作用。在祖国统一问题上，他们的立场是一样的。1974 年，中国与巴西正式建立外交关系。建交后，华侨华人与其祖籍地的联系愈益频繁。从 20 世纪 80 年代开始，来自中国大陆的新移民越来越多，相应的新移民社团迅速增多。新移民社团都与祖（籍）国和家乡保持密切关系，具体参见第五章的阐述。

传统华人社团的历史，也是巴西华人社团史的重要构成部分。但随着传统社团的当事人逐渐故去，珍贵历史资料散失，1949 年以前有关传统社团的史事到今天已很难寻觅了。一代代口耳相传下来的信息越来越稀薄，可靠性也越来越低，今天可以找到的有价值的资料已如凤毛麟角。

还要看到，并非所有有传统华人居住的地方都存在过他们建立的社团。巴西虽然是南美最大的国家，但其国民分布极不平衡，有的地方（如沿海）很多，有的地方（如内陆、山区）很少。与当地居民的居住密度相对应，当地居民少的地方，华侨就较少，居住也较分散，还可能有别的尚不清楚的原因，导致这些地方在历史上就没有成立过华侨社团。或者，这个地方也可能出现过小规模的华侨社团，但久而久之，便湮没在历史的尘埃中。不无好奇的是，在华人移民历史非常早的巴西，迄今发现的早期传统社团资料却非常短缺。所以，今天所能知晓的巴西传统华人社团，可能不是历史上实际存在过的传统华人社团的全部。这些遗憾，有待于进一步的研究加以充实。

在世界各国传统华人社会的各类型社团中，以宗亲（血缘）社团和地缘社团最为普遍，一般以地缘社团居多，在华侨中的作用更大。一般来说，在海外华侨社会中，最早的社团都是宗亲和地缘社团。就两者来说，宗亲社团应稍早一点，因为华侨乍到异国他乡，需要同舟共济，最亲密最信任的合伙人，除了父子兄弟外就是其他沾亲带故的人，特别是同姓同族的人。这时候，即使亲缘关系在家乡时极为稀疏，甚至老死不相往来，但到了异国他乡后也会亲密百倍。但同姓同族人毕竟不多，于是大量同乡社团便应运而生，很快取代宗亲社团成为华侨社会的主要团体。不过就巴西来说，历史上传统华人中的宗亲社团应该更少，原因

是巴西传统华人离家乡山迢水远，很多人都是单枪匹马出洋，和亲戚一道出国的情况不多。巴西形成的社团，以地缘性的为主。到了今天，这种情况有过之而无不及，地缘社团占压倒性优势，血缘社团几无发现。

就目前所知的巴西传统华人社团来说，"全侨性"是其基本特征。这里说的"全侨性"，指的是其为侨服务的领域，几乎涵盖到华侨华人事务的所有方面，同时，其全侨性得到当地华侨华人的普遍认同。巴西过去传统华人人数不多，那个时代他们所从事的行业也不多，有的地方甚至非常单一。他们又是弱势群体，不管来自什么地方，不管从事什么行业，都需要守望相助。这样就没有必要再分此界彼疆，只要是中国人，就应该紧密团结，互相帮助。于是，社团的全侨性就容易得到凸显。但由于主客观原因，大多数全侨性社团的服务很难面面俱到，一一顾及。

巴西的中华会馆成立时间很早，分布于多个城市，如里约热内卢中华会馆、圣保罗中华会馆、巴西利亚中华会馆等。由于历史的原因，巴西的中华会馆长期与台湾方面保持比较密切的关系。但巴西究竟共有多少个中华会馆，还需进一步查实。首都的巴西利亚中华会馆成立于 2009 年，且待后述。

（一）里约热内卢中华会馆

里约热内卢的中华会馆成立于 1919 年（中华民国八年）10 月 4 日。这一天，居住在里约热内卢约 100 名华侨聚集在一起并成立了中华会馆。这是巴西和中国政府承认的第一个中国移民在自发自愿的基础上成立的组织。1921 年，中华会馆注册会员 296 人，其中广东省（主要是台山县）244 人，浙江省（主要是青田县）51 人，上海市 1 人。[①] 广东台山的移民占中国移民的大多数，主要经营餐饮店与洗衣店。他们的餐饮店主要是油炸角仔店，兼售水果汁，比如甘蔗汁、橙子汁、柠檬汁、香蕉牛奶汁等等。当时里约热内卢是巴西首都，故起名为"巴西中华会馆"。到 1976 年，该会馆改名为"里约热内卢中华会馆"（里约热内卢从 20 世纪 60 年代起已不再是巴西首都）。巴西中华会馆的创始人为钟民强、李希源、曾木等人，会馆创设经费由侨胞捐助。当时李希源最富有也最慷慨，捐资最多。[②]

中华会馆在创立初期采取总理制，设总理、协理、司库、书记各一名，理事 20 名，任期一年。第一任总理钟民强，协理曾木，司库李希源，书记邝相敬；

---

① 《巴西里约中华会馆》，载《巴西华人耕耘录》，巴西美洲华报编印，1998 年，第 14 页。该书资料截至 1998 年，故该会馆后续情况不详。

② 袁一平：《华人移民巴西二百周年简史》，载《华人移民巴西 200 周年纪念特刊》，南美侨报社编印，2013 年，第 8 页。

1938 年，改委员制，设常务委员三人，财务和书记各一人；1941 年，改理事制，设常务理事三人，后又改为理事长一人，副理事长二人；1954 年又改为年度制，每年设三常委，一年一换（从名单看可连任）；1962 年改理事长制，理事长一人，两年一届，可连任。至于理事任期，原为一年，到 1964 年第 44 届时改为两年，1992 年改为三年。[①]

（二）圣保罗中华会馆

圣保罗中华会馆于 1930 年开始筹备，其时圣保罗的侨胞还不足百人。这一年庆祝中华民国国庆节，侨胞们在市中心广场何冠英开设的中央饭店举行庆祝聚会，即有人提议成立中华会馆，并推举周继文、李新、赖均海、何启宇和何冠英五人为筹备负责人。到 1931 年初，即宣告正式成立。

何冠英原籍广东惠阳，1927 年 4 月 19 日从香港搭乘日本轮船，于 6 月 15 日抵达巴西，时年 18 岁。他经里约热内卢转到圣保罗市，在其堂兄的西餐馆打工。1935 年何冠英与人合资在 Parç A Da SÊ 开设了中央饭店（以西式餐点为主）。1950 年"提包业"兴起，他在圣保罗市中心 Largo da Paissandu 开设了第一家华人礼品店——中巴商店（Casa Sino-Brasileira）。因店铺生意兴隆，乃与其弟在市中心商业区再开设 Hok Ying & Irmaos Lida——新中华、北京等分店。何冠英是圣保罗中华会馆元老，中华会馆成立时，成立大会就在他的中央饭店举行。当时圣保罗市有 80 多名华侨，成员中有 10 多名华侨出席。何冠英 1982 年任圣保罗中华会馆理事长，连任 4 届，直到 1990 年退职。[②]

当年侨胞们的生活条件很艰难，劳碌奔波，会馆经费十分匮乏，没有会址，也没有办事人员，因此中华会馆显得有其名而无其实。到 1942 年，中华民国驻巴西大使陈介、驻美国纽约总领事吴幼林抵达圣保罗访问，有 200 多名侨胞在商务俱乐部举行欢迎会。陈介说，圣保罗为南美第一大城市，有这么多侨胞，应有一个正式社团服务侨胞，侨胞当场热烈响应。会后，陈介面嘱侨领周继文等人筹设"圣保罗中华会馆"。随后，周继文多次召集侨领们开会讨论筹办会馆事宜。1943 年初，周继文独自捐献 5 000 元巴币作为会馆开办费，同时每月以 600 元巴币租下市中心一个地方作为会址。到 3 月，会馆选出周继文为会长以及第一届执监委员，才成为一个名副其实的侨团。随后，向巴西政府登记立案，同时向中华民国侨委会报备，从此会馆的常年活动才正常化。1947 年，会馆易地办公。到

---

① 《巴西里约中华会馆》，载《巴西华人耕耘录》，巴西美洲华报编印，1998 年，第 14 – 15 页。该书资料截至 1998 年，故该会馆后续情况不详。

② 《巴西圣保罗中华会馆》，载《巴西华人耕耘录》，巴西美洲华报编印，1998 年，第 24 页。

20 世纪 50 年代，国民党政权已经退守台湾，但巴西侨社仍然一如其旧。中华会馆在圣保罗市自购一处办公屋（即后来的华侨老人院）。但随之移民潮兴起，大批移民涌进圣保罗，会馆业务由是扩大，办公处所已不敷使用。1958 年 10 月 9 日，圣保罗华侨富商李润田遭歹徒谋杀，其家属将分期付款所购的住宅捐予会馆，故会馆办公地点一度搬至李宅，不久因该地偏远而复搬回自购之地，同时卖掉李润田住宅，侨胞们慷慨解囊另建大厦，1962 年落成使用。1992 年，整修内部并加建顶楼一层。① 复至 2011 年 7 月 17 日，新建的圣保罗中华会馆落成。建新会馆为已故侨领李仪祥遗愿，由其家属出资重建，为一座 4 层楼的现代建筑，有多间教室、会议厅、谈话室、咖啡厅等，设备齐全。②

圣保罗中华会馆自第 1 届起，理监事任期为一年，至第 27 届起，理监事改为两年一任。至少到该会馆成立 46 年、第 41 届理事会时，担任理事长职位的侨领大多连选连任。③ 圣保罗中华会馆的首任理事长周继文，浙江青田人，早在 1929 年已经移居巴西。周先生有二子，长子周汉民，1923 年生，次子周新民，1928 年生。两兄弟共有子女及孙辈十多人。周继文虽然早已去国离乡，但爱国爱乡之情未尝稍减。其父在抗日战争期间，曾在巴西号召爱国同胞组织"抗日爱国后援会"，并募款购置救护车一辆献给中国政府。④

该会馆为侨胞排忧解难，维护侨民权益；长期以来，该会馆举办中国传统节日活动，与 20 世纪 50 年代后陆续来的台湾移民一起过当地传统节日，如母亲节、父亲节等，同时还常常开展旅游或文化娱乐活动，调剂侨胞生活。该会馆还经常举办青少年文化研习营和作文、绘画、演讲、歌唱、朗诵比赛，设立中文班教授中文，举办葡语教学班，代办中、葡文翻译，举办文艺演出和武术班，教授中国功夫，举办针灸讲演及为侨胞举行针灸义诊，举办法律咨询等。⑤

圣保罗中华会馆于 1963 年 7 月 7 日发行了第一期《中华会馆会刊》，该刊原由会馆理事林圣扬教授主编，至 20 世纪 70 年代初停刊。1979 年 9 月 15 日，再次印行《中华会馆会刊》，以报道会馆会务、侨社活动、巴西要闻及国内情况为主，共发行了 55 期。1985 年 5 月，会刊改名为《华光》，以报纸形式印行。后来曾经停刊，1992 年 10 月 10 日出第一期复刊号。作为会馆会刊，《华光》一直赠阅，主要报道会馆会务、侨社活动、"国内"重要新闻等，亦介绍优良文学作

---

① 《巴西圣保罗中华会馆》，载《巴西华人耕耘录》，巴西美洲华报编印，1998 年，第 17 – 18 页。

② 《如来寺为巴西圣保罗中华会馆落成洒静》，（台湾）佛光山网站，2011 年 7 月 18 日。

③ 《巴西圣保罗中华会馆》，载《巴西华人耕耘录》，巴西美洲华报编印，1998 年，第 19 页。

④ 《圣保罗中华会馆创始人——周继文》，载《巴西华人耕耘录》，巴西美洲华报编印，1998 年，第 28 页。

⑤ 参见《巴西圣保罗中华会馆》，载《巴西华人耕耘录》，巴西美洲华报编印，1998 年，第 18 – 19 页。

品、名家华文作品和生活知识等。此外，1996 年起也刊载历史、文化和医药保健文字，不定期刊出华文学校学生习作等。①

（三）华侨互助协会

华侨互助协会是继中华会馆之后注册的第二个华人合法社团。20 世纪 50 年代，巴西华侨人口只有约千人，圣保罗仅 300 人左右。当时圣保罗华人社团只有中华会馆和音乐互助社。圣保罗华侨互助协会成立于 1958 年，其前身是成立于 1955 年的"音乐互助社"。华侨互助协会第一届正、副会长为伍仲伦、李荣近。音乐互助社何时改称华侨互助协会不详。其时中华会馆忙于侨胞的事情，应接不暇，华侨互助协会便起了分担中华会馆压力的作用。侨胞的头号大事当然是解决温饱问题。其时华侨互助协会的成员中，绝大多数是新到的青年知识分子，故而华侨互助协会也成了新侨之家，诸如约友聚谈、找工作、集会、聘员工、订租约、排解纠纷等都到互助会里来。每当有香港来的船到达山度士港，该会必派专人前往接船，遇到无亲友接待者，该会则负起安排之责，代为寻找职业，因而甚受侨胞重视和欢迎。这些都是十分务实的"谋生互助"，于是才有改名或以后一名称注册之举。华侨互助协会实行理监事制。②

（四）巴西洪门协会

受历史、政治等因素的影响，拉美国家华侨社团组织一定程度上受北美的影响。最明显的例子就是拉美地区的洪门组织，起初就是以美国洪门组织为总堂并听其号令的。因此，那些离美国越近、历史渊源越深的国家，如墨西哥、危地马拉、哥斯达黎加、巴拿马等中美洲国家都有洪门组织，且规模相对较大。

从 1850 年开始，美洲地区就有了洪门组织，其中，拉美最主要的洪门组织就是致公堂。此后，受孙中山革命思想和现代政党制度的影响，拉美的洪门致公堂积极响应"改堂为党"的号召。但由于拉美洪门内部的分散性，拉美洪门组织出现了以政党和协会两种不同方式来命名的称呼，其中在秘鲁以及中美洲那些洪门组织建立较早的国家，大都以政党名称来称呼，如洪门民治党秘鲁总支部、洪门民治党古巴总支部等；而在那些洪门组织建立较晚的拉美国家，如巴西、巴拉圭等国，洪门组织多以协会称呼，如巴西洪门协会、巴拉圭洪门协会等。③ 在

① 《圣保罗中华会馆会刊"华光"》，载《巴西华人耕耘录》，巴西美洲华报编印，1998 年，第 136 – 137 页。

② 《圣保罗华侨互助协会》，载《巴西华人耕耘录》，巴西美洲华报编印，1998 年，第 68 页。

③ 刘叶华：《他乡故乡：拉美华人社会百年演变研究（1847—1970）》，北京：中国人民大学出版社，2015 年，第 137 – 138 页。

不同的历史阶段，洪门始终与中国革命及历史进程同呼吸共命运，发挥着民间组织的重要力量。新中国成立后，洪门在维护祖国统一等方面也发挥了重要的历史作用。

从上述几类社团的情况可知，过去华人社团最重要的职责是照料鳏寡孤独老人同胞，特别是对中华会馆而言，照料那些因为战争和社会动荡而有家难回的老一辈传统华人曾经是极其重要的工作。虽然今天这部分传统华人已经离世，但中华会馆在历史上所做的这一贡献应该记录下来。在这方面，中华会馆的角色更重要。下面且以圣保罗中华会馆为例，做一简述。

第二次世界大战之前，很多传统华人来自广东乡村，当年只是希望在巴西积赚一笔财富后便衣锦还乡，安度晚年。但天不遂人愿，抗日战争、国共内战等战乱和社会动荡，迫使他们终生在巴西居留下来。当他们的还乡梦一次次破灭以后，这些原来在巴西靠在角仔店打工或在巴西北部种茶维生的华侨（大部分为广东人），精神上经不起一次次的无情打击，有的迷茫，有的沉沦，不是酗酒，就是赌博，或者寻找刺激。他们多年拼搏赚来的那一点积蓄，经不起几回挥霍。更无情的是，岁月流逝，时过境迁，他们逐渐步入老年，贫病交加，身心脆弱，精神疲惫，不堪一击。有的甚至无家可归，沦落街头。这一群华侨老人都说不好葡语，有的连身份证也没有。那时候老年华侨在圣保罗街头流浪者不在少数。不少人夜间游荡，时而遇警察拘禁或刁难。为了消磨时间，有人到赌馆去，因为没有赌资，便时而向华人俱乐部里的牌友讨一点零用钱。为了果腹，或到华侨同胞经营的餐馆去，讨一点残羹剩饭。所有这些，是战争与动乱强加给他们的后遗症。当警方得知他们是中国人时，便要求中华会馆设法安置他们。

中华会馆负责人认为老年华侨流落街头有损华侨颜面，经过商讨，决定设法予以收容。这些事情发生在 20 世纪 50 年代。那时候中华会馆又旧又小，没有余屋可以安置这些老人，只好另租民房，有的送到养老院。到 1962 年 12 月新的中华会馆落成，会馆办公室搬到新址，遂腾出旧址的一幢房屋安置流浪无依的老年华侨。为了照料他们，中华会馆设立了老人院，收容孤寡老人，并妥善照料其生活。另外，该会馆有华侨公墓二处，安葬老去身故者。据说华侨公墓安葬的在巴西无亲戚或被家人抛弃去世的老人有上百位，其墓地维护费和管理费均由会馆负担。[1] 总的来说，在中华会馆的照料和管理下，老人们从在世时的衣食住行、病时医疗到死后安葬，都得到妥善的安排，可说是功德圆满。不仅如此，中华会馆这类工作甚至延续到老人身故以后。例如，圣保罗中华会馆有公共墓地。每年巴

---

① 《巴西圣保罗中华会馆》，载《巴西华人耕耘录》，巴西美洲华报编印，1998 年，第 19 页。

西国定清明扫墓节，均按惯例前往所属华侨公墓为华侨先贤献花祭拜以表追怀之意，[①] 体现了良好的中华文化传统。

中华会馆收容孤寡老人延续的时间很长，一直到新移民大量来到巴西以后。虽然中华会馆收容孤寡老人与新移民无关，但为了叙事的方便，这里不妨把中华会馆这一收容情况延续到新移民时代，前后连贯起来一并概述。

关于中华会馆所照料的老人，20 世纪 50 年代的人数不详，到 1967 年 9 月统计有 14 位，1967 年 11 月统计有 17 位，1972 年统计有 20 位之多，到 1992 年，住院老人还有 11 位。可见，会馆照料的华侨老人并非一直是一批常客，还包括不断老去的举目无亲的华侨，但总的来说人数在下降。下降的原因可能是举目无亲的老人少了。1996 年 3 月，老人院因设备不足而被圣保罗警法单位查封，还有 9 位老人由警方用车送至市郊圣约瑟养老院，其中 3 人因不习惯自动离院，1 人被乡亲接走，只剩下 5 人，其住院（中华会馆老人院）费用仍由会馆负担。会馆则通过呼吁侨界支援，宗教和慈善组织认领老人的生活费，会馆只负责其医疗费。最后，圣保罗中华会馆老人院完成了其历史使命，从 1967 年起到 1996 年 3 月，历时 30 年之久。[②] 总的来说，华侨老人院存在期间的经费来源均靠会馆的积极募款和侨界人士的热心捐助。

一些有经济能力的巴西传统华人与世界上其他地区的传统华人一样，跨国流动性很强。不少人有多重国籍，其中尤以台湾来的移民为多。他们经常往返多地之间，例如从巴西到中国台湾，从巴西到美国，等等。他们偏向于送孩子（华二代）去美国学习和工作，学成后，通常留在美国发展。当然，也有人返回巴西，继承先辈打拼赚下来的产业。顺便说明，进入新移民时代，不少华侨华人家庭仍有送子女到北美和欧洲读书而毕业后留在当地的习惯，送出去的基本上是接受过巴西教育的华二代。

二、巴西的传统华人会馆与侨社文艺活动：以粤剧和京剧爱好者为例

中国的戏曲文化丰富多彩，很多地方都有各具特色的戏曲文化。华侨出国后，常会将当地戏曲文化带到居住地，使其成为华侨华人居住地的"传统中华文化"的组成部分。如果一个居住地中来自同一祖籍地的人数足够多，尤其是爱好者足够多的话，他们从家乡带来的戏曲文化就比较容易在当地乡缘群体中留存和

---

① 《圣保罗中华会馆巴西清明扫墓节祭华侨先贤》，《南美侨报》，2005 年 11 月 4 日。
② 《圣保罗华侨老人院始末》，载《巴西华人耕耘录》，巴西美洲华报编印，1998 年，第 26 – 27 页。

传承。早年巴西的华侨华人主要来自广东等省份。他们带来的祖籍地戏曲文化在居住地的流传情况有待于进一步发掘。下面以粤剧和京剧为例。

（一）粤剧

粤剧又称大戏或者广东大戏，粤剧的名称在清光绪年间才出现。至光绪十五年（1889），广州成立八和会馆。本地班在这时又吸收了二黄声腔，能以梆子、二黄腔为主，兼用大腔（地方化的弋阳腔、昆腔），演出江湖十八本、新江湖十八本、大排场十八本等众多剧目。粤剧每一个行当，都有其独特的服饰装扮。表演角色分为武生、正生、小生、小武、总生、公脚、正旦、花旦、净、丑十大行当，武打技艺是由少林武功演化而成的南派武功。

最早到巴西谋生的华侨是广东人，其中以今江门地区的华侨居多。江门地区今称"五邑"（包括台山、恩平、新会、开平和鹤山五市），但历史上人称"四邑"（除鹤山外的其他四市）。四邑人以广府人为主。广府民系以粤语为母语。一般来说，只有讲广府话的地方的广东居民，才有可能成为粤剧爱好者。过去在广东农村（主要是说流行广府话的地区），一般都有农闲演戏的习俗，春播夏锄，秋收冬藏，春播前的许愿、祈福，秋收后的还愿、酬神。这样，就形成了从年末至岁首这一段时间农闲聚戏的习俗。人们还把演戏安排在佳节时令或者祝寿、婚嫁、新居落成等喜庆场合中，往往以戏曲演出作为庆贺之礼。旧时广府地区节日习俗与粤语戏曲，很大程度上就像是一对连体婴，两者很难发生分离。广府地区的很多华侨来到巴西后，仍然部分地保留从家乡带来的节日习俗，保留在家乡时看粤剧、唱粤曲的习俗，尽管巴西的节令气候与家乡不一样。

在相当长的时期内，华侨群体里的唯一娱乐活动是粤剧。因为早年很多巴西华侨来自广东，粤剧表演广受欢迎。过去，凡是有广东华侨的地方即有广东戏班。粤籍华侨日益增多，粤剧也就逐渐流传到粤籍华侨的居留地去，世界各地凡有粤籍华侨的地方，几乎都有粤剧演出活动。20世纪之初，就有人对此发出过这样的感叹："广东之人爱其国风，所至莫不携之，故有广东人足迹，即有广东人戏班，海外万埠，相隔万里，亦如在广东之祖家焉。"这位原籍惠州的作者，在光绪二十九年（1903）写的一篇题为《观戏记》的文章里，曾经对侨居美洲的广东人的生活和粤剧在那里演出的情况有过以下详细描述："记者越太平洋而客美洲也，登岸，见所谓吾广东人，衣广东之衣，食广东之食，言广东之言，用广东之器具，举饮食玩好，服饰器用，无一不远来自广东；声音笑貌，性情行为，心肠见识，起居嗜好，无一不如在广东焉。……记者惊曰：斯地其广东乎？外国哉？何广东之流寓此地者，或数世，或数十年，

或十余年，或数年，毫不为他国风潮之所变迁，政治之所沾染，文明之所吹嘘，而依然完全无缺，至死不变之广东人也？广东人其有独立之风哉？其有唐三藏取经西方、过火焰山，有齐天大圣之火扇，火不能伤之术哉？俄而为友人引而观戏，其所演班本，又广东戏也。花旦小生白鼻哥，红须军师斑头婆，无一不如广东旧曲旧词调，旧弦索，旧锣鼓。红粉佳人，风流才子，……"① 粤剧爱好群体的存在，归根到底是因为粤剧难以取代的精神功能，具体来说，是消解乡愁、寄托乡思的功能。当时华侨就把去中国戏院观赏家乡戏剧作为联络同胞感情并一解乡愁的休闲方式。

　　笔者认为广义上的粤剧爱好者可分两部分：一是剧场粤剧爱好者，准确来说，是"大戏"爱好者。广东人俗称在剧场演出的粤剧为"大戏"。大戏糅合了唱念做打、乐师配乐、戏台服饰、抽象形体等表演艺术的粤剧舞台艺术，对每一个行当都有各自独特的服饰装扮，要求很高，十分精到。所以，进行大戏演出，特别是演出数百年历史长河中流传下来的传统剧目，非得有一个由分工（角色）明确的演员、弦管队以及后勤服务人员组成的剧团方可胜任。早年古巴等地传统侨社的粤剧大戏演出是拉美地区最著名的。不过可以相信，巴西粤剧大戏的爱好者，一定也是下面说的粤曲爱好者。二是粤曲（包括散曲、小调等）爱好者。粤曲来源于粤剧，可以是粤剧的折子唱段，也可以是行家自行按照粤曲曲调谱成的唱段。要成为这一群体的爱好者，条件简单多了，甚至可以说，人人都可以成为这样的爱好者。这一群体的爱好者又可以粗分为两类：一是唱的爱好者，三两好友相聚，兴起而来，兴尽而归；二是听的爱好者，虽然不敢声情并茂地唱，但可以聚精会神地听。听到得意处，也可以和着节拍哼起来。实际上，在异国他乡，不管是会唱的还是会听的，都会经常凑在一起，放声高唱，纾解乡愁。

　　在圣保罗，20 世纪 50 年代的老一辈华人中，喜好粤剧者多以圣保罗华侨互助协会为平台。该社团是继中华会馆之后注册的第二个华人合法社团。这个协会成立于 1958 年，其前身就是成立于 1955 年的音乐互助社。成立时社员约三四十人，全是粤剧爱好者。其时每逢侨胞有婚丧喜庆，华侨互助协会常常应邀前去演出。因为成员多属广东籍（严格来说应多属广府籍），该会经常举办粤剧公演。20 世纪 50 年代，该会常常会员群集，醉于音乐，弦歌不断，当地民众也啧啧称道，在其时尚属落后的圣保罗声名远扬。侨胞曾经在 9 号广播电台和 4 号电视台演奏，向巴西民众传播中华文化。另外，该协会也接待过外来要人，例如 1959 年接待南洋大学校长林语堂。不过好景不长，到第四届时，因有人利用协会聚

---

①　引自 1929 年出版的《黄帝魂》，转引自谢彬筹：《华侨和粤剧》，《南国红豆》2005 年第 1 - 2 期。

赌，于是会员纷纷离去，导致该会声誉不复往昔。加上会员的职业问题，名噪一时的华侨互助协会终于曲终人散。该会难以为继的一个原因是，当时绝大多数会员为新侨，乍到异国他乡，人人都要谋生，且谋职不易，收入微薄（最高者不到100美元）。于是很多会员转往其他州、市寻求出路，连当年作为创始人之一的伍仲伦也迁往慕义开鸡场谋生。① 会员谋生之艰困，可想而知。这正应一句大俗话，人们只有解决了温饱问题，才可以谈论文学和艺术。

不过，圣保罗仍然弦歌不绝。中华会馆有一个成立于1969年的粤剧研究社（简称"粤剧社"），常常举行公演。他们是一群本土艺术人才。据记录，那时候粤剧社前后公演过的粤剧有：《琵琶记》《王昭君》《金叶菊》《王宝钏》《胡不归哭坟》《平贵别窑》《卖肉养孤儿》等独幕剧，可见都是乡间长演不衰的传统粤剧大戏。那个时候华侨华人的文娱生活很简单，粤剧公演自然是一个重要的文化活动，就如华侨在出国前盼着村子里的大戏演出一样。演出前、演出时，一定是奔走相告；演出后，肯定是万众争说。那时候圣保罗华侨华人本来就不多，策划一次演出更是不易，侨胞们必然倍加珍惜，百般看重。

能够在异国他乡进行大戏表演，绝非简单的事情。大戏的组织者，必然呕心沥血，耗费精力。但为了同胞的文化生活，为了释放大家的乡愁，组织者也心甘情愿为之，由此更加凸显其无私奉献精神之可贵。整个演出过程，如从筹备说起，要完成的环节就十分复杂。首先，粤剧社每次筹集经费，都是令人伤脑筋的事情。因为每个环节都需要钱，公演场址需要钱，添置道具需要钱，工人工资和排练期间的膳费也需要钱。当然，众人拾柴火焰高，由于侨众齐心协力，侨社各界筹款支持粤剧社演出，这些事情办起来也相对容易。幸好，当时粤剧社的全部戏服、乐器、道具等，都是华侨互助协会遗留下来的。这就省了一大笔钱。其次，粤剧社虽无完备组织，但每次筹备演出都兴师动众。演员和乐员最起码有20人，加上布景和杂工，总数不下30名。每次演出，都在Palacio Maua（华侨称为"茂华宫"，后来改为刑事法院）二楼的大礼堂举行。②

难得的是，粤剧社演出筹款也用于济助中华会馆老人院。这是粤剧社经济困难的缘故，更是广大侨胞爱老敬老、守望相助的同胞情谊的生动体现。所以，粤剧社每一次演出，从筹备到上台，起码需要一个月时间。例如，编剧工作，单要写总纲就得花一个星期。据当事人说，每次写剧本，他的右手中指和食指都十分

---

① 《圣保罗华侨互助协会》，载《巴西华人耕耘录》，巴西美洲华报编印，1998年，第68－69页。

② 《圣保罗中华会馆粤剧研究社》，载《巴西华人耕耘录》，巴西美洲华报编印，1998年，第356－357页。

受罪，写完就觉得麻木不堪。[1] 需知道，当年没有电脑打字，用的是今天人们已经不知为何物的老式油印版，刻起字来十分吃力，蜡纸字用力太轻刻不出来，用力太重又怕刮破蜡纸，每一笔都得用力均匀，否则字体不全。

粤剧社成立之初，曾经参加在奥萨斯库举办的移民节选美大会公演，使外国人大开眼界，认识了中国传统文化艺术，博得雷鸣般的掌声，几家电视台都争相转播。可惜时移世易，人事变迁，粤剧社于 1972 年停止活动。至少到 20 世纪末，还没有听到粤剧社恢复活动的信息。[2]

虽然今天遗留下来有关圣保罗粤剧社的记载都是有关粤剧大戏的资料，但粤剧大戏的爱好者一般都是粤剧/粤曲爱好者，故而粤剧大戏爱好者的唯一愿望是粤剧大戏能够多来本地侨社，演出他们朝思暮想的传统大戏。为解乡愁，他们百听不厌、百看不倦；在看完大戏后，粤剧/粤曲爱好者还可以聚一聚，一起评，一起唱，一起听。有弦乐队伴奏最好，没有也不碍事，只要有暇余时间就行。可以推测，每一回粤剧大戏演出过后，广府华侨华人中会出现一个粤剧大戏的"自我复盘"与"沉醉追梦"期。他们会一遍又一遍地追忆粤剧大戏演出那一刻烙在脑际的美好时光。有空之余，三几亲朋好友会聚在一起，一道低吟浅唱，一道细评漫赏，度过一段无比美妙的时光。直到下一个粤剧大戏来到侨社，一切"岁月静好"的时光又将重现，周而复始，循环不断。

（二）京剧

京剧爱好者在圣保罗出现堪称奇缘。京剧又称京戏，分布地以北京为中心，遍布全国。京剧是 19 世纪中期，融合了徽剧和汉剧，并吸收了秦腔、昆曲、梆子、弋阳腔等艺术的优点，在北京形成。发展到民国时期，得到空前的繁荣。其唱腔婉转，曲词雅俗共赏，身段步伐富含韵律，经过岁月磨砺，渐成中华娱乐文化之精粹，被视为国粹。如今京剧的表演形式主要可归纳为"四功五法"，其中四功即"唱念做打"。京剧角色的行当划分比较严格，早期分为生、旦、净、末、丑、武行、流行（龙套）七行，后归为生、旦、净、丑四大行。

20 世纪 50 年代，大批中国内地人南下香港，并将京剧文化带到香港，于 20 世纪 60 年代在香港开办京剧班。京剧遂在香港安营扎寨，香港成为后来京剧进军巴西的"中转站"。来自香港的常州大族唐氏后裔第一代唐晔如十分喜爱京剧。早在 1958 年，圣保罗侨界名宿虞兆兴特由香港请来名琴师夏馥苞，爱好京

---

[1] 《圣保罗中华会馆粤剧研究社》，载《巴西华人耕耘录》，巴西美洲华报编印，1998 年，第 356 - 357 页。

[2] 《圣保罗中华会馆粤剧研究社》，载《巴西华人耕耘录》，巴西美洲华报编印，1998 年，第 356 - 357 页。

剧的唐晔如、丁德泉、毕务国等人，加上几位爱好京剧的男士，一干人便凑在一起，意气相投，如鱼得水，一起吊嗓。一般清唱只要文场配合即可，但如果要正式登场的话，则化妆技巧、身段步伐，缺一不可。机缘巧合的是，1970 年初，刘利俐女士来到巴西。她为小大鹏坐科出身，习文武老生，擅长化妆，演技娴熟，遂成为该社的台柱，给该社同仁诸多指导，很多问题便迎刃而解。于是，该社便酝酿正式训练，筹划正式登场演出。1970 年底，丁德泉垫钱在港订制一批行头①到货，正式成立"圣保罗华侨平剧研究社"（北京在 1949 年以前称为北平，那时称为"平剧"），公推唐晔如为首任社长、丁德泉为副社长，任期为1970—1974 年。② 该社提倡娱乐文化，以传承国粹为宗旨，娱人娱己，吸引知音，拓展侨胞鉴赏能力，并使参与的同仁都有施展才华的机会。夏馥苞琴技高超，更有殷启唐（号称"琴迷"）的加入，遍寻"吊胡琴"对象，挖掘了不少能唱也爱唱的人才。此外，从香港移民巴西的余派名票凌驾青的参与也使该社添色。凌驾青不仅能唱，更擅拉二胡，还能打小鼓。这样，该社的武场便有了多位行家，经过一番研讨，交换心得和苦练，居然也能生出一些戏来。

据统计，该社先后演出的京剧剧目有 5 场之多：1971 年 5 月 15 日，演出《女起解》《坐宫》《空城计》；1971 年 10 月 28 日，演出《借东风》《捉放曹》《玉堂春》；1972 年 5 月 19 日，演出《春秋配》《追韩信》《武家坡大登殿》；1973 年 4 月 10 日，演出《拾玉镯》《打龙袍》《三娘教子》《樊江关》；1987 年9 月 10 日，为华侨天主堂中文学校筹募医疗设备经费，借日本会馆义演一场，演出《坐宫》《盗令》。③ 1997 年后不设会长，改为每月轮流在大富贵酒店举办清唱餐会。所有上面这些演出均为折子戏，但生、旦、净、末、丑均搭配齐全，唱做俱佳，文武场协调良好，每一次演出，几乎都座无虚席，赢得声声喝彩。这在万事俱备的情况下当然是起码的要求，但在巴西这样一个海外偏隅之地，在完全没有京剧基础且人力、物力有限的情况下，不要说有水准的演出，能够搭起戏台就已经很不错了，他们尚能获得满堂喝彩，真令人刮目相看。

---

① 行头，古代指戏服，现代仍沿用此说。也泛称一切戏曲演出用具。

② 陈太荣、刘正勤编著：《中国江苏人移民巴西史》第三章第一节，北京：中国华侨出版社，2022 年。

③ 《圣保罗华侨国剧研究社》，载《巴西华人耕耘录》，巴西美洲华报编印，1998 年，第 358 - 359页。该文资料截至 1998 年，后续情况不详。

第三章　新移民时代巴西的华侨华人

以 1978 年中国改革开放为时间标志，中国大陆各类型新移民（或"新华侨华人"）群体大量出国，从而开启了中国人出国的"新移民时代"。应注意的是，这个时间只是一个大略的标志，不同地区新移民出国的开始时间不是截然一致的。中国开始有新移民出国的时间，可以追溯到 20 世纪 60 年代中叶。那时候有来自台湾和香港的新移民陆续移居海外。与此相联系，新移民群体应包括中国大陆移民群体、台湾移民群体、香港和澳门移民群体，尽管各个群体的人数差异甚大。中国大陆的新移民群体，无论从其流量、总人数及影响等来看，都远远超过来自港、澳、台三地的新移民群体。当然，长远来看，"新移民"概念可能具有暂用性，但在目前，"新移民"还是一个学界普遍使用的概念。

虽然不同国家新移民出国的情况不一样，但就巴西来说，应以台湾移民开始纷纷迁居巴西的时间——20 世纪 60 年代中叶，作为巴西的中国"新移民时代"开始的标志。但中国大陆新移民大规模迁居巴西的时间，则从作为改革开放"元年"的 1978 年算起，彼时才真正形成移民大潮。到了 20 世纪 80 年代中期后，又历经多个大小高潮。

毋庸置疑，"新移民时代"所涵盖的华侨华人，并非只有新移民，还包括传统华人（如在当地出生的称土生华人）。后者的移居时间在"新移民时代"之前，甚至是"新移民时代"开始之前很久很久。土生华人可以是在当地出生的第一代华人，也可以是第二代、第三代、第 n 代华人，也就是说，土生华人是一个多代叠加的概念。除了纵向的叠加外，还有横向的"插入"。每一次横向"插入"，意味着新的第一代移民的到来，而新的第一代移民又会产生一代接一代的纵向叠加。所以，一个国家的移民历史越长，土生华人的比例就会越高。当然，决定土生华人人数增长的因素很复杂，包括传统华人的归国率，传统华人在一国居住的稳定性（即向其他国家再移民的比例的高低），多代以后土生华人对自己身份的认同率（即认可自己为华人的比例），还有"身份流失率"（即因各种因素不知道自己是华人），等等。巴西是拉美传统华人移民历史最长的国家之一，归国率较低，华侨移民后在目的地居住的稳定性和身份认同率也较高。但是，长期以来（特别是在晚清）巴西华侨移民的"基数"不大，"身份流失率"也不低，导致巴西传统华人后裔的人数比不上移民历史同样长的国家，例如秘鲁。

另外，"新移民时代"的传统华人在居住国的所有活动，理应包含在整个"华侨华人"群体的活动范围内，本章后面将辟专节描绘他们在"新移民时代"的生存和发展。但"新移民时代"华侨华人活动的主体，无疑是来自中国大陆的"新移民"。不过在外界看来，"新移民时代"传统华人的活动，往往被掩盖在新移民轰轰烈烈的活动中。这种现象，不仅在巴西司空见惯，在拉丁美洲大部分国家和地区也无处不在。当然，就巴西的新移民与传统华人的身份来说，是大不一致的。传统华人基本上已经加入当地国籍，是名副其实的巴西公民；新移民则分几种情况：来自中国大陆的新移民多持居留证居住在巴西，加入当地国籍的并不多；来自台湾的新移民则基本上加入了巴西国籍；至于来自其他地方的新移民，则由于人数不多而缺乏统计。

自1978年以来，中国大陆移居巴西的新移民人口不断增长，2014年达到峰值。之后，人数逐年下降，到2020年，因新冠疫情肆虐戛然而止。华侨华人移民的收入在巴西处于中等偏上水平。在2000—2018年，中国人移民巴西的方式呈现多元化，尤其是投资移民人数逐年增长。可以发现，今天中国籍移民的人口变化也与中国本土同步，开始出现少子化、老年化的端倪。

巴西幅员广大，土地面积仅次于俄罗斯、加拿大、中国和美国，2022年，巴西人口只有中国的1/7，因此巴西有极为广阔的空间，敞开胸怀接纳世界各国的移民。据说巴西的移民来源国包括：意大利、西班牙、法国、荷兰、土耳其、波兰、匈牙利、捷克、俄罗斯、叙利亚、黎巴嫩、沙特阿拉伯、日本、韩国、阿根廷、巴拉圭、乌拉圭、玻利维亚、秘鲁、智利乃至非洲葡语系国家以及犹太人，计达70多国。巴西人口构成的一个特点是结构多元化：47%的白种人，43%的棕色人，7%以上的黑人，还有小部分的亚洲人和印第安人。来自各国的移民带来了自己民族的独特文化，共同构建了巴西百花纷呈的多元文化。在这块土地上，各民族都能共同发展，和平相处。

第一节　巴西的中国新移民概况

一、先后从中国台湾地区和大陆地区移民巴西的新移民

承接上面传统移民时代的历史时期划分，到 20 世纪 70 年代，巴西迎来了华侨华人移民的第三次潮流。这次中国到巴西的移民来源以台湾移民为主体，基本上没有大陆移民，但有少数来自中国之外的其他国家的华人移民。前面已经说过，这个阶段之所以出现以台湾移民为主体的现象，是因为台湾在国际上的地位变化。1971 年，中华人民共和国政府恢复了在联合国的合法席位，1949 年以后仍然占据联合国中的中国席位的台湾国民党政权被驱逐出联合国。巴西成了台湾移民在南美最重要的移民目的地之一。在这一阶段，台湾籍移民人数很多，占巴西华侨华人总数约六成。1974 年，巴西与中国建交，台湾驻巴西的"外交"机构被迫撤离。台湾当局则在巴西分别成立了"远东贸易中心"和"华侨服务处"等"民间"常设机构处理大批移居巴西的台湾居民。

在台湾人大量移民巴西的同时，由印度尼西亚、菲律宾及其他东南亚国家前来巴西的华人移民也不在少数。这是因为一方面，当时的巴西因为经济起飞，对移民入境又抱欢迎态度，巴西几成"移民天堂"；另一方面，当时东南亚局势亦不稳定，印度尼西亚葡属东帝汶动乱，印度支那局势亦扑朔迷离，许多人想寻条安全退路。一边"推力"一边"拉力"的结果，便在中国台、港及东南亚形成移民巴西的潮流。1972 年，巴西华侨华人数量已增至 4 万人。此后直到 20 世纪70 年代末中国开始改革开放，来自中国大陆的移民接踵而至，又掀起了移民巴西的高潮。

从中国台湾地区到巴西来的侨民多数受过良好的教育。用其时台湾人的话来说，多数移民属于不同领域、不同层次的知识分子。他们移居巴西后，一个突出问题是寻找工作。当时华文报纸常见的一个议题是移民之初的台湾人在巴西找不到工作时的失望情绪。多数人移民前在台湾一般都有一份比较好的工作，由于各种个人原因才移居巴西，当他们来到巴西之初找不到合适工作或者遇到大大小小的困难时，就很容易产生焦躁感、失落感和懊恼感。

那么，在台湾生活相对优裕的他们为什么还移居巴西？这应从台湾人当初的"巴西观"说起。在台湾人眼中，南美的巴西很长时间以来就是他们理想的移民目的地，是很多台湾人心目中的天堂。这与台湾传媒的报道和推介有关。有台湾

移民说，他们认识巴西的开始，是在台湾电视上看了一个十分引人注目的巴西风光片：《巴西——睡醒的狮子》，以及超市皆附设有托儿所和游乐设备的报道。难道真有这么舒适的人间乐土吗？于是，这位台湾人立刻产生了一窥全貌的欲望。再进一步，在很多台湾人看来，巴西毕竟是体量巨大的大国，台湾与其在面积上不可同日而语。于是一些台湾人就马上将冲动变成实践：把台湾的房子卖了，把待遇不错的工作辞了，破釜沉舟般移居巴西。但是，现实是残酷的。打从到达巴西第一天起所看到的一切，就给他们在这个南美大国的未来蒙上了阴影。从海关工作人员一脸的不屑，到入境后工作无着落、语言不通等，个中辛酸，非三言两语可表。总之，这个他们原来所向往的天堂，一下子成了现实的冷酷之地、散尽家财的伤心之地。① 更多的人怀念起在台湾时自由自在的生活，对比眼下的落魄处境，难免忆苦思甜，一想起隔着半个地球的双亲就牵肠挂肚，以泪洗面。当然，并非每一个台湾移民的遭遇都一样糟糕，肯定有一部分台湾移民来到巴西后的运气是不错的。然而，从很多已经移居巴西的台湾人的回忆录来看，这一阶段的台湾移民中，来时怀着高期望值，来后发现现实的巴西并非原先想象中的天堂，不得不在极度失望中居留下来的人还是不少。这是这一时期的台湾移民与后来二十世纪八九十年代中国大陆新移民的一个鲜明区别。中国大陆新移民中当然也有一部分人感到后悔，但多数人还是感到无怨无悔。

巴西的台湾移民中知识分子所占的比例较高，这一定程度上与巴西主管部门一开始对台湾移民的政策把握有关。据萧金铭神父说，1960 年，从台湾来的新闻记者陈鸿祺告知他，台湾那边有很多朋友想来巴西却拿不到签证，问是否有门路可以移民过来。萧金铭答应代他想办法找出路，事后跑了几趟里约热内卢的巴西外交部，幸遇一位在外交部签证处当主管的巴西人，萧金铭于是邀客做东，请这位主管帮忙。该主管开出的条件是，来人（台湾移民）必须是工程师或是技工。经多次交涉，乃先从 22 家中选出 20 家移民来巴西，随后再次来的 10 家移民亦都顺利取得签证。1963 年，萧金铭再到里约热内卢办第三批台湾移民手续时，那位巴西主管已升任驻瑞士领事，接任的新主管不肯再帮忙。已移民来的这 30 家华侨，日后在巴西均有成就，子孙中有很多人当上了工程师、大学教授、大农场主。②

不管是台湾移民还是大陆移民，不管是破釜沉舟还是心血来潮抑或深思熟虑来的，一旦到了巴西，就不是说来就来、说走就走那么简单的事情了。来到一个

---

① 参见陈思绵：《旅巴杂感》，载［巴西］朱彭年编：《中国侨民在南美》，北京：文化艺术出版社，1990 年，第 5－7 页。

② 萧金铭：《回顾晋铎五十年》，2014 年 6 月 9 日，据其博客所载。笔者认为可信度较高，故摘引在此供参考。

远在天边的陌生国度，很大程度上就是覆水难收，因为很多人在移民之前就已经自断回头路。在经过一段时间的辗转反复、夜不能寐之后，他们也会冷静下来，一步步适应环境，进入角色，步上正常轨道，开始学习一些必需的日常用语，到夜校读书，学一点用得上的职业知识，跟着放下身段，到华侨华人开的店铺诸如角仔店或礼品店去打打工，等等。总之，既来之则安之，铁下心来从头做起，都需要过好心理关，在工作前做好热身。

这一时期来到巴西的华侨华人，除了来自中国外，还来自其他国家。其中比较多的是来自印度尼西亚的华人。1965 年印度尼西亚发生排华事件，大批印尼华人因此移居巴西。不过这些印尼华人来到巴西后的去向今已成谜，不知道他们或其后裔的下落。可以猜测他们已经融入巴西当地社会，也可能来到巴西后没有像台湾移民和大陆新移民那样集中居住，形成一个联系密切的社区群体。

接着，从 20 世纪 80 年代至今，便是中国人的新移民潮。在这次移民潮中，台湾移民固然也有不少（主要集中在 80 年代到 90 年代初），但来自大陆的新移民越来越多，人数逐渐占据压倒性优势。

众所周知，在这一时期之前，中国公民出国人数很少。据统计，1949 年至1978 年改革开放之前的 30 年时间里，中国大陆居民出境人数总和仅 28 万人次，平均每年约 1 万人次。这些人应包括了因公前往与中国建交的国家的中国公民，还有一小部分人以家庭团聚名义，经过审批前往有华侨亲属关系（多为直系亲属）的国家。巴西与中国相隔千山万水，交通十分不便。一些生活在中国大陆的人虽然在巴西有亲属，但遥远的距离对于他们实现家庭团聚之梦仍是很大的障碍。

1974 年中国和巴西宣布正式建交和 1978 年中国开始改革开放，是两国间两件很重要的历史事件。前一事件没有马上导致中国移民的增长，但为数年后中国移民的大规模增长提供了非常重要的前提。后一事件不管是对中国的现代史还是对华侨华人史来说，都是一个极为重要的历史界碑。此后，越来越多的中国公民以不同的身份移居世界上不同的国家，因而产生了中国历史上一个全新的移民群体，也就是人们所说的"新移民"（即"新华侨华人"）。来自中国大陆的新移民的来源地包括广东、浙江、上海、北京、山东、安徽、江西等省市。无论从其流量、总人数还是社会影响等方面来看，今天中国大陆新移民人数已远远超过来自港、澳、台三地的新移民。

到 20 世纪 70 年代，巴西华侨华人总数的增长，主要建立在台湾地区移民人数增长的基础上。但到 1978 年中国改革开放后，巴西华侨华人总数的增长，则主要是建立在中国大陆新移民大幅增长的基础上。这一轮中国到巴西的新移民潮的人数增长十分惊人。到 1984 年，已增至 7 万人。1988 年，再增至 10 万人，一跃居拉美各国之首。再到 1999 年，已达到约 13 万人，其中来自台湾地区的约 9

万人，其他地区的 3 万多人。他们主要分布在东南沿海的大中城市，如圣保罗市及其近郊有 10 万多人，里约热内卢约 7 000 人，伊瓜苏河口市约 3 000 人，阿雷格里港约 700 人，首都巴西利亚有 40 多户、150 多人。还有少数散居于库里蒂巴、萨尔瓦多、维多利亚、纳塔尔城以及亚马孙河口等地。[①] 此后，巴西华侨华人居住的城市有更大的扩展，分布地域和人数规模也有不同程度的增加。就分布地域来说，新移民除了传统移民生活的东部大城市外，还开始深入内陆一些城市；就人数规模来说，各个城市的华侨华人均在原来的基础上有不同的增长，有的城市还改变了在全国的"排位"。例如，东部沿海的累西腓和福塔莱萨等地原来华侨华人的人数排名较后。但进入 21 世纪后，新移民增速加快，远高于内陆一些城市。新移民到这些城市来，主要是从事中国小商品销售。由于中国小商品种类和数量越来越多，华人商铺也就越来越多。这些地方也可看作以圣保罗为中心的中国小商品分销市场。但从华侨华人的居住形态来看，仍然是属于密集群居类型的，即以血缘和地缘（主要是地缘）关系为基础，聚居在某一片地方。这一点从过去到今天都没有多大变化。

新移民居住的上述地方，主要是交通比较便利、商机比较充足的城市。这些城市多数位于东部沿海。各个城市之间已形成了程度强弱不等的线性关系。这与中国新移民的主要职业是从事中巴间的进出口贸易以及中国小商品的批发和销售业务紧密相关。应指出的是，除了这些地方外，中国新移民的足迹也已进入巴西内陆地区一些城市，特别是靠近沿海城市的内陆城市。例如，据中国驻巴西大使馆消息，2013 年 6 月 22—26 日，中国驻巴西大使李金章访问了巴西米纳斯吉拉斯州。在该州贝洛奥里藏特市停留期间，李金章由随行访问的中国驻里约热内卢总领事陈小玲等人陪同，看望了贝洛奥里藏特市的侨胞代表 20 多人。[②] 2017 年 6 月 2—3 日，中国驻里约热内卢总领事李杨率总领事馆工作组赴巴西米纳斯吉拉斯州贝洛奥里藏特市开展领事巡视。他走访侨胞家庭，察看华人商铺，详细了解侨胞经商、生活情况。[③] 贝洛奥里藏特等少数内陆城市本来就存在着数量不等的传统华人，在新移民时代，这些城市也跟其他沿海城镇的华侨华人一样，迎接中国新移民的到来。当然，包括贝洛奥里藏特市在内，居住在这些内陆城镇的中国新移民人数肯定还不多，且在城镇之间进行比较的话，不同城镇的新移民人数也有多有少。实际上，现在还难以肯定在众多巴西内陆城镇中，是否每一个城镇都

① 白俊杰：《巴西华侨华人概述》，载《华侨华人百科全书·历史卷》编辑委员会编：《华侨华人百科全书·历史卷》，北京：中国华侨出版社，2002 年，第 35 页。

② 《李金章大使访米纳斯州会晤政要看望侨胞》，巴西华人协会网，2013 年 7 月 3 日。

③ 《李杨总领事赴米纳斯吉拉斯州开展领事巡视》，中华人民共和国驻里约热内卢总领事馆网站，2017 年 6 月 7 日。

有中国新移民。如果有的话，各自又有多少。但从发展趋势来看，进入内陆地区城镇的中国新移民人数将会逐渐增加。

一种说法是，今天巴西华侨华人约有30万人（2019年的说法，此前的说法是20万人），广东籍者在各个城市普遍占据多数。最明显的城市是华侨华人总数最多的圣保罗，约有华侨华人18万人，其中广东籍约8万人。从巴西全国来看，广东华侨华人约占华侨华人总数的一半，有10万人左右。

如果将传统移民时代与新移民时代的巴西华侨华人做比较，可以看出，华侨华人的祖籍可分为以下几种情况：一是新中国成立前到巴西居住的老华侨，祖籍多是广东；二是新中国成立之初到巴西的，多为江浙、山东人；三是20世纪70年代移居巴西的，以台湾籍为主；四是改革开放后从中国大陆沿海各省、自治区、直辖市移居巴西的华侨华人。今天巴西的中国新移民来源地已经遍布中国大陆大多数省、市、自治区，包括广东、福建、浙江、江苏、湖北、山东、河北、北京、安徽、上海、江西、湖南、四川、广西、贵州、云南、吉林。这与拉美多数国家的新移民来源地集中于中国少数省（区）甚至一两个省（区）的情况大不相同。

中国大陆新移民的到来，一方面壮大了巴西华侨华人社会的规模，另一方面也改变了当地华侨华人群体的结构。过去的中国新移民主要来自台湾地区（一般从20世纪60年代中期算起），也有少数来自香港地区，但到改革开放后，则主要来自中国大陆，移民数量大大地超过了此前来自台湾等地的新移民。由于1949年前到巴西去的广东籍华人原先所占的比例就比较高，故改革开放后通过家庭团聚等渠道前往巴西的广东籍新移民人数也就相对较多，今天广东籍新老华侨华人人数仍在巴西所有华侨华人中独占鳌头；江苏、浙江、福建、山东籍新移民在所有新移民中所占比例排在前列，一些人为携资者。中国大陆新移民文化程度高低不等，但总体上偏低，有知识专长者不多，资金拥有量也或多或少。

圣保罗和里约热内卢是华侨华人最多的两个城市。不过圣保罗从来没有成为过巴西的首都，里约热内卢曾是巴西的首都，到了20世纪60年代巴西的首都才迁至巴西利亚。里约热内卢作为首都的时候，可能是巴西华侨华人最多的时候。伴随着巴西首都从里约热内卢迁到巴西利亚，特别是圣保罗作为巴西乃至南美洲第一商港的迅速兴起，热衷于经商和从事进出口贸易的华侨华人便越来越多地选择定居在圣保罗。另外在21世纪10年代，萨尔瓦多的华侨华人数量已增加到400余户，合1 000多人。虽然萨尔瓦多相对圣保罗和里约热内卢来说华侨华人数量较少，但华侨华人的影响力在这座城市却不小。重要的是，萨尔瓦多在作为巴西第一个首都时，华侨华人人口曾经达到高点。但当萨尔瓦多失去了首都地位后，华侨华人人数一下子降到低点。21世纪10年代的变化表明，华侨华人回来了。他们基本是新移民，主要以餐饮业为生。

累西腓是巴西东北部的重要港口城市和政治、经济、文化、教育和医疗中心，也是巴西的历史文化名城。随着中国新移民的到来，累西腓成了巴西东北部华侨华人的主要集中地。到 2002 年，仅在累西腓市中心，就星罗棋布地分布着500 多家华侨华人商铺，为当地创造了 6 000 多个就业岗位。2007 年，经新移民华商苏梓祐牵线搭桥，累西腓与广州结为国际友好城市。

来自中国大陆的移民目的呈多元化样态，或是继承祖业，或是与亲人团聚，或是学习，或是经商。若按移民的文化程度来看，改革开放后来自中国大陆的新移民文化程度高低不等，资金拥有量多少不等，知识专长五花八门，但不少既拥有资金也拥有知识专长的新移民能将两者相结合，开始创建规模较大、技术含量较高、现代化水平较强的现代企业。重要的是，由于他们有现代化的商业知识，一来到巴西就能够跳过祖辈用于养家创业的提篮小卖、锅碗瓢盆，直接进入进出口贸易或办实业的领域。也有一部分新移民的文化程度不高，不懂得居住国语言，没有特殊技能，只能从餐馆或小工厂等做起。

巴西是个有较高吸引力的移民吸入国，拥有 850 万平方公里肥沃富饶的土地，蕴藏着丰富的石油、天然气、矿产、森林等资源。巴西土地辽阔、人口众多、市场广阔、商机充足，还是一个庞大的消费市场，冬无严寒，夏无酷暑，气候宜人，而且移民门槛低，[①] 对于各国有移民倾向的人来说，不能说没有吸引力。就中巴关系来看，两国在经济结构和资源分布上都存在巨大互补空间，经贸领域的合作前景广阔。自 1974 年 8 月 15 日建交以来，两国政治、经济、贸易、文化、科技合作顺利发展，高层互访频繁。目前，巴西是中国在拉美最大的贸易合作伙伴，中国是巴西的第二大进口来源国和第二大出口市场。所有这些，是旅居巴西的华侨华人较好地生存与发展的重要外在因素。中国已取代美国成为巴西第一大贸易伙伴、第一大出口对象国和第二大进口来源国。进入 21 世纪以来，巴西很长一段时间内政治相对稳定，经济发展迅速。2014 年的世界杯和 2016 年的奥运会在巴西举办，给两国贸易商带来了巨大商机，很多中国大型企业也纷纷进驻巴西。由于巴西在土地、矿产、基础设施等方面的投资前景广阔，吸引着越来越多民间投资者前往淘金。

---

① 《巴西华人网》曾有资料称，仅需投资一定的与巴西币等值的美金（该投资款仍归申请人所有），即可移民，无投资税，无冻结周期，存取自由。移民程序简单（如无须财产来源证明、无须面签、无巴西定居要求等），据云亦无须放弃国内生意，投资者拿到巴西身份证后即可回国，每 2 年有一次入境巴西记录即可。投资者可依法同时申请直系家属（父母、配偶及子女，子女需小于 21 周岁）移民并获得永久居留权。持巴西永居证可自由出入南美共同市场的六国（巴西、智利、阿根廷、巴拉圭、乌拉圭、玻利维亚）。获得巴西护照后可免签进入包括美、英、法等国在内的 99 个国家。其中 20 多个国家不限时日，可以任意长期居留，等等。这当然是宣传资料，以实际执行为准。

二、从拉丁美洲移民框架看巴西的中国新移民

经近年专家学者对 1979 年及以后新移民（新华侨华人）数量的专项研究，据估算，中国海外侨胞总数已由改革开放初期的 3 000 多万人发展到今天的 6 000 万人左右，增加的人数中，大部分应为新移民，即新华侨华人。新移民中，绝大部分应是改革开放后从中国大陆移民出去的，还有一部分是 20 世纪 60 年代中期以后从港澳台地区出去的。新老华侨华人分布在世界各地，分布范围比传统移民时代广泛得多，整体上也密集得多。拉丁美洲是一个重要的新老华侨华人分布地区。

在南美洲的 12 个独立国家——巴西、智利、阿根廷、委内瑞拉、秘鲁、厄瓜多尔、苏里南、圭亚那、哥伦比亚、玻利维亚、乌拉圭、巴拉圭和 1 个尚未独立的法属圭亚那中，巴西面积最大，占了南美洲面积近一半。巴西也是整个拉丁美洲新移民的主要居住国之一。1978 年中国改革开放后，特别是 1985 年中国政府正式颁布《中华人民共和国公民出境入境管理法》，以法律形式确定出国是公民的一项基本权利，同时大大地简化了中国公民的出国手续后，拉丁美洲的中国移民迅速增加，巴西则因为其具有悠久的华人移民传统和历史基础而迅速成为新移民的热门迁居地。这一次移民潮的人数增长惊人。不过，即使像南美洲这样新移民较多、移民政策较开明的地区，有关中国大陆新移民的相关数据仍然是模糊的，国内外的了解也很薄弱。

拉丁美洲的新移民中，不少人属于再移民。再移民又可以分为两大类，这里不妨一提。

一是"溢散式移民"状况。所谓"溢散式"，指的是一个地方的移民"溢"出而"散"向另一个地方，如同一个容器里装的水，因为太满或容器泄漏等而流到外面，故"溢散式移民"更多的是主动的而非被动的。这里所说的"溢散"，指去某国的中国移民，由于各种各样的原因而再移民到后续的其他国家，然后又由于各种各样的因素而考虑将新的移民到达地作为新的定居地（还不一定是最后定居地）。显然，在"溢散"状态下，没有了"中国人"的大批量流入，移民过程中没有相对集中的时段以及比较趋同的方式，移民过程也可能没有连贯性，往往是涓流式的、不规则的。在"溢散"状态下的移民目的地，到了现当代已不仅仅作为一个"溢散"移民的"容器"，在某种程度上还充当吸引新移民的"磁石"，因为旧有移民在该地曾经生存和发展的历史，已经证明这个地方对某些人来说是个"宜移"之地、"宜居"之所。有旧移民的榜样可鉴，后来者便可放心前往。但就巴西的移民情况而言，从别的国家"溢散"过来的华侨华人即使有也肯定极少。不过如果把眼光移到巴西国内，作为一个面积广袤的大国，巴西华侨华人在国内"溢散"的情况就比较普遍。他们"溢散"的规模（流量）不是很大，但总是不规则地、呈涓流式地从这个城市流向那个城市，从这个地方流向那个地方。例如，到今天，一些从事小商品零售行业的华侨华人从小商品销售比较饱和的大城市向比较空缺的小城镇转移，这种情况还会持续下去。当然，也有个别经营农业的华侨华人向与其居住的城市距离适中的内地溢散。就拉美国家来说，巴西华侨华人在其居住国内"溢散"的情况有一定的特殊性，因为巴西的国土面积大，且不同地区间的经济级差比较明显。

二是古已有之且至今不衰的"驿站式移民"状况。"驿站式移民"又分为两种情况。第一种情况是来自中国或其他国家，以拉美某个国家作为"驿站"，伺机再移往拉美以外的国家（主要是经济发达并被许多人视为移民"天堂"的美国或被视为移民"绿洲"的加拿大）。这类移民的"驿站意识"中的主观成分也较高。对拉美的"驿站式移民"来说，最佳的"驿站"就是地理交通方便的中美洲诸国，尤其是巴拿马。第二种情况是来自中国或其他国家，在到达拉美某个国家居住一段时间后，再伺机移居到其他拉美国家。后一种情况已经越来越少。所谓"驿站"，只是他们生命长河中的一个记忆。不管是哪一种情况，"驿站"移民中总有一部分人最终会因各种各样的原因在某个"驿站"中定居下来。此外，还有一些"狡兔三窟"的多国籍移民，理论上也是"驿站式移民"。这类人人数应该不多。同样，如果将"驿站"移民的原理运用到巴西国内，则一些华侨华人将某个城市或某个地方作为"驿站"的情况则是比较明显的。

三、巴西"大赦"视野中的中国非正常渠道移民

循合法渠道从一个国家移居另一个国家，是世界各国赋予一国公民的一项权利，也是国际公认的基本人权之一。所谓循合法渠道，包括了合法出国、合法进入移民目的地国、合法在目的地国定居（包括合法取得居留身份和合法取得居留国公民身份）等环节。世界各国对本国公民的出国、他国公民的入境和定居，都有详细的规定。这是各国主权范围内的事情。与之相对应的是"非法移民"。"非法移民"是国际上的通行叫法，但笔者认为，这些移民的非法主要体现在出入境渠道和居留手续的不合规上，与刑事上的"非法"没有关系，为避免混淆，笔者在此将其称为"非正常渠道移民"。

包括中国公民在内，各国公民在移居他国时，一般都会遵循正常的法规、渠道和规范。这里所描述的，是中国新移民进入巴西的情况（包括入境和定居）。由于各国经济和社会发展的不平衡性，由于各国政治制度的差异，更由于各国民

众对不同国家状况的了解程度和对生活品质追求的差异，世界范围内不遵循正常移民法规、渠道和规范的现象的确司空见惯。

从很多国家对他国公民入境和定居的实际执行情况来看，它们并没有把他国公民的定居（包括居留和入籍）与其出国（来源国）和入境（本国）是否完全合法绝对挂钩，或者说，他国公民在本国的定居权利如果存在着某些法律上的瑕疵的话，可以通过本国其他法规或对本国国内相关法规的解释，并经过必要的程序，达到定居的目的。当然走这种途径是必须严格遵循法律程序的，实际上也不是经常出现的。就巴西来说，人们常常津津乐道的，就是过去曾经发生过的对"非正常渠道移民"的"大赦"。这是一种对已在巴西居住了一定时间且没有犯罪记录的外国公民在法律上"脱非化"，并使之达到居留合法化的特殊手段。

这里说的"大赦"，本是各国华侨华人对英文"regularization"（规范化）的俗解，带有某种"戏说"的成分，与刑事上的"大赦"是两回事。后者是指刑事责任完全撤销，尚未追诉的，不再追诉；已经追诉的，撤销追诉；已受罪、刑宣告的，宣告归于无效。因此，凡蒙大赦者，被赦免之罪不作为刑事前科和累犯的理由。但对"非正常渠道移民"的"大赦"，指的是通过法律途径使在其境内滞留的"非正常渠道移民"的居留合法化的行为。一些西方国家每隔数年就要颁布一次"大赦令"，巴西亦然。据查，巴西 1981—2009 年对"非正常渠道移民"实行过 4 次"大赦"。第一次是 1981 年。第二次是 1988 年，由葛洛总统签署"大赦令"，共有 3.8 万名外国人获得合法居留权，其中华侨人数不详。第三次是 1998 年，当时由卡多佐总统签署"大赦令"，有近 4 万名（一说 2.5 万名）"非正常渠道移民"取得了合法身份，其中华侨约有 9 000 名。第四次是 2009年。可见巴西是个有"大赦"传统的国家。这也可能是巴西能够成为民族熔炉的原因之一。

客观地说，"非正常渠道移民"也是移民。他们之所以被认定为"非正常渠道移民"，主要是在出国、入境和过期居留三个环节中的其中一个环节上，或者其中两个乃至三个环节上不合法。就移民吸收国而言，则是指三个环节中的第二、第三个环节。但是从"非正常渠道移民"在其居住国的经济贡献来说，他们的作用基本上还是正面的。他们以极不相称的低廉价格出卖自身劳动力换来的收入，为居住国经济发展做出了比其收入大得多的贡献。所以对于各国"非正常渠道移民"来说，他们最关心的是如何尽早除掉箍在头上的"非正常渠道"五字。最令他们兴奋的事件是通过巴西政府颁布"大赦"政策，从而获得合法居留身份。其实，在 2008 年 11 月，巴西政府就计划修改移民法，对"非正常渠道移民"进行新一轮"大赦"。新移民法一改军政府时代制定的老移民法过分强调国家安全问题的弊端，更加注重"人道主义"，尽可能简化办理移民过程中的各种繁杂手续。这也是那时候吸引包括部分中国移民在内的各国移民纷至沓来的重要拉力。

2009 年巴西的"大赦"是进入新世纪后发生的对国际移民问题影响较大的一次"大赦"。巴西政府于 2007 年下半年就开始研究相关政策，制订了实施方案。卢拉总统原计划以总统颁发临时法令的方式公布"大赦令"，意在避开以国会议案形式进行"大赦"的烦琐程序（这一程序是先由众议院表决再送参议院表决，因议案太多而可能旷日持久）。不过卢拉在 2009 年初还是放弃了临时法令方式而改由国会表决。2009 年 2 月 18 日，经过两年多的审议，巴西联邦众议院通过卡洛斯·扎巴吉尼起草的 1664 号法案，规定凡是 2009 年 2 月 1 日以前抵达巴西并滞留未归而符合该次"大赦"条件者，届时可在指定时间到指定地点办理在巴居住手续，而 2 月 1 日之后进入巴西者则不在"大赦"范围。[①] 2009 年 6 月 4 日，巴西众议院表决通过了针对"非正常渠道移民"的大赦法案。7 月 2 日下午，举行总统签字仪式；7 月 3 日，该法令在政府公报刊出（大赦法案正式生效时间是 7 月 6 日）。总统签字仪式上，巴西司法部特意邀请了部分华侨华人社团代表出席，见证签署过程及了解办理"大赦"相关手续。受到司法部邀请的华人侨领及代表有李炎昌、梅裔辉、陈沃康、李玉柏、吴耀宙、叶康雄、叶康妙、赵永平、田波等人。[②]

根据 1664 号法案，估计有 5 万多名外国来的"非正常渠道移民"通过"大赦"获得巴西的合法居留权。据悉，在此次大赦前，在巴西境内共有约 87 万名拥有合法居留身份的外国移民。[③] 这样，加上即将被"大赦"的 5 万多人，在巴西境内拥有合法居留身份的外国移民便达到约 92 万人。

20 世纪 70 年代末后来巴西的中国新移民中，有一部分为"非正常渠道"入境者，他们混杂在难以胜计的"非正常渠道移民"群中。拉丁美洲"非正常渠道移民"人数众多，这些"非正常渠道移民"既有来自其他洲国家的，也有来自拉丁美洲内部各国的。有资料说，非正规经济活动是拉丁美洲的重要就业来源。据世界经济论坛统计，在 2017 年，近 1.4 亿拉丁美洲人（约占劳动人口的55%）在非正规经济领域劳作；约 2.41 亿人得不到社会保障。这几个数字仅供参考。

---

① 《巴西对非法移民大赦，对 09 年 2 月 1 日后入境者无效》，中国网（据巴西南美侨报/巴西侨网报道），2009 年 3 月 16 日。但在 2009 年 4 月，参议院在审议该法案时，对入境日期的规定做了修改，把入境时间限定在 2008 年 11 月 1 日之前。该法案又退回联邦众议院重新审议。结果仍然维持众议院所提议的2009 年 2 月 1 日之前入境的期限，并获得众议院全体大会的通过。

② 《巴西总统将签非法移民大赦令，华人代表出席》，中国新闻社，2009 年 7 月 2 日。

③ 《巴西年底大赦四万名非法移民》，《温州日报》，2008 年 11 月 16 日。

从 2009 年"大赦"的背景来看,生活在巴西的"非正常渠道移民",来源国最多的不是中国,而是玻利维亚、秘鲁和巴拉圭。"大赦"前曾有人估计,将有 1 万多名华侨华人获得合法居留身份。但实际情况少得多。据巴西司法部消息,2009 年"大赦"时,在申请办理合法居留权手续的外国人中,玻利维亚人最多,共 1.6 万人;其次为中国人,共有 5 492 人;最后是秘鲁人、韩国人和巴拉圭人,分别是 4 652 人、1 129 人和 135 人。另外,还有 2 390 名欧洲人办理并获得合法居留权,他们大多数是在巴西开餐馆、酒吧和客栈的英国人、法国人、德国人和意大利人。来自非洲的 2 700 名"非正常渠道移民"也获得了合法居留权。[①] 有关 2009 年"大赦"的更详细情况请参第三章第一节及第八章第一节。当然,巴西所承受的"非正常渠道移民"压力,没有也不可能因为 2009 年的"大赦"而消失。"非正常渠道移民"是一个十分复杂的世界性现象,也是一个国际性的难题。对这些人来说,他们往往因为没有合法身份而被迫打黑工,在恶劣条件下工作生活,还享受不到应有的医疗和教育等权益。巴西 2009 年"大赦"后,华侨华人的这一问题得到缓解,有利于他们权益的维护,也有利于华侨华人更和谐地融入当地社会。

顺便一提,世界上各国对待"非正常渠道移民"的态度是有差别的。拉丁美洲各国(包括属地)对待外来"非正常渠道移民"的态度总体上比较宽容。各国一般都默许"非正常渠道移民"在本国某些经济领域的活动,对他们给予人道主义待遇,乃至在特殊情况下予以"大赦"等。在大多数情况下,中国"非正常渠道移民"与正常移民一道生活、一同工作,即使在华侨华人社会内部也看不出其中的区别。当然,这是就"非正常渠道移民"入境后的情况而言,对"非正常渠道移民"的入境,各国的防范措施还是很严厉的。

第二节　中国大陆新移民的常态化移民方式

一、以地缘为基础的网络移民

一般来说,国际移民的身份/类别有很多种,大致上有家庭团聚型、留学转居型、工作技术型、投资商务型、婚姻型(以女性为主)、休闲型、劳务输出型等(中国一般不将最后一项视为移民),不排除以后还会出现新的移民身份/类

---

① 《五千多名中国人获得巴西合法居留权》,大众网,2010 年 1 月 7 日。

别。不过，不同国家的新移民种类大不一样，有的国家类型多，有的则很少。很多人是以家庭团聚方式申请出去的。有资料表明，在改革开放后30余年间的多次移民高潮中，移居拉丁美洲各国的新移民多为下层劳工，也有越来越多的个体经商者。正常的投资经商移民群体一般来说资本额有限，也有一小部分资金来源暂时难以调查清楚的巨额携资者。另外，一些拉美国家也有中国留学生，但人数少，学成后一般都回到中国，很少听说有像北美国家那样转换身份成为华侨者。这是对拉丁美洲的中国大陆新移民类型的估计，大体上也适合巴西。

在"非正常渠道移民"中正常渠道的移民外，最常见的是出境滞留不归，即通过正常渠道出境而后非正常地滞留不归，在当地打工。还有一部分人是通过非正常渠道出去的，当然，偷渡在世界上任何国家都是不被鼓励的。遵纪守法，办理正常手续出国才是正道。在中国，偷渡行为曾经在改革开放后一度盛行。随着中国经济的迅速发展与综合国力的提高，今天，偷渡出国的人已经越来越少了。在一些省份（例如广东），偷渡出国现象早在20世纪90年代就开始迅速减少了。

巴西的中国大陆新移民流至今还不能说已经停止，但可以肯定，新移民大规模出国的年代已经过去了。已经移居巴西的中国新移民（包括已经加入巴西国籍的和没有加入巴西国籍的），都属于过去陆陆续续迁移来并汇入全球化环境下国际移民大潮的新移民群体的一部分。

巴西的中国新移民来源地比传统移民来源地（多为广东、浙江和台湾）广泛得多。新移民大部分来自广东、福建、浙江、江苏、上海、北京等经济比较发达的省市，小部分来自中国中西部省市。他们的来源地覆盖了中国大部分省市自治区。同其他拉美国家一样，巴西新移民基本上以地缘为基础。尽管不少人通过血缘关系移居巴西，但血缘关系的网络体系比较小，往往被包裹在比它大得多的地缘关系网络中。很多人到了目的地后，便在地缘关系的网络中集中居住，相互扶持。因而，新移民建立的社团中，地缘性社团往往起举足轻重的作用，甚至主导着所有其他类型社团的运作。在其他类别社团的活动中，地缘因素也如影随形。

巴西的新老移民中存在的血缘因素表现为家庭化、家族化或宗亲化（统一称为"家庭化"）。所谓"家庭化"，有学者大致阐析如下：一个移民（通常是作为一家之主的男性）先行出国，其家眷留在家乡，暂时两地（国）分居。等到他本人创业有成之后，便以家庭团聚的名义将留守国内的成员一次性或分数次接到侨居地来，从而在海外建立起一个完整的迁居家庭。但这还是第一层级的海外家庭。等到这个家庭的成员经过几年拼搏有了一定经济基础后，再充分利用侨居国的团聚政策，设法帮助家乡的近亲（如男、女双方的兄弟姐妹等）依次出国。

这些被引带出国的人，又经过若干年的创业和积累，如法炮制，将还留在国内的家人接过来，这样，便形成第二层级的海外家庭。第二层级的家庭再依样画葫芦，通过同样的方式，将仍然留在国内的近亲引带出国，形成第三层级的海外家庭。如果这一模式继续下去，以此类推，后面层级的海外家庭也会相继出现。于是，具有中国特色的海外血缘家庭就可以一个接一个地在异国他乡产生。① 巴西也有类似现象，这很可能在拉美国家中比较常见。不过，笔者认为这种"家庭化"移民现象，具有一定程度上的推测成分，是不大可能长远持续下去的。能够在十数年间坚持用这种方式移民的家庭，如果存在的话，也是极为罕见的。很难断定这类移民方式在未来还会不会存在。在华侨华人的家乡发生越来越深刻变化的形势下，他们在家乡的家族后代还会不会沿着先辈走过的路继续走下去，是有疑问的。

就巴西来说，较能体现这类移民方式典型特征的是广东省台山市海宴镇的"巴西村"。在海宴镇石阁村一带，大大小小的"巴西村"连成一片。自 1992 年起，海宴人开始大规模移民巴西，陆续从这里走出去旅居巴西的华侨华人竟占了目前旅居巴西华侨华人总数的 7% 之多，蔚为大观。当然，很多在巴西的海宴人家族并不一定居住在一起，更不一定从事同一个行业。他们更愿意做不同的工作，彼此互补，避免同族竞争，但他们平时的联系十分密切。

上述只是海外家庭的一般迁居模式。事实上，这就是网络移民，只不过是血缘性的网络移民而已。与之相辅相成的是地缘性的网络移民。这两类网络移民是巴西移民增长的基本模式。两相比较，血缘性的网络移民更具有秩序性、规范性和可预期性；地缘性的网络移民更具有随意性、广泛性。在巴西，尚不知道有多少个中国家庭曾经复制过这样的迁居模式，因而通过这种模式迁居出去的移民也不知道有多少。显而易见的是，到了第二层级后，家庭化移民的速度会相对加快。

梅裔辉家族就是用这种迁居模式从其家乡广东台山移居巴西的。20 世纪 80 年代，先移居巴西的梅裔辉曾给在国内的兄弟们写过一封信，承诺"千方百计办理你们到巴西来"。从那以后的 30 多年间，为了兄弟们能够来到巴西，他毅然放下了生意和刚出生的三女儿，回到中国与相关干部陈情沟通。待兄弟们来到巴西后，又安置他们的工作，安排学习葡萄牙语，尽心尽力地支持和帮助他们谋生、经营生意。30 多年来，经过梅裔辉帮助移居巴西的族人有 70 多人。他的家族可

---

① 参见夏凤珍：《互动视野下的海外新移民研究：以浙江侨乡发展为例》，北京：中央编译出版社，2013 年，第 54 页。

能是目前巴西华侨华人中最大的移民家族。①

石阁村是台山市海宴镇下属的一个自然村，背靠大山，从村口沿着小路走几公里就是大海。在 19 世纪 20 年代，这里十分封闭，耕地不多，想要致富只能出国。但谁是石阁村移居巴西的第一人，今已不可考。起初石阁村的人喜欢去加拿大、美国，后来有人在巴西发了财，才开始转向这个南美大国。亲戚们一旦在巴西落脚，接下来就是把本家族的人一个接一个地接到巴西"淘金"。现在石阁村在国内有 1 300 多人，但在巴西的人数已远远超过这个数字，且巴西已经有了三代、四代，数目比国内更多，更难以有准确的数字统计。

作为从石阁村走出去的巴西华侨，苏新亮的经历颇具代表性。他爷爷的兄弟早在 1922 年就通过香港去了巴西，先在种植园里做劳工，种植茶叶和咖啡。随后开始从事餐饮业，赚钱后继续开分店，而爷爷的其他几个兄弟也去了香港，到了苏新亮这一辈，都选择去巴西。苏新亮父亲有十个兄弟姐妹，共七男三女。1955 年，大伯父从香港坐船去了巴西。1965 年，四伯父、六叔父和七叔父一起到香港谋生，1970 年又一起前往巴西。1986 年，苏新亮的父亲也跟着移居巴西。1992 年，苏新亮四兄弟和母亲也一起移居巴西。1993 年，苏新亮父亲又帮苏新亮二伯父一家以及村里其他亲戚移居巴西。七兄弟中，只有老三一直留在国内。三个姐妹中，两个分别去了香港和澳门，只有一个留在台山。②

梅裔辉家族成员前往巴西的所有出国手续都是他一个人参与办理的。但更多的情况是，一个家庭移民后，再由这个家庭的成员分别独自办理出国手续，然后一个个家庭的出国以此类推。但这两种情况本质上是一样的，因为每个出国家庭的成员之间，都存在着亲疏不等的血缘关系。就是说，他们的移民都存在于一个血缘网络中，这个血缘网络又被包含在一个大得多的地缘网络中。当一个大家族来到海外居住地后，其家族成员自然结成比其他非家族成员亲密得多的关系，在生意场上可以互相关照。其实这类移民家庭利用得更多的，还是地缘网络（可视地域的远近和方言的相近程度而分为不同的圈层）。因为，只有在一个更大的地缘网络中，各种各样的"正能量"关系才可能无所不在、无所不能地帮助网络成员中各种商业交易和非商业往来，到了关键时刻，彼此才可以抱团取暖，共渡难关。当然，地缘网络成员中，肯定会出现这样那样的矛盾和纠纷。但这些矛盾和纠纷是可以解决的，一般来说不会有永远解不开的结，总体上不妨碍绝大多数成员间的互相帮助和合作。

一个希望移民的人，如果没有血缘关系而只存在着地缘关系，则可以利用地

---

① 梅裔辉：《梅花香自苦寒来：梅裔辉传记》（自印本），2017 年，第 205 – 206 页。

② 申鹏：《台山人里约大冒险》，《南方都市报》，2016 年 8 月 14 日。

缘网络移民。他们移居国外的过程中以及到了居住地后，也可以互相帮助。理论上，就血缘网络移民与地缘网络移民两者比较而言，后者拖带过来的移民人数应该更多。不过从现实情况来看，是很难将这两类移民严格区分开来的。更多的情况是，血缘网络移民常被"淹没"在地缘网络移民中。

巴西一些血缘性的家庭化移民往往建立在地缘基础上。这类移民家庭、家族或宗亲，多数来自中国农村，一般都生长在某一个不太广阔的方言地域内，移民过程往往离不开地缘网络的帮助。但要明白，移民过程的家庭化，并不意味着他们在居住地职业的家庭化。相反，一个大家族下的不同家庭，在居住地的职业选择往往是分散的、非同业的，目的是避免相互竞争，也是为了谋生上的互补。

不可否认，网络移民是"有偿服务"的。这种服务，一般通过移民成功后在目的地践行先前的"承诺"来实现，但这些"承诺"并没有书面约定、记载。一般流程是，一个出国者由已经在目的地做老板的亲戚、朋友出钱出力，帮助他办好各种手续，待出国者到达目的地后，便在帮他出国的那位做老板的亲戚、朋友的店里打工一段时间（一般为 3 年左右），以偿还先前移民过程中办理出国手续、购买机票等各项债务。打工期间没有工资，但老板会包吃包住。3 年期满，出国者本人便可自主选择到别处打工谋生（当然也可以留在老板的店里打工，如果双方都愿意的话）。在这里，出国者与帮他出国的老板是亲戚、朋友关系。无疑，前者出国的整个过程均有赖于后者帮忙，没有后者的帮忙，前者寸步难行。一般来说也只有存在这些关系，后者才愿意帮前者的忙。这是各取所需的事情，前者愿意出国，后者需要帮工。既然需要帮工，当然是亲戚、朋友更靠得住。不过从老板家乡来的帮工，也有可能是素不相识的人，但同样要经过上述出国流程。

其实，很多已经居住在拉美的侨胞之所以愿意申请和担保自己的乡亲（包括亲戚、朋友的子女）移民到他的居住地，是因为可以让他们前来帮助自己，以解决招不到合适工人的问题。当然，这里面有他们不愿意雇用不合意的当地劳工的因素。无论如何，移民前双方的"承诺"必须信守。餐馆与杂货店、超市等生意场所，既是初来乍到的新移民工作的地方，也是申请和担保新移民前来工作的华侨老板的店铺。这些行业，对绝大多数新移民来说，几乎没有技术门槛，即使他在家乡只受过不多的教育（例如只读过高中甚至初中）。他们自落地伊始，几乎不费吹灰之力就可以进入角色。

还有一种方式是，移民者是带着钱来的，但钱是向别人借的，借钱是有条件的。借钱人需要他一到目的地就打工还钱。这样的话，他在经济上就与家乡的"债主"形成了一种"契约"关系。他一到目的地就要给某个老板打工还债，似乎与老板形成了某种"人身依附关系"。但这是在当地谋生所必需的。

因为谋生，就要建立自己的信用，没有信用，就等于在当地自毁前程。打工还债，就是他落脚第一天起就要履行的信用。没有哪个新移民敢把这样的信用当儿戏，除非他一开始就下定决心要做厚颜无耻的骗子。说到底，是中国人的原始信用在发挥效力。"一言既出，驷马难追"，一诺重如泰山，是中国人的优良传统。

二、当代华侨婚姻与女性移民

在传统移民时代，女性移民是一个特殊的群体。总体上说，那时候的中国女性能够来到巴西的极少。她们在法律上的迁居（这里主要是说出国迁居）自由是极其有限的，甚至是被剥夺的。时代越是久远，中国女性的迁居自由被限制、被剥夺的程度就越严重。就广义的层面来说，女性移民自由的被限制、被剥夺，不仅仅是人为的，还包括社会制度方面的客观因素。例如，在中国人最早出国的年代，中国女性被迫留守家中，负担起全部的家务劳动和照顾孩子、公婆的责任，表面上出于她们自身的意愿，而实际上则完全是社会、制度因素使然。由于中国女性实际上没有出国自由，也就出现了出国男性在其居住地娶"番婆"的普遍现象，这在前面已经论及。但时代发展到今天，这种现象已不复存在，主要原因就是中国女性享有了与男性一样的基本权利，包括出国自由和迁居自由。当然，女性出国自由的表现形式与男性是有区别的。如下所述，女性出国自由的重要途径是通过婚姻方式（俗言"嫁出去"）。但毫无疑问，"嫁出去"的前提是具备了跟男性一样的出国自由。基于今天中国女性在出国自由方面的上述变化，这里有必要结合巴西的情况进行专门的论析。

今天，涉外婚姻是华侨女性出国的方式之一，主要是国内女性嫁给国外的华侨男性。当代移民的国际化和常态化，已使过去"下地狱"般的生离死别式移民永远地成为历史，这也在很大程度上使移民男性大批地娶"番婆"的现象成为历史。改革开放以来国内一些年轻女性的一个重要倾向是，希望寻找已在国外立足且已具有一定经济基础的合意配偶，通过涉外婚姻方式把自己送到配偶居住地，然后在当地取得居留权，共同在居住地创业（例如开夫妻店）等。对于中国乡村女性来说，择偶外嫁也确是一条出国捷径，既不用央求亲戚帮忙，也解决了终身大事，何乐而不为？一些中国乡村地区的非知识女性，虽然目光也会看向发达国家的男性，但她们也接受已经移民拉美等地的有为男性，特别是曾经两小无猜、青梅竹马的有为同乡男性。很多情况下，新移民婚姻的双方原先就有婚姻约定的，一般是男方先走一步，移居到目的地，女方再择机移民，实即留守家乡，等候已出国的男朋友前来迎娶。当然，一个男孩子也可以在婚姻无约的情况

下出国，将对婚姻的考虑留到将来。当他在异国他乡打拼到一定阶段而需要寻找对象时，就可能把目光转向国内。这时候，那些"待字闺中"而向往国外生活的女孩子就可以找到外嫁的机会，通过婚姻的桥梁把自己送出国去。

巴西华侨华人男性考虑婚姻和建立家庭的最重要因素，与其他拉美国家大同小异。在巴西，华侨华人男性肯定还与当地民族的女性保持各种形式的交往。但巴西的情况与那些主要由黑人民族组成的国家（例如加勒比地区海岛国）相比，还是有一定区别的。历史上移民巴西的外来民族众多，其中来自欧洲的民族也不少，白人与黑人混血较为普遍。所以，相对于很多拉美国家来说，巴西当地民族的女性或更适合华侨华人男性的审美要求，如果华侨华人男性愿意找当地民族的女性做配偶，一点也不困难。

但不能不提及的一个婚姻现象是，在拉美华侨华人社会中，男女择偶一般来说还是以"华侨华人选华侨华人"为"正宗"，男人选择妻子是这样，女人选择丈夫也是这样，过去如此，今天还是如此，巴西基本上也是如此。很难将全部原因归结于传统观念。除了传统因素外，现实因素更加重要。虽然华侨华人社会并不绝对拒绝与异族通婚（不管是华侨华人男性娶当地女性，还是华侨华人女性嫁当地男性），但是，人们还是尽可能在华侨华人群体内部找异性作为配偶。除非不得已，才找非华侨华人异性结婚。据说主要原因是中国人为同一个民族，有相同的风俗习惯和生活习性。实际上对华侨华人男性来说，还有一层更重要的原因，这就是，华侨华人男性对当地女性在成婚后理家、理财和相夫教子等方面的习惯和能力普遍缺乏信心。当时人们的普遍印象是，当地女性比中国女性有更重的"铜臭味"。她们更看重男方的经济实力，且"好吃懒做，坐吃山空，只会挥霍，不会赚钱，也没有储蓄的观念"，一旦某个华侨华人男性的经济实力不济，或者破产了，或者钱花得差不多了，或者家里的财产挥霍尽了，她们很容易见异思迁，毫不留情地挥手而去，而不是考虑如何同舟共济，共渡难关，对双方养育的后代，更是不怎么考虑。总之，很多华侨华人男性担心，自幼养成了当地生活习惯和消费方式的当地年轻女性，难以适应中国人的家庭传统，难以对自己的一盘生意有所照料和帮助，甚至担心娶这样的妻子会毁掉自己辛辛苦苦打下的商业江山。这些观念或许有一定偏见，或许以偏概全，但的确是很多华侨华人的真实想法，也是很多人曾经有过的婚姻体验。显然，这些都属于生活观念的差异，没有种族歧视的因素。应指出，肯定不是所有当地民族的女性都是这样，但华侨华人男性在考虑自身的婚姻家庭以及后代问题的时候，也肯定会考虑到当地民族中很多女性普遍存在着上述世俗观念。问题是，对于一个群体来说，事情的局部往往具有整体发散的效应。站在当地民族的角度来看，作为传统习惯，也很难说是好还是坏，但肯定与华侨华人根深蒂固的赚钱储蓄、勤俭持家和投资观念相悖。

对于面对这样一个可能观念不同的当地妻子，很多华侨华人男性自然会未雨绸缪，不敢轻易"试水"。至于当地民族女性语言文化与华侨华人的差异，及其对婚后家庭生活的影响等因素，华侨华人男性也同样有过考量。

总之，对于来自中国农村、受教育不多和传统保留较多的华侨华人男性来说，与当地女子结合，还存在着诸多障碍。如果站在世界上各国华侨华人社会的角度来看，拉美这种情况应该说是比较突出的。巴西华侨华人涉外婚姻方面，起决定性作用的因素还是中国人传统的家庭观念和择偶要求。对于华侨华人男性来说，会更多地考虑家庭传统、家族观念对自己生存和发展的影响等因素。在他们心目中，现实主义的婚姻观往往起主要作用。在现实主义的综合因素中，包括了创业观、赚钱观、储蓄观、投资观和消费观等。在分析他们的现实主义婚姻观和家庭观的时候，尤要考虑中国新移民主要来自中国农村这一基本侨情。他们会有更多现实主义的婚姻观和家庭观，例如传宗接代等等。

或问，为什么历史上存在着普遍的华侨华人娶"番婆"的现象，到了现代反而大大减少，甚至不复存在了呢？究其原因并不复杂。历史上到拉美国家来的华侨几乎是清一色的男性，他们出国只是为了赚钱养家，妻子留在家乡照顾家庭和公婆。那时候男性在当地所娶的"番婆"，是他们"两头家"中的另一位女性，与家中的"糟糠之妻"相比，地位要低一等（很多华侨甚至不将之作为家庭成员看待）。从现代观念来看，这种现象虽然没有什么值得称赞之处，但实事求是地说，那个时代人们所接受的家庭观念就是这样的。况且，华侨华人男性在居住地娶"番婆"，很大程度上是他们本人在当地生存和事业发展的需要。归根到底，也是为了改变家乡的那个家庭的生活。到了今天，且不说"两头家"观念早已为人所摒弃，女性出国已经与男性一样便捷，且女性出国也早已为世俗所接受。一些地方的出国女性人数几乎跟男性不相上下，因此，来自家乡和祖（籍）国各地的华侨华人女性，再也不会像过去那样稀少。这样，男性在异国他乡就可以轻而易举地接触到来自家乡或祖（籍）国其他地方的未婚女性。退一步说，华侨华人男性如果在居住地找不到心仪的女性，也可以回家乡去找，或通过家乡亲人和亲戚朋友代为介绍，然后以家庭团聚的方式带到海外居住地来。如果换一个角度，从女性的角度来看，结论也大同小异。总之，今天海外的华侨华人居住地中，两性比例已朝相对平衡（包括居住地常住两性的平衡以及流动两性的平衡）的方向发展，因而有助于已经移民拉美国家的华侨华人或其第二代在华侨华人族群中选择配偶。来源地的女性移民与男性移民保持数量上的规模化，使拉美国家的华侨华人的配偶基本上来自华侨华人内部，从而维持华侨华人社会"水土不流失"的最主要原因。

顺便指出，拉美华侨华人社会之所以产生"水土不流失"的现象，还得归

因于华侨华人本身不愿意出现"水土流失"的观念。笔者在拉美一些国家调查发现，华侨华人男性如果不娶本民族的女性，或者娶一个当地女性（特别是当地黑人女性），是"没有面子"的事情，往往在同乡面前抬不起头。这种观念肯定有偏颇，也不值得提倡。但拉美地区华侨华人在婚姻问题上都愿意实行"族内婚"，一般不娶或不嫁外族异性，也是客观事实。这种情况在将来或会逐渐改变，不过尚需要时间。显而易见，包括巴西侨胞在内，大部分拉美新移民的婚姻观念还是比较传统的，中国人世代流传下来的慎与他族通婚的观念仍有一定影响。拉美地区华侨华人在自己族裔中选择配偶的比例远高于发达国家的现象，从另一个角度导致拉美华侨华人女性移民的增长，客观上促进了华侨华人妇女地位的提高。在巴西，女性移民比较活跃，她们也成立了属于自己的社团组织——巴西中华妇女联合会。巴西中华妇女联合会团结居住在巴西的华侨华人妇女，维护她们的合法权益，提升她们在侨居国的政治经济地位，积极参与各项活动，为妇女侨胞做了大量有益的事情。

第三节　中国新移民的移居环境与归留愿景

一、新移民在巴西的居住与谋生环境

中国大陆新老华侨华人多愿意居住在巴西，原因是多方面的。巴西的华侨华人与笔者交谈时，几乎都谈到巴西良好的生存环境，对之赞誉有加。其中谈得最多的是：其一，巴西博大而富有，可为移民者开创新事业提供发展空间。巴西在很多方面的发展机会较多。移民巴西的发展前景很明显优于其他拉美国家。其二，巴西属西方国家一类民主政体，个人私有财产受法律保护。对于投资移民来说，这一点十分重要。当然，巴西的法律条文比较烦琐也是事实。其三，巴西有南美共同市场各国（巴西、智利、阿根廷、巴拉圭、乌拉圭、玻利维亚）通行之便，取得巴西永居身份证，即可通行于南美共同市场各国。据说持巴西护照者在世界上 100 多个国家享有免签证待遇。巴西移民身份转换快，移民门槛较低，据说数月即可实现终生移民之梦，还可以免坐"移民监"，有所谓"一人移民，全家受惠"之说。实际上，一些中国大陆新移民也是以这种方式将一个家庭乃至整个家族"搬"到巴西的。这对移民者及其家乡来说，都是皆大欢喜的事。

一般认为，愿意在巴西居住的来自中国大陆的新老华侨华人（包括在巴西"落地生根"者和至少退休前仍居住在巴西者），比大多数拉美国家多。说到底，

最重要的因素还是巴西多元文化的吸引力。巴西的华侨华人生活在一个多民族共居的大熔炉里，那里有丰厚的移民文化积淀，种族歧视问题不严重，对各国移民均持宽容和友善的态度。诚然，巴西的治安问题也很严重，但与种族歧视基本无关。巴西是一个由各国移民组成的国家。没有一个数量压倒性多的"土著"民族，真正的"土著"民族——印第安人，在殖民地时代几乎已消失殆尽，余下者现今居住在偏僻边远的山地，受到国家法律保护。而除了印第安人之外的巴西其他民族，都是外来民族，区别只是先来后到而已。华侨华人是外来民族中平等的一员。对比其他的移民民族来说，中国人移民巴西的时间不算晚。从1809年算起，中国人移民巴西的历史已有200多年。

中国改革开放后，新移民开始移居巴西。中国新移民在家乡时至少受过初等教育或职业训练。客观地说，中国新移民的知识面与受过同等教育的当地人比较有明显的优胜性。有一个指标可以作为参照，即巴西实行的是半天制教育，同样是9年（到初中）或12年（到高中）的受教育时间，巴西学生的实际利用率与中国显然存在着巨大差别。受教育时间长短的差别，自然会影响到教育质量（当然中国目前走到另一个极端的满负荷式填鸭教育是另一个问题）。教育质量的差别在新移民走上人生舞台的过程中会潜移默化地显现出来，尽管新移民的工作平台是在另一个国家。

中国新移民具有当地人很少有的企业家精神。当地人当然也有企业家，但都是在企业经营中经过风吹雨打历练出来的。中国新移民则不同，他们的商业意识和冒险精神似乎与生俱来。而且中国新移民几乎都面临着一个"置之死地而后生"的处境。他们破釜沉舟来到巴西后只能去拼搏，背水一战，否则就没有活路。在这方面，新移民在中华文化大环境下积累起来的优良品质，便成了一种内在爆发力，在能量计算上会产生乘数效应。

改革开放以来，中国的女性新移民数量增多，她们的到来，除了降低华侨华人男性与当地其他民族女性的通婚趋势外，还提升了对后代的培养这一先天性功能，实现人力资本的跨代际转移（高素质女性更是如此）。一般来说，夫妻双方同是中国人组合的新移民家庭，在对后代的教育方面，有利于中华文化的传承，也有利于后代素质的提高。

最近几年来，巴西经济形势不佳，诸如抢劫、偷盗之类的犯罪案件层出不穷，且每每发生在华侨华人身上。人们常常对此痛心疾首，认为这毁坏了华侨华人心目中对巴西的美好形象。但必须说，诸如抢劫、偷盗之类的犯罪行为，各国皆有，本质上属于社会治安的范畴，不会必然地与种族歧视挂钩。在巴西，这种情况与种族歧视风马牛不相及。

进入21世纪，反移民、反全球化的民粹主义之所以能够在欧美兴起，有着

深厚的经济、社会、文化价值观、非传统安全和政治基础。[①] 从现在巴西乃至拉丁美洲的情况来看，民粹主义的土壤不是全然不存在，但主要集中在高福利诉求方面，反外来移民的民粹主义还不明显。

根据联合国的定义，中国是世界上第四大移民输出国，位列印度、墨西哥和俄罗斯之后。但中国现在也面临着很多国家曾经或正在面对的形势，即随着经济的迅速发展，移民输出人数会逐渐减少。人们热议的一个问题是"移民拐点"何时到来。相当多的证据表明，中国人移居国外的趋势在放缓。随着中国国内平均收入的提高，非熟练劳动力的移民下降趋势很可能最先出现。一般来说，这一群体到拉美国家的第一份工作，就是为华人商户打工。但很多拉美国家的经济形势连年不景气，当地华人商户雇用远涉重洋前来打工的同胞时，会感到压力非常大，需要付比以前高的月薪，可能还要附加诸如社会保险等条件。在这样的形势下，一些华人商户也开始考虑改变思维，招收当地劳工。例如，一些曾经经营得风生水起的华人餐馆，开始培训或雇用来自其他国家的移民作为厨师。

二、新移民的文化适应与归留愿景

在拉丁美洲，持"居住证 + 中国护照"在当地生活的中国新移民比比皆是。也就是说，已经在居住国工作生活的中国新移民，不管其居留的时间长或短，都不一定是当地公民。按照中国国籍法，他们的身份是"华侨"，华侨仍然属于中国公民，只不过是居住在他国的中国公民而已。这些华侨之所以持"居住证 + 中国护照"，并非因为他们没有机会成为当地公民，而是他们愿意维持这一身份模式，也就是说，一般情况下不愿意加入当地国籍。其实，很多人出国的初衷并非取得当地公民身份，他们只是为了谋生，或为了投资而暂时居住在他国。当然，持"居住证 + 中国护照"之所以能够在当地生活，是因为其居住的拉美国家提供了这样的机会。在世界上，并非所有国家都准许外来移民拥有这样的机会。

拉美国家的签证类型很多，其中一类签证是可以申请居住许可的。居住许可的时间长短不一，有的 1 年，有的 5 年，有的甚至长达 10 年，一般在达到一定条件后还可以申请永久居住。如果要加入巴西国籍，条件并不苛刻：凡在巴西居住 5 年，会葡萄牙语且无犯罪记录者，均可申请入籍。按照巴西法律，在巴西出生的小孩一出生就可以享有巴西公民身份。一些还没有巴西居住证但希望获得居住证的中国新移民夫妇，就在到达巴西后，通过生小孩，取得了巴西永久居民身

---

① 宋全成：《反移民、反全球化的民粹主义何以能在欧美兴起》，《山东大学学报》（哲学社会科学版）2018 年第 5 期。

份。如果一个外来侨民得到了居住许可，他就可以合法地在当地找工作，也可以合法地在居住国内流动。当然，若追寻这些中国新移民的来源，则既有以合法身份进入居住国的，也有通过非正常渠道进入居住国后再通过各种途径取得居住许可的。不管是通过哪一类身份入境，一旦取得当地居住证，他们就可以合法地在当地居留下来，合法地寻找工作，过正常人的生活。至于是加入当地国籍，还是"叶落归根"回到家乡，那是以后才考虑的事情。就笔者所知，在拉美各国，这类不马上决定是否加入当地国籍或"叶落归根"的中国新移民很多，甚至超过总数的一半。即使在巴西这样综合居住环境比较好的大国，保留"居住证＋中国护照"状态的中国新移民也非常多，尽管不可能有准确的比例统计。

通俗来说，已经取得居住国国籍的外来移民，属于"主居"状态；而只是取得居住证但还没有加入当地国籍者，只能称他们是居住在这个国家的"过客"，本质上仍属客居状态。从法律意义上说，则属"暂居"的外国人，尽管他/她可能已是一名久居此地的华侨。至于要"暂居"多久，多数人自己也无法说得清。

这些华侨的"客居"事实虽然清楚，但"客居"心态却千差万别。例如，一部分人心里很清楚，自己希望有朝一日"叶落归根"。但是，"叶落归根"并非完全取决于自己，既需要本人具备必要的条件，还需要符合回归时中国的法律规定。所以，这些"客居者"对于自己最终能否回归家乡是没有把握的，因而他们也有充足的无法回归的思想准备。如果无法回归，他们将依然侨居在外国（包括居住在现居住国或迁居另一个国家），或者到最后一步（也是最不愿意看到的一步），以已经加入外国籍的"外国人"身份，生活在祖籍地。不过笔者也发现，不少新移民对自己最终能够回归祖籍地生活（实际上是养老）感到十拿九稳，信心满满。此外，他们还有退休福利、养老福利等系列性政策的考虑（一些新移民出国前曾是中国政府机构或者企事业单位的职员）。其中有一个问题不是政策法规可以解决的，那就是新移民作为曾经的外国公民或永久居民，在巴西长久居住后，再回到祖籍地后的文化适应问题。一句话，第一代新移民能否"叶落归根"是一个由多种因素构成的复杂问题。大部分在拉丁美洲国家的中国新移民都会遇到这一类问题。巴西是中国新移民的居住大国，更是如此。但中国是他们的祖（籍）国，家乡是他们永远忘不了的根。有新移民直言，等到他们老去的时候，即使一切还跟目前一样，即使到时候只能以外国人身份在家乡生活，他们也要"叶落归根"，在家乡终老。不过目前持这种态度的新移民属少数，多数人持观望态度，等待形势和政策的变化。

每一个巴西传统华人和新移民都知道祖（籍）国在飞速发展，而且，他们获得的有关中国发展的信息也具有明显的阶段性。自从移居这个国家的第一天

起，他们在居住地打拼的同时，也不停地关注着祖（籍）国的变化。瞬时的关注和观察，自然不会有任何的"阶段感"。但是时过境迁，等到有朝一日"蓦然回首"，在梳理脑际留下的祖（籍）国发展的图像时，就自然会产生一种朦胧的"阶段感"，会出现一个朦胧的与自己在巴西的拼搏轨迹平行的中国发展"曲线图"。笔者访问过一些巴西侨胞，每个人都能够不同程度地描述出一个他脑海中的中国发展"曲线图"，同时可以粗略地将新移民最初出国时的巴西印象与他脑海里的最新中国印象相比较，几乎所有的新移民都可以用自己的语言描述出中国迅速发展与巴西不进反退之间形成的巨大"落差"。

与此同时，已在巴西生活了十数年乃至数十年的中国大陆新移民，实际上也在经历着在巴西这方土地上的经济适应、社会适应和文化适应。这里所说的经济适应，是指个体对新的社会经济生活秩序的再习惯过程，例如买卖方式、交易制度、物价比较及生活用品选择等等。社会适应，是指个体逐渐接受新的社会道德规范与行为准则，对于社会刺激行为能够在规范允许的范围内做出反应，例如在遇到冲突和挫折时，能采取适当的策略，调整自身的心理和行为，以适应社会生活。文化适应，则主要指文化对于环境的适应，有时也指文化的各个部分的相互适应。有学者将文化适应分为四种类型，即同化、分离、融合、边缘化。应指出的是，文化适应是一个动态的、开放的自然过程，不管是哪一种类型、哪一种形式，只要不是强迫的，都是正常的适应模式，不应随意贴上好或坏、进步或倒退的标签。

根据笔者对海外华侨华人社会的观察和思考，经济适应和社会适应是任何人在踏入异国他乡之土地以后都必须经历的过程，体现在他们生存发展的方方面面，不过大多数人都可以在这个过程中比较顺利地完成。但是，同样是在异国他乡必须完成的文化适应，却不见得所有新移民都能够轻而易举地完成。在中国家乡生活的时间越长，对祖（籍）国的文化接受得越多、越深，在异国他乡的文化适应过程就越慢、越艰难，甚至越痛苦。当然，他们在居住地的文化适应过程，同时也是与当地文化和西方文化碰撞和融合的过程。这属于"文明冲突"的范畴。中国大陆新移民一般都在祖（籍）国深受中华文化影响，有的人心中的中华文化根深蒂固。当他们来到巴西这一方全新的土地上时，文化适应的过程就已不知不觉地开始了。当他们以中国的、家乡的标准，或者以当地人的标准评论着、比较着发生在巴西的同一类事情时，就已进入文化冲突与文化适应的过程中。老一代中国大陆新移民生活阅历丰富、多姿多彩，甚至铭心刻骨，跟后来数十年间出生和成长在温室里的中国新生代迥然有别。因之，他们在巴西的文化适应过程就会显得更加丰富多彩，乃至山重水复。总之，新移民的文化适应，唯有新移民自己才能真正明白，才可能讲得清。这里且不谈抽象的文化适应理论，只

就华侨华人在巴西现实生存环境下的若干文化适应的表现略做分析。

华侨华人与巴西当地人在财富观方面的巨大差异表现在方方面面。在巴西当地人看来，华侨华人代表了富有，但懂得藏富、低调、谨慎，因为巴西贫富差距大，贫民窟人口多，太有钱容易招惹麻烦。华侨华人有中国人特有的勤劳、勇敢和智慧，不少人在巴西抱得了"金砖"，但美中不足的是巴西的治安环境不尽如人意，在这里做生意只能闷声发财，低调做人。例如，华侨华人出入多用普通车款，罕见奔驰或宝马一类的座驾。当然也有人驾驶自己的防弹车，原因只是巴西治安不靖，不能不担心自身的安全。特别是在大城市，经常会遇到敲诈勒索，不能不防。有一种说法是，华侨华人致富后要做的第一件事，就是搬离位于贫民窟旁的公寓，到里约热内卢的新区买房，尽管那里房价非常高，但安保严密，乘车进去要"过三关"。不过这类华侨华人肯定占极少数，但他们影响大，在巴西当地人心目中印象殊深。实际上绝大多数华侨华人都是小商人，收入普遍不高。

大部分中国新移民还是喜欢巴西的工作与生活环境。华侨华人现有的生存故事表明，他们也有满足感和获得感，集中在：一是压力没有国内大，至少感觉上没有国内大（笔者在巴西问过不少侨胞，皆云在国内工作压力非常大）；二是做一个有钱的中国人；三是不一定要入巴西国籍，或者说在入籍问题上随机应变。另外，作为身在他乡的第一代移民，难免不时会怀念家乡、怀念亲人。这三个问题与第一代新移民的"叶落归根"问题密切相关。如果问他们为什么现时不回国，他们会说出很多个理由。其中有一个理由是共同的，那就是国内的人太"精"，"回去干不过他们"，这句话似乎褒中带贬。但他们也会说，如果有朝一日真的重回中国，唯一的理由就是年事已高。回家养老，即使不是衣锦还乡，但总没有错吧。

很多从中国大陆去的第一代新移民一般每年都要回国一两次。回国原因非常现实：为了办理货物进口，也为了子女的教育。过去办理货物进口必须本人到场，亲力亲为。但随着信息技术的进步，今天很多货物进出口手续的办理已经可以通过信息化手段解决，或者通过在家乡有信用的人代办。不过有些事情还必须本人到场，因此还得回国处理。子女教育在很多新移民看来，则是"悠悠万事，唯此为大"的问题。他们的子女在巴西出生，他们本人平时忙于商场打拼，没有时间管理子女的教育。但他们的中华文化情结极深，要求后代必须懂得中华文化，必须学习中文。他们普遍担心，在巴西的现实环境下，难以让子女学好中文，于是便把子女送回中国（一般是送回家乡附近的好学校），接受一年或数年的中国教育，打下牢固的中文基础后再考虑下一步。不管以后是生活在巴西还是生活在中国，有了中文基础都将终身受益。他们每年回来一两次，要么是将子女送回中国上学，要么是看望已在国内上学的子女，了解其学习生活情况，当然也顺便探望家乡的父老乡亲，以解乡愁。

　　未来新移民去向何方，还不能一概而论。有人已经下定决心，认他乡作故乡，在巴西"落地生根"；也有人同样下定决心，仍认故乡是故乡，待到老来"叶落归根"。对后者来说，巴西更像是人生旅途中的一个驿站；还有一部分人徘徊于两者之间，观望形势变化。问题是眼前形势总是山重水复，朦朦胧胧，难以看清。实际上，这一部分人可能永远也看不清，因为构成他们"叶落归根"的多种元素总在不断变化，换言之，中国和巴西两方面的形势都在迅速变化中。据笔者观察，在巴西，第一代新移民中选择"叶落归根"的人数应在增加。早些年，大部分第一代新移民对"落地生根"的选择是坚定的，但现在，他们中很多人又"退回"徘徊者的行列。也必须看到，第一代新移民中的一部分人"叶落归根"意识的定锤，也是多次思想变化后的最终结果。在这个过程中，有一个因素会随着他们年龄的增长而逐渐强化，这就是，到他们越来越年老的时候，他们自己身体的虚弱和病残状况会让他们悄悄地明白，自己已是暮年，不认老不行了，必须"屈从"现实了，这时候他们才明白早年身体好时的一切愿望都是"虚幻"的。数十年过去，弹指一挥间，忽然感觉该归去了。老了，该安居家乡了，不只是狐死首丘，还要埋骨乡关。这一点，是他们年轻力壮的时候体验不到，也不想体验的。总之，巴西永远在那里，但新移民的心在变，看法也在变。无论去留，只要是经过他们自己认真选择的，就是对的。

　　能够衣锦还乡的巴西华侨华人终究是少数，大多数人在巴西所经历的一切，犹如年少时做的一场梦。梦醒时分，韶华已逝，光景依旧，但总觉心有不甘，心中还多了一个天平，一端是金钱，一端是人生。为谋生而打拼的时候，没有时间细想人生归宿，只是朦朦胧胧地认同人在哪里，家就在哪里，但仿佛又有一种走在回家路上的感觉。不管是贫穷还是富有，家总是最温暖的港湾。无须豪情万丈地自我安慰，无须说"天生我材必有用，千金散尽还复来"，能够选择在平静之中消去愁绪，笃定向前就是幸福。

　　到了今天的新移民时代，中国人的出国观念已经发生了翻天覆地的变化。出国不再是难事，更不再是见不得人的事。大部分人出国是为了开创事业而去拼搏，只有拼搏才可能成功。因而在他们看来，出国是值得自豪的事。观念的变化决定了行为的改变。还值得注意的是，在新移民时代，很多人决定出国是朝夕间的事，可谓当时一念定终生，终生当不为一念而悔。虽然当时不明白自己那一"念"对人生意义是如此重要，但一路走来再回首，他们会无怨无悔，对前程充满信心和乐观。特别是那些来自农村地区的人，当初一听说出国可以打工，打工可以赚钱，而且所赚的钱比国内多很多，就毫不犹豫地收拾行装，办好手续，义无反顾地上路了。不少人从萌生出国念头到步入出国的机舱，不过是两三个月甚至是一两个月的时间。这种情况放在历史上是不可想象的。事实上，很多人来到

国外居住地后，有空时才慢慢细嚼当初出国的缘由和过程。不管走过的路如何，重要的是把后半生的弧线画好，方不负初衷，不负家乡父老过去和现在对自己的殷切期望。很多人离家的年头越久，常回家看看的念头也就越迫切。特别是，尚在世的父母年岁渐长，来日无多，回家的愿望就愈发强烈。很多人想尽办法，争取每年回国一次。而每回国一次，就想尽量多待一些日子。其实，在巴西乃至其他拉美国家，飞回中国行程需30多个小时（含转机时间），十分难熬。但是，一想到大洋彼端还有自己的亲人，有他们小时候的记忆、伙伴和歌谣，他们就觉得时间过得特别快。到这个时候，他们才会真真实实地体会到，乡愁真的是跨越时间、空间和国界的。

张建国，山东菏泽人，曾任巴西山东同乡会会长。虽然已在巴西生活多年，但他仍没改变浓浓的家乡口音，更没改变中国人的传统观念和山东人仗义豪爽的性格。按理说，像他这样在巴西生存发展许多年的人，早该把家搬到巴西来了，但张建国就是不搬。不但自己不搬，还坚决反对儿子搬到巴西来。从小受传统教育的张建国，希望儿子在国内接受传统教育。对于不是自己家乡的巴西，他总是存在着一定的疏离感。他始终认为自己从小受孔孟思想教育长大，还是比较传统的。他抽中国烟，吃中国菜，整天在唐人街和同胞打交道。他在巴西过的生活跟国内无多大差别。他说在国外生活，更能感受到乡情。他把自己在圣保罗开的中餐馆叫作"谷香村"。在"谷香村"同一条街上，中餐馆还有好几家。大家彼此相处融洽，完全不会发生诸如"同行是冤家"的情况。"这些兄弟们都很仗义，谁家有个事儿，大家都一起帮忙。要是餐馆有事需要用钱，一个电话，他们二话不说就给送来了。""谁家要是没有鱼没有肉了，到我这来，我立马借给他们。"巴西空气好，生活节奏慢，张建国也感到舒适，可他毫不避讳地说，未来自己肯定是要回老家的。巴西就像一个久居的驿站，梁园虽好，不是久恋之家。[①] 当然在巴西生活久了，他也理解当地人的生活方式，认为是"观念上的差异，也许没有对错之分"。2018年左右，他卖掉了"谷香村"中餐馆，虽仍然巴西中国两边跑，不过已将更多的时间放在国内了。

已加入巴西国籍的巴西广东商会会长苏梓祐感慨良多。苏梓祐是20世纪90年代来巴西的。他在巴西的20年，遇到的最大困难就是语言关，当时用了近一年时间学习葡语。后来苏梓祐全家都已加入巴西国籍。加入他国国籍，当然可以享受作为这个国家公民的权利，但也必须履行作为这个国家公民的义务。但苏梓祐同时认为，加入巴西国籍，丝毫不妨碍他对祖籍国中国的感情，更不妨碍自己在巴西和中国之间往来，相反，有利于他在巴西和祖籍国间发挥更好的纽带和桥

---

① 《一个山东人的巴西生活》，《半岛都市报》，2014年7月8日。

梁作用。

巴西是个公民信仰天主教、基督教的国家，中国新移民不可能关注信教与否对自己有无利弊，更不可能对宗教问题一无所知。中国人即使信教，也是"游戏式"地信教，他们所信的，被认为是"佛教和道教"（实际上多为民俗），基本上可以无师自通。虽然拉美当地人信仰基督教或天主教，但要中国新移民真正转信基督教、天主教，难度是很大的。巴西的宗教环境好，能够信仰居住国的主流宗教固然受人欢迎，但不信主流宗教而信仰从中国带去的宗教，包括从家乡带去的地方民俗，也不被看成"异类"，有的当地人甚至带着好奇心参与华侨华人的宗教民俗活动。这些民俗均程度不同地含有中华文化的成分。因此，中国新移民生活在巴西没有宗教压力。其他一些文化元素，如当地人的礼仪、节日、忌讳、信用制度等方面，对中国新移民来说，是较为容易适应和接受的，不会成为实质上的障碍。

今天的中国新移民在巴西生活的一个重要因素是希冀有一个"美好生活"。"美好生活"不是宗教，但作为一种生活哲学理念，对当地民众生活的影响不可小觑。对于中国新移民来说，"美好生活"从来都是他们的追求。不过在居住地，新移民应该了解当地对美好的定义。"当地版"的"美好生活"受拉美传统（具体来说，很重要的一个方面是印第安人传统）的影响较大。今天的印第安民族既有聚居于一个拉美国家的，也有分布于多个拉美国家的，同民族不同分支的民族文化也不尽相同。在拉美关键的民族人生观中，美好生活代表了"富足、完满的物质和精神生活"。不同的民族语言对"美好生活"的表达虽存在差异，但平衡与和谐理念是印第安人的哲学共识，在多领域的横向发展中，人们追求所有人、所有事物的和谐共存；在共存社会中，人们关注所有人、周边环境及其整体的平衡。[1]

---

① 东莞市侨联：《巴西侨领苏梓祐谈如何做好新生代华裔、新移民新华侨青年的工作》，（广东）河源侨联网，2012 年 3 月 16 日。

附　录　巴西的中国移民人口基本数据①

一、巴西华侨华人主要来源地

自中国改革开放以后，中国大陆新移民开始进入巴西。大多数中国移民及其后代来自广东省台山市。台山是著名的侨乡，虽然面积较小，但海外侨民近 160 万人。② 2016 年 8 月，《羊城晚报》在网上发表报道称，在台山市海宴镇，有不少"巴西村"，成百上千的村民从这里移居巴西。该报道称，有 14 650 多名"巴西村"的村民移居巴西，约占巴西华侨华人总人口的 7%。③

除广东台山外，浙江省青田县是巴西新移民第二大来源地。20 世纪初，青田人开始移居法国，部分人从法国移居巴西，还有一些青田人直接从中国移居巴西。目前，在里约热内卢，青田移民有近 5 000 人，在整个巴西，青田移民及其后代约有 5 万人，约占中国大陆华侨华人移民总人数的 1/6。④ 据笔者所知，巴西政府的外国人登记系统（SINCRE）里的移民出生地（中国省、直辖市名）信息也被印刷在巴西政府颁发的外国人身份证上，但是当笔者向 SINCRE 的管理人员发邮件询问"出生地为广东、浙江和福建的中国移民人数"时，SINCRE 管理人员告诉笔者，SINCRE 系统无法提供这方面的数据。由于这个原因，笔者只能根据已发表的中文文献所提供的零星信息来估计这三个侨乡华侨移民巴西的人数。

1980 年以来，巴西的中国大陆移民人数开始迅速增加，但他们的家乡几乎都差不多：广东台山和浙江青田。20 世纪 90 年代起，福建省移民（主要来自莆田、漳州、福清和福州）开始抵达巴西，他们主要居住在圣保罗。这些新移民的生计几乎和他们的前辈一样。他们开餐馆或杂货店、商店，销售从中国进口的日用小商品。据施雪琴统计，1997 年巴西的福清移民有 31 人，其中无合法身份的移民有 20 人。⑤ 考虑到还有来自漳州市东山岛的 36 名移民——他们是台湾的远洋捕鱼船上的船员，1992 年前后，在渔船停靠累西腓的时候，他们从渔船上登

---

① 本附录内容为束长生撰写。
② 台山政府网资料，2016 年 6 月 29 日。
③ 羊城晚报社沈卫红、黄丽娜的报道，http：//wap. ycwb. com/content_22676545，2016 年 8 月 7 日。
④ 郭秉强：《巴西青田籍华人华侨纪实：1910—1994》，青田县政府刊印本（内部编印），2005 年。
⑤ 施雪琴：《改革开放以来福清侨乡的新移民——兼谈非法移民问题》，《华侨华人历史研究》2000 年第 4 期，第 26 - 31 页。

陆，辗转到巴西各地打工，后来在圣保罗定居下来。① 笔者估计，在 2000 年之前，生活在巴西的福建省华侨华人总数不会超过 100 名。如果按年增长 12% 计算，那么笔者认为，截至 2018 年，巴西有 900～1 000 名来自福建省的华侨华人。

在青田移民人口统计方面，青田市政府提供的数据比较全面。根据《青田华侨史》，1986—2000 年，共有 3 094 名青田县公民申请移居巴西，经青田县政府公安部门批准并发给护照（见图 3 - 1）。

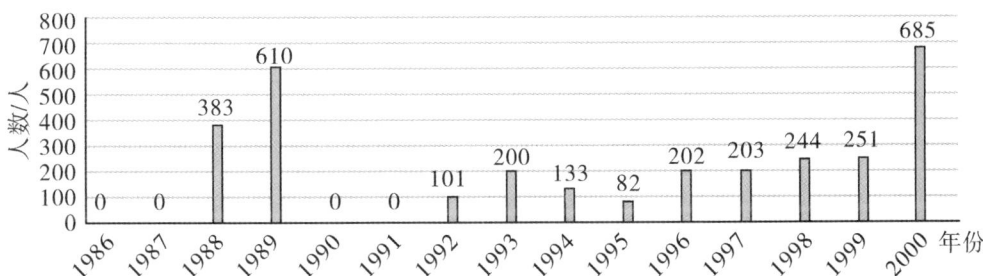

图 3 - 1　浙江省青田县公安局批准移民巴西人数（1986—2000 年）

资料来源：《青田华侨史》，表 3 - 2 "1986—2000 年青田县公安局公民因私出国批准人数统计表"，第 94 页。

在估算有多少青田人移居巴西时，《青田华侨史》给出了一个大概的数据：截至 2003 年，大约有 10 000 人（见表 3 - 1）。②

表 3 - 1　南美洲青田华侨华人分布国家、地区人数一览表（截至 2003 年）

主要南美国家	青田移民人数/人
巴西	10 000
法属圭亚那	1 500
苏里南	300
阿根廷	300
厄瓜多尔	205
玻利维亚	80
哥伦比亚	60
智利	50

① 刘正奎、孙登光等人口述，陈怡辉（巴西圣保罗大学文学院硕士研究生）整理。
② 周望森、陈孟林主编：《青田华侨史》，杭州：浙江人民出版社，2011 年，第 102 页。

（续上表）

主要南美国家	青田移民人数/人
委内瑞拉	20
秘鲁	20
巴拉圭	20
乌拉圭	10
总计	12 565

二、对巴西外国人登记系统（SINCRE）所公布的中国籍移民数据资料的整理与分析

而今，由于巴西政府定期公布新的统计数据，而且由于中国移民的人口数量不断增加，有必要也有条件对巴西华侨华人的人口数据做一个更加详细、系统的分析，对人数、年龄、性别、侨乡来源、区域分布、婚姻状况、文化程度、职业、收入等数据进行系统性整理，目的是为将来的研究打好基础，并且为其他学者提供一些坚实可靠的参考资料。这里需要说明一下，由于巴西实行出生地主义的国籍法，所以下文的"中国移民"指的是出生在中国的国际移民。但是，巴西也有研究者把"中国移民"定义为"持中国护照的国际移民"，笔者在下文尽可能标明到底是"出生在中国的国际移民"还是"持中国护照的国际移民"。

在巴西华人移民的人口学研究中，有两个问题一直困扰着学者，一是"华人"的认定，二是对他们的人口统计。美国和加拿大政府在人口普查时会收集诸如"祖籍""母语""族群"等信息，但在大多数拉美国家，人口普查并没有提供任何关于"母语"和"族群"方面的信息。[1] 就巴西而言，只有官方的外国人登记系统 SINCRE（Sistema de Cadastro e Registro dos Estrangeiros）提供了自 2000 年以来中国大陆移民的一些基本情况，如名字、性别、年龄、出生地、出生时间、婚姻状况、学历、职业信息等。SINCRE 由巴西联邦警察局管理，但是巴西人并没有对该系统里的数据做专门的分析研究。为了更好地了解巴西的外国移民概况，2013 年，巴西司法部和劳工部联合成立了国际移民观察站（Observatório das Migrações Internacionais，简称 ObMigra）。该观察站由巴西国家移民委员会（Conselho Nacional de Imigração-CNIg）和巴西利亚大学（UnB）合作运营，并且

---

① Robert Kent, Diaspora of Chinese Settlements in Latin America and the Caribbean. In Laurence J. C. Ma, Carolyn Cartier（eds.）, *Space*, *Place and Transnationalism in the Chinese Diaspora*, New York：Rowman & Littlefield, 2003, p. 120.

在 UnB 设有研究生课程。新成立的 ObMigra 旨在扩大对巴西国际移民的存量、就业情况、教育水平、社会融入等情况做基本的调查跟踪。通过理论和实证研究，发挥智库功能，向政府提供政策性指导。它主要分析巴西移民的三种情景：巴西境内的国际移民、巴西人外向移民和巴西的归国移民。到目前为止，主要重点是研究巴西境内的国际移民。从 2015 年开始，连续发布了 6 份年度报告（2015 年至 2020 年）。① 从 2016 年开始，它开始发布季度跟踪报告。2018 年，SINCRE 系统升级并更名为 SisMigra，增强了统计功能。

（一）2000—2014 年在 SINCRE 登记的中国移民总人数和年龄特征

巴西政府根据 SINCRE 的数据，发表了 2015 年国际移民观察报告，对 2000—2014 年入境巴西的国际移民的基本情况做了详细的调查，中国移民的基本数据也有公布。2021 年年初，笔者开始酝酿本节内容时，进入巴西司法部创办的 Portal de Imigração 网站（https：//portaldeimigracao. mj. gov. br/pt/），阅读了 2015 年的年度报告，对该报告提供的中国移民的基本数据做了梳理，对持永居签证和短居签证的人数做了详细了解。

至 2014 年，在 SINCRE 登记的所有中国大陆新移民中，持有永久居留签证（俗称"绿卡"）的总人数是 28 382 人（见图 3 - 2），2009 年是巴西"大赦"年，有 5 492 名持中国护照的"非正常渠道移民"申请了"大赦"，其中只有 3 688 人获得"大赦"（成功率约为 67%），因此，2009 年获得巴西永久居留权的人数特别多，跟 2008 年相比，增长了 448%，但是如果我们排除 2009 年的"大赦"政策因素（也就是说去掉 3 688 这个数字），那么，2000—2014 年，拥有巴西永久居留权的中国大陆移民的年平均增长率是 15%。

---

① 此处所引用的年度报告如下：Cavalcanti, L., Oliveira, T., Tonhati, T., Dutra, D, *Relatório Anual de 2015—A Inserção dos Imigrantes no Mercado de Trabalho Brasileiro*. Brasília, DF：ObMigra, 2015, http://portal. mte. gov. br/obmigra/home. htm; Cavalcanti, L., Oliveira, T., Araújo, D, *Relatório Anual de 2016—A Inserção dos Imigrantes no Mercado de Trabalho Brasileiro*. Brasília, DF：ObMigra, 2016, http://obmigra. mte. gov. br/index. php/relatorio - anual; ObMigra, *Relatório Anual de 2015 - 2016—Autorizações de trabalho concedidas a estrangeiros*. Brasília, DF：ObMigra, 2017, http://obmigra. mte. gov. br/index. php/relatorios - cgig - e - cnig; Cavalcanti, L., Oliveira, T., Araújo, D., Tonhati, T, *Relatório Anual de 2017—A Inserção dos Imigrantes no Mercado de Trabalho Brasileiro*. Brasília, DF：ObMigra, 2017, http://obmigra. mte. gov. br/index. php/relatorio - anual; Cavalcanti, L., Oliveira, T., Macedo, M, *Relatório Anual de 2018—Migrações e Mercado de Trabalho no Brasil*. Brasília, DF：ObMigra, 2018, http://obmigra. mte. gov. br/index. php/relatorio - anual; Cavalcanti, L., Oliveira, T., Macedo, M, *Relatório Anual de 2019—Imigração e Refúgio no Brasil*. Brasília, DF：ObMigra, 2019, https://portaldeimigracao. mj. gov. br/pt/dados/relatorios - anual; Cavalcanti, L., Oliveira, T., Macedo, M, *Relatório Anual de 2020—Imigração e Refúgio no Brasil*. Brasília, DF：ObMigra, 2020, https：//portaldeimigracao. mj. gov. br/pt/dados/relatorios - anual.

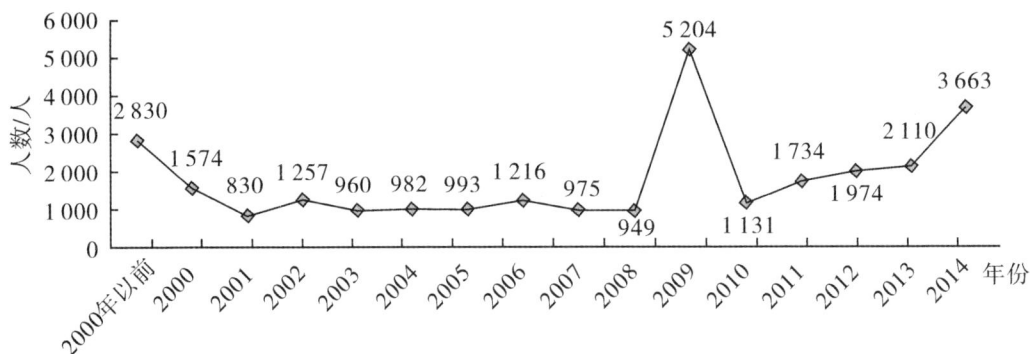

图 3 - 2　SINCRE 系统登记的中国籍持永居签证移民人数（2000—2014 年）

资料来源：根据 ObMigra 2015 年年度报告数据绘制（Tabelas 1. 2. 2 & 1. 2. 5，*Relatório Anual de 2015*，ObMigra，pp. 47 - 50）。

巴西政府的国际移民观察站发表的 2015 年年度报告统计了中国大陆新移民中具有永久居留权的人数，从中可发现，中国新移民平均年龄很年轻（见图 3 - 3），其中，处于 0 ~ 15 岁年龄段的人数是 2 717 人，约占总人数（28 373）的 9.6%；处于 16 ~ 25 岁年龄段的人数是 5 997 人，约占总人数的 21%；处于 26 ~ 40 岁年龄段的人数是 13 641 人，约占总人数的 48%；处于 41 ~ 65 岁年龄段的人数是 5 623 人，约占总人数的 20%；处于 65 岁以上年龄段的人数是 395 人，约占总人数的 1.4%。特别值得一提的是，处于 26 ~ 65 岁年龄段的劳动力人数是 19 264 人，约占总人数的 68%。

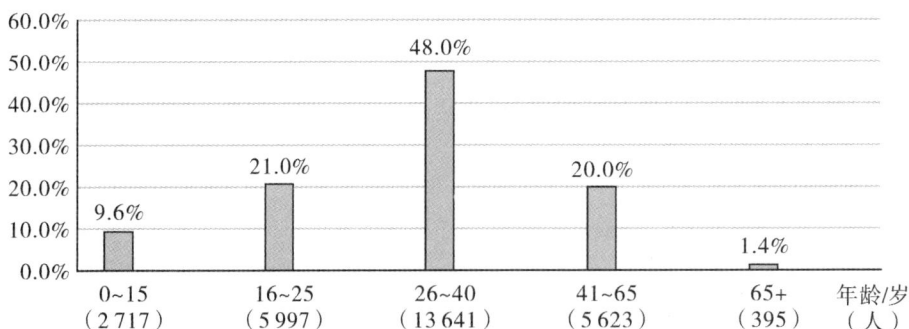

图 3 - 3　中国籍持永居签证移民的年龄特征（2000—2014 年）

资料来源：根据 ObMigra 2015 年年度报告绘制（Tabelas 1. 2. 7. & 2. 2. 10，*Relatório Anual de 2015*，ObMigra，p. 58）。

图 3 - 3 有可能说明，一是中国移民少子化（0 ~ 15 岁儿童人数只占总人数的 9.6%），并且很多人出国时，把孩子和老人留在家乡（65 岁以上的老龄人数只有 1.4%）。这和前几年国内报道的关于中国侨乡存在很多留守儿童和留守老人的情况相吻合。[①]

另外，根据 2015 年年度报告，在 28 373 名持有巴西永居签证的中国移民中，女性占 51%，男性占 49%，男女人数大致持平，性别均衡（Tabela 1.2.5，*Relatório Anual de 2015*，ObMigra，p. 50）。

图 3 - 4 显示，在巴西的外国人登记系统中，2000—2014 年，持短居签证的大陆新移民总共有 13 413 名，年平均增长率为 25%。这说明，在这期间，中国和巴西的人员交流很频繁，而且不断加快。他们持有巴西各类短居签证（留学、劳务、商务等），通常是 1 年期，可延长；也有些签证只有 6 个月且不可延长。他们大多数在签证到期后就离开巴西了，但也有少数人留在巴西，具体情况不详。

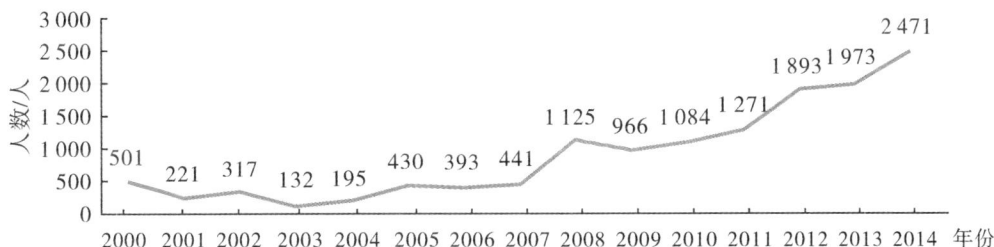

图 3 - 4　中国籍持巴西短居签证的移民人数（SINCRE）（2000—2014 年）

图 3 - 5 显示，持短居签证的中国移民中，处于 0 ~ 15 岁年龄段的人数是 397 人，占总人数（13 413）的 3%；处于 16 ~ 25 岁年龄段的人数是 2 591 人，约占总人数的 19%；处于 26 ~ 40 岁年龄段的人数是 7 891 人，约占总人数的 59%；处于 41 ~ 65 岁年龄段的人数是 2 512 人，约占总人数的 19%；处于 65 岁以上年龄段的人数是 21 人，约占总人数的 0.16%。特别值得一提的是，处于 26 ~ 65 岁年龄段的劳动力人数约占总人数的 77.6%。

---

① 孔令君：《青田县华侨达 33 万，"洋留守"儿童近年却越来越少》，浙江在线，2018 年 8 月。

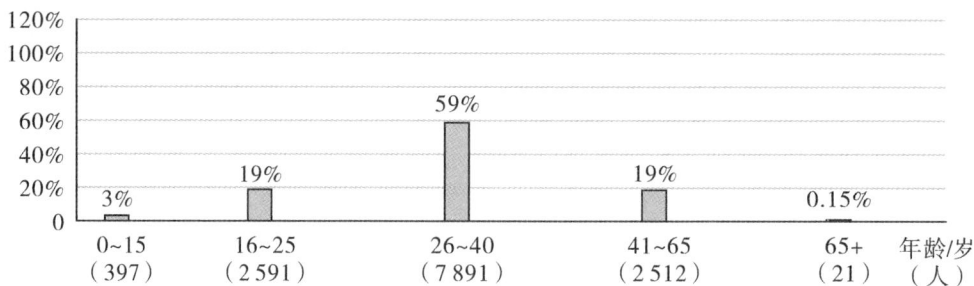

图 3 - 5　中国籍持短居签证移民年龄的特征（SINCRE）（2000—2014 年）

另外，持短居签证的中国大陆新移民人口中，男性人数是 11 022 人，占总人数的 82%，女性人数是 2 391 人，占总人数的 18%（Tabela 1.3.4，*Relatório Anual de 2015*，ObMigra，pp. 62 - 66）。短期移民人口中，男多女少。

这种情况说明大多数持短居签证来巴西的中国移民，主要以 26 ~ 40 岁的男性青壮年为主，老人和小孩通常不会跟他们在一起。很多人把妻子也留在国内。一旦这些男性在巴西稳定下来，他们会设法把妻子接过来。然而，根据图 3 - 3，笔者认为，夫妻俩在巴西都拿到永久签证之后的中国移民仍然倾向于把老人和小孩留在国内。这里的主要原因，一是小孩需要在中国念书，要老人照顾；二是老人不愿离开熟悉的家乡，移民去一个路途遥远、语言不通并且文化迥异的环境。根据孔令君的报道："据当地教育部门统计，2015 年（浙江省）青田县在校学生中，双亲或单亲在国外的，占比为 34.91%，而有海外关系的学生，占总数的 88.66%。"该记者发现，"有的老人带着六七个孩子"[1]。

（二）中国移民入境巴西的交通工具以及不合规移民人数估算

通过分析中国籍移民入境巴西时的交通工具，可以估算出不合规移民（即"非正常渠道移民"，下同）的规模。巴西学者马赛拉·阿莫林（Marcela S. M. A. Amorim，2016）提供了中国移民的入境交通工具和入境口岸，[2] 但是她没有把这些数据和不合规移民统计联系起来，估算不合规移民的规模。笔者趁此机会，就不合规移民人数统计的难题进行探讨。

很难估计有多少持有中国护照的不合规移民生活在巴西。据巴西记者 Van-nildo Mendes（2009）称，2009 年"大赦"期间，有 5 492 名来自中国大陆的不

---

① 孔令君：《青田县华侨达 33 万，"洋留守"儿童近年却越来越少》，浙江在线，2018 年 8 月。

② Marcela S. M. A. Amorim，O Imigrante Chinês no Brasil e no Sudeste: Uma Análise dos Dados do Censo demográfico（2010）e SINCRE - Polícia Federal（2000 a 2014），*Caderno de Geografia*，v. 26，número especial 1，2016. DOI 10. 5752/p. 2318 - 2962. 2016v26 nesp1p182.

合规移民向巴西移民机构申请了"大赦"。① 因为上一次"大赦"是在 1998 年（那次"大赦"几乎赦免了所有的不合规移民），以 10 年中产生 5 492 名不合规移民为参照，我们可以这样认为，从 1999—2008 年的 10 年间，平均每年有 549 名不合规移民进入巴西。据巴西政府透露，2009 年的"大赦"中，有 5 492 名中国籍不合规移民提出了申请，只有 3 688 人获得"大赦"，其余 1 804 人仍旧处于不合规状态。② 因此我们可以估算，从 2010—2014 年的 5 年里，大约有 4 549 名来自中国大陆的不合规移民生活在巴西各地（1 804 + 5 × 549 = 4 549），实际人数可能会超过这个数字。

另一种估算不合规移民人数的方法是查看移民抵达巴西时所使用的交通工具。我们知道，中巴两国相距 1 万多公里，进入巴西的正规方式应该是乘飞机。虽然有些移民乘飞机入境时合法，但是逾期不归，这些人应属于少数。更多的人是偷渡到巴西的，他们乘坐轮船、公共汽车或其他交通工具抵达巴西，这些人基本上都是不合规移民。

根据马赛拉·阿莫林（2016）提供的信息，2000—2014 年，中国移民入境巴西时的交通工具中，排名第一的是飞机，占入境总人数的 82.64%（见图 3 - 6），主要入境口岸有里约热内卢机场（22.4% 的乘飞机的中国移民从这里入境）和圣保罗机场（73.67% 的乘飞机的中国移民从这里入境）。排名第二的入境交通工具是公共汽车，有 8.97% 的中国移民乘公共汽车入境巴西（见图 3 - 6），主要入境口岸有巴拉那州的边境城市伊瓜苏市（68.90% 的乘公共汽车的中国移民从这里进入巴西）和南马托格罗索州的科伦巴市（16.14% 的乘公共汽车的中国移民从这里进入巴西）。这两个州都拥有高度活跃的陆地边境线：巴拉那州的伊瓜苏市是一个三重边境城市，巴西、阿根廷和巴拉圭在此接壤；南马托格罗索州与玻利维亚有绵长的国界线。

根据马赛拉·阿莫林（2016）的研究，2000—2014 年有 1 985 人乘船抵达巴西（见图 3 - 6），笔者认为，这些移民极有可能是"集装箱移民"。她说，有 34.05% 的乘船的中国移民从帕拉伊巴州入境，有 18.94% 的乘船的中国移民从圣保罗州入境，有 17.9% 的乘船的中国移民从里约热内卢州入境巴西；另外，大约有 12.84% 的乘船的中国移民从伯南布哥州入境。

根据马赛拉·阿莫林（2016）的研究，2000—2014 年利用其他交通工具入

---

① http：//politica. estadao. com. br/noticias/geral，brasil - anistia - 41816 - estrangeiros - em - situacao - irregular，491657，2016 - 09 - 29.

② 笔者通过政府网站申请了 1988 年、1998 年、2009 年共 3 次"大赦"的公开数据，巴西联邦警察局给的电子邮件（mensagem eletrônica n. o 077/2017 - SIC/DIREX/PF）只说 2009 年至 2016 年，总共有 3 688 名持中国护照的不合规移民获得了"大赦"。

境巴西的中国移民有 1 152 人，占入境总人数的 3.08%（见图 3 - 6）。

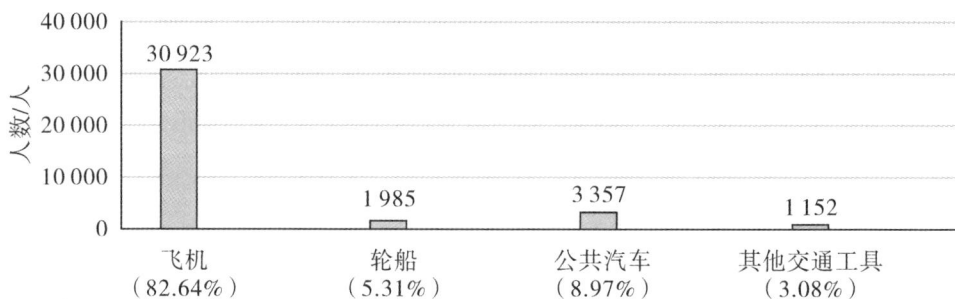

图 3 - 6　中国籍移民入境巴西时的交通工具（2000—2014 年）

综上所述，2000—2014 年，乘公共汽车（3 357）、轮船（1 985）和其他交通工具（1 152）入境巴西的人数总共有 6 494 人。笔者认为这些人中绝大多数是偷渡来巴西的不合规移民（他们申请合法化时，向巴西政府如实申报了他们的入境交通工具，或者说，如实申报了他们的偷渡行为）。

应指出，上面按公共汽车、轮船等入境交通工具来估计移民人数有一定道理，但猜测的成分居多，严格来说并不是十分科学。按照申请"难民"的情况估计，不合规移民人数或许有更好的参考作用，据统计，2015—2020 年，巴西申请"难民"的不合规移民人数如下：2015 年为 265 人（男 156 人，女 109人），2016 年为 154 人（男 110 人，女 44 人），2017 年为 1 360 人（男 784 人，女 576 人），2018 年为 1 453 人（男 897 人，女 556 人），2019 年为 1 486 人（男929 人，女 557 人），2020 年为 568 人（男 367 人，女 201 人），2015—2020 年合计 5 286 人（男 3 243 人，女 2 043 人）。[①]

（三）中国移民在巴西的地理分布（2000—2014 年）

马赛拉·阿莫林（2016）指出，中国移民和来自其他国家的国际移民群体一样，主要聚居在巴西东南部的发达地区（包含 4 个州，即圣保罗、里约热内卢、米纳斯吉拉斯和圣埃斯皮里图）。巴西东南部地区的中国移民占中国移民总数（37 417）的 80.7%，南部发达地区的中国移民占其总数的 7.1%，东北部欠发达地区的中国移民占其总数的 7.2%，地广人稀的北部和中西部地区的中国移民只占其总数的 2.6% 和 2.4%（见图 3 - 7）。

---

① https：//portaldeimigracao. mj. gov. br/pt/microdados/1733 - obmigra/dados/microdados/401293 - sti - mar，2021 - 10 - 18.

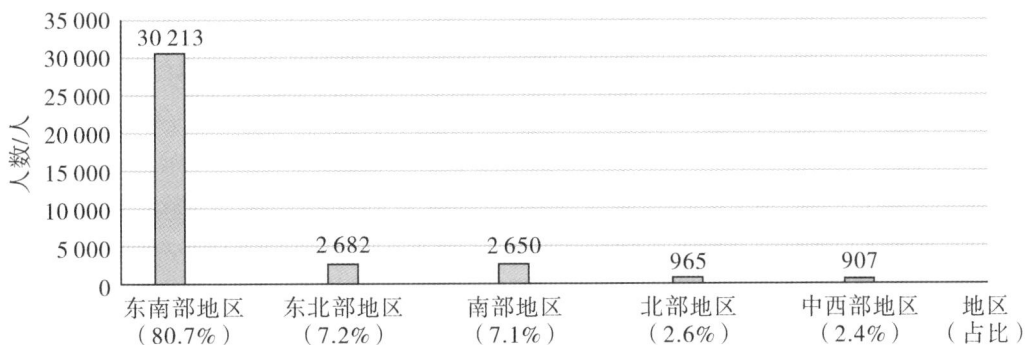

图 3 - 7   中国籍移民在巴西的地理分布（2010—2014 年）

根据马赛拉·阿莫林（2016）的研究可知，中国移民主要集中在巴西的几个大城市，很少有中国人居住在巴西农村地区。图 3 - 8 显示，在圣保罗、里约热内卢、米纳斯吉拉斯和圣埃斯皮里图这 4 个州，中国移民主要居住在这几个州的首府及其附近的城市地区：圣保罗大都会区有 16 331 人，占圣保罗州中国移民总人数的 77.1%；里约热内卢大都会区有 6 556 人，占里约热内卢州中国移民总人数的 88.5%；贝洛奥里藏特大都会区有 359 人，占米纳斯吉拉斯州中国移民总人数的 26.3%；相比之下，维多利亚大都会区只有 224 名中国移民，占圣埃斯皮里图州中国移民总人数的 83.6%（见图 3 - 8）。

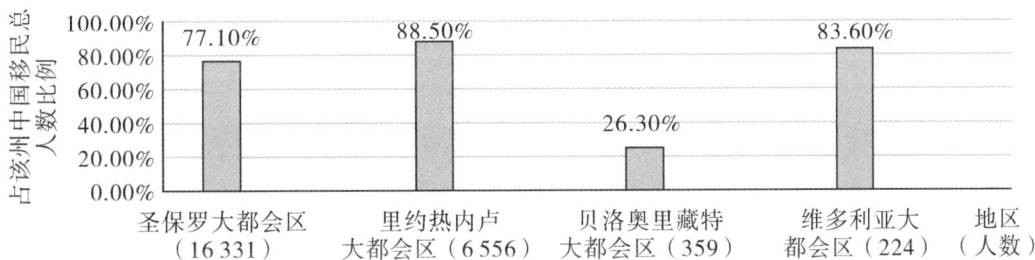

图 3 - 8   中国籍移民主要聚居区（2000—2014 年）

马赛拉·阿莫林（2016）的研究表明，在东南部发达地区，大多数中国移民年龄在 25 ~ 44 岁。在圣保罗州，处于这个年龄段的人数占该州中国移民总人数的 61.5%；在里约热内卢州，处于这个年龄段的人数占该州中国移民总人数的 62.6%，在米纳斯吉拉斯州为 67.1%，在圣埃斯皮里图州为 61.5%。在婚姻状况方面，已婚移民居多（54.88%），其次是单身（42.64%）、丧偶（0.50%）、离异（0.44%）。

马赛拉·阿莫林指出，在米纳斯吉拉斯州总共有 1 364 名中国移民，他们分别聚居在以下城市：一是首府贝洛奥里藏特市，该市的中国移民占该州中国移民总人数的26.3%；二是愉悦庄（Pouso Alegre），该市的中国移民占该州中国移民总人数的17.3%；三是白金市（Ouro Branco），该市的中国移民占该州中国移民总人数的15.0%；四是伊帕廷加（Ipatinga），该市的中国移民占该州中国移民总人数的7.2%。

吉赛莉·费雷拉（2016）的研究表明，[①] 在南里奥格兰德州（Rio Grande do Sul）有大约 146 名中国移民在 SINCRE 系统里登记。在该州首府阿雷格里港，中国移民几乎全部生活在城市里。中国移民集中在阿雷格里港（80.5%）和圣莱奥波尔多市（São Leopoldo）（6.4%）。居住在阿雷格里港的中国移民主要经营商店，销售来自中国的小商品，其中独立经营者占 47.2%，雇员占 30.5%。而居住在圣莱奥波尔多市的中国移民主要从事街头小商品贩卖的工作。

吉赛莉·费雷拉的数据来源于巴西地理统计局 2000 年和 2010 年人口普查数据。根据人口普查结果，2010 年，在南里奥格兰德州的中国移民中，大约36.7% 是单身，48.0% 已婚，其他人处于离婚、分居、寡居等状态。其中 42.6%的人具有高中学历。费雷拉指出，在 2010 年，居住在南里奥格兰德州的中国移民的平均月工资为 2 320 雷亚尔，人均月收入是 1 441 雷亚尔。该研究发现，中国移民家庭平均只有 1.1 个孩子，而日本移民家庭平均有 3.0 个孩子。对这种差异，费雷拉做出这样的解释：中国政府自 1979 年以来推行独生子女政策，因此，来自中国大陆的移民家庭更倾向于少生，日本移民有不少家庭在南里奥格兰德州从事农业生产，他们更愿意多生几个孩子。

（四）中国籍移民在巴西的就业与经济收入情况（2011—2017 年）

持有巴西工作签证的中国移民群体中，有小部分人是中资企业（国有/民营）的高管，据巴西国际移民观察站发表的 2015 年年度报告和 2018 年年度报告，2011—2017 年，有 634 名中资企业高管获得了巴西劳工部颁发的工作许可证（有的只有 6 个月，有的 1 年，但均可延长）。相比同期的韩国、德国和印度籍高管人数，中国籍高管人数总体上少于韩国，但多于德国和印度。图 3 - 9 充分说明，在 2011—2017 年，中国对巴西的投资在不断增加，特别是在 2014 年和 2016年，由于世界杯足球赛和里约奥运会，中国公司积极参与了巴西大型体育活动设施的建设（具体情况有待专门研究）。

---

① Ferreira, Gisele da Silva, Expansão da População Asiática no Brasil e no Rio Grande do Sul, https://www.pucrs.br/face/wp - content/uploads/sites/6/2016/03/51 _ GISELE - DA - SILVA - FERREIRA. pdf, 2016 - 03 - 06.

	2011年	2012年	2013年	2014年	2015年	2016年	2017年
中国	83	68	76	117	96	106	88
印度	12	8	23	20	14	12	6
韩国	211	136	147	155	157	165	101
德国	43	57	43	29	41	20	30

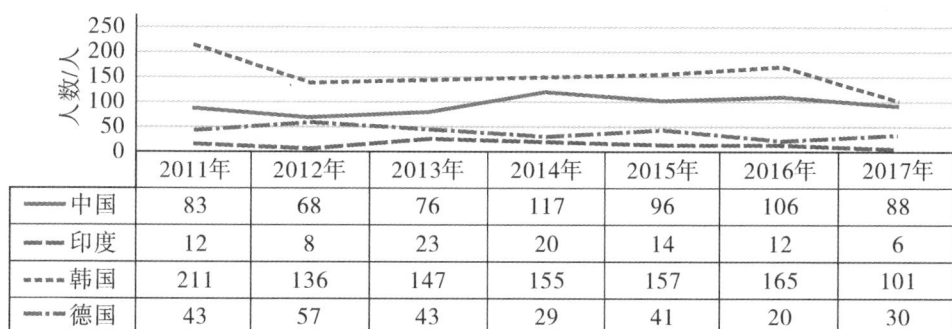

图 3 - 9　中国籍移民中的中资企业（国有/民营）高管人数（RN62 类签证）（2011—2017 年）

资料来源：Tabela 2.16，*Relatório Anual de 2018*，ObMigra，p.34.

巴西政府在衡量居民收入时，通常以法定"最低月薪"（Salario Minimo，SM）为参数。每年 SM 参数都不同，都比上一年有 10% ~ 15% 的涨幅。比如说，2000 年的 SM 是 510 雷亚尔，2011 年的 SM 是 545 雷亚尔，2012 年的 SM 是 622 雷亚尔，2013 年的 SM 为 678 雷亚尔，2014 年的 SM 是 724 雷亚尔。表 3 - 2 显示，在最低收入方面，许多有正规工作的中国移民的最低工资是 1 ~ 2 个 SM，以 2014 年为例，最低工资为每月 724 雷亚尔，有 33.84% 的中国移民挣得 724 ~ 1 448 雷亚尔，其中大部分是餐厅服务员、商店销售人员等。但这并不意味着他们的月收入只有这么多，加上销售奖金、小费和超时工资等，他们的实际收入会高些。此外，在表 3 - 2 中能看到，在 2014 年，有约 28% 有正规工作的中国移民的月收入是 5 ~ 10 个 SM（3 620 ~ 7 240 雷亚尔），他们通常是机构或企业的中高层管理人员。表 3 - 2 中，出现了无薪水的雇员，这些所谓的"雇员"可能是老板本人或他的老婆、孩子。但是这种情况很少。月薪低于法定最低工资的雇员也存在，这些所谓的"雇员"也可能是老板本人或者他的孩子。

表 3 - 2　中国移民的工资收入情况（以法定最低月薪为参照标准）（2010 年、2012 年、2014 年）

单位：人

最低月薪数（SM）	2010 年	占比	2012 年	占比	2014 年	占比
无薪水	34	1.89%	70	2.30%	58	2.02%
<1 个最低月薪	16	0.89%	26	0.85%	21	0.73%
1 ~ 2 个最低月薪	518	28.81%	1 114	36.67%	974	33.84%
2 ~ 3 个最低月薪	214	11.90%	278	9.15%	294	10.22%
3 ~ 5 个最低月薪	187	10.40%	343	11.29%	364	12.65%

（续上表）

最低月薪数（SM）	2010 年	占比	2012 年	占比	2014 年	占比
5～10 个最低月薪	496	27.59%	844	27.78%	806	28.01%
10～20 个最低月薪	205	11.40%	239	7.87%	218	7.57%
>20 个最低月薪	128	7.12%	124	4.08%	143	4.97%
总计	1 798	100%	3 038	100%	2 878	100%

资料来源：Tabela 1.20, Tabela 1.21 & Tabela 1.23, *Relatório Anual de 2015*, ObMigra, pp. 214–222, 233–238.

图 3-10 显示，跟韩国籍和日本籍的移民相比，中国籍移民的平均工资并不算高，在中日韩三国移民中，他们的工资最低，但是逐年上升，到 2019 年已超过日本籍移民的平均工资。

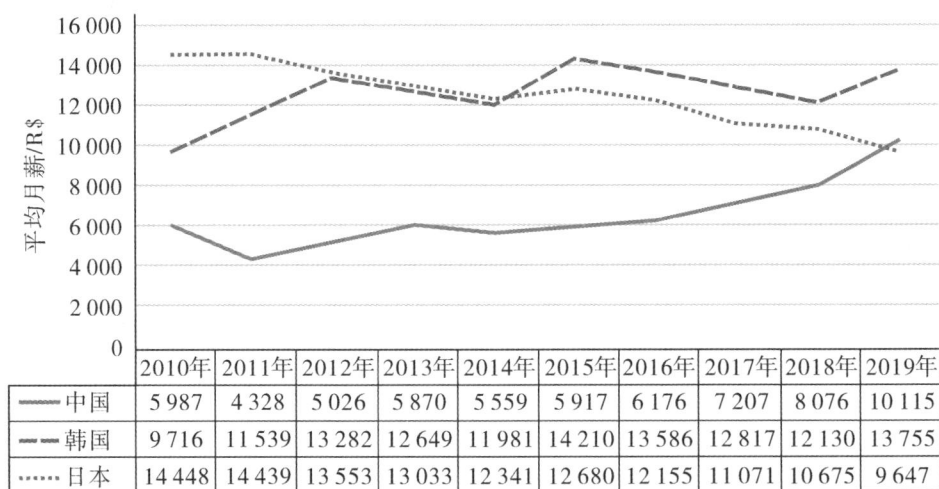

	2010年	2011年	2012年	2013年	2014年	2015年	2016年	2017年	2018年	2019年
中国	5 987	4 328	5 026	5 870	5 559	5 917	6 176	7 207	8 076	10 115
韩国	9 716	11 539	13 282	12 649	11 981	14 210	13 586	12 817	12 130	13 755
日本	14 448	14 439	13 553	13 033	12 341	12 680	12 155	11 071	10 675	9 647

图 3-10　有正规工作的中国籍移民的平均月薪与日韩籍移民的对比（2010—2019 年）

资料来源：Tabela A1, *Relatório Anual de 2020*, ObMigra, p.108.

巴西政府在 2010 年的人口普查中对生活在巴西的外国移民的就业情况也做了调查。表 3-3 显示，所有中国移民中，有 5 383 人有正规工作，包括签订聘用合同，缴交养老保险，享有法定的带薪年假、年终奖——第十三月薪，病假期间或女子在怀孕期间不能被辞退等社会福利和法律保障。其中男性人数 3 972 人，女性 1 411 人，男女比率是 2.82，也就是说，有正规工作的中国籍男性是有正规

工作的中国籍女性的 2.82 倍。另外，表 3 - 3 也同时显示，有 6 185 人没有正规工作，他们属于自就业者，其中男性为 3 669 人，女性为 2 516 人，男女比率为 1.46。也就是说，非正规就业的中国籍移民人口里，男性人数是女性的 1.46 倍。总而言之，有正规工作的中国移民是没有正规工作的中国移民的 0.87 倍，也就是说，正规就业人数只是非正规就业人数的 0.87 倍。换句话说，中国移民中多数人是非正规就业。就业情况跟中国移民类似的国际移民群体是玻利维亚人，正规就业人数只是非正规就业人数的 0.34 倍（见表 3 - 3）。

表 3 - 3　外国人在巴西的正规和非正规就业情况和男女比率（2010 年人口普查结果）

单位：人

国籍	正规就业人数与男女比率				非正规就业人数与男女比率				正规就业人数、非正规就业人数比率
	男	女	总数	男女比率	男	女	总数	男女比率	
中国	3 972	1 411	5 383	2.82	3 669	2 516	6 185	1.46	0.87
玻利维亚	3 432	1 531	4 963	2.24	8 382	6 368	14 750	1.32	0.34
葡萄牙	16 046	7 323	23 369	2.19	8 339	4 069	12 408	2.05	1.88
日本	3 858	1 857	5 715	2.08	2 688	1 598	4 286	1.68	1.33
意大利	6 150	2 482	8 632	2.48	2 572	922	3 494	2.79	2.47

资料来源：Tabela 63, Foreign Migrant Workers in Formal and Informal Conditions, and Their Gender Ratios, IBGE Census 2010, *Relatório Anual de 2020*, ObMigra, p. 185.

（五）中国移民的文化程度、就业种类与结构（2011—2014 年）

表 3 - 4 显示了中国新移民的文化程度（受教育水平）。2015 年年度报告指出，他们所受的教育程度很少低于初中（占 4.6%）。大多数完成了初中和高中教育（占 41.6%），更多的人是从大学肄业或者毕业（占 52.7%），少数人甚至有硕士或博士学位（占 1.1%）。

表 3 - 4　在巴西就业的中国移民的文化程度（2010 年和 2014 年）

受教育水平		2010 年	总数/人（占比）	2014 年	总数/人（占比）
A	文盲	3	83（4.6%）	1	118（4.1%）
	未满 5 年	17		29	
	小学毕业	35		45	
	未读完初中	28		43	

（续上表）

	受教育水平	2010 年	总数/人（占比）	2014 年	总数/人（占比）
B	初中毕业	119	748（41.6%）	226	1 253（43.5%）
	未读完高中	86		171	
	高中毕业	543		856	
C	大学肄业	85	947（52.7%）	87	1 474（51.2%）
	大学毕业	862		1 387	
	硕士学位	14	20（1.1%）	25	33（1.1%）
	博士学位	6		8	
	总计	1 798	1 798（100%）	2 878	2 878（100%）

　　表 3-5 显示，2011—2014 年，中国移民在巴西从事的职业主要集中在 A 类职业（36%～48%）和 B 类职业（47%～58%）这两个类别，从事 C 类职业的中国移民人数很少，不到 6%。

表 3-5　中国籍移民的职业种类、就业结构（2011—2014 年）

单位：人

	职业	2011 年	百分比	2012 年	百分比	2013 年	百分比	2014 年	百分比
A.高层职业	军界、警界、政界相关职业	0	36.7%	0	44.9%	11	47.7%	15	47.9%
	政府部门主管或国有企业经理	691		754		773		760	
	高级科技人员、知识分子	540		610		625		605	
B.中层职业	中级技术人员	248	57.7%	262	50.8%	279	48.4%	262	47.8%
	中层管理人员	450		451		446		439	
	服务与销售人员	1 238		829		707		674	

（续上表）

	职业	2011 年	百分比	2012 年	百分比	2013 年	百分比	2014 年	百分比
C. 低层职业	农牧渔业生产人员	15		10		6		7	
	工业产品生产和服务人员	158	5.6%	111	4.3%	96	3.9%	98	4.3%
	初 等 就业者	14		11		14		18	
	总计	3 354	100%	3 038	100%	2 957	100%	2 878	100%

资料来源：Tabela 1.18, *Relatório Anual de 2015*, ObMigra, pp. 200 – 209.

（六）中国投资移民（2011—2018 年）

在巴西，获得永久居留权的主要渠道有四种：第一种是"大赦"。巴西在 1980 年、1988 年、1998 年和 2009 年对居住在境内的非正常渠道移民进行了"大赦"。在 2018 年，巴西国会曾经提出"大赦"移民的提案，结果被总统特梅尔（Michel Temer）否决。今后巴西何时还会"大赦"非正常渠道移民，仍然是个谜。第二种是在巴西生孩子，成为巴西公民的监护人，从而获得巴西永久居留权，这是最为普遍的一种方式，有不少年轻夫妇在巴西生下孩子之后获得巴西永久签证。第三种是在巴西的外国公司做高级管理人员（须是进入董事会的高管）。第四种是做投资移民，成为"外国自然人投资者"。

1998 年 11 月 25 日，巴西国家移民委员会（根据 1992 年 11 月 19 日第 8490 号法令成立）颁布了一项规范性决议，即第 28 号决议（RN28），规定"劳工部可以将巴西永久居留权授予打算在巴西定居并将自己的境外资源投资于巴西国内的生产活动的外国自然人"（第 1 条）。劳工部将审查"外国自然人的资源和投资项目与巴西政策的兼容性以及投资可能产生的经济效益与社会效益"（第 2 条）和"外国自然人必须证明其外币投资金额大于或等于 20 万美元"。[①]

2004 年 10 月 6 日，巴西国家移民委员会颁布了一项新的规范性决议，即第 60 号决议（RN60）。新决议将 RN28 中的最低投资额要求从 20 万美元降至 5 万美元。由于外国投资移民数量的增加、新政策的积极影响以及 2008 年美国金融危机后美元对巴西雷亚尔的贬值趋势，2009 年 2 月 10 日，国家移民委员会颁布

---

① Resolução Normativa CNIg No 28 de 25/11/1998，https：//www. legisweb. com. br/legislacao/？ id = 96399.

了新的规范性决议，即第 84 号决议（RN84），将外国自然人的最低投资额定为 15 万雷亚尔，以及增加一些其他要求，例如外国自然人的投资项目需要为巴西创造 10 个工作岗位。①

鉴于投资移民申请人数的增多，2015 年 12 月 2 日，巴西国家移民委员会颁布了第 118 号决议（RN118），取代了实施 6 年的第 84 号决议（RN84），将最低投资额从 15 万雷亚尔提高到 50 万雷亚尔，同时规定，外国自然人的最低投资额可以是 15 万雷亚尔以上，但其投资项目必须是科技创新项目（或者是 Startup 类）。②

第 118 号决议的颁布，对外国自然人投资巴西的意愿产生了很大影响。根据国际移民观察站发表的 2019 年年度报告，2016 年外国自然人投资巴西的总额较 2015 年下降了 37.8%，2016 年外国自然人投资者被授予巴西永久居留权的总人数比 2015 年减少了 78.7%。直到 2018 年底，巴西国家移民委员会颁布了新的规范性决议，即第 13 号决议（RN13），对第 118 号决议（RN118）所规定的最低投资额 50 万雷亚尔进行了调整：已经在巴西境内居住的外国自然人投资者，只要投资额不少于 15 万雷亚尔即可先申请巴西短期居留权，等投资落实到位，即可申请巴西永久居留权。对于巴西境外的外国自然人投资者，其最低投资额仍然是 50 万雷亚尔。由于政策的调整，2018 年外国个人投资巴西的总额明显增长，与 2017 年相比，增长了 93.6%，但是仍然低于 2015 年的水平（*Relatório Anual de 2019*，p. 29）。

为了应对日益严峻的经济危机和外国移民个人投资的流失，2018 年 10 月 9 日，巴西国家移民委员会批准了一项新的规范性决议，即第 36 号决议（RN36），允许在巴西购买房地产的外国个人投资者获得巴西永久居留签证。第 36 号决议规定，外国自然人投资巴西的房地产，只要投资额不低于 100 万雷亚尔，即可申请巴西永久居留权。为了拯救巴西北部和东北部欠发达地区的经济，RN36 允许外国个人投资者购买这些地区的房地产，只要投资额不低于 33 万雷亚尔（相当于巴西其他地区最低投资额 100 万雷亚尔的 30%）。通过降低利息和鼓励外国自然人投资巴西房地产，巴西的房地产市场和各大银行渡过了难关，房产交易量在 2018 年跌入低谷后，于 2019 年缓慢复苏，实现了正增长（具体情况尚待专业人士研究）。③

---

① Resolução Normativa CNIg No 84 de 10/02/2009，https：//www.legisweb.com.br/legislacao/？id = 111486.

② Resolução Normativa CNIg No 118 de 21/10/2015，https：//www.legisweb.com.br/legislacao/？id = 310805.

③ Resolução Normativa CNIg No 36 de 09/10/2018，https：//www.legisweb.com.br/legislacao/？id = 369540.

表 3-6 显示,2011—2018 年,中国投资移民总人数是 942 人(实际人数可能还要高一些),中国移民个人对巴西投资金额近 2 亿雷亚尔,人均投资金额219 500 雷亚尔,按照此期间的雷亚尔兑美元平均汇率计算,大约是人均 7 万多美元。

表 3-6 中国移民在巴西的个人投资情况一览表(2011—2018 年)

	投资金额/雷亚尔	依据的法规	投资移民人数/人	人均投资金额/雷亚尔
2011 年	29 247 431. 37	RN84(最低金额是 15 万雷亚尔)	193	151 541
2012 年	21 369 647. 94	RN84	120	178 080
2013 年	28 612 235. 62	RN84	157	182 243
2014 年	31 394 476. 53	RN84	156	201 246
2015 年	28 291 802. 21	RN84	152	186 130
2016 年1—3 月	2 394 653. 63	RN84(过渡期)	14	171 046
2016 年4—6 月	836 118. 49	RN84(过渡期)	5	167 223
2016 年	14 578 397. 16	RN118(最低金额是 50 万雷亚尔)	28	520 657
2017 年	18 751 801. 76	RN118	25	750 072
2018 年	22 724 687. 10	RN13(RN84 与 RN118)	92(74 人适用 RN84;18 人适用 RN118)	247 007
总计			942	

资料来源:Tabela 6.4 & Tabela 6.7, *Relatório Anual de 2015*, ObMigra, pp. 35-36; *Relatório Anual de 2016-2017*, ObMigra, p. 49; Tabela 6.3, *Relatório Anual de 2014-2015*, Ob-Migra, p. 45; *Relatório do Primeiro Trimestre de 2016*, pp. 47, 50; *Relatório do Segundo Trimestre de 2016*, pp. 47, 50; *Relatório Anual de 2019*, ObMigra, p. 29.

应该说,迁徙是人类的常态。21 世纪以来,为了实现在国际上的自由迁徙,世界各国的富人都喜欢持有多国护照。为了获得他国的永久居留权,他们经常会以"外国自然人投资者"的名义申请投资移民。王爱华(Ong, Aihwa)首先关注了港商追求"灵活的身份"(flexible citizenship)的行为。[1] 王爱华指出,在 1989 年前后,为了防备 1997 年香港回归中国后可能会出现的政治上的波动,很多香港商

---

① Ong, Aihwa, *Flexible Citizenship:The Cultural Logics of Transnationality*, Durham:Duke University Press, 1999.

人开始积累外国护照。王爱华认为香港商界精英采取了一种"灵活的身份"战略："许多香港人选择在内地工作、投资，同时在其他地方（英国、美国或加拿大）寻求公民身份。他们在全球经济中，在无数可能性（和问题）中寻求一个灵活的位置。"① 王爱华认为，灵活的身份（获得多国护照或者绿卡）是跨国企业家为了防范政治和经济风险，跨国化投资，甚至把家庭也跨国化，以便能够迅速从一个民族国家跨越到另一个民族国家。跨国移民并不是"灵活的身份"的唯一受益者，东道国也从跨国移民的投资中受益。

　　巴西作为一个发展中国家，并不是华人学生留学的首选地，更不是投资移民的首选地，但是，由于投资移民的门槛并不高（15 万雷亚尔），吸引了不少国家的个人投资移民。中国投资移民也在巴西不断增加，直到 2016 年，由于新的规定大幅度提高了投资移民门槛，从 15 万雷亚尔突然增长到 50 万雷亚尔，跟其他国家的投资移民一样，中国的投资移民申请人数迅速下降（见图 3 - 11）。

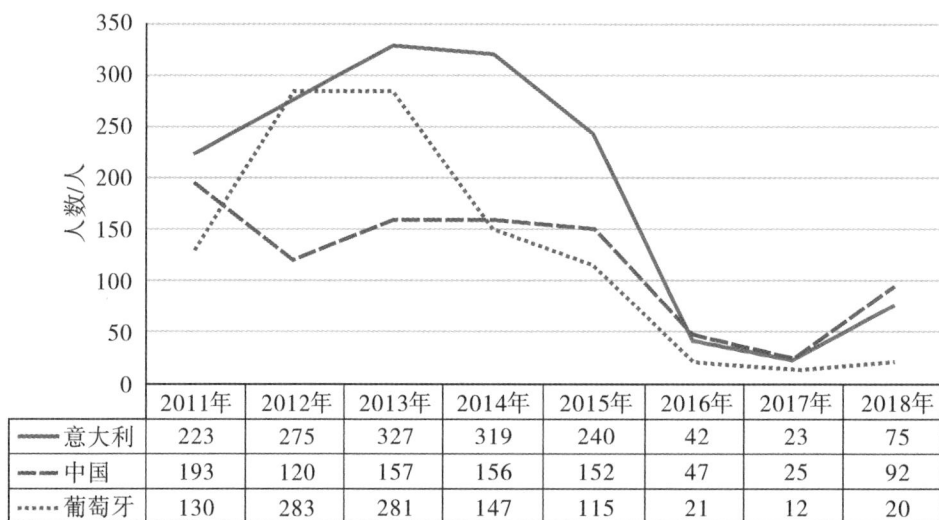

	2011年	2012年	2013年	2014年	2015年	2016年	2017年	2018年
——意大利	223	275	327	319	240	42	23	75
- - 中国	193	120	157	156	152	47	25	92
⋯⋯葡萄牙	130	283	281	147	115	21	12	20

图 3 - 11　外国投资移民申请巴西永久签证的人数（2011—2018 年）

资料来源：*Relatório Anual de 2015*，ObMigra，pp. 35 - 36；*Relatório Anual de 2014 - 2015*，ObMigra，p. 45；*Relatório do Primeiro Trimestre de 2016*，ObMigra，p. 47；*Relatório do Segundo Trimestre de 2016*，ObMigra，p. 47；*Relatório Anual de 2017*，ObMigra，p. 46；*Relatório Anual de 2019*，ObMigra，p. 29.

---

① Ong, Aihwa, *Flexible Citizenship*：*The Cultural Logics of Transnationality*，Durham：Duke University Press，1999，p. 123.

图 3-12 显示,2011—2018 年,中国投资移民总金额接近 2 亿雷亚尔,在四大来源国(意大利、葡萄牙、中国、法国)中排第三位。第一位是意大利,总金额接近 3.61 亿雷亚尔。第二位是葡萄牙,2.67 多亿雷亚尔。比中国移民投资金额少一点的国家是法国,法国投资移民的总金额接近 1.48 亿雷亚尔。

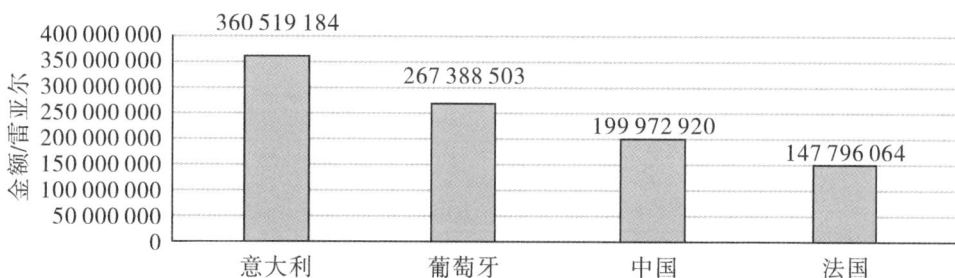

图 3-12　意大利、葡萄牙、中国和法国自然人投资移民总金额(2011—2018 年)

资料来源:*Relatório Anual de 2019*,ObMigra,p. 27.

(七)2018—2020 年的新统计数据:2014 年以后中国移民呈下降趋势,人口年龄也有变化

2018 年,巴西国际移民观察站发表了年度报告,对巴西国际移民统计数据进行了更新。从图 3-13 可以看出,自 2014 年达到峰值(5 977 人)之后,中国移民(短居和永居)的总人数一直下降,2015 年(5 523 人)比 2014 年下降了 7.6%;2016 年(4 517 人)比 2015 年下降了 18.2%;2017 年(4 266 人)比 2016 年下降了 5.6%;2018 年(4 180 人)比 2017 年下降了 2.0%。

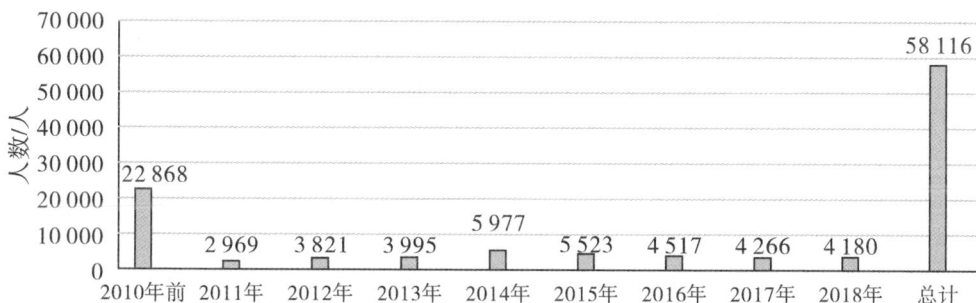

图 3-13　中国籍移民总人数(短居和永居签证)的变化趋势(2010—2018 年)

资料来源:*Relatório Anual de 2019*,ObMigra,p. 82.

2018 年年度报告对持永居签证的中国移民人数做了新的统计，根据表 3 - 7，2014 年，在巴西国际移民系统登记的中国永久居留移民人数达到峰值 3 199 人，此后缓慢下行。2015 年比 2014 年减少 7.41%；2016 年比 2015 年减少 21.40%；2017 年比 2016 年减少 1.59%。

表 3 - 7　持永居签证的中国移民人数一览表（2010—2017 年）

单位：人

	2010 年	2011 年	2012 年	2013 年	2014 年	2015 年	2016 年	2017 年	总计
人数	1 811	2 845	2 425	2 943	3 199	2 962	2 328	2 291	20 804
年增长率	—	57.10%	-14.76%	21.36%	8.70%	-7.41%	-21.40%	-1.59%	

2018 年年度报告指出，巴西国际移民登记系统中，2010—2017 年总共记录有 20 804 名持永居签证的中国永久移民，其中男性人口 10 293 人，占总数的 49.5%，女性人口 10 511 人，占总数的 50.5%（*Relatório Anual de 2018*，ObMigra，p. 64）。

表 3 - 8 显示，持永居签证的中国移民群体中，0 ~ 15 岁年龄段人数占总人数（20 804）的 14.39%，比 2015 年统计数据 9.6% 提高了将近 5 个百分点（见图 3 - 3）；16 ~ 25 岁年龄段人数占总人数的 26.32%，比 2015 年统计数据的 21.0% 多出 5 个百分点（见图 3 - 3）；26 ~ 40 岁年龄段人数占总人数的 36.94%，比 2015 年统计数据 48% 明显少了约 11 个百分点（见图 3 - 3）；65 岁以上的老年人数占总人数的 1.93%，比 2015 年统计数据 1.4% 高了约 0.5 个百分点。这是不是说明，中国移民中儿童和老年人有小幅度增加，青年人口较 2015 年有小幅度下降？我认为这完全有可能。因为随着中国本土的人口老龄化，海外中国人的人口老龄化也在所难免。

表 3 - 8　中国籍永居签证持有者的年龄段分布状况（2010—2017 年）

单位：人

年龄段	0 ~ 15 岁	16 ~ 25 岁	26 ~ 40 岁	41 ~ 65 岁	65 岁以上
人数	2 993	5 476	7 686	4 247	402
占比	14.39%	26.32%	36.94%	20.41%	1.93%

资料来源：巴西国际移民登记系统（SINCRE），摘自 *Relatório Anual de 2018*，ObMigra，p. 65。

2017 年年度报告对 2010—2017 年中国籍持巴西短居签证的移民人数、性别和年龄等方面的数据资料做了更新。表 3－9 显示，持巴西短居签证的中国移民总人数为 10 318 人，其中，男性为 8 829 人，占总人数的 85.6%，女性为 1 489 人，占总人数的 14.4%。这个比例体现了以下基本特征：男性出国工作，女性留在国内。

表 3－9　持巴西短居签证的中国籍移民的人数与性别状况（2010—2017 年）

单位：人

2010 年	2011 年	2012 年	2013 年	2014 年	2015 年	2016 年	2017 年	总计		
									男性	女性
983	924	1 398	1 477	1 794	1 219	1 347	1 176	10 318	8 829 (85.6%)	1 489 (14.4%)

资料来源：Tabela 4.11, *Relatório Anual de 2018*, ObMigra, p.67。

表 3－10 显示，这 10 318 名持短居签证的中国移民的年龄特征是：有 2 340 人处于 16~25 岁年龄段，占总数的 22.68%；有 6 126 人处于 26~40 岁年龄段，占总数的 59.37%；有 1 752 人处于 41~65 岁年龄段，占总数的 16.98%。老人与小孩的比例均低于 1%。这一数据与 2000—2014 年的数据相比（见图 3－5），16~25 岁年龄段的人口数量有所减少，2000—2014 年，持短居签证的中国移民中，16~25 岁年龄段有 2 591 人，在 2010—2017 年，此年龄段人口是 2 340，减少了 251 人。应该说，随着中国本土人口的老龄化，巴西的中国移民的长期趋势也是逐步老龄化。

表 3－10　中国籍持短居签证的移民人数、年龄特征（2010—2017 年）

年龄段	0~15 岁	16~25 岁	26~40 岁	41~65 岁	65 岁以上
人数（10 318* 人）	89 人	2 340 人	6 126 人	1 752 人	10 人
占比	0.86%	22.68%	59.37%	16.98%	0.10%

资料来源：Tabela 4.13, *Relatório Anual de 2018*, ObMigra, p.115。

* 数据相加只有 10 317，原表如此。

（八）新冠病毒全球大流行对巴西华侨华人的影响

新冠病毒（Covid－19）于 2020 年 3 月开始在巴西传播，2020 年，整个巴西的经济与社会生活受到严重影响。国际移民向巴西的流动也处于直线下降的状态。例如，在 2019 年，有 1 829 名中国移民（持短居和永居签证）在巴西国际移民登记系统（SisMigra）里登记，其中女性 633 人、男性 1 196 人；在 2020 年，只有 125 名中国移民（持短居和永居签证）在巴西国际移民登记系统里登记。受新冠病毒影响，2020 年的中国移民登记人数比 2019 年减少了 93%。其他国籍的移民，比如玻利维亚籍移民，减少了 91%；美国籍移民，减少了 73%。具体数据见图 3 - 14。

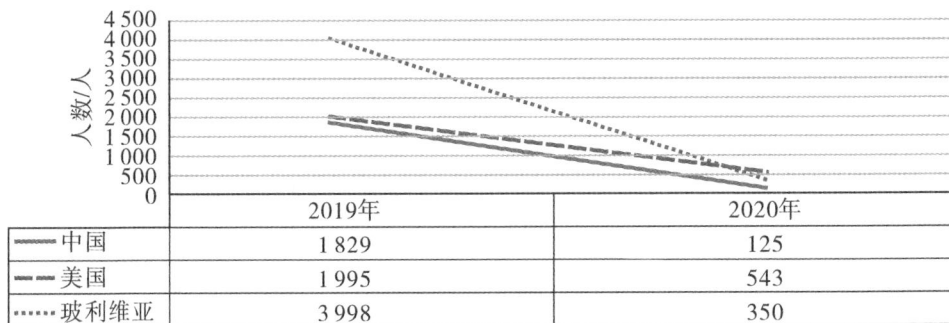

	2019年	2020年
—— 中国	1 829	125
- - 美国	1 995	543
···· 玻利维亚	3 998	350

图 3 - 14　2019—2020 年新冠病毒大流行期间巴西国际移民情况

资料来源：*Relatório Anual de 2020*，ObMigra，p. 26。

据李超、郭亦非于 2020 年 4 月 20 日发表的报道，2014 年世界杯后，巴西经济持续下滑，2015 年底，雷亚尔对美元累计贬值 46%，加之通胀率上升和当地消费能力下降，巴西青田商人延续传统的"国际贸易—批发—零售"商业模式面临挑战，不少华商外贸公司倒闭和停业。[①] "新冠疫情在全球的蔓延，让海外经商的华人都遭受了损失，其中，又以青田侨商为最。在巴西，本地人商户目前有五成闭店，而华人商铺则是从 2020 年 3 月中旬开始小部分歇业，如今已经有九成暂停营业"；"小点的商店一个月损失几万块，较大的店，包括租金、员工工资、管理费、会计费等在内，每月要损失 20 万雷亚尔（大约 27 万元人民币）"[②]。相较国内，巴西的电商发展滞后，2016 年后才开始起步，但因为华人主要做批发生意，所以线下仍然是他们的主要渠道，这也让华人在全球疫情期间遭

---

①　李超、郭亦非：《百年海外谋生史，30 万青田华商如今面临去留抉择》，腾讯新闻棱镜深网，2020年 4 月 14 日。

②　李超、郭亦非：《百年海外谋生史，30 万青田华商如今面临去留抉择》，腾讯新闻棱镜深网，2020年 4 月 14 日。

受了更大损失，为了避免"坐吃山空"，许多华商最近开始扩大线上批发的规模。[①]

如果说疫情期间老板的日子已经很不好过，那么，那些打工仔，特别是无合规身份的打工仔，日子更艰难。由于众所期盼的 2018 年"大赦"并未落实，我们不知道有多少中国不合规移民生活在巴西，但是我们有理由相信，其数量肯定不会少于 2009 年的 5 492 人。这些不合规移民怎么办呢？根据 2019 年和 2020 年的 ObMigra 移民报告，有些中国不合规移民申请了巴西的"难民"身份。

21 世纪以来，虽然巴西政府从来没有把中国列为"难民"来源国，但是偶尔也有中国不合规移民申请巴西的"难民"身份，有时居然也申请成功。例如，在 2017—2018 年，有 43 名中国不合规移民成功申请到"难民"身份，获得巴西劳动部颁发的就业许可证和社保卡（*Relatório Anual de 2019*，ObMigra，p. 55）。根据 2019 年 ObMigra 发布的年度报告（*Relatório Anual de 2020*，Ob-Migra，p. 29），有 1 097 名中国不合规移民申请了巴西的"难民"身份，其中，女性有 411 人，男性有 686 人；在 2020 年，有 329 名中国不合规移民申请了巴西的"难民"身份，其中，女性有 123 人，男性有 206 人（见图 3 - 15）。至于他们的申请是否会获得巴西政府批准不得而知，笔者还是希望他们最终可以光明正大地生活、工作和创业。

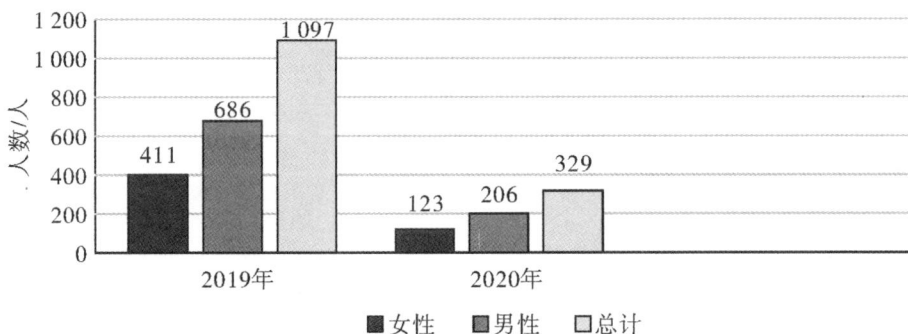

图 3 - 15　中国籍移民申请巴西"难民"身份的人数（2019—2020 年）

资料来源：Tabela 7. *Relatório Anual de 2020*，ObMigra，p. 29。

[①] 李超、郭亦非：《百年海外谋生史，30 万青田华商如今面临去留抉择》，腾讯新闻棱镜深网，2020 年 4 月 14 日。

三、结论

通过回顾中国人移民巴西两百多年的历史，可以发现 19 世纪中国移民巴西的人口数据很零散，跟巴西邻国（如秘鲁）相比，巴西的中国移民人数很少。中国移民入境巴西后，从事的劳动基本上差不多，如务农、筑路、做矿工。在合同期满或者被雇主解聘之后，中国人基本上以从事商品贩卖、餐饮，经营洗衣店为生。进入 20 世纪后，在巴西的中国移民人数依旧不多。战后，从中国大陆移居巴西的人数逐渐减少，而从中国香港、台湾地区及东南亚移居巴西的人数有所增多。直到 1978 年，在巴西的华侨华人总人数也只有 65 000 左右。1978 年中国改革开放以后，从中国大陆移居巴西的人逐渐变多，到 1990 年，巴西华侨华人总人数达到 10 万左右。1997 年以后，从中国大陆移民巴西的人口快速增长，到 2012 年，巴西华侨华人总人数估计有 28 万人（一说约 30 万人）。

自 1978 年以来，中国大陆新移民中，来自广东、浙江、福建这些侨乡的移民仍然占新移民的大多数。他们基本上聚居在巴西东南部发达地区的几个大城市中。人口也以青壮年为主，处于 25 ~ 40 岁年龄段的人口，不管是短居签证移民还是永居签证移民，都占 50% 以上。中国移民的文化水平不断提高，目前，高中以上大学以下学历人口占总人口的 50%，有 1% 左右的中国移民甚至有硕士和博士学位。中国移民的收入水平不断提高。由于预期中的 2018 年"大赦"没有实现，因此估计有 5 492 ~ 6 000 名中国不合规移民生活在巴西。由于新冠病毒大流行期间生活艰难，为了获得巴西的合规身份，在 2019—2020 年，大约有 1 426 人申请了巴西的"难民"身份。至于申请结果还无法得知。值得一提的是，在 2011—2018 年，中国投资移民逐年增多，总数是 918 人，估计很快就突破 1 000 人大关。中国公民个人对巴西的投资已经近 2 亿雷亚尔，在 4 个投资移民主要来源国中，继意大利和葡萄牙之后排名第三（第四名是法国）。这也说明，在日渐全球化的今天，追求资产和人身的全球流动性是人类的一大趋势。虽然在目前投资移民还只是富人的一项特权，但是笔者希望将来巴西不再有中国籍偷渡者，所有的中国籍移民都拥有灵活的身份，都有份收入不错的工作。

另外，前面提到，二十世纪七八十年代是中国台湾地区向巴西移民较为活跃的时期。实际上，后来台湾移民迁居巴西的情况仍在继续。下面是 2000 年后台湾移民人口的各项数据，供研究参考。

表 3 - 11　巴西国际移民登记系统（SINCRE/SisMigra）
中的在台湾出生的华侨华人总人数（2000—2020 年）

单位：人

年份	总人数	永居签证人数	短居签证人数	其他*
2000	266	235	23	8（prov.）
2001	195	161	10	24（prov.）
2002	122	105	17	—
2003	93	83	10	—
2004	68	56	12	—
2005	132	102	30	—
2006	139	104	35	—
2007	105	58	47	—
2008	149	61	87	1（No info.）
2009	301	203	62	36（prov.）
2010	121	55	64	2（prov.）
2011	156	82	73	1（prov.）
2012	157	69	88	—
2013	129	60	69	—
2014	156	66	89	1（fronteiriço）
2015	232	87	145	—
2016	164	58	106	—
2017	155	34	114	7（resident）
2018	93	—	77	16（resident）
2019	83	—	62	21（resident）
2020（1—3）	11	6	4	1（fronteiriço）
总计	3 027	1 685	1 224	118

*临时签证（provisory visa）是短居或永居权获批之前的过渡签证；边境签证（fronteiriço）是发给边境居民的签证；居民（resident）指的是持永居签证的外国居民

资料来源：https：//www. nepo. unicamp. br/observatorio/bancointerativo/numeros - imigracao - internacional/sincre - sismigra/。

表 3 – 12　巴西在台湾出生的华侨华人的年龄、性别与婚姻状态（2000—2020 年）

单位：人

年龄段	男性		女性		总人数及其所占百分比
0 ~ 4 岁	36		25		
5 ~ 9 岁	54	142	48	114	256（8.45%）
10 ~ 14 岁	52		41		
15 ~ 19 岁	358	432	366	448	880（29.03%）
20 ~ 24 岁	74		82		
25 ~ 29 岁	139		185		
30 ~ 34 岁	187	525	195	536	1 061（35.00%）
35 ~ 39 岁	199		156		
40 ~ 44 岁	143		96		
45 ~ 49 岁	129		82		
50 ~ 54 岁	87	449	50	293	742（24.48%）
55 ~ 59 岁	52		33		
60 ~ 64 岁	38		32		
65 ~ 69 岁	21		20		
70 ~ 74 岁	10	46	11	46	92（3.04%）
75 ~ 79 岁	8		9		
80 岁及以上	7		6		
总计	1 594（52.6%）		1 437（47.4%）		3 031（100%）

说明：

①男 52.6%，女 47.4%，男女比例大致均衡；

②已婚：1 312 人（43.29%），单身：1 629 人（53.74%），寡居：19 人（0.63%），分居/离婚：5 人（0.16%），其他：66 人（2.18%）；

③劳动力（15 ~ 64 岁）：2 683 人（88.52%），也就是说，台湾华侨华人绝大多数都是劳动人口。老人（3.04%）和儿童（8.45%）较少。

资料来源：https：//www. nepo. unicamp. br/observatorio/bancointerativo/numeros – imigracao – internacional/sincre – sismigra/。

表 3 - 13　巴西在台湾出生的华侨华人的地理分布：主要地区（2000—2020 年）

单位：人

大区	州名	人数	大区	州名	人数
东南部 1 829 人 （60.3%）	São Paulo（SP）	1 508	北部 127 人 （4.2%）	Acre（AC）	3
	Rio de Janeiro（RJ）	92		Amapá（AP）	1
	Minas Gerais（MG）	181		Amazonas（AM）	109
	Espírito Santo（ES）	48		Pará（PA）	9
南部 669 人 （22.1%）	Paraná（PR）	406		Rondônia（RO）	1
	Santa Catarina（SC）	101		Roraima（RR）	2
	Rio Grande do Sul（RS）	162		Tocantins（TO）	2
东北部 182 人 （6.0%）	Bahia（BA）	47	中西部 224 人 （7.4%）	Brasília（DF）	15
	Sergipe（SE）	8		Goiás（GO）	23
	Alagoas（AL）	2		Mato Grosso（MT）	11
	Paraíba（PB）	35		Mato Grosso do Sul（MS）	175
	Pernambuco（PE）	54			
	Rio Grande do Norte（RN）	7			
	Maranhão（MA）	4			
	Piauí（PI）	9			
	Ceará（CE）	16			
总计	3 031				

资料来源：https：//www. nepo. unicamp. br/observatorio/bancointerativo/numeros - imigracao - internacional/sincre - sismigra/。

表 3 - 14　巴西在台湾出生的华侨华人的地理分布：主要城市（2000—2020 年）

单位：人

城市名	人数	城市名	人数	城市名	人数
Americana（SP）	22	Guarulhos（SP）	16	Salvador（BA）	12
Araçatuba（SP）	12	Indaiatuba（SP）	21	Santa Bárbara d'Oeste（SP）	25
Araraquara（SP）	16	Joinville（SC）	18	Santos（SP）	22
Bauru（SP）	11	Jundiaí（SP）	82	São Bernardo do Campo（SP）	15
Belo Horizonte（MG）	49	Lauro de Freitas（BA）	16	São José do Rio Preto（SP）	33

（续上表）

城市名	人数	城市名	人数	城市名	人数
Blumenau（SC）	14	Limeira（SP）	25	São José dos Campos（SP）	39
Bragança Paulista（SP）	10	Londrina（PR）	16	São Paulo（SP）	617
Brasilia（DF）	15	Manaus（AM）	109	Sorocaba（SP）	38
Cabedelo（PB）	29	Maringá（PR）	35	Sumaré（SP）	10
Campinas（SP）	80	Mogi das Cruzes（SP）	23	Suzano（SP）	18
Campo Grande（MS）	25	Novo Hamburgo（RS）	28	Terezina（PI）	9
Canoas（RS）	15	Piracicaba（SP）	26	Três Pontas（MG）	17
Cascavel（PR）	21	Ponta Porã（MS）	102	Valinhos（SP）	15
Caxias do Sul（RS）	16	Portão（RS）	14	Vila Velha（ES）	14
Chapecó（SC）	12	Porto Alegre（RS）	32	Vitoria（ES）	17
Conchas（SP）	15	Pouso Alegre（MG）	27		
Cotia（SP）	20	Recife（PE）	36		
Curitiba（PR）	80	Ribeirão Preto（SP）	26		
Dourados（MS）	33	Rio Claro（SP）	11		
Florianópolis（SC）	14	Rio de Janeiro（RJ）	67		
Fortaleza（CE）	14	Goiânia（GO）	10		
Foz do Iguaçu（PR）	185	Guarapuava（PR）	10		

资料来源：https：//www. nepo. unicamp. br/observatorio/bancointerativo/numeros – imigracao – internacional/sincre – sismigra/。

表3－15　巴西在台湾出生的华侨华人身份一览表

单位：人

身份	人数	百分比
学生	896	29.56%
主管、经理、企业主/农场主/业主	409	13.49%
采金工、采矿工、掘井者、油气田工作者	11	0.36%
推销员、商业代理、广告（代理）商	12	0.40%
农耕者、农业工人	14	0.46%
编程员、程序员、系统分析员、电子数据处理员	16	0.53%
外科手术医生、牙医等	19	0.63%

（续上表）

职业	人数	百分比
政府公共机关、公共企业的直接或间接高管	20	0.66%
厨师、管家、私教、旅馆、餐饮业服务员	20	0.66%
军官、飞行员、机械师、海运/河运水手、驾驶员	23	0.76%
经济师、会计师、审计师、通关员、统计师、管理员	26	0.86%
神父、牧师、其他宗教的神职人员	28	0.92%
渔夫、樵夫	41	1.35%
自由职业者、自由技术人员	45	1.48%
教师	51	1.68%
退休人员、养老金获得者	72	2.38%
无职业者	98	3.23%
工程师	105	3.46%
商店销售员、市场售货员、街头商贩、报刊销售员	229	7.56%
家庭佣人	249	8.22%
其他职业	647	21.35%
总计	3 031	100%

资料来源：https：//www.nepo.unicamp.br/observatorio/bancointerativo/numeros－imigracao－internacional/sincre－sismigra/。

第四章　新移民时代巴西华侨华人职业

历史上，巴西华侨华人栉风沐雨，艰苦创业。华人经济也从小打小闹发展到现代化经营，形成了自成一体、独具特色的经济格局。到 20 世纪 70 年代末新移民时代前夕，巴西华人经济构成全面，涉及商业、工矿业、农业和服务业等多个领域，尤其是小型商业，如杂货/百货零售业，仍然是华侨华人的主要行业。随着新移民大量到来，华侨华人不断拓展既有的零售业，形成了包括商品零售批发、餐饮业、进出口等行业在内的完整产业链。今天，各地的华人杂货店已经扩大至较大规模的商品批发与零售、连锁超市和进口贸易的一条龙经营，并延伸到小型工业、农业和服务业等领域，并将乘势而上，做大做强。不过也应看到，巴西虽是拉美华人商业比较发达的国家，但除了少数华人大企业家之外，大多数华侨华人仍然在经营中小企业。

第一节　餐饮业

一、青山不老、绿水长流的华侨华人餐饮业

（一）中国新移民经营的餐饮业

20 世纪 60—70 年代以后，伴随着新移民时代的到来，巴西华侨华人社会在量与质方面都发生了显著变化，经营范围越来越广，农、工、商各业具备。数量最多的当属商业和服务业，占据了三分天下有其二的压倒性优势。当然，华人商业以家庭式的小本经营居多。较为突出的是华侨华人经营的中餐馆，成了每个地方的一道风景线。中餐馆中，又以巴西人民普遍爱好的角仔（也称油炸饺子）馆最为典型。中餐这时早已在巴西落地生根，为不同阶层的当地民众所钟爱和接受。仅圣保罗一地，角仔馆就有三四百家。单单这一行业，就可以解决 1/3 以上华侨华人的就业问题。一般来说，经营中餐馆的，以"广东帮"为主。广东华侨华人从家乡带来的一些特殊烹饪技艺世代相传，声誉也口耳相传。应注意的

是，华侨华人本身是很少吃角仔的，角仔都是做给当地人（包括来巴西的其他外国人）吃的。

20 世纪 80 年代以后，在中国新移民人数增长较快的拉美国家，中餐业发展势头迅猛，继续成为新时期华侨华人打拼的重要平台。在巴西，不少新移民同过去的老一代华人一样，投资开设了或大或小的中餐馆。究其主要原因，也与老一代华人无异。首先，中餐业最易入行，中餐的烹调技术不算深奥，一学就会，更何况不少人在移民前曾是厨师，或者在出国前专门进修了厨艺才信心十足地踏上移民之路；其次，中餐馆的投入资金不用太多，即使自己资金不足，也较容易筹措；再次，开中餐馆接触当地人多，更方便学习当地语言（甫到异乡熟悉当地语言十分重要），毕竟对着当地民众可以大胆开口说，说错了也不要紧，经营中餐馆，练习口语的机会比其他行业多；最后，开中餐馆的一个潜在优势是前人栽树，后人乘凉。前人栽下的"大树"，就是中餐的品牌，早已闻名遐迩，美誉无价。在巴西，其他任何餐饮类别都不大可能有中餐这样的美誉。只有经老一代华侨华人多年不懈奋斗打下的"中餐江山"，才积累了这种美誉。多少年过去了，中餐美誉作为无形资产被后来者一代接一代继承下来。所以，在巴西这样移民历史悠久的国家开中餐馆，一般都开局顺利，旗开得胜，显然是沾了前辈之光。

若就来源地来划分，新移民时代的巴西华人餐饮业，可以粗略地分为广东人和非广东人两大类型。之所以如此，固然是因为粤菜久负盛名，饮誉海内外，广东籍华侨华人更喜欢开餐馆。由于最早的中国传统移民多为广东籍，久而久之，巴西的中华饮食文化便较多地刻上粤菜文化的烙印。更明显的原因是广东新移民更大比例地从事餐饮业。很多华侨华人告诉笔者，广东新移民更喜欢开中餐馆，而与之形成鲜明对照的是，其他省、自治区、直辖市的新移民则更喜欢选择进出口贸易。由此笔者得到的一个强烈印象是，在新移民时代，广东华侨华人餐饮业的分量甚至比传统华人时代更重，当然，新移民时代巴西华人餐饮业有来自更多省份的华侨华人经营，更加百花齐放。广东籍华侨华人同其他省籍一样，主要来自乡村，文化程度较低，葡语也差，来到巴西后一时半刻也学不好。开中餐馆这种带有普适性和家族传承特色的大众化行业，资金投入风险一般较小，周转灵活。无论从传统还是现实来看，餐饮业都是广东华侨华人倾向性较大的选择。

里约广东同乡会会长陈锡钦是 1987 年到里约热内卢谋生的。那时当地只有几百个广东人。1993 年他在里约开了第一间角仔店，很快又开了几间，彼时里约的华侨华人有数千人，虽然数量与号称有 20 多万华侨华人的圣保罗不可同日而语，但里约华侨华人中也有很多广东人，这里的华人餐馆也不少。据陈锡钦说，到 21 世纪 10 年代，里约有 1 万多名华人，其中广东籍的接近 1 万人。里约的角仔店有 2 000 家左右。当然，更多的广东人选择在圣保罗周边各个小城市开

角仔店和杂货店。圣保罗有广东侨胞 1.7 万人左右，角仔店有几百家。[1]

实际上，到 20 世纪 70 年代末，巴西不少角仔店已走到曲终阶段，开始相继关门。再到 90 年代，又纷纷改头换面，以饭店的形式出现在市井，连卖角仔也变得可有可无了。风光多年的华侨角仔行业的地位在衰退，但还不至于马上退出历史舞台，更不意味着角仔店马上"寿终正寝"，永远走进历史。例如，曾经在巴西经营角仔店风生水起的广东台山人继续发扬经销角仔的传统。李冬梅与其丈夫王卫帮是 2002 年 1 月从广东台山来到里约热内卢的，到来之初，两人完全不通葡语，只能为同在里约的王卫帮的叔叔和哥哥打工。擅长做广东烧腊、烧乳猪的王卫帮当起了炒菜厨师，李冬梅则在柜台卖点心。夫妇俩工作辛苦，收入很低，王卫帮一个月收入约 1 000 雷亚尔，李冬梅只有几百雷亚尔。后来，他们的老板因为开有很多家餐馆，就有意让他们夫妇俩承包其中一家。于是他们掏出了 10 多万雷亚尔（约合 30 多万元人民币）的积蓄作为转让费，自己开了一家餐馆，逐渐发展，到 2014 年前，夫妇俩已在里约热内卢先后拥有两家餐馆。其中第一家在贫民窟（后来由李冬梅的弟弟、妹妹和弟媳妇打理），据说做的"中国饺子"（角仔）卖得非常好。在市中心打工的巴西人一般选择合租，他们喜欢来这家餐馆吃一顿"中国饺子"。他们的第二家餐馆叫"帮记"，位于里约市风光旖旎的科帕卡巴纳海滩附近，生意也很好，顾客络绎不绝。2016 年，他们雇了 4 个当地服务员，每天工作 8 小时，月薪 800 雷亚尔。繁忙时全家动员，整个"帮记"团队都在准备各种美食。巴西人钟爱"中国饺子"，李冬梅他们做的"中国饺子"其实就是独具特色的点心，外表更像是面包，打开一看，里面"别有洞天"，馅有牛肉、鸡肉和一个鸡蛋，令人口舌生津。巴西当地人还爱吃炒面，包括牛肉炒面、鸡肉炒面等，每天售出上百份。此外还有看上去稍显怪异但价格适中的中餐，如宫保鸡丁饭、青椒肉丝饭以及各色各样的炒面等。当然，他们也对中餐稍作改良（例如多放点盐以适应巴西人较咸的味觉），很受当地人欢迎。

李冬梅的"中国饺子"（角仔）店仍然属传统的家庭式经营。2014 年左右，王卫帮和李冬梅把当时 15 岁的儿子和 16 岁的女儿接到了里约。儿子负责收银和"中国饺子"等点心的零售，女儿帮顾客点单和端饭菜上桌。平常"帮记"每天收入 3 000 多雷亚尔，利润为 50% 左右。2016 年里约举办世界杯足球赛期间，"帮记"每天收入差不多 5 000 雷亚尔，每天多挣 2 000 多雷亚尔，几乎增加一倍。在这些日子里，他们全家都要起早贪黑，早上 9 点左右开门，营业到夜晚 12

---

[1]　申鹏：《台山人里约大冒险》，《南方都市报》，2016 年 8 月 14 日。

点（平常晚上只是 10 点左右），一天要工作 15 小时之久。[①]

在个别地方，角仔店甚至有"回光返照"的迹象，尽管谁也说不清楚这种迹象是短时间的，还是长期的。例如，2019 年 12 月笔者在马瑙斯发现，有广东人新开张的饮食店（以做角仔为主），顾客盈门。这种现象很可能不会再像昔日那样全面开花，但也不能断定只是一种无足挂齿的个别现象，一切还需继续观察。无论如何，广东人在巴西的"角仔史"，注定要在华侨华人餐饮业史上写下浓墨重彩的一笔。

巴西还有中国其他地方的菜色。山东菜是中国一大菜系，张建国便把山东菜带到了巴西。张建国为山东菏泽人，当过兵，在部队招待所当过主厨，来巴西后曾任巴西山东同乡会会长。他是 1997 年辞掉菏泽建委的"铁饭碗"工作后来巴西投奔伯父的。刚来时语言不通，就在饭馆打工。开始几年他先后在巴西银座饭店、南海渔村酒家当厨师。在此期间，巴西在 1998 年实行"大赦"，张建国因而获得巴西永久居住权。2005 年，他在圣保罗开了一家属于自己的餐馆，取名"谷香村"，从名字到装修风格都是典型的中餐馆，大门口挂着两个红色灯笼，店内挂福字、出售中国白酒，调味品是从中国带到巴西的，店里十几张桌子也都是中式桌椅，最重要的餐馆角色——大厨也来自中国。他的餐馆在三四百名侨居巴西的山东人中显得既普通又特殊，到这里来的山东老乡可以吃上正宗的中餐。张建国说："一年三百六十五天，几乎天天都是客满。"由于巴西中餐馆的消费水平较高，尽管当地人喜欢中餐，但消费者不多，因此谷香村接待最多的还是中国人。由于客源稳定，生意兴隆，餐馆每年收入达 180 万元，远高于在中国开同样规模的餐馆。他的妻子黄晓兰往返于巴西和中国，做一些农副产品出口生意。[②]

如前所述，在传统华人中，不少人经营江苏菜特别是作为其代表的扬州菜。在江苏一带的新移民到来后，虽然多数人营商，但也有一部分人继续老一辈的传统继续从事餐饮业，江苏菜的传统得以保留下来。例如 2014 年，陆跃军买下了"上海饭店"（该饭店在 1966 年由田起兴在圣保罗自由区 Rua Galvão Bueno 12 - 16 号开设）。因为食材差异，加上客群来自五湖四海，陆跃军的"上海饭店"虽仍旧主打淮扬菜，但也准备了一套巴西菜谱和一套融入了粤菜、浙江菜、川菜元素的创新改良菜谱。他的淮扬菜谱主要包括粽香排骨、翠珠鱼花、肴肉、扬州红烧狮子头、大煮干丝、扬州炒饭、蟹黄小笼包、阳春面、锅贴、砂锅鱼翅。为了做正宗的淮扬菜，他一直坚持从扬州挑选淮扬厨师带到巴西来，因为在巴西做淮

---

① 李冬梅的中餐馆故事据《中国老板娘巴西开餐馆：饺子 9 元 1 个，每天多赚 6 千》（作者不详），《现代快报》，2014 年 6 月 23 日。

② 《一个山东人的巴西生活》，《半岛都市报》，2014 年 7 月 8 日。

扬菜，要求比国内还高。据统计，到 2019 年左右，江苏籍侨胞在巴西 6 个州 8 个城市共开有中餐馆 13 家。[①]

这里应提及别具一格的中国"火锅"。火锅在中国各地均已普及，成为中国餐饮业一大特色。不过巴西的火锅店还很少，且进入巴西的时间较晚。笔者猜测其主要原因是，火锅属"汤食"类食品，食材是清一色的中式配料，且食物都是"烫"熟的。火锅不可能像其他中国菜式那样可分流出巴西当地人喜欢的诸如炒、炸、煎、烤等类食品，故火锅基本上是喜欢喝"汤"的华侨华人在享用。至少在火锅行业发展初期，消费群体基本上是华侨华人，需要足够大的华侨华人饮食市场。就笔者所知，2019 年，华侨华人众多的圣保罗已有华人火锅店。火锅以后能否逐渐为巴西当地人所接受，还有待观察。

由此可见，中餐的美味虽然闻名遐迩，但客观地说，至少在目前，并非所有华侨华人开的中餐馆都必定会立竿见影地匹配当地人的饮食需求，一些中餐饮食方式可能难以得到当地人的青睐。长期以来，巴西人受欧洲饮食方式的影响较深，基本上与欧美无异。一个重要特征是，主食类以面包（包括三明治）、蛋糕、比萨等为主，多数食品口味偏甜；肉类则以牛肉为主，一般以烤、烧为正宗。一般人还把大豆、牛肉加大米饭看作是巴西当地人常常食用的正餐（有人甚至说是"国餐"）。巴西当地人早已养成了自己的饮食习惯，无论是"国餐"，还是面包、牛肉等食品，都习惯性地以饮料（例如橙汁、苹果汁、西瓜汁等水果汁制品）或牛奶、可口可乐等作为辅助饮品，有时候用啤酒。总之，巴西当地人喜欢一口主食、一口饮料夹杂着食用，一般不会像中式饮食那样，将固体类食品和液体类食品混在一起做成"汤食"类食品，例如汤面、汤粉、汤圆、水饺等等，甚至连中国人司空见惯的"稀饭"（粥），在巴西饮食文化中也没有一席之地。因此，"汤食"类食品便成了华侨华人的专利。巴西人到中餐馆就餐，一般只会选择炒、炸、煎、烤类食品（如炒面、炒粉、炒饭等）作为主食，辅之以各式饮料。

在新移民时代，华侨华人来自中国各省市，故也带来了中国各地的地方菜色。这些地方菜色在一定时期内，仍然处于百花齐放和彼此争妍斗艳的阶段。圣保罗是巴西华侨华人居住最集中的大都市，中餐馆数以百计，在当地充满着传统南美风味的各国餐饮中独树一帜，吸引着当地各阶层人士竞相会顾。圣保罗市中上档次的中餐馆，均打出正宗粤、闽、苏、扬、川、湘地方风味的品牌，争相标榜，令人瞩目。这些招牌多标有中文，显然很大一部分顾客仍然是华侨华人，但相信这些新引进巴西的带有中国地方风味的中餐也逐渐为当地寻常百姓所接受。

---

① 陈太荣、刘正勤编著：《中国江苏人移民巴西史》第三章第二节，北京：中国华侨出版社，2022 年。

在巴西一些地方，还有不少新移民开的低档餐馆或外卖小店，通常供应的品种多为炒面、炒饭、杂碎和咕噜肉、宫保鸡丁等。这类小店在圣保罗最多，但绝大多数属中餐馆（店），其中一些菜式的口味已不同程度地当地化。当然，为了吸引顾客，必须物美价廉。巴西其他城市也跟圣保罗类似，绝大多数中餐馆同样是新移民开的大众化餐馆或外卖小店。而大中城市周边的小镇，基本上都有新移民开的低档餐馆或外卖小店。例如，在圣保罗与慕义之间火车途经的十多个小镇上，不难找到这样的饮食小店。这些小店铺面很小，都是小本经营，有的还兼营其他种类的小食品，也经营日用小商品等。据笔者了解，经营者多来自广东台山，其中以海宴镇为最。他们所销售的商品一般只针对当地消费者，价格低廉，货物来源都是就地取材，以尽可能减少中间成本。不消说，他们的"资本原始积累"之路十分漫长，跟老一代传统华人没有多少区别，不同的只是他们所销售的商品已随着时代的变化而大不一样。

（二）传统华人在新移民时代对餐饮业的新经营

在第二章第三节已略微提及一些传统华人中餐馆在新移民时代的现状。这里再举几例，以图说明在传统移民时代起家，到新移民时代仍然经营的中餐馆情况。祖籍广东恩平的吴汝华，20 世纪 50 年代随父来巴西创业，当年积累了一些资金后，曾经在萨尔瓦多开了一家小型洗衣店，承揽了大部分美军衣物洗刷业务，收入丰厚。时光飞逝，到 1980 年，吴汝华看到历史悠久的巴西帝都萨尔瓦多还没有一家中餐馆，恰好又结识了一位流落萨尔瓦多的中国厨师，就聘请他掌勺，在最热闹的萨尔瓦多巴哈地区开了第一家"Yan Ping"（即恩平）餐馆。该餐馆是目前所知的第一家在新移民时代由传统华人开的中西味道兼顾的餐馆。吴汝华久居巴西，早已较深地融入当地，深谙当地人的餐饮习惯。于是他针对巴西人的口味，与厨师一起调整中餐菜谱的配料，并新创了不少采用当地原材料的菜式。没多久，Yan Ping 餐馆在萨尔瓦多声名鹊起，许多当地人早上 5 点多就上门来订餐。于是，更多 Yan Ping 餐馆出现在萨尔瓦多的大街小巷，甚至开到了外州。据 2008 年的资料，经过半个世纪的人口繁衍，巴西吴氏已发展为一个 45 人的大家族，Yan Ping 餐馆也发展为拥有 14 家连锁餐馆的餐饮业集团。[①] 显然，Yan Ping 餐馆已不是一家只经营角仔的中餐了，而是一家以传统中餐菜色、品种为基础，适度调和当地人餐饮口味的餐馆了。不过这家餐馆将业务做到外州，则仍然属于外延式扩展，即餐馆经营面积的扩大，而非变更菜色品种和经营方式等内涵式的改变。应看到，在传统移民时代，巴西中餐业的发展基本上都属外延

---

① 陈威华、赵焱：《拥有 14 家连锁店，广东吴姓家族巴西打造餐饮王国》，中国侨网，2008 年 4 月 2 日。

式扩展。其中，管理的高度家族化，是传统华人餐饮业的一个重要特征。像吴氏这样一个45人的大家族，仍然坚持家族式管理，是十分典型的。

又如，作为老一代华人的梅裔辉的饮食生意依然此起彼伏。如前所述，梅裔辉于1976年曾经在平原市原开角仔店的另一端又开设了一间角仔店。到1981年，以18万美元的价格将铺面买下。1984年全面拆卸，重建三层楼，面积共1 200平方米，改为经营餐馆，由一位亲属管理了两年，因无利润，乃将经营权出卖给巴西人，并收租金。梅裔辉1986年在平原市进入 Center Vale Shopping 商场，开设了一家中国餐馆——"长城餐厅"。同年11月，又在同一商场的另一饮食广场开设了一家叫"鸡屋"的快餐店。这两家店存在的十多年间由梅裔辉夫妇管理。后因无利润，商场主管也认为"长城餐厅"留在商场不合适，于是"长城餐厅"关闭。1987年2月，梅裔辉在 Piracicaba 市开设了一家"鸡屋"快餐店。后来因为管理该店的两个女儿回中国学中文而缺人管理，2006年将之退回给商场。实际上早在1988年，梅裔辉就已在 Taubate 市开了一家分店，这就是面积达500平方米的大型"鸡屋"快餐店。到1992年4月，因该商场离市中心太远，所在城市又小（人口不到25万），店面太大，各种费用也多，月月亏损不少，于是与商场管理人员协议，关闭了该分店，损失几十万美元。不过在此前的1991年，梅裔辉已在 Sorocaba 市开设了一家"长城餐厅"分店。直到十多年后因缺人管理，才于2005年以市价转售给他的大女儿。然而在1995年11月，梅裔辉的第二家"Prospera 角仔店"已经开张，可惜生意平平，租金太贵，乃于2003年合同期满关闭；就在"Prospera 角仔店"开张的第二年，即1996年，梅裔辉在平原市中心地段大手笔地购买了连物业在内近2 500平方米的店面，将之改装为拥有50多间店铺的小商场。2012年又全面扩充装修，新建了近1 000平方米的饮食广场，商场总面积约3 000平方米。[①] 实际上，就在经营这一个个餐饮店的过程中，梅裔辉已经向多种经营进发。他建立了"巴西长城集团有限公司"，并担任总裁。公司涵盖房地产投资、餐饮业连锁店和购物中心，共有员工300多人。[②]

巴西的华人餐饮业中，除了广东籍华人餐饮业声名远扬外，其他省籍的华人餐饮业也风生水起。

如前所述，传统华人时代浙江人的餐饮业以青田籍华侨华人经营的为最。到了20世纪80年代，青田籍华侨华人经营的餐饮业又开始风生水起。仅在里约热内卢，青田人经营的较为有名的中餐馆就有10家，例如季福仁的"东亚餐馆"，

---

①　梅裔辉：《梅花香自苦寒来：梅裔辉传记》（自印本），2017年，第213 – 214页。

②　梅裔辉：《梅花香自苦寒来：梅裔辉传记》（自印本），2017年。

裴克毅的"汉宫餐馆"，王家旦、王家聚的"新北京餐馆"，郑苏甫的"联合酒吧"，陈进良的"银宫餐厅"，夏照森的"刘家餐厅"，吴肖平的"中国城餐馆"，季岳仁的"繁荣餐厅"，陈维彬的"长城饭店"等。[①] 这些餐馆规模不大，一般属中等规模，但档次和规格较高，均以中餐为主。尤应注意的是，这些餐馆在华人餐饮业中已经形成了多元化的趋势，在中餐馆的基础上出现了日本餐馆、酒吧、面包店和西餐馆等。

江苏籍华人许长永的金宫酒家于 1984 年 8 月 6 日在圣保罗自建的四层楼开业，一楼餐厅有 150 个座位，二楼宴会厅可容纳 200 人。供应粤菜、湘菜、川菜、淮扬菜、北京宫廷御膳特色菜肴，菜谱上列有 130 道菜，中午自助餐有 30 道菜。现任经理是许长永的儿子许宏宽。原大堂经理为上海人 Rita Doong Santos，他 2016 年去世后，由许长永女儿许美丽接任。金宫酒家可承担华社的重大活动，例如 2007 年 10 月 30 日晚，刚获得对北京 2008 年奥运会转播权的巴西体育电视台"ESPN"就在金宫酒家举行"北京 2008 奥运会节目正式开播酒会"，中国驻圣保罗副总领事顾云芬、华裔联邦众议员威廉·巫、巴西华人协会监事长李少玉、巴西体育电视台总裁 Celso Forter、巴西各大赞助商、巴西体育局、巴西运动员代表等 200 多人出席，中国武术馆在会上表演了舞狮和武术节目。[②]

祖籍福建漳州的赖飞仰，早在 1972 年就和家人移居巴西，并在 1974 年开了一家餐馆，名为"中国餐馆"，一开就是 40 多年。这家餐馆一路走来，在中巴结合上颇具特色：在餐厨人员方面，如今这家餐馆除了老板是中国人外，大厨和服务员都是巴西人；在食材方面，则是不离中国菜的自产来源。巴西大厨还能做上百种中国菜。[③]

上面例子说明，虽然新华侨华人是新移民时代华人餐饮业的主力，但一些传统华人餐饮业在新移民时代仍然是屹立不倒，一些人的经营继续风生水起，有的走向多元化经营。

二、新老华人餐饮业的以变求存和创新图强

巴西经济的外向型性质比较明显，容易受世界经济形势的影响，包括华人中餐馆在内的华人餐饮业也不例外。然而人们看到，不管如何烟雨迷蒙，巴西的中式快餐总是一枝独秀。其实，中餐并非创出了全新的菜式，仍然是卖那些老式的

① 《浙江省华侨志》编纂委员会编：《浙江省华侨志》，杭州：浙江古籍出版社，2010 年，第 109 页。
② 梅裔辉：《梅花香自苦寒来：梅裔辉传记》（自印本），2017 年。
③ 廖宇翔：《巴西大厨会做上百种中国菜》，搜狐网，2014 年 6 月 15 日。

改良中国菜，"东方情调"依旧不减，不同的是，注入了现代化的连锁经营理念。各餐馆注重装潢、餐具、菜式和烹调，更强调服务规范、标准和经营效率。因此，不同族裔、不同阶层，特别是年青一代，依然纷至沓来。

华人餐饮业求变还表现在巴西中餐多元化（含多元中某些元素的杂糅）的趋向，这一趋向表现在一定程度上的"超越广东化"。如上所述，传统移民时代的中餐馆基本上为广东华侨华人所主导，几乎给人以"一统天下"的印象，很多地方的中餐菜式基本上是清一色的广东菜。但进入新移民时代以后，巴西的中餐菜色品种已今非昔比，既有广东人带来的粤菜，也有东北、四川、上海等来自中国各地华侨华人带来的特色菜和招牌菜（主要来自中国各大菜系）。2016 年 6 月，来自浙江的张伟和来自河南的刘皓合伙开了一家名为"花园酒店"的中餐酒楼，酒店的装修和装饰风格含有颇多中国元素，并从浙江一家酒店聘请一个专业厨师团队，这一团队擅长粤菜、江浙菜和川菜。同时，酒店还从国内专门进口高档食材和调味品，以弥补巴西本地原材料的不足。两人希望通过自己的努力，带动中餐在巴西的快速发展，让更多巴西人喜欢中餐，并为中巴人文交流做贡献。① 应指出，这些餐馆的各种调味品、餐具大部分来自中国，厨师主要聘自中国内地、香港、澳门等地，也有一些是多年在中餐馆工作学会了中国菜烹调秘诀的当地人。在 21 世纪 10 年代经济危机的严峻形势下，这一趋向更加明显。

华人餐饮业在以变求存、创新图强的过程中，在当地的风格适应、特色保持与档次提升是关键性的因素。

巴西历史上长期是葡萄牙的殖民地，饮食上也受葡式风格影响，特别表现在以面包、黄油、咖啡为主的特色。华侨华人来到巴西后，引进了中餐，年复一年，中餐逐渐改变了当地人的饮食习惯。今天，中餐对当地人来说已不可或缺。每逢民族节日，或亲朋团聚，甚至平常日子，他们均经常光顾中餐馆。在这个过程中，为了更好地生存，华侨华人的饮食习惯和风格也已有所改变，以迎合当地人的饮食习惯。另外，华侨华人餐饮业者也转变思路，为招徕当地顾客而新招、奇招迭出。华侨华人善于选用本土出产的食材，适应本土食客的口味，做出折中和改良，创造出中西结合的中餐。就粤菜来说，已肯定不是当年纯之又纯的菜品了。华侨华人在整体上不改变中国菜肴风格的前提下，增添一些西式调料，以更好地适应非华裔消费者的饮食习惯和口味。也只有这样，才能在竞争中立于不败之地。例如，原来中餐本该是用猪肉炒菜的，但为了适应当地口味而改用牛肉；又如，麻婆豆腐虽然菜名依旧，但经过改良，基本上已经让人感觉不到多少

---

① 陈威华：《巴西侨胞开地道中餐馆，让中华美食之花盛开在巴西》，中国新闻网，2015 年 6 月 26 日。

辣味。[①]

当然，中餐迎合当地人的饮食习惯需要一个逐渐适应的过程。当地人对中餐的认识，也有一个由浅到深、从片面到全面的过程。一般来说，中餐特别是粤菜的花式品种较多，但正宗中餐，特别是标志性的、高档次的中餐菜式，一开始并没有移植到巴西来。在很长一段时间内，华侨华人经营的，多是从农村带来的大众化中餐。端上桌面最多的，是简便易行的炒饭和炒面之类。但随着中餐馆数量的增多，经营规模的扩大化和水准的高档化，当地人对中餐的认识和需求也开始改变，慢慢改变了中餐单调乏味的观念。今天，中国不同派系的地方菜系陆续进入巴西，既让居住在巴西的各地籍的华侨华人对各自家乡口味的饮食有更多的筛选机会，也让巴西当地人对丰富多彩的中式菜系有更直观的认识和抉择。

华人餐饮业向越来越多的非华裔开放的过程，同时也是其外向属性逐渐强化的过程。在这个过程中，华人餐饮业突破了传统经营的种族和地域范围，既拓展了市场，也增强了活力；既扩大了本民族的经济规模，也拓宽了华侨华人的就业渠道。华侨华人逐渐学会了依靠更高的质量、更整洁的环境、更周到的服务去赢得顾客。其直接目的当然是赚取更高的利润，但无形中也作为一个窗口，通过对非华裔消费者的服务，让外界了解中国人的卫生习惯、社交礼仪、口味爱好、价值观念以及竞争规则。这本身就是一个文化交流的过程。

新移民经营餐饮业要赢得当地顾客，不能因循守旧，不思进取，而是要主动走进当地，了解当地，迎合顾客需求。来自上海的周荣华是 1987 年移民巴西，定居阿雷格里港的。他 20 世纪 70 年代初毕业于上海首届烹饪学校，来到阿雷格里港后，开了"友谊酒家"餐馆。为了留住顾客，他不断翻新菜谱，还喜欢看 CCTV 上的《天天饮食》节目，从中学习新的菜谱。因此，他经常推出新菜肴，受到巴西顾客的好评，并被巴西媒体多次评为最佳中餐馆。为了翻新品种，他先进行试验，然后邀请当地朋友（多为商人、医生和律师）共同品尝。如果众人说好，他就将之推出。他的餐馆每过一段时间就要推出几个新品种，目的是让顾客保持新鲜感。于是时间长了，客人进门就问最近有无新菜肴。彼此之间熟悉了，客人满意了，下次就会介绍其他朋友来。该餐馆不做商业广告，只靠顾客的口碑。到友谊酒家用餐的，大多数是巴西的商人、医生和律师，与中国有商业往来或学术交流的人，他们去中国之前都要到这里进行咨询，访华归来后也会来这里交流在中国的所见所闻。友谊酒家也就成了中国文化展示的窗口和中巴文化交

---

① 参刘宏 2002 年 1 月 17 日《环球时报》文章。

流的平台①。又如，21 世纪初通过技术移民来巴西的广东人王先生就在街边开有一家中餐馆，菜品价格实惠。他的中餐馆除了炒面、青椒肉丝、宫保鸡丁等中国特色的食物之外，还有牛排等巴西人和各国游客所喜欢的菜品。每天在正式开门前几个小时，他就要起床准备当天的餐馆生意，一直干到晚上。②

在华侨华人创业史中，享有世界性品牌的中国商品，人们可能瞬间说不上口，但可以马上列举的中国招牌，首屈一指的要数中餐。只要一个地方有华侨华人，就不怕那里没有中餐业存在，因为中餐业既是华侨华人在当地谋生的主要手段之一，实际上也是华侨华人对以自己生活习俗作为表现形式的中华文化的坚守。正是这种坚守与传承，中华饮食文化才在当地生根发芽，影响渐深渐广。在中餐馆里，虽然人们看到的只是中国菜式食材，如萝卜、豆芽、绿豆、生姜、白菜、芋头等，以及许多食品如豆腐、云吞（馄饨）、虾饺、叉烧包、蛋卷、萝卜糕、煎堆、绿豆沙、凉粉、凉糕、马拉糕等寻常百姓餐桌上的常见食物，但实际上，寻常之中不寻常，它们都是一品又一品、一宗又一宗的中华饮食文化。③ 人们都会说，中餐中蕴藏着丰富多彩的中华饮食文化，中华饮食文化更深邃的底色是博大精深的中华文化，但对于中餐业，除了经济层面的研究外，更深层面的研究是对文化内涵的发掘。过去的中餐业从业者只是在经营的同时不自觉地带去和传播了中华文化，而在今天，则要发掘其中的中华文化内涵。

问题是，绝大多数华侨华人在早期基本上属于劳工阶层。劳工阶层的最主要特点是从事体力劳动，且工作时间长、劳动强度大，大多数人日求三餐、夜求一宿，日出而作、日落而息，没有时间和兴趣进行文化消费或精神文化体验，也没有将饮食"文化化"的自觉和本领。但这不意味餐饮业中的中华文化不存在，当华侨华人的饮食传播到当地民族中并被广泛认可的时候，也就是其文化内涵得到充分展现的时候。有比较才有鉴别，在当地民族真正接收了外来民族的饮食后，才可能在比较中更好地体味中华饮食的奥妙。中餐可以让当地的非华人民族人士心驰神往，这是中餐市场发展的需要。但只有当精明的中餐馆老板做足中餐文化内涵的文章，才有可能让人感到其意蕴深远，回味无穷。例如，从筷子的使用，到食材的讲究，再到制作技艺的考究、火候的把握和五味的调和等，都有探究的空间。再如，中国人善于把"家"文化和"饮食"文化融汇在一起，一家人喜欢共享美食，特殊的美食还要等齐一家人相聚时才能共享。这种共享，已经远超出吃的层面，包含着深刻的文化意蕴。由美食产生美感，让美食与美感交

---

① 参见陈威华：《巴西侨胞开地道中餐馆，让中华美食之花盛开在巴西》，中国新闻网，2015 年 6 月 26 日；朱幸福：《他让中餐馆成为文化展示窗口》，《上海文汇报》，2013 年 3 月 5 日。

② 《华人在巴西闷声发大财　只要肯吃苦赚钱将很容易》，《重庆晨报》，2014 年 6 月 26 日。

③ 张铠：《十九世纪华工与华人对拉丁美洲的历史贡献》，《近代史研究》1984 年第 6 期。

融，其情洽洽，其意漾漾，其乐融融，有利于增进家庭和睦。中华文化，包括餐饮文化，总是一套套、一道道的，一道到一道，套套深化，道道循环，其丰富的内涵便形成一个四通八达的哲理体系，无不体现中餐饮食文化的独特韵味。人类学家陈志明教授认为，在新环境扎根定居后，移民者及其后代一般都会吃体现文化延续性的食物，以及与当地环境文化互动而产生的改造食物。享用家乡美食或民族美食与个人作为特定民族范畴的自我意识相关。① 许多当地人之所以愿意到中餐馆享用中餐，甚至愿意自己尝试制作中餐，除了中餐味美的吸引之外，蕴含在中餐里的中华文化吸引力也是重要因素。在这一点上，巴西的华侨华人餐饮业还存在着很大的距离，但更存在着很好的发展空间。总之，中餐馆不只是果腹之地，也是美食之处，美食不仅仅是美味，美食之美，还应体现在餐厅设计、装饰，菜品色、香、味、形、器上。美食应从产物上升为蕴含中华文化之源的心灵大餐。海外华侨华人正在不懈努力，希望将中华美味推向五湖四海。

另外，巴西的华侨华人餐饮业已出现向高端化发展的趋势。在华侨华人致富的道路上，中餐馆只是一个低端起点。但到了一定阶段，中餐馆经营如何实现向高档化转型，是业者必须面对和考虑的问题。如上所述，梅裔辉就实现了向高端化发展的成功转型。

当代的华人餐饮业包括两个方面：一是如上面所说的华人中餐业，以中华美食文化为基础，做大做强，并朝"文化化"的方向发展；二是在熟谙中餐文化和当地餐饮文化的华人经营下，吸取中餐文化之长，包括美食特质、营养理念、烹炒技巧，乃至经营管理手法等，将之融入以当地饮食元素为主体的餐饮业经营上去。丘海鹏的"德国黑森林"酒家，就展现了华人餐饮业高档化发展的后一个方面的光明前景。

随着生活水平的提高和闲暇时间的增多，消费者的需求也日趋多元化，购物也不再是匆来速去，多功能的商业街和大中型商场应运而生，那些单一的商场则在经济大潮中逐渐退出历史舞台。大型综合商场的多功能组合，是当代大型商业发展的一个趋势，餐饮业便是其中一个重要功能。人们在购物和休闲的同时，通过品尝美食，享受大商场中的高品质消费服务，是顺理成章之举，甚至被许多顾客视为不可或缺的内容。这首先就需要有一个良好的就餐环境。"德国黑森林"位于该市中心，周遭湖光山色，赏心悦目，餐室设计轩面开阔，在蓝天白云下，晴光柔色，一派祥和。室内窗明几净，幽静娴雅，营造出和谐宁谧的就餐氛围。人们在购物之余，或在逛完商场之余到此进餐休恬，或小酌一杯，不失为人生一

---

① 陈志明：《海外华人：移民、食物和认同》，《北方民族大学学报》（哲学社会科学版）2018 年第 4 期，第 5 页。

大快意事。其次，食材来源广泛多样，优质上乘；在食材储存方面，则绝对保持新鲜原质，不受任何污染；在食物构成方面，则别出心裁，巧出匠思，既迎合大众口味，也提高就餐档次，增进文化内涵；在经营管理上，则实践现代化的管理理念，对员工进行高质量服务训练，要求尽忠职守，顾客至上，提供一流服务。老板与员工的关系，平等无间，宛如一家。员工之间，和谐相处，相互帮助。"德国黑森林"在一个巴西当地人社区横空出世，成为华人餐饮业的新宠，并为华人餐饮业融入当地餐饮业发展树立标杆，这预示了华人餐饮业高端化发展的美好前景。

"德国黑森林"充分体现了餐饮业高端化发展的特点。当今的时代，消费主力已经转移到"80后""90后"。社会精英人士中，很大一部分也属于这一阶层。他们在享受社会餐饮的同时，也喜欢尝新、猎奇，享受品牌带来的价值，并引领其他社会阶层的饮食潮流。餐饮业高档化的其中一个重要趋势是顺应人们的喜好开发新的相应档次的饮食品类。针对他们的饮食需求，选对了一个品类，或者开创一个新品类，十分重要。关键在于深挖品类特性。从业者也应不断总结经验，在弘扬传统的基础上锐意开拓，保持谦虚谨慎、不骄不躁的作风，踏踏实实地开发产品，同时做好服务体验。

李民的家乡为福建厦门，他是一名退伍军人，在海外打拼已经十多年，在巴西经营着旅行社、贸易公司、食品商店等生意，2005年发起成立了中国（中华）和平统一工商会，任会长。李民在巴西东北部城市累西腓市中心经营着餐厅"玫瑰园"。餐厅富含中西合璧的风情。"玫瑰园"餐厅是累西腓侨胞欢度春节、中秋节等节日的大本营，也是当地和统会的办公地点。李民在中华人民共和国60周年国庆大典回国观礼。[①]

一般认为，餐饮业的本质依然离不开四大基本功——QSCV（质量、服务、清洁、价值）。在当今餐饮竞争激烈的情况下，谁能够先回归行业本质，谁就能赢得未来的竞争。未来的餐饮业必须品牌化，要有自己的核心产品；必须有良心，没有道德的餐饮走不远；良好的餐饮需要技术过硬化、创新持续化、团队机制化、服务人性化、质量良心化。循着这个思路观察巴西的华人餐饮业，会有强烈的同感。

在巴西，也有华人餐饮业向相邻行业发展，两个行业齐头并进，相得益彰，取得了良好效益。位于圣保罗自由街的"米乐酒店"，就是李新城从餐饮业发展起来的一个成功的服务企业。

李新城是广西来宾人，在国内时曾经在武警部队工作。部队的艰苦环境磨炼

① 《巴西中国和统会会长李民：身居海外　心系祖国》，新华网，2009年11月17日。

了他的坚强意志，对后来在异国他乡的拼搏和发展十分有益。退伍后，他于1996年移居国外，从打工者做起，先是在巴拉圭做电子仪表批发生意，2000年后来到巴西圣保罗。在圣保罗，他从桑拿业做起，到经营多功能的包括饮食业和桑拿业的酒店，一路走来，他殚精竭虑，呕心沥血，悉心经营，看准特色，注重细节，取得了满意的业绩，在圣保罗餐饮界和酒店业界闻名遐迩。

人们多以北欧的桑拿提供以沐浴体验为引导的保健服务作为参照物。随着人们生活水平的不断提高，工作节奏的加快，亚健康人群的增多，桑拿消费者也不断增多，其中以商务人士居多。李新城经营的专业桑拿洗浴，就是在实际经营中不断探索经营新思路，完善管理理念，学习引进更多桑拿洗浴方面的知识，摸索浴场经营、管理、服务技巧、营销方面的知识，提高服务质量。

桑拿行业是一个新兴的服务行业，对专业性和技术性有要求，需要技术过硬的技师，是星级酒店的康乐部从"母体"酒店分离出来独立运营的新型服务形态。米乐酒店桑拿足浴休闲会所场地宽敞，装修典雅，环境静谧。会所设有男女宾干蒸、湿蒸两个桑拿间，有男宾、女宾更衣室，各分区域，敞亮整洁。清澈的热水泡澡池，分30℃和40℃水温的两个喷泉浴池，可提供热泡或烫身。米乐酒店桑拿足浴休闲会所的按摩床，全部启用的是新进口的宽大床铺，淘汰了过去的老木桶。米乐酒店聘请了圣保罗比较有名的广东籍厨师团队驻店，为顾客提供美味可口的免费自助餐，自助餐有各种荤菜素菜，充足的水果和饮料。

第二节 新移民"提包业"

如前所述，作为流动小贩业别称的华人"提包业"很早就已经在巴西出现了。在新移民时代，华人"提包业"还持续了很长一段时间。在传统移民时代，"提包业"与杂货业之间的联系是十分紧密的，主要表现在传统华人在从事杂货业前常常要经过一个"提包业"的"实习"阶段。也就是说，杂货业是"提包业"的合理延伸。但在新移民时代，不少杂货业从业者虽也要经过一个"提包业"的前期"培训"，但更多的杂货业从业者已从一开始就进入角色。而在新移民时代，与华人杂货业联系更紧密的是华侨华人经营的进出口行业。这一节对新移民时代的"提包业"做一单独阐析。

新移民时代从事"提包业"的，既有少数传统华人，但更多的是新移民。一般来说，这个时候仍从事"提包业"的传统华人，多半是较晚迁居巴西的华侨，也可能是已经交班给儿孙辈的"且战且退"者。大多数传统华人在初来巴西一段时间内，通过"提包业"基本完成资本的原始积累就转行从事别的职业了。新移民刚到巴西，尚处于资本原始积累阶段，"提包业"正好可以帮助他们积蓄资金。新移民时代"提包业"这一功能跟传统华人时代有异曲同工之妙。不过与传统华人时代的"提包客"不同的是，新移民时代"提包客"所使用的交通工具便捷多了，他们可以拉上装满货物的小拖车，乘地铁，坐公车，然后来到一个个商业不发达、杂货店不多而新潮商品少的街区，沿街向住家和店家推销各色商品。跟传统华人时代"提包客"一样，他们要栉风沐雨、披星戴月，还时常遇到货物因没有发票而被警察和税务稽查没收充公之类的处罚。这些都是小事，更凶险的情况是可能遭到劫匪打劫货物。每遇这类不测，其损失之大，等于一段时间的"提包"生意白做了，一般新移民承受不起。但对于新移民来说，谋生不易，舍此别无选择，唯有如履薄冰，小心翼翼，在凶险的隙缝中不屈不挠前行，一分一毫地累积生存和创业的原始本钱。

一般来说，很多传统华人通过"提包业"基本完成资本的"原始积累"，就转行从事别的职业了。如果传统华人还从事"提包业"的话，那么他们很可能已经不是手携提包穿街过巷的"叫卖人"，而是有能力雇用一批"叫卖人"的批发商了。当然，对于刚到巴西的新移民（特别是来自中国大陆的新移民）仍然处于资本"原始积累"阶段，"提包业"正在帮助他们积蓄资金。

一般来说，中国大陆的新移民更愿意从"提包业"做起，因为他们多来自农村，有吃苦耐劳的习惯和传统。而很多来自台湾的移民曾经是专业人士，虽然算不上大富大贵，但在台湾的时候也是穿西装的白领，要他们到巴西后从"提包客"做起难免失落，也怕消息传回台湾后颜面全无。不过，现实决定脑袋，很多台湾新移民迫于生计，也只能屈从现实，放下身段，勉为其难地做起了"提包客"。毕竟，面子事小，谋生事大。

在新移民时代的巴西华人"提包业"，则是处于前面郭秉强所说的青田人"提包业"的第四阶段，即"电器手表阶段"。当然，这一阶段从事此业者的提包里所装的并非只有电器手表。他们提包里所装何物，是因人而异的。多数人提包的货物以电器手表为主，但肯定还有其他商品。一般来说，举凡日用小商品、服装玩具、文具礼品、化妆用品，乃至巴西民众日常生活所需的，应有尽有。所以如果把这一阶段的"提包业"看作是后来杂货业的前身，或曰是"移动的杂货店"也是合适的。

从事"提包业"在新移民时代依然十分简单，即不需要多少本钱。据说到了二十世纪八九十年代，从业者只需在银行存一点钱，开个甲种存款户便行，进货可以签付一至两个月期票，卖货虽是分期还款，但收回第一期款额便可捞回成本，其余都是赚的。据说只有巴西才有这种好生意做。当然，从事"提包业"仍然是诚信第一。有台湾移民说，那时进货所签付的支票，除了阿拉伯数字金额

及签名是自己写的之外，大写的葡文数字则由老板代笔，反正都是自己同胞，只有互信才能互惠。店主不怕小贩的支票不兑现，小贩也不怕代笔人搞花样。[1]

同样，"提包业"的赚钱速度之快慢，也是因时因地因势而定，很难一概而论。有人指出，大约20世纪80年代之时，金饰、珠宝、古董、手表、照相机、台布或电器等商品价钱高，利润好，一个月接上几笔生意，生活就过得很惬意。再回过头看20世纪70年代巴西经济形势好的时候，据说卖出一匹好的中国台布，一年没事做也不怕没有饭吃，干上两三年就可置产。[2]

这里应再提及一直作为巴西"提包业"生力军的浙江青田人。1974年中巴建交后，尤其是20世纪90年代后，越来越多的青田新移民来到巴西，并逐渐向巴西经济中心圣保罗转移。青田新移民乍到巴西，都是白手起家，大多也都经过"提包"阶段，即资本"原始积累"阶段。等到有了一笔积蓄后，很多人便开始在25街和布拉斯一带开店或摆早市。当有了更多资金后，便与人合伙拼进口货柜（集装箱），或单独进货柜，做进出口生意。如今，青田华商每年进口的货柜有几千个，年进口数百或上千货柜的公司也有数十家。[3]

20世纪80年代后，巴西经济得到较大发展，各种电器逐渐覆盖全社会。20世纪80年代中期，圣保罗出现两间专门批发各种电器、手表、香水等货物的大楼，到1990年前后，在与巴西交界的边境上的巴拉圭东方市，家用电器、手表和进口香水批发生意异军突起，导致"提包业"迅速"转型"。于是，"提包业"进入了第四阶段并迅速发展起来。[4]

有人说"提包业"像是变戏法，确切来说，"戏法人人会变，巧妙各有不同"。20世纪80年代，巴西侨民范扶概括了当时"提包客"的八种"派别"，一为"龙山寺派"，二为"苦行僧派"，三为"公寓户口普查派"，四为"鸳鸯蝴蝶派"，五为"父子登科派"，六为"辎重兵科派"，七为"持盈保泰派"，八为"两栖攻势派"。[5]"八派"的取名，使用了当时巴西华侨华人社会尤其是中国台港地区风行的武侠言情小说和电影里的概念和笔法，但就观察者的角度

① 陈和昌：《提包生涯话当年》，载〔巴西〕朱彭年编：《中国侨民在南美》，北京：文化艺术出版社，1990年，第115页。

② 陈和昌：《提包生涯话当年》，载〔巴西〕朱彭年编：《中国侨民在南美》，北京：文化艺术出版社，1990年，第115页。

③ 袁一平：《华人移民巴西二百周年简史》，载《华人移民巴西200周年纪念特刊》，南美侨报社编印，2013年，第4页。

④ 郭秉强：《巴西青田籍华人华侨纪实：1910—1994》，青田县政府刊印本（内部编印），2005年，第6页。

⑤ 徐蜀源：《行行色色话提包》，载〔巴西〕朱彭年编：《中国侨民在南美》，北京：文化艺术出版社，1990年，第110-112页。

而言，有的是对"提包业"经营方式的概括，有的是对"提包客"身份特征的概括，有的是对"提包客"的主要经营对象（顾客）的概括，不一而足。实际上，"提包业"的"八派"正好说明了这一行业到了 20 世纪 80 年代所形成的境况。

就上述"八派"而言，最重要的是对"提包业"经营方式的概括，包括其一的"龙山寺派"（笔者又称其为"城隍庙派"），其二的"苦行僧派"，其八的"两栖攻势派"。

"龙山寺派"（"城隍庙派"）的从业者定居一地，有固定的区域和地盘，历史悠久，经验丰富，信用良好，别人自然再难通过"按铃销售"来取而代之。久而久之，此派同业成为全体客户的公共买办，收入相当可观。大部分"提包客"属于这一派。① 显然，这里所说，是就从业者的经营方式而言，属安营扎寨的"提包客"。一个"提包客"能够形成一个"城隍庙"（大本营），说明他们经营已久，其基业不可小觑，甚至有可能是承接父辈而来。他们已经不是单打独斗的串门叫货之客，而是"全体客户的公共买办"，即具有批发商功能的"提包客"。这种"提包客"，多半是经营日久的传统华人。这里既然说大部分"提包客"属于这一派，则说明至少到 20 世纪 80 年代，巴西华侨华人的"提包业"已经形成了众多"提包客"各管一片的山头林立局面。

"苦行僧派"也有固定的营业地盘，但分散在好几个甚或数十个城市。为了销货和收账，他们时常要在外面劳碌奔波。他们的收入不下于上面一派，但支出旅费也大。此派人物，论性别，男多于女。论婚姻，单身者多、成家者少。所以称之为"僧"，理由就在于此。② 由此看来，"苦行僧派"跟上面所说的"城隍庙派"并无大异。最大的区别在于，"城隍庙派"有固定的区域和地盘，"苦行僧派"则时常要在外面风餐露宿，劳碌奔波。他们应是专营外埠生意的"提包客"。由于经常在外奔波，这一"门派"自然以男性为宜。

"两栖攻势派"的含义是，既要做"提包客"，也要开店，此即所谓"两栖"。"提包客"做得好才有条件开店，即"提（包）而优则店"。用今天的话来说就是，"提包业"做得高明，便能集利聚资开成商店，进而达到"售者有其店"的目标。"提包客"当上店东之后，仍不放弃原来的外城客，常出外勤，依然如故。所以，"提包客"这一做法与"学而优则仕""演而优则导"同理。据说这种又提包又开店的双管齐下、两栖攻势方式，如果进行顺利，则近悦远来，

---

① 徐蜀源：《行行色色话提包》，载〔巴西〕朱彭年编：《中国侨民在南美》，北京：文化艺术出版社，1990 年，第 110 页。

② 徐蜀源：《行行色色话提包》，载〔巴西〕朱彭年编：《中国侨民在南美》，北京：文化艺术出版社，1990 年，第 110 页。

生意兴隆。① 很明显，笔者所理解的所谓"两栖攻势派"，是一个"提包客"从"提包"向"开店"逐渐转移的过渡阶段。"提包"是上门服务，"开店"是开门候客。这样，从发展趋势来说，他的"提包"服务会越来越少，"开店"服务会越来越多，最终以完全"开店"、终止"提包"收官。所以，"开店"候客登门服务是"提包业"发展的必然结果，也可以说是"龙山寺派"与"苦行僧派"的高级形态。

上述"八派"中的"公寓户口普查派"，是就"提包客"的客户对象而言。因为"提包客"对住在公寓里的一户户巴西人按门铃服务时，其来势就如"户口普查"一般，故有此戏称。这一类"提包客"，专以公寓大厦为"进攻"目标，对平房及独立家屋则不屑一顾。据说他们的收入并不差，只是对付楼下守大门的管理员颇费周折。唯有认识了一家主户，建立了"滩头阵地"，管理员才无可奈何。② 很明显，"提包客"之所以专门把目标对准公寓大厦的住户，而不是平房及独立家屋，原因再简单不过，就是前者较富有，且多是自租户，需要添置更多的家庭日常用品，因而更需要"提包客"上门服务；后者基本上都是长住户或是业主，收入一般不高，必备的家庭日常用品早已置办齐全，对"提包客"的上门服务需求自然少很多。可以相信，"公寓户口普查派"是新移民时代"提包客"的主要类型。

"八派"中的"鸳鸯蝴蝶派""父子登科派"和"辎重兵科派"，都是就"提包客"自身的身份而言，或者说，是就"提包客"自我承担的角色而言。

"鸳鸯蝴蝶派"是指夫妻同为"提包客"的情况，因为他们的客户多半是巴西家庭妇女，根据打交道的原则，男对男，女对女。因此，巴西家庭妇女的生意最好由华侨华人妇女来做，而且妇女做"提包客"，要比男士们来得方便。问题是华侨华人妇女初做时，往往胆子小，所以需要自己丈夫保驾护航，于是才会出现"蝴蝶翩翩燕双飞，飞遍各胡同各弄堂"的局面。有人说，这也道出了一段人生辛酸滋味，磨炼出一对对患难夫妻的真感情。③

所谓"父子登科派"，专指初涉此业的少年"提包客"。他们为十几岁的小伙子，葡语学习效率较中年人为高，做"提包客"与客户打交道，容易达成买卖协议。但是他们天真烂漫，可能容易上别人的当，且有卖货收不到钱之虞。况

① 徐蜀源：《行行色色话提包》，载［巴西］朱彭年编：《中国侨民在南美》，北京：文化艺术出版社，1990 年，第 112 页。

② 徐蜀源：《行行色色话提包》，载［巴西］朱彭年编：《中国侨民在南美》，北京：文化艺术出版社，1990 年，第 111 页。

③ 徐蜀源：《行行色色话提包》，载［巴西］朱彭年编：《中国侨民在南美》，北京：文化艺术出版社，1990 年，第 111 页。

且他们也心猿意马，不能自始至终、一本正经做生意。若有大人跟进照顾，则可免除这些顾虑，故以"父子登科派"名之。[1]

所谓"辎重兵科派"，大多是年轻强壮、孔武有力、心地耿直的人。他们的身体素质强，一个够得上"辎重兵科派"的"提包客"，出发时，左手拿两个，右手提两个，背上还担一个，走遍巴西的名城，走尽圣保罗的闹市，要以骆驼负重致远的精神开创新的局面。当按铃接纳获得交易时，客厅马上成商场。红红绿绿，绚丽多彩，如一片美丽的货海，有光、有声、有色、有香味（由音乐盒、头巾、灯笔、香水等商品所构成），顾客纷至沓来。[2]

至于"八派"中的"持盈保泰派"，则是就"提包客"的经营风格而言。他们做生意之余，常迎合顾客夫妇喜好，与他们聊天，往往一侃就是一两个小时。有人描述道，聊天话题，从孔夫子到苏格拉底、柏拉图及亚里士多德，从爱琴海的天空，到拿破仑东征圣彼得堡的失算，等等。海阔天空，天南地北，或许巴西人不无惊讶，连提包小贩也有如此修养和气质！中华文化之博大精深，确实不可小觑。据说这一派人还有一个特色：顾客或其家庭成员如能现场为他独奏一曲《流浪者之歌》，或其他钢琴曲子，买东西即可享八折优惠，客户家中举行宴会及派对，也常被邀请，作为上宾。[3] 如此说来，这一派之所以经营有方，乃因顾客心理学学得到家之故也。

以上所述，不过略举大端，此外还有其他派别，有一人执业而兼两派、三派之特色者，也有初属此派，后来转为彼派者。市井所传流派，多只能意会难以言传，更不可师法。有人曰，圣保罗是"提包业"中心，"提包客"的创业精神，可名之为"中国旗士队"。[4]

来自台湾的陈和昌第一次做"提包客"的经历很典型，下面试节录之：

> 某某某做"提包客"之前，先按照老"提包客"的提示，挑里约热内卢市的精英密集、人烟密居的街区进行试售。第一次试图登楼就遇到这样的经历：管理员见状问："您是干什么的？"他嗫嚅地说，"我是卖东西的。"管理员一听就板着脸孔大喝："不行！"不由分说就把他轰

---

① 徐蜀源：《行行色色话提包》，载［巴西］朱彭年编：《中国侨民在南美》，北京：文化艺术出版社，1990年，第111页。

② 徐蜀源：《行行色色话提包》，载［巴西］朱彭年编：《中国侨民在南美》，北京：文化艺术出版社，1990年，第111页。

③ 徐蜀源：《行行色色话提包》，载［巴西］朱彭年编：《中国侨民在南美》，北京：文化艺术出版社，1990年，第111页。

④ 徐蜀源：《行行色色话提包》，载［巴西］朱彭年编：《中国侨民在南美》，北京：文化艺术出版社，1990年，第112页。

了出去。倒霉的是，某某某一连走了很多家都是如此。一天，他遇到没有人看门或者"司阍"打瞌睡，就蹑手蹑脚地进去，如做小偷一样。进了电梯，赶紧按大楼最顶层人家的电钮，然后逐层逐楼按门铃销售。但还没有发市，就被管理员发现并赶了下来。这样的情境不只发生一次。有一次管理员还带来了警察，幸好那警员同情他，没有太为难他，只是让他离开。某某某第一天做"提包客"就出师不利，不仅毫无所获，且走得两腿发酸，还白赔了往返车费，回到住所茶饭不思，泪流满面。有朋友得知他的挫折，晚上过来安慰他。他才明白他的遭遇是每一个同行都会遇到的。朋友告诉他，"提包业"没有什么秘诀，只要勤跑，总会遇到好顾客，再有顾客介绍亲友购买，客人慢慢就会增加。不过，做"提包客"也要提高警惕，名目繁多的偷窃、赖账和逃债之类的事情也是每一位"提包客"都要遇到的。此外，"老匪"是"提包客"的最大克星。无牌照、未备发票要抓，一切证件具备也要抓。有的"老匪"就如"盗匪"，他们看中了"提包客"的货物，欲加之罪何患无辞，随意套上一个罪名，便把东西抢走。翌日到办公室论理，领回被扣押货物，即使发现短少，也无可奈何。①

如上所述，"提包客"所兜售的商品很大一部分是从别的国家进口来的，或者是从港口批发商那里拿来直销的，或者是辗转销售的。还有一部分是巴西国内生产的，或是采用外来原料在国内加工的。"提包客"所做的，无非就是中间推销商的工作。无论是进口商品，还是国内生产和加工的商品，当然也是适应巴西市场的需要，特别是大众衣食住行等日常需要的商品。当巴西经济形势较好时，人们的口袋钱囊就较宽松，进口货品就多，"提包客"的日子自然就比较好过，收入也水涨船高。反之，就会走下坡路。

20世纪70年代以来，巴西与接壤的邻国相互开放边界，两国居民间的出入境手续较为简便，只要出示身份证便可自由进出，有时候甚至可免查验。不过外籍侨民不在此列。因此，对巴西与其邻国居民就较为便利，他们可以自由进出两国边界（通常是边境口岸）地带，将平民百姓所需要的日常用品带进来。但对于华侨华人"提包业"来说，就没有了这一层便利，因为大多数华侨是使用居留证在巴西居住下来的，他们不属于该国公民。然而，车到山前必有路，经营"提包业"的华侨华人总能想出一个进出于两国口岸的办法。在这方面，最典型

---

① 陈和昌：《提包生涯话当年》，载［巴西］朱彭年编：《中国侨民在南美》，北京：文化艺术出版社，1990年，第117－123页。

的例子便是巴西的巴拉那州伊瓜苏市以及巴西和巴拉圭交界的"桥头"。

伊瓜苏市，位于巴西、巴拉圭、阿根廷三国交界的巴拉那河与伊瓜苏河汇合处，也是巴拉圭、阿根廷、巴西三国的交界点，毗邻阿根廷的伊瓜苏港。伊瓜苏是巴西最大的边贸城市，也是巴西最大的小商品集散地之一，与巴拉圭存在紧密的贸易往来，商品经该市流向巴西各地和周边国家。很长时间以来，巴拉圭奉行低关税政策，故巴拉圭的商品拿到巴西来销售一定有利可图，甚至获利丰厚。每天从巴西过境提货的商贩络绎不绝，因而这里被称为南美的"金三角"。由于巴拉圭与巴西之间的边境管理一直较松弛，很多华侨华人（包括中国台湾移民和大陆新移民）也就把此"巴"当彼"巴"，在两"巴"之间来去穿梭，运送货物，赚取差价。

巴拉圭与巴西两国以桥相连。巴拉圭一侧的城市称东方市，过了两国界桥，便属巴西领土，人称"桥头"。所谓"桥头"，本来是指巴西海关连接市中心一带的马路，但后来这里成为有一定规模的市区后，"桥头"便成为整个市区的称呼。是故，东方市和桥头市一桥相隔，桥两头的两国边境各设海关。两边城市的大小商家或是亲自上阵，或是雇人在东方市和桥头市之间来回奔跑拿货、送货、接货，人称"跑巴拉圭""跑桥头"。

桥头市从 20 世纪 80 年代以来就闻名遐迩，人称"小香港"。笔者到现场看过，那里没有宽阔整洁的林荫路，没有鳞次栉比的高楼大厦，甚至没有一般城市该有的普通景观。整个城区十分简单，除了商店和地摊外，就别无他物了，不过人流密集的时候（特别是周末），街道（如果还算街道的话）拥挤杂乱，熙熙攘攘，川流不息，顺行逆走，有时寸步难行，晕头转向。那些成片成行的小摊，常常挤占人行道，密集之处有三四层。路上污水、泥土、碎石以及人们随手扔掉的纸杯、水罐、塑料物品等，满目皆是，浑然一片垃圾场。许多小贩手举物品，向行人兜售。如果是夏季，气温常常高达 40℃，人行其中，恍如在蒸笼中。

20 世纪 80 年代以来，桥头市的变化堪称一日千里，市容也日新月异。变化的动因是这里邻国巴拉圭的边境贸易。由于巴拉圭的关税率较低，故外来进口货物在巴拉圭的销售价格就较低，而其邻国巴西的同类货物的售价却相对较高。因而，将巴拉圭的商品转销巴西，就有利可图。由于转销价格的差异，造成了巴西和巴拉圭两国间旷日持久的走私现象。商品走私现象严重的话，对一国的危害也不可小觑。因此，巴西政府对来自巴拉圭的商品走私活动持严厉控制和打击的态度。但由于各种各样的原因，巴西当局的控制时而严厉，时而放缓。于是，来自巴拉圭的走私活动也就时而活跃，时而收紧。人们也就司空见惯，见怪不怪。当然，巴拉圭与巴西两国的边境走私局面形成后，就不只存在于桥头一地，其他一些边境地带也存在着规模不等的走私交接点。只是由于两国边境地带复杂，这些交接点不足以为外人道罢了。

到桥头来的游客，有很多人是做"提包"生意的。"提包客"批发的商品包罗万象，琳琅满目。大部分货物来自中国大陆、香港及日本，就连英国烟酒、法国香水、瑞士巧克力、荷兰饼干也应有尽有。当然，随着中国越来越向世界开放，以及中国新移民在巴西和巴拉圭立足，"两巴"的中国新移民也就一河之隔（巴拉圭那边台湾移民更多一些），虽然两边都有海关，但久而久之，两边的中国新移民也如隔壁邻居一样。近几十年间，来自中国大陆价廉物美的商品越来越多。在巴西这一边，包括中国商品在内的各色商品，则是由商家从巴拉圭那边的东方市带过来，再转售巴西各地。这样，桥头市便成了一个重要的货物集散中心，华人"提包客"则在其中大显身手。

当然，桥头市的繁盛也不是只有晴天没有阴晦。20 世纪 70 年代以来，桥头市的商业就几度盛衰。这与中国人的投资和经营密切相关。包括华商在内，很多国家的商人都来到这里建房、开仓设仓，大多数发了横财。于是，华商和其他外商纷至沓来，旅游业也随之兴旺起来。20 世纪 70 年代时，虽只一块弹丸之地，桥头市却一片繁荣景象，以边境贸易闻名于南美，甚至在国际上也小有名气，对巴西或巴拉圭经济发展的贡献更是非同小可。"小香港"的美誉也是那个时候在华侨华人中传开来的。

但到了 20 世纪 80 年代后半期，桥头市的商贸便每况愈下。有在当地开店十多年的当地人说，当时的生意比过去差了 10 倍，当年的繁荣已成往事。当时巴西方面又加强了边境管理，限制游客的带货数量，更使生意大受影响，许多单帮商客慨叹无利可图。由于生意难做，竞争也更加激烈。一些华人商家受同胞之间竞争之苦，甚至到了倒闭的边缘。更有人债台高筑，一走了之。生意难做也导致了管理的混乱，摊贩与店家争抢生意的情况层出不穷。"赤条条来去无牵挂"的摊贩是永远的赢家，他们千方百计兜客售货，抢走了店家近一半的生意。[①]

有资料显示，在 20 世纪末、21 世纪初，桥头市似乎雄风再起。究其原因，在于巴拉圭方面的政策变化。2001 年之前，巴拉圭的东方市奉行自由移民和物资自由港政策，在经贸方面奉行不干预政策，政府不征收入息税、销售税及货品关税，被誉为仅次于百慕大及香港的世界第三大"税务天堂"。商人只需付一次商业注册手续费，且注册手续简单便捷。那时候，巴西华人的"提包业"多达5 000多家，有的还独占行业鳌头。[②] 那时候，川流不息的华侨华人中，又多了两个新概念——"跑巴拉圭"和"跑桥头"，其实都是一回事。他们的工作就是，

① 《初履桥头市》，载［巴西］朱彭年编：《中国侨民在南美》，北京：文化艺术出版社，1990 年，第 45 页。

② 国务院侨办侨务干部学校编著：《华侨华人概述》，北京：九州出版社，2005 年，第 145 页。

将东方市的货物（中国货为主）通过各种渠道带过巴拉圭和巴西两国海关（中间隔着一座桥是故称"跑桥头"），再转售到巴西内地赚取利润。时人说，过桥即有利润，可见利润率之可观。据说有时高达几倍，至少也有一倍。

不过，巴拉圭和巴西两国海关对"跑巴拉圭""跑桥头"并非无止境地放行。海关一般只允许"游客"手提肩扛大约200美金的商品出入境。但这难不倒巴西侨胞，他们最不缺的是吃苦耐劳，最用得上的是坚韧不拔，最拿手的智慧是"蚂蚁搬家"。每天来回奔波于5公里长的两国通关路上，将货物从巴拉圭一侧一回又一回地搬运到巴西一侧，再马不停蹄地运往圣保罗与里约热内卢等地出售。据说自20世纪80年代至21世纪初的20年间，通过"跑巴拉圭""跑桥头"的方式，"提包客"中诞生了超过500位千万富翁。[①]

随着华侨华人经济的发展和经营手段的变化，昔日华侨华人的"提包业"也逐渐走进历史。在巴西其他较大的城市，"提包业"已经收缩为不同规模的华侨华人经营的集市，或直接形成了华侨华人经营的集市，例如巴西利亚著名的侨商聚集地"巴拉圭集市"。2009年11月26日，中国国务院侨办主任李海峰来到巴西利亚挨家挨户地走访在此开店做生意的侨胞，并仔细询问侨胞的生活及工作情况。[②]

综上所述，二十世纪六七十年代以来，来自中国和东南亚各国的不少华侨华人，一如既往地从事传统的"提包业"，承前启后，薪火相传，一路走来，延续至今。据说在1999年，华人"提包业"已有5 000多家，有些颇具规模，独占某些商品市场。[③] 不过，由于近年来巴西经济持续疲软，经济不景气，"提包业"的生存环境已大不如昔。不难想象，大多数华人"提包客"会借此为跳板，在做两三年"提包客"并积蓄了一点本钱后，便迈向新的创业之途。一般是先开店铺从事小本经营的杂货、礼品文具、服装玩具、钟表首饰等行业，待条件许可再上一层楼，向批发行、超市、运输、进出口及其他领域扩展。[④] 毋庸置疑，"提包业"继续存在，为大量甫到巴西的中国各地籍底层华侨华人保留了一个渐进式的"原始积累"机会。这仍然是巴西华侨华人能够在居住地立足的重要平台之一。饱受劳碌奔波、风吹日晒的"提包业"，先是养活了一个个刚到巴西的侨民，他们中一小部分佼佼者，后来成了不同行业出人头地的华人企业家。新移民中赫赫有名的青田籍企业家吴耀宙、尹霄敏、孙华凯等，都曾经是"提包客"。

---

① 综合2011年7月巴西里约华侨华人座谈会及2012年3月22日采访郭秉强的记录稿整理。参见张祥熙：《拉丁美洲华侨华人及其在中拉关系发展中的作用》，厦门大学博士学位论文，2019年。

② 《李海峰看望在巴西利亚和马瑙斯生活工作的侨胞》，国务院侨办网站，2009年12月3日。

③ 国务院侨办侨务干部学校编著：《华侨华人概述》，北京：九州出版社，2005年，第145页。

④ 方雅：《巴西华人：肩背行囊闯天下》，《华人时刊》2004年第2期。

　　然而，时代在发展，商品传送技术也在进步。作为一种落后于时代的商品传送方式，"提包业"最终必定要逐步退出历史舞台。促使"提包业"退出历史舞台的方式很多，但现代最重要、效果最明显的方式，无疑是电子商务。在巴西经济比较发达的城市，电子商务正在兴起。例如，2013 年，圣保罗市长奥克敏就批准了新法例，禁止圣保罗州电子商务在送货或服务时收取费用。新法例于同年12 月 7 日出版的圣保罗州政府公报中刊出。新法例同时适用于圣保罗州以外的供应商。圣保罗州政府通告称："如要为圣保罗消费者提供服务，业界必须配合圣保罗州的法律规定。"实际上，有关这一方面的规定由 2009 年 10 月起即开始实行，不过一些主要电子商务平台并没有切实执行。圣州设立的新法被称为"送货法"。按照此法，圣保罗州的公司必须确定送货及服务的期限；客户可以根据法律规定，要求业界履行。新法只对网上商务平台有效，商店仍然可以收取送货上门费用，而商店收取送货费用的一贯规定亦于 2009 年正式立法确定。[①] 由于牵涉到不同的集团利益还有争议，电子商务也不可能在巴西这样一个幅员辽阔的国家同步推进，但其终将对包括"提包业"在内的商品传送方式造成强烈的冲击，甚至最终将部分或全部地取代旧的商品传送方式。

　　还在"提包业"欣欣向荣的年代，一些经济实体已在青田籍华侨华人中逐渐形成。例如五花八门的礼品店（如金银宝石首饰、陶器瓷器、日用品、观赏性工艺品、化妆品、文具、玩具等），就是浙江籍华侨华人一个代表性的百货行业。早在 20 世纪 60 年代，青田人就在巴西开设了 13 家礼品店，70 年代增加到 60 多家，80 年代新开 8 家，90 年代又新开 26 家。经营礼品店成为青田华侨华人在巴西的主要营生方式之一。其中较著名的以零售为主的礼品店有：伍先昭于 1965 年开张的"亚洲商店"、季福仁于 1966 年开张的"东亚商店"、季礼仁的"上海商店"、张超祖的"AQUETEM 商店"、孙志凯的"南京商店"、金楚光在圣保罗开的"浙江商店"等。在以批发为主、兼做零售的礼品店中，1990 年前后较突出的有：周尚夷的"大东杂货店"、其子周径华与周径军的 3 家礼品店，季国俊的 4 家"KUOEL"和王家旦的"北京商店""项家商店""新兴商店"。王家旦、季福仁等店的部分礼品每件价值几千美元至 1 万美元，全是从中国进口的工艺品。在 1994 年圣保罗的礼品展览会上，王家旦的几件中国工艺精品以独特的东方艺术倾倒了所有观众。20 世纪 90 年代初期，在圣保罗重新兴起的林伯燕、朱建玲、夏敏静、夏敏平、项阿荣开设的 5 家礼品店，都是礼品业中的新军。[②]

　　青田籍华人吴柏瑞的吴氏家族先后开了 14 家服装商店。其他青田籍华侨华

---

① 《圣保罗州颁法电子商业不得收取送货费用》，巴西侨网，2013 年 12 月 30 日。
② 《浙江省华侨志》编纂委员会编：《浙江省华侨志》，杭州：浙江古籍出版社，2010 年，第 110 页。

人的服装店有 20 多家。到 1994 年年底，圣保罗一地就有青田服装店 37 家。[1] 服装业遂成为巴西浙江籍华侨华人的稳定行业，为他们积聚了大量资金。

第三节　新移民与中国小商品的进口与销售

一、中巴贸易中的中国商品进口与销售

巴西对进出口的依赖性很强，尤其是对日常生活必需品（小商品[2]）的依赖性很强。巴西很大一部分小商品来自中国。因此到了新移民时代，巴西的华人杂货店几乎都成了中国小商品的批发店和零售店。这一趋势也导致中巴两国经贸关系越来越密切。华侨华人特别是新移民在两国经贸发展中发挥了重要作用。他们既经营中国小商品的进口，也经营中国小商品的批发与零售，两者连成一条龙，当然还与华侨华人经营的小商品杂货店（包括专业的和兼营的）联通。应指出，1974 年中巴建交以来，特别是中国改革开放以来，两国贸易额迅速增长，到了 21 世纪以后更是节节攀升。2013 年，巴西是中国在拉美的第一大贸易伙伴，中国则是巴西的第一大贸易伙伴、第一大进口来源国和第一大出口目的地。与此同时，双方相互投资也呈现出良好的发展态势。2012 年以来世界经济复苏乏力，巴西也大受打击，失去了刚刚获得的全球第六大经济体的地位，对外贸易下滑严重，但中巴贸易仍然保持一定幅度的增长。

总的来说，巴西基础设施薄弱，轻工业消费品匮乏，主要依靠进口，民众日常生活必需品也多依赖进口。于是，改革开放后迅速发展起来的中国的小商品在巴西很有市场。这给巴西的华侨华人带来了重要商机，很多人在巴西从事中国小商品进口与销售业务。在巴西民间，活跃在中巴经贸领域的，几乎是清一色的华侨华人，准确地说，主要是巴西的中国新移民（新华侨华人）。他们主要是从中国进口小商品，后来扩大到进口多种多样的"中国制造"产品。故下面所述，主要是从中国进口的，原产地为中国且直接运销巴西的产品。这里之所以提到直接运销，是因为有时一些中国产品经过第三国后，夹杂在别国的产品中一道进口巴西。不过这两类原产地都是中国的产品各自所占比例，尚无法估算。

---

① 《浙江省华侨志》编纂委员会编：《浙江省华侨志》，杭州：浙江古籍出版社，2010 年，第 110 页。
② 现代小商品是中国人对那些生产点多面广、品种花样繁多、消费变化快、价值较低的产品的称呼，例如小百货、小五金、某些日常生活用品以及部分文化用品等，范围极广，与传统华人时代的小商品已有天壤之别。随着科学技术的进步，小商品的品种还在增多。

　　跟传统华人时代华人杂货店主一般来源于"提包业"不同，在新移民时代，很多新华侨华人是直接成为杂货店主的，他们的市场份额受进口的直接影响（包括关税和非关税壁垒）。因此，新移民时代从事进口业务的华侨华人与从事杂货店销售的华侨华人便连锁性地捆绑在一起，形成了上下游业务关系，有些人还一身二任。当然，在起初的很长一段时期内，新移民中也有不少人从事"提包业"。但随着交通与信息的发展，"提包业"已逐渐退出历史舞台。

　　其实，当初移居巴西的很大一部分新移民就是冲着巴西的进出口贸易来的。对比老一辈从中国大陆来的华侨华人，新移民眼光更开阔，既懂巴西国情商情，又通中国国情商情，在中国与巴西交往中发挥重要的黏合剂作用。他们既坚守老一辈华侨华人的经营传统，又愿意尝试现代的商业经营模式。很大一部分新移民到达目的地伊始，就把经营方向定位在巴西的进口贸易上。他们在巴西进出口行业的发展也是由小到大，由浅入深，由此及彼，很快成了中巴（主要是指中国大陆与巴西）贸易的主力军。当然，也有很多人刚开始时不是从事进出口贸易，而是从摆地摊、炒面、打工等做起，等到积蓄了一定的资金，便开始向进出口行业转移，逐步占据了圣保罗的重要商业区，诸如圣保罗市的25街、巴拉斯和韩国街等地，在这些地方安营扎寨，开起了批发店，从小型店扩展到大型店。继而，逐渐形成进口、批发、零售一条龙的商业链。然后再围绕着这个商业链，发展为包括批货员、会计师事务所、律师事务所、清关公司等系列性服务型产业在内的第三产业。显然，这些新移民都是从底层起步，一步一个脚印地顽强前行。

　　到了20世纪90年代，中国新移民人数继续增长，成为中国开拓巴西市场的先锋。发展到今天，他们在巴西的进口贸易中发挥着越来越大的作用，为中巴两国间经贸往来的扩展做出了不可替代的贡献。中国新移民中，有60%～70%的人从事批发业，10%～15%从事进出口贸易。[①] 他们的货源都来自广东和浙江，主要是进口日用生活消费品（俗称小商品）；其经营者多来自福建省的福州、连江和莆田。若对小商品进一步划分，非广东籍的新移民喜欢经营当地需求量比较大而价廉的物品，如服装、运动鞋、低档玩具等。但他们喜欢"跟风"，往往集中做同一种买卖。[②] 一些商家因为看到某种产品利润大，就会大量进货，造成其充斥市场，大量积压。也就是说，华商经销的产品大多雷同，所以相互压价现象十分严重。一个商品从开始有利可图，到无利可图，一般不过几个月时间。

　　历史上的巴西华侨华人居住地，基本上集中在东部沿海地带，特别是沿海城

---

　　① 庄国土、黄新华、王艳著，国务院侨务办公室政策法规司编：《华侨华人经济资源研究》（2009—2010年国务院侨办课题重点项目），2011年。

　　② 参见林克风：《巴西、秘鲁、智利华侨华人经济与中国企业"走出去"》，载吕伟雄主编：《海外华人社会新观察》，广州：岭南美术出版社，2004年，第65页。

镇，以经商为生。直到今天，华侨华人特别是新移民中的大多数人，仍然居住在有货运港口的沿海城市、边境城市或江河岸边城市，主要从事进出口贸易、进口货物批发，也有一部分经营餐饮业和百货店生意。巴西许多港口名称是华侨华人耳熟能详的，例如桑托斯（Santos）、福塔莱萨（Fortaleza）、伊塔雅伊（Itajai）、伊塔奇（Itaqui）、马瑙斯（Manaus）、巴拉纳瓜（Paranagua）、里奥格兰德（Rio Grande）、萨尔瓦多（Salvador）、圣弗朗西斯科（Sao Francisco Do Sul）、苏阿普（Suape）和维多利亚（Vitoria）等。其中巴西最重要的港口城市是圣保罗和里约热内卢。全国其他地方包括其他一些港口城市的进口货物多从圣保罗发运，也有从里约热内卢港口进口和发运的。这些进口货物（大部分为中国产的日用小商品）辗转运输到全国大小城镇，批发给当地华人商铺或当地人商铺销售。

作为巴西乃至南美地区的经济中心，圣保罗十分繁华，保利斯塔大街是中心地带，也是闻名于世的金融中心，有"南美华尔街"之称。保利斯塔大街的黄金地段开有大型购物中心，在这里可以买到几乎所有小商品，诸如眼镜、手表、充电宝、电源插座、游戏机等。这里同样活跃着华侨华人，包括小商贩。虽然他们每天所赚不多，但这里有他们营商的一席之地。顺便一说，在中国国内，一直有人以为巴西这样一个华侨华人众多的国家一定会有唐人街。实际上，巴西还没有一条公认的经正式命名的唐人街。在圣保罗这样一个国际大都市，拥有一条具有独特风味的唐人街，的确也是许许多多生活在圣保罗的华侨华人的梦想。他们正在努力，使这座南美大都市拥有如同世界上一些大都市（例如纽约、旧金山、洛杉矶、布宜诺斯艾利斯、巴黎）那样的唐人街。实际上，如果换一个角度，所谓唐人街，多是一种约定俗成的叫法而已，并没划一标准。就笔者在世界上其他一些地方所见，当地华侨华人所说的"唐人街"，有的有中文牌楼，金碧辉煌，光彩夺目，但有的没有任何标志。就规模来看，很多地方的唐人街还没有巴西一些华人集中的街市大。

巴西的环境对吸引中国新移民十分有利，因为巴西是一个基础工业薄弱的国家，需要进口大量日常生活消费品。且巴西作为南美大国，人口众多，市场巨大，对日常生活消费品的需求量不亚于其他拉美国家。改革开放后的中国，则是日常生活消费品的重要生产国，产品价格低廉，在巴西适销对路。于是，大量新移民来到巴西后，便适应时势，从事以日常生活消费品进口为主的中巴贸易及与之相关的延伸性行业（例如杂货、五金经营）。很多人移民巴西的目的非常明确，就是在目的地经营这些行业。因此，他们一到巴西，就直接成为巴西新一代华商，尽管他们在家乡时还是面朝黄土背朝天的农民。显然，巴西日常生活消费品进口量大，直接导致中国新移民数量的增多。

从事进口贸易的华商，一般都直接从中国进货，在巴西批发和零售。这里且

以浙江两个地方的华商为例：

一是浙江青田华商。不少后来在事业上已有建树的巴西浙商，当年刚跨出国门时，无不怀揣理想，之后艰苦创业，一步一个脚印，实现物质和精神的同步富裕。巴西浙商中，青田人尤为引人注目。20 世纪 90 年代初，青田华侨华人经营的进出口公司开始在巴西兴起，其中以季福仁的"新兴亚东进出口公司"为代表。该公司创立于 1968 年，20 世纪 90 年代初开始步入快速发展期。此外，季国俊、裴克毅、孙特英、孙南中、孙志凯、孙特盈、伍永平、周尚夷、郭渊萍、孙华凯、项家旦、陈苏文、项子南、吴大川等人共创办了 16 家进出口公司。[①] 2001年，巴西全面开放，从中国直接进口的贸易勃兴。以价廉物美著称的中国小商品，深受巴西民众的欢迎和喜爱，他们往往不还价就将其买走。高额的利润吸引了华侨商贩。这时候，在巴西"潜伏"已久的浙江青田人开始第一个吃螃蟹。他们马上涉足进出口业务，大量进口中国商品，迅速形成贸易、批发、零售、仓储、租赁等分支行业，一兴百兴。

二是浙江义乌华商。众所周知，义乌有小商品批发市场（又名中国小商品城），是我国最大的小商品出口基地，以及国际小商品的流通、研发、展示中心。义乌小商品批发市场始创于 1982 年，是中国最早创办的专业市场之一。其物流发达，万商云集，交易火爆。同时配套建设了国际物流中心、商城物流中心两个现代物流基地，现代物流基础设施先进，功能完善高效，管理规范，开通"一关三检"，曾被中国国家质检总局授予"重质量、守信誉"市场荣誉称号。今天，义乌小商品批发市场外向度不断提高，已辐射到 200 多个国家和地区。从这里流出的小商品，不仅运往中国各地销售，还行销东南亚、中东、欧洲、北美、拉美等地，长驻义乌的外商数以千计，境外商务机构数以百计。巴西很多城市的市场上，就有很多来自义乌的小商品。

随着义乌小商品销往巴西，一批批义乌商人也来到巴西。他们在当地语言、民俗和法律不通的情况下，开始了筚路蓝缕的艰辛创业历程。他们把义乌市场与巴西市场有效地连为一体，提升了义乌小商品在巴西的知名度，也扩大了中国的影响力。目前在巴西的义乌籍华侨华人不少。据估计，仅在圣保罗市的义乌籍同乡就已超过 200 人，是义乌人在国外较为集中的地区之一。他们的祖籍地为义乌的稠城、江东、廿三里、义亭、佛堂等镇和街道。他们在圣保罗主要从事超市经营、小商品国际贸易。

在杂货业领域做大做强的，不仅是一以贯之的杂货店铺从业者，也有从其他领域转行而来的华侨华人。在转行之前，他们经营的领域一般以餐饮业为多。在

---

① 《浙江省华侨志》编纂委员会编：《浙江省华侨志》，杭州：浙江古籍出版社，2010 年，第 112 页。

餐饮业赚了一笔钱后再转向杂货业的，以广东华侨华人最为明显。这一者说明杂货业比餐饮业存在着更高更快的财富积聚概率，二者说明广东华侨华人有着更灵活的营商头脑。其中，以后来成为巴西广东同乡总会永远名誉会长的雷柏琛为典型，他也是广东华侨中第一个从餐饮业转行开超市的。雷柏琛 1960 年移民巴西。乍到巴西，雷柏琛与叔父合伙开过角仔店。当时，雷柏琛与其日裔太太一道辛辛苦苦经营角仔店，每天早上 7 时开门，片刻不歇，直到半夜打烊，且全无周末假日可言。他们先后开过 6 家角仔店，其中 1971 年在坎皮那斯市开的一家可容纳150 人的角仔店最是富丽堂皇，在当地堪称一流。[①] 但雷柏琛不满足于经营角仔店，当他小有资本，且儿女们长大成为帮手之后，即转向经营超市业。到 20 世纪 90 年代，雷柏琛在坎皮那斯市 Av. Dr. Moraes Sales 大街买下一处拐角的旧房，将其夷为平地，经过两年的设计建造，建成了一间建筑面积达 1 200 平方米、上下两层的小型超市。1994 年起，这位当时 52 岁的广东老华侨告别了倾注半生心血的角仔店，开起了当地第一家华人超市。[②] 当时在华侨华人看来，特别是在认为广东人只会开角仔店的人看来，这是个令人惊奇又可喜可贺的消息。开业典礼那一天，坎皮那斯市和圣保罗市很多华侨华人都前往祝贺，场面十分热闹。

在 20 世纪 90 年代以来二三十年的中巴贸易里，中国小商品的品牌形象经历了一个由差到好的过程。客观地说，在 20 世纪 80 年代到 90 年代末，中国小商品的品牌形象的确不是很好。品牌形象不佳，肯定会影响商品的销售量。那段时期中国商品尚能维持不错的销售量，主要是依赖低价优势，此外还有巴西巨大的消费需求，因为巴西是拉美最大的经济体，人口众多，市场需求广阔。但是，中国小商品的销售量不能仅靠低价优势维持而罔顾质量。如果长期这样，势必在其他各国同类商品面前失去竞争力。21 世纪开始，中国商品便逐步改变既往的不良品牌形象，进入巴西的优质小商品越来越多。如果说 21 世纪初以前"中国制造"在巴西尚属劣质产品的代名词，那么在此以后，"中国制造"便脱胎换骨，一步步地赢得巴西消费者的信任。当然，"中国制造"声誉的建立，不只发生在巴西，同时也发生在世界上其他国家和地区。这主要归功于中国国内生产厂家坚持不懈地提高产品质量，也归因于中国商品在出口国日益增强的适应能力和新移民的销售技巧，包括质量保障和售后服务等。据说巴西人对物美价廉的中国小商品十分喜欢，"不还价就买走了"。高额利润引来了众多华侨华人商贩。尽管华商密集的 25 街的经营环境谈不上好，华商不时受到少数不良警察的敲诈，还有

---

① 《最早创办华人超市的老板》，载《巴西广东同乡总会成立二十周年（1993—2013）》特刊，2015年，第 60 页。

② 《最早创办华人超市的老板》，载《巴西广东同乡总会成立二十周年（1993—2013）》特刊，2015年，第 60 页。

歹徒抢劫，盗贼猖獗，且存在着同行的恶性竞争，但对于巴西低收入家庭来说，中国小商品物美价廉的强劲竞争力是一时撼动不了的。当然，对于中国新移民来说，像良好品牌那样做好售前售后服务的阶段才刚刚开始，还需进一步努力，以使"中国制造"在巴西的整个销售过程（包括质量、价格和售后服务等各个环节）都得到改善。

这里应提及，中国商品品牌形象的改变与作为中国品牌代理人的巴西华侨华人的形象成正相关关系。反过来，中国商品品牌形象的改变，也与巴西华侨华人形象的改变关系重大。中国商品品牌形象差，华侨华人的形象就差，他们在当地的生存发展和融入就会受到影响；中国商品品牌形象得到改善，就意味着华商的形象会变好，从而连锁性使华侨华人的整体形象向好的方向转变。

虽然在一段不短的时期内华商从中国进口的货物主要是日常消费品，但到了今天，"中国制造"的范围在日益扩大，已经从过去的日常消费品扩大到许多门类的产品，包括高技术产品。毕马威国际咨询机构的中国项目合伙人丹尼尔·劳（Daniel Lau）指出，"所有的东方品牌在巴西进行推广时都遭遇了消费者的信任挑战，但中国的品牌比其他国家的品牌更快地适应了巴西市场"[1]。例如，中国汽车、科技和电子行业的品牌已经在巴西市场中占据了一席之地。据丹尼尔·劳说，日本的汽车品牌用了 25 年时间才在巴西市场占有一席之地，韩国用了 15 年，而中国品牌只用了 10 年时间就在巴西汽车市场占据了一部分的市场份额。再如，中国智能手机等电子产品非常受巴西消费者欢迎。巴西 Kantar 咨询公司的研究人员说，来自中国的华为已经准备在巴西发售智能手机了。据说，在 2018 年 4 月到 6 月间，华为成为全球仅次于三星的最畅销手机品牌，甚至比苹果手机的销量还高。此后华为已在巴西运营企业网络和电信设备。[2]

据巴西外贸秘书处统计，2017 年，中国与巴西双边货物进出口额达 748.1 亿美元，其中，巴西自中国进口 273.2 亿美元。从商品类别来看，自中国进口的主要商品为机电产品、化工产品和纺织品及原料。2017 年，这三类产品合计进口额为 195.9 亿美元，占巴西自中国进口总额的 71.7%。此外，贱金属及制品和塑料、橡胶等也为巴西自中国进口的主要大类产品，在进口中的比重超过或接近5%，诸如纺织品及原料，家具、玩具、杂项制品，皮革制品和箱包等轻工产品也有不同程度的增长（详见表 4-1）。

---

[1] 《"中国制造"赢得巴西消费者信任》，南美侨报网，2018 年 9 月 18 日。

[2] 《"中国制造"赢得巴西消费者信任》，南美侨报网，2018 年 9 月 18 日。

表 4 - 1　2017 年巴西自中国进口主要商品构成（类）

单位：百万美元

商品类别	进口额	上年同期	同比增长/%	占比/%
机电产品	13 070	10 967	19.2	47.8
化工产品	3 876	3 301	17.4	14.2
纺织品及原料	2 641	2 121	24.5	9.7
贱金属及制品	1 829	1 417	29.1	6.7
塑料、橡胶	1 305	1 068	22.2	4.8
家具、玩具、杂项制品	971	770	26.1	3.6
运输设备	912	1 331	-31.5	3.3
光学、钟表、医疗设备	792	656	20.8	2.9
陶瓷；玻璃	371	321	15.3	1.4
皮革制品；箱包	320	246	30.3	1.2
矿产品	266	145	83.3	1.0
活动物；动物产品	244	201	21.4	0.9
植物产品	206	345	-40.3	0.8
纤维素浆；纸张	171	156	9.3	0.6
鞋靴、伞等轻工产品	162	139	16.1	0.6
其他	188	181	3.7	0.7
总值	27 324	23 365	16.9	100.0

资料来源：中华人民共和国商务部综合司等：《国别贸易报告——巴西》，2018 年第 1 期。

中国小商品在巴西有利好的销售，质量提升固然是最重要的因素，但也与 2008 年发生世界性经济危机以来巴西民众的"价格欲求"密切相关。经济危机导致巴西普通民众的收入水平下降，加上巴西经济复苏迟缓，因此，百姓购物时比以往更看重商品价格的高低。中国小商品历来比较适合收入不高的大多数民众的消费水平，更为经济危机发生后的巴西普通民众所看重。据巴西媒体报道，由 Zoom 咨询公司主导的一项市场调查显示，经过 4 年之后，2018 年，巴西的消费大众重新以价格作为购物的第一考虑因素。调查显示，49% 的受访者表示最关注价格，相较之下，2017 年该比率为 32%。①

———————

① 《巴西消费者以价格作为购物的第一考虑因素》，巴西华人新闻，2018 年 9 月 28 日。

中国新移民所从事的中巴进出口贸易主要是靠个体企业，但家族企业也发挥着积极的作用。一个例子是以尹霄敏、尹相为负责人的尹氏集团。尹霄敏1969年出生于浙江青田，18岁远渡重洋，怀揣60美元闯荡巴西。开始在里约热内卢做小贩，提着篮子走街串巷。后来辗转来到西班牙，在一家餐馆做刷盘洗碗的打工活。奋斗了4年后，他于1992年凭借个人积蓄和筹借的资金自主创业，开起了中餐馆。不久，西班牙经济陷入萧条，他的中餐馆经两年努力仍不见起色。1994年，25岁的他毅然放弃在西班牙的中餐馆生意，重返巴西从事进出口贸易，终获成功，成为事业有成的青年华人企业家。经过艰苦历练，尹霄敏逐渐培养起敏锐的市场洞察力。他在巴西擦亮了中国商品的品牌，同时也把中国商品的销售网络撒向南美洲大陆。2010年1月12日，尹霄敏荣获"本年度十大风云浙商"的荣誉称号。[1]

尹霄敏回到巴西创业后不久，20世纪90年代初，他的家族就创立了尹氏集团。尹氏集团主要从事小家电、日用百货和箱包等产品的进出口贸易，目前雇用的巴西当地员工达数百人，实力雄厚。尹氏集团奉行诚实守法的经营理念，不仅成为华侨华人的表率，也赢得了巴西民众的尊重。公司创立的电器品牌等在巴西家喻户晓，市场占有率跻身前列。每年有数千个集装箱货柜跨越重洋进入巴西。每一个货柜都来自中国的大后方，每一个商品都打上属于他自己的贸易品牌。

不过从总体上说，巴西华商经营的进出口行业规模尚小，富而不强，还没有形成一个强有力的华商网络，且在经营与管理方面也存在许多问题。巴西多次发生针对华商的突击检查事件，查抄查封华人店铺的事件屡有发生。在这样的事件中，巴西稽查部门会对他们怀疑有不端经营行为的华人商店进行突击查抄，搬空被发现的"非法商品"，包括账簿和钱柜。稽查部门在突击查抄时往往有粗暴执法、矫枉过正的可能。这需要华商据理力争，依法维权。发生这些事件，常常有复杂的经济利益等因素，也与华商的经营方式、管理方式、生活习惯等有关。如今，海运成为中国小商品进口巴西的主要方式，但运输效率往往很成问题。就巴西海关来说，港口的工作时间有限，卸货、清关、交货等系列流程快慢不定，节奏与时间点难有保障，更不用说海关和与进口业务相关的法务和警务部门往往存在被怀疑但难以根绝的贪腐行为了。问题的另一方面是，一些从事进口业务的华商也被卷了进去。部分中国进口商品也确实存在着低报、走私、灰色清关以及无法做全额发票生意的现象，还有一些店铺只收现金，有时候还存在着仿牌和走私

---

① 尹霄敏曾任浙江嘉信投资有限公司董事长、巴西尹氏国际集团公司总裁、巴西华人文化交流协会荣誉主席、中华海外联谊会第二届理事会理事，2009年10月1日作为巴西华商领袖和南美9位华侨华人代表之一，参加了中华人民共和国成立60周年盛典。

货。这本来需要当事者正本清源，却有人贪图便利，也有人认为事出无奈，每月给警察固定的"保护费"。实际上，这不仅有悖于法律，也不一定能真正保证安全。退一步说，即使交了"保护费"，但只是"搞定"了单个部门。联邦警察隶属于不同部门，另外的部门还会定期过来查货，存在着不端经营行为者的店面货物还是有被没收、被搬空罚款的可能。

因此，对于华商来说，重要的是要善于总结经验，吸取教训，合法经营，完善管理，塑造自主品牌，将华人企业做大做强；既要维权，同时也要遵守当地法律，加强与相关部门沟通，才能逐渐树立良好的形象，减少乃至杜绝类似事件的发生。总之，今天巴西华侨华人的经济地位虽然不断提升，但华人企业实现整体上做大做强还需要时间。

巴西有不少从事个体商品销售的华侨华人也值得注意。例如，上海人邬克宁1988年来到巴西第一个首都萨尔瓦多，并很快喜欢上了这里，不仅是因为蓝天、白云、大海，更是因为无处不在的商机。他大学学的是电子专业，一到萨尔瓦多就开了电器修理店，第一个月就赚了2 000美元。他有一手修理绝活，当时的摩托罗拉翻盖手机，他10年里修了30多万部，利润丰厚。邬克宁爱琢磨，每年回中国都有感悟，总能发现在萨尔瓦多干一番事业的新商机。他后来开了一间牙科诊所，并给萨尔瓦多几家医院提供用最新技术制作的烤瓷牙，仍然利润丰厚。

2007年，白手起家的青田人吴玲军凭他敏锐的目光，看到了圣保罗布拉斯商业区未来的发展商机，来到当时还少有华人涉足的服装街，捷足先登开设了自己品牌的服装公司。同时，他毅然结束了由代工厂加工生产服装的业务，转而从事时尚高档服装进口贸易。他聘请巴西专业服装设计师，根据当地市场流行的款式设计服装，然后在中国下订单加工生产。接下来，一个接一个货柜的精美服装源源不断地进口到巴西，再被批发到全国各地服装店与公司。他的贸易公司也成为华人服装业的知名品牌和企业。如今，在寸土寸金的布拉斯黄金地段，他购地建造的面积1 300平方米的五层商业楼（亦为办公大楼）拔地而起。服装商业区日益兴旺，服装店越开越多，店铺林立，车水马龙。①

在萨尔瓦多古城的主要商业街九月七日大道上，遍布华侨华人开的商店。2014年左右从浙江青田来到萨尔瓦多的郑守静，已先后开了两家店，雇用了9名当地员工，主要销售电器、箱包、饰品。在郑守静的商店里，常常有当地商人来批发各种手机配件和小型电子产品，因为质量好，一直卖得不错。不过，有一样东西她坚决不卖，那就是质量差的商品。②

---

① 袁一平：《慈善温暖侨胞：访巴西青田慈善会长吴玲军》，南美侨报网，2018年4月25日。
② 肖春飞、赵晖、申宏：《萨尔瓦多重新"发现"中国》，《新华每日电讯》，2016年11月7日第8版。

在圣保罗保利斯塔大街的黄金地段，有一家类似万达广场的大型购物中心，它在 2013 年 9 月开门纳客。这里聚集了很多来自中国的商贩，可以买到想象得到的任何小商品，如眼镜、手表、充电宝、电源插座等。张如芳在这家购物中心里开了一家手机壳商店，50 多岁的她，尽管已在巴西生活了近 20 年，但跟很多新移民一样没有申请巴西国籍。她的家人也都来到了圣保罗，并且早已适应这里的生活。张如芳的小店不大，总体收入比国内高一些。她还雇了一名巴西女孩当助手。①

客观地说，随着 20 世纪 90 年代以来两国贸易的飞速发展，贸易摩擦也在同步增长。不少巴西华商似乎没有感受到中巴贸易新机遇所带来的好处，反而感到生意越来越难做。通关、结汇等方面的麻烦越来越多，还不时遇到反倾销调查等非关税贸易壁垒的困扰。巴西是世界贸易组织中对中国提出反倾销调查较多的国家，产品涉及机电、五金、化工、轻工、纺织、食品等。据说原因不在于巴西政府而在于在巴西的同类企业。巴西方面也解释说，很多反倾销措施不是巴西政府的意思。根据巴西全国工业联合会数据统计，为数不少的巴西企业生产的产品面临中国产品的竞争。FIESP（圣保罗工业联合会）多年来一直带头要求政府采取反对中国产品的保护措施。巴西的商业组织方式是会员制，这些年巴西经常出现的反倾销案是按会员联署数量提出的，往往起因于已在巴西设厂的国际厂商保护自己的地盘和利益的需要。当提出反倾销调查的商户达到一定数量时，政府就必须响应。中国方面虽然也有会员，但显然太少，对中国企业不利。当然，作为在当地营商的侨胞，一定要坚持守法经营，规范操作流程，对于借贷及货品进出也要规范操作，同时要预防发生纠纷时没有合法证据。这些年来，也有发生个别不法商人在侨界经商时，利用别人经营中的漏洞，骗取信任、卷款潜逃的案例。在此情况下，中巴双方需要在警务方面加强合作，加大打击犯罪的力度。这对华商在当地的经营也是重要的支持和保障。

2015 年底以来，巴西经济下滑，一路走低。大部分华商遭遇了罕见的冲击。在大小进口商品市场里，往昔红火的景象不见了，除了周末客流还算大，平常门可罗雀，偶尔有客人来，也是问价者多、掏腰包者少。许多华商对此倒是看得很开：做生意总有高有低，总有潮起潮落。很多人内心都明白，这是眼下席卷全球的经济危机惹的祸。不怨天，不尤人，积极应对才是正道。一些人把大部分摊位盘给别人经营，自己只留下一个摊位收租，作为基本收入来源，其实所得有限。也有不少人对暗淡的市场感到迷茫，不知何去何从。尽管如此，却很少有人言弃。长远来说，华商都看好巴西的发展机遇。毕竟，这里有广阔的市场、丰富的

---

① 《"南美华尔街"：世界杯"严打"城管，华人致富求安全》，《扬子晚报》，2014 年 6 月 22 日。

自然资源，以及包容的社会、良好的营商环境。

应该看到，中巴两国各领域合作蓬勃发展。要使中巴经贸关系百尺竿头更进一步，双方还应该关注以下几个问题：一是如何认识双方的比较优势及互补性。二是如何推动双向投资。三是如何在良好愿望与现实之间寻求最佳的平衡点，认识到构筑中巴民间经济交往平台的重要性。四是"国之交在于民相亲"，夯实中巴关系的民意基础，加强中巴间的人文交流，提升中国在巴西的国家形象，在整体上有利于促进中巴合作的全面发展。人文交流的基础，在于民心相通。民心相通，既包括中国民间与巴西当地民族的民心相通，也包括中国与居住国华侨华人的民心相通，以及中国通过居住国华侨华人作为桥梁和纽带，与当地民族的民心相通。

二、中国小商品的零售批发大本营：圣保罗25街

巴西圣保罗市的自由区（葡文为Liderdade），当地人习惯称之为"东方街"。东方街附近有一条"3月25日街"（Rua 25 de Marco），简称25街。该街名的由来是为了纪念巴西第一个皇帝佩德罗颁布巴西第一部宪法的日期——1824年3月25日。有人推算，巴西有25万左右（2019年的说法是已达30万）的华侨华人，有60%就居住在圣保罗州各地。自20世纪中期以来，越来越多华侨华人将圣保罗市的自由区作为主要居住区。自由区原是日本移民最集中的区（号称是日本本土外最大的日裔居住区），但是从20世纪80年代开始，中国大陆来的新移民开始进驻自由区，从而改变了社区的人口构成及空间分布。到今天，由于华人商家增多，这里变成了名副其实的"中国区"，在某种意义上，也可以叫作"中国小商品区"。[①]

从规模来看，25街远大于世界上不少地方的唐人街。也时而有人将25街叫作圣保罗的唐人街，但大多数情况下华侨华人都不习惯这样说。这可能是25街的华商不占主导地位的缘故。一般来说，唐人街最重要的标志就是立有一个大牌坊，上面用龙飞凤舞的中文大书"唐人街"几个字。即使没有这几个大字，也有人所共知的中式标志物，例如门前的双狮子、门柱上精雕的飞龙等。但25街

---

① 圣保罗市自由区原先不叫自由区，而是叫"绞架湖"，因为那儿曾经有个湖，湖畔有一刑场，直到1891年仍是对奴隶和罪犯实施绞刑的地方。1891年起，由于巴西推翻了奴隶制并成立了共和国，这里改名为自由区，也叫自由街。20世纪初，这里的居民以葡萄牙移民和意大利移民为主。他们在这块地价便宜的地方修建了很多房舍，用作便宜的旅馆。1908年起，日本移民开始在这个街区租住旅馆或买地建房，从而形成了圣保罗的"东方街"。20世纪80年代以前，这里的主要人口是日本移民。参见［巴西］束长生：《2018巴西华人移民研究国际研讨会议：地域特征和全球视角总结报告》，圣保罗大学，2018年8月22—23日。

没有大牌坊，也没有这些标志物。或许是因为这里有不同的民族（中、日、韩）杂居，或许是因为巴西人性格随意开放，华侨华人已融入当地而无须"画地为牢"。实际上，在圣保罗甚至巴西其他地方，只要一提到 25 街，人们都知道这是中国人的商业街。

25 街形成于 20 世纪 60 年代至 80 年代中晚期，当初就是由传统华人开拓和发展起来的，只不过传统华人在这里经营的时间比较短而已。到 20 世纪 80 年代以后，这里就渐渐为新移民华商所取代，而今，已经被新移民华商一统天下，成了中国小商品的批发与零售中心，堪称不叫"唐人街"的现代版"唐人街"。居住在圣保罗的巴西人，无人不知 25 街。有人说 25 街是中国浙江义乌的翻版，笔者认为不准确，因为义乌是中国小商品的国际性批发中心之一，批发公司鳞次栉比，货物仓储整齐有序，成行成市，是作为中国小商品销售中心的圣保罗 25 街所无法比拟的。更不用说义乌的规模不下于巴西一个中等城市，而 25 街的大小只有一条街。

然而，25 街的规模即使放在南美洲来看也是令人瞩目的。整条 25 街长约两公里，据说共有商铺 3 000 多家，其中华人商铺即达数百家（一说 700 余家）。这里是圣保罗乃至巴西华侨华人数量最密集的街区，也是巴西乃至南美洲最大的小商品交易和集散中心。巴西华商到义乌采购，然后在圣保罗 25 街销售，因为中国小商品价格便宜，老百姓负担得起。档次稍高的中国小商品，则到广东虎门采购，但来自虎门的小商品数量远比不上义乌。若以华商经销的商品种类论，则涵盖了几乎所有方面的日用消费品，并从这里流向巴西全国各地乃至邻近国家。这一带街区的不管哪一家华侨华人餐馆、食品店、旅行社、理发店，乃至华侨华人律师事务所的华侨华人，都会讲一口流利的葡萄牙语，因为他们的业务不仅面对自己的同胞，也面对巴西当地人。其实在华侨华人内部，亦非一种语言可以解决问题，因为这里的华侨华人来自中国各个省份，故这里还流行广东话、闽南话、青田话、温州话等巴西当地人统称为"中国话"的各色中国方言。这些"中国话"，巴西和其他外国人听起来都差不多，但华侨华人听起来却差得太多。25 街堪称来源地广泛的华侨华人社会的缩影。他们来自五湖四海，为了一个共同的目标，汇集在 25 街，在这里奋斗，在这里挣扎，也在这里成功。这里带给他们财富，也带给他们泪水。他们都是打工者，老板一般提供食宿以及不多的工资作为零用钱（很多人会作为积蓄或寄回养家），合同期满后自谋职业（也可留在原店厂继续工作）。这种雇用模式，属于华侨华人的发明，从过去的年代一直沿用到今天。不仅巴西如此，大部分拉丁美洲国家的华侨华人社会都是如此。不过跟过去不同的是，今天这种用工方式必须遵守当地国家的用工法规，工人（包括华人工人）都得到当地劳动法的保护。

通过形成进口、批发、零售一条龙的生意链，再发展到包括批货员、会计师事务所、律师事务所、清关公司等系列性服务型产业在内的第三产业，来自中国大陆的新移民在 25 街等地逐渐建立起一个以中国小商品为主的独立市场网络。价廉物美的中国小商品源源不绝地进入这个似乎注定是中国新移民发迹的风水宝地，进而辐射到巴西全国各地乃至周边国家。于是，本来只是圣保罗一条普通商业街的 25 街，犹如一朝飞入金谷园，琳琅满目，名满天下。天下熙熙，皆为利来，天下攘攘，皆为利往。每天有数不清的货物在这里吞吐，有点不完的资金在这里流转。

除商品批发外，中国新移民还在 25 街开设中文补习班。诸如会计师事务所、律师事务所、旅行社、诊所、网吧、电脑修理行、美容美发店等各色服务行业，也应有尽有。25 街逐渐形成一个密集的华侨华人生活圈。25 街，不愧是中巴贸易的一个缩影。在这里经营小商店的华侨华人，来自中国各地（包括台湾，但浙江青田人占了半壁河山），年龄从 20 多岁到 60 岁不等，所经营的小商品种类繁多，反映了 25 街华侨华人小商品零售批发业在激烈的竞争中争奇斗艳，也可体察到中国新移民在巴西商海拼搏的千姿百态。

华人创业和守业都是很艰难的。多少年来，25 街的华侨华人虽然艰难经营，但还是顽强地坚持着。首先，中国新移民刚到巴西时，由于资金不足，往往只能靠摆地摊先积攒实力。等到手头的钱可以购买 25 街店面时，才可以松一口气，但这时候他们的时间更加难以支配了。很多 25 街的新移民是开"夫妻店"或"家庭店"的，明白地说，"夫妻店"就是"全员无休店"，一开始时，全店老板和员工加起来就是夫妻两人，不分彼此，一天从早到晚都在上班，夜以继日，就是节日也不例外，没有休息可言。稍微做大一点后，就会想办法让家乡的兄弟姐妹或亲戚过来帮忙。因此，很多华人店铺都有自己独特的商业经销模式，一般都是亲戚带亲戚的传帮带方式。具体来说，就是想办法将自己在家乡的亲戚通过不同的途径移民到巴西，让他们充当自己店铺带有亲信性质的管理者，特别是充当收银员。因为很多华人店铺无法像超市那样形成正规的收银系统，而顾客支付的大部分都是现金，所以只能由店铺华人老板自己信得过的人收款。一般来说，每个店面要有多名华人，包括亲戚。但亲戚不可能长期在店铺里工作。当他们有了一定的资本积累后，便要自立门户，寻求更好的发展机会。这是人之常情。这样一来，华人店铺又要面临华人员工短缺的状况。一般每过三四年，这种情况会重演一次。这样，老板就需要想办法再将国内的亲属带出来。这是 20 世纪 10 年代以前的普遍现象。

每一个华人都希望自己的生意做大，这就需要开新的店铺。理论上，店铺开得越多越好，但实际上，"多多益善"只是美好的梦想，是不现实的。一般来

说，一个家庭如果将店铺开到两家，就会感到很吃力，再开到三家，就如牛负重，可能开不下去了。另外，长期生活在这里，人为的"环境污染"也是不可承受之重。一些商贩把自己圈在店里，长期与较为劣质、味道较重且对身体有一定危害的小商品打交道，因此患上了呼吸道疾病，不得不接受治疗。有人把25街称为创业者的"天堂和地狱"，不无道理。也有一些中国出生的"80后""90后"青年，因为自小在父母的呵护下长大，难以适应25街艰苦紧张的环境，放弃了在这里的创业机会，也对在巴西的创业前景心有余悸。而华商间的竞争激烈，可以说在25街体现得淋漓尽致。此外，来自当地管理部门的限制也很多。当然，还有司空见惯和令人担忧的治安不靖问题。一说在这里经营的华商都经历过包括被哄抢在内的种种窘境，应不属夸张。有人这样形容在25街经营的福建新移民（其实包括在这里打拼的所有新移民）：他们有两种类型，一种是一无所有来这里拼命的人；一种是有一定经济基础而想来巴西创业的人。但不管是哪一类型新移民，他们都发扬中华民族艰苦奋斗的优良传统，克服了一个又一个困难，在创造了属于自己的财富的同时，也为当地的经济发展做出了贡献。应指出，在25街的打拼，既包括体力的超量消耗，更包括精神的高强度负荷。但无论是谁，不见风雨就难见彩虹。雨过天晴，总会有一个满意舒心的结局。一开始在这里销售中国货物时，一些新移民还不得不在语言不通与民情风俗不同的情况下亲自上阵，抛头露面，叫卖销售。他们的窘状可想而知。还有一点令人哭笑不得：25街的华人就是"有钱人"的代名词，华人或者东方面孔的人，很容易成为当地犯罪团伙的目标。由于巴西没有死刑，因此当地犯罪分子（很多人还是少年）非常猖獗。其实每个警察可能都对自己辖区内的黑帮或小混混了如指掌，但他们要么不敢管，怕被报复和打黑枪；要么懒得管，多一事不如少一事，再卖力也没有额外犒赏，费时费力却无法给对方定罪，反而惹祸上身。当然，巴西各色警察中并非都是善类，个别无良警察会以冒牌货为由，对华商行"敲竹杠"之举，甚至会没收华商货物。哪个华商如果没耐心与之周旋，就有可能被抓捕，甚至被送进监狱。

　　25街店家发生的被查抄事件，是指巴西司法部门每年都对华人集中的25街一带所展开的针对假冒名牌产品的查抄行动。查抄行动一般是巴西司法部门根据某名牌公司的举报进行，以前发生较多。查抄时，稽查人员手执法院的判令和被稽查的店家名单，凡上了名单的店主，需守在门前等候呼叫名字，然后进入大楼打开店门接受稽查。如果有店主不肯出面，将可能被撬门强行检查。[1]　到今天，

---

　　[1]　《巴西圣保罗查抄华人商铺假冒名牌商品，行动平和》，中国新闻网（据巴西侨网报道），2007年10月5日。

一个又一个华商陆续走过了当初筚路蓝缕的拼搏岁月，听他们讲述自己当年在25街打拼的"血泪史"，以及今天"杀出"重围后的淡淡喜悦，不难想象这里隐藏着多少新移民的甜酸苦辣。

有一天笔者走过25街，忽然发现大部分在街头叫卖中国小商品的，变成了巴西当地人，华商多在后台掌控全局。不消说，当地人向当地人叫卖，有语言、习惯等方面的亲和力。笔者看到他们叫卖的娴熟程度，一点也不亚于久经沙场的华商。叫卖本是中国人的"老本行"，当地人叫卖堪称新奇，但叫卖肯定不是他们与生俱来的天赋，他们也肯定不是无师自通，这中间不乏华商的言传身教。今天这一"独门技巧"已被巴西当地人学会，华商们功莫大焉。

有人在考察了生活在圣保罗的华商、巴西当地商户、秘鲁商人所建立的圣保罗—广州—义乌跨国商业网络后，发现这些商人不停地穿梭于三地，把来自中国的货物进口到巴西圣保罗，再从圣保罗的几个批发市场配送到巴西每个角落。弗莱雷展示了中国产品如何抵达圣保罗，并通过设在布拉斯（Bras）社区的由黑社会控制的非官方市场——"凌晨市场"（Feira da Madrugada）流向巴西的每个角落。市场设在凌晨，一是因为卡车白天进城有限制，二是装载来自巴西各地的商贩的大巴凌晨抵达，然后购物，天亮之前再返回，能节省时间。这个非官方市场在2015年被圣保罗市政府取缔。与此同时，官方的、非官方的中国商品批发市场迅速遍布巴西各大城市。巴西各地商人已经不需要乘夜班车到圣保罗批发市场购货了。市场变化如此之快，中国商品批发业如此快速扩散到巴西全国，大大出乎人们的意料。[①]

巴西华侨华人进口小商品的港口在东海岸较大的城市，批发地在圣保罗、里约热内卢等港口城市。其他城市，包括萨尔瓦多、福塔莱萨、累西腓等较大城市所销售的中国小商品，都靠从圣保罗等地批发。例如，在累西腓市区内，来自福建、浙江等省的新移民开有很多百货商铺（多属租赁），一间接一间，点缀在当地的各色商铺之中，不乏唐人街风貌。货物来自浙江义乌和广东东莞等地，店铺雇员多为巴西人。据当地华侨华人称，大部分货物是从圣保罗批发而来。在福塔莱萨，来自福建和浙江等省的新移民在市中心地带开有不少百货商铺，即使在经济危机的恶劣环境下，仍有人悉心经营，购买商场，扩大经营。据了解，他们的货物也多从圣保罗批发。

虽然圣保罗的货物较多，但从这些东部沿海城市到圣保罗提货的成本是很高的，商家自然要考虑这个因素。例如，从圣保罗批发商品运到福塔莱萨，需要一

---

① 参见［巴西］束长生：《2018巴西华人移民研究国际研讨会议：地域特征和全球视角总结报告》（圣保罗大学，2018年8月22—23日）中所提到的卡罗斯·弗莱雷（Carlos Freire da Silva）之文。

个星期左右的时间，物流成本很高。一些华侨华人也愿意到离沿海比较近的内陆小城市经营。也许有人以为在这些地方做的是小生意，但是仔细想想便可明白，这些小城市往往蕴藏着很好的商机。毕竟在每个小城市的中心地段，商铺一般非常有限，谁先占领了这些商铺，就无疑先得商机。中国物美价廉的小商品在这些小城市的销售前景是十分诱人的。

当然，选择到外州去闯的华商，要面对完全陌生的环境，一切都要靠自己，故要熟悉当地语言、法律制度和风俗习惯，才可能管理好被雇用的巴西当地人。另外，物流成本很高，而且托运没有全额发票，在高速公路上每辆车都要开到固定点接受检查，托运费用、风险都很高。华侨华人一般都是自己买一辆好的车子，每周自己来回跑 1 000～2 000 公里到圣保罗采购，以便降低物流成本。

今天 25 街一带的功能已悄悄开始发生变化，25 街不再仅仅是中国小商品之都，也逐渐成了中国文化的展示地。每逢春节等华侨华人的"大日子"，巴西政府会在东方街搭建舞台，上挂中文和葡文横幅，以美妙轻盈的中国歌舞表演吸引游客。在邻近的自由广场，除了传统的舞龙舞狮外，还有民族舞蹈、武术表演、歌唱、历代服饰展示、中国书画示范、华语教学等活动。

第四节　新移民在采矿业、农业和有科技含量的若干行业的投资

一、采矿业

采矿业，是指通过开采和采伐等手段获取自然资源的采掘活动。巴西的矿物资源极其丰富，就宝石行业来说，巴西在过去数十年来一直是祖母绿、紫水晶、黄水晶、玛瑙、碧玺、托帕石、亚历山大变石、猫眼金绿石、蛋白石、堇青石、石榴石等众多有色宝石的领先供应国。历史上，巴西公司曾经招募过中国劳工前来开矿，可见前述。今天的华侨华人仍然对巴西的矿业发展做出贡献，但华侨华人参与巴西采矿业方面的信息来源十分稀少，可能只是少量地、偶发性地参与其中。下面只就目前所知做一简单梳理。

（一）华侨华人淘金者

第二章第六节提到早年中国劳工在巴西开采金矿的事情，淘金者是批量来到巴西淘金的，但之后不知所终。往事越百年，到了 20 世纪 70 年代以后，巴西的中、西、北部都一再发现有含量丰富的金矿，黄金使巴西燃起了希望。但巴西的地下矿藏长期管理不善。有的矿地被私人无组织开采，已成无政府状态。1980 年 2 月，一个牧场主在巴西的亚马孙河的丛林中发现了沙金，于是淘金热又在巴西掀起。根据网上信息，当时仅在卡那亚矿区，不到一个月就来了 12 000 名淘金者，在 3 个月内就采掘出 3 500 千克黄金。随后，又有人在巴西西北部发现了另一个金矿区，淘金者又蜂拥而至，居然在一年的时间内连续采到狗头金（狗头金几乎全由黄金组成，极其稀少，故极为贵重），最大的一块竟重达 32.9 千克，据说是 20 世纪采到的最大狗头金。[①] 在巴西这一波淘金潮中，并未听说有华侨华人的踪迹。上述信息仅作当时淘金的参考。可以肯定，这一波淘金潮对华侨华人的吸引力非比寻常。20 世纪 80 年代刚到巴西的新移民中，有人加入了巴西的淘金行列，投资金矿业。

在很多人看来，淘金是很浪漫的事情，看着金矿从石头缝里出来，变成了水，变成了金沙，最后变成纯金。但有趣的是，一般人都不愿意透露淘金的具体地址。这体现了淘金业古往今来都存在的神秘感。有人说这是"闷声发大财"，有人说是为了躲避风险，都不无道理。在新移民淘金者之中，来自中国云南的雷滨是个名副其实而为外界所知晓的淘金人，也是至今少见的有名有姓有透明淘金经历的华人。这可能源于雷滨个人的特殊经历。自父辈开始，雷滨一家生活在缅甸"金三角"，充斥着毒品、黑帮、战火的少年时代让他终生难忘，因此他一直在寻找一个没有战争的地方。他在境外的足迹遍布缅甸、中国台湾、美国、墨西哥、巴拿马、巴拉圭、巴西，最后在巴西停了下来，除了得到一个安身立命之所，还在居住地开辟了一条新的财路——淘金。可以肯定，巴西华侨华人中不只雷滨一个人有淘金的经历，但除了他，确实没有人透露过自己的点滴经历。雷滨在巴西的采金经历，可以帮助世人较清晰地认识巴西的华人淘金史。雷滨的淘金地位于亚马孙森林的印第安人居住区。他是被其合伙人弗朗西斯科带进那里的，白人在那里偷偷开了一个金矿。金矿的森林带有工人，有零星分布的小城镇，小城镇里有工人们的"娱乐"之所，娱乐机、赌博机颇受欢迎。雷滨看到了商机，决定推广娱乐机。因此，雷滨第一次接触金矿时并没有参与挖矿，只是做了一些

---

① 李强：《狗头金：沙里寻它千百度》，豆丁网，2015 年 6 月 17 日。

外围服务。① 数年后，雷滨在弗朗西斯科带领下重新踏足巴西的金矿。这一次，他成了一位真正的淘金者。金矿开采分挖金、熔金等不同领域。金矿石经过粉碎、化学过滤、火烧之后，会变成含金量在83% ~85% 的粗金。把粗金卖给专门的熔金公司，公司会把含金量炼到92% ~99% 。弗朗西斯科负责用一架小飞机将粗金运送到熔金公司，雷滨的工作是熔金。

　　巴西人通常去的淘金地，有人猜测是在热带雨林的河湖地区。② 根据雷滨的淘金经历，笔者认为这一猜测十有八九是事实。虽然淘金的具体操作过程世人知之不多，但淘金的"普及"性画面却无人不晓。简言之，淘金就像赌博，很容易让人上瘾，但未必为人所知的是，黄金开采的过程十分艰辛，且风险极高。究其原因，无非是投入与产出的比例谁也说不准，或许一朝暴富，或许顷刻家破人亡，身无分文。首先，淘金的冒险性极大，如果遇到激流，导致沙坑突然塌方，里面的人十之八九会被活埋，成为异域冤魂。有时候，河湖里的淘金者有可能被河底的沉船上的障碍物绊住，不得脱身而魂葬他乡。此外，还有暴力、血腥、枪战等，这不只在警匪片中司空见惯，在现实中的淘金队列里也可能不期而遇。其次，即使人祸可免，天灾也难防，例如热带丛林特有病症——疟疾，便是淘金者的天敌。谁不幸被蚊子光顾上了，便有可能成为孤魂野鬼。在雷滨的记忆里，巴西经营金矿的人中，很多都得了疟疾，有的人甚至得了五六次，最后死在巴西。③

　　雷滨从20世纪80年代就开始在巴西淘金。经历了近30年的耕耘，艰苦倍尝，故对这个行业有深刻的了解。不过时至今日，仍然少有媒体报道华侨华人在巴西开采金矿的真实情况，只是偶然可以看到一点透露蛛丝马迹的真实资料。例如，1986 年，巴西摄影师 Sebastiao Salgado 第一次来到巴西塞拉佩拉达金矿，他被这里的情景惊呆了。于是，一组"史诗级"的照片就此诞生。这个淘金地是否为华侨华人所经营无从查证，但可以肯定，Sebastiao Salgado 的照片表明，当时矿工使用的仍是原始工具。时光飞逝，31 年后的 2017 年 8 月 25 日，在当地警察局局长和矿场主人陪同下，当年的淘金者雷滨来到亚马孙河上游的一家小型矿场。矿场主人走进自己的金矿内，在开挖以前这里原是一块平地，这时已挖到4 550 米深。31 年前 Sebastiao Salgado 照片中显示的矿工使用的原始工具已被挖掘机替代。据说这里的石头被打碎后，只要加水一摇，就有黄金显露出来，可见这些石头的含金量很高。雷滨也说这个矿区是他见过的含金量最高的金矿。④ 这

---

　　① 熊乙：《巴西淘金者：为了躲警察住进贫民窟》，凤凰网财经，2017 年 9 月 13 日。
　　② 方元：《遍地黄金任你挖》，载［巴西］朱彭年编：《中国侨民在南美》，北京：文化艺术出版社，1990 年，第 138 页。
　　③ 熊乙：《巴西淘金者：为了躲警察住进贫民窟》，凤凰网财经，2017 年 9 月 13 日。
　　④ 《独家揭秘：中国商人在巴西挖金矿场景》，凤凰国际 iMarkets，2017 年 9 月 3 日。

个矿场应不是他当年淘金的矿场，但从上面的描述隐约可以窥见华侨华人参与淘金的部分情况。

孙华杰是所知不多的另一个淘金人。他出生于中国山东，4 岁随父母到中国台湾，24 岁时只身乘最后一班远洋轮到达巴西。他在九个兄弟姊妹中排行第七，是第一个出国创业的。1987 年，亚马孙河掀起淘金热，巴西约有 4 万人涌入亚马孙河，孙华杰亦在 1993 年加入掘金的行列。孙华杰掘的是河金（金矿分河金、山金两种，前者要潜入河中掘取，后者要开山劈石掘取），需要的装备只是一艘船和几个入河的土著。他当时请了 4 个土著帮手，工资是掘出黄金的 3 成。每日起码要掘 100 千克黄金才不会亏钱。他做了 3 个月，船却坏了 2 个月，加上要不停地供应土著食物和必需品，他尚未掘到金就已经亏本。闪烁的黄金对孙华杰来说只是幻想。[①]

（二）当代华人矿业与中巴石材贸易：以巴西恒润石材股份有限公司花岗岩"大啡珠"石矿项目为例

巴西矿藏资源丰富，也有华侨华人参与巴西的采矿业，但什么时候开始涉足巴西的采矿业，规模如何，目前尚不详明。就目前所知，巴西华侨华人涉足采矿业（指有组织地参与）主要发生在新移民时期，涉足巴西采矿业的华侨华人基本上都是新移民。近年来，越来越多中国企业跃跃欲试、走出国门，与世界各大友商开展友好合作。华侨华人在巴西的采矿业已经越来越多地被纳入政府的管理中，也越来越规范化，成为两国经济往来的重要组成部分。

在巴西，工业与矿产业是与服务业一样获得较多外国投资的行业。中国是巴西矿石的重要市场，两国间有良好的合作。例如，淡水河谷公司（Vale）的铁矿石大部分销往中国。2019 年，淡水河谷 60% 的铁矿石运往中国，占其营业收入的 48%。[②] 在两国矿石开发合作的良好前景下，华侨华人也积极参与开发。这里以巴西恒润石材股份有限公司（简称"恒润"）发起的花岗岩"大啡珠"石矿项目为例。该项目采取出让股权融资的合作方式，合作伙伴可以派员到巴西一同参与项目运营及经营管理。根据项目可行性研究报告，该项目所要开发的目标产品是稀有的花岗岩石材——"大啡珠"（imperial brown）。"大啡珠"属花岗岩石材的一个品种，底色多以咖啡色、深棕色为主，斑点颗粒呈花草样式，轮廓清晰、分布均匀。"大啡珠"的吸水率只有 0.14%，属于优质的低吸水率工程材料，抗折强度和抗压强度分别为 13.8% 和 208.3。岩石特征概括来说为颗粒粗、成色

---

① 《勇闯亚马孙河的中国人》，中国侨网，2002 年 4 月 12 日。

② 《巴石油和淡水河谷看到与中国扩大合作的机会》，中国商业资讯网，2020 年。

深、质地坚、抗性好。"大啡珠"的产地仅集中在巴西东北部，由于产区在世界范围内分布少，加之当地缺乏成规模的机械化开采加工，产量有限，因此使得该品种成为不可多得的稀缺品。即使原材料批发价远高于其他常规产品，也常年处于供不应求的状态。

"大啡珠"主要用于地板砖，或用于室内高档装饰、构建等，因而是不少买家争相抢购的高端装饰石材，尤其受欧美、中国大陆、中东等地客商青睐，多用于大型清真寺、高级酒店大堂等具有崇高精神意义或重大价值的大型建筑，以彰显其尊贵奢华、独特身份及社会地位。"大啡珠"还用于一般民用建筑，如私人别墅的家装等，需求量十分可观。

该项目由巴西广东商会副会长企业——巴西恒润石材股份有限公司发起。恒润依托巴西广东商会以及广东省贸促会作为强大支撑，桥接中巴两国以及中国和南美洲的经贸合作，搭建惠及各方的商旅交流平台，有意诚邀商友入股注资，合作经营，共同开拓中巴高端石材市场，搭建友好的合作平台。恒润所持有的矿区位于巴西东北部的伯南布哥州（Pe-Brazil），属私人永久财产，具有良好的资产属性。截至2018年第三季度，经过恒润以及巴西广东商户的努力，恒润已经成功取得一块200亩的永久性土地性质的"大啡珠"花岗岩矿。恒润所持有的矿场距离苏阿普港只有90公里。苏阿普港是巴西东北部伯南布哥州最大的港口，也是大西洋地区重要港口，距离首都巴西利亚南部40公里。该港实行全年365天无休作业。矿场基础设施建设完好，使用方便，安装快捷。此外，恒润在苏阿普港拥有自己的堆场。[①]"大啡珠"项目发起人苏梓祐本身是旅居巴西多年的华人，身兼恒润董事长、巴西广东商会会长等职。苏先生一向致力于中巴矿产资源开发及贸易，担任会长职务后，更是不遗余力促进中巴两国乃至中国与南美洲多国更广泛的经贸合作，赢得各地政府部门及企业商号的一致肯定和高度认可。

中国石材的内消费主要分为三大部分：首先是建筑的内外装饰用板材，这是石材使用量最大的一部分；其次是建筑用石，包括园林、工程用石；最后就是石雕刻、石艺术品、墓碑石产品等。公共建筑使用石材越来越追求高档化，在地面铺装、橱柜和家具的台面装饰上也广泛应用。随着人民生活水平的不断提高，石材已走进寻常百姓家。石材的消费市场在中国正以惊人的数字增长，将带动石材行业进入石材品牌消费时代。中国传统的石材产地主要分布在南部的福建省、广东省，东部的山东省三个石材生产大省，其中福建与山东为原料与加工生产大省，广东主要从事进口石材的加工。中国国内石材工业总的趋势是发展迅速，应

---

① 据巴西广东商会、巴西恒润石材股份有限公司（Bhr Granitos Ltda）：《巴西恒润石材股份有限公司花岗岩"大啡珠"石矿项目可行性报告》，由苏梓祐先生提供材料。

用更加广泛，消费需求量加大，这将推动石材的进口。巴西是个重要的石材生产国，巴西华侨华人投资这一产业将大有可为。

放眼世界，石材工业是一个蓬勃发展的工业，大型公建工程是石材的主要市场之一。世界各国在建的城市道路、广场、公园、机场、地铁等工程，都大量应用各类石材，为石材企业提供了广阔的发展商机。中高端石材产品主要用于高端地产项目。常见的星级酒店、高端会所、别墅、中高端社区均需要选用大量不同品种的石材产品进行内外部装修。尤其是美国、德国、法国、英国、挪威、意大利、西班牙等主要石材消费国，由于其建筑风格、居住传统、注重环保等因素，正大量使用着各类中高端石材产品。据权威机构估计，欧美的石材消费占全球消费量的一半以上，而中国石材市场的占有率仅达 2.3% 。在全球化趋势下，中国石材行业的外贸额一直保持高增长的态势。有消息称，中国已经全面超越传统的石材强国意大利和西班牙，成为全世界最大的石材生产、消费和出口国。国际上不少从意大利、土耳其、巴西等国采购石材的客户纷纷转向中国，中国石材在国际石材市场上所占的份额日益增大。巴西的石材工业有望成为华侨华人一个越来越重要的产业，石材消耗量的大幅增长、国际石材贸易额的扩大，成为一个新的华人产业增长点。

二、农业

农业是种植业、畜牧业和渔业等第一产业的总称。巴西幅员辽阔，农业资源特别是土地资源、水资源、生物资源等都十分丰富，条件得天独厚，发展潜力巨大，这奠定了巴西的农业大国地位。直到今天，巴西还有 4/5 的土地没有得到开发，更不用说在一两百年前了。那时候华侨到了巴西，大多居住在人口较多的城镇地区。因为过去中国人在海外多以经商为生，所以很少有在当地务农的。在 20 世纪 50 年代前相当长的历史时期里，除了少数参与当地人组织的农垦外，大多数华侨没有参与农业经营。但到了今天，如果在巴西参与农业，经营得好的话，是大有可为的。虽然在巴西当农民的致富速度慢，但在巴西从事农业的一大优势是土地便宜，自然禀赋好，不用投入多少资金。还有，巴西自然灾害很少，故农业经营本身比较稳定，务农也可以圆很多华侨华人闯荡巴西的致富梦。事实上，自 20 世纪 50 年代起，来自中国台湾、香港和大陆的华侨华人在巴西农业政策的吸引下，相率在巴西务农。这些华侨华人还把白菜、萝卜等东方蔬菜移植到当地，也算是对巴西农业发展的一个贡献。

巴西华侨华人所经营的农业企业，既包括种植小麦、大豆、棉花等作物的大农场，也有养鸡、养兔、养花、养蚕、种蘑菇等的小农场。在 21 世纪之交，巴

西全国较具规模的华侨华人经营的大型农场有 60 多家,一般都拥有 100 多公顷耕地,最大的达 4 000 公顷。中小农场也有 50 多家。经营畜牧业的有 30 多家,所养鸡、牛等不仅供应本地市场,还出口邻国。[①]

提到在巴西经营农业的华侨华人,最著名的莫过于马守道。他于 1957 年携全家从中国山东到巴西创业,创建了"好信心"农业产业集团,涉足农业、牧业、食品加工、奶品制造、粮食仓储及物流等多个领域,在大豆技术开发和优质奶牛培育方面取得了重大成就。[②] 米纳斯吉拉斯当地媒体评论马守道时说他"热爱巴西就像他热爱自己的祖国一样","为巴西的经济,尤其在农业方面作出了卓越贡献",是"米纳斯吉拉斯州及巴西全国大豆生产的先驱"。[③] 据 2014 年的资料,他的农场占地 3 100 公顷,其中 2 100 公顷是买的,1 000 公顷是租的。年产大豆 600 万公斤、甘蔗 9 000 万公斤、玉米 300 万公斤,饲养奶牛 8 000 头,每天产奶 6 000 升。年产值 1 700 万美元,纯收入约 510 万美元,已跻身巴西富人行列。他被巴西人称为"模范农民",得过联邦、州和地方政府大大小小 30 多个奖项。他的农场还是州的种子农场,农牧业研究公司研究出来的大豆新品种,先交由他的农场在大田种植,然后再向其他农民普及和推广。[④] 马守道于 2010 年 7 月 18 日去世,享年 87 岁,巴西巫贝拉巴市为他降半旗哀悼 3 天,以表彰他对巴西农业发展的卓越贡献。

21 世纪 10 年代以来,巴西华侨华人也开始投资当地农业,一些由华侨华人家庭经营的农业庄园在圣保罗等地悄然兴起,成为他们的新兴产业。与此同时,巴西华侨华人也乐意引进中国国内资金投资巴西农业。不少华商和巴西政府机构、企业之间的关系越来越紧密。这种合作关系主要表现在两个方面,一是食品进口和地产购置,二是农业投资的领域。两方面都让中国发现了巴西这块农业投资和生产宝地的无限魅力,一些中国企业在巴西投入了大量资本用于土地购置。例如,目前有中国企业在巴西对奶制品、禽类、谷物、糖料、机械、肉猪饲养和儿童营养品等行业进行高额投资。应注意的是,巴西庞大的农业产量、优质的农产品在全球农业市场上占有一席之地。中巴农业合作的前景十分广阔,未来华侨华人可以与中资农业公司合作,在其中发挥积极作用。

另外,据笔者了解,今天也有华侨华人在经商之余,购买一定面积的土地,从事农作物耕种,同时也用来度假。这些华侨华人所购买的小块土地,一般都靠

---

① 白俊杰:《巴西华侨华人概述》,载《华侨华人百科全书·历史卷》编辑委员会编:《华侨华人百科全书·历史卷》,北京:中国华侨出版社,2002 年,第 35 页。

② 龙吉泽:《中国人在巴西种田》,《湖南农机》2014 年第 12 期。

③ 《巴西华人农业家马守道逝世　巫贝拉巴市降半旗哀悼》,中国新闻网,2010 年 7 月 31 日。

④ 《巴西农场致富经:华人在巴当"模范农民"》,一亩田新闻,2014 年 7 月 15 日。

近他们的商店，路程不远，半个小时至一个小时的车程不等。不过参与这种农业经营的华侨华人人数很少，他们本人也没有成熟的农业经营计划。这种情况如何发展，还有待观察。

由于历史、地理、资源条件的原因，巴西有大庄园的传统。今天巴西的大庄园规模大得惊人，往往拥有几万甚至几十万公顷的土地，即使是一般的家庭农场，也有上百公顷的土地。当然大庄园也有作物经营的现实需要。巴西一些大庄园有世袭的传统，但生产流程却是现代化的。另外，巴西大庄园主农业和小农并存，地区发展不平衡。巴西农业私有化特点突出，以一家一户为生产单位的家庭农场所占的比重很大，且分布在全国比较发达的东南沿海地区，全部实行机械化和现代化生产。与此同时，农业在国家经济中的比重和作用也越来越凸显。因此，以一家一户为生产单位的家庭耕作模式，比较适合从事农业经营的华侨华人。

三、有科技含量的行业

在华侨华人史上，常常只有打工者创榛辟莽、筚路蓝缕的形象。科技，特别是高科技往往与他们无缘。但在一个经济全球化的时代，华侨华人"破帽遮颜过闹市"的形象已成为历史。巴西是南美洲最大的国家，拥有种类繁多的经济、科技资源，是华侨华人大有作为的广阔天地。今天新一代华侨华人也是科技领域的经营者、投资者。他们常常依托祖（籍）国日新月异的科学技术，在异国他乡涉足科技行业，将自己的事业做得风生水起。在巴西涌现出来的中国品牌越来越多。这些品牌多是由华商和中资企业引进来的。特别是中国的互联网技术进入巴西之后，当地人的生活方式由此开始发生变化。

有这样的场景：晚上七点的巴西圣保罗，交通堵塞高峰如期而至。这个时候，人们习惯使用叫车软件，即"99打车"（99taxi）。2018年1月4日，来自中国的独角兽公司"滴滴出行"宣布收购巴西99taxi公司。该公司总裁说，这次收购是很棒的整合，现在他们工作起来像一个团队，99taxi公司在中国公司的技术支持下成为巴西最先进的打车软件公司。中国的互联网核心技术进入巴西之后，极大地改变了当地人的生活方式，短短一年的时间，巴西有超过30万名司机与车主获得了增加收入的机会，而愿意使用打车软件出行的注册用户在2018年中已经达到了1 400万。[①] 巴西当地人发现，东方资本看重的不仅仅是盈利，还是

---

① 《重磅！巴西"财富地图"面世：沿着"一带一路"有这些"大生意"！》，央视财经，2018年6月8日。

合作伙伴之间的共赢，那种防御和抗拒的心态自然不攻而破。

"节能灯大王"孙华凯于 1967 年来到巴西（当年只有 12 岁），与姐姐孙特英（当年只有 13 岁）一起做"提包客"出身。1973 年他还在读大学时就开了一家礼品店。后来做公司业务经理，又与姐姐和姐夫合资开贸易公司，做进口中国轴承生意并一炮打响。当轴承生意开始衰落时，孙华凯及时转向，改做中国节能灯生意。结果他的节能灯打进了里约热内卢 80% 的超市，并敲开了圣保罗、米纳斯、维多利亚等大城市的一些超市的大门，"lightex"节能灯走进千万巴西家庭，他成了"节能灯大王"。在孙华凯带动下，他的家族先后开了 20 多家贸易公司。① 如今，孙家有近 200 人在巴西生活，职业多样化。

徐为于 1994 年来到巴西，10 年后他在圣保罗成立了一家名为 DL 的公司，他自己担任公司的 CEO。从 2011 年到 2016 年，DL 公司生产的平板电脑成为巴西销量第一的产品。由 3 个中国人与近千名巴西员工所组成的电脑生产企业，今天已经占据了整个巴西平板电脑市场 20% ~38% 的市场份额。在 DL 公司，90% 的元器件和设计都来自中国。工厂每天平均组装 8 000 台手机和 10 000 台平板电脑。② 在异国他乡，徐为的业务重点从来都集中在产品研发、成本控制、市场销售三大环节。生产的红火，蕴藏着产品销售增长的巨大空间。重要的是，徐为的成功，使中国人经营巴西市场的形象在当地政府和民众心中更加完善。

巴西华商李锦辉出国前在中国高新电子产业领域已卓有成就。他于 1998 年初来到巴西后，选择开设电动式炸鸡店作为立身之本，取得了好业绩，一条发展连锁店的康庄大道似正为他铺开，但他却执拗地追求更高的事业目标，将视野转向另一片天地——将中国电子产品打进巴西市场。他办起了进出口公司，选定电子节能灯作为迈向高科技电子领域的"敲门砖"。1994 年，中国工厂按他要求制作的节能灯在巴西一炮打响，产生了轰动效应。巴西许多华商纷纷仿效进口，形成"节能灯热"，但不久即遭低劣品冲击而出现市场滞销。不少中国厂家倒闭，李氏企业也面临一场商海波劫。1999 年巴西受国际金融危机冲击，李锦辉的公司再遭重创。几年后，巴西开始针对节能灯出台标准化规定，节能灯市场在巴西重新走上正轨。这时的李锦辉仅将节能灯作为一个保留项目，把眼光转向方兴未艾的半导体照明领域。他看到，中国企业往往一哄而起，导致大量低端产品涌进来而竞相杀价，却没有真正占领巴西市场。故他在 LED 照明领域采取"从高端入手，先登公共照明，居高临下，推向市场"的独特途径。李锦辉用最优秀的

---

① 鲍南南：《孙华凯：十年一剑终磨成》，《温州日报》，2017 年 1 月 11 日。

② 《重磅! 巴西"财富地图"面世：沿着"一带一路"有这些"大生意"!》，央视财经，2018 年 6 月 8 日。

LED 产品进军公共设施领域。他把巴西的团队作为一线实验室，将高科技和产品适用性相结合，改进产品结构。同时，他与巴西本地公司结为伙伴，由当地安装公司作为前锋，发挥宣传作用。经过几年努力，李锦辉在高端 LED 领域获得成功，开拓了公共照明和公共装饰市场。旋以圣保罗为基地，向巴西各地推进。2012 年底，当巴西环球电视台连日播放圣保罗各大街灯饰盛况时，各方都在称赞政府舍得出钱营造节日气氛，但鲜有人知，其实这是"中国 LED 灯饰的盛会"。[①] 顺便一提，李锦辉艰辛创业时仍不忘服务侨社。他自 1997 年以来一直担任巴西中国和平统一促进总会常务副会长，协助知名侨领、台胞张无咎处理该会日常工作。

巴西华商在中巴进出口贸易中发挥主力军作用的同时，也在寻找机会进行投资。这部分主要是一些在巴西已经积蓄了相当数量创业资本的华商。例如，目前巴西最时尚的男装品牌之一 Black West，正引领着巴西一轮新时尚。创造这一潮流的是华商周海军。树立品牌，一直是周海军的梦想。棉花是巴西最有代表性的农产品之一，也是巴西第二大出口品。2018 年，巴西棉花种植面积增加至 120 万公顷，产量估计达 195 万吨。但过去很长一段时间里，巴西人对棉花的利用仅限于原料出售和织布。周海军在这里看到了市场商机，就进入了这个领域，做起了制衣行业，成立了 Black West 服装制造公司。过去巴西从中国进口服装需要 4~5 个月时间，但周海军就地取材，就地加工，从开发到销售仅需 20 天。现在，圣保罗的 Black West 服装企业有 7 家直营店和 30 个代理商；在全巴西，除了代理商，还有 2 000 多个散客。周海军在服装投资上一帆风顺，不过他也为巴西缓慢低效的物流速度感到尴尬。[②] 例如，网络购物目前已经成为巴西民众的热宠，但巴西网购的最大问题是全国物流速度太慢。巴西交通主要靠汽车，大部分公路是未铺砌的高速公路，使得商品送到消费者手里运费高昂。又如，只要是商品都需要全额销售发票，否则无法寄快递。而快递只能到当地邮局取寄，需要长时间排队，花费很多人力成本。

当今国际上高科技竞争激烈，要打开一国市场，需要经过很多年的不懈经营，特别是像巴西这样的大国。据说中国的华为公司已经在巴西花了 20 年时间，主要在改善该国的通信网络基础设施，使得华为手机在巴西拥有一定的市场。但市场不是一旦得到就永远拥有。5G 是重要的通信革新领域。华为曾经在 2013 年后因美元贬值以及在消费者中知名度不够而没能成功在该领域发展。2019 年 3 月

---

① 参见《为中国新能源照明开拓市场——记巴西华商李锦辉》，新华网，2013 年 12 月 14 日。

② 《重磅！巴西"财富地图"面世：沿着"一带一路"有这些"大生意"！》，央视财经，2018 年 6 月 8 日。

11 日，巴西网站"olhardigital"报道，在世界移动大会（MWC）上，华为发布了适用于 5G 技术的新款手机华为 Mate X，引起了世界的关注。[①] 华为要重返巴西，将最好的智能手机带进巴西市场。巴西方面表示，华为在巴西经营多年，没有华为，巴西的 5G 网络建设将会推迟。诸如中国人习以为常的走街串巷购物的时候用一部手机可以完成大部分支付的景观，在巴西似乎还是童话，巴西人要时刻随身带上一大沓信用卡、现金和超市消费卡，既不方便也不安全。如今巴西有意推动人工智能、物联网等行业的发展。

巴西是目前世界上第九大电商零售市场，也是拉美唯一位列全球前十大电商零售市场的国家。20 世纪 90 年代迅速发展起来的巴西华资工业企业，大都采用新技术、新设备，经营管理现代化。跨境电商连续多年快速稳定增长，跨境电商巨头贸易链扁平化、大数据精准化、供应链全球化等特征已经逐渐显现，新外贸业态已初步形成，不少国内企业都在强化知识密集型的建设，酝酿其在拉美的布局。应指出，巴西在一些方面的滞后，实际上也从一个角度显示着巨大的市场需求。由于在制造业领域的长期危机，巴西在一些高科技战略领域的国际竞争力中的排名有所下降。例如，根据联合国工业发展组织的数据，2005 年至 2016 年期间，大多数发展中经济体的中高科技制造业生产值在制造业生产总值中所占比重有所上升，巴西却是其中的例外：中高科技制造业生产值的比重从 1995 年的 50% 以上，下降到 2000 年的 34%，此后几乎保持不变。[②] 这对于巴西华侨华人来说，预示着将来在巴西科技投资等领域有大显身手的机会。事实上，上面所述已显示出一部分有"春江水暖鸭先知"预感的华侨华人开始抓住这样的机遇。时代需要打造以数字技术、高附加值品牌为驱动的跨境电商，需要更具有国际化视野和资源整合能力人才的参与。巴西华侨华人中，假以时日，也会产生这一类人才。其中，华侨华人新生代有很大的潜力。有朝一日，当他们意气风发地参与跨境电商的时候，有可能实现中国、居住国和自身之间的三方共赢。巴西可以期待的中国投资领域很宽广。巴西华侨华人在其间发挥的作用也会越来越宽广。

---

① 《4 年后，华为或于 5 月携高端手机返回巴西市场》，南美侨报网，2019 年 3 月 13 日。
② 《巴西工业的世界地位下降，高科技领域受影响最大》，巴西华人网，2019 年 10 月 17 日。

第五节　华商与中国企业走进巴西

中国是世界上最大的发展中国家，巴西是西半球最大的发展中国家。在政治上，两国的发展目标和战略以及所面临的机遇和挑战是相似的。1993 年，两国建立战略伙伴关系。2013 年，两国关系提升为全面战略伙伴关系。毋庸置疑，中方始终从战略高度和长远角度重视发展中巴关系。中巴国家和人民之间存在的良好关系，是中国企业走进巴西的重要基石。巴西和中国各有优势和互补性。

到过巴西的中国人都很清楚，巴西拥有广阔的土地、丰富的物产资源，但工业结构不完整，缺乏先进生产技术和发展资金，对发展来说，最严重的短板则是基础设施很落后。巴西在二十世纪六七十年代建设起来的当时还可以引以为傲的基础设施，到今天已陈旧不堪，没有办法继续承担国家经济升级的历史使命。其中首要的，是改造公路、港口、铁路、机场等。此外，巴西政府决定在农产品加工、能源和保税区、开发区等领域进行更多投资。巴西对电力等方面的投资需求也很大。据说在一大批设想的投资项目中，仅电力一项从 2015 年到 2019 年的 5 年内就需要吸引投资 1 250 亿美元。按照拉丁美洲开发银行的说法，在拉美地区，物流成本占最终产品成本的比重高达 18%～35%，中小企业的这一比重甚至超过 40%，而经济合作与发展组织（OECD）成员国的这一比重仅为 8%。[①] 这当然是基础设施落后惹的祸。巴西政府迫切希望开展国际合作，以吸引外资进入各行各业。中国在这方面的能力更被看好，特别是各州有许多基础设施建设项目，都十分欢迎中国企业投资。而且中国拥有先进的技术，金融储备雄厚。中巴经济合作，既是中国企业的机遇，也是巴西华商的机遇。

实际上，中国企业已经加快了在巴西的投资。2009 年之前，中国对巴西的非金融类直接投资并不稳定，在一些年份出现高速增长之后紧接着大幅下落，波动很大。2009 年之后投资增幅较大，2010 年中国成为巴西最大的投资来源国。截至 2011 年底，中国对巴西非金融类直接投资达到 10.72 亿美元。据巴西工业贸易发展部的统计，2003 年至 2011 年，中国企业在巴西宣布的投资项目有 86 个（其中有 9 个为收购兼并），投资总额为 317 亿美元，涵盖采矿、钢铁、石油天然气、输电、汽车制造、交通运输等多个领域。中国对巴西投资以"国企和资源领域先行"为特色。除中石化集团外，对巴西进行较大规模直接投资的企业还有中

---

① ［阿根廷］马豪恩著，谢洋艺译：《"一带一路"倡议下的中拉合作：基于铁路基础设施的案例研究》，《当代世界》2018 年第 9 期。

化集团、国家电网、武钢集团和重庆粮食集团等，多为收购兼并。一些中国的制造业企业在巴西也获得成功。例如，格力电器于 1998 年进入巴西市场，经过多年努力已经成为当地市场占有率第二的空调品牌。2002 年格力电器在巴西圣保罗成立销售公司，专门负责巴西市场的销售和服务工作。目前格力电器在巴西的销售已经遍及 24 个州，共有 200 多家经销商以及 300 多个服务网点。[①]

中国企业在巴西建厂的积极性也大为提高。就贸易与投资设厂两方面的依存关系来说，过去十多年来，中巴贸易额虽然翻了百十倍之多，但中国在巴西落地设厂并不多。这对中国企业不利。如果中国企业把较为便宜的巴西原材料运回中国，加工成产品后再运回巴西销售，成本与利润间的比率会很不合理，还不如在巴西直接设厂就地销售更为有利可图，而且可避免反倾销的风险，因为巴西的关税很高，反倾销的事情经常发生。所以，在巴西已有较为成熟市场的华商，一般会考虑在巴西设厂。按照国际贸易的一般规律，在海外市场还不确定的情况下，可以选择出口；当有了一定的市场后，就要选择代理商；到了增长情况很好时，就要设门店；一旦打开市场，就要考虑设厂。据相关学者对巴西现实情况的分析，有的中国厂商已经落地巴西，且取得了不错的成效。所以，中国相关企业在巴西设厂应该提上议事日程。当然，中国企业在巴西的发展还刚开始，在很多方面与一些早已进入巴西的企业相距甚远。例如，美国和日本企业进入巴西较早，且均已在巴西建立了牢固的市场。相对来说，中国企业进入巴西并在这个国家立足还需要时间，需要一个适应过程。这个过程中可能有一定的困难。对于中国企业来说，还是要把握机遇，跟上形势，以变应变，不能守株待兔。

有条件、有实力的中国企业"走出去"，既是中国企业本身的期待，同时也是一些期待吸引中国资金和技术的国家的企盼。巴西是金砖国家，又是拉美首屈一指的大国，从这几个方面来看，中国企业都存在着一定的"走出去"、走进巴西的必要性和必然性。巴西华商联合中国"走出去"的企业在巴西建厂的前景被看好，况且中国企业在巴西建厂的条件比过去任何时候都成熟。一些巴西华商在自己还没有决定是否联合中国企业建厂之前，也乐意利用自身熟悉巴西国情特别是熟悉巴西法律的优势，为中国企业建厂提供各种形式的咨询服务。就政府层面来说，巴西希望在发挥自身行政功能的同时，让市场能够在作为一个开放经济体的巴西的资源配置上发挥重要作用，同时希望中国企业在巴西经济发展过程中发挥助力功能。当然，也希望中国企业成功实现本地化，在巴西创造更多就业机会，与巴西本土企业一起共同推动巴西经济和社会发展。

众所周知，中国企业要到巴西投资，不可能靠企业本身在前景和目标不明的

---

① 王飞、吴缙嘉：《中国和巴西经贸关系的现状、机遇与挑战》，《国际论坛》2014 年第 4 期。

情况下"摸着石头过河"进入巴西。巴西有需要，中国有能力，看起来是两情相悦、一拍即合的事情，但在实际运行过程中，时而会遇到重重困难。敢于问鼎巴西基础设施项目的，多是中国国内技术能力和融资能力雄厚的实力型企业，它们的资本和技术都应无问题，但它们的明显短板是对进入巴西市场缺少基本信息。一些国内大型民企派到巴西的，往往是销售经理。他们的业务能力无懈可击，但对巴西情况的了解近乎空白，在竞投标过程中难以游刃有余。例如，在洽谈中听到对方需要的装机容量后，最好当场就开出工程报价，但实际上他们只是按照国内的情况报价。如果就此签约，投资必赔无疑。再如，有的已经拿到项目的企业，在项目实施过程中也常因与合作方合作不畅或效益未达期盼值而大吐苦水，好像拿了个烫手山芋，项目搞不好还会中途搁浅。不能说中方企业负责人对这些情况一无所知，一些参加过国际合作项目的人头脑还是清醒的，但投资毕竟是跨洋过海作业，人生地不熟。尽管已找到了合作伙伴，已考虑到了相关的法律和沟通工作，但这还是远远不够的。工程项目的竞标是一个综合工程，要考虑到方方面面的因素。重要的是，投标的标书可能需要当地的专业机构配合才能做好，还需要组合当地的社会资源，寻求其支持。当然，真正摸清当地情况，不仅指业务领域，还应该包括政情、社情和侨情等。与对方的对接，不仅是业务对接，还包括心理和文化对接。此外，适当和准确的广告投放和项目宣传是不可或缺的，因为需要为项目建设争取人气。最后，应明白巴西的一个基本国情是政府资金掌握在议会手中。因此，有可能的话，与议会的沟通不是可有可无的。巴西方面也有一些希望加强中巴合作的热心人士，有的在巴西官方和商界还有一定的影响力。这些热心人士与巴西华侨华人及其企业也有直接的联系渠道。例如，巴西国会众议员皮纳多牵头组建了巴中议员阵线并任主席，巴西众议院超过一半的议员参与了这个阵线，并且人数不断增加，在巴西政坛可谓举足轻重，其在当地与华商的合作中发挥了特殊的作用。

要使中巴经贸关系百尺竿头更进一步，双方还应该关注以下几个问题：一是如何认识双方的比较优势及互补性；二是如何推动双向投资；三是如何在良好愿望与现实之间寻求最佳的平衡点，在这方面，构筑中国与拉美民间经济交往的平台，助推中国和拉美国家经济交往十分重要；四是"国之交在于民相亲"，夯实中巴关系的民意基础，提升中国在巴西的"软实力"和国家形象，有利于整体上促进中巴合作的全面开展，这就需要加强中巴之间的人文交流。人文交流的基础在于民心相通，既包括中国民间与巴西当地民族民心相通，也包括中国与居住国华侨华人的民心相通，以及中国通过居住国华侨华人作为桥梁和纽带，与当地民族的民心相通。这一切，都需要发挥当地新老华侨华人的作用。此外，随着中巴贸易额不断攀升，两国企业对中巴双边金融合作的需求也日益增强。不过，应

该注意的是，中国的贷款和投资大多涉及能源和基础设施领域，直接投资以兼并和直接购买为主，这一趋势使巴西的防范之心有所增强，"中国威胁论"在巴西也有一定影响。此外，中国的贷款项目在环境保护条例方面也受到质疑。中国今后必须与世界环境保护规则相接轨，顺应国际通行的环境保护法规，这将是中国贷款援助成熟化的重要标志。[①]

随着中巴关系的密切，越来越多的中国城市与巴西城市缔结了友好关系。在此基础上，友好城市可以成为一个依托，对口城市的地方企业可以签订合作协议。据调查，巴西一些州和市已经表现出与中国合作的积极意向。大量电力基础设施项目都邀请中国企业投标。中国的高端电力装备企业思源电气全力参与了多个世界杯相关项目建设，在拉美市场树立了良好的口碑，特高压设备已成为中国装备制造业的"金色名片"。华侨华人在其中发挥了重要的中介作用。

例如，2017年9月，福塔莱萨市市长罗伯托·克劳迪奥（Roberto Cláudio）开启中国之行，目的是吸引中国投资者来福塔莱萨投资，尤其是利用公私合作（PPP）的模式。据巴西《东北日报》8月1日报道，这一行程是在福塔莱萨政府公布了"福塔莱萨城市竞争力项目"之后安排的。福塔莱萨市将利用PPP模式同国外投资者合作15个项目，包括公共场合的免费无线网、公园、学校、医疗设备等项目。[②]

又如，2018年7月14日，由巴中国际发展商会组织和带队的巴西市长代表团，由巴西南里奥格兰德州8位市长（代表巴西70位市长、联盟领导代表6 000多家企业和400多个城市）、巴西州议会的代表一行20人组成的代表团，由巴中国际发展商会胡忠伟率领抵达北京考察。组织与带队这次考察的巴中国际发展商会是受巴西时任总统米歇尔·特梅尔委托。巴西市长代表团代表着南里奥格兰德州，在农业生产方面拥有很大竞争力，需要寻求在环境领域的合作伙伴。访问旨在将巴西大豆、鸡肉、牛肉、猪肉、马黛茶等农产品推荐到中国，并学习中国先进的科技产业、食品深加工、智慧城市建设、基础设施建设、城市污水处理、LED、新能源汽车等方面技术，期盼将中国先进的企业引荐给巴西。[③] 他们在中国见到了很多高级官员、企业家和专家。

中国方面，中国国家电力投资集团有限公司（国家电投）已在巴西风电领域运营超过10年，纳塔尔周边就有其风电项目。除了收购，今后还希望在这里开展绿地项目。巴西方面，一家可再生能源公司的贸易经理丹塔斯表示，公司对

---

① 参见王飞、吴缙嘉：《中国和巴西经贸关系的现状、机遇与挑战》，《国际论坛》2014年第4期。

② 梦娜：《吸引投资，巴西市长相继赴中国访问》，《南美侨报》，2017年8月3日。

③ 《祝贺巴西南大河州市长代表团的中国之行圆满成功》，巴中国际发展商会网站，2018年7月31日。

与中国企业合作很感兴趣，其计划书已经获得巴西环保部门许可，正在寻求合作伙伴。北里奥格兰德州官员说，铁矿和盐矿开采都是该州支柱产业，而海虾和水果是当地特色产品，质优量大，都有出口能力，但目前需要铁路和港口等配套基础设施。该州州长贝泽拉则说，现在中巴合作已经不是简单的买卖货物，而是集中在清洁能源、高新技术等领域，这让双方合作迈上新台阶。[①] 由此可见，这些中国企业（主要是国有企业）在进军巴西、与巴方合作的过程中，不可能没有各个方面的中介人作为桥梁。在这方面，已经在当地立足的华侨华人就是最好的桥梁。中国企业有自己在巴西的前哨站，有自己的平台。最好的前哨站和平台，就是改革开放后先后进入巴西的华侨华人以及他们在当地创办的企业。

除了经贸领域，中巴两国已经分别在科技、基建等很多领域初步开展合作。前中国驻巴西大使陈笃庆说，现在中国鼓励企业走出去，搞市场多元化、出口对象国多元化。巴西实际上也在这么做，但现在还比较偏重于农产品、畜产品、矿产品的出口。巴西本身具备相对比较全的工业基础，未来经济会有很大的提升。中国现在进入巴西市场，恰恰是补了巴西的短板。巴西的经济基础设施相对落后，因此中国在巴西打造的基础设施非常受欢迎，包括港口、公路等。中巴在纳米技术、农业科技、生物技术、通信技术方面也有合作。所以，中巴双方合作前景应该说非常广阔，就要看双方的科技人员、企业家等能否进一步发挥主观能动性，挖掘潜力、扩大合作。他还认为，巴西一向比较务实，在 5G 技术上有需求，也有自己的判断。中国 5G 技术有独特优势，中巴合作潜力很大，也要排除外来干扰。这是巴西国家利益，巴西要实现经济发展，不把通信事业发展起来是不可想象的。[②]

总之，巴西拥有广阔的土地、丰富的物产资源，但缺乏先进的生产技术，工业结构不完整，缺乏发展资金；中国拥有先进的技术，金融储备雄厚，有庞大的市场和消费人群。巴西经济遇上瓶颈越来越明显，中国的发展短板也很明显，其中包括矿产资源日渐匮乏等。巴西政府迫切希望开展国际合作，而中国在这方面的能力也被巴西方面看好。巴西各州有许多基础设施项目欢迎中国的企业投资，其中包括机场、公路、高铁、城轨、桥梁、港口、市政、水力发电项目，以及大农业、光伏、油厂等项目。巴西的基础设施项目，不仅有属于联邦的，还有很多是属于州、市的。中巴两国的经济互补性明显，这便给中国企业和华商在巴西的进一步发展提供难得机遇。与此同时，为了加深中巴双方的相互了解，不少巴西

---

① 赵焱：《我们有资源，等你们的技术——巴西"太阳城"期待中国投资》，新华社巴西纳塔尔，2019 年 7 月 10 日。

② 《专访前驻巴西大使陈笃庆：中国是巴西值得信赖的伙伴》，人民网，2019 年 10 月 22 日。

华侨华人做了大量工作。同时也应指出，中国企业在巴西还有很长的路要走，其中包括与其他外资企业的竞争。从中国在巴西和拉美投资的情况来看，对法律法规和商贸规矩了解不足，是一个很重要的问题。

巴西的华侨华人和企业本身或许没有雄厚的资金，没有与之对接的技术，但由于他们来到巴西早，自身的企业在巴西已经有经营和与当地官、商合作的经验，比较熟悉当地法律（包括知道很容易误入其中的投资沼泽地），且不少华侨华人企业愿意充当前哨站和平台，已经为中国企业到巴西投资开始了意向性的合作探索，取得了一定的经验。就巴西地方政府和企业来说，也需要华侨华人及其企业在中巴之间牵线搭桥。这些华侨华人具有熟悉中国和居住国政治、经济、文化、法律等各方面情况的优势，在海外建立了良好的人脉关系和商务网络，可以在中国企业"走出去"的进程中发挥重要作用。比如，开展经贸领域的互利合作，寻找合作伙伴，也可以为中国企业提供投资中介咨询，介绍境外市场需求、投资项目、法律法规等信息，规避风险，开拓海外市场，建立营销网络和海外生产基地，等等。如今海外商品在中国国内需求特别旺盛的时代已经过去，中国质量上乘的产品越来越多，在海外越来越畅销。因此，华侨华人参与全球贸易的机遇很大，需要更好地发挥熟悉海外市场的优势，熟悉跨地域双重文化，了解居住国法律和仓储物流规则，才可能将更多中国好产品推销出去。与此同时，双方文化的背景和优势，会让华侨华人在跨境电商的舞台上有更好的作为。他们可以顺理成章地成为中巴两国企业投资合作的中介，讲好中国故事。

诚然，巴西的华商与当地政经部门的关系程度各不一样，有的相互了解程度较深，有的还处于初级层次，有的还可能刚刚建立起关系。同时还应注意，巴西的政经部门人事关系也在变化中，不可能保证华侨华人与其建立起来的关系就一定会长期稳固如初。所以，中国企业在依托巴西华侨华人作为平台走进巴西的过程中，也可能遇到建立不同层次的关系问题，希望走进巴西的中国企业能准确地拿捏分寸，把握尺度，有的放矢，最终达到自己的既定目的。

其一，巴西华商可以在巴西地方对华招商意向中起中介作用。例如，目前尚不知道巴西有无华人企业参与巴西在亚马孙地区新的投资发展计划，但亚马孙地区的确是外来投资者包括华侨华人及其企业可以大显身手的地方，其中马瑙斯免税区是巴西政府优先发展的地区。据悉，作为全国一体化计划的一部分，马瑙斯免税区创建于巴西军政府时期的 1967 年。2013 年，巴西宣布延长马瑙斯免税区优惠年限 50 年。时任总统卢拉在执政期间，将马瑙斯免税区优惠年限由 2013 年延长至 2023 年，在此基础上，还决定将免税区优惠年限再次延长 50 年，并将优惠地域范围扩大至马瑙斯大都市圈。①

杨建忠于 1998 年到巴西定居，一直做亚马孙森林的开发工作。他一方面做生意，另一方面积极促进居住地的华侨、华人与当地居民的沟通与交流，组织了一系列联谊互助活动，并在巴西建立了一系列华人社团组织。此外，杨建忠还积极搭建当地中国使领馆与巴西当地民选官员的交流桥梁，加强巴西与中国在农业、矿业等方面的合作。2014 年 5 月，杨建忠与几位朋友出资，在巴西巴拉州首府贝伦市建立了第一所由华人私人资本入股的私立综合性大学，为当地培养医学、工程、管理等十几个不同专业的人才，希望这次教育方面的投资能使这所大学成为中巴间文化、教育、科技、经济和人才合作的平台，培养出更多懂中文且了解中国的知识分子和技术人员，也为中国企业走向当地做好人才储备。②

2014 年 7 月 12 日，巴中国际发展商会会长胡忠伟、监事长叶先端率中国企业代表团赴福塔莱萨参加金砖五国首脑峰会，赴会前，他在《美国侨报》乔磊副总编辑的专访中对习近平主席到访巴西并参加首脑高峰论坛表示高度赞赏。2017 年 5 月 18 日，巴西圣保罗州州长 Alckmin 的特别助理、圣保罗州政府国际事务办主任 Andrey Pereira Brito 拜访巴中国际发展商会，向胡忠伟了解中巴两国企业商贸需求以及双边投资的情况。Andrey 说，举世瞩目的"一带一路"国际合作高峰论坛刚刚在北京落幕，中国国务院马上在北京举办有关国家国际事务官员的高级研讨班，学习"一带一路"倡议的精髓，开展信息互换，研究政策对接，促进中国与相关国家的深度合作。作为巴西联邦共和国的代表，Andrey 将从6 月开始，在北京进行为期一个月的学习。他积极拜访巴中国际发展商会，向商会有关人员了解中国国情，掌握中巴两国企业间、民间的商贸往来情况和需求信息，务求在北京学习交流期间促成一批项目合作意向。③

其二，巴西华商可以在中巴城市/省际合作中起桥梁作用。例如，2018 年 11月 25 日，巴中国际发展商会诚邀巴西 20 余位市长及政府代表、100 余家巴西企业助力中国湖北省（圣保罗）经贸合作洽谈会。巴中国际发展商会会长胡忠伟、中国国际贸易促进委员会湖北省委员会副会长张爱明、中国驻圣保罗总领馆商务参赞何君、巴西南里奥格兰德州圣地亚哥市市长迪亚戈以及巴西企业家及中资公司代表近 300 人出席。有 200 多位巴西企业家出席洽谈会，其中有数十人从巴西的中部和南部赶来参加会议。张爱明与胡忠伟签署了友好协议。巴西南里奥格兰德州圣地亚哥市市长迪亚戈代表巴西南部 110 余位市长、巴西最大的工业和粮食

---

① 《巴西宣布延长马瑙斯免税区优惠年限 50 年》，驻巴西使馆经商处，2013 年 12 月 30 日。
② 《南美侨胞北京观礼：做民间外交的推动的使者》，南美侨报网，2015 年 9 月 9 日。
③ 《圣保罗州长助理莅临巴中国际发展商会》，南美侨报网，2017 年 5 月 20 日。

联盟 Contac-CUT、MPA 与张爱明签署一亿美元巴西农产品采购协议。又如，2018 年巴拉那州伊瓜苏市与厦门市之间达成友好城市战略合作意向。2018 年 1 月 11 日，巴中国际发展商会胡忠伟会长一行应邀对伊瓜苏市进行为期三天的友好访问。该市 Francisco 市长签署委托授权文件，意欲通过巴中国际发展商会加强与中国的全面合作。福斯伊瓜苏市是巴西的旅游重地，位于巴西和阿根廷交界处的伊瓜苏大瀑布是"世界新七大奇迹"之一，该市是所有到访巴西的旅游及商务考察团必游之地。该市有数万名华侨华人，一直致力于中巴两国的经贸和旅游合作。早在 2013 年，福斯伊瓜苏市就与厦门市签署友好城市合作意向书，4 年间，双边开展了 10 多项次的友好往来和项目合作。在 2017 年厦门金砖峰会前后，双边利用友好城市的便利加强了互访，确定了多项战略合作意向。[①] 再如，闽籍侨商在巴西的实力越来越强。2018 年 12 月 2 日，为考察巴西的市场，了解巴西的经贸情况及闽籍华商经营情况，推介福建投资环境，加强当地闽籍华商与家乡福建的经贸交流与合作，将福建打造成中国出口大省，福建省商务厅代表团抵达圣保罗访问，与巴西闽商联合会等四个侨团举行座谈会。双方交流中巴经贸情况，期望加强联系，推动合作共赢。[②]

其三，巴西华商在巴西企业与中国企业合作中起重要作用。巴西各个城市都有自己的发展特色，有众多的发展项目，城市联盟愿意与巴中国际发展商会结成友好关系，共同开拓中国市场。中国是巴西最大的贸易合作伙伴，中国大力鼓励中国企业"走出去"，将中国的优秀企业、优秀技术和产品、发展资金推广到巴西。例如，2019 年 5 月下旬，巴中国际发展商会率领由 32 人组成的巴西政商代表团访华，先后访问了上海、江苏、浙江、湖北等地。该代表团由南里奥格兰德州巴西中国议员阵线联盟主席、圣保罗州 645 个城市市长联盟代表、巴中国际发展商会会长和巴西企业家组成，是近年来巴西赴华规模较大的参访团，所到之处，受到当地政府和机构热情接待。其间，代表团进行参观访问、经贸考察、项目洽谈、出席论坛等活动，签署了多项合作协议，推动了中巴两国经贸、文化、科技等领域的交流与合作。[③] 又如，巴西坎皮纳斯市（Campinas，以下简称"坎市"）政府多次与中国广东进行经贸文化交流。已有中国著名企业比亚迪、国家电网落户该市，为坎市经济发展做出了贡献。坎市政府除了支持双方的经贸合作，还倡导两国的文化交流。坎皮纳斯大学已设立了孔子学院，越来越多巴西学生开始学习中国文化。2019 年 4 月，坎市市长一行到广东深圳等城市参观交流，

---

① 《再受重托，福斯伊瓜苏欲加强与中国的合作交流》，巴中国际发展商会网站，2018 年 1 月 18 日。
② 袁一平：《福建商务厅团访圣保罗与闽商会四侨团座谈》，南美侨报网，2018 年 12 月 3 日。
③ 《巴西青田侨领率巴西政商代表团访华建立伙伴关系》，（巴西）青田网，2019 年 6 月 24 日，巴中国际发展商会秘书处整理。

亲见中国改革开放以来的变化，期望加强跟中国的合作。2019 年 5 月 15 日，坎市政府邀请巴西广东同乡总会、巴中工商文化总会、巴西江门五邑青年联合会和坎市华人协会 4 个侨团聚集在市政府办公厅，与坎市政府官员进行合作交流座谈会议。市长恩里克希望与广东方面加强经济合作，得到上述 4 个侨团和中国国内的广东侨联及政府部门的支持与协助。①

巴中工商文化总会协助江淮汽车（JAC）、中兴通讯（ZTE）、中钢集团（Sinosteel）在巴西设立了代表处，为中石化、中石油、中国银行、中国建设银行、中国交通银行、中国电信、丰源集团、武钢、中国国家电网、华为、三一重工、格力等中资企业在巴西成功运营提供过帮助。20 世纪 90 年代，其帮助中钢集团巴西公司在里约热内卢办理注册手续。2001 年，协助中兴通讯在巴西设立了首个代表处。2010 年 3 月，巴中工商总会会长唐凯千访问安徽，当地政府感谢他为安徽省外向型经济发展做了很多卓有成效的工作，为江淮汽车成功进入巴西市场牵线搭桥。唐凯千把巴西 SHC 集团总裁塞尔吉奥·哈比卜（Sérgio Habib）介绍给江淮汽车，此人后来成为江淮汽车巴西代表。2012 年 6 月 12 日，中国电信及附属公司中国通信服务在圣保罗设立总部，以开展在巴西与拉美地区的业务，巴中工商总会组织了中国电信圣保罗总部开业仪式。经巴中工商总会牵线搭桥，南马托格罗索州州长于 2009 年 10 月访问总部位于安徽省蚌埠市的中国丰源集团（BBCA Group）进行业务洽谈，中方也 3 次派人去该州考察。2013 年 4 月 15 日，巴西南马托格罗索州州长 André Puccinelli 在蚌埠同丰源集团签署合作协议，约定在该州 Maracajú 市（离州府 162 公里远）建立一家玉米、大豆等精加工厂，一期工程投资 3.2 亿美元。市政府提供 270 公顷土地，用于建厂房和农业用地，并免税 15 年。2016 年 9 月底动工，截至 2017 年底，完工两座仓库、1 个车间大棚、共 60 个房间的 30 栋工作人员住房、连接厂区的公路。由于诸多原因，2018 年停工，2019 年继续施工。在巴中工商总会协助下，中国交通银行与巴西 Banco BBM S/A 银行于 2015 年 5 月 19 日在巴西利亚签署了股权收购协议，并于 2016 年 11 月 30 日举行股权交割仪式。2015 年 12 月 8 日，巴中工商总会与中国电子商务公司阿里巴巴签署建立战略伙伴关系协议，共同促进中巴两国公司之间的业务活动。②

巴中工商总会成立后，与中国国际贸促会及许多省市分会签署友好合作协议，既协助推动中巴经贸关系迅猛发展，也协助中国企业进入巴西市场。1987 年 12 月，协助中国国际贸促会在圣保罗举办"中国出口商品展览会"。1989 年 4 月，与北京市政府合作，在里约热内卢举办"北京市出口商品展销会"。2014 年

---

① 《圣保罗四侨团与坎皮纳斯市政府交流座谈会》，新浪网，2019 年 5 月 17 日。
② 陈太荣、刘正勤编著：《中国江苏人移民巴西史》第三章第一节，北京：中国华侨出版社，2022 年。

两会签署友好合作协议后，辽宁贸促会组织近 30 家企业于当年 9 月在圣保罗举办产品展销会。2015 年 9 月，协助中国在里约热内卢筹办"中国产品展览会"。2016 年 11 月 17 日，由浙江省贸促会和巴中工商总会主办的"中国（浙江）巴西经贸对接洽谈会"在圣保罗举行，浙江省经贸团团长张学伟、巴中工商总会会长唐凯千等出席并讲话，双方签署了合作备忘录。①

唐凯千还在各类研讨会上积极宣传发展中巴关系。2006 年 7 月 17 日，巴西外贸商会联合会与巴中工商总会在里约热内卢联合主办"中巴贸易投资研讨会"。2009 年 8 月 20 日，唐凯千在中国社科院拉美研究所做了《快速发展的中巴战略伙伴关系》的报告。2011 年 9 月 13 日，巴中工商总会等单位在里约热内卢举办"巴西奇迹——海洋运输和海洋能源领域的合作机遇"国际研讨会。2011 年 11 月 18 日，唐凯千在巴西参议院电视台谈"中国发展模式"。2013 年 10 月 28—29 日，第四届世界工商协会论坛（WICO）在北京召开，论坛主题为"互利合作，互利共赢"，唐凯千等分别在主论坛上演讲。2018 年 3 月 19 日，唐凯千参加南里奥格兰德州工业联合会对外贸易委员会会议，并做了《巴西与中国之间的贸易、机遇与挑战》的报告。他建议该州组建商业考察团访问中国，寻求投资和合作机遇。2018 年 9 月 19—20 日，第五届国际储能峰会在唐山举行，唐凯千出席并在大会上发表讲话，介绍了巴西储能市场情况。2018 年 11 月 29 日，巴中工商总会等单位在里约热内卢举办"巴西大选与中国未来关系"研讨会。②

巴西有影响力的企业家也亲自动手撰写文章，为推动中巴经济合作和中国企业进入巴西鸣锣开道。例如，唐凯千 1998—2012 年在巴西《圣保罗页报》（*Folha de São Paulo*）、《商报》（*Gazeta Mercantil*）、《商业日报》（*Jornal do Comércio*）、《经济一体化》杂志（*Economic Integration*）、《经济消化》杂志（*Economic Digest*）、《经济学家》杂志（*The Economist*），以及中国《国际金融报》（*International Finance News*）、《中国日报》（*China Daily*）等报刊上发表文章，圣保罗海关出版社将之汇编成集出版，书名为《巴西 - 中国联盟：走向繁荣的一个战略》（*Aliança Brasil-China，Uma Estragégia para a Prosperidade*）。全书分 11 章，有 160 余页。2013 年 5 月 21 日在圣保罗、5 月 25 日在里约热内卢文化图书馆举行了此书的发行仪式。③

此外，中国有的省份在巴西设立了海外商会或分支商会，表明了这些省份对发展与巴西经济关系的重视。例如，巴西广东商会于 2013 年 11 月 5 日正式揭牌

---

① 陈太荣、刘正勤编著：《中国江苏人移民巴西史》第三章第一节，北京：中国华侨出版社，2022 年。
② 陈太荣、刘正勤编著：《中国江苏人移民巴西史》第三章第一节，北京：中国华侨出版社，2022 年。
③ 陈太荣、刘正勤编著：《中国江苏人移民巴西史》第三章第一节，北京：中国华侨出版社，2022 年。

成立，会长为苏梓祐先生。会址设在南美洲最大的国际都市之一巴西圣保罗最繁华的商业中心——保利斯达大街。商会是向巴西政府注册，在广东省贸促会和广东国际商会的指导和支持下，由巴西、中国广东省以及其他地区的经贸界人士、企业法人团体等组成的非营利、公益性民间团体组织。商会秉承服务家乡建设、服务侨胞经济发展、服务工商企业开拓巴西市场的宗旨，为巴西和广东省搭建友好交往和商贸交流的平台。依据巴西的法律和国际贸易的法规，积极开展会务，团结发展会员并提供相关服务，配合广东经济转型升级，为广东企业开拓巴西市场服务，宣传广东的招商引资政策，开展招商引资工作，促进巴西和广东之间的经贸合作交流活动。2018 年，为了服务于国家的"走出去"战略和广东省的"引资、引智、引技"工作，亦为了顺应广东省贸促会（广东国际商会）在全球范围内积极推动成立在海外粤商会的形势，原巴西广东商会遂于 2019 年 1 月改名为巴西粤商会，会长亦为苏梓祐。广东省有关部门还制定了《海外粤商会工作管理办法》，规定粤商会是以"开放、共赢、诚信、奉献"为宗旨，以"宣传广东，服务海外粤商"为目标，努力塑造"团结、开拓、务实"的粤商形象，依照国家对外经济部署和广东省委、省政府"走出去，引进来"的总体规划部署，根据境外广东投资企业的需求，在广东省贸促会（广东国际商会）的指导下设立的海外粤商合作平台，力求整合粤商资源，打造粤商品牌，建立粤商长效统筹机制。粤商会开展相关工作时以维护国家利益为基本原则，同时接受当地中华总商会的指导，遵守粤商会章程和各项规章制度以及驻在国（地区）的有关法律、法规。按照上述规定，粤商会（巴西分会）致力于国际经贸交流与合作，发挥境内外桥梁、纽带、窗口作用，凝聚力量，整合资源，统筹和组织会员单位参与境内外重大经贸活动、大型公益慈善活动，服务境外企业参与国家的"一带一路"和粤港澳大湾区建设，帮助企业"走出去，引进来"。

按照《海外粤商会工作管理办法》的规定，申请加入粤商会者，需为在住在国（地区）实力雄厚、有影响力和号召力的爱国企业家或先进行业领军人物。需要符合"四有"条件：有一定数量规模较大的会员企业，有固定的办公场所，有专职工作人员，有完整的组织架构和工作制度。同时申请人要符合住在国（地区）法律、法规的规定，有住在国（地区）批准设立的登记证书。

其四，在巴西华商提供中介服务的过程中，中资企业也要学会融入当地。要在当地更好地生存和发展，就要适应当地的游戏规则，了解当地的文化。例如，DL 公司在 2006 年因为会计操作失误，被圣保罗财政机关罚款 25 万美元。当罚款单送达公司之后，公司负责人徐为才意识到，国际投资还有最为重要的一面，就是对所在地工商规则的熟悉与尊重。从那一天起，DL 公司组建了自己的报税团队。2018 年，在这个 1 000 来人的公司里，就有 15 人的报税团队和 2 名专业

税务顾问。在投资团队中，中国员工占比较小，公司其他管理层全部雇用巴西当地人，这样做是为了尽可能让文化差异减少到最小。此举效果显著，例如，公司的员工莱安德鲁是圣保罗人，13 年前加入了 DL 公司。在很多时候，他甚至忘记了这是一家中资企业。在某种程度上，忘记自己是一家中资企业，也是一种文化了解与文明融入。

最后一个并非无关紧要的问题是，企业"走出去"需要进行必要的"文化备课"。"文化备课"的目的是做足功课，避免"文化自伤"。"走出去"不能素面朝天，需视情况"梳妆打扮"。为此，要向当地专家、民众以及老牌跨国公司学习，向当地民众学习（包括长于斯乃至生于斯的华侨华人），入乡随俗，入境问禁，知己知彼，实现跨文化的愉快相处。当前，中国在加速向世界舞台中心迈进。文化"走出去"既是慢功，也是硬功，任重道远。此外，还要熟悉拉美当地流行的生活观念和以享乐为基调的文化。须知，拉美当地民族的"美好生活"理念根深蒂固。

第六节　源自中国的华人家族企业和其他华人大企业

大型华人家族企业要在"原生地"成长起来，是很困难的。这不仅要求华侨华人改变其普遍止于当杂货店主的观念和心态，更需要巴西当地经济发展能够提供一个大型华人家族企业成长的良好环境。巴西一些有雄厚经济实力的华人家族企业，其创业资金都始源于中国，[①] 是一种典型的资金输入型企业。具体来说，这些华人家族企业的第一代开创者，多从中国带来了雄厚的资金，他们在移居巴西之前已是在中国经营得相当成功的商人，有丰富的从商才能和经验。他们移居巴西后，利用当地良好的投资环境，同时选择合适的投资领域，逐渐起步，做大做强。1949 年前后中国商人到他国经商成功的案例在世界上其他国家也有，但多属个别，不如巴西多和成功率高。总体来说，那个时候的大小华商在巴西谋生立足并无太大困难，不存在对他们的种族歧视问题。巴西是一块投资的沃土，带来雄厚资金的华人企业在这里栉风沐雨，很容易成长。经过几代人的努力，他们已经站稳脚跟，经营着不同规模的企业乃至跨国公司，成为巴西经济的有机组成部分，为居住地民族提供大量就业机会，对居住国的发展功不可没。他们数十

---

① 在新中国成立后流入巴西的家族企业以江苏籍的居多，它们在此之前都在上海建立了大本营，1949 年后，先流迁香港等地，然后迁居巴西和其他国家。陈太荣、刘正勤编著的《中国江苏人移民巴西史》一书对此有详细整理和分析。

年来打下的商业江山，也为后来新移民在巴西这片新天地树立了榜样。多年来，巴西政府对他们的贡献持肯定态度，巴西传媒经常报道有成就的华人企业家。

早在 1948 年前后，在中国大陆的国民党政权已苟延残喘。由于时代的局限性，中国大陆民族资本家的资金外撤之风开始酝酿。当时，上海和东北许多资本家对即将诞生的新中国政权有政治偏见，纷纷将财产疏散海外，其中一部分撤往巴西。例如，上海资本家钱志宁将自己造纸厂的全部设备及 150 多名工人，其中包括十多户家属，用一艘大轮船运往里约热内卢，欲在异国他乡复厂。但由于人地生疏、语言文字不通，不利于其生存，造纸厂遭沉重打击，亏损惨重，最后不得不宣告破产，卖掉了工厂，并遣散全部工人。这些工人有不少只好加入"提包客"行列，导致当时华侨"提包客"剧增和华侨杂货业的发展。

后来在巴西成就大事业的华人家族企业，一般都是 20 世纪 50 年代初开始移居巴西的，到今天已经历经很多代。他们在巴西的发展具有跨时代性，即跨越本书所说的"传统华人时代"和"新移民时代"。华人家族企业是带着资金"插入"巴西经济发展之途的。1949 年国民党政权在中国大陆倒台前夕到 20 世纪 50 年代初，中国发生了革命性的社会变化。以上海为大本营的许多民族企业家因对新政权不甚了解，纷纷移居海外，寻求新的出路。他们多数人先是离开上海到中国香港、日本等地，其中包括不少他们的厨师。不久，一部分人又陆续从中国香港、日本等地迁居巴西。例如，荣氏大家族中，荣德生、荣毅仁、荣鸿仁、荣淑仁等少数人决定留在上海（荣毅仁在 20 世纪 90 年代曾任中华人民共和国副主席），荣氏家族其他人则选择去了美国、加拿大、澳大利亚、巴西、德国、瑞士及中国港澳等地发展。其中去巴西的这一支，有无锡人荣鸿元（荣崇敬之子）和荣德生之子荣尔仁、荣伊仁遗孀，他们于 1951 年由香港移居圣保罗。

除了荣氏家族外，迁居巴西的其他家族还有：无锡人唐晔如（Yek-Chu Tang，1908—1986）夫妇于 1951 年带着 6 个子女由香港移居圣保罗；无锡江阴人薛祖恒夫妇举家于 1952 年移居巴西（从中国香港先移居阿根廷再到巴西圣保罗），同年来到巴西的还有无锡人丁厚卿和儿子丁荷泉、丁德泉等；扬州人魏书骐一家于 1956 年由香港移居圣保罗，之后，魏书骐的哥哥魏书骥和堂弟魏书驰、魏书骅、魏书骏等人也相继到巴西与其相聚；苏州人詹沛霖夫妇带领二儿子詹家骏、三儿子詹家骅等于 1957 年辗转多国后移居圣保罗。[①] 可见，这些家族都为江苏籍人，出发地多为香港，迁入地多为圣保罗。

此外，1949 年前后巴西还接收了很多国民党官员。例如，张遴善的黔元造纸厂，先是搬到香港，后来迁至巴西南里奥格兰德州。但由于水土不服，包括人

---

① 陈太荣、刘正勤编著：《中国江苏人移民巴西史》第一章第二节，北京：中国华侨出版社，2022 年。

地生疏、语言文字不通等，不利于其生存发展，造纸厂遂遭沉重打击，亏损惨重，最后宣告破产。总之，1949 年前后来自中国大陆的一些富商，给巴西带来了大量资金和经商人才，使巴西华人经济上了一个新的大台阶。有关这些国民党官员在巴西的情况，由于资料有限，下面就从略了。

总的来说，这些到巴西重起炉灶的华人家族企业后来的事业都发展得很好。先说到巴西的荣家，荣鸿元、荣尔仁和荣伊仁其实是三大家，每一家均子女众多。荣尔仁（字尔根）是荣德生第二个儿子，1951 年，荣尔仁申请去香港，可能于 1951 年下半年率全家去圣保罗，在巴西经营面粉与纺织业。1953 年在圣保罗州容迪亚伊市创办环球纺织公司（Universal Têxtil）。1972 年 10 月，在圣保罗市和容迪亚伊市分别成立环球综合工业有限公司（Universal Indústrias Gerais Ltda.），总公司设在圣保罗市。1980 年 11 月 25 日和 1998 年 11 月 20 日又在容迪亚伊市成立了两家分公司。这样，环球纺织公司在容迪亚伊市就有了三家分公司生产各种棉纺纱线、合成纱线供应巴西国内外市场。该公司在巴西首创生产"Vórtex R 纱线"（Fios Vórtex R），曾一度成为巴西甚至拉丁美洲最大的供应商，也是当时世界上前十大生产商。目前荣尔仁的第三代、第四代后人在巴西创立生产石化产品的 Grupo Unimetal 集团，也办得有声有色。1968 年 10 月，巴西荣家第三代 Christopher Zung Sing Yung（荣智宽儿子荣宇信）在圣保罗州索罗卡巴（Sorocaba）市建立了第一家企业 Unimetal 工商创业有限公司（Unimetal Indústria, Comércio e Empreendimentos Ltda.），生产石化初级产品。到 2014 年为止，巴西荣家第三代与第四代共成立了 15 家公司。其中，9 家位于圣保罗州，3 家位于米纳斯吉拉斯州，2 家位于伯南布哥州，1 家位于北里奥格兰德州。15 家公司中，除 1 家物流公司和 3 家参与组织控股公司外，还有 11 家生产石化产品的公司。荣尔仁的小儿子荣智茂 1946 年出生于上海，1951 年随父母从香港移居圣保罗，后来荣智茂在巴西创立"香港服务银行"（HKB）。①

与其他家族不同，新中国成立后，海内外荣家人在中国有过 4 次大团聚。第

---

① 据陈太荣、刘正勤编著：《中国江苏人移民巴西史》第三章第一节，北京：中国华侨出版社，2022 年。主要资料来源：《荣氏兄弟：从开银庄到做实业，富过四代桃李满天下》，《钱经》，2012 年 4 月 28 日；《荣氏家族世系简表（江苏）》，淡淡绿的博客，2008 年 1 月 21 日；宋路霞：《荣宗敬家族百年创业记》，人民网，2005 年 10 月 27 日；西风：《荣智安：荣家有女恋丹青》，《无锡日报》，2017 年 5 月 8 日；《无锡荣氏后人 26 年再聚首》，《现代快报》，2012 年 2 月 28 日；尘白：《一碗腌笃鲜的家乡味道》（关于荣尔仁），《无锡新周刊》，2012 年 8 月 3 日；谢思聿：《荣氏家族隐秘传承》，《中国企业家》，2014 年 10 月 12 日；高仲泰：《红色资本家荣毅仁》，《钱江晚报》，2013 年 4 月 1 日；雷剑峤：《三个平民眼中的荣氏家族》，中国总经济网，2015 年 11 月 5 日；章剑慧：《雪泥杂记》，《武汉文史资料》2016 年第 8 期；荣正通：《荣氏家族与交通大学》，《上海交大报》，2008 年 3 月 31 日；《太湖明珠——无锡荣氏宗亲无锡追忆百年家族史》，《国际在线》（CRI on Line）普通话广播，2005 年 10 月 22 日，等等。

一次是 1986 年，第二次是 2005 年，第三次是 2012 年，第四次是 2015 年。其中第一次大团聚是在中国改革开放后不久，是这个家族去国离乡数十年后的首次聚会，标志着家族与祖（籍）国关系的全面密切化。昔日去国少年，今日归来霜发已斑，但眼中沧海仍为水，梦里巫山还是云，意义非同寻常。这次聚会由荣毅仁自费邀请，无锡荣氏亲属回国观光团 238 人于 1986 年 6 月 15 日抵达北京，荣毅仁和夫人杨鉴清、儿子荣智健夫妇、长孙荣明杰去机场迎接。荣家在巴西的人较多，有荣鸿元、荣尔仁、荣伊仁、荣敏仁四大家。这次回来的有荣尔仁和夫人王秀惠、儿子荣智宽与儿媳郭志娟及孙子、孙女一大群，还有荣伊仁的女儿荣智安、荣敏仁的后代，共有几十人，孙子辈的大都是第一次回中国。6 月 18 日，邓小平在人民大会堂会见荣氏亲属回国观光团。6 月 20—21 日，荣氏亲属回国观光团到无锡参观荣氏故居。目前，无锡荣氏家族共约有 600 人，其中在国外的荣家人大约 450 人，如今已经有第五代了。从无锡西郊荣巷起家的荣氏家族，靠实业兴国、护国、荣国，在中国乃至世界写下了一段辉煌的历史。[1]

巴西唐氏家族当时势力可与荣氏相匹敌。唐氏的祖先原是常州武进人氏，祖先唐荆川曾任明朝兵部侍郎，是著名的抗倭民族英雄。明朝末年，唐氏第十一世中的一支移居无锡城里。1860 年，原在无锡北塘街经营"唐时常布庄"的第十六世唐懋勋（号景溪，1800—1873）为避战乱举家迁至无锡东北乡的严家桥，买了 6 000 亩土地。唐家在严家桥开设了"春源布庄""同济典当""同济栈房""德仁兴茧行""同兴木行"，又建了"唐氏仓厅""唐家码头"等，经营活动多种多样，集地租、利息、商业利润于一身，加快了唐家财富的积累，后来进军纺织业。八子中，继承唐懋勋生意的是六子唐洪培（子良）和七子唐福培（竹山）。两大家族在 20 世纪上半叶创建和经营了无锡"丽华布厂""丽新纺织印染厂""协新毛纺织染厂"，1949 年上海解放前夕，两支唐氏迁居香港。其后裔唐星海和唐翔千留在香港，唐晔如则于 1951 年举家远赴巴西发展。他先是创建了生产地毯的特菲亚毛纺厂（Téfia Indústria e Comércio S／A），后又购买了拥有 2 400 公顷土地的一个农场种小麦。据统计，唐晔如在 1955—1963 年共投资了 30 万美元，占当时外国在巴西纺织业投资总额的 1.39%。[2]

1976 年，唐晔如夫妇在巴西退休后，将圣保罗的公司交由大儿子唐兆千（Frank Chao Chien Tang）管理，带着大女儿 Angela Tang Seevers、二女儿 Isabella

---

① 陈太荣、刘正勤编著：《中国江苏人移民巴西史》第三章第一节，北京：中国华侨出版社，2022 年。

② 陈太荣、刘正勤编著：《中国江苏人移民巴西史》第三章第一节，北京：中国华侨出版社，2022 年。主要资料来源：唐翔千：《五世其昌的无锡唐氏家族》，《休闲读品》，2018 年 10 月 23 日；《唐炳源的科学管理》，道客巴巴网，2008 年 6 月 30 日；任禾：《唐星海：西装取代马褂》，《无锡日报》，2017 年 5 月 4 日。

Tang、三女儿 Sarina Tang Enock 和三儿子 Henry Tang 迁往美国纽约曼哈顿生活。唐兆千留在圣保罗，后住在里约热内卢市。另一子唐凯千于 1946 年 4 月 23 日在中国上海市出生，1951 年随父母迁居巴西。他不认识汉字，也不会讲普通话，但能说一口流利的上海话和吴语。唐凯千在圣保罗上小学与中学，在美国纽约伊萨卡康奈尔大学经济专业获学士学位。后到巴西里约热内卢埃斯塔西奥·德萨大学经济发展系当助教，同时在该大学进修法律专业，获学士学位。之后又到法国巴黎第五大学攻读政治学，获博士学位。

唐凯千的职业生涯开始于 1974 年，其时他在康奈尔大学毕业，即被纽约 Deltech Banking 银行聘用回巴西工作。一年后转到波士顿银行工作，为波士顿银行在巴西创办了第一家融资租赁公司（Leasecapital S/A）。离开波士顿银行之后，以独立顾问身份，参与巴西和外资大银行集团建立 11 家融资租赁公司。唐凯千 25 岁时成立了自己的融资租赁公司，并代表他在香港的亲属向船东在巴西购买 3 条货船，其中 1 条由唐凯千自己购买。唐凯千还与西班牙贴现银行在马德里合资成立西班牙融资租赁公司（Leasecapital España S/A），是巴西在西班牙开设此类公司的先驱者。1981 年，唐凯千在里约热内卢组建了拥有 7 大公司的海洋石油开发集团，还在美国佛罗里达州迈阿密投资兴建了 3 家旅馆，其中一家为迈阿密当时第二大海湾旅馆。他还曾任里约热内卢马球联合会会长。① 唐凯千在 20 世纪 80 年代以来致力于中巴经济贸易合作和科技文化交流，担任青岛双星集团顾问、吉林省政府经济顾问。

1976 年，唐凯千同德国汉莎航空公司（Lufthansa）驻里约热内卢代表处经理乌塔·施威泽（Uta Schwietzer）结婚，生有二子唐有年（Kevin Tang）和唐嘉年（Derek Tang）。2001 年，同现任妻子、巴西南里奥格兰德州"葡萄酒之都"本托·贡萨尔维斯（Bento Gonçalves）市的德意混血女子纳塔丽娅·阿莉塞·加佐利亚（Natália Alice Gazolla）结婚。2004 年 6 月 29 日，巴西里约热内卢州议会授予巴中工商总会会长唐凯千"里约热内卢州荣誉市民"称号。唐凯千在上海开设巴西战略资源有限公司上海分公司，大儿子唐有年于 2007—2010 年担任巴中工商总会驻上海办事处主任（常务董事），2011 年以来担任总会执行董事（总经理）。②

顺便一说，唐晔如于 1986 年 11 月 14 日在美国纽约曼哈顿 Lenox Hill Hospi-

---

① 陈太荣、刘正勤编著：《中国江苏人移民巴西史》第三章第一节，北京：中国华侨出版，2022 年。主要资料来源：唐翔千：《五世其昌的无锡唐氏家族》，《休闲读品》，2018 年 10 月 23 日；《唐炳源的科学管理》，道客巴巴网，2008 年 6 月 30 日；任禾：《唐星海：西装取代马褂》，《无锡日报》，2017 年 5 月 4 日。

② 陈太荣、刘正勤编著：《中国江苏人移民巴西史》第三章第一节，北京：中国华侨出版，2022 年。主要资料来源：唐翔千：《五世其昌的无锡唐氏家族》，《休闲读品》，2018 年 10 月 23 日；《唐炳源的科学管理》，道客巴巴网，2008 年 6 月 30 日；任禾：《唐星海：西装取代马褂》，《无锡日报》，2017 年 5 月 4 日。

tal 去世，临终前对 6 个子女和 8 个孙子留下遗言，"要牢记自己的根在中国"。遵照父亲遗言，大儿子唐兆千于 1999 年 9 月在无锡市复兴路 84 号为祖父唐保谦故居原址立了一块铜牌。2007 年 9 月 22—23 日，唐荆川诞辰 500 周年纪念会在常州荆川公园举行，来自美国、加拿大、巴西、新加坡、泰国及中国香港、上海、无锡、北京、南京、苏州等地的 156 位唐氏宗亲出席，主要有香港政务司司长唐英年、美国新丰企业发展公司董事长唐森源、巴西唐凯千等人。①

薛祖恒（Joseph Tsu Hung Sieh，1912—2004），生于无锡江阴市青阳镇，在上海时即为知名企业家。素以提倡百货、振兴实业、服务社会为职旨，创立上海振兴毛绒纺织厂股份有限公司、恒通纱厂、恒孚印染厂、恒昌铁工厂（以专业修配纺织机件为业务）等 7 家工厂。1934 年与天主教徒张慧琦（Maria Huei Ghi Hsieh）在上海天主教堂举行婚礼，他受洗教名为"何塞"（José）。1948 年，他们带着 10 个孩子离开上海移居香港（在香港时又生了一个孩子）。1950 年薛祖恒夫妇赴梵蒂冈参加圣会，红衣主教 Giovanni Battista Montini（后来成为保罗六世教皇）在会见他们时说："你们是一个有众多子女的大家庭，最好带他们去南美洲的某一个天主教国家生活。"于是他们举家于 1950 年从中国香港移民首选的阿根廷。1952 年他们接受圣保罗红衣主教卡洛斯·莫塔（Carlos Carmelo de Vasconcelos Motta）的建议，又举家从阿根廷迁到巴西圣保罗市，到圣保罗后又生了两个儿子。薛祖恒夫妇共育有 13 个子女（7 男 6 女），他们全部在美国上完大学后返回巴西工作。全家 160 多人。②

1953 年，薛祖恒以 100 万美元卖掉在香港建立的一家纺织厂，在圣保罗州内地城市安帕罗市（Amparo，离圣保罗市直线距离 93 公里）建立了第一家纺织厂，生产纺织工业用的"安帕罗牌纱线"。同年在安帕罗市建立了销售"安帕罗牌纱线"的米纳萨国际贸易有限股份公司（A Minasa Trading International Ltda.）。

---

① 陈太荣、刘正勤编著：《中国江苏人移民巴西史》第三章第一节，北京：中国华侨出版，2022 年。主要资料来源：唐翔千：《五世其昌的无锡唐氏家族》，《休闲读品》，2018 年 10 月 23 日；《唐炳源的科学管理》，道客巴巴网，2008 年 6 月 30 日；任禾：《唐星海：西装取代马褂》，《无锡日报》，2017 年 5 月 4 日。

② 据陈太荣、刘正勤编著：《中国江苏人移民巴西史》第三章第一节，北京：中国华侨出版社，2022 年。主要资料来源：包凯凯：《巴西知名华商返乡探亲，获江阴市长热情接待》，中国新闻网，2010 年 4 月 26 日；江阴侨办：《江阴青阳镇举行薛祖恒教育奖励金发放仪式》，中国侨网，2014 年 9 月 24 日；《麻栗坡县皮防站医技综合楼项目》（2010），载中国外交部扶贫工作小组办公室简报《外交扶贫》，2012 年 5 月 24 日；青阳镇统战部：《传承人文精神，营建和谐侨家》，2000 年 10 月 18 日；梵蒂冈广播电台新闻报道资料库：《访问薛祖恒爵士伉俪》，《无锡统一战线》，2017 年 12 月 26 日；José Pedro Soares、Martins 等编：Capítulo Ⅲ "Amobilização de Comunidades"，载 Campinas no Rumo das Comunidades Saudáveis 一书，巴西圣保罗州 Unicamp 大学 IPES Editorial 出版社，2004 年，第 92 页；São José dos Campos 市 O Vale 报 2018 年 3 月 16 日转自 Xandu Alves 发自 Aparecida 市的报道："Força do catolicismo faz família chinesa eternizar sua fé no Batistério de Aparecida"，2014 年 11 月 23 日，等等。

据巴西有人统计，薛祖恒在 1953—1963 年期间共投资 31 万美元，占当时外国在巴西纺织业投资总额的 1.43%。1966 年 8 月 1 日，薛祖恒利用巴西政府贷款建立的拉尼菲西奥·安帕罗有限股份公司（O Lanifício Amparo S/A）开业。1976 年 12 月，薛祖恒收购了安帕罗市生产人造丝和合成丝的塔佩科尔纺织有限股份公司（A Têxtil Tapecol S/A），将该公司易名为"塔佩科尔纺织工业与贸易有限股份公司"（A Têxtil Tapecol S/A Indústria e Comércio）。1978 年，薛祖恒又在安帕罗市附近的伊塔皮拉市（Itapira）建立了生产人造丝、合成丝等纱线的工厂。薛家的生意越做越大，工厂和企业也越开越多。截至 2018 年，薛氏家族企业、各家自办和大伙参股的企业（后两者即一家办企业，大伙齐参股，甚至家族企业也参股）共有 19 家，有的企业还开有多家分公司。其中薛氏家族企业共有 8 家，全部都在圣保罗州，坎皮纳斯市最多。除 1 家慈善会和 1 家食品公司外，其余 6 家从事纺织行业。在企业管理方面，薛祖恒 13 个子女均为股东，由股东大会选举董事组成董事会（Conselho da Administração）进行管理，薛祖恒一直担任董事长。2004 年薛祖恒逝世后，薛氏家族企业（薛祖恒夫妇慈善会除外）一直由二儿子 Luis Sieh 担任董事长，董事为小儿子保罗·凯平·薛和大儿子薛国俊（托马斯·卡特辛·薛，担任薛祖恒夫妇慈善会会长）。①

魏书骐家族祖籍江苏泰州，后移居扬州做盐商。魏书骐生于 1923 年，1946 年在北京一所大学获得经济专业文凭后赴香港从事外贸工作。1956 年，魏书骐和妻子郑秀玉揣着 10 万美元，带着在香港出生的儿子彼特·魏（Peter Wei）移居巴西圣保罗谋发展，在巴西又生了小儿子安东尼奥·魏（Antônio Wei）。1958 年，魏书骐一家加入巴西籍。1960 年，圣保罗一群信奉佛教的华人发起组织了巴西中国佛教会弥陀精舍。1964 年 11 月，李味斋、詹沛霖、魏书骐、唐晔如太太、丁荷泉等人联合发起建庙运动，一共筹集 2 000 万雷亚尔购下一栋两层楼房，经装修后改为佛堂"弥陀寺"。2016 年，魏书骐在圣保罗市去世。他去世后，夫人郑秀玉到美国纽约大儿子彼特·魏家长住。魏书骐家族在巴西的约有 30 人，有他哥哥魏书骥（比魏

---

　　①　据陈太荣、刘正勤编著：《中国江苏人移民巴西史》第三章第一节，北京：中国华侨出版社，2022 年。主要资料来源：包凯凯：《巴西知名华商返乡探亲，获江阴市长热情接待》，中国新闻网，2010 年 4 月 26 日；江阴侨办：《江阴青阳镇举行薛祖恒教育奖励金发放仪式》，中国侨网，2014 年 9 月 24 日；《麻栗坡县皮防站医技综合楼项目》（2010），载中国外交部扶贫工作小组办公室简报《外交扶贫》，2012 年 5 月 24 日；青阳镇统战科：《传承人文精神，营建和谐侨家》，2000 年 10 月 18 日；梵蒂冈广播电台新闻报道资料库：《访问薛祖恒爵士伉俪》，《无锡统一战线》，2017 年 12 月 26 日；José Pedro Soares、Martins 等编：Capítulo Ⅲ "Amobilização de Comunidades"，载 Campinas no Rumo das Comunidades Saudáveis 一书，巴西圣保罗州 Unicamp 大学 IPES Editorial 出版社，2004 年，第 92 页；São José dos Campos 市 O Vale 报 2018 年 3 月 16 日转自 Xandu Alves 发自 Aparecida 市的报道："Força do catolicismo faz família chinesa eternizar sua fé no Batistério de Aparecida"，2014 年 11 月 23 日，等等。

书骐晚到巴西）及魏书骍（堂弟，1965 年到巴西）、魏书驰（堂弟，1968 年 1 月到巴西）、魏书骏（堂弟），均颇有成就，不一一列举。这里单表魏书骐。1957 年，魏书骐在圣保罗市创立了巴西魏氏进出口有限公司（Importadora e Exportadora Braswey S. A.），还在巴西巴拉那州隆德里纳市（Londrina）买农场种苎麻，办起了一个加工苎麻的小工厂。随着经营范围不断扩大，他的生意蒸蒸日上。20 世纪 60 年代末，他增开了棉花加工、大豆、蓖麻油 3 个工厂。为更合理地管理各地分公司，于 1966 年 7 月 21 日在圣保罗市成立了巴西魏氏工商有限公司（Braswey S/A Indústria e Comércio）总公司，同时在圣保罗州圣保罗、皮拉波齐纽（Pirapozinho）、帕拉纳帕内马米兰特（Mirante do Paranapanema），巴拉那州隆德里纳等市建立了 10 家分公司，1967 年 10 月 25 日又在巴拉那州瓜伊拉市（Guaíra）建立了分公司。据 1986 年巴西 *Exame* 杂志介绍，截至 1985 年，巴西魏氏公司在巴西各地拥有 35 家分公司、工厂、农场、仓库和进出口码头，已形成一个规模庞大的综合性农产品生产、加工、销售集团。1958—1985 年，巴西魏氏公司共出口价值 25 亿美元货品，盈利甚丰。1985 年出口价值 2 亿美元货品，在巴西食品行业中排行第 16 位，领先 Sadia、Swift、Anglo 这几个大公司。魏氏公司总部设在圣保罗市，20 世纪 80 年代总公司、各分公司、各工厂共有员工 1 700 人，其中工程师 250 人、技术人员 400 人。1970 年 12 月 21 日，巴西圣保罗市议会确立此日为"中国日"，并表彰圣保罗市 8 名中国侨贤，其中工商界代表为 5 人，魏书骐名列其中。魏书骐当时被称为"工商业巨子"，以拥有数亿美元财富被列入"世界华人亿万富翁榜"。1984 年，魏书骐应邀回中国参加在北京举行的中华人民共和国国庆 35 周年庆祝活动。在 20 世纪 80 年代，他曾几次率领巴西工商代表团访华，推动中巴两国经贸关系发展。当时巴西总统出访国外，他多次被邀随行当经济顾问。1985 年之后，巴西魏氏仍在持续发展。截至 2005 年 3 月，巴西魏氏工商有限公司在巴西巴拉那、圣保罗、马托格罗索、南马托格罗索、巴伊亚、圣埃斯皮里图六州共建立 74 家分公司（含总公司）。1976—1986 年，巴西魏氏贸易有限公司（Braswey Trading S/A）在巴西建立 7 家公司（含总、分公司）和美国纽约分公司。之后，又相继在美国迈阿密、库拉索岛（Curação，位于加勒比地区）和英属开曼群岛（Cayman Islands）建立了分公司。此外，1987 年成立了巴西魏氏创业和参与有限公司（Braswey Empreendimentos e Participações S/C Ltda.），2005 年又成立了至上植物油种外贸有限公司（Soverein Oil Seeds Trading Ltda.）。1980—2014 年，彼特·魏在美国成立了 14 家公司（只有 1 家是 1980 年成立的）。据《巴西植物油工业竞争性研究》（作者 Ana Célia Castro，Unicamp 大学出版社，1993 年）一书，1990 年巴西魏氏公司出口大豆、豆粕等货品价值 1.36 亿美元，名列同行业第 7 位，Sadia 公司为第 3 位。1998 年，巴西魏氏工商有限公司巴拉那州 Cambé 第 2 分公司的营业额就占巴拉那州农产品加工业第 4

位。据 2001 年统计，在巴西三十大食品公司营业额中，Sadia 公司已经跃升到第 4 位，巴西魏氏公司降至第 27 位，营业额为 2.62 亿美元。巴西咖啡工业协会（ABIC）于 2004 年 12 月公布的 100 家咖啡大企业中，巴西魏氏公司名列第 67 位。[①]

作为卓有成就、颇负盛名的华人企业家，魏书骐在其事业鼎盛时曾用"敏、信、严、识" 4 个字来概括他的成功秘诀。但人有悲欢离合，月有阴晴圆缺，据魏书驰说，魏书骐的巴西魏氏公司是在巴西经济长期处于高通胀期间发展起来的，自从巴西经济于 1994 年实行"雷亚尔计划"稳定发展后反而不适应，特别是在 1999 年与 2009 年发生严重金融危机后，巴西经济多年衰退，其间，魏书骐有点不知所措，应对措施不够果断，导致资金链断裂，大批工厂倒闭。2001 年 12 月 18 日，巴西圣保罗联邦税务稽查代表 Maurício Prado de Almeida 发布第 102 号通告，撤销巴西魏氏贸易有限公司作为出口企业的特别登记。自 2012 年 11 月 12 日起，董事长魏书骐和副董事长郑秀玉被免职。[②]

支纬中（Daniel Chih），祖籍江苏省江阴市郑家村，1954 年生于台湾高雄市，1986 年与妻子支黄秀莉（当时 25 岁）移民巴西圣保罗市。起初，他们开制衣厂，做印染汗衫的服装贸易。1989 年底，支纬中成立太平洋自行车贸易有限公司（Pacific Bicycle Co. Ltda.），生产销售自创的"牡丹牌"（Peony）自行车。这是巴西开放进口之后成立的第一家自行车市场的进口总经销商，牡丹牌自行车被称为当时经销量最大、售后服务最好的进口自行车，曾两度获得巴西最佳品质奖。支纬中创立巴西亚洲商务咨询会展集团（Asia Busines Consulting & Events do

---

①　陈太荣、刘正勤编著：《中国江苏人移民巴西史》第三章第一节，北京：中国华侨出版社，2022 年。主要资料来源：王良瑛：《巴西的一位华裔企业家》，《人民日报》，1984 年 11 月 14 日第 6 版；宫达非、谷源洋、喻锫丹：《华人经济年鉴》，1995 年；《魏书骐的成功秘诀》，载《世界商战权谋》（上册"奇迹篇"），北京：中华工商联合出版社，1997 年；《中国在圣保罗的广阔世界》（O Vasto Mumdo da China em São Paulo），巴西 Veja São Paulo 杂志，1986 年 1 月 15 日；Daniel Bicudo Véras：《中国人的迁徙与巴西：在圣保罗的中国侨民》（As Diásporas e O Brasil：a Comunidade Sino‐brasileira em São Paulo），巴西圣保罗天主教大学博士学位论文，2008 年；巴西圣保罗州官方日报（Diário Oficial do Estado de São Paulo—DOSP，Empresarial）；巴西圣保罗州司法日报（Diário de Justiça do Estado de São Paulo）；陈太荣、刘正勤于 2018 年 7 月 4 日在圣保罗华侨天主堂对魏书驰的电话采访，2018 年 7 月 8 日对魏书驰的书面采访。

②　陈太荣、刘正勤编著：《中国江苏人移民巴西史》第三章第一节，北京：中国华侨出版社，2022 年。主要资料来源：王良瑛：《巴西的一位华裔企业家》，《人民日报》，1984 年 11 月 14 日第 6 版；宫达非、谷源洋、喻锫丹：《华人经济年鉴》，1995 年；《魏书骐的成功秘诀》，载《世界商战权谋》（上册"奇迹篇"），北京：中华工商联合出版社，1997 年；《中国在圣保罗的广阔世界》（O Vasto Mumdo da China em São Paulo），巴西 Veja São Paulo 杂志，1986 年 1 月 15 日；Daniel Bicudo Véras：《中国人的迁徙与巴西：在圣保罗的中国侨民》（As Diásporas e O Brasil：a Comunidade Sino‐brasileira em São Paulo），巴西圣保罗天主教大学博士学位论文，2008 年；巴西圣保罗州官方日报（Diário Oficial do Estado de São Paulo—DOSP，Empresarial）；巴西圣保罗州司法日报（Diário de Justiça do Estado de São Paulo）；陈太荣、刘正勤于 2018 年 7 月 4 日在圣保罗华侨天主堂对魏书驰的电话采访，2018 年 7 月 8 日对魏书驰的书面采访。

Brasil，简称 ABC Brasil）。自 1993 年起，该集团独家代理"巴西两轮车贸易展"亚洲征展工作，支纬中成为中国台湾和大陆的代理人，曾成功组织 1995、1997、1999、2001、2003、2005 年"巴西两轮车贸易展"和 2002 年"巴西纺织机械展"。1999 年初，由旅居巴西几十年的台籍侨界名贤联合巴西数家商会共同组织成立巴西亚洲商务文化交流中心，主要业务涉及展览、贸易、体育、文化、商业资讯、网络平台交流等方面服务。2003 年在北京成立分公司，是中国与巴西及南美地区经贸、体育、文化与技术合作的重要桥梁。2005 年，支纬中在北京成立克林希安（北京）国际贸易有限公司和克林希安（北京）国际会展服务有限公司。支纬中夫人支黄秀莉是世界华人工商妇女企管协会巴西分会会长，她于 2017 年 9 月 17 日创立"巴西华人资讯网"。2019 年 1 月 16 日，"2019 全球华人春节联欢晚会暨楷模年度人物颁奖典礼"在北京举行，支黄秀莉荣获"2018 全球华人楷模人物奖"。[①]

在巴西的经济发展史上，曾经出现过几次繁荣时期，如 17 世纪的蔗糖繁荣、18 世纪的棉花繁荣和 19 世纪的咖啡繁荣。而 20 世纪中叶的大豆繁荣，则与一位名叫林训明的华人紧密相连。在巴西现代工业向高科技领域进军的洪流中，在石化业弄潮者的行列里也有林训明的名字。林训明是巴西植物油公司及巴西石化集团的创始人。林训明为浙江温州人，1921 年出生于北京。父亲林立夫早年在日本早稻田大学攻读政法专业，民国年间曾当过议员和财政部、盐务署顾问，办过报纸，息隐家园后开设私塾，聘请名师教导自己的子女及亲朋子弟。林训明幼年便展露出聪颖的天资和勤奋的习性，在同辈儿童中脱颖而出，被乡亲师长誉为神童。14 岁时父亲辞世，家道中衰。他只好中断学业，开始自立并肩负起养家的担子。他先在银行做实习生，后入中国植物油公司温州分公司当职员，辗转黔、川、湘、桂各省分厂逾 10 年。由于工作出色，他很快就升任为这个全国同行业中最大公司的最年轻主管。20 世纪 50 年代初，未及而立之年的林训明毅然向公司请辞，踏上了海外创业之路。林训明于 1951 年来到巴西，落脚南里奥格兰德州首府阿雷格里港市，先在一家华人开设的公司工作。1953 年，他的未婚妻王丽君从中国香港来巴西与他完婚。这一年，公司所办的油厂开工，不久出现了原料供应不足的问题，老板委派林训明到产区圣罗莎采购黄豆，他以"诚""义"之心，加上不知疲倦的劳动，使油厂的原料供应源源不断。

1955 年，林训明购入一家小油厂，并诚邀资历更深的老上司朱孔惠任总经理。于是，在圣罗莎这个当年地图上见不到的小城，"两个中国人主持开发大豆

---

① 据陈太荣、刘正勤编著：《中国江苏人移民巴西史》第三章第一节，北京：中国华侨出版社，2022 年。

价值的企业开工"，竖起了"巴西大豆史的里程碑"。有了自己的企业，林训明开始扬帆远航。他与豆农互相信赖的购销关系，为他发展生产提供了极大的便利。为了动员农民多种豆，他不辞辛苦，多次找巴西银行经理商讨，为当地黄豆种植业建立了一套切实可行的信贷奖励制度。当时巴西只有年产一季的大豆品种，林训明便从美国引入早熟良种。新品种大豆缩短了生长期，又减少了病虫害发生的机会，大大增加了农民的收益。这一重大改革举措被誉为巴西"农业的革命性事件"。林训明在连续收购了三家企业后，于 1972 年创立了巴西植物油公司。随着公司的不断壮大，对大豆原料的需求也迅速增加，从而为巴西大豆种植业的发展提供了契机。全巴西大豆产量很快就从 1951 年的 7.7 万吨上升到 1985 年的 1 800 万吨，跃居世界第二位。1988 年又创下年产 2 300 万吨的新纪录。1975 年，巴西植物油公司被评为全巴西出口额最大的民营企业，受到盖泽尔总统颁令嘉奖。[①] 他本人被誉为巴西的"黄豆大王"。

在事业发展的辉煌时刻，林训明毅然转向新兴而陌生的石化企业。他以不减当年的锐气对接手的企业进行大刀阔斧的改组。在这一调整中，林训明慧眼独具，他的石化事业在巴西境内外都迅速扩展。到 1993 年初，聚合物的深加工能力已从 1989 年的 1.4 万吨增加到 3.4 万吨。按照"一年一厂"计划，石化集团还在国外建立了多个分厂，傲然跻身于巴西大企业行列，无纺布厂无纺布产量居全巴西第一。[②] 1992 年，石化集团的资产达一亿多美元。[③] 从孑然一身的年轻移民到成功的企业家，从"黄豆大王"到"石化巨子"，林训明走过了半个世纪的历程，留下的是一个开拓者坚实的足迹。林训明的事迹曾被美国《时代》周刊、中国香港《资本家》杂志等媒体广为报道，被誉为"华人在异邦白手兴家的杰出样板"。

毕务国出生于山东省威海市文登区大架子山村，少年时曾就读于烟台蚕丝专科学校，20 世纪 50 年代离开了香港，漂洋过海到巴西的圣保罗市，毕务国称之为"人生的第二次投胎"。毕务国从开办杂货店起步，后来经营领域包括航运、工业、农业、商业、房地产及进出口等多种行业。20 世纪 90 年代末，他的东方企业集团拥有 15.6 万亩农场、九大产业公司，涉及航运、工业、农业、商业、医药、房地产、进出口等多种行业，纳税额为各公司之首，据说最高时占当地税收的 80%，成为巴西最有影响力的人物之一。2006 年 4 月，毕务国因心脏病发作逝世，享年 84 岁。他为开发亚马孙地区做出了卓越贡献，1968 年到 1978 年曾

---

①　《林训明：从"黄豆大王"到"石化巨子"》，温州侨网，2002 年 10 月 11 日。
②　《林训明：从"黄豆大王"到"石化巨子"》，温州侨网，2002 年 10 月 11 日。
③　参见《南美地区侨务资源调研报告》，载广东省人民政府侨务办公室、广东省社会科学院：《侨力资源新优势与广东转型发展——2011 广东海外侨务资源调研报告》，2012 年。

连续 3 次荣获巴西政府颁发的十字勋章。[①]

巴西拥有 890 万平方公里肥沃富饶的土地，国土以平原和高原为主，少有高山峻岭，没有沙漠戈壁，其可耕种面积只开发利用了约 1/5。巴西石油、天然气和矿产资源蕴藏量非常丰富。华侨华人在居住地的资源开发方面具有十分光明的前景。例如，林训明在偏僻落后的圣罗莎小镇，与当地豆农建立了良好的合作关系，创办种鸡饲养场和种猪饲养场。他经营的阿雷格里港巴西植物油公司颇负盛名，其下属企业的豆油出口量曾居巴西民营企业出口额之首。[②] 又如，毕务国创立东方企业集团从事多种经营，成为巴西最有影响力的人物之一。[③] 他们都是该领域商业经营中的佼佼者。

作为巴西家喻户晓的品牌，H-Buster 公司是由一个来自中国的华人家族创办的。其前身为光明公司，由何氏家族第一代奠基人何德光先生创建。何德光是第一位从中国进口商品、打开巴西市场的华侨。他于 20 世纪 50 年代末只身从老家福建邵武前往香港，后经人介绍远赴巴西，在巴西曾经营过农场、开办过纺织工厂。但几经波折，犹如石缝中草，艰难而顽强地成长。公司的强势发展与中国的改革开放有千丝万缕的联系。二十世纪八九十年代，巴西闭关严格限制进口，特别是对从中国来的商品。公司只能从美国、日本、韩国及中国台湾进口电子电器产品，价格昂贵、销路不畅。到 20 世纪 90 年代初中国改革开放已取得成就，一些电子产品的品质显著提高、品种明显增多，且在价格上具有很强的竞争力，于是，公司开始从中国大量进口电子电器产品。经过何氏家族三代人的刻苦经营，H-Buster 公司发展为南美洲最大的华侨独资企业，所生产的电子电器产品年销售额近 10 亿美元。约 2012 年后，公司的进口额每年超过 6 亿美元。H-Buster 公司所生产的汽车扬声器一度装备了巴西 50% 的车辆。H-Buster 公司的产品不仅直接供应各大汽车生产厂家（如大众、福特、雪佛兰）并批发给巴西超市（如家乐福、糖面包、沃尔玛等）、各大电子电器销售公司及汽车音响装备商店，而且出口阿根廷、墨西哥、玻利维亚、秘鲁、智利等中南美国家，年销售额近 10 亿美元。它已成为巴西主要的汽车音响生产企业之一。

H-Buster 公司于 1997 年注册成立，总部坐落在圣保罗市往南 30 公里的圣若泽工业区。到 21 世纪 10 年代，何行作为何氏第二代担任 H-Buster 公司的董事长，但经营管理主要由何氏家族第三代人筹划运作。何德光的两个孙子何畏、何易在巴西长大，通本地语言，对巴西政治运作、经济变化、法律规范、人文习俗

---

① 吴德明：《拉丁美洲民族问题研究》，北京：世界知识出版社，2004 年，第 321 页。
② 《林训明：从"黄豆大王"到"石化巨子"》，温州侨网，2002 年 10 月 11 日。
③ 吴德明：《拉丁美洲民族问题研究》，北京：世界知识出版社，2004 年，第 321 页。

等都较为熟悉。另一个孙子何如在中国上海交通大学毕业后于20世纪90年代初到巴西，有着深厚的中华文化基础，因此三兄弟在事业经营上相辅相成，互为补充，奠定了何氏家族事业稳步发展的基础。发展到今天，何氏企业公司在圣保罗设立了总部，另分别在马瑙斯、圣保罗、哥及亚市建有3座工厂，并在墨西哥设有一家分公司。3座工厂占地面积4万平方米，建筑面积8万平方米，拥有最现代化的设备，以及高水准的仪器生产线，公司员工近3 000人，除何氏父子4人为高层决策者外，中层干部和生产工人均为巴西本地人。[①]

上述华人家族都是巴西屈指可数的大企业家。此外，大多数巴西华商经营的是中小型企业，一般有数百万美元资本，处于中等或中上等水平。虽然巴西的华人企业仍处于初步发展阶段，但它们在巴西已取得了一定成就，奠定了一定的经济地位。仅据1997年的数据，每年经营额逾一亿美元的华人企业就有Braswey、Petropar、Olvebrra、Avipal、Minas集团等。华侨华人经营的商业机构约有3 600家，涉及小型超市、杂货、餐馆、贸易、娱乐、旅游、医药等。[②]华商继承着父辈们的积累，加上自身文化素质的提高，大多经营着或大或小的餐馆、百货商铺、钱庄、银楼等，此外还从事进出口贸易、农场种植、养殖加工、超市、石油化工、陶瓷制造等行业，但最主要的行业仍然是餐饮业和商贸业。

另外，巴西的自然资源丰富，如铁矿蕴藏量居世界前列。华人企业中从事铁矿砂开采的不下10家，每家经营效益可观。还有少数华人与巴西上层人物合资经营规模较大的厂矿企业，例如荣氏家族开设的大工厂、大农场；宋子文在米纳斯吉拉斯州投资开采宝石；魏书骐经营的企业植物油产量居巴西第四位，年出口额超1亿美元；林训明近年亦有"石化巨子"的称誉。他们为巴西工商与农牧各业发展所做的贡献不可磨灭，长载史册。

纵观巴西的华侨华人经济发展史，可以举出一系列工商与农牧等业成功人士的名字，如荣尔仁、何德光、魏书骐、薛祖恒、林训明、毕务国、毕志达、马守道、荣智宽、丁荷泉、张胜凯、斯子林、刘学琳、宗成本、郑润生、许登树、李根涂、刘国华等。[③]他们既有来自中国大陆的，也有来自中国台湾的，都是巴西老一辈华侨华人中耳熟能详的优秀代表。他们都能利用二十世纪六七十年代巴西经济飞速发展的机会，同时凭借个人聪明才智和勤俭节约，在巴西开设豆油厂、面粉厂、纺织厂、石油化工厂以及现代化的大农场、畜牧场等，一步步进入巴西企业界的强者之林，为巴西经济发展做出了贡献，赢得巴西政府和人民的尊重。

---

① 《南美洲最大华侨企业H-BUSTER：在巴西家喻户晓》，中国新闻网，2012年8月29日。
② 牛震：《第三中华——海外华人的历史、现在、未来》，台北：字磨坊文化事业有限公司，第368页。
③ 袁一平：《华人移民巴西二百周年简史》，载《华人移民巴西200周年纪念特刊》，南美侨报社编印，2013年，第12页。

红花需要绿叶扶持。1949 年前移居巴西的老华侨，绝大多数是来自广东和浙江的劳动者阶层，在巴西主要从事小本经营或受雇于人。越来越多的人后来转向经营杂货店、餐馆、洗衣店等传统小商业。他们的经营范围越来越广，有些行业的华人店铺动辄数以百计。这种发展模式也是在拉美其他国家的基本发展模式。巴西华侨华人在当地的生存发展，还存在着有异于其他国家的重要之处：大部分华人家族企业不是在巴西的"原生地"循序渐进一步步发展起来的，而是通过华侨携带外资来到巴西的"插入式"扩展过程。他们人数不多，但作为大企业家，他们经济能量巨大，在进入巴西后，顺应当地的良好营商环境，发挥在中国国内营商时的丰富经验，很快风生水起，经过数十年奋斗，在当地生根、开花、结果。

巴西华侨华人经营的范围遍布各行各业，工、农、商、贸、服务等各色行业一应俱全，全面开花。根据 20 世纪之交的观察，就规模而论，巴西华侨华人经营的农牧业资本最雄厚，工业次之，商业最小。首先，农牧业方面既有华侨华人经营的种植小麦、大豆、棉花的少数大农场，也有养鸡、养兔、养花、养蚕、种蘑菇的较多的小农场。大型农场一般都有 100 多公顷耕地，最大者达 4 000 公顷。畜牧业企业所养的鸡、牛等，不仅供应本地市场，还出口邻国。其次，在工业方面，华人企业行业主要为食品工业、化学工业和纺织工业。巴西华侨华人经营的化工厂中，许多味精厂、糖精厂、化妆品厂规模可观。华人纺织厂已发展成为漂染到成衣一条龙作业。此外，还有机械制造与仪表仪器企业、电子与电器企业。最后，在商业方面，巴西华侨华人经营的大小店铺林立，其中餐馆、杂货店等数以千计，另有一些礼品店、五金店、花店、珠宝店和中西药店等，也已出现大批发商和大型超市。华人服务业包括旅馆、旅行社、医院、诊所、理发馆和洗衣店等。经营加油站和停车场，并兼营洗车等，是港台新移民开辟的新行业。巴西华侨华人商业的一个特色是一些进出口企业营业规模相当大，以输出黄豆、黄豆油、蚕丝等农产品或农产加工品为大宗。此外，巴西的铁矿蕴藏量居世界前列，是华侨华人大企业家的用武之地。

应指出，巴西传统华人企业主要还是从事劳动密集型、低附加值行业，巴西华人公司职员的文化程度相对较低，经营理念、方式上有不少差异。另外，今天的资源开发，必须注重环境保护和可持续发展。传统华人商业也在与时俱进。那些在 20 世纪 90 年代迅速发展的巴西华资工业企业，大都采用新技术、新设备，经营管理也更现代化。他们的机电、电子、仪器及化工产品已在巴西和拉美市场上具有较强的竞争力。

第七节　2008 年世界经济危机发生后
对巴西华侨华人的影响

一、世界经济危机雾霾下的巴西经济与社会

自从 2008 年发生世界性经济危机以来，巴西的发展道路并不平坦，甚至可以说是十分崎岖。国际投资者将巴西经济发展面临的诸多问题称为"巴西成本"。"巴西成本"的表现是多方面的，主要有：其一，就国家治理层面来看，政府治理能力弱化，部门效率低已成了久治不愈的顽症。巴西历届政府的治理能力欠佳，巴西长期为腐败所困。有人统计过，在最近几十年，因腐败而被判刑的巴西政治家，刑期总数高达 1 000 多年。① 其二，巴西经济萎靡不振，捉襟见肘。已延续多年的世界经济危机给很多国家经济带来了重创，巴西也不例外。巴西的宏观经济政策长期不能很好实现经济增长持续均衡、充分就业、物价水平稳定和国际收支平衡四大目标。通货膨胀居高不下，尤为严重。巴西货币雷亚尔对美元的汇率持续贬值。在这个过程中，巴西国内中产阶级越来越衰弱。

巴西经济下行状态的另一个明显表现就是，越来越多州的财政状态在恶化。据南美侨报网报道，2019 年初开始，巴西又有 3 个州——罗赖马州、北里奥格兰德州和马托格罗索州正式承认无法履行财政承诺，宣布进入财政灾难状态。在此之前进入财政灾难状态的 3 个州是里约热内卢州、南里奥格兰德州和米纳斯吉拉斯州，早在 2016 年就已宣布进入财政灾难状态。这些州政府甚至连支付公务员工资的能力也没有。至此为止，巴西共有 6 个州相继宣布进入财政灾难状态。另外，戈亚斯州政府虽然还没有颁布类似法令，但该州也面临着严重的资金问题。应指出的是，6 个已宣布进入财政灾难状态的州中，以里约热内卢州为最早。2016 年 6 月里约热内卢奥运会举办前夕，该州就率先承认自己无法履行财政承诺。按照巴西法律，如果宣布了财政灾难状态，州政府可以与供应商进行债务协商、延迟支付费用，甚至可以免于进行一些招投标。2017 年，为了帮助这些陷入困难的州政府，巴西联邦政府创立了财政复苏机制，得到国会和大部分州长支持。糟糕的是，除了里约热内卢州外，其余 5 个州中只有罗赖马州政府可以在国家的担保下向市场寻求贷款，因为州政府只有在财政

---

① 江时学：《巴西的希望为何永远在明天》，环球网，2018 年 10 月 9 日。

部得到的信用评级为 A 级或者 B 级，才可以享有这种优惠。而北里奥格兰德州和马托格罗索州政府的评级为 C 级，南里奥格兰德州政府评级为 D 级，米纳斯吉拉斯州政府其时甚至没有获得有效的评级。在这种情况下，巴西财政部一直在考虑寻求替代方案来帮助这些陷入困境的州。但除了里约热内卢州外，大部分州都不符合获得联邦政府帮助的条件。

冰冻三尺，非一日之寒，巴西今天的经济危机现状不是一朝造成的，而是积压着沉重的历史因素。巴西经济长期陷入不少拉美国家那样的"资源诅咒"，虽然地理气候环境和矿产资源禀赋十分优越，农业环境和天然的资源优势也非常优异，但得不到利用。长期以来，巴西国民生活在高度的安逸状态，居安而不思危，危机意识缺乏，消费意欲却高居不下。国家经济结构畸形，长期陷入初级产品出口型发展模式而得不到升级。作为全球经济中的新兴经济体，基础设施更是远远落后于发展需求。巴西在 20 世纪中叶就有高速公路，比中国早了几乎半个世纪，但运行到今天，多已处于"老弱病残"状态。虽然一些路段也曾断断续续重修过，但不少路段修而复破，有的路段久久失修，坑坑洼洼，凹凸不平，"不堪入目"。今天巴西的物流成本高得出奇，很大程度上是基础设施特别是高速公路"惹的祸"。

就社会层面来说，老大难问题则堆积如山。巴西犯罪率高，社会治安有越来越差的趋势。2010 年以来，圣保罗、里约热内卢等城市的社会治安状况令人担忧，针对外国游客尤其是黄皮肤亚洲游客的犯罪日趋猖獗。抢劫、偷盗一类犯罪更是几乎每天都有，人们见怪不怪，这已在一定程度上影响了巴西的投资环境。巴西收入分配不公，贫富悬殊，既削弱民众的凝聚力，也加剧了社会不稳定，导致社会撕裂，凝聚力弱化，进而削弱了政府的治理能力。很难想象，政府的政策能在一个分裂的社会中得到贯彻落实。

从 20 世纪 80 年代起，大批来自中国大陆的新移民来到巴西，或继承祖业，或自己创业，形成了一道道亮丽的风景线。相当大一部分人因为受教育程度较低，没有特殊技能，来后又不懂居住国语言，故只能从"提包客"做起，或从在中餐馆或百货店等地方打工做起，等等。当然，一小部分有文化、有资金、有专长、有现代商业知识的新移民的创业起点相对较高。还有一些人携有足够的创业基金，一到目的地就经营进出口贸易或兴办实业。一般来说，新移民往往雄心勃勃。不过有的新移民眼高手低，他们怀揣发财梦来到巴西，但现实与梦想反差很大，特别是因受金融危机影响，难以大展拳脚。毋庸讳言，也有少数人把贪污、贿赂等坏风气、坏习惯带到当地。

细分开来，巴西新老华侨华人的行业分布与经济发展趋势可概括如下：首先，仍有相当数量的人从事服务业，包括餐饮、旅游、洗衣等行业；其次，从事

商业的发展趋势仍在继续，主要包括进口、出口、批发、零售方面；再次，越来越多的人涉足技术行业，如医生、律师、教师、画家等，有些华裔甚至涉足高新科技产业，成为高级工程师；最后，华人也开始涉足制造业与房地产业。① 当然应强调，从事各行各业的巴西华侨华人中，既有传统华人，也有新移民。有的行业，特别是需要良好高等教育作为从业基础的行业，例如医生、律师、教师等专业性职业的从业者，以在巴西当地出生并接受过高等教育的传统华人为多。随着巴西华人经济水平的不断提升，华人经济对巴西经济的影响还会扩大，华侨华人中的专业人士，包括新一代移民中从事高新科技产业的专业人士将越来越多。

概括起来，经过历代华侨华人的奋斗，到 20 世纪 90 年代，巴西新老华侨华人已经经营有规模工商业，所涉及的领域，已经扩展到诸如纺织、榨油、面粉、农场、国际贸易等。小型的商业经营领域更是无法细数，包括各种加工业，诸如成衣、织布、拖鞋、箱包、首饰，以及加油站、食品店、餐馆和最普遍的礼品店、蔬菜店等，应有尽有。② 就巴西的华人企业来说，虽然总体上仍处于初步发展阶段，但已在巴西取得了一定成就，奠定了一定的经济地位。其中的华人大企业不可能一朝一夕发展起来，必已经过年深月久的打拼和资本积累，因此，它们非传统华人企业莫属。

巴西新移民跟其他拉美国家新移民的发展道路大同小异。例如，投资商务移民一般是通过正常渠道，以经营杂货店、百货店为主，很多人一开始就是小老板，如果生意做大了，资金雄厚了，便成为大老板，再向多领域投资；"非正常渠道移民"一般在很长一段时间里以打工维生（多是在商场打工），一些人取得合法身份后，也会走前者走过的路。不管他们是已走上从商之路，还是在社会底层徘徊，都以地缘关系作为群体划分的基础。地缘基础作为新移民的基本集结方式，在低层次移民群体中表现得特别明显。

从生存适应与社会适应的角度来说，今天的中国大陆新移民多已走过了当初杂乱经营、粗放型发展的阶段，逐渐走上依法经营、守法经营的可持续发展道路。很重要的一点是，他们懂得品牌意识，扎扎实实地创造自己的品牌，擦亮自己的品牌，守住自己的品牌。曾任里约热内卢华人联谊会会长的季友松说，里约华商早年就有品牌意识，目前从事贸易的华商基本都已拥有自主品牌，告别了仿制欧美产品的老路子，因此经营比较稳定。③

新移民一般都是在年轻且身强力壮的时候出国的，他们在异国他乡留下了自

① 《何德光先生在巴西在南美洲创建最大华侨企业 H-BUSTER》，《侨务工作研究》，2012 年 8 月 29 日。

② 邱罗思闾：《梦里不知身是客》，载 [巴西] 朱彭年编：《中国侨民在南美》，北京：文化艺术出版社，1990 年，第 4 页。

③ 《巴西华侨华人走过 2011：在安居乐业中自我完善》，新华网，2011 年 12 月 28 日。

己的青春岁月。多少人来到巴西，多少人最后留在巴西，还有多少人曾经在去与留之间徘徊。无论如何，对于无数新移民而言，巴西既是异乡，也是故乡，在这里他们付出了人生，也收获了人生，感受到人生百态、千般滋味、万里乡愁。不过对于大多数新移民来说，在巴西的岁月，就是为了生活而拼命努力，有时候禁不住痛哭流涕，这里没有"岁月静好"。

毋庸置疑，老一辈华侨华人（传统华人）与新华侨华人（新移民）要经过一个较长的时期，才可能磨合成为一个新的移民群体（注意：不等于新移民群体）。世界上凡是存在着新、老华侨华人两大群体的地方，一般都如此。由于新移民在居住国的落脚时间短，他们的历史满打满算也不过40年，故几乎在所有方面，传统华人与新移民之间都存在着十分明显的差异。差异需要磨合。实际上，磨合的过程早已开始，或者说，在不知不觉的氛围中无声无息地进行。这种磨合，既包括人们常说的"文明冲突"，也包括心照不宣的相互帮助。新、老华侨华人都有一个类似的特征：他们受其自身素质、身份地位以及职业结构的影响，多生活在一个相对封闭的圈子内，与外界的信息交流不多。但客观地说，信息交流不多并非是致命性的。就巴西而言，有良好的生存环境，信息交流不多对彼此间的和睦相处并无多大影响。

2013年起，巴西经济复苏困难重重，经济发展速度明显放缓，甚至出现萎缩，通胀居高不下，尽管巴西政府为了刺激经济而频频加息，但收效甚微。严峻的经济形势给巴西华商带来不小的冲击。环视巴西华侨华人的生存与发展环境，他们所面临的问题和挑战，总体上跟拉美地区其他国家的华侨华人大同小异，例如，都存在着商业机遇，都面临着社会治安、融入当地与改善民族关系等一系列问题。笔者也了解过巴西沿海地区一些华商比较多的城市，大多数华商都说，大约2015年以来，巴西的整体经济形势不好，连年不景气。由于受大环境恶化的影响，华商的经营每况愈下，很多店铺只能微利经营，甚至无利经营。在这样的形势下，有的华人商铺只好被迫关门，估计是以小店铺居多。大一点的华人店铺，一般都能冷静对待，继续经营，咬紧牙关坚持下去。之所以如此，一是因为它们的资本相对雄厚一些，二是因为船大调头难。真要关门的话，那么多的存货怎么处理呢？但更重要的原因恐怕是，华人店铺老板对巴西的未来还是抱有信心，尽管他们也真切地感到整个国家的经济形势一年不如一年。有些经营不好甚至濒临关门的华人店铺老板也在努力撑持。当问及一位较晚才来巴西经营百货店的女老板，如果环境持续不好，要不要考虑返回中国时，她的回答十分坚定：不会回国，形势再差也要坚持下去，直到巴西经济形势好转的那一天。这也是很多新移民的想法。其实，道理很简单，中国的经济形势虽然会好很多，但是，如果现在回国，就等于一切重来。很多人当年是放弃了在中国的待遇和机会，甚至付

出了很大的代价才出国的。多数人处于社会底层，花费了比其他人大得多的成本，拥有比常人大得多的勇气。

明天会更好，是乐天的巴西人的普遍心态，其实也是很多华商的心态。这些华商看起来很自信、很从容，有时候也很坚定。他们已久经风浪，经历过不少考验和磨难，有泰山压顶不弯腰的定力。在特定情况下，人有这样的心态是好事，在困难的形势下更是难得。正如他们所说，目前形势已是这个样子了，这不是谁的意志可以改变得了的，难道整天愁眉苦脸就能够使生意好转吗？于是，人们看到，这些华商一方面冷静地掂量着自己店铺的进货量，争取尽可能好的经营效益；另一方面也千方百计开辟新的经营渠道。此外，也可以看到他们雇用的巴西当地员工基本上都能尽心尽责，埋头苦干。这应该与华侨华人老板给他们不错的工资待遇以及与之保持平等和睦的工作关系有关。有华侨华人老板说，他们给当地员工的待遇至少略优于一般当地人在当地老板那里所得到的。不难发现，有一些当地员工是华侨华人老板长期雇用的。这些员工对自己的工作待遇是满意的，对华侨华人老板也很忠诚。当然，事情并非尽皆如此，也有个别当地员工做出违法的行为。华侨华人老板都承认，对待当地员工，必须落实当地劳工法和相关条例，做够做足，不能心存侥幸。一旦当地员工认为华侨华人老板违反了劳工法例并采取诉讼行为，那输的一方必然是老板。这样的话，华侨华人老板肯定得不偿失。与其如此，不如一开始就按照当地法律条文在当地员工待遇上做足做好，加强预测，注重细节，不留漏洞，在工作上、生活上处理好与他们的关系，尤要注重人性化安排。当地员工一般是通达人情的，多数人也懂得投桃报李、尽忠职守。忘恩负义、恩将仇报的人毕竟是少数。

显然，居住在巴西这样一个新兴经济体的华侨华人所面临的最主要问题，是剧烈动荡中的全球经济大环境。跟当地其他民族相比，经济危机对巴西30万华侨华人所造成的冲击更为严峻。一方面，他们要与居住国风雨同舟，共度时艰；另一方面，他们还要尽力保持自身的生存发展，安居乐业，自我完善，融入当地。这是两条相互独立的运行曲线，在运行的过程中会发生交集，产生碰撞和矛盾。在矛盾的分解过程中，会给华侨华人带来暂时的麻烦与不和谐。例如，2011年，巴西政府出台了多项反倾销和提高进口关税的措施，尽管不是专门针对华侨华人的，但由于在巴西从事进出口贸易的华侨华人人数较多，故对他们造成的冲击就显得更为集中。主要表现为，在巴西，商品结算、支付运费和关税所使用的都是美元，2011年以来，美元对巴西货币雷亚尔的汇率累计上涨了近15%，于是便在很大程度上挤压了华商的利润空间。华侨华人则积极寻找对策进行调整，以减少损失。

话说回来，巴西华侨华人在这场席卷全球的经济危机中的处境，也拜大环境所赐：巴西是个富有活力的新兴经济体，世界杯足球赛和奥运会这两大赛事在几年内给巴西带来显在的契机，对巴西经济前景肯定会产生利好的影响。总的来说，巴西华侨华人在居住国打拼这么多年，已经习惯了要慢慢树立口碑，懂得要把用户体验放在前面，把做生意建立在真货与声誉的基础上。但也不忌讳地说，从巴西华侨华人中发出的最不和谐声音是，个别华商违规经营的情况时有所闻，给当地人留下不良印象。一些华商喜欢走捷径，耍"滑头"。由于消费者无法分辨真假，刚开始时可能生意很红火，但时间久了，就会害了整个行业，最后整个行业都被抹黑。当然，巴西当局在清查华侨华人商铺时，违规执法的事情也时有发生。

二、经济危机环境下巴西华商的作为

单打独斗是为商之大忌，尤其是身处国外的华侨华人，在劳务问题、法律法规、投资环境、风土人情、政府沟通、人脉资源等诸多方面，都需要不断熟悉、刷新和相互知照，守望相助，特别是在巴西这样的法律条规比较细致复杂的国家。如若任何时候都只是依靠个体的力量去熟悉和体悟，则无疑耗时费力，事倍功半。在巴西居住已久的老一辈华侨华人应多起传、帮、带的作用。所谓"传"，是指老一辈华侨华人在商业经营项目、经商经验等方面的传承或传授；所谓"帮"，是指集众人之力，帮助个体的新移民华商解决经营中遇到的各种困难；所谓"带"，则是互通有无，带领众人共同致富。

作为华商，要取得长远的经济效益，不仅要跟上时代步伐，不断加入创新因素，还应有对企业进行长期规划的远见卓识，不能只顾眼前效益，而要兼顾社会大众的利益，促进社会的繁荣和经济的发展。此外，还应懂得从一个成功的案例中举一反三，具有根据实际状况进行适当变通与调整的本领。同时，与普通中小投资人长期分享，合作共赢，也是成功商人应有的胸怀。一个优秀的现代商人，在投资中得到巨大回报的同时，应该与其员工使用多种方式同享收获成果，让他们的生活水平得到实实在在的提高，消费能力有明显的增长。只有当地员工们的消费能力得到有效的增长，才更有利于商人们进一步增加投资机会。员工们有了钱，才可以安家落户，才会出现对房子的需求，于是投资者可以盖更多更好的房子出租或卖给员工。员工们要吃饭，投资者可以开餐馆。开餐馆要雇用工人，员工家属们应聘其中，就增加了就业机会，员工家庭收入也会水涨船高。收入提高了，才能更好地刺激消费。再看，大家有了稳定的收入，此地不断增长的年青一代才有读书机会，于是有人来办学；生活水平提高了，人们的精神消费欲望就会萌生，于是会出现电影院等消费场所，以及各种各样的消费店铺。总之，一个地方的投资与消费，只有形

成良性互动与循环，才可能得到可持续发展。一个地方社会存在的各个子系统是相辅相成、相得益彰的。作为华商，应该高瞻远瞩，携手合作，齐心协力，共同推动他们投资的地方的经济发展和社会进步，助力其持续繁荣。

客观地说，目前大多数新移民华商还处于他们事业发展的初级阶段，有的甚至还处于"原始积累"阶段，要所有人都具有这样的境界，确实不太现实。真正有远见者毕竟还是少数。然而，时代的发展需要这样有远见的高境界的华商。在一个处女开发地，如果只交由一个或少数投资者进行有计划、有远见的项目开发，而投资者一开始就秉持这样的理念参与开发，则对这个地方的发展是功德无量的。他们也是这个地方发展的功臣。在传统华人时代，这样的华人功臣不少，历史会永远铭记他们。今天在巴西，这样的地方和机会很多。可以相信，有远见、有创新理念的华人投资者已陆续出现。

多年来，从华侨华人中发出的最不和谐声音是，时有出现一些华商违规经营的情况，给当地人留下了不良印象。圣保罗25街的华人商铺一条街，就往往成为当地执法机关对怀疑违章经营者进行清查的地方，常导致一些华人商铺被迫关门歇业。且先不论清查孰是孰非，就造成的影响来说，肯定是负面为多，也容易"家喻户晓"。

华侨华人生活在一个多民族共居的大熔炉里，处理好民族关系，特别是处理好与当地主流民族的关系至关重要。环视当今巴西华侨华人的生存与发展环境，总体来说，其所面临的问题和挑战，跟拉美地区其他国家的华侨华人大同小异。例如，都存在着商业机遇，都面临着社会治安、融入当地与改善民族关系、参与政治等一系列问题。但巴西华侨华人所面临的最主要问题是，全球经济大环境仍在剧烈动荡中，跟当地其他民族相比，经济危机对生活和工作在巴西的华侨华人所造成的冲击或更为严峻。一方面，他们要尽力维持自身生存发展、安居乐业；另一方面，他们要与这个国家共度时艰，融入当地。

巴西有很多关于经营方面的法律规定是不能改变的。巴西劳动力市场缺乏灵活性，劳动力水平和工资水平与中国国内差距较大。巴西对企业雇用巴西员工的最低比例有明确规定。华商和中国企业最关注的，应是巴西的劳工法中对劳工基本权益的规定。且以2013年发布的《巴西劳工法》为例。实际上，巴西的劳工法是所有华侨华人老板都最为关心的巴西法规。首先需要了解的内容，包括工作时间、工资、年假等劳工权益；其次，劳工法还对劳工们的劳动安全与卫生、劳工的本地化、妇女及未成年劳工的保护等方面提出了要求。此外，劳工还有其他一些权益，如家庭津贴等。

今天的巴西华侨华人杂货店/百货店，一般都愿意雇用少则三五名、多则十数名巴西当地人做员工。巴西员工有比较清晰的法律意识，有清晰的工作制度观念、休息观念和加班观念。如果华侨华人老板对这一整套制度置若罔闻，熟视无睹，难免会遭到巴西员工的法律诉讼。例如，快过节了，老板要发"十三薪"，即工人一年上班 12 个月，可以领 13 个月工薪。一般分两次发，11 月底一次，12 月一次。这是巴西的劳工法规定的。工人领了"十三薪"，就兴高采烈地上街进行圣诞购物了。笔者每每听到当地华侨华人说，一旦违反规定对簿公堂，华侨华人老板必输无疑。在巴西，由于不少华商对劳工法认识不足，故在碰到法律问题时经常相信别人的"经验"，并运用这些"经验"来解决问题。这些"经验"当然并非一无是处，但有时也会让华商误入歧途。此外，还有失业保险金问题、社会保障缴款问题等，在此不赘述。总之，要了解法律，尊重法律，才不会有麻烦或少惹麻烦。了解并遵守规则，是跨国投资最直接的门槛。

不能把已经发生的不良现象统统归咎于经济危机的大环境。华侨华人要在当地生存发展，矛盾和冲突是难以完全避免的。在某种程度上，这也是一个外来民族在异国他乡生存发展的"必修课"。关键是，华侨华人要勇于面对现实，通过加强与当局的沟通和合作来妥善解决问题，而不应消极对待，更不能视而不见。华侨华人既要遵纪守法，也要对强加到自己头上的违法违规行为据理力争，依法依规进行维权。只有走合法经营的路才有出路，才能更好地维护和促进与当地民族的良好关系。今天华侨华人融入当地社会的过程，同时也是磨合、接受、维权、抗争的过程。

虽然巴西民众总体上对华侨华人是友善的，但不能说民族间的关系已经高枕无忧了。除了因商业利益累积的矛盾可能引起直接纠纷外，有时候其他民族与当地民族的摩擦也可能"飞来横祸"。假如有当地人要哄抢日本人的商店，很可能因华人与日本人长相不好区分，而把华人商店也给连带抢了。对这样的问题，要有所防范，未雨绸缪。

一个不能不引起重视的问题是华侨华人的形象问题。巴西当地人对华侨华人的印象总体上是不错的。但与华侨华人接触较多的巴西当地人，感觉华侨华人身上存在着一类在中国人看来属"小枝小节""无伤大雅"的问题。例如，一些华侨华人边做生意边吃饭，嘴里含着满嘴饭菜，却跟客人讨价还价。这对巴西当地人来说无法容忍。又如，部分华侨华人说话分贝较高，随地吐痰等，更是不可容忍。还有，一些华侨华人不修边幅等不良习惯，也令巴西当地人感到不舒服。再者，就是少数华侨华人自觉不自觉地有喜欢炫富的"土豪"之举。造成这些不良行为的原因，一是部分人在国内时长期形成的陋习，一是部分中国新移民，受教育程度较低。同时，聚集地的营商环境差，也在一定程度上导致一些人不良情绪的发作。不过，有的行为是华侨华人的传统美德，但巴西当地人却看不惯。比如，华侨华人总是像个"经济动物"一样不知休息地工作，当地人便可能心生

不安，甚至产生嫉妒。这是属于"文明冲突"的问题。不理解事小，最麻烦的是当地人对华侨华人这种行为感到愤怒，认为是在抢夺他们的饭碗。不过就笔者所知，持类似观点的巴西当地人极少。即使是有这样那样的偏见，也没有必要强迫他们马上改变想法，仍需要在长期和谐相处的过程中逐渐增进理解。

就全球的总体情况而言，中国新移民群体具有良好的教育素质、高端的科技文化水平、更深的"西化"意识、更明显的现代批判精神及法治理念，他们对居住地和中国现代化进程有更多更直接的参与，因而明显有别于传统华人群体。但对于包括巴西在内的拉美国家的中国新移民来说，这些概括并不大适用。

拉美中国新移民的群体性格，跟其他地区特别是欧美发达国家的中国新移民有明显的区别。这是由中国新移民的来源地不同所决定的。到拉美去的新移民，很大一部分为商务与投资移民。他们多为来自中国农村的受教育不多的"农转商"型移民，留学生十分少，科技工作者也不多，高科技人才几近于零。政治上，他们没有美欧等西方发达国家与地区的华侨华人那样深的"西化"意识，也缺乏现代知识分子精英群体特有的批判精神，但他们的法治观念很强。虽然居住国的法治现状还很落后，但作为商业经营者，他们十分清楚如何维护自己的合法权益。他们对自己所在社团组织的法制观念，也不下于其他国家的华侨华人，尽管很多人鉴于现实的无奈，也表现出明显的"维权惰性"。

跟世界上其他地方的华侨华人相同的是，拉美新移民对政治参与的兴趣普遍不高，族群性政治后援尚甚滞后和乏力，尽管巴西的情况在拉美国家中算是比较好的。显然，如果华侨华人在居住国各级政治舞台上没有足够的代表性、影响力和话语权，则他们在居住国的生存和发展难免会遭遇诸多阻力和负面侵扰。实事求是地看，华人参政还有漫长的路要走。在这种情况下，华侨华人除了要积极参政，一步步登上政治舞台外，还要稳妥地守正反邪，尽可能地减少政治舞台上本民族声音弱小所带来的负面影响。

三、侨社齐抓共管应对社会治安恶化

巴西在经济发展中，特别是 2008 年世界性经济危机以来，贫富悬殊问题愈益严重。2010 年，巴西全国的贫困人口为 1 627 万，占总人口的 8.5%。2008年，巴西的基尼系数为 0.52，表明巴西的居民收入差距已很悬殊。[①] 收入差距拉

---

① 基尼系数越接近 0 表明收入分配越是趋向平等。国际惯例把 0.2 以下视为收入绝对平均，0.2 ~ 0.3 视为收入比较平均，0.3 ~ 0.4 视为收入相对合理，0.4 ~ 0.5 视为收入差距较大，当基尼系数达到 0.5 以上时，则表示收入悬殊。

大，容易引致社会治安状况趋差。巴西在过去数年间的社会治安形势越来越差，绑架或袭击一类案件时有发生。2007 年 3 月，巴西 Datafolha 调查公司的民调显示，民众认为巴西的暴力犯罪有愈演愈烈的趋势，尤其在圣保罗和里约热内卢等人口集中且贫富分化较为严重的大城市，持枪抢劫、绑架勒索等恶性案件频发，治安形势严峻。联合国发布的一项研究报告表明，巴西每年有 4 万人死于暴力活动，是全球暴力致死率第二高的国家。巴西公民可以合法持有枪支，但非法持枪者不计其数。①

巴西社会治安恶化的一个原因是犯罪成本低。巴西没有死刑，罪犯杀了人只会坐牢，说不定过了几年就能出狱。出狱后幡然悔悟改过者少，破罐破摔重新犯罪者多。因此，巴西监狱人满为患，社会治安案件屡屡发生，令警察局头疼，也令华侨华人烦恼。最受侨胞关注的是针对华商的入室抢劫事件经常发生，如果是谋财就算了，更可怕的是害命。在黑洞洞的手枪或亮闪闪的匕首面前，侨胞宁愿"忍气吞声"。很多当地犯罪分子知道华侨华人喜欢把现金放在家里，故专门选择华侨华人住宅作案。他们也深知华侨华人一般不会报案，即使报案了，警方破案概率也很低，因此为非作歹，形成了犯罪的恶性循环。另外，巴西腐败现象严重，警察中也有害群之马。这些人披着警察的外衣，干着贼匪的勾当。他们人数虽少，但为害甚烈。他们常利用手中职权为非作歹，为敲诈勒索设置陷阱，甚至道貌岸然地公然行抢，手段卑劣，丧尽天良。有的警察以商品是冒牌货为由，向华人商贩"敲竹杠"。在社会治安不靖的形势下，每一个人都有遭绑架或袭击的危险，绑匪不会因为对方为外来民族而有所收敛。

面对匪徒的疯狂抢劫，华侨华人别无选择，只能勇敢地站出来报案，指认案犯，拿起法律武器维护自己的合法利益，保障自己的财产及生命安全。对谋财害命的残忍行为，应坚决敦促当局破案，还社会以公平正义。其实巴西对举报的规定是宽松合理的，不管是否有身份证，都可以对犯罪进行举报。这一点对没有居留身份的华侨有利。2019 年 1 月 2 日，华侨华人以"巴西华人为陈明明遇害伸张正义缉拿凶手工作团"的名义向巴西总统、国会议员、圣保罗州州长与州议员、军警刑警以及有正义之心的巴西民众发出公开信，表示不能对随意杀人视而不见。

圣保罗市中心警民联席会议是一个华侨华人与圣保罗警方建立的良好联系机制，为华侨华人与巴西政府和警察对话创造了一个良好的对话平台和治安环境，对打击犯罪分子发挥了积极的促进作用，也为新移民融入巴西社会创造了良好的机遇。因此，参加联席会议的华侨华人越来越多，与会华侨华人提问也越来越踊

---

① 《巴西的社会治安》，中国驻巴西大使馆经济商务参赞处网站，2015 年 7 月 28 日。

跃。警民联席会议主任赵永平女士鼓励同胞多提问题，努力创造一个安全的生存空间。警方也通过联席会议加强了与华社的沟通，同时加强了对华侨华人居住区的治安防范。犯罪分子猖獗的圣保罗 25 街，是警方重点监控管理范围。警方还接受华侨华人的建议，加强了对地铁、公车站的管理，降低犯罪率。

值得注意的是，中国领事保护工作对海外侨胞的保护也延伸到社会治安方面来。大多数巴西侨胞仍然持居住证在巴西居留，他们仍然是中国公民，依法可以享受领事保护。对于海外侨胞来说，最为关心、与自己关系最密切的领事保护，莫过于遭绑架或袭击一类案件时的应对。对此，中国驻巴西大使馆和驻各地总领事馆努力办好"海外民生工程"，越来越多地通过设立领保联络员、聘用领保雇员和建立安全联防机制等方式，充分挖掘驻在国当地资源，提升工作效能，也一定程度上缓解了领事官员人手少、案件多的压力。

华侨华人社团也与中国驻巴西使领馆保持密切沟通。在这方面，巴西华侨华人社团有良好的实践。例如，2018 年 10 月 31 日下午，巴西华人协会第 19 届会长朱苏忠、监事长刘皓等一行人拜访中国驻圣保罗总领馆时，陈佩洁总领事感谢了华协在各方面为领馆分担的对侨工作，尤其是在安全方面，相对减轻了领保工作方面的压力。[1] 2019 年 1 月短短一个月中，圣保罗发生了几起恶性案件，中国驻圣保罗总领馆高度重视，陈佩洁总领事亲自拜会圣保罗州民警、军警及犯罪调查局负责人，对各案件表达严重关切，要求警方加大侦查破案力度，加强对华人聚居区的安全巡逻，切实保障在圣保罗中国公民和机构的安全。此外，中巴双方也加强警务合作，加大了对侨社中的犯罪活动的打击力度。中巴警务交流与合作、圣保罗市中心警民合作治安委员会的平台建设方面也取得了积极进展。

---

① 《巴西华人协会新老领导班子拜访驻圣保罗总领馆》，巴西华人协会网站，2018 年 11 月 1 日。

第五章　新移民时代巴西各类型华侨华人社团

巴西国土广袤，华侨华人众多，因而社团数量多，类别也多。据说早些年巴西各类别的全国性或地方性华侨华人社团有 100 多个，[1] 主要分布在圣保罗市。由于各类社团业务范围广泛，活动领域有交叉，要将其一一罗列并加以阐析是不可能的。下面所分析的是历史上和现在巴西华侨华人社会常见的部分社团。

第一节　综合性全侨社团

就目前所查到的资料来看，在传统移民时代，主要有 1919 年成立于里约热内卢的中华会馆和 1931 年成立于圣保罗的中华会馆。在 1949 年以前，它们都在中华民国侨务部门的管辖下。至于巴西利亚中华会馆，则迟至 2009 年 2 月 14 日才正式成立。[2] 从华侨华人需求的角度来说，这类最早出现的华人社团都是综合性的，尽管那时候华侨的需求多只是集中在诸如寻找落脚地、寻找工作和解决温饱之需等生存方面。1949 年中华人民共和国成立后，在海外侨务工作方面，由于历史的原因，在一段时期内，中国政府尚无法顾及遥远的拉丁美洲地区，于是台湾当局便延续中华民国时期（1912—1949）的做法，继续对巴西的华侨华人社团进行常规管辖和控制。

上述 3 个会馆的成立彼此之间应没有直接联系。很长一段时期内，它们每年都举办庆"双十"及"青年节"大会。当然，3 个会馆的主要职责是开展华文教育，发扬中华文化，维护侨胞权益，协助侨胞解决困难，同时也保持中华文化传统。还有，每年在巴西固定的扫墓节，按惯例前往所属华侨公墓，为华侨先贤献花祭拜，以表追怀之意。[3]

到二十世纪六七十年代以后，主要来自中国大陆的新移民建立的全侨性社团，颇类似于历史上的中华会馆。但新时期的全侨性社团，如要在华侨华人社会

---

① 国务院侨办侨务干部学校编著：《华侨华人概述》，北京：九州出版社，2005 年，第 145 页。

② 《巴西首都巴西利亚中华会馆成立》，"中央社"圣保罗电，2009 年 2 月 15 日。

③ 《圣保罗中华会馆巴西清明扫墓节祭华侨先贤》，《华声报》《南美侨报》，2005 年 11 月 4 日。

中站稳脚跟，就要在为侨服务方面做好工作，赢得侨心。总之，社团的地位系于华侨华人的信赖与口碑。20世纪80年代以来，巴西华侨华人社会中出现了各种各样的社团，基本上都以新移民（新华侨华人）为主体。它们也是因应于新移民大量增加和对内团结、对外维权的需要而产生的。新移民社团中，也出现了一些旨在各个方面服务于所有同胞的全侨性社团。

与历史上的传统华侨华人不同，新移民在出国前一般受过一定程度的教育，有更多的国际经验和更广的国际视野，且年龄普遍较年轻，有知识，有经验，有锐气，有活力。但他们甫到巴西，还处于创业阶段，当务之急是通过自己的努力创造财富，很多人也希望改变不合理的社团运行机制和操作方式。

一、巴西华人协会

巴西华人协会（简称"华协"），是圣保罗地区全侨性的社团组织，成立于1980年10月1日，是圣保罗成立时间较早的华侨华人侨团，也是巴西最大的华侨华人社团，堪称当地侨社的龙头。凡加入华协的社团的会长，均任华协的副会长。

华协的首任与第二任会长均为老侨领杨绍文（1980—1984）。根据协会章程中关于会长、副会长最多连任一届的规定，1985年第二届理监事会改选期间，杨绍文退出，后来接任的历届会长有黄植文（第三届，1985—1986）、叶伦铅（第四届，1987—1988）、张绍新（第五届，1989—1990）、谭国璋（第六届，1991—1992）、杨绍文（第七届，1993—1994，再当选）、李海安（第八、第九届，1995—1998）[1]以及黄海澄、吴耀宙、李少玉等。2016年11月27日，华协举行换届改选会议，朱苏忠连任第十九届会长，刘皓连任监事长。2018年8月19日举行换届改选，张伟、叶周永分别当选为华协第二十届理监事会会长、监事长。

巴西华人协会经过40多年的风雨前行，已经发展成为拥有50多个华侨华人团体的群众性组织。历任中国最高领导人访问巴西时，都与华协主要领导合影。华协领导也应邀回国参加国内一些重大典礼活动。例如，李海安1997年应邀参加了香港回归大典；2008年8月8日，华协会长吴耀宙作为中国政府特别邀请的400多名海外华侨华人代表之一，参加了北京奥运会开幕式观礼，亲眼见证中国人圆梦百年奥运；[2] 2009年中华人民共和国成立60周年庆祝大典和2019年中华

---

[1] 《巴西华人协会》，载《巴西华人耕耘录》，巴西美洲华报编印，1998年，第32页。

[2] 《巴西华人协会会长吴耀宙：奥运开幕观礼终生难忘》，中国侨网，2008年8月13日。

人民共和国成立 70 周年庆祝大典，华协均有多名侨领受邀作为巴西华侨华人代表赴北京出席。

巴西华人协会自成立以来，其会长、监事长主要由广东籍人士担任。1998 年起，为团结全侨，使其更具代表性，温州籍侨领黄海澄、张伟，青田籍侨领吴耀宙都曾担任过该会会长。[①] 中国驻巴西大使陈笃庆于 2007 年 2 月 5 日在与理监事们座谈时说，巴西华人协会是不分宗教、不分地域、代表性最广的圣保罗最大的华人组织。[②]

华协具有作为全侨性社团的一些必备要素和特点，如它的组织结构的系统性、完备性和运行的规范性。其初创时期，即于 1982 年在圣保罗市购下 Rua Ramadare 156 号一栋三层楼为会馆，后经翻新装修，于 1984 年 2 月 2 日竣工并举行揭幕酒会，1994 年底至 1995 年初再度装修。[③] 除了圣保罗的总会外，华协另在巴拉那等地设有分会。协会之下，设 5 个组，分理协会各项工作。协会运作所需费用均由华侨华人捐助。此外还有诸多会务方面的工作，如出版会刊等。

华协的宗旨是：团结华侨华人，联络广大侨胞的感情和乡谊，为华侨华人社会谋利益。可概括为三大方面：其一，为当地的经济发展、社会进步贡献力量，增进华侨华人的团结，帮助华侨华人融入当地社会，维护华侨华人合法权益，促进社团的革新和华侨华人社会风尚的改善，树立和改善华侨华人形象，同时为侨胞排忧解难，使他们了解巴西法律，遵纪守法，尽量减少经商和生活中的损失。其二，积极开展华文教育，每周两天开设中华文化学习班，主要教授华文，分粤语班和普通话班，学生多为华人子女，亦有若干当地人，教师均为义务教学。还开办中文、葡文班，举办为侨服务的医疗义诊、法律讲座、书画展览等活动。其三，开展妇幼保健，安排老华侨华人晚年生活，如设立老人院，定期为老人检查身体，举办专家保健讲座和义诊活动，开展敬老活动等。在这方面，最引人注目、深受华侨华人欢迎的，莫过于协会里负责举办文娱、体育等活动的康乐组。逢年过节，协会都举行盛大庆祝活动，表演具有中国特色的民族舞蹈、粤剧清唱（巴西广东籍传统华人祖籍多为"四邑"）、京剧清唱、苏州评弹等，并放映中国电影，举行各类球赛等。协会还有青年舞蹈团，每年都应邀参加圣保罗移民节，表演中国舞蹈。此外，还经常于中国农历春节和 10 月 1 日中国国庆节举办庆祝和联欢活动。

2008 年初，华协筹备创建了协会网站。该网站设有介绍巴西国情、展示协

---

① 《华人移民巴西 200 周年纪念特刊》，南美侨报社编印，2013 年，第 106 页。

② 《中国大使鼓励巴西华人协会积极推动华裔青年参政》，中国侨网（据《华声报》报道），2007 年 2 月 6 日。

③ 《巴西华人协会》，载《巴西华人耕耘录》，巴西美洲华报编印，1998 年，第 32 页。

会重要活动、提供医疗法律咨询、回顾协会历史、预告协会活动等功能的栏目，将全面展现华协的主要工作，反映侨胞的工作和业余生活情况。[1]

华协积极回馈当地社会，当地发生自然灾害时，发动侨胞慷慨捐助。中国发生自然灾害时，也发动、组织全侨进行赈灾捐款。如 2008 年 11 月巴西圣卡塔林那州发生历史上最大的水灾，华协发动全侨捐款救灾，受到当地政府好评。2008 年 5 月中国四川汶川发生大地震，华协各主要理监事发动各自侨团募捐，共筹得上千万元人民币。巴西成为华侨华人海外捐款人数最多的国度之一。

华协还积极支持华人参政，在本书中出现过名字的参政华人在竞选过程中，都得到华协大力支持，一些华人成功当选。2010 年该协会新一届理监事就职典礼在市议会议员大厅举行时，圣保罗州议会第一次为一个华人社团奏起了中华人民共和国国歌。

华协也积极支持祖国的重大活动。例如北京赢得奥运会主办权后，北京市政府于 2003 年决定将总造价一亿美元的北京奥运会三大标志性建筑之一——国家游泳中心"水立方"交由港、澳、台和海外华侨华人捐资建设。华协以及各侨团联合发起了"心系奥运，援建水立方"的捐款活动。组织者提出"钱不在多少，重在参与"的口号，并印制了捐款券 6 300 张，其中面值 100 美元的 300 张，面值 50 雷亚尔的 2 000 张，面值 25 雷亚尔的 4 000 张，捐款券分送各侨团，侨胞们可向各侨团直接认购。[2] 在捐款者中，有上至八旬的老人，有还未出世的婴孩（由其母亲代劳），还有不少是收入有限的退休人员，更有一些不愿透露姓名的"无名氏"。他们不图名誉，只希望通过捐款，共同参与北京奥运场馆的建设，共享筹办奥运的殊荣。[3]

2015 年 3 月 18 日，华协举办了圣保罗华助中心授牌仪式。在 2015—2019 年，圣保罗华助中心做了大量工作，成为全球开展扶贫帮困工作最好的华助中心。4 年来，巴西华人协会与圣保罗华助中心募集捐款达 100 多万雷亚尔，开展了红房子火灾救助、春节送温暖、帮助困难侨胞，以及 3 次向巴西慈善机构捐款的大型回馈巴西社会的救济活动。在 4 年会务工作中，华协举办了 3 届文化大乐园活动，有 400 多名华裔子弟参加；举办了 3 届华文教育基金会教师培训，400 多人次华文教师参与培训；开展了 7 期基础葡语培训班，免费发放基础葡语培训教材，惠及 300 多名侨胞；连续 4 年举办寻根之旅夏令营，有近百名华裔子弟回

---

① 《巴西华人协会网站正式开通，孙荣茂总领事致贺词》，中国侨网（据巴西侨网报道），2008 年 3 月 17 日。

② 《心系北京奥运，巴西华人发起捐款援建"水立方"》，中国侨网（据《华声报》报道），2007 年 1 月 24 日。

③ 《500 多巴西华侨为"水立方"捐款》，巴西侨网，2007 年 4 月 19 日。

中国寻根问祖，了解祖籍国的历史与文化；组织了亲情中华中医药访问团开展义诊，以及亲情中华中餐美食节中餐业交流，主办了 3 期中巴美食文化节；举办了 3 次大型国庆晚会、2 次大型春节庆祝大会；此外，还接待了数十个国内团组的代表团。在社会治安方面，华协设立了华助热线，在 25 街和布拉斯区设立了治安报警点，还派华人代表参与市中心 Conseg 安全委员会，为改善治安环境和协助华人报案、联系警方破案、提高侨胞防范意识发挥了重要作用。①

过去，巴西大一点的华侨华人社团在举办活动时，由于没有自己的会馆而常借用其他会馆。最近几年来，由于受国际金融和经济危机的影响，巴西经济疲软，巴西华侨华人创业发展遇到了不少阻力。为此，第二十届巴西华人协会理监事会发出了《凝聚侨心，共建新馆》的倡议书，号召华侨华人积极集资筹建华人协会会馆。这是一项为巴西华侨华人子孙后代造福的工程，是中国人移民巴西 200 多年来第一次提出筹建一个数百平方米的多功能新馆，在华侨华人中引起了极大反响。2019 年 12 月 10 日下午，在中国商会会议室举行了华人协会会馆设计方案的最后审定会议。该设计蓝图为四层现代化建筑，融入了中国元素，总建筑面积达 1 720 平方米。拆迁手续已获市府批准，设计方案一旦获得批复，即可开工兴建。②

2019 年 5 月 29 日，在国务院侨务办公室、中华全国归国华侨联合会联合主办，来自世界上 90 多个国家和地区的 450 余位华侨华人社团负责人参加的第九届世界华侨华人社团联谊大会（北京）上，巴西华人协会被授予"华社之光"的称号。③ 在授牌的致辞中写道："巴西华人协会成立 39 年以来，紧随时代，以长远眼光汇聚侨胞共同梦想，展现华社和谐风貌；以宽广胸怀倡导族裔和睦相融，携手共建美好家园，架设起中巴两国友好交往的桥梁。"

二、巴西利亚华侨华人协会

巴西利亚华侨华人协会由顾杭沪于 2005 年发起成立，顾杭沪出任会长。虽

---

① 袁一平：《巴西华协改选张伟当选会长叶周永任监事长》，巴西侨网，2018 年 8 月 19 日。
② 袁一平：《华人协会举行会馆设计方案最终审定会议》，巴西侨网，2019 年 12 月 13 日。
③ "华社之光"的授予对象为世界各地在回馈社会、促进融合、爱侨护侨、参政议政、维护权益、传承文化、保障侨胞安全等方面做出突出贡献的华人社团。2019 年 5 月 29 日，在北京举办的第九届世界华侨华人社团联谊大会上被授予"华社之光"荣誉的 10 家海外侨团分别为：美东华人社团联合总会、圣保罗巴西华人协会、巴拿马华人工商总会、澳大利亚悉尼华星艺术团、马来西亚中华总商会、吉尔吉斯斯坦比什凯克华助中心、全日本华侨华人联合会、意大利中国总商会、葡萄牙中华总商会、南非开普敦华人警民合作中心。在此之前，2016 年 6 月 3 日评选出了 10 家"华社之光"社团（名单略），2014 年 6 月 7 日在北京举办的第七届世界华侨华人社团联谊大会上，授予 10 家海外华侨华人社团以"华社之光"荣誉（名单略）。

然巴西有华侨华人 20 多万，但在首都巴西利亚，最初只有几十人，到 21 世纪初，已经发展到近千人。协会在团结、组织和帮助华侨华人方面做了重要工作。巴西利亚华侨华人协会直接服务的侨胞不多，这也是巴西利亚只有一个综合性的华侨华人社团的基本原因。2014 年 3 月 24 日，巴西利亚华侨华人协会举行换届选举，顾杭沪赢得全票，连任会长。

三、累西腓（海西飞）华侨华人协会

累西腓华侨华人协会（Associação da Comunidade Chinesa do Recife，ACCR）于 2015 年 4 月 5 日在累西腓 Boi Brasa 烤肉店正式宣布成立。该会成立以来，帮助中国侨民融入巴西社会，密切与地方政府、组织及民众的和谐关系，组织和参与向累西腓困难家庭捐赠的活动，在重大节日组织华侨华人联谊会，广邀巴西朋友参加，为中国侨民和本地人民办了很多实事，已成为中国侨民的中坚力量和共同之家。累西腓市有华侨华人近 5 000 人，为该市经济社会发展带来了积极的推动力，提供了 12 500 个直接就业岗位。累西腓华侨华人协会的集体成员巴中文教中心开办中文班、葡文班，促进双方的文化交流与了解。

2017 年 9 月 29 日下午，累西腓市议会在议会大楼会议厅隆重举行表彰累西腓华侨华人协会仪式。这是累西腓市议会第一次给中国侨社颁奖。在热烈的掌声中，议长将奖牌授给该协会会长卢功荣。中国驻累西腓总领事李飞月、市长代表 Geral Julio、累西腓驻巴西利亚代表处主任兼市政府国际关系局局长 Giovani Oliveira、协会主要领导与会员、中资公司代表、孔子学院师生、侨胞及巴西友人近 200 人出席。[①]

四、（台湾移民）巴西各州华侨联合会

巴西各州华侨联合会是一个华侨华人社团的名称，不过它在各州均有分会。该会由徐满香、李兴文、黄启勇、吴善焯、施良 5 人发起，于 1992 年 4 月 16 日成立于 Campo Grande Mato Grosso Do Sul。大会选举徐满香为会长，李兴文、黄启勇为副会长，吴善焯为监事长，施良为秘书长，此外还有一批理事。1996 年 6 月 6 日，产生了第二届理监事会。一个较大的变化是，除了会长、监事长和秘书长分别为一人外，副会长、副监事长、副秘书长的名额都有所增加。另外，还聘请黄国熙、罗大诚、方向光等知名人士为名誉会长，张无咎、邓幸光为顾问。还有

---

① 《海西飞市议会隆重表彰海西飞华侨华人协会》，巴西侨网，2017 年 10 月 3 日。

一个大变化是产生了各分会的负责人，各分会所在地分别为：圣保罗、里约热内卢、米纳斯吉拉斯、巴拉那、南里奥格兰德、巴西利亚、圣达卡达莉娜、培南布可、马托格罗索、南马托格罗索、福斯林、圣约瑟、山度士（桑托斯）、康必纳斯（各地负责人名从略）。可见，巴西各州华侨联合会成立数年后，才算正式完成了作为各州分社团的"总部"属性。

该联合会虽然以来自中国台湾地区的移民为多，但他们积极开展台湾与大陆的交流。如 1993 年协助巴西山度士足球俱乐部前往广州、成都、北京、南京和上海参加"93 中巴国际足球邀请赛"，1994 年协助巴西民族歌舞团前往四川和海南进行中巴文化交流演出，1996 年 8 月前往北京、天津、上海、济南、成都和大连等地拍摄《巴西人在中国》纪录片，1996 年率领巴西帕美拉斯足球俱乐部队前往济南、成都和大连进行中巴国际足球邀请赛。另外，1996 年 6 月，该联合会创办会刊《南美商报》（不定期），免费赠阅。[①]

顺便指出，在巴西重要城市马瑙斯，有一个"亚马孙华人华侨的社团联合会"，成立于 2017 年 4 月 29 日，会长林玉平、常务会长季艺群、执行会长林肖弟、常务副会长陈俊仙与庄坤寿、监事长方森、秘书长王宗元。其他人事组织机构也一应俱全。其他情况外界所知不多。

第二节　新移民的同乡会

无论是在传统华人社会，还是在新移民社会，地缘社团都是最主要的结社形式。地缘社团的名称很多，最普遍的称呼是某某邑（县）、某某省会馆。就邑属、省属两类地缘社团而言，通常是邑属同乡会占了大头，主要是因为同邑乡亲的语言、风俗习惯比较划一。此外，邑属社团的规模还要取决于该邑乡亲的人数。一般来说，如果一邑乡亲人数足够多，以邑为单位组建社团便是最佳选择。否则，便以"联邑"乃至省属方式组建社团的情况居多。

无论是传统华人社会还是新移民社会，同乡会都是选择概率最高的地缘社团。这里的"乡"，是指籍贯或祖籍地（如果属第一代新移民一般称籍贯，在居住国出生的第二代后华人一般称祖籍地）。目前的新移民同乡会成员，绝大部分都是第一代，同乡之情尤为热烈亲切。第二代以后参加同乡会活动的情况相对少得多。不管是第一代的籍贯，还是第二代以后的祖籍地，其伸缩性都很大，范围

---

① 《巴西各州华侨联合会》，载《巴西华人耕耘录》，巴西美洲华报编印，1998 年，第 58 - 59 页。该书资料截至 1998 年，故该商会后续情况不详。

可大可小，大到中国多个省份联成的大地区，小至一个乡镇，皆可称为"乡"。至于以多大范围作为同乡会的基本单位，一般来说，华侨华人居住地的同乡人数多少是社团组织者的一个重要考量要素。祖籍地同乡覆盖的地域越大，其同乡会发挥的作用越大，影响也越大。下面提到的同乡会，主要是一些祖籍地地域较大的同乡会。巴西应还有一些地域较小的同乡会，由于资料来源有限，没有在这里提到。当然，同其他类型的社团一样，不同地籍的同乡会在同胞中的活跃程度大不一样，这里就难以一概而论了。

同乡会对本地乡亲在居住地的生存和发展有不可替代的重要作用。同乡情往往是异乡之客的精神慰藉，乡音联情，守望相助，栉风沐雨，共享平安，共渡难关。一般来说，刚到达目的地的华侨华人，都是通过同乡会了解到拟居地的基本情况，找到安家和工作资讯的。他们安顿下来后，一旦遇到问题，也先是求助于同乡会，借助同乡力量及其编织起来的人脉关系网，解决燃眉之急和立足之需。这种乡缘文化是一种无形财富，往往超越主流社会提供的服务资源和服务效果，在情感交流方面更有难以取代的地位。不可否认，这类型社团也存在着乡帮斗争、分裂对立等弊端，但就笔者观察，与世界上很多国家比较起来，这种现象在巴西还是较为少见的。

地缘性社团在很多国家的华侨华人社会中早已存在，发挥着凝聚乡情、守望相助的功能。20 世纪 80 年代以来，在海外新华侨华人中，同乡会这一在传统华人时代就已经十分兴盛的地缘组织不但没有减少，反而越来越多，不但没有走向衰亡，反而越来越活跃，成为观察当代华侨华人社团的重要窗口。

巴西的同乡会出现的历史很早。迄今尚难确定最早出现同乡会的时间和名称。今天巴西的华侨华人同乡会这一传统地缘组织形式大有雨后春笋之势。应说明的是，同乡会是地缘社团，但同乡会往往包含着所属地缘范围内的很多血缘/宗族关系，血缘/宗族关系与地缘关系相互促进，这种情况在巴西很明显。下面按各同乡会（包括中国台湾和大陆地区的同乡会，含个别宗亲会）大略成立时间之迟早，进行一个粗略的介绍。

一、（台湾移民）巴西客属崇正总会

巴西客属崇正总会是个历史较久的老会馆，虽无同乡会之名，但有同乡会之实。所属成员多以客家族群为主。巴西客属崇正总会一直以来与台湾方面保持比较密切的关系。它的成立缘起于 1970 年 5 月 16 日徐文章、潘汉元在郑盛超家的晤谈。他们有感于巴西的客家人有加强互助合作、敦睦乡谊、团结进取的必要，便邀请一群人（应都是客家人），由刘广发作东，在苏州饭店餐叙，成立"巴西

崇正会"发起会，刘学圭为召集人。同年8月15日在刘学圭家成立筹备会，除原发起人为当然委员外，还增补多人为委员。9月间，复增聘多人为委员。1970年10月18日，在中华会馆召开第二次筹备会，再增加多人为委员。到会42人，公推何冠英为筹备会会长，吴家铭、林彰炉、周云鉴为副会长，潘汉元为主任秘书，张木胜为总干事。此外，还聘请了一批顾问，并决议起草章程，翌年召开成立大会。

1971年1月17日，成立大会在圣保罗金龙饭店举行，到会客家宗亲1 350多人，正式命名为"巴西崇正总会"。首次大会通过了章程，选举何冠英为首任会长（后来连任至1975年），赖金燉、吴家铭为副会长，潘汉元为秘书长，彭水枝和范锦源为正副监事长。此外还选举了一批理事、监事和顾问。该会会长任期最初定为一年，无连任限制。1976年改为2年，1991年改为3年，只能连任一次。以后该会循规举行年会，并选举会长、副会长、秘书长等组成领导机构。[①] 该会在1981年9月更名为"巴西客属崇正总会"。

巴西客属崇正总会于1989年购不动产一处，2002年2月27日在圣保罗日本街区破土动工，建筑"巴西客家活动中心"。该中心以投资入股方式建成。建成后的建筑物地面地下各有三层。活动中心具有"地点适中、交通便捷、企业经营、民主管理、停车方便、油给自足、迎合需要、设施理想"等特色，据称是巴西侨社第一个可以多元化的设备向侨社提供多功能服务的大型集会、表演、商品展、聚餐场所[②]。由于该活动中心面积足够大，设备先进齐全，故每有重大活动常在此举办，包括大陆新移民社团在内的其他华人会馆也喜欢租用其场地举办大型活动。

1996年，巴西客属崇正总会发生会长选举风波，引发内部"闹双胞"及争讼，却也将巴西客属崇正总会由一人为首的传统社团运作模式转型为组织经营的运作模式，透过内部组织的分工及活动规划的推介，逐渐在会员的居住地展现客家文化，以期让在巴西出生的客家后裔产生认同感。经过多年的努力，作为一个海外的客家社团，巴西客属崇正总会逐步塑造出具有巴西特色的客家文化。1996年9月27日，巴西客属崇正总会会刊《客家亲》正式创刊，它是崇正总会第十五届理监事会通过发行的对内赠阅的综合性刊物。《客家亲》以凝聚客家亲情、结合乡亲力量、发扬优良客家本色和传播恢宏精美的客家文化为发行宗旨。其时会长张永西为发行人，邓幸光为主编，包括副会长、秘书长和常务理事等一批人为编辑委员。根据到1998年左右的资料，该刊每年发行3期，配合中秋节、春

---

① 参见《巴西客属崇正总会》，载《巴西华人耕耘录》，巴西美洲华报编印，1998年，第284－286页。
② 《巴西客家活动中心破土典礼隆重顺利》，（台湾）《"中央"日报》，2002年3月15日。

节和母亲节出版。主要内容包括"主要纪事看版""叩应专线""客家文化广场""刊论""专题报道"以及综合性文艺作品等。除约稿外，所有作者都是客家宗亲。《客家亲》透过文字来凝聚客家乡情，客家风味十足，每期视需要发行1 000—1 500 份。①

二、（台湾移民）巴西台湾同乡会

巴西台湾同乡会为由台湾移民组成的华人地缘社团，1971 年于圣保罗市成立。原名"中华民国台湾同乡会"，后改为现名。该会首任会长吴彩瑜。该会宗旨是：团结台胞，互助友爱，增强情谊，维护同乡在巴西的共同福利，促进与当地人民的友善和文化交流，协助同乡解决面对的法律及其他困难。曾于1973 年创办《阿里山》月刊，后停刊。1981 年主持召开第八届世界台湾同乡大会。附设有医疗诊所，为台胞治病与保健提供方便。1994 年11 月20 日召开第十三届会员大会，改选理监事会，并决定筹募基金建设会馆及康乐中心。第十三届会长为黄桂花。②

三、（台湾移民）巴西山东同乡会

巴西山东同乡会成立于1983 年。该会的成立背景是20 世纪70 年代后期，由韩国与中国台湾等地移居巴西的山东籍华侨华人人数日益增多，每到元旦、春节等节日，他们经常按照家乡习俗举行拜年活动，山东莱阳人杨芸生（1912—1997）提议成立山东同乡会。再经一些热心侨领组织筹建，巴西山东同乡会遂于1983 年元旦在圣保罗召开代表大会宣布成立，并向政府申请登记注册。其宗旨是：加强齐鲁乡亲联络，共谋在巴西的生存与发展。该会成立后，会员经常聚集，特别是在中国传统节日，常常开展文体活动。第一届大会公推杨芸生担任会长，赵德三担任总干事。1993 年，杨芸生因年事已高坚辞会长之职，乡亲们公推孙家勤继任。该同乡会所有经费皆由同乡捐助。③ 居住在巴西的山东乡亲的特点是传统华人多，不少人已属三代以上，很多人已加入巴西国籍。他们主要是当年来自台湾的山东籍乡亲。随着时间的流逝，第一代渐渐老去，有关巴西山东同乡会的信息已越来越少。

---

① 《客家亲》，载《巴西华人耕耘录》，巴西美洲华报编印，1998 年，第138 页。

② 参见《巴西台湾同乡会》，载《巴西华人耕耘录》，巴西美洲华报编印，1998 年，第279 - 280 页。该文资料截至1998 年，后续情况不详。

③ 参见《巴西山东同乡会》，载《巴西华人耕耘录》，巴西美洲华报编印，1998 年，第289 页。该文资料截至1998 年，后续情况不详。

四、（台湾移民）巴西柯蔡宗亲会

巴西新移民中，虽然有宗亲关系存在，但罕有宗亲会馆一类社团组织出现。就目前所看到的，巴西柯蔡宗亲会就属于血缘社团。笔者目前在海峡两岸的巴西华侨华人社团中，只发现这一个血缘社团。

巴西柯蔡宗亲会是世界柯蔡宗亲总会的分支。世界柯蔡宗亲总会是柯蔡两姓联宗的世界性联谊社团，由蔡培火、蔡登山和柯贤尧等20人发起创建，于1978年10月7日在台北市成立，首届理事长蔡培火。旨在遵行祖训，敦亲睦族，互助互惠，团结世界各地宗亲，进而复兴中华文化。第四届、第五届理事会即在台北购买总会地产和筹建柯蔡大会馆。第三届理事长蔡鸿文在任期内筹建宗祠，并发行总会宗亲杂志。1994年柯枝连接任理事长后，全力推动会务，促使宗亲会功能转型，向年轻化和专业化方向发展，举办创业、跨业、宗教和保健等方面的交流与研讨。该会会址设在台北市。世界柯蔡宗亲总会对巴西柯蔡宗亲会有一定的影响。

巴西柯蔡宗亲会于1986年2月16日在圣保罗市圣国饼干公司工厂召开筹备会议，推选蔡强挽及柯枫源、蔡善郎3人为正、副主任委员，蔡锡川为总干事。筹备完成后，即举行成立大会，选举蔡锡川及蔡善郎为正副理事长，同时积极开展为侨胞服务工作，包括请蔡昌銮医生为侨胞义诊，出版《侨胞通讯月刊》免费赠予乡亲和侨胞阅读，等等。1987年5月30日，该会兴办的中文学校开学，蔡昌銮担任校长。

1988年5月1日，该会在中华会馆（台湾）召开第二届会员大会，蔡英俊当选理事长，蔡昭明、蔡二郎当选副理事长，蔡宪融当选监事长。1996年12月12日，该会举行第三届会员大会，蔡二郎当选理事长，蔡仲辉、蔡荣典当选副理事长，蔡荣三当选监事长，蔡宪融、蔡孟宏当选为正、副秘书长，并推举蔡英俊为名誉理事长，蔡锡川为永久名誉理事长。[1] 近年来，世界柯蔡宗亲总会的部分宗亲积极开展海峡两岸的联谊活动。例如2014年7月，世界柯蔡宗亲总会（台湾）宗亲组织参访团访问了中国大陆，两岸柯蔡氏宗亲联谊活动洋溢着浓浓的家族亲情。

---

[1] 参见《巴西柯蔡宗亲会》，载《巴西华人耕耘录》，巴西美洲华报编印，1998年，第288页。该文资料截至1998年，后续情况不详。

五、巴西广东同乡总会

巴西广东同乡总会成立于 1993 年 5 月。在此之前的 1 月 23 日，在由 100 多位巴西广东侨胞组织的在金鱼酒店举办的首届广东同乡春节联欢大会上（参加的粤籍同胞约有 700 人），执行主席王森致辞时提议早日成立"广东同乡联谊会"，当场获得与会者赞同。同年 3 月，组成第一届理监事会共近 70 人，阵容庞大。包括会长王森，副会长陈国伟、梅裔辉、司徒章、苏均亮、李国权、王仕严、陈烈滋，秘书长马健富，监事长麦荣基，副监事长郭溢槐、郑英谦、伍灼邦、司徒卓、黄贵荣、王礼严、黄卓强。另有理事 33 人，监事 14 人。该会的宗旨是"团结乡亲，增进乡谊"。1993 年 5 月 1 日，该会于葡萄牙俱乐部（Casa Portugal）举行成立大会，广东侨胞及来宾约 1 200 人参加观礼，巴西政要、军警界代表及商界人士均应邀出席，会中有粤剧社表演等。[①] 此后，巴西广东同乡总会各界换届工作如常进行。2013 年，苏梓祐当选为第十届会长，是该会成立 20 年来最年轻的会长。

巴西广东同乡总会是巴西最大的粤籍侨团，也是巴西最大的华侨华人社团之一，会员有 3 000 多人[②]，遍布巴西全国各地。他们成为华人社区的中坚力量。巴西现有祖籍广东的华侨华人 8 万多人，经济实力雄厚。同乡会会址位于巴西圣保罗市中心的自由区。该会成立以来，以"立会为公，工作为侨，以人为本，服务侨胞"为宗旨，广泛团结在巴西的粤籍乡亲。[③]

巴西广东同乡总会早期创业艰难，但自从成立以来，积极壮大会员组织，吸收新鲜血液入会，倡行老中青结合，凝聚力不断增强，工作朝气蓬勃，会务日益兴旺。2008 年四川汶川发生地震，该会募集了相当于 3 000 多万元人民币的捐款支援灾区重建。该会还积极促进中巴文化和经贸交流，开展各项侨社公益活动，[④] 在团结广东籍侨胞、帮助新侨方面发挥着重要作用，还积极解决对孤寡老人的济贫问题。21 世纪 10 年代后期以来，该会积极为青年侨胞服务，开展文化、教育和娱乐活动。总会的四楼原有文化娱乐大厅，经扩建后，于 2007 年 1 月 15 日竣工正式投入启用。[⑤]

---

① 《巴西广东同乡总会》，载《巴西华人耕耘录》，巴西美洲华报编印，1998 年，第 290 页。
② 《广东侨联安排巴西广东同乡总会在珠三角三市参访》，中国侨网，2009 年 4 月 22 日。
③ 《巴西广东同乡举行新会馆开幕仪式暨庆新年座谈会》，中国侨网（据《华声报》报道），2007 年 1 月 16 日。
④ 《巴西广东同乡会庆祝成立 15 周年暨第八届理事就职》，中国侨网，2008 年 5 月 20 日。
⑤ 《巴西广东同乡举行新会馆开幕仪式暨庆新年座谈会》，中国侨网（据《华声报》报道），2007 年 1 月 16 日。

巴西广东同乡总会热情支持威廉·巫等华人竞选参政。在 2008 年李少玉竞选圣保罗市议员时，该会也给予有力支持。8 月 17 日晚 7 时，该会近 100 位理监事聚集一堂，一同筹款为李少玉的竞选加油。① 2009 年，巴西对"非法移民"实行"大赦"。"大赦"提案是经威廉·巫两年多的努力推动获得通过的，它使包括中国侨胞在内的许多人受益。为应对"大赦"中出现的问题（特别是所需的证件问题），巴西广东同乡总会特设办公室为侨胞服务。②

曾担任巴西广东同乡总会第七届理监事会会长的苏均明 1955 年就已移民巴西，经过艰辛创业，成为当地实力雄厚的华人企业家。他热心侨社公益事业，团结和服务粤籍侨胞。2012 年 9 月 4 日晚，巴西圣保罗市议会举行隆重仪式，向苏均明颁授"圣保罗市荣誉市民"称号。③

六、巴西北京侨民总会

巴西北京侨民总会虽无同乡会之名，但有同乡会之实。它成立于 1993 年，缘起于当年 1 月 24 日 60 多位北京同乡在康福楼饭店举行的春节联欢餐会。会中成立了同乡联谊会，并推选了 15 位筹备会召集人。经过一个多月筹备，巴西北京侨民总会于 1993 年 2 月 22 日在圣保罗市松鹤园饭店正式成立。100 多位北京同乡参加成立大会。④ 由于在巴西的北京华侨华人人数不多，活动越来越少。后来北京侨胞多以"巴西北京文化交流协会"的名义开展活动。

七、巴西冀鲁同乡总会

巴西冀鲁同乡总会是 1994 年成立的，其时由王志山任会长，王兴全为常务会长兼秘书长，成员中约 80% 为山东人，约 20% 为河北人。巴西冀鲁同乡总会与当时由台湾移民成立的巴西山东同乡会没有关系。巴西山东同乡会由来自台湾的老侨组成，人数少，并不具代表性，所以山东和河北的乡亲经商议后，成立了冀鲁同乡总会。实际上，21 世纪以来，随着中国赴巴西经商和留学人员的迅速增加，圣保罗市聚集了很多来自山东省特别是菏泽地区的华侨华人，其中多为曹

---

① 《巴西广东同乡总会为李少玉竞选圣保罗市议员加油》，中国侨网（据《南美侨报》、巴西侨网报道），2008 年 8 月 19 日。

② 《服务巴西侨胞，广东同乡会长为大赦请教国会议员》，中国侨网（据《南美侨报》、巴西侨网报道），2009 年 8 月 6 日。

③ 据巴西侨网侨社专版信息。

④ 《巴西北京侨民总会》，载《巴西华人耕耘录》，巴西美洲华报编印，1998 年，第 294 页。

县人。据说曹县来的新移民有 300 多人，主要居住在里约热内卢、圣保罗和其他城市。①

2002 年，冀鲁同乡总会改选，由山东东阿人王兴全担任第二届会长。2006 年，由王兴全会长报备，经总领事馆和华协认可，巴西冀鲁同乡总会下设山东同乡会和河北同乡会，山东同乡会会长为王同利，河北同乡会会长为李增林。2010 年，冀鲁同乡总会改选，王兴全继续任会长，由王兴全会长提名，张建国为山东同乡会会长，张岐山为河北同乡会会长。②

冀鲁同乡总会以及其下的山东同乡会和河北同乡会自成立以来，在增进友谊、密切与祖国联系、推动和谐侨社建设、促进巴西与山东省和河北省的友好交流等方面做出了积极贡献。每当巴西当地或祖国发生雪灾、水灾，以及每逢 2008 年北京奥运会、2016 年里约热内卢奥运会等，该会都积极捐款。同时，接待来自国内的代表团，积极组织同乡与巴西友邻各侨团开展互动交流，节假日常常进行聚餐活动，帮助乡亲渡过难关。

八、巴西上海同乡会

巴西上海同乡会于 1996 年 11 月 15 日在圣保罗成立。20 世纪 80 年代末 90 年代初，移居圣保罗市的上海籍华侨华人越来越多，大家聚谈时都提到成立同乡会。1996 年 10 月，王必成等 16 人多次集会协商，着手起草上海同乡会章程，并于 1996 年 11 月上旬在《美洲华报》《巴西侨报》等接连刊登公告，邀请上海籍侨胞参加上海同乡会成立大会。11 月 15 日下午，上海同乡会成立大会在圣保罗市华人协会三楼会议厅举行，158 名上海籍侨胞出席，大会选举了王必成等 15 人为第一届理监事。21 日，第一届理监事举行首次联席会议，推举王必成为会长，方广泓、洪肇奇为副会长，殷伟鸣为理事长，郭宗德为副理事长，张正刚为监事长，陆建华为副监事长，戴国龙为秘书长。该会复于 24 日晚于 Bovinus 烤肉餐厅举行成立庆祝宴会，250 多人出席。③ 以后上海同乡会换届如常，也经常举办不同形式的联谊活动。

九、巴西福建同乡总会

巴西福建同乡总会成立于 1997 年。在此之前，闽籍乡亲谢志荣、林则鑫、

---

① 据笔者 2018 年 12 月 14 日对张建国的通讯采访。
② 据笔者 2018 年 12 月 14 日对张建国的通讯采访。
③ 《上海同乡会》，载《巴西华人耕耘录》，巴西美洲华报编印，1998 年，第 296 页。

林长朝、何安、石长荣等10余人有感于移民巴西的闽籍侨胞日增，需要一个同乡社团帮助大家克服困难，乃经多次商议，决定成立巴西福建同乡会筹备委员会，随后多次登报倡议、登记会员。经筹委会共同努力，1997年5月29日下午，在圣保罗华园饭店正式举行成立大会，近200名会员出席。大会通过了章程，经三轮不记名投票选出林则鑫为第一届会长，林长朝、俞林为副会长，石长荣为监事长，林国强为副监事长，王于清为秘书长，还有一批理事。① 近些年来，闽籍侨胞人数不断增加，已达数万人之多，他们大多从事贸易进口生意，已成为华商的重要组成部分。由于福建与台湾隔海相望，地缘和语言相近相同，在联系两岸同胞上起着重要作用，多年来，福建同乡总会积极支持祖国和平统一工作，并热心帮助闽籍乡亲，为新侨排忧解难，做了很多好事和实事。福建同乡总会是侨界一个热心服务乡亲和充满活力的侨团。

十、巴西中国大西南同乡总会

2000年12月8日在圣保罗宣布成立的巴西中国大西南同乡总会，是目前在拉美可以看到的地缘范围最大的同乡会组织。其中大西南所指包括云南、贵州、四川、广西、西藏、重庆等省、自治区及直辖市，是一个十分广袤的地理区域。以这样一个大区域作为一个同乡会单位，在世界华侨华人的同乡会中也不多见。巴西中国大西南同乡总会由德高望重的毕业于黄埔军校的抗战老兵罗大诚老会长创办。历任的第五届会长蒋早胜、第六届会长王大勇一直秉承创会宗旨，爱国爱乡，服务侨胞，精诚团结，以互信互助为己任。成立时，中国驻圣保罗总领事沈庆以及侨团的侨领侨贤等共200多人济济一堂，参加了成立大会。到2018年，有会员500多名。这个同乡会的领导班子便由各省侨领组成。罗大诚为首届会长，雷滨为总秘书长，蔡中立为总监事长，雷向东为常务副总秘书长，庄云南、谢福林、林有才、蒋早胜、杨莉为副总秘书长（此五人分别兼任云南、贵州、四川、广西、重庆的会长），蒋芳珍为副总监事长。②

2018年6月10日晚上，在圣保罗米乐酒店举办巴西中国大西南同乡总会第七届理事会就职典礼。第七届会长李新城发表讲话。巴西华人协会刘皓监事长等200多名侨领侨胞出席。

---

① 《福建同乡会》，载《巴西华人耕耘录》，巴西美洲华报编印，1998年，第298页。

② 《巴西中国大西南同乡总会成立》，中国侨网，2003年1月22日。

十一、巴西江苏同乡总会

巴西江苏同乡总会是江苏省华侨华人（基本上是新移民）在巴西的唯一侨团。2002 年 9 月 21 日为中国传统佳节中秋节，这一天中午，圣保罗市 60 多位江苏籍侨胞在黄河饭店举行江苏侨胞首次中秋聚餐会。91 岁高龄的张鹤亭老人向同乡们分发他整理的思念家乡的歌曲。在聚餐中，大家觉得同乡们在海外相遇不容易，殷切希望能成立江苏同乡会。在尤岩、姚企新、尤击（常住美国）、尤解放、于国强等热心侨胞积极倡议下，当即成立"巴西江苏同乡总会筹备委员会"。2003 年 1 月 10 日晚，巴西江苏同乡总会在圣保罗市中心保利斯大街第 735 号 Bovinus Fast Grill 烤肉店举行了成立大会。截至 2018 年，共举行了六届会长选举，每届任期三年。第六届会长为唐荣卫。巴西江苏同乡总会有自己的会歌。

巴西江苏同乡总会自成立以来，在历届会长领导下，团结了广大江苏籍侨胞，积极开展爱国爱乡、慈善捐赠、促进祖国和平统一的活动，秉承"联络乡谊，造福桑梓，关心旅巴乡亲福利和促进家乡经济繁荣"的创会宗旨，凝聚乡亲的力量和智慧，维护会员的合法权益，推动会务发展，把同乡会办成乡亲们心目中的"侨胞之家"。历届领导班子都为促进江苏与巴西友好关系发展做了许多工作。

对巴西华侨华人史研究有开创之功的中国驻巴西退休外交官陈太荣是江苏涟水人。他和妻子在葡萄牙历史书上的彩色照片中发现了江苏宜兴 3 名华人在里约热内卢种茶的记载，揭开了早年江苏华侨移民巴西的历史。

十二、（台湾移民）巴西东北同乡总会

巴西东北同乡总会应成立于 2005 年 11 月之前。该会人数不多，刘庆国为永久名誉会长，田波任会长，孔祥国任监事长。[①] 2010 年 8 月，吉林发生特大水灾。巴西东北同乡总会发起向吉林省洪水灾区捐款活动。半个月间，有近百名东北华侨华人向灾区捐款，该活动也得到其他省籍侨胞响应，其中有的侨胞捐款却未留姓名。[②]

2005 年 11 月 5 日，巴西东北同乡总会与巴西广东同乡总会结为兄弟侨团。它们前不久为一对广东籍夫妇成功举办了婚礼，新人中的男方在巴西举目无亲，

---

① 《爱国爱乡服务侨胞，巴西东北同乡会换届工作完成》，中国侨网，2008 年 7 月 21 日。
② 《巴西东北同乡会水灾捐款已由吉林侨办送往灾区》，中国新闻网，2010 年 8 月 26 日。

于是两个同乡会联合为他主婚，使其顺利完成终身大事，得到侨界的好评。为了继续发扬团结协作精神，巴西东北同乡总会会长刘庆国提议与巴西广东同乡总会结成兄弟侨团。该建议得到巴西广东同乡总会响应，遂有是举。①

十三、巴西江西同乡总会

巴西江西同乡总会于 2007 年 8 月中旬成立于圣保罗。该同乡总会旨在弘扬中华优秀文化，关心江西家乡发展，爱国爱乡，联谊乡亲，团结互助，并作为江西省与巴西工商文化交流的纽带和桥梁，为繁荣和支持江西省与国际交流及投资发展做出努力和贡献。该会聘请巴西华侨华人促进和平统一联合会会长朱玉郎担任名誉会长，选举林周恩为会长。②

十四、巴西河南同乡会

巴西河南同乡会成立于 2008 年 10 月，由发起人董洪宣把河南侨胞组织在一起而成立，董洪宣为会长，吴耀宙、朱苏忠、刘照临、叶先端担任名誉会长。据说，该同乡会当时已经联系到旅居巴西的河南籍侨胞 400 多人，其中，有从台湾来的老华侨，也有近年来巴西的新移民。③ 巴西河南同乡会的筹备得到河南省政府侨务办公室、海外交流协会的支持。④ 率团访问巴西的河南省副省长史济春出席了 10 月 5 日晚在圣保罗举行的巴西河南同乡会成立大会，巴西华人协会会长吴耀宙、巴西国会议员威廉·巫、圣保罗各侨团侨领、中国驻圣保罗总领事孙荣茂也应邀出席了当天的活动。⑤

河南同乡会虽然人数不多，但成立以来，来巴西创业的河南人不断增多，同乡会组织也不断壮大。同乡会为联络、团结以及帮助乡亲，做了不少好事和实事。同时同乡会积极参与侨社各项重大活动和各项公益活动，曾为病重的河南老乡捐款，送他回中国老家。到 2018 年，先后接待了河南来访的代表团 57 次。2010 年，由巴西河南同乡会牵头组织，30 多位巴西侨领及侨团代表回国拜祖并

---

① 《团结协作　巴西东北与广东同乡会结为兄弟侨团》，中国侨网（据《南美侨报》报道），2005 年 11 月 9 日。

② 《联谊乡亲，团结互助，巴西江西同乡总会宣告成立》，中国侨网（据巴西侨网报道），2007 年 10 月 5 日。

③ 《巴西河南同乡会成立　董洪宣任会长》，巴西侨网，2008 年 9 月 15 日。

④ 《巴西河南同乡会成立，经选举董洪宣出任首届会长》，中国侨网（据《南美侨报》、巴西侨网报道），2008 年 6 月 24 日。

⑤ 《巴西河南同乡会成立，河南副省长史济春出席典礼》，中国侨网，2008 年 10 月 6 日。

在国内各地进行商务考察。考察团成员来自巴西河南同乡会、江西同乡会、广东同乡总会、上海同乡会、冀鲁同乡总会、闽南同乡会、福建同乡总会、华声艺术团、江苏同乡总会以及中国退伍军人联谊会等 10 多个侨团。[①]

十五、巴西天津同乡会

巴西天津同乡会宣布成立于 2010 年 8 月 3 日（后来有报道又称为"巴西天津同乡联谊会"），胖瑞敏当选第一届理监事会会长，巴西侨领朱玉郎为名誉会长。该同乡会是在旅居巴西的天津侨胞不断增加的情况下，在家乡天津市政府及侨务部门的支持下筹备成立的。[②]

以上是以中国省市一级乃至更广阔的联合省区的地缘关系为基础建立起来的同乡会。此外，还有一些同乡会的地缘关系是建立在中国的地、县基础上的。

十六、圣保罗青田同乡会（巴西青田同乡总会）

圣保罗青田同乡会成立大会于 1994 年 7 月 24 日在北京饭店召开，会上选举了朱敏群为会长，吴耀宙为副会长，朱政欣为监事长。下设秘书组、总务组、财务组、康乐组等，各有负责人。名誉会长为吴瑛。1996 年 7 月 26 日改选产生的第二届领导班子中，朱敏群为会长，吴耀宙、夏益森、朱苏忠为副会长，吴耀群为监事长，黄胜裕为副监事长。下设秘书组、总务组、公关组、财务组、康乐组，各有负责人。青田同乡会充满活力，2008 年 8 月 31 日晚换届选出的新一届会长、监事长均为 30 岁左右，是青田同乡会历史上最年轻的一届领导。[③] 青田同乡会还有一个功能齐全的会馆，经常开展文化、娱乐、体育活动。该会每年都举办春节联欢晚会和郊游活动，增进乡谊，每次的节目精彩，奖品丰富。[④]

青田是中国著名侨乡，巴西是海外青田人的重要立足点。近年欧洲债务危机后，已有不少青田华侨从欧洲转移到巴西，在这里扩大投资。旅居巴西的青田籍侨胞已超过一万人，圣保罗青田乡亲占了 80%。该会注册会员达 700 多人，理监事有 70 多人。为了使会务更好地发展，在广泛征求了包括里约热内卢在内的青田侨胞的意见后，2008 年，该会更名为"巴西青田同乡总会"。

① 《巴西侨领拜祖商务考察团抵华参访捐款援玉树灾区》，中国新闻网、《南美侨报》，2010 年 5 月 7 日。

② 《巴西天津同乡会宣布成立 胖瑞敏当选首任会长》，中国新闻网，2010 年 8 月 5 日。

③ 《圣保罗青田同乡会改选》，巴西侨网，2008 年 9 月 3 日。

④ 《圣保罗青田同乡会》，载《巴西华人耕耘录》，巴西美洲华报编印，1998 年，第 299 页。

2009 年 3 月起，巴西青田同乡总会在巴西全国范围内开展青田籍侨胞普查活动。这是巴西华人历史上第一次由侨团组织的部分侨情普查活动。① 青田同乡会有着爱国爱乡的优良传统。2008 年国内发生特大雪灾，青田同乡会理监事带头慷慨募捐，并广泛发动乡亲献爱心，共筹得善款近 6 万巴币，成为圣保罗 20 多个侨团中捐款最多的侨团之一。在青田同乡会、温州同乡会等侨团带头下，圣保罗侨胞向雪灾地区捐款折合人民币近 150 万元。② 2009 年 7 月初，巴西青田同乡总会会长叶康雄、常务副会长叶康妙代表该会在参访巴西司法局时，向巴西总统卢拉赠送了纪念品青田石雕，感谢总统为推动中巴两国友好关系所做的贡献。③

十七、巴西温州同乡联谊会

巴西温州同乡联谊会可能成立于 2000 年，首届会长黄海澄。该会在巴西购有永久会馆 480 平方米作为活动场所。④ 该会积极参与各项侨社公益活动，如捐款支援祖国奥运会场馆建设、救助南亚海啸等。2006 年 8 月上旬，强台风"桑美"给温州造成惨重的经济损失和人员伤亡，巴西温州同乡联谊会立即发动温州籍侨胞为家乡救灾捐款，并以最快的速度在短短几天时间内将募集到的相当于 40 万元人民币的善款送到温州市侨办。⑤

十八、巴西金华同乡会

巴西金华同乡会成立于 2011 年。该会人数不多，成立以来坚持服务侨胞，维护侨胞合法权益，树立华人良好形象，同时积极参与侨社的各种扶贫工作，热心支持公益事业，助力家乡经济发展，致力搭建中巴两国之间的桥梁，服务巴西的浙江华侨华人，造福桑梓，得到当地社会、家乡人民和使领馆的肯定，被评为浙江省海外示范性侨团。

---

① 《巴西华人史上首次由侨团组织部分侨情普查将展开》，中国侨网，2009 年 3 月 20 日。
② 《驻圣保罗总领事参观青田同乡会，感谢为雪灾捐款》，中国侨网，2008 年 2 月 25 日。
③ 《巴西青田同乡会向卢拉总领赠送纪念品青田石雕》，中国侨网，2009 年 7 月 7 日。
④ 《巴西温州同乡联谊会选举新一届领导》，温州网，2002 年 3 月 12 日。
⑤ 《温州侨办致信巴西温州同乡会，感谢侨胞捐赠善款》，中国侨网，2006 年 9 月 5 日。

第三节　新移民的商业社团

在海外华侨华人社团中，商业社团最早是以业缘社团形式出现的。相对于血缘社团和地缘社团，业缘社团成立较晚，因为至少要等到华侨华人在某个行业形成一定规模，且需要一个帮助维权和组织业内活动的行业组织的时候才会成立。后来商业社团从业缘社团脱离出来。有的国家的一些商业社团也称工商社团，但实际上华侨华人主要从商，从事工业者稀少。

巴西的华侨华人商业社团可能到了现代才出现，在传统华人时代没有正规的商业社团。清朝使臣傅云龙 1889 年访问巴西时，看到当地华侨成立的中华会馆共有三家，即广府公司、海南公司与客家公司。这里的"公司"很可能是翻译所误，实际上不是真正的商业"公司"，而等同于"会馆"。巴西华侨华人商业社团的繁荣发展是在 20 世纪 80 年代以后，不仅数量多，且涉及行业多种多样，一些商业社团的地缘色彩很重。

商业社团在华侨华人社团中的地位和作用十分重要，尤其到了当代。原因很简单，华侨华人要生存发展，最重要的谋生手段是进行商业活动，因而迟早需要成立内求抱团外促维权的商业社团。且华侨华人及各类其他社团都需要一个比较稳定的资金来源，很多时候，需要商业社团及其领袖带头捐赠，倾囊相助。

各国华侨华人商业社团存在很大差异。有的国家商业社团较多，规模较大，影响较广，与中国的经济联系较密切；但有的国家商业社团较少，规模较小，影响不广，与中国的经济联系也不密切。巴西华侨华人成立的商业社团数量较多，规模较大，与中国的经济联系也较紧密。在巴西目前只看到一家带"工"字的工商联合总会。

巴西华侨华人商会最早溯至何时尚难论定。现在可以找到的最早的巴西华侨华人商会信息，是成立于 1948 年的巴西市菲华商会，可惜该会后续资料不详，只知道 2011 年 10 月 22 日该会庆祝成立 63 周年纪念暨第 58 届理监事就职典礼时，大会名誉理事长陈德顺致辞说："巴西市菲华商会为本市各厂商家的切身利益，为社会赈灾救灾、救火防火、义诊赠药等慈善事业，确发挥了一个团体的功能作用，做了大量工作，作出了应有贡献。"[1] 这段话弥足珍贵，可算是对这个商会的管中窥豹。最近 20 多年来成立的华侨华人商业社团不少，且十分活跃。这里按照成立时间先后做一简要浅析。当然，这些商业社团肯定还不是实际存在

---

① 《巴西市菲华商会举行新届就职　许书业以真诚团结共造新起点》，2011 年 10 月 24 日。

的全部。

另外，华侨华人往往将商业关系与地缘关系紧密结合，特别是在同一地籍新移民较多的国家，这种情况更普遍。因为巴西商机多，新移民大多经商，且他们大多来自福建、广东和浙江等有经商传统的省份，故商会与地缘社团的结合更为紧密。仔细观察不同的商会，还可视商业关系与地缘关系结合的程度，划分为三种类型。

一、第一种类型：以业（商）缘为主的商会

（一）巴西华侨工商协会

巴西华侨工商协会于 1991 年 2 月 17 日在圣保罗喜来登饭店正式成立，以来自中国台湾的移民为主。其成立背景是，1990 年 12 月 13 日晚间，巴西华侨工商界在圣保罗灿鸟餐厅欢迎来自中国台湾的中南美经贸访问团，作为东道主的张胜凯提议组建一个工商联谊性组织，得到访问团团长——其时台湾经济部门官员江丙坤等人全力支持。成立当天，就有 208 位会员参加投票选举理监事，选出斯子林、张胜凯分别为正、副理事长，郑资富为监事长，张迈魁为执行长。该协会成立后，不仅接待来自台湾的经贸访问团及组团访问台湾，协助和促进双边贸易，还经常请台湾的经济专家前来举办有益侨商的工商讲座，又多次邀请巴西的经济专家主讲品质管制、企业管理等实用讲座。该协会除了为会员服务外，还积极参加侨社活动，如"为中国大陆水灾救灾义卖大会"、冬令救济慈善义卖活动等。①

该协会成立后，在斯子林理事长、张胜凯副理事长的推动下，秘书处积极筹办发行一份工商通讯月刊，提供有关巴西工商经贸的最新信息，以及企业家的经营心得、会员与公司的动态。该刊物名为"桥——工商通讯月刊"，斯子林为发行人，张胜凯为社长，聘葛雨辰为总编辑（后有其他继任人）。1993 年 7 月一度因故停刊，1994 年 5 月张胜凯接任第二届会长后复刊，并聘斯碧瑶（时任《美洲华报》副刊主编及采访主任）担任义务总编辑。复刊后发行网络扩至全世界各地的台湾商会。至 1997 年 6 月第 40 期开始复以月刊方式发行，内容丰富。②

1997 年 3 月 23 日，巴西华侨工商协会举行第二届会员大会，与此同时，巴西台湾商会举行第一届联合会员大会。时任理事长张胜凯表示，由于巴西华

---

① 《巴西华侨工商协会》，载《巴西华人耕耘录》，巴西美洲华报编印，1998 年，第 39 – 40 页。
② 《巴西台湾商会》，载《巴西华人耕耘录》，巴西美洲华报编印，1998 年，第 43 – 44 页。

侨工商协会与巴西台湾商会宗旨类似，且大部分会员重叠，为避免日后造成分化，提议两会合并。提议经会员表决通过，并定名为"台湾商会"。[1] 两会合并后，张胜凯为新任会长，宗成本、李根涂、刘国华为副会长，吴孝吉为监事长。[2]

（二）（台湾移民）巴西台湾商会

巴西台湾商会于 1995 年 7 月 27 日在圣保罗成立。首届会长为张胜凯，副会长为宗成本、李根涂、刘国华，名誉会长为斯子林，监事长为吴孝吉。在第一届会长的两年任期内，巴西台湾商会于 1995 年 8 月 14 日在里约热内卢相关部门协助下主办中南美洲台湾商会联合总会成立大会，巴西台湾商会会长张胜凯当选总会会长，斯子林为总会顾问，蔡文俊为秘书长。1995 年 9 月 10 日，张胜凯任世界华商商会联合总会副总会长，宗成本、李根涂、吴孝吉、蔡文俊为总会理事。巴西台湾商会除了与巴西华侨工商协会联合主办各类工商讲座外，还多次组团赴海外参加世界台商会所主办的年会及联谊会。

据 2009 年的资料，该会其时有会员 200 人。[3] 后来年轻人越来越多。这在很大程度上缘于巴西台湾商会之下有一个巴西青商会。巴西青商会成立至今也已数年，共有 100 多位会员。据说，到 2010 年 5 月为止，巴西是南美洲唯一成立了（台湾）青商会组织的国家。

（三）巴中工商总会

巴中工商总会于 1986 年 12 月 7 日成立，是一个非营利性社会团体。当时，唐凯千（亦称查尔斯·唐）在北京与中国副总理吴学谦会面，双方取得共识，要在巴西建立一个能促进两国贸易的非营利组织，遂有该协会的成立。商会的业务是为中巴两国政府代表团和企业集团的互访提供服务，为有意进入巴西市场的中国厂商和进入中国的巴西企业提供商展机会，每年都邀请多个中国代表团访巴，并多次组织巴西厂商访问中国。商会成立以来，得到了中巴两国领导人大力支持，与巴西政、商界有广泛联系。中国原国家主席江泽民等中国领导人曾亲笔为该商会题字，巴西前总统费尔南多·卡多佐是该商会的荣誉创始人。商会不仅在巴西 13 个州有分会，还在南美的智利、阿根廷、秘鲁等国建立了分会，[4] 同时在北京设有代表处，在广州、青岛等城市有专聘联络人员。2006 年 12 月巴中工

---

[1] 《巴西华侨工商协会》，载《巴西华人耕耘录》，巴西美洲华报编印，1998 年，第 39－40 页。

[2] 《桥——工商通讯月刊》，载《巴西华人耕耘录》，巴西美洲华报编印，1998 年，第 149 页。

[3] 据全球台商服务网报道。

[4] 《巴西巴中工商总会会长在侨务人员陪同下考察无锡》，中国新闻网，2009 年 9 月 16 日。

商总会举行庆祝成立 20 周年酒会时，唐凯千宣布，巴中工商总会从即日起成立法律委员会、后勤委员会和农业贸易委员会。①

巴中工商总会还开设了调解与仲裁庭。2018 年 2 月 8 日，中国国际贸促会贸仲委党委书记、副秘书长李虎在北京会见巴中工商总会会长唐凯千，表示期待双方加强合作，利用巴中工商总会在巴西、中南美洲的影响力，进一步推广商务仲裁，提高贸仲委仲裁和巴中工商总会仲裁的荣誉度，为两国当事人提供更好的争端解决服务。双方一致同意继续密切联系，并就国际仲裁领域的具体合作事宜进行深入探讨。2018 年 5 月 14 日，巴中工商总会调解与仲裁庭（Câmara de Mediação e Arbtragem da Câmara de Comércio e Indústria Brasil-China，CAMCCIBC）在圣保罗启动，设立此庭旨在增加巴西和中国投资者与商界之间争议的法律确定性。巴中工商总会会长唐凯千兼任庭长。副庭长 Charles Isidoro Gruenberg 在"Leite，Tosto e Barros Advogados"律师事务所工作，是巴西律师协会（OAB-SP）圣保罗分会仲裁委员会副主席。2017 年，巴西人马科斯·路德翼加入中国仲裁委员会成为外籍仲裁员。② 此外，巴中工商总会成立以后，多次颁发中巴年度杰出公司奖（Prêmio Empresa Destaque do Ano Brasil-China）。

（四）巴西—中国经济贸易促进会

巴西—中国经济贸易促进会（简称"巴中贸促会"）成立于 2001 年，是一个以促进中巴两国经济、贸易、文化交流，服务两国人民为宗旨的民间经贸组织。该会主要由旅巴华侨华人组成，其中包括政界、商界、文化艺术界人士和与中国友好的巴西各界人士。该会在巴西联邦共和国议会（首都巴西利亚）设有办事机构。巴中贸促会的主要任务是，通过建立商业网络，组织中巴双方的交换项目，本着平等、互利、互惠的原则帮助中国各省市拓展海外市场，发展民间贸易，同时在招商引资方面提供可靠帮助。该会在巴西和中国都设有办事机构，与巴西 20 多个主要行业协会有着良好的合作关系，为中巴企业开拓市场、招商引资、投资建厂提供法律、会计、咨询、仲裁、调查等服务。③ 巴中贸促会也积极为华侨华人排忧解难。

---

① 《巴中工商总会庆祝成立 20 周年，表彰中国驻巴大使》，中国侨网（据巴西侨网报道），2006 年 12 月 10 日。
② 陈太荣、刘正勤编著：《中国江苏人移民巴西史》第五章，北京：中国华侨出版社，2022 年。
③ 《巴西—中国经济贸易促进会举行成立 10 周年庆典》，新华网，2011 年 8 月 9 日。

（五）巴中国际发展商会

巴中国际发展商会（CCDIBC）于 2002 年在胡忠伟①的努力下在圣保罗正式成立，由巴西知名华侨华人和当地政府要员、军警、法官、律师、著名企业家以及日、韩等国名流组成，胡忠伟任会长。据该商会网上发布的信息，其得到巴西各级政府支持，巴西总统卢拉为商会永久荣誉会长，巴西总统府特别秘书为商会永久名誉会长，巴西多位联邦议员，州、市议员和市长为商会顾问。该商会在巴西人口集中和经济发达的沿海各州及主要内陆州均建立了分会，各项业务已延伸到南美阿根廷、乌拉圭、巴拉圭等多个国家和地区。在中巴两国高层互访中，该商会发挥了重要作用。商会还推动包括中、韩、日公司在内的亚洲集团公司来巴投资铁路和公路，联合中国企业家到巴西开采各种矿业，兴建机场、港口、公路等基础设施，推动中巴贸易。商会在北京、上海、杭州、义乌和厦门等地均设有办事处。2013 年 9 月 9 日，经该商会推动，巴西巴拉那州伊瓜苏市与厦门市结为"友好城市"。该商会热心公益事业，关心社会弱势群体。多年来，为巴西贫困群体多次捐款捐物，并促成巴西政府购买中国简易房予以捐赠。中国每次发生自然灾害，商会会员都积极为灾区人民捐款救灾。

（六）巴西中国商会

巴西中国商会成立于 2003 年，首届会长为黄海澄。商会成立以来，大力推动中国与巴西的经济贸易交流与合作，积极参与侨社的各项公益事业，依靠在当地与主流社会联系紧密的自身优势，促进中巴经贸、文化、体育等各个领域的往来，先后组织多个中巴企业家代表团访问中国，落实了多个合作项目，为两国企业家的合作对接发挥了桥梁纽带作用。

（七）巴西中华总商会

巴西绝大多数华侨华人都在圣保罗、里约热内卢和巴西利亚经商。侨胞多年来一直希望能成立一个总商会。2004 年，巴西有关部门展开历年来声势最大的打假缉私活动，圣保罗市 25 街一带的华人商店，不管经营合法与否，都受到不同程度的冲击。为了团结起来维护自身利益，中国驻圣保罗总领事馆倡导华侨华人尽快成立商会。于是，各侨团纷纷推荐代表参与筹划，25 街一带商家更是踊跃加入。经巴西 10 多个社团积极响应，2004 年 5 月 6 日晚，巴西中华总商会在

---

① 据相关资料，胡忠伟曾先后获多种荣誉称号，担任多种商界和社会职务，如在中国国内担任中国侨联青年委员会委员等。

圣保罗正式宣布成立。① 香港新丽宝集团总裁施华民②被推举为首届会长。总商会的最高权力机构为董事会，下设工商、财务、总务、联络、福利、文宣等6个职能委员会。总商会会员分普通会员和永久会员。③

该商会成立后的第一件事是发起对巴西社会的慈善救济活动。商会呼吁侨胞把家中多余的衣服物品捐送给贫穷的民众。这项活动得到了很多华商的大力支持，因而提高了商会在巴西社会的影响力，塑造了华人的良好形象。2008年8月19日，经圣保罗市议员米莲提出提案，圣保罗市议会授予施华民"圣保罗荣誉市民"称号。④ 该商会的主要工作是：推动各类经贸活动，增进世界各地华商的交流与合作；促进人才和技术的交流与合作；编印会刊，设置网络，提供各类经贸资讯；承担商贸咨询及招商引资、投资中介服务；协助会员开拓市场，增进营商机会；为会员谋求福利并维护其正当、合法权益。⑤ 该商会在香港、上海等地设有办事处。巴西中华总商会与政界也保持良好关系，2006年曾组团来中国进行为期15天的商务考察活动，途经北京、天津、杭州、深圳、广州、河源、香港等地。

（八）巴西巴中工商文化总会

巴西巴中工商文化总会于2004年5月23日在圣保罗州平原市成立。其时，中巴两国关系发展到历史上最好的时期，两国经贸关系突飞猛进，梅裔辉等人在中国驻圣保罗总领事馆的支持下筹备成立了巴西巴中工商文化总会。梅裔辉担任第一届会长（创会会长）。2006年，梅裔辉经过选举全票通过连任。巴西巴中工商文化总会成立后，先后建立会馆、举办中国文化周、参加大平原市嘉年华表演、举办广东与巴西大型经贸洽谈会、支持华裔参政，为促进中巴两国经贸合作和加强两国文化交流做了许多卓有成效的工作。⑥

巴西巴中工商文化总会经常举办活动，促进华侨华人在居住地的生存与发展，推动巴西华侨华人与祖（籍）国的经济文化交流。例如，2004年4月在圣

---

① 《巴西中华总商会介绍》，《华人世界》，2006年7月17日。

② 施华民出生在福建晋江，1978年到香港定居，20世纪80年代开始创业，今为新丽宝集团总裁。1997年施华民拓展巴西市场，在巴西设立了两家进出口公司。因热心公益，每年向中国香港和内地捐资，至2006年已为社会各界捐款逾千万元。2000年，获香港保良局慈善大使称号；2004年，获世界杰出华人奖。作为巴西中华总商会创会会长（连任两届），还担任中国国际贸易促进委员会中国对外贸易理事会副理事长、香港福建同乡会永远名誉会长、香港福建体育会永远名誉会长、香港浔联同乡联谊会创会会长、巴西华人协会荣誉会长、南美洲闽南同乡联谊总会永远荣誉会长等30多个社团职衔。

③ 据巴西中华总商会网页"巴西中华总商会概况"，2006年。

④ 《巴西中华总商会会长施华民获"圣保罗荣誉市民"称号》，巴西侨网，2008年8月20日。

⑤ 《巴西中华总商会介绍》，《华人世界》，2006年7月17日。

⑥ 《共商会务，巴西广东工商文化总会办工作会庆新年》，中国侨网，2007年1月22日。

约瑟市 Small Center 商场举办"中国文化周"活动，发动包括台湾同胞在内的各省籍侨胞支持和参加；2005 年 11 月 15 日，组织巴西华裔青少年联谊活动；2006年接待了以广东省国资委主任刘富才为团长的 72 人组成的庞大经贸代表团，并举办推介招商会，等等。①

（九）巴西华人工商联合会

巴西华人工商联合会成立于 2007 年 12 月，以服务和团结侨商、为会员排忧解难、解决华商之间的纠纷并依法保护华商合法权益为宗旨，例如为圣保罗 25街一带的华商提供了很多法律和维权方面的服务，每当 25 街店家发生被查抄等事件，该会领导或律师都会前往了解情况，协助华商应对和解决问题，以避免经济损失。该会还致力于开展慈善事业。

（十）巴西巴中商贸仲裁总会

巴西巴中商贸仲裁总会于 2007 年 8 月 31 日成立，是经近两年筹备，正式取得里约热内卢市政府颁发的"社会团体法人登记证书"后宣告成立的。巴西总统卢拉委托总统办公室特别助理为该会发来贺信。首任会长季友艺在成立大会上表示要从各个方面开展商会工作，实践服务巴西、服务华商、服务会员的办会宗旨。该仲裁总会是"巴西第一个旨在促进巴中贸易发展，维护华商权益的华人社团"，是一个代表在巴华商利益的中介组织，对内解决发展环境和竞争秩序问题，对外解决贸易摩擦和法律纠纷等问题，进行法规指导，保障华人的商业利益，引导巴西华商事业良性发展。据称，巴西巴中商贸仲裁总会由谙熟巴西经贸、税务、法律的巴西资深专家和华商组成。②

（十一）巴中国际总商会

巴中国际总商会是 2011 年 11 月 12 日成立的非营利机构，也为中巴两国经济发展牵线搭桥。成立当天，中国驻圣保罗总领事孙荣茂、巴西联邦最高法院院长彼德曼尼及其他政要、各侨团侨领 200 多人出席了第一届理监事就职典礼。该会聘得巴西总统卢拉为名誉会长（因卢拉生病不能出席会议，由其哥哥杰尼瓦代表卢拉接受名誉会长聘书）。③ 按照会长林炳银的说法，巴中国际总商会的业务

---

① 《巴西广东工商总会为华裔青少年组织联谊活动》，中国侨网，2005 年 11 月 17 日。
② 《促中巴贸易发展，巴西巴中商贸仲裁总会宣布成立》，中国新闻网（据巴西侨网报道），2007 年 9 月 12 日；《巴中商贸仲裁总会举行就职典礼，巴西总统发贺信》，中国新闻网，2007 年 9 月 20 日。
③ 《巴中国际总商会成立　巴西前总统卢拉任名誉会长》，中国新闻网（据《南美侨报》、巴西侨网报道），2011 年 11 月 14 日。

范围包括组织中巴两国政府专业机构为经济发展提供专业服务；增进会员之间的交流合作，建立商务信息交流平台，促进会员间的优势互补；维护会员在巴西和海外的权益，协助会员不断提升社会地位；协助会员所在州、市和地方政府在巴西的事务，负责招商引资和培训考察，等等。[①]

（十二）巴西华商总会

巴西华商总会于 2016 年 3 月 10 日下午在圣保罗市议会贵宾厅宣告成立。成立大会上，叶康妙会长代表巴西华商总会致辞，表示将和商会同仁们一起，致力于与中国各级政府、巴西各级政府、中巴两国社会各界互动，拓展"中国制造"在巴西的市场空间，提高巴西华商在巴西人民心目中的地位。圣保罗市副市长 Nádia Campeão 女士亲临祝贺并致辞，同时为巴西华商总会成立仪式揭牌。商会永久荣誉会长、连续担任巴西国会议员 26 年的 Arnaldo Faria De Sá 特意从外地赶来参加商会庆典。巴西前总统助理、商会永久荣誉会长 Muhamed Laila 在致辞中表示，愿意尽力为巴西和中国做更多有意义的事。前巴西国会议员与州议员、时任圣保罗市议员 Jamil Murad 也发表了令人动容的讲话。巴西著名爱国侨领、中华书法学会会长刘树德在致辞中高度评价了巴西华商总会在逆境中诞生的精神。[②]

二、第二种类型：基于地缘关系组成的商会

（一）巴西广州企业家协会

巴西圣保罗市现有华侨华人 10 万多人，其中粤籍人士占有相当比例。2004 年，中国经过 20 多年的飞速发展，尤其是珠江三角洲地区的经济腾飞，让旅居巴西的粤籍乡亲，特别是祖籍广州或曾在广州生活和工作过的乡亲感悟到中国和巴西之间存在着广阔的经贸交流与合作空间，遂发起成立巴西广州企业家协会。该会于 2005 年 1 月 25 日在巴西圣保罗的 Fogo dos Pampas 烤肉店宣告成立，出席庆典的人员达 300 多人，会长宋远雄。该会成立以来，在促进中巴贸易和文化交流等方面做了不少工作，例如，组织巴西企业家代表团到珠江三角洲考察访问，为广东著名品牌摩托车厂落户巴西搭桥牵线等。[③]

---

① 《巴中国际总商会日前在圣保罗成立》，福建侨网，2011 年 11 月 2 日。
② 《巴西华商总会宣告成立》，中国青田网，2016 年 3 月 14 日。
③ 《巴西广州企业家协会举行第三届理监事就职典礼》，中国新闻网（据巴西侨网报道），2010 年 3 月 23 日。

（二）巴西广东商会

巴西广东商会于 2013 年 11 月 5 日晚在圣保罗州议会成立并举行揭牌仪式，会长为苏梓祐。圣保罗州议会副议长 Jooji Hoto 主持了当天的仪式。巴西有粤籍侨民十多万人，大小企业近万家，在生意上大都与广东有密切联系，因此在广东贸促会和苏梓祐等人的努力与巴西各界的支持下，成立了该商会。在此之前，为实施"走出去"战略，广东贸促会先后谋划在美国、印度尼西亚、马来西亚、阿拉伯联合酋长国、荷兰、俄罗斯等地成立了广东商会。该商会成立后，秉承服务家乡建设、服务侨胞发展事业、服务工商企业的宗旨，进一步促进广东与巴西经贸往来，配合广东经济转型升级，招商引资，开拓国际市场。①

（三）巴西中国浙江青年商会（巴西中国浙江商会）

巴西中国浙江青年商会（也称"巴西中国浙江商会"）于 2009 年 11 月 8 日在里约热内卢成立，其时巴西侨界 200 多名代表出席了成立仪式。首届会长为张江欧。该商会是旅居巴西的浙江青年自发组成的综合性商会，巴西各州有分会，成员覆盖多个商业领域。② 该商会与中国许多省、自治区、直辖市建立了商贸关系。该商会还举办过文化活动。例如，2010 年 5 月 8 日晚，该商会在里约热内卢中国城举办"母亲，谢谢您"主题招待会。③

（四）巴西（南美）潮汕总商会

巴西（南美）潮汕总商会于 2011 年 11 月 6 日成立。当天下午第一届理监事就职典礼在 Pullman 酒店举行，中国驻圣保罗副总领事王峰以及部分侨团的侨领前往祝贺并观礼。中国国侨办、汕头市政府等国内 14 个部门与机构发来贺电。首届会长为黄雄。④

（五）巴西巴拉那州中巴商会

巴西有个别地缘商会是基于巴西当地的地缘关系建立起来的。巴西巴拉那州中巴商会源于巴西巴拉那州台湾中华商会，成立于 1992 年 3 月 28 日，由本州热心人士共同推选邱成炎为会长，陈捷为副会长，理监事成员包括一群本地教授、

---

① 《巴西广东商会揭牌仪式在圣州议会举行》，《南美侨报》，2013 年 11 月 7 日。
② 《巴西浙江青年商会在里约成立，张江欧当选主席》，新华网，2009 年 11 月 9 日。
③ 《巴西中国浙江商会母亲节招待会，李宝钧总领事出席》，中国新闻网（据《南美侨报》、巴西侨网报道），2010 年 5 月 11 日。
④ 《巴西（南美）潮汕总商会成立理监事就职》，巴西侨网，2011 年 11 月 7 日。

律师、工商企业经贸人士。1994 年 9 月，因应南美共同市场和扩大与中国经贸合作的需要，由中华商会原班人马另组巴西巴拉那州中巴商会。该商会为一非营利、非政治性民间工商机构。该商会与中国官方和民间工商机构都有往来，主要是商讨和开展贸易与投资合作业务。[①]

三、第三种类型：业务型/专业型商会

（一）圣保罗华人鸡业同业公会

圣保罗华人鸡业同业公会由台湾侨民成立，正式成立时间为 1986 年 7 月。在此之前的 1985 年左右，多位有乡亲关系的鸡店业者常利用假日时间来往，就鸡只来源等共同关心的问题交换意见，他们认为如果向同一鸡贩买鸡，或能得到折扣，同时可以提高利润。由于这一尝试取得成功，多位华人鸡店业者加入这个行列，因此在 1986 年正式成立了华人鸡业同业公会。当时公会的创始人有张云辉等十多位店家，其后又有多家加入，最多时达到 26 家。到 1995 年多数会员转到其他行业以后，该公会停止活动，完成了历史使命，[②] 故台湾侨民的这个鸡业同业公会只在历史上一个时期存在。

纵观该公会存在期间，其活动可分前后两个阶段。前一阶段属业务阶段。该公会发挥团结的力量，集体与批发商谈判价格等，服务功效良好。后一阶段属联谊阶段。每两个月集会一次，成员轮流做东，在自己住宅宴请会友，又常利用假期包租游览车同赴风景名胜区旅游。

（二）圣保罗鸡业总公会

圣保罗鸡业总公会是经营杀鸡店的圣保罗市华人店主（据说圣保罗有约1 500 家杀鸡店）在 2006 年 6 月 21 日晚举行紧急会议后成立的。这次会议是为了应对巴西圣保罗州取缔法令和关闭杀鸡店事件，维护自身经营和生活权益而召开。当时到场代表有 100 多人。据悉到场人数剧增的原因，是圣保罗卫星城圣伯那多等市的杀鸡店店主担心圣保罗市取缔杀鸡店后，其他卫星城市也纷纷仿效，于是赶来参加会议，要求成立圣保罗鸡业总公会。当天原定会议日程是召开鸡业总公会成立筹备会，因情势紧急而决定改为直接成立圣保罗鸡业总公会。当晚参

---

① 《巴西巴拉纳州中巴商会》，载《巴西华人耕耘录》，巴西美洲华报编印，1998 年，第 53 页。该书资料截至 1998 年，其后续情况不详。

② 《圣保罗华人鸡业同业公会》，载《巴西华人耕耘录》，巴西美洲华报编印，1998 年，第 75 页。

会的华人店主达60多位，会议上做出决议，意在妥善解决店家当前处境和困难。当晚华人店主推选出了理监事参与总公会工作，圣保罗市东南西北和市中心五个区，每个区都有一至三位华人理监事，负责联系区内华人店家。①

（三）世界华人工商妇女企管协会巴西分会

这里应谈及世界华人工商妇女企管协会巴西分会。这是一个以台湾妇女侨民为主体的社团。有关这个社团的资料十分缺乏，从总会的背景来看，20世纪70年代，因应台湾经济发展，台湾妇女走出厨房，迈向海外，逐渐散布在世界各地。她们在有了独立的经济能力、一定的社会地位之后，便在工作暇余为社会服务。于是，妇女团体纷纷产生。1980年，台湾创立了工商妇女企管协会，旋在台湾各地陆续出现分会，后扩展到海外，在欧美各地相继出现分会。1994年6月3日，世界中华工商妇女企管协会（1997年11月更名为"世界华人工商妇女企管协会"）在美国旧金山喜来登饭店成立，1998年4月28日在台北举行成立大会。世界华人工商妇女企管协会巴西分会的成立应是在此之后。

巴西的华侨华人商业社团众多，以上所举只是比较重要者，以集中在圣保罗的为多。它们基本上是以中国大陆新移民为骨干的商会，其活动不仅包括商务性的活动，还包括帮助华侨华人维护社会治安、开展文化活动等多个方面。有不少侨领为改善华侨华人营商环境而呕心沥血。例如，李达枢早年积极参加中华会馆、巴西华人协会、巴西广东同乡总会、巴西巴中工商文化总会的组建，长期努力工作，辛勤耕耘，服务侨胞。他为人谦虚和蔼，影响了其子孙，也给侨界树立了榜样。他早年帮助新侨获得身份证，处理警局等事宜，有求必应。李达枢于2018年9月28日辞世，享年95岁。长子李浓忠，现任巴西巴中工商文化总会会长。

就巴西各商会自身来说，要达到联络同业、促进发展的目的，就要紧紧依靠广大侨胞，凝聚中小型商铺力量，服务侨商，维护侨益。从大局出发，从华商的整体利益出发，为华商积极排忧解难，思华商之所思，想华商之所想，急华商之所急，并付诸行动。对外，商会要紧跟时代潮流，准确把握居住国市场的脉搏，捕捉商机。尤其要正确把握巴西的国情和商情，提高华商对居住国商业环境的了解与认知。还要与大商业公司抗衡，对抗"大鱼吃小鱼"的竞争环境，从而扩大生存空间和经营渠道，增强经济实力和竞争力。对内，商会要吸引众多业主参与其中，形成良好的竞争力，创造更好的营商环境，同时还为新移民提供就业

---

① 《巴西华人店主倡导成立鸡业总公会，争取经营权力》，中国侨网（据《华声报》报道），2006年6月23日。

机会。

应该注意到，作为经济组织的商业社团和作为地缘社团的同乡会与巴西的新移民情况紧密对应。商会与同乡会互相渗透，互相扶持，表现出超越地缘、业缘，向多元化、跨领域的方向前进的趋势。巴西的商会与同乡会同时存在，分工比较明确，在两者中，地缘社团的作用更为突出，号召力更强，商会的地缘色彩也比较明显。

第四节　联谊会与校友会

一、华人联谊会

联谊会跟同乡会相似，有的同乡会与联谊会甚至是一回事。但一般来说，联谊会的会员来源要比同乡会更广泛。同乡会的会员通常是来自同一祖籍地的乡亲，联谊会则没有这个限制，举凡与本会华侨华人有关的大小事情，都可以在联谊会会友的名义下进行。不过，就目前巴西的联谊会来看，也有以某一特定因缘为基础组成的联谊会。就名称而言，有的联谊会是由于某一过去的或现在的因缘（如曾经的行业、相同的经历）而结成的，有的联谊会与地缘因素结合在一起（这类联谊会也可算作地缘社团）。下面举若干个例子。

（一）巴西洪门协会

巴西洪门协会在第二章第八节已经提到，这里再对其在新移民时代的后续发展做一简介。巴西洪门协会是海外洪门众多机构中的一个，与中国致公党有密切的历史渊源。虽不叫联谊会，但该会所做的最重要事情实属"联谊"。由于有"海内外洪门本是一家"之说，该会与中国致公党联系不断。巴西洪门协会发扬洪门讲忠义诚信的传统，改革旧堂规，与时俱进，加强与各界华侨华人的合作，团结台胞，共同推动中国和平统一大业，同时融入当地社会，为增进中巴两国人民友谊和两国经贸发展做出新贡献。[①]

巴西洪门总会成立以来，团结统合洪门昆仲，秉承洪门忠义诚信、致力为公的原则，发扬爱国爱乡的优良传统，广泛团结华侨华人，加强与巴西友人的合

---

① 《罗豪才拜会巴西洪门，冀发扬忠义精神团结众华人》，中国侨网（据《华声报》报道），2006 年 7 月 24 日。

作，在扶危救困、促进和谐侨社建设方面发挥了积极的作用，并为增进中巴两国的各项交流、增强中巴两国人民的友谊做出了较大的贡献。2017 年 7 月 2 日晚，巴西洪门总会成立 15 周年暨新一届理监事就职典礼在圣保罗花园酒店举行。巴西洪门总会新一届监事长为丘文聪，执行会长为庄志勇，秘书长为魏源章。南美洪门总会会长蔡三义、巴西华人协会秘书长张立群等也出席就职典礼。中国驻圣保罗副总领事傅长华以及当地华人社团侨领等近 300 人出席。巴西洪门总会连任会长王文捷发表就职讲话时表示，巴西洪门总会成立 15 年来，发扬爱国护民精神，积极参加爱国爱乡活动，弘扬中华文化，支持祖国统一，促进侨胞团结互助，努力促进中巴两国在各个领域的交流。同时，在历次祖国和巴西遇到地震、水灾等自然灾害时慷慨捐助，积极赈灾。洪门作为爱国之门、勇气之门、友谊之门，将继续发扬光大，续写其辉煌篇章。[①]

顺便指出，拉丁美洲存在着诸多洪门组织。它们是海外众多洪门机构的组成部分，与中国致公党存在着密切的历史渊源。

（二）（台湾移民）巴西荣光联谊会

巴西荣光联谊会是旅居巴西的中国台湾退伍军人建立的社团，成立于 1979 年，曾任台湾空军伞兵司令的黄超当选为第一届理事长，曾任台湾工兵署长的谢家驹将军和邹舜香当选副理事长。该会曾经是巴西最大侨团之一。

值得一提的是，1994 年，该会为纪念先侨早年开拓巴西之功，保留其遗存的史料文物，由常务理事许启泰建议成立巴西华侨移民博物馆。随后，许启泰和刘晓等两位常务理事经数月奔波、筹备，搜集有关文物、文件百余件，仇恒义理事长以其临街巨宅一幢拨作会址，兼作巴西华侨文物馆，以供陈列，方便侨胞参观。该文物馆于当年 10 月 31 日正式揭幕。[②]

（三）巴西里约华人联谊会

巴西里约华人联谊会是巴西里约热内卢最大的华人社团，它虽名称为联谊会，但实际上是里约地区的全侨性社团，具有综合社团的性质。该联谊会成立于 1984 年 7 月，创始人是季福仁、吴汉斌、孙志凯、陈雄彬、张超祖 5 人。创始会长季福仁协调众心，当众人推举他为首届会长时，他却力邀台湾老侨领詹明洋出任首届会长，意在让台胞发挥更大积极性，让该会成为海峡两岸侨胞的共同组

[①] 莫成雄：《巴西洪门总会举行成立 15 周年暨新一届理监事就职典礼》，中国新闻网，2017 年 7 月 3 日。

[②] 《巴西荣光联谊总会》，载《巴西华人耕耘录》，巴西美洲华报编印，1998 年，第 47－48 页。该书资料截至 1998 年，故该联谊会的后续情况不详。

织。此举留下了佳话，也铸建了优良传统。

联谊会的成立，为当时包括台湾移民在内的华侨华人搭起了一个共同的家。大家齐心合力，于1986年购买了一座占地面积1 500多平方米、建筑面积3 000多平方米的会馆。如今已有会议中心、活动中心、图书馆、展览室、中葡文学校、多功能厅、餐厅等设施，为侨胞提供各种服务。中国领导人杨尚昆和胡锦涛分别于1990年和2004年访问里约热内卢，其时都会见过联谊会的理监事们。①联谊会绝大部分会员为来自中国大陆的华侨华人，包括新移民。现会长季友松曾经是在中国做纽扣生意的商人（号称"背纽扣大军"）。他从纽扣生意中获得第一桶金后，便赴巴西进行第二次创业，次年独立经营，后为巴西里约东方世界进出口贸易公司董事长。联谊会第一届和第二届会长詹明洋，第三届会长周尚夷，第四届和第五届会长季福仁，第六届会长裘克毅，第七届和第八届会长孙华凯，第九届会长季礼仁，第十届和十一届会长雷滨，第十二届会长陈烈益。

巴西里约华人联谊会是里约热内卢最大的具有爱国爱乡精神传统的侨团。联谊会会馆设有餐厅、学校、图书室、计算机教室、娱乐棋牌室等。该联谊会每年母亲节、中国国庆节、春节举办三次大型庆祝活动。该联谊会经常组织联谊活动，有不少娱乐设施。每到周末，社团大楼里都会传出琅琅的读书声，这是生长在当地的侨胞子女在学中文。

季姓家族在里约热内卢华社有很大影响。季伯华是里约季姓家族事业的创始人，抗日救亡运动时在里约热内卢积极组织声援祖国活动。中巴建交前，其牵线里约热内卢政要访问中国。其堂叔季礼仁被选任华人联谊会第九届会长，始终心系社团，出钱出力。季福仁连续担任三届副会长，后任第四届和第五届会长，为倡导和筹备成立华人联谊会倾注心血。季友松来自浙江青田县方山裘山村，于1988年加入巴西里约华人联谊会，2004年当选第十一届理事会第一副会长；2002年为了反"独"促统，发起创立巴西中国和平统一促进会，并任副会长；2008年当选巴西里约华人联谊会第十三届会长；曾为国内扶贫、抗击SARS、建设希望小学、家乡修路、建设北京奥运会场馆、抗击雪灾、支援汶川地震及东南亚海啸等捐资60余万元人民币；2009年应邀参加中华人民共和国成立60周年国庆阅兵等系列活动，同年获"世界杰出华商领袖"荣誉。②

这里顺便一提，在巴西的大城市中，除了圣保罗，里约热内卢也有华人联谊会、文化交流协会、中国和平统一促进会、工商会、台湾歌友会、餐饮协会等华人社团，但相关资料不多。

---

① 《华人移民巴西200周年纪念特刊》，南美侨报社编印，2013年，第107页。

② 《巴西里约华人联谊会会长季友松》，中安在线，2013年11月22日。

（四）（台湾移民）圣保罗华侨联谊会

原称"圣保罗华侨中央区联谊会"，后改名圣保罗华侨联谊会。该会位于离圣保罗 30 多公里的与慕义市相邻的圣保罗卫星城市苏山诺（Suzano）市，1985 年由苏山诺市一批著名侨商领袖经集会商讨决定成立。1986 年，在慕义农场俱乐部举行首次会员大会，章胜凯和李根涂当选第一届正、副会长。该会的慈善活动引人注目。例如，1989 年该会举办首次冬令救济，募集食物、衣服等济助苏山诺、慕义地区贫苦的巴西民众；1990 年第三届会员大会决定将冬令救济范围扩大到圣保罗地区；1993 年该会继续联合圣保罗 16 个侨团，举办冬令救济慈善活动。每年所募得慈善基金，都交由华侨天主堂、基督长老教会中会、慕义基督长老教会、如来寺、中观寺、观音寺等宗教团体，分别济助巴西老人院、孤儿院及残障院。1998 年 5 月，巴西东北部发生 20 世纪 50 年来罕见严重旱灾，联谊会征得各侨团同意，将当年度冬令救济慈善基金移作救助巴西东北部灾民之用，并于 5、6 月联合其他侨团派员同往伯南布哥、巴拉依巴、谢诺拉三州灾区发给灾民。[①]

（五）（台湾移民）台湾乘船移民南美联谊会

台湾乘船移民南美联谊会是一个具有俱乐部性质的常设性社团，以聚会、叙旧为主，不向政府登记注册，仅以记录册形式记录联谊会的成立和今后的发展。该会成立于 1996 年 11 月 3 日下午，其时 60 名当年乘船来到巴西的老移民欢聚一堂，互诉多年来在巴西的奋斗情况。在此之前的 10 月 21 日，21 位早期从中国台湾乘船来巴西的资深移民在《美洲华报》刊出联谊餐通告，邀约 30 多年前由中国台湾乘荷兰船或日本邮轮移民巴西的老侨于 11 月 3 日上午聚餐。当日下午，主要发起人之一许叠筹备成立"早期乘船移民联谊会"。成立联谊会的缘由是，早年乘船移民巴西的台湾老侨由于年久而分散各地，许多人失去联络，希望通过联谊会把大家聚集在一起。联谊会成立后，大家决定整理早期移民历史资料，把前辈艰辛创业的奋斗经历以文字形式记录下来，教育后代，勉励子孙。[②] 此后关于该联谊会的信息不详，估计随着当年乘船移民巴西的侨民日渐老去，聚会的人越来越少。

（六）（台湾移民）旅巴中国空军联谊会

旅巴中国空军联谊会成立于 1987 年 8 月 14 日。联谊会成立之初，会员仅 12

---

① 《圣保罗华侨联谊会》，载《巴西华人耕耘录》，巴西美洲华报编印，1998 年，第 36 – 37 页。该书资料截至 1998 年，故圣保罗华侨联谊会的后续情况不详。

② 《台湾乘船移民南美联谊会》，载《巴西华人耕耘录》，巴西美洲华报编印，1998 年，第 60 页。

位，1991 年增至 30 多位。其后，多位会员移居他国，会员逐渐减少。据截至 1998 年的资料，该会没有会址，每年至少聚会 3 次，餐后还有余兴节目，和乐融融，皆大欢喜。①

（七）巴西中国退伍军人联谊会

巴西中国退伍军人联谊会（简称"军联会"），是一个以"军人因缘"为基础的社团，也应是全球第一个由中国退伍军人在海外组成的联谊会组织。该会于 2002 年由旅居巴西的中国退伍军人何仁轲、杨宏、李青霞、郭京良、王辛平等人发起筹备，于翌年中国人民解放军"八一"建军节正式成立。首任会长为何仁轲。后来，何仁轲、田爱国、王辛平、刘皓等曾先后担任过会长，现会长为邱先权。荣誉会长为李青霞。

军联会成员来自中国各省份，包括各军区各兵种的原中国军人。他们的经历颇为神奇：有参加过抗日战争和解放战争的古稀老兵，有参加过对越自卫反击战的勇士，还有参加过唐山地震抗震救灾以及 20 世纪 90 年代抗洪救灾的医护人员和指战员。成立以来，军联会继续保持军人团结协作、纪律严明、艰苦奋斗的优良作风，支持国家统一，团结旅居巴西的中国退伍军人，为促进侨社的和谐发展、推动祖国和平统一大业，做了很多有意义的工作。

军联会成立后，每年都在"八一"建军节、中国国庆节和春节举办庆祝或联欢活动。例如，每年组织退伍军人庆祝"八一"建军节，举行春节团拜和郊游等活动。2006 年 8 月 1 日晚，军联会在圣保罗举行庆祝中国人民解放军建军 79 周年联欢晚会，近百名中国退伍军人欢聚一堂。第一个节目是全体理监事高唱《中国人民解放军进行曲》，军歌整齐嘹亮，响彻大厅，把人们带回了激情燃烧的岁月。这一次，前中南美洲黄埔军校同学会会长罗大诚到会祝贺。他说，国共两党军人都是中国人，是手足同胞一家亲。军人的天职是保家卫国，无论多么艰苦的战争，都要忠于国家，忠于人民，无私奉献毕生精力甚至是生命而在所不惜。② 2007 年 8 月 1 日为中国人民解放军建军 80 周年，军联会邀请全侨同胞一起举行联欢晚会，其中有圣保罗各个侨团的侨领和代表，也有前国民党军队的将领和来自中国台湾的军人。田爱国希望两岸爱国退伍军人团结起来，为推动祖国实现和平统一做出努力和贡献。③ 2010 年庆祝"八一"建军节时，在座的有黄埔

---

① 《旅巴中国空军联谊会》，载《巴西华人耕耘录》，巴西美洲华报编印，1998 年，第 51 页。
② 《旅居巴西中国退伍军人欢庆建军节回顾军旅生涯》，中国侨网（据《华声报》报道），2006 年 8 月 2 日。
③ 《巴西中国退伍军人庆祝中国人民解放军建军 80 周年》，中国侨网，2007 年 7 月 30 日。

军校的老将军，有新四军的老前辈，还有来自中国台湾的退伍军人。[①] 军联会还积极参与侨社公益事业。通过联谊活动，很多移民巴西的退伍军人重新找回了青春时代的军旅生活记忆，建立起新的情谊，相同的青春军旅生活经历使他们团结在一起，战友和军人之间互相帮助的优良传统和真挚情感在异国他乡得到延伸。

2017 年 7 月 30 日晚，军联会在圣保罗米乐酒店举行晚会庆祝中国人民解放军建军 90 周年。中国驻圣保罗副总领事傅长华致辞，向曾经对解放军现代化建设做出过贡献的退伍军人们表示节日的祝贺和敬意。2018 年 7 月 28 日，军联会在圣保罗北京饭店举行"八一"建军节晚会，热烈庆祝中国人民解放军建军 91 周年。中国驻圣保罗总领事陈佩洁以及当地华人社团侨领、侨胞等 200 多人出席。会上，战友集体合唱会歌和军营歌曲，场面庄重热烈。

（八）巴西巴伊亚州华人联谊协会

巴西巴伊亚州华人联谊协会于 2010 年 7 月 10 日成立，是当地华侨华人成立的首个侨团，首任会长娄炳麟。巴伊亚州是巴西东北部经济最发达的地区，人口约 1 400 万。首府萨尔瓦多市曾是巴西第一个首都，人口约 300 万，是仅次于圣保罗和里约热内卢的巴西第三大城市。中国驻里约热内卢副总领事李春梅出席仪式，当地州市政府派代表或发贺信祝贺协会成立。中国国务院侨办、中国侨联、中国驻巴西大使馆，以及巴西部分侨团给巴伊亚州华人联谊协会发来贺电。200余名当地华侨华人出席了协会成立仪式。该协会的宗旨是爱国爱乡，传承中华文化，团结侨胞和维护侨胞合法权益，帮助侨胞更好地融入当地社会，促进中巴两国文化交流和友好关系发展。[②]

（九）巴西湖北联谊会

巴西湖北联谊会虽然称作"联谊会"，但其成员来源（新移民）、规章制度和运作方式等各个方面，均与其他中国大陆的同乡会并无任何不同。2017 年 7 月29 日晚，巴西湖北联谊会第一届理监事就职典礼在圣保罗花园酒店举行。中国驻圣保罗副总领事傅长华以及当地华人社团侨领、巴西友好人士等 300 多人出席。在此之前，湖北侨胞一直期望建立一个联谊平台，这一想法得到了湖北省及武汉市侨务部门的关心支持。经过两年时间的酝酿筹备，巴西湖北联谊会成立。

巴西湖北联谊会有成员 100 多名，在巴西从事多个领域的工作。联谊会虽然人数不多，但成员年轻有为，充满生机活力，积极参与侨社活动。他们积极加强

---

① 《巴西中国退伍军人庆祝中国人民解放军建军 83 周年》，中国新闻网，2010 年 8 月 2 日。
② 《巴西巴伊亚州华侨华人成立首个侨团，国侨办贺电》，新华网，2010 年 7 月 12 日。

与家乡政府和侨务部门的联系，发挥在巴西的自身优势，为促进湖北与巴西经贸交流做出了贡献。联谊会积极融入当地主流社会，在弘扬中华文化、宣传湖北、促进经贸往来和支持祖国和平统一、参与社会事务、促进两国民间交往等方面发挥了积极作用。

顺便指出，在巴西一些中小城市，也有华侨华人成立的联谊会。例如，São José dos Campos 市、Taubaté 市和 Jacareí 市，是 Vale 区最大的三个城市，这三个城市的华侨华人在 2019 年成立了大平原区华侨华人联谊会。

二、台湾移民的校友会

校友会又名同学会、同窗会，成员主要是校友和旧同学。校友会既是社会组织，又是联谊会一类性质的社团组织。其也是为联谊、会员福利及社会公益服务，成员由同学互选及自选产生。世界各地都有官方组织的校友会，由校方资助及组织，目的是结交历届毕业生，回馈母校，助力学校发展。目前在巴西所看到的校友会，基本上都属于在中国台湾受过高等教育者在 20 世纪 80 年代以后组织的。

（一）台湾大学校友会

台湾大学校友移民巴西，与巴西的工业成长与经济发展有密切的关系。20世纪 60 年代的巴西，正当工业起飞，需要大量的外国技术人才，当时的巴西政府制定了鼓励外国人移民的政策，台湾大学校友移民巴西就从这个时候开始，他们到来后都能够以应聘身份获得永久居留签证。70 年代的巴西，正逢号称"巴西奇迹"发生之时，高级技术人才极度缺乏，其待遇优于欧美发达国家。巴西各大学为加强教授阵容，纷纷向国外明星大学聘请优秀教授。此一时期，台湾大学留美学人有近 20 人应聘来巴西执教。他们多有博士学位。任教的大学和研究机构有：巴西利亚大学、金边大学、圣保罗大学、太空研究中心、圣州工艺研究院等。同时，70 年代，巴西各地大兴土木，公路、桥梁、水力发电厂等大型工程相继开工，各大企业快速发展，华裔工程师参与者甚多，其中有不少台湾大学校友。这一时期，可说是台湾大学校友会最活跃的时期，校友会登记的成员有近百位。于是，1975 年台湾大学校友会在圣保罗成立。到 80 年代初，受国际石油危机冲击，巴西经济开始走下坡路。通货膨胀，经济萎缩，各大学也相继减少研究经费。影响所及，大部分来自美国的校友、教授纷纷离职返美，部分校友也移民

美国、加拿大等国，校友会进入低潮期。[①]

（二）交通大学校友会

交通大学校友会的成员来自 1949 年前毕业的交通大学上海、北京、西安、西南、新竹五个分校的校友。战后，巴西成为各国工、商、政、学界人士避难或投资胜地。20 世纪 50 年代初，美籍华人组织的"人人公司"来巴西试探投资，内有交大校友，但后来大都返美了。60 年代开始，交大旅巴同学会成立，每逢年终或有重大事件，即于某饭店进行聚会话旧。到 90 年代末，因会员移民他国他地，以及大多已经到耄耋之年，聚会渐少。[②]

（三）成功大学校友会

20 世纪 70 年代，在巴西各大公司担任工程师的台湾成功大学校友颇多。1967 年 12 月 31 日晚间，成大校友在圣保罗华云饭店举行年终聚会，并成立校友会。次年，成大校友及其家属们又在山度士香港饭店聚会。80 年代，校友们有的返台，有的移居别国，在圣保罗尚有小规模聚会。90 年代虽有聚会，但参加的人数更少了。[③]

（四）政治大学校友会

政治大学最初是 1949 年前的中国国民党的党务学校，后来在台湾复办。政治大学校友会在巴西的校友人数寥寥无几，久无校友会组织，直到 1997 年政大创立 70 周年纪念，有人登报寻找校友，各位校友及其配偶遂于 5 月 20 日聚餐，成立校友会。

（五）台湾师范大学校友会

1992 年 2 月 20 日晚上 8 时，台湾师范大学旅巴校友 21 人在圣保罗市长安饭店设宴欢迎台湾大专院校男子排球代表队一行 17 人来巴西访问比赛，餐后即成立台湾师范大学旅巴西校友会。该校友会成立后经常参与圣保罗侨社的有关文教活动。到约 1998 年，校友会有成员 24 人，分散在巴西 5 个州，联系极为不易，平日甚少活动。[④]

[①] 《台大校友会》，载《巴西华人耕耘录》，巴西美洲华报编印，1998 年，第 301－302 页。
[②] 《交大校友会》，载《巴西华人耕耘录》，巴西美洲华报编印，1998 年，第 304 页。
[③] 《成功大学校友会》，载《巴西华人耕耘录》，巴西美洲华报编印，1998 年，第 305 页。
[④] 《师范大学校友会》，载《巴西华人耕耘录》，巴西美洲华报编印，1998 年，第 308 页。

（六）淡江大学校友会

20 世纪 80 年代，旅居巴西的淡江大学校友散居各地，虽有联系，但时断时续。1986 年，淡江大学董事长（时任台北市议会议长）张建邦率团访问巴西，校友们提议成立淡江大学校友会。1988 年 3 月 14 日召开会议正式成立淡江大学旅巴校友会。[①]

（七）慕义大学中国同学会

慕义大学为南美洲规模最大的私立大学，有学生近 2 万人。华侨子弟在此就读者甚多，大部分就读工程学系或医学院，也有在本校毕业再进修并留校执教者。

慕义大学中国同学会成立于 1979 年 5 月 4 日，时有成员 40 多名。同学会除了举行交谊活动外，也常在校内放映介绍中华文化、民俗、风情的影片招待巴西同学。同学会最盛的时候有 100 多名成员。后来第一代同学相继毕业，后继无人，同学会的活动也渐渐停顿。[②]

（八）中南美洲黄埔军校同学会

中南美洲黄埔军校同学会成立于 1991 年 2 月 17 日，发起人为参加过中国抗日战争的国民党爱国将领罗大诚，他当选为首届会长，刘百龄为名誉会长。罗大诚在巴西侨界德高望重。他移居巴西后，热心侨社公益事业，除发起成立中南美洲黄埔军校同学会外，还创办了巴西日本侵华研讨会、巴西选民联谊会、巴西华人网球协会、巴西中国大西南同乡总会等社团，大力推进海峡两岸的和平统一。该会以联谊、互助合作、尊长重道、发扬黄埔精神为宗旨。1991 年适值黄埔军校创立 67 周年，为庆祝校庆，该会于 6 月 16 日假圣保罗华侨天主教堂举行盛大庆祝活动，计有黄埔军校校友及来宾 200 人参加。陈国伟武术馆的舞狮团表演双狮献寿，揭开了大会的游艺序幕，随即歌舞上场，节目精彩。

1995 年 8 月 15 日，该会联合巴西日本侵华研讨会，假华侨天主教堂举行座谈会，庆祝抗日战争胜利 50 周年，计有各界侨团代表及侨领 50 多人参加，由罗大诚主持。座谈会开始，全体起立，为抗战阵亡将士和死难同胞默哀一分钟，随后宣读祭文。罗大诚会长代表大会向抗日名将刘百龄将军赠予玉牌一座致敬。又将抗战胜利 50 周年纪念奖牌分别赠予当年献身抗日的黄埔将校及老兵战士。最

---

①　《淡江大学校友会》，载《巴西华人耕耘录》，巴西美洲华报编印，1998 年，第 309 页。

②　《慕义大学中国》，载《巴西华人耕耘录》，巴西美洲华报编印，1998 年，第 312 页。

后放映南京大屠杀相关影片，展示日本军国主义侵华的暴行，提醒后人勿忘国耻，奋发图强。

1996 年，由于日本侵占我国领土钓鱼岛，该会联合巴西日本侵华研讨会的爱国人士在华侨天主教堂举行"勿忘九一八和保卫钓鱼台"大会，100 多名侨胞参会声讨日本新旧侵华罪行。会中还放映回顾"九一八"事变的历史录像带。1996 年 6 月 16 日，该会庆祝母校创立 72 周年，在香山饭店举行庆祝大会，并改选会长。刘百龄仍任名誉会长，罗大诚仍任会长。春节期间，罗大诚会长夫妇亲携名誉会长刘百龄将军所赠春节礼物，于年初一专程送往慕义市与圣保罗市比伦区，向卧病在床的七期同学王若山和十二期同学郑秉揆两位将军拜年、慰问。1997 年香港回归前夕，该会联合巴西日本侵华研讨会，在大富贵饭店举办庆祝香港回归聚餐联欢大会，计有各界侨领及侨团代表 50 多人参加。1998 年 6 月 16 日为黄埔军校创立 74 周年纪念日，同学会于 21 日在鞠荆卿公寓大楼举行庆祝仪式，并进行改选。鞠荆卿（陆官十七期）当选会长，新会长提议刘百龄（黄埔六期）担任永久名誉会长，罗大诚（陆官十七期）担任名誉会长。会后举行联合会，鞠荆卿会长的《旧事心声》一书在现场义卖近 200 册。[①]

巴西的校友会为校友们组织的联谊会。不过目前所看到的巴西华侨华人的校友会，基本上都是中国台湾移民组织起来的。一个重要原因应是中国大陆来的老一辈移民的受教育程度偏低，难以组织校友会。新移民的孩子在当地上学并完成高等教育后，本可以联合一些在当地接受教育的同学组成校友会，但由于一个高等院校里华人子弟不多，分散在各个社会行业，同一个行业里来自同一个学校的华人子弟更少，所以很难形成当地同学的校友会。事实上很多新移民的子女普遍还在巴西就读低年级，还谈不上组织当地高等院校的校友会。至于中国新移民的第一代，均在中国大陆上学。他们组织校友会的话，也只能组织在中国大陆就读时的校友会。而他们中极少人上过高等院校，基本上不存在组织高等院校校友会的可能。

---

① 《中南美洲黄埔军校同学会》，载《巴西华人耕耘录》，巴西美洲华报编印，1998 年，第 314 - 315 页。

第五节　海峡两岸华侨华人的文化社团与中医药专业团体

文化是一个民族的图腾和符号，是民族精神和灵魂的寄托和象征。巴西华侨华人移民巴西的历史久远，长期以来，他们通过自身对家乡民俗和其他中华文化元素的坚守，在居住地一代接一代地传承与弘扬民族文化。中国台湾移民在 20世纪 50 年代起陆续来到巴西，在谋生之余，也开展文化娱乐活动，先后建立了一个个娱乐社团、中文教育组织、思想文化和哲学美学类社团。虽然台湾移民建立的一些文化社团由于成员老去、人数减少而曲终人散，但在巴西华侨华人历史上留下了深刻的痕迹。80 年代以来，各类由中国大陆新移民建立的文化社团也一一出现。与此同时，巴西华侨华人建立了中医针灸协会和中医药学会，在拉美华社独树一帜，既扎根华社，也深深影响了当地社会。

华人文化社团除了综合性、大众化的文化社团外，还有专业性的文化社团，如演出类文化社团、琴棋书画与阅读类文化社团等。一般来说，专业性文化社团须由受过一定训练的专业人士组成。目前很多新移民组织的文化社团仍多是业余和自发的，一些则属于某一群文化爱好者的聚会。其中一些社团领军人物是受过良好教育或有一技之长的新移民。顺便说明，武术类社团属于文化社团的组成部分，但为方便见，巴西的武术类社团放在第七章第二节中一并叙述。

一、全国性的综合文化社团

（一）中华文化协会

中华文化协会缘起于 1990 年，其时经圣保罗市侨胞梁荫德、刘树德努力奔走，邀集侨界擅长歌唱、舞蹈、音乐等方面人才，于同年 5 月 12 日在日本文化会馆举办"中华文化中心基金募款义演大会"。中国官方代表应邀到会发表讲话，对侨胞这一举动表示敬佩和支持。当晚参会的侨胞逾千人，有人当场慷慨解囊。同年 8 月 5 日，中华文化中心筹备会在华侨天主堂正式成立。筹备会推定了该会的成员，包括会长梁荫德，副会长兼秘书长刘树德，还有常务理事、监事长、顾问等。1991 年 3 月 23 日，中华文化中心常务理监事联席会议上，梁荫德请辞会长职务及脱离筹备会，严文伟当选会长。1992 年 6 月 8 日，中华文化中心筹备会在华侨天主堂举行年会，更名为"中华文化协会"，目标是建造一座"中华文化中心"，并改选了人事，名誉会长为严文伟，会长为刘树德，秘书长为彭

文育，监事长为徐满香。① 此后该会的进一步信息不详。

（二）巴西华人文化交流协会

全侨性的文化社团当首推巴西华人文化交流协会，它创建于 2000 年 12 月 2 日，理事会主席为尹霄敏。② 该协会的目的是把中国的经济建设成就和历史悠久的中华文化介绍到巴西。自成立以来，该协会成功举办了多项活动，弘扬中华文化。同时，在促进侨社和谐发展、参与慈善救灾、促进中国和平统一等方面做了大量工作。前中国驻里约热内卢总领事李宝钧说，巴西华人文化交流协会理事来自全国各地，具有很强的包容性，且年轻富有活力，虽然协会创立时间不长，但是名气已然不小，特别是在国内的知名度颇高。③

巴西华人文化交流协会拥有较完善的会议室、教室、图书馆及文娱场所。在世界华人社团中，能拥有这样比较完善设施的侨团不多。2006 年春节，中国国务院侨办赠送的一对石狮在除夕运到里约热内卢，交给巴西华人文化交流协会。④

二、地方性的综合文化社团

（一）巴拉那（纳）州华人文化协会

巴拉那州华侨华人集中在首府库里蒂巴市，共有五六千人，不少人来自非洲莫桑比克。1990 年，华侨华人就成立了巴拉那州华人文化协会。多年来，协会积极团结、服务侨胞，弘扬中华文化，促进中国和平统一。协会曾向市政府有关部门申请，争取修建中国广场或者搭建中式牌楼。⑤ 还通过组织侨胞庆祝传统中国节日，展示了华侨华人的良好风貌。例如，2017 年 1 月 28 日（农历正月初一），该协会在库里蒂巴市幸福之神区城堡饭店举办春节晚宴暨大型联欢活动。中国驻圣保罗总领馆大力支持该活动，并提供部分演出道具和中国传统挂历作为纪念品。500 余名侨胞参加了此次大型联欢活动。侨胞们展示了舞狮舞龙、教会唱诗、诗歌朗诵、粤剧传统器乐演奏、中国短笛演奏、集体健身舞、粤曲大联唱

---

①　《中华文化协会》，载《巴西华人耕耘录》，巴西美洲华报编印，1998 年，第 111 页。

②　据 2011 年 11 月 24 日百度百科。

③　《中国驻里约总领事参观巴西华人文化交流协会》，中国侨网（据巴西侨网报道），2008 年 3 月 4 日。

④　《国侨办送石狮助兴，里约热内卢侨团举行春节联欢》，中国侨网，2006 年 1 月 31 日。

⑤　《巴西巴拉纳州华人文化协会举行新一届理监事会议》，中国新闻网（据巴西侨网报道），2010 年 8 月 26 日。

等中国传统特色节目。① 2010 年起，郭祖德任巴拉那州华人文化协会会长。

（二）扶轮社

扶轮社是一个国际性组织，最初其定期聚会，每周轮流在各社员的工作场所举办，因此便以"轮流"（Rotary）作为社名。扶轮社的成员需来自不同的职业，在固定的时间及地点每周召开一次例行聚会。其以增进职业交流及提供社会服务为宗旨，开展慈善服务，鼓励崇高的职业道德，致力于世界亲善及和平。每地的扶轮社都是独立运作的社团，但皆须向国际扶轮社申请通过后方可成立，通常会以所在地的城市或地区名称作为社名。

巴西不少地方都有扶轮社组织。如里约扶轮社，每年的新董事会就职典礼都以某一国文化为主题，很多主题均与中国文化有关。届时，会场内张灯结彩，大厅装饰一新，布置着富有浓郁中国文化特色的灯笼、剪纸、书法及挂饰。不少会员还特意身着中式服装，洋溢着中华文化的气息。大会还曾举办中国传统舞狮表演，会员对中华文化兴趣盎然。②

三、琴棋书画与阅读类文化社团

（一）巴西中华书法学会

巴西中华书法学会成立于 1991 年 10 月，创始人为刘树德。其时他已移民巴西十多年，平时从事针灸工作，但因自小热爱中华文化，大学时代就开始练习书法，故移民巴西后发起成立巴西中华书法学会，许多书法爱好者纷纷加入。参加该会的华侨华人既有中国台湾移民，也有来自中国大陆的新移民。巴西中华书法学会成立后，每年都举办书法绘画展，来自海峡两岸的侨胞共同切磋、弘扬中国书法，相互交流观摩。遇重大事件，还举办重大展出。

中国书法作为一门高雅艺术，既能得到侨胞认同，也能引起一部分巴西当地人的兴趣，学习中国书法的巴西民众越来越多，作品水平不断提高。2006 年 9 月，借成立 15 周年之机，学会在圣保罗举办中国书法国画展览，即日起向全巴西侨胞及巴西书法爱好者征集参展作品。10 月 16—20 日，中国书法国画展览在南美侨报社文化中心展出，展出作品约 200 幅。除了侨胞的作品，还有许多当地

---

① 《库里蒂巴市华人举办庆春节联欢》，南美侨报网（巴西巴拉纳州华人文化协会供稿），2017 年 1 月 30 日。

② 《驻里约热内卢副总领事王西安出席巴西里约扶轮社年度庆典活动并发表演讲》，中国外交部网站（中国驻里约热内卢总领馆供稿），2011 年 7 月 25 日。

日裔、韩裔和巴西书法爱好者的作品。这次书画展高雅规范，学会征集作品的要求包括：作品内容为中国传统毛笔书法作品及国画；书体包括篆、隶、楷、行、草；篆、行、草附释文，内容要健康；书法格式只限中堂、对联、条幅、直件，折扇亦可；国画则人物、山水、花鸟、鱼虫皆可；所有作品必须装裱成轴件或装画框，每人作品不超过 5 件。①

（二）巴西华人美术协会

巴西华人美术协会（原名巴西中华艺术协会，1995 年 12 月 5 日改现名）1985 年 4 月 28 日在圣保罗成立，发起人为沈德基、鄡济荣、方向光、孙家勤等近 30 人。同年 5 月 26 日举行第二次会议，选出孙家勤、方向光等 17 人为第一届理监事。6 月 23 日，选出孙家勤为理事长、方向光为顾问委员会副主任、鄡济荣为顾问。1995 年 12 月，邝宇芳出任会长，毛如珠为副会长，方向光为名誉会长。该协会也开展慈善活动。2010 年 4 月 14 日，中国青海玉树发生地震。4 月 28 日，巴西华人华侨青年联合会举办"情系玉树万里驰援爱心晚餐"活动。在活动上，画家方向光捐献一幅版画，书法家刘树德捐赠一幅书法作品，均当场被人以 1 万雷亚尔拍走。②

（三）方向光文化艺术基金会

方向光文化艺术基金会是以个人名义出现的文化团体，成立于 2006 年 5 月。该基金会是由一家巴西企业出资 150 万雷亚尔，并经巴西政府有关部门审核批准后成立的。③虽称基金会，但可视为社团组织。据悉，方向光 1951 年移民巴西，是旅巴著名华裔画家。基金会成立时，方向光在巴西已经居留 55 年，绘画生涯已达 60 年。他勤奋耕耘，不断探索，创作油画达数千幅，仅巴西收藏家手中的作品就有 3 000 多幅。他标志性的重大贡献有：2005 年，一家巴西艺术机构给他举办了绘画 60 周年纪念画展；圣达卡达利那州 Blumenal 市把他的名字刻在"巨人奖"奖杯上向巴西全国各界优秀人士颁奖，这在巴西还是第一次。④

---

① 《征集作品：巴西中华书法学会将举办书法国画展览》，中国侨网（据《华声报》报道），2006 年 9 月 18 日。

② 陈太荣、刘正勤编著：《中国江苏人移民巴西史》第三章第五节，北京：中国华侨出版社，2022 年。

③ 《华裔画家获殊荣，巴西成立方向光文化艺术基金会》，中国侨网（据《华声报》报道），2006 年 5 月 24 日。

④ 《华裔画家获殊荣，巴西成立方向光文化艺术基金会》，中国侨网（据《华声报》报道），2006 年 5 月 24 日。

四、中医药学专业社团

在巴西，中医药和针灸执业者水平参差不齐，尤其是师资水平薄弱，需要对从业人员进行培训，推行中医药和针灸的标准化。正因为如此，巴西出现了针灸学会和中医药学会一类社团。巴西的华人中医药学专业社团在南美国家影响广泛，有的专业社团本身就具有南美背景。另外，有的中医药学行业社团在南美洲其他国家都有同业社团，彼此之间建立了密切的联系。

（一）巴西中医针灸学会

中国的传统针灸已被巴西正式纳入医学范畴，得到广大巴西民众认同和接受。[①] 针灸疗法也已进入政府公共医疗体系，上到高层甚至总统，下到平民百姓，喜欢中国针灸的人不少，他们是这一中国传统医术的受益者。到 21 世纪前几年，巴西掀起新一轮学习中医针灸的热潮。

南美洲与针灸有关的协会不少，其中巴西最多，包括巴西针灸治疗协会、巴西针灸医学学会、巴西传统中医药针灸学会、巴西中西医针灸培训中心、巴西中医学院、（巴西）推拿按摩临床教育国际中心、（巴西）生命科学研究所、巴西健康科学高级学院、巴西波尔多阿勒尔列针灸学校、（巴西）中医及针灸科学研究院、巴西里约热内卢州雇员联盟针灸和相关疗法学会、巴西米纳斯吉拉斯州医学高等教育科学院、巴西针灸学校——SOHAKU/ABACO/CBA 等，都是世界针灸学会联合会会员。

巴西中医针灸学会由旅居巴西的华人中医针灸师和爱好中国传统医学的巴西医师组成。该会成立于 1983 年，原名是"南美针灸学会"，后来因为会员中也有专门从事中医中药者而改此名。总会会址设在圣保罗市，曾在巴西政府注册立案。该会为世界针灸学会联合会在巴西的唯一团体会员。世界针灸学会联合会与世界卫生组织建立了官方关系。该会实行集体领导制，在历届会长以及监事们的合作和支持下，作为非营业性学术团体，一直发扬其优良传统，团结广大中医药和针灸执业者共同振兴会务。[②] 与此同时，该会也积极维护执业者合法地位和权益。在巴西，针灸的合法化走过一条十分曲折的道路。该会除了据理力争外，还联络巴西国内各个针灸团体共同努力，与各国许多政治、文化和医学机构开展广泛接触，积极争取其关注、同情和支持，挫败了一部分人企图以西医取代针灸甚

---

① 《巴西中医针灸学会在中国武术文化日开展义诊活动》，《华声报》，2006 年 5 月 6 日。
② 《南美中医针灸学会》，载《巴西华人耕耘录》，巴西美洲华报编印，1998 年，第 101 页。

至取消针灸的图谋，为针灸地位的确立和提升乃至最终合法化积聚条件。

该会成立以来，与国外的交往也日益广泛和频繁。除召开年会和发行会刊外，还经常举办学术研讨会，参加国际会议和国际学术活动。在这个过程中，该会的学术水平不断提高，获得医学各界的良好评价。例如，1997 年 10 月，该会有 4 名会员赴北京参加了难度极高的国际针灸专业人员水平考试，结果 4 人均通过甄试，获得 A 级针灸医师资格。据 1998 年的统计，该会会员人数保持在 100 余人，主要成员为华人。①

该会的国际化程度很高。会员不仅有巴西裔，也有日本裔和韩国裔。会员地域不限于巴西，在巴拉圭、阿根廷和智利等国也有会员。据世界针灸学会联合会公布的消息显示，拉美地区的墨西哥、巴西、阿根廷、智利、玻利维亚、哥伦比亚和委内瑞拉七国的 37 个相关医疗机构或研究机构都加入了世界针灸学会联合会，其中巴西、墨西哥、阿根廷、智利、玻利维亚和哥伦比亚六国都建有中医针灸协会、中医药学会等机构研究和推广中医中药、中医针灸疗法和中医文化。②

该会成立以来走过了不平凡的历程，在巴西传承推广中国传统医学，团结针灸执业者开展学术交流活动，在提高针灸执业者的专业水平及职业道德方面做了大量工作。第八届会长惠青 2007 年 7 月在换届大会上说，这些年来，该会举行了 18 次大型学术研讨会，举行过无数次义诊活动，出版了 59 期学会会刊（2007 年统计数字）。③ 21 世纪初以来，该会的会务工作逐渐社会化、公开化，为提高会员的医疗水平，经常开办学术讲座和辅导班。

（二）巴西中医药学会

巴西中医药学会正式成立于 2006 年 3 月 5 日。学会是经过数月筹备，在世界中医学会联合会秘书长李振吉来巴西访问后，在世界中医学会联合会的促成下在圣保罗成立的。成立大会上近 40 位理监事欢聚一堂，一些侨界代表以及巴西医学界朋友出席，圣保罗市侨界代表以及巴西友人数十人前往恭贺。首届会长叶富坤向上一年通过中医针灸资格考试的学员们颁发了精美的合格证书。④

2002 年以来，巴西中医药学会由会长、副会长带领会员们到观音寺为当地群众义诊，每月一次，从不间断；每次接受义诊的病人都在 300 人左右。此举既

---

① 《南美中医针灸学会》，载《巴西华人耕耘录》，巴西美洲华报编印，1998 年，第 101 页。

② 参见世界针灸学会联合会官网，http://www.wfas.org.cn/home/member/south_america.html。

③ 《巴西中医药针灸学会改选　举行新老会长交接仪式》，中国侨网（据巴西侨网报道），2007 年 7 月 16 日。

④ 《致力中医药学交流推广，巴西中医药学会成立》，中国侨网（据《华声报》报道），2006 年 3 月 8 日。

为当地大众解除病痛，又为会员提供更多提高中医诊治水准的机会，同时也为中医针灸的合法化积聚条件。

中医针灸在巴西合法化之前，只有位于巴西东北部的伯南布哥大学（Universidade de Pernambuco）曾兴办过针灸教育，后因学生缺乏兴趣而中断。人们只好通过去国外学习、师带徒、参加中医学会开办的学习班等私人途径寻求针灸培训。因此，针灸师多数没有高等证书，水平良莠不齐。实际上，自从中医针灸疗法传入巴西，巴西各级政府始终持欢迎和信赖态度，医疗卫生当局对针灸疗法的态度也渐渐宽容，在此背景下，针灸疗法在合法化的过程中不断发展。

中医针灸在巴西合法化后，巴西有 6 所医科大学设置了针灸课程，如东南部的圣保罗医科大学设置了中医科培养中医高级人才，该科专门挑选有临床工作经验的西医进校学习，课程以针灸为主；位于中部首都的巴西利亚大学已经在其医学院开设针灸培训班；还有东南部的里约州联邦大学医学院、南部的圣卡塔里那州联邦大学也在 1997 年开设针灸课程。此外，巴西中医药学会还于圣保罗举办过第一次国际中医药学术研讨会。

五、纯台湾移民成立的文化社团

这里所说的"纯台湾移民成立的文化社团"，是指一开始就由台湾移民成立，且成员一直都是台湾移民的社团。其成员来自台湾地区，以二十世纪五六十年代移民巴西者为多，在其存在时期内，参加活动的都是台湾移民。台湾移民在巴西的文化社团不少，类型也不少。台湾移民成立的文化社团中，不少"寿命"不长，原因是其成员老去、迁居或者回台而导致人数越来越少，最终社团自然解散，但这些社团都留下了很多积极的历史痕迹。

（一）娱乐类

1. 圣保罗华侨国剧研究社

巴西之所以会有研究京剧的专门团体，是因为当年远离中国的南美洲也有爱好京剧的中国人旅居。1958 年，虞兆兴特从香港请来名琴师夏馥苞先生，加上几位爱好京剧的男士——唐晔如、丁德泉、李子铭、毕务国、张坤元等一起吊嗓，如鱼得水。同年底，正式成立了圣保罗华侨国剧研究社，公推唐晔如为会长，丁德泉为副会长，以提倡娱乐文化、传承国粹为宗旨。该社团的领导骨干多由社友推举，无所谓任期限制。因多是热心人士，担任领导非为名利，为社友服

务而已，是故社务顺畅。① 实际上，该社社友多已到耳顺之年，适合餐会清唱，疏解身心，不求粉墨登场，但得吹打弹唱，以娱晚年。

2. 圣保罗中华会馆粤剧研究社

圣保罗中华会馆粤剧研究社（简称"粤剧社"）成立于 1969 年 8 月 21 日。估计其成员的祖籍地应多半是广东省广府地区。该社有正副社长、名誉社长、顾问等。粤剧社的制度跟其他社团不一样，主要实行高度集中的"社长负责制"。粤剧社内部并无详细分工，一切由社长领导，每次公演由社长组班。但就该社最初 4 年的情况来看，社长郭稳（中华会馆理事）任劳任怨，公而无私，出钱出力，无怨无悔，难能可贵。据说粤剧社名义上属于中华会馆文娱组，但其一切活动均自主，经费自筹自给，每次公演，如果有余款，都捐献给中华会馆老人院。据统计，粤剧社前后公演过的粤剧有：《琵琶记》《王昭君》《金叶菊》《王宝钏》《胡不归之哭坟》《平贵别窑》《卖肉养孤儿》及三出独幕剧。②

由台湾侨民包括台湾青年人组织的音乐类社团，有一股清新的中国传统情怀和乡愁情结。这些华裔子弟基本上都是随父母从中国台湾移民巴西的，家庭背景相仿，志趣相投，爱好相近。他们说中文，渴望吟唱中国民谣，阅读华文书报杂志，关心中国信息。

3. 巴西华侨青年吉他社

巴西华侨青年吉他社由当时就读于 Mackenzie 大学理工学院的华裔学生于 1978 年 7 月成立，也有社长和任期。其时刚获悉入学的黄朝庆有弹奏吉他的高技，极力鼓励成立一个以吉他伴唱中文歌曲的团体。1981 年 9 月，吉他社假华侨天主堂大礼堂独力主办了两次校园民歌活动，定名为第一届与第二届"民歌之夜"。两场募得的款项，部分捐献给华侨老人院。大约 1998 年迁至圣保罗 Perdizes 区的社长住宅中有设备完善的卡拉 OK 沙龙。后续情况不详。以巴西华裔子弟为主的吉他社成员喜欢中国风格的台湾校园歌曲。吉他社自成立到 1998 年左右，社员有 100 余人。后来社员或成家立业，养儿育女，或离开巴西，活动渐减。③ "激情燃烧的岁月"虽然已经过去，但友谊依然存在。该吉他社也因完成历史使命而淡出舞台。

4. 巴西华侨网球协会

巴西华侨网球协会由爱好网球的台湾移民组成。1982 年成立于圣保罗市。宗旨是：发展会员情谊，加强联络交往，提高网球球艺，促进祖国统一。曾于

---

① 《圣保罗华侨国剧研究社》，载《巴西华人耕耘录》，巴西美洲华报编印，1998 年，第 358 – 359 页。
② 《圣保罗中华会馆粤剧研究社》，载《巴西华人耕耘录》，巴西美洲华报编印，1998 年，第 356 页。
③ 《巴西华侨青年吉他社》，载《巴西华人耕耘录》，巴西美洲华报编印，1998 年，第 364 – 365 页。

1984 年组团参加中华人民共和国成立 35 周年国庆庆典。1987 年，罗大诚任会长。

5. 巴西华侨围棋协会

1987 年，台湾旅巴华侨、围棋棋士王森峰在弱冠之年以围棋四段的棋力参加巴西日本围棋社比赛，每战皆捷，最后荣获冠军。于是，华侨围棋界声威大振，随即倡议成立围棋协会，名为"巴西华侨围棋协会"。该协会于 1988 年 3 月在圣保罗大富贵饭店正式成立，刘也清为首任会长。不过该协会下棋地点始终无法确定。1997 年 3 月 21 日在银座大饭店再度举行成立大会，公推廖安雄为会长。廖安雄主持会务后，提供其属下企业银座大饭店顶楼会议厅为围棋协会会址，协会过去十数年间没有下棋地点的"流离失所"状态终告结束。此地闹中取静，棋桌标准，弈棋其间，悠然物外，如入仙境，茶水供应等一应俱全，后来又有棋友提供围棋书刊。故此诸多棋友每到下棋约定日，必不顾舟车劳顿远途而至。①

6. 华夏合唱团

华夏合唱团成立于 1990 年 10 月，有团长及歌唱、音乐与舞蹈指导老师等。当年，该团由圣保罗市侨胞梁德阴夫妇和郑盛超、刘振声、罗大诚夫人、何曹云霞女士等发起筹备，获得华侨天主堂神父支持，同意每周日下午借出天主堂的大会厅为练习场地。该团的表演有歌唱、舞蹈等形式，有老师编排指导。当年每次演出所需要的服饰和道具等，都有人策划设计。华夏合唱团的团友从 55 岁到 85 岁不等，都是已经或者快要步入老年的人，在历经了人生旅途上的酸甜苦辣后，需要一个恬淡自适的晚年。该团渐渐名声在外，故每年天主堂庆祝圣诞节、母亲节、侨界春节联欢、客属崇正会敬老会活动、观音寺落成、移民节纪念日、香港回归纪念等大会，都应邀参加演出。②

7. 圣保罗我歌音乐社

圣保罗我歌音乐社创立于 1991 年 7 月 14 日，当时侨界大众历经多年的艰苦经营，事业逐渐走上正轨，生活也慢慢安定下来。此时他们欠缺的是正常的娱乐休闲活动。于是，一些喜爱音乐、歌唱、乐器演奏的华侨朋友便发起组织了圣保罗我歌音乐社。成立餐会在圣保罗 Moema 区一家德国俱乐部举行，应邀参加的官方代表及各界名流有 400 多人，盛况为当时侨界所罕见。音乐社成立后，开始举办及协办各项文艺活动。年青一代华人青年在演唱会之后，纷纷学习中文，以期在音乐会中一显身手。多年来，该音乐社为侨界培训了许多歌唱好手，开启了

---

① 《巴西华侨围棋协会》，载《巴西华人耕耘录》，巴西美洲华报编印，1998 年，第 361－362 页。该文资料截至 1998 年，后续情况不详。

② 《华夏合唱团》，载《巴西华人耕耘录》，巴西美洲华报编印，1998 年，第 371 页。

侨界的歌唱风气。据 1998 年左右的信息，圣保罗我歌音乐社已经"功成身退"。①

8. 里约歌友俱乐部

里约歌友俱乐部是由一群爱好音乐的侨胞于 1992 年 10 月 31 日成立的。到 1998 年左右，有会员 100 多人。据截至 1998 年的资料，该俱乐部是里约热内卢举办活动最多的团体，由于全体执行委员与会员同心协力，该俱乐部已经成为一个远近驰名的团体。除了每月最后一个星期六固定举办卡拉 OK 庆生会外，还经常支援其他团体举办大型活动，或应侨胞邀请在婚宴或生日宴会上举办卡拉 OK 活动助兴。②

9. 圣保罗歌友会

圣保罗歌友会是圣保罗 60 多位有雅兴以歌会友的人士，于 1998 年 7 月 4 日下午假华园饭店集会后宣布成立的。集会上讨论决定：本着倡导正当休闲活动的初心，以"歌唱与舞蹈促进身心健康、提升生活品质"为宗旨，成立社团，定名为"圣保罗歌友会"。每月第一个周末下午集会，每年举办 4 次大型卡拉 OK 联欢歌舞会。③ 后续情况不详。

（二）中文教学类

巴西中文教学协会

顾名思义，巴西中文教学协会因"华文教育"而产生。巴西的华文/中文教育开始于 20 世纪 50 年代末。但到 60 年代末 70 年代初大量中国台湾人开始移民巴西后，华文教育反有衰退之势。台湾侨务管理部门遂按照圣保罗中华会馆建议聘派教师徐捷源前来巴西推进华文教育工作。经过华文教师多年努力，巴西的华文教育取得了蓬勃发展。④

1987 年 7 月，徐捷源出面筹办中文教学研讨会。9 月 30 日，第一届巴西中文教学研讨会在 Crowne Plaza 大饭店举行。次年 9 月 30 日，又在龙城大饭店举办了中文教学座谈会。经过这两次大型活动后，华文教育工作者更感到有组成一个永久机构的必要。于是，1991 年 1 月 26 日下午，各中文学校代表在圣保罗中华会馆召开会议。巴西中文教学协会正式成立，并推选了协会领导机构。协会设会长 1 人，副会长 2 人，常务理事 9 人，监事长 1 人，常务监事 3 人，任期两年

① 《圣保罗我歌音乐社》，载《巴西华人耕耘录》，巴西美洲华报编印，1998 年，第 367 页。
② 《里约歌友俱乐部》，载《巴西华人耕耘录》，巴西美洲华报编印，1998 年，第 369 页。
③ 《圣保罗歌友会》，载《巴西华人耕耘录》，巴西美洲华报编印，1998 年，第 373 页。
④ 《巴西中文教学协会》，载《巴西华人耕耘录》，巴西美洲华报编印，1998 年，第 92 页。

（1995 年修改章程前任期一年）。① 该会的活动丰富多彩。

长期以来，巴西的中文教学有较好的外部环境。特别是在对非纯华裔学生的中文教学方面，巴西有天时地利之便。巴西中文教学协会在提高非纯华裔学生的中文学习兴趣方面做了很大努力，尤为值得称道。非纯华裔学生既包括中国人与巴西人生育的后代，也包括中国人与巴西以外国家的移民生育的后代。巴西非纯华裔学生是很有特色的群体，该协会能够抓住这一群体的特点和需求开展华文教育，十分难得，也卓有成效。

（三）思想文化类

1. 旅巴中国技术人员协会

旅巴中国技术人员协会是 1958 年由台湾移民秦子青等 5 人发起组织，于当年 9 月中开会成立的。当时议定不用会长制，选二人为干事。由于大家学养相近，兴趣性情相投，乃相约作定期聚谈，经商讨，定于每月最末之周六，由会员轮值做东，夫妇偕同参加，男女分席，每次参会轮推一人做学术讲演，其余成员则分别就世界局势、巴西政经及中国展望等互作研讨，交换意见。最初参加的会员多为毕业于各国大学、在某个领域术有专攻的专家。据截至 1998 年的统计，该会成立 40 年，当初的创会会员大多已星散，留居巴西的仅有一人，经常聚会者约 12 人。②

2. 中华文复会巴西分会

中华文复会巴西分会是个以发扬中华文化艺术、促进中巴文化交流为宗旨的团体，因名流之聚而兴，也因名流之散而归于沉寂。1968 年 3 月 29 日，巴西华侨界为倡导文化复兴运动，在圣保罗举行中华文化复兴运动推行委员会（简称文复会）巴西分会成立大会。会中推选了巴西分会名誉主任委员，还有一大批副名誉主任委员（张大千在其中）、主任委员与副主任委员。另设顾问赞助、道德倡导、基金筹募、学术研究、侨教促进、书画文物、礼乐戏剧、国术体育、妇女工作、青年规范、文化出版、中巴联谊 12 个委员会，每一委员会推定召集委员 3 人，均为当时侨界学有专长者及知名人士。其后，该分会举办了一系列活动，如 1969 年 7 月 12 日创办巴西中华艺文学院，并在圣保罗中华会馆举行成立典礼（该学院设中国语文系、历史系、绘画系、书法系、国术系五系，另有葡文、英文补习班）。但没过几年，该文复会分会及中华艺文学院由于种种原因而归于

---

① 《巴西中文教学协会》，载《巴西华人耕耘录》，巴西美洲华报编印，1998 年，第 92 页。

② 《旅巴中国技术人员协会》，载《巴西华人耕耘录》，巴西美洲华报编印，1998 年，第 88 页。笔者注：原文如此，其意不明，或可理解为已确定留居巴西者仅一人，其他人虽经常聚会但将不居巴西。

沉寂。①

3. 圣保罗华侨文艺座谈会

圣保罗华侨文艺座谈会由侨界爱好文艺的人士于 1982 年 8 月 14 日成立（注意：此处的"会"非指一次性的"会议"而是指常设性的"会社"），主要目的是交换读书心得，每月聚会一次，地点大多在华侨天主堂。会中，先由一会友做专题报告（有些报告专文会在《美洲华报》刊出），随后由各会友提出问题讨论，分享见解，其乐融融。据资料记载，该会聚会十分频繁，到 1992 年 9 月 15 日成立 10 周年时止，该会在天主堂就举行了 120 次会议。由于各种原因，该会的会长几经改换，到 1993 年 9 月该会成立 11 年，举行月会 126 次，因何彦昭神父被推举为会长而谦让未受，不久月会停开，圣保罗华侨文艺座谈会也就成为历史。②

4. 巴西华人学术联谊会

巴西华人学术联谊会原名为"巴西国建会暨学人联谊会"，1986 年 6 月 23 日在圣保罗成立，创始会员为何彦昭神父、简汉生博士、杨宗元教授、孙家勤教授和刘振声博士等 5 人。到 1993 年，为了网罗巴西的在校研究生（硕士班与博士班）入会，将会名改为"巴西华人学术联谊会"。该会经常举办学术性专题演讲会、研讨会和座谈会等，推荐华人学者专家回台参加或在巴西举办有关"台湾建设"的研讨会、座谈会等。同时，该会也举办"北美学术研讨会"等活动。该会还与中国大陆方面有往来。③

5. 南美洲华文作家协会

南美洲华文作家协会缘起于 1989 年朱彭年到台湾旅游，在台北见到了亚洲华文作家协会秘书长符兆祥。符告以有意扩展亚洲华文作家协会为世界华文作家协会，希望在巴西侨界的文友成立南美作协，通过文学交流共同弘扬中华文化。1990 年 4 月 6 日下午，圣保罗文友在美洲华报社举行《中国侨民在南美》（该书文稿汇编自《美洲华报》的《华园副刊》）出版赠书作者茶会。社长袁方将朱彭年赠予报社的 64 册《中国侨民在南美》新书现场义卖所得款项，全部捐赠给老人院及南美洲华文作家协会作为筹备基金，并当场登记参加作协的会员名单。南美洲华文作家协会遂开始萌芽。南美作协成立后，多次参加世华作协大会。南美作协自 1992 年起创办《南美文艺》专刊，第一期于 1992 年 5 月 17 日在华侨天主堂举办创刊发行大会，海峡两岸代表、侨社贤达等百余人

① 《中华文复会巴西分会》，载《巴西华人耕耘录》，巴西美洲华报编印，1998 年，第 86 页。

② 《圣保罗华侨文艺座谈会》，载《巴西华人耕耘录》，巴西美洲华报编印，1998 年，第 90 页。

③ 《巴西华人学术联谊会》，载《巴西华人耕耘录》，巴西美洲华报编印，1998 年，第 80 – 81 页。该文关于联谊会的资料截至 1998 年，后续情况不详。

参加，中国驻圣保罗副总领事陈笃庆（后为中国驻巴西大使）、名誉会长袁方等应邀致辞。①

（四）哲学美学类

1. 巴西人生哲学研究总会

修身、齐家、治国、平天下，是中国传统士人的毕生追求。巴西人生哲学研究总会1944年10月21日在中国大陆成立，首任理事长为于斌枢教授，第二、三、四任理事长依次为孔德成、杭立武、悟明法师。1974年11月3日，总会成立30周年，在台湾召开第一次世界代表大会，代表巴西参加大会的是南美新闻社社长梁国栋。台湾大会结束后，梁国栋受命回到巴西后组织巴西人生哲学研究分会。巴西分会的成立时间是1974年12月，梁国栋本人任巴西分会理事长。1988年7月，梁国栋在巴西北部逝世。当年10月10日，巴西分会改为总会，敦请刘百龄为会长，肇雷为理事长。其时该会在里约热内卢、巴西利亚、圣保罗、黑贝龙、米纳斯吉拉斯、索瓦尔多、古里吉巴、圣乔西平原镇等地设有分会，各有理事长。②

2. 巴西中华美术协会

巴西中华美术协会是1985年4月28日在华侨天主堂成立的，成立仪式有与会者30多人。按照资料记载，当时该会的准确名称应是"巴西中华艺术协会"。同年5月26日举行第二次会议，选出第一届理监事共17人。6月23日，召开理监事会议，选出孙家勤为理事长，徐满香等3人为副理事长。还选出正副监事长和多人组成的顾问委员会。1995年12月再次举行理监事会改选时，新任会长邝宇芳报告谈到该会多年来停止活动的原因，可见该会已经日暮西山。也就在这次会议上，该会改称"巴西中华美术协会"。③ 在此之后的情况不详。

3. 巴西梅苑会

梅苑会究其意，是看重梅花抗寒高洁的气质，象征中华民族坚韧不拔的精神。1988年，旅居圣保罗的侨胞饶石映珩女士为响应"梅花精神"，在当年9月邀请侨界精英人士茶叙，大家志同道合，乃决定筹组巴西梅苑会。1988年9月8日，巴西梅苑会在圣保罗市正式成立，公推创始人饶石映珩女士为首任会长，并通过了章程。后来她又担任了第二届和第五届会长、名誉会长，第三届和第四届

---

① 《南美洲华文作家协会》，载《巴西华人耕耘录》，巴西美洲华报编印，1998年，第82－84页。该文资料截至1998年，后续情况不详。

② 《巴西人生哲学研究总会》，载《巴西华人耕耘录》，巴西美洲华报编印，1998年，第104页。该文资料截至1998年，后续情况不详。

③ 《巴西中华美术协会》，载《巴西华人耕耘录》，巴西美洲华报编印，1998年，第103页。

会长由杨宗元教授担任。梅苑会成立之初，会员多为侨界的杰出女性。她们秉持母爱精神，愿意无怨无悔地奉献。稍后，一些男性知识分子也响应号召加入此会。该会的阵容遂不断扩大。该会坚持"人生以服务为目的"的原则，以"中道思想"为伦理观，阐扬中华文化优良、纯真的美善德行，通过文艺、学术及公益活动，充实个体和群体的精神生活，以增进侨胞友谊。[①]

4. 小草社

小草社是 1988 年 6 月 4 日圣保罗一群华侨大学生组成的以文艺活动为主的青年社团。小草社的成员每月都固定集会，在报章杂志上发表文艺作品。1989 年，创办了社刊《劲草》，记录了草友们第一年带有稚气的文字耕耘。1991 年和 1992 年，他们两度举办为本年度考生提供资讯的"大学科系简介讲座"。1992 年，举办增进亲子沟通的"生活座谈会"。与此同时，在徐捷源老师和《华光报》主编郑致毅等人支持下，小草社有了自己的园地"小草栏"，内登草友们自己的文章和"小草的话"。《华光报》还另辟版面制作特刊，供草友们发挥；草友们活动的另一块青草地是《美洲华报》。由创办社刊到 1994 年，是小草社最旺盛的时期，之后，便由于草友们纷纷成家立业而活动渐少。[②]

第六节　华人佛道教会团体[③]

巴西国民主要信仰天主教和基督教。不过巴西的宗教政策宽松，允许各种宗教自由发展，宗教信徒受到法律保护，因此巴西华人宗教具有多样化的特点，既有信仰佛教、道教及民间信仰者，也有信仰天主教、基督教者。信仰佛教和道教的华人多来自中国大陆或台湾，20 世纪 60 年代，伴随着大批中国台湾人移民巴西，这些宗教信仰陆续传进来。有的团体，如佛光山，在巴西的活动是从 20 世纪 90 年代才开始的。巴西的华人教会在弘扬中华文化、推进华人慈善事业和中巴文化交流方面发挥了一定的积极作用。

20 世纪 90 年代是巴西华人佛教兴盛的年代，是现今巴西最著名的佛、道寺观兴起之时。其时巴西相继出现了中观寺、真谛堂、巴西佛光协会、观音寺、如来寺、佛光会里约分会等，其中规模最大的是观音寺。当年星云法师曾来巴西为

---

① 《巴西梅苑会》，载《巴西华人耕耘录》，巴西美洲华报编印，1998 年，第 96 页。该文资料截至 1998 年，后续情况不详。

② 《小草社》，载《巴西华人耕耘录》，巴西美洲华报编印，1998 年，第 106 – 107 页。

③ 本节由高伟浓和束长生合撰。

该寺主持大型落成仪式。① 据悉巴西的佛教徒约有 20 万，其中华人佛教徒有数万，主要城市如圣保罗、里约热内卢、累西腓等都有华人佛教寺庙。在圣保罗，就有如来寺、弥陀寺、观音寺、中观寺、雷臧寺、宏道院等多处华人寺庙。② 下面就若干重要寺庙做一扼要介绍。

一、在外来名僧影响下建立的寺观与团体

（一）圣保罗弥陀寺

圣保罗弥陀寺位于市区，相当宁静，是一个进德、修业、养众、育众的好处所。究其源始，可追溯至 1960 年。其时有一群爱好佛教的来自上海的华侨移民，他们移居巴西已有一段时间，经济及生活均已稳定，但经常想起在祖国每逢过年、节庆必至寺庙烧香礼佛的情景，而今在远离祖国的南美洲，没有一处可供集会拜佛的地方，不觉快快。1962 年 2 月 14 日，既明法师由南洋应聘到巴西弘法，历时 3 年多，因无固定会所，弘法多有不便，乃数次与大众商量，终于在 1964 年 10 月与原来的发起者一道结合侨胞力量，筹划并募集资金，兴建了一座具有中国风格的寺院，这便是今天的弥陀寺。于是，在詹沛霖、李味斋、宋复庭长老及当时中华会馆理事长应学本等人号召下，一群志同道合者及一些隐名人氏便组织了一个佛教团体，经开会商议，正式命名为"巴西中国佛教会十方弥陀寺"。③另一说是，1964 年 11 月，詹沛霖、魏书骐、丁荷泉、唐晔如太太项岚等人联合发起建庙募捐运动，共募集 2 000 万巴币，购下现址一栋二层楼房，经装修后改建成佛堂，仍叫"弥陀精舍"（1989 年改称"弥陀寺"）。④

1964 年以来，寺里所举办的宗教仪式为净土宗的念佛修持。首任住持既明法师，1906 年 6 月 12 日生于天津市，未到巴西之前曾侨居缅甸、新加坡 20 余年，并往来于中国香港、台湾及泰国弘法，亦曾任缅甸皎脉观音寺住持。1988年 8 月 6 日法师圆寂，享年 83 岁。第二任住持为自度（了性）法师，1912 年 5月 3 日生于吉林省永吉县。及长，在德国勃朗司威大学以航空工程学博士学位毕业。学成归国，1949 年随国民党赴台，退役后移居巴西。1989 年，应巴西中国佛教会邀请来巴西承继既明法师衣钵。就在 1989 年，弥陀精舍改名为弥陀寺。

---

① 袁一平：《华人移民巴西二百周年简史》，载《华人移民巴西 200 周年纪念特刊》，南美侨报社编印，第 8 页。
② 《巴西总统签署华人提案将佛祖诞辰日纳入官方日历》，中国佛教网，2012 年 5 月 23 日。
③ 《圣保罗弥陀寺》，载《巴西华人耕耘录》，巴西美洲华报编印，1998 年，第 263 页。
④ 陈太荣、刘正勤编著：《中国江苏人移民巴西史》第二章第一节，北京：中国华侨出版社，2022 年。

1992 年 2 月 16 日，自度被推举为巴西中国佛教会理事长。1993 年 4 月，自度出资兴建"华严精舍"，6 月落成使用。[①] 1998 年 4 月 22 日圆寂，享年 87 岁。

自度法师往生后，寺院无僧众领导。1999 年底，守志法师路过圣保罗，经多位老教徒一再恳请，乃承接第三任住持。后又在原址不远处破土动工修建一座大型寺庙。[②] 2000 年 2 月，召集往昔几位弥陀寺护法居士，成立三宝护法会。首任会长为李可绍居士。会中决定拆旧屋重新改建弥陀寺，经费由护法会成员分头筹募，叶月观居士担任执行长并兼任劝募委员，善款远从巴拉圭、阿根廷及中国台湾等处化缘而得。2001 年 8 月 12 日，邀请著名法师一道举行重建落成典礼。是日聚集巴西、阿根廷、巴拉圭侨胞七八百人恭逢此一盛会。[③] 弥陀寺从重建落成起，梵音袅绕，重现光辉，每星期都有上百人前来共修、诵经、拜佛。若逢佛、菩萨诞辰大法会，前来参与者更多。后来寺内还设有巴西人禅修班、佛学班、插花班、儿童绘画班、中文班、巴西人中国艺术国画班、计算机班等。

（二）圣保罗中观寺

1989 年 7 月和 10 月，普献法师两度抵达巴西弘法，居士们遂有成立道场之意。经他们热心奔走，在次年元月购得土地开始筹划建寺。1991 年 10 月 25 日开始对外发行《中观》月刊。1993 年 10 月，中观寺落成并举行典礼，邀请各地著名法师共同主持。中巴人士近千人参与盛会。[④] 此后，居士们以中观寺名义积极参与侨界活动，尤其是每年的冬令慈善救济，大家同心协力，成绩斐然。中观寺以禅修吸引不少有兴趣学禅坐的巴西人。普献法师还分别在巴拉圭及阿根廷设有道场。中观寺的活动，除了星期六的禅修及星期天的共修外，还开设插花、烹饪、中文等课程。

（三）国际佛光会巴西协会（佛光山）

佛光山原址位于中国台湾高雄大树乡东北区，被称为"南台佛都"，为星云大师所建立。20 世纪 80 年代，佛光山和其他宗教团体建立新的集宗教、社会、教育、慈善、生态为一体的社会组织。在星云大师的领导下，佛光山的影响力日益超越台湾，辐射到全球各地，包括巴西的华侨华人居住地。1992 年 5 月 16 日，国际佛光会世界总会在美国洛杉矶成立，星云大师任总会长。副会长中，有巴西

---

①　《圣保罗弥陀寺》，载《巴西华人耕耘录》，巴西美洲华报编印，1998 年，第 263 页。

②　袁一平：《华人移民巴西二百周年简史》，载《华人移民巴西 200 周年纪念特刊》，南美侨报社编印，第 8 页。

③　佚名：《巴西圣保罗弥陀寺简介》，佛教天地，2008 年 4 月 23 日。

④　《圣保罗中观寺》，载《巴西华人耕耘录》，巴西美洲华报编印，1998 年，第 266 页。

协会的林训明。理事中，张胜凯、斯碧瑶当选为南美联谊委员会主任委员。① 从20世纪90年代开始，国际佛光会的协会、分会在世界各地纷纷成立。在洛杉矶大会前，星云大师于1992年4月26日首次光临巴西弘扬佛法，并成立了国际佛光会巴西协会。首任会长斯子林，副会长张胜凯。后来巴西佛光山教团在巴西发展非常迅速，并有多个分会。

该协会成立4个月后，张胜凯、刘学琳、洪慈和出资购买了位于Cotia市的一栋占地14 000多平方米的别墅作为会所，并由张胜凯联同多人捐资，兴建网球场、篮球场等运动设施，以及斋堂、游泳池、更衣室和花园等。从此，会员们有了一个休闲欢聚之所。1993年2月21日，筹备多时的佛光中文学苑正式成立，陈淑丽任校长，每星期日上午9时20分至下午4时20分义务为华侨子弟教授中文。1996年7月21日，该协会联合17个侨团，在经过短短一个月的筹备后，凝结侨心，在圣保罗奥林匹克选手训练运动场主办了第一届巴西华侨运动大会，当天参加的侨胞逾2 000人，盛况空前。②

该协会会员以担任义工为荣，努力落实人生佛教的目标。该会秉持教育、文化、慈善、救济四大方向，经常举办书法、插花、烹饪、中国结编织等技艺班和读书会、义诊，并与巴西圣保罗大学及市政府文化单位联合举办学术讲座及佛教文化展览，弘扬佛法，分享佛学心得，且定期捐助救济、慰问该协会所在地Cotia市及周边城市的孤儿院、老人院、残障院及贫病人士，为侨界和巴西社会注入了一股慈爱的暖流。③ 国际佛光会巴西协会在巴西贫民区推行"如来之子"计划和开展"三好运动"（做好事、说好话、存好心）。"如来之子"计划是如来寺推动的在当地认养低收入家庭儿童的教育计划，始于2002年，由善心人士认养贫童，给予基本食物篮。协会还开设葡文、英文、合唱、环保、体操、禅修、芭蕾舞、男子女子足球、园艺等课程，开展慈善关怀、贫困救济、急难救助、社会教化、会员联谊等送温暖和净化人心活动。

1994年10月，巴西如来寺法师联合国际佛光会巴西协会的成员，一起编写了《南美佛光世纪》。作者群涵盖了南美诸国的老、中、青三代教友，有年逾八十的老教授，也有二十岁左右的大学生，更有对佛法颇有研究的修行者。发行网络遍及全世界的佛光会。该杂志不登广告，从写稿、编辑、电脑打字到电脑编排，全是义工无偿奉献时间完成，印刷费和邮费也是靠佛友慷慨赞助。④

---

① 《巴西佛光协会》，载《巴西华人耕耘录》，巴西美洲华报编印，1998年，第240页。
② 《巴西佛光协会》，载《巴西华人耕耘录》，巴西美洲华报编印，1998年，第240 – 241页。
③ 《巴西佛光协会》，载《巴西华人耕耘录》，巴西美洲华报编印，1998年，第241页。
④ 《南美佛光世纪》，载《巴西华人耕耘录》，巴西美洲华报编印，1998年，第147页。

（四）巴西如来寺

巴西如来寺全称"巴西圣保罗如来寺"，又称"巴西圣保罗佛光山如来寺"，为星云大师 1992 年 4 月 23 日前来南美洲弘法时所创立。1992 年 4 月 23 日，星云大师从伦敦飞抵圣保罗，下榻来自台湾的企业家张胜凯的"静心精舍"。次日，张胜凯表示将这个占地约一万平方米的精舍献给佛光山僧团，作为南美洲弘法布教的道场，星云大师遂将此处"静心精舍"更名为"如来寺"。同一日，斯子林也向星云大师表示，将他在里约热内卢的一所房子捐出来作为佛教寺院。星云大师 1992 年首次在圣保罗大学开示时，就吸引了不少巴西知识分子。很多著名法师随后举办了弘法活动，为佛法在巴西本地的传承打下了基础。另外巴西信众对佛法的爱好也是十分难得的因素。①

如来寺经常举办佛教仪式和慈善活动，并开办佛学院，为佛教在巴西以至南美的推广培养人才。它与国际佛光会巴西协会犹如连体婴。近些年来在中外文化交流和帮助巴西民众了解中国传统文化方面发挥了一定作用。如来寺还举办礼千佛法会，组织精彩的舞龙舞狮表演，吸引了大量市民。2012 年的活动吸引了5 000 多位中巴信众参加，由佛光会及如来寺义工负责的中华饮食摊位受到广大巴西民众的喜爱。② 多年来，如来寺还秉持以文化弘扬佛法的宗旨，推广美味素食，以姜茶代替传统的酒精饮料。如来寺还把当地孤儿组织起来，让他们得到关爱和学习的机会。2005 年 6 月 30 日，中国国务院侨办副主任许又声率领的国侨办访问团一行在巴西圣保罗总领馆李姣云总领事、董玉忠副总领事等陪同下参观了如来寺。前中国驻巴西大使蒋元德夫妇也曾到如来寺参观访问。他们受到如来寺主持觉诚法师和如来寺众佛教徒的热烈欢迎。

（五）国际佛光会巴西协会里约分会与佛光山里约禅静中心

1993 年起，巴西各地纷纷成立佛光分会，包括里约分会、累西腓分会、龙城分会、阿雷格里分会、萨尔瓦多分会、巴西利亚分会等。③ 1992 年 4 月，国际佛光会总会长星云大师应邀到巴西圣保罗弘法，接着成立了国际佛光会巴西协会。同年 9 月 23 日，星云大师在巴西协会斯子林和张胜凯的陪同下来到里约热内卢，寻求设立佛堂的可能性。经过一年的筹备，1993 年 7 月 21 日，张胜凯居士在法师的陪同下主持了里约分会的成立大会及佛学讲座。该会除每周借吴国瑞

---

① 《巴西如来寺》，载《巴西华人耕耘录》，巴西美洲华报编印，1998 年，第 255 页。
② 《巴西如来寺农历年活动，五千中巴信众同庆》，人间通讯社网站，2012 年 2 月 1 日。
③ 《巴西佛光协会》，载《巴西华人耕耘录》，巴西美洲华报编印，1998 年，第 240 页。

居士家做共修活动外，还经常举办佛学讲座，邀请法师讲经说法。协会的重点工作是回馈当地社会和服务大众，包括临终助念、慰问病人、济贫解困等。[①] 里约分会成立后，急切需要一个固定会址。经由如来寺、佛光山各分院与里约分会发动会员、佛友共同捐款，于 1997 年 12 月 25 日购下房产作佛光山里约禅静中心。[②]

二、巴西当地华人教徒建立的寺院与团体

（一）圣保罗弘道院

圣保罗弘道院于 1984 年创立，于圣保罗市政府登记在观音寺兴建委员会名下。该弘道院是个开放型寺庙，里面供奉台湾民间所信仰的神佛像，供善信膜拜。1985 年，弘道院在观音亭旁动土。1986 年，观音亭竣工，举行落成典礼，上千人参加。1995 年 3 月，由 60 多位善信捐款，在观音亭前塑立一座高 3 米的观世音像。1995 年 4 月，弘道院正式成立妈祖基金会。至于弘道院里的佛教坐像，在 1984 年之后，从台湾迎来了第一尊观世音像、第二尊七祖仙神像和第三尊五府千岁像。1995 年 11 月 12 日，观音寺兴建委员会从台湾北港请来妈祖神像，供奉于弘道院。[③]

（二）巴西观音寺

观音寺缘起于 1982 年在许叠家里所定关于筹资兴建一座寺庙的决议。到同年 4 月 5 日，成立"旅巴台湾同乡兴建庙宇筹备委员会"，经侨胞积极捐款，得 6 万多元购置建筑用地。1984 年，筹委会在圣保罗市中心设立弘道院，归属于观音寺。该地位于圣保罗自由区（东方人最集中的城区）。1987 年 3 月 2 日，筹委会改名"观音寺兴建委员会"。1987 年 8 月 6 日，圣保罗市政府批准观音寺建庙工程施工。1992 年星云大师来巴西弘法，为观音寺正殿外壳落成主持法会。1993 年，正殿开始塑雕佛像。中国佛教协会主席赵朴初为"巴西观音寺"题名。1994 年 4 月 17 日，观音寺举行开光大典，中国驻巴西大使原焘等和 2 000 多名侨胞参加观礼。释理文、释道元、释法清、释演莲 4 位法师主持开光仪式。观音寺占地 4 万平方米，地高 18 米，设计有正殿，建筑面积 750 平方米，另有前殿、

① 《国际佛光会巴西协会里约分会》，载《巴西华人耕耘录》，巴西美洲华报编印，1998 年，第 243 页。
② 《佛光山里约禅静中心》，载《巴西华人耕耘录》，巴西美洲华报编印，1998 年，第 246 页。
③ 《圣保罗弘道院》，载《巴西华人耕耘录》，巴西美洲华报编印，1998 年，第 261 页。

北禅房等，为南美最大的中国式寺庙。[①]

（三）蒋园玉泉寺

蒋园玉泉寺原是在巴西经营上海麻油厂的侨胞蒋锄非的庄园别墅。蒋锄非，苏北淮阴（今淮安市）人，少年离家，浪迹天涯，中年移民巴西（应在 20 世纪60 年代），辛勤创业，在圣保罗市郊区建起南美洲首家麻油厂（香油厂）。1974年 12 月，蒋锄非加入新成立的巴西人生哲学研究分会，为主要会员之一。1982年 8 月 7 日工作时突然倒地猝逝。蒋先生生前曾有意将他们居住的农庄别墅改建为寺庙，夫人蒋孙玉庆从河南老家找来侄女夫妇继续经营麻油厂，自己则一门心思完成其夫遗愿。经过十余年努力，蒋夫人将此农庄别墅加以改建，命名"蒋园玉泉寺"。1994 年 5 月 15 日为巴西浴佛节，这一天蒋园玉泉寺请来道元、法清 2位大师主持关帝、弥勒佛和济公 3 座塑像开光典礼，并开素席招待来宾。蒋园玉泉寺面积为 1 万多平方米，建有观音、关帝、弥勒、济公、蒋锄非夫妇塑像等。[②]

中华文化历来有儒道释三家并立之说。儒，即儒家学说，或曰孔孟之道；道，即道教；释，即佛教。过去传统华人多来自南方沿海地区，他们所笃信的神灵，既包括中原地区传进来的正统神灵，也包括民间神话传说中的诸多善神和正义神，还包括本地民众（以福建籍华侨华人居多）造的"土产"神灵。总的来说，中国神道讲究因果报应，人们笃信人的衣食住行、生老病死、吉凶祸福，皆有相应的神鬼关照督察，无所不包。个人和家庭的不幸和苦难，皆因前世罪孽所致，命中注定。人之所以拥有财富、权力、地位、幸运，皆因祖上积德，本人前世有孝行，有善行。改变不公平命运的唯一方式，是安分守己，听天由命，既为本人修得好的来世，也为儿孙积阴德。中国神道坚信奸臣、贪官和为富不仁、怙恶不悛的人不得好死，必有报应，即使生前逍遥法外，尽享荣华富贵，到头来也逃不过阴曹地府这一关，且在阴间所受的刑罚比人间更严酷。由于传统华侨华人普遍出身于中国农村，因此对这一套宗教民俗信仰深信不疑。他们的宗教意识还与人伦道义相结合，恪守孔孟之道、纲常伦理，尊崇天地君亲师。

从世界各国的中华宗教文化的传播来看，过去传统华人出国后，总会将家乡所信仰的神祇体系带到海外居住地。巴西过去的传统华侨主要来自广东省，广东民众在宗教民俗礼仪方面相对淡薄、简约实用。他们最崇拜的神祇是观音和关公。观音保平安，关公保发财。广东籍华侨华人常常将观音和关公的雕像、塑像

---

① 《巴西观音寺》，载《巴西华人耕耘录》，巴西美洲华报编印，1998 年，第 257－258 页。该书资料截至 1998 年，故后续情况不详。

② 《蒋园玉泉寺》，载《巴西华人耕耘录》，巴西美洲华报编印，1998 年，第 277 页。另参见陈太荣、刘正勤编著：《中国江苏人移民巴西史》第三章第一节，北京：中国华侨出版社，2022 年。

置于办公室中、卧房里、大厅上，一般不设固定神坛。华侨华人多半是在主要宗教民俗节日烧香礼拜，一些人则一年四季不礼拜，但笃信朝夕念见，心诚则灵。这可能是过去巴西传统华人社会没有建立寺观的原因之一。

中国大陆的新移民来自很多省份。与传统华人相比较，由于在过去特定的年代里新移民长期接受无神论教育，故后来出国来到巴西，宗教信仰意识都相对淡薄。来自不同省份的新移民内部，宗教信仰意识强弱有别。新移民直到今天也还没有在巴西修建过一座佛道寺观，这固然是由于物质经济条件的限制，但上述宗教信仰意识显然也在发生作用。

不难发现，巴西比较浓重的中华宗教信仰氛围，主要蕴含于中国台湾移民中。巴西的中华宗教信仰，基本上是由中国台湾传入巴西的。例如，巴西的道教来自台湾，由台湾移民传播，但在传播中，道教能够超越族群，面向巴西民众，拥有巴西信众，甚至以巴西当地人为主要信众。道教的开拓者即正一派道士武志成。他一开始就在非华裔人口中传教，招收的弟子大多是巴西人，连巴西道教协会在各地分会的掌门人都是巴西人。[1] 是故，道教在巴西能够占有一席之地，实现了从"族群宗教"向"跨族群信仰"的转变，有利于台湾移民融入当地社会，也有利于中华文化在巴西的交流、弘扬和传承。另外，台湾移民的宗教信仰传入巴西的过程中，一般都可看到一些具有崇高人格魅力的宗教领导者。例如证严法师，虽然从未走出台湾以外的地方，但她慈悲为怀、慷慨同情的灵魂超越了台湾岛，感染了许许多多的华侨华人。慈济组织积极组织众多志愿者，履行减轻人类痛苦的人道主义使命。基于这一宗旨，慈济会在巴西各地展开慈善救助以及捐赠医疗器械及医院。管理慈济的是一个国际性组织，在巴西有一定影响力，加入慈济活动的志愿者，以华侨华人为主。

巴西的佛道寺观主要也是台湾的移民信众修建的。直到今天，也只有台湾移民曾在台湾企业家的资助下建起了一些佛道寺观。当然，到这些佛道寺观来进行常态化宗教活动的香客，不仅有中国台湾移民，也有中国大陆新移民，还有巴西当地人。这类宗教民俗活动，有重要的文化交流功能。

---

[1]　Daniel Murray, James Miller, The Daoist Society of Brazil and the Globalization of Orthodx Unity Daoism, *Journal of Daoist Studies*, vol. 6, 2013, pp. 93 – 114; Tradução brasileira por Matheus Costa e Fabio Stern, A sociedade Taoista do Brasil e a globalização do Daoismo da Ortodoxia Unitária. Religare, vol. 12, no. 2, dezembro de 2015, pp. 315 – 343.

第七节　华人天主教、基督教团体[①]

巴西民众普遍信仰天主教，从南到北教堂林立。华侨华人入乡随俗，信仰天主教者不在少数。据统计，至 2010 年，巴西已有 38 间华人教会，4 个华人基督教机构。[②] 其中有大约 10 间为闽南语教会，大多数都"三语事俸"，即使用闽南语、华语（普通话）、葡语。其中华语教会最多，粤语教会有 4 间。[③] 巴西的华人教会在开展华文教育、推进华人慈善事业、弘扬中华文化和推动中巴文化交流方面同样发挥了一定的积极作用。

有证据表明，19 世纪早期移民巴西的华侨中，已经有人加入天主教会。伊瓜苏镇（今新伊瓜苏市，离里约热内卢 30 公里）早在 1831 年以前就有中国人居住。1831 年 2 月，里约热内卢主教 José Caetano Coutinho 巡视伊瓜苏镇（当时称为 Nossa Senhora do Pilar do Iguassú）时，一名叫"南"（Nan，葡文名为 Francisco）的中国人要求接受洗礼，但该主教因"南"不信仰天主教而予以拒绝。在当时，不信天主教就是异教徒，不能分给土地，死后也不能进天主教徒墓地。在伊瓜苏教区登记簿上，现仍保存着一些中国人洗礼、结婚、死亡的登记，他们的教父、教母、证人全是黑人。在 1875 年以前，伊瓜苏只有天主教堂的墓地，没有公共墓地。[④] 可以看出，当年华侨加入天主教是现实生活的需要。

除圣保罗的华侨天主堂由早年从中国大陆来的华侨神父创办外，巴西其他华人天主教会和基督教会基本上都是从中国台湾来的移民兴办的。早年从中国大陆来的传统华人两手空空，来巴西后忙于生计，居住分散，且他们多是喜欢在家里烧香拜佛的广东人，所以早年华侨很可能没有在居住地兴建过佛道寺观。改革开放后来自中国大陆的新移民，原来多为无神论者，有的人来到巴西后才转而信仰佛教或道教。

---

①　本节由高伟浓和束长生合撰。

②　数据来自《海外华人人口与华人教会统计》，《今日华人教会》，2011 年，第 10 页。

③　李楚帆：《金砖国之一——巴西华人福音的呼声》，《华传》2011 年第 12 期。

④　陈太荣、刘正勤：《巴西 19 世纪引进中国劳工简史》，巴西侨网，2012 年 11 月 6 日。

一、巴西华人天主教会与基督教会举隅

（一）巴西圣保罗华侨天主堂

圣保罗华侨天主堂是巴西最早的华人天主教会，是圣保罗华侨华人最大的文化和聚会场所。兴办者是 20 世纪 50 年代从中国大陆来的传统华人。第一位到巴西传教的中国神父，是来自中国河北省正定教区的主教陈启明。但为了阐述方便，这里将之放在新移民时代一并叙述。

1955 年，陈启明出席在巴西里约热内卢召开的第 36 届国际圣体节大会，与之同来的，还有王若石、党世文、柳成粹三位神父。会后，陈启明主教赴罗马，教廷即委任他为巴西华侨传教。翌年陈启明主教上任，从此巴西有了华籍神父。1957 年，何彦昭、萧金铭二位神父自比利时来到巴西。1958 年，张春玉、李永振、姚喜胜、陈惠林四位神父由罗马来到圣保罗后，张春玉、陈惠林二位神父受派往 Ibiúna 市接任该市本堂神父。6 月 9 日，陈启明主教不幸因车祸辞世，由年长的王若石神父主持教务。值得一提的是，当时每星期六借 So Francisco 教堂的大厅召聚华侨青年男女到 Colégio de Oiseaux 打篮球、组织歌咏团，那里的青年会友有六七十人，盛极一时。[①] 1964 年，何彦昭神父等人发动教友购地建设华侨天主堂。天主堂占地 2 500 平方米，建筑面积近 3 000 平方米，包括教堂和附属设施。在兴建教堂过程中，历经不少波折。1968 年 3 月 10 日，圣保罗华侨天主堂举行竣工开堂大典。华侨天主堂成为巴西所有外侨教会中第一个拥有自己教堂的。[②] 1972 年间，张春玉、柳成粹两位神父当选本堂正副铎长，会同王若石神父扩大服务，巡回各地传教。1974 年 2 月至 5 月，张春玉铎长及陈惠林神父多次南下或北上，分访古里吉巴、阿雷格里港、巴西利亚、贝洛奥里宗特、累西腓、萨尔瓦多、里约热内卢等地，拜访当地主教，探望侨胞，并征得主教许诺，建立教堂为华侨传教。

除了传教，华侨天主堂日常更多的工作是协助华侨解决工作与生活中所遇各种困难。例如，20 世纪 50 年代印度尼西亚排华，华侨纷纷移民巴西。每当华侨乘坐的轮船到巴西，神父们都到港口接船，前后为上千名言语不通、手续不明的中国移民办理繁杂的入关手续。此事至今被老一辈华侨传为美谈。又如，早年来巴西的华侨，多数从事沿街兜售中国手工艺品的提包生意，他们人生地疏、语言

---

① 《巴西圣保罗华侨天主教堂》，载《巴西华人耕耘录》，巴西美洲华报编印，1998 年，第 188 页。
② 《回顾晋铎五十年》，萧金铭神父博客，2014 年 6 月 9 日。

不通，不懂巴西法规，多数证件不全，常遭稽查勒索取缔。每当有难，都由神父们出面解救。现在，萧士辉、肖思佳等年轻神父也秉承传统，热心服务侨民，为弘扬中华文化做了大量有益工作。2008年中国发生特大雪灾，华侨天主堂肖思佳神父得知后，即于2月10日利用教会布道会和图书馆开放，以及中文学校上课的机会向教友们说明中国雪灾情况，并呼吁大家捐款赈灾，得到在场华人教友和华裔学生们的积极响应。华侨天主堂数十年如一日，帮助、呵护侨民侨社，造福侨胞。此外，华侨天主堂还为华人办理医疗保健业务，解决了近4 000名华人的看病问题。他们所办的华夏合唱团、篮球队以及出版的《心声》月刊活跃了华人的业余文体生活，每年举行的华侨华人慈善救济活动，① 也提高了华人的形象。

2006年7月2日，巴西圣保罗华侨天主堂举行弥撒庆祝活动，纪念中国神父抵巴西传教50周年，当地侨团代表及教徒300人出席。弥撒之前，中国驻圣保罗副总领事董玉忠前往天主堂看望中国神父。弥撒中，教友会会长刘振声和年均过80岁的何彦昭、萧金铭、张春玉三位老神父主持了感恩祭典仪式，回顾了50年来中国神父传教的艰辛和喜悦，以及服务华侨华人的感人经历。三位老神父当时已逾九旬高龄，移民巴西半个多世纪，不仅数十年如一日地虔诚信教，平时更是热心帮助新来侨胞。

神父们的一大贡献是力所能及地推动了巴西的华文教育。1957年10月，党世文神父到松林区拓展业务，并创办了圣保罗市第一中文学校。1959年，李永振神父接党世文神父任第一中文学校校长。② 天主堂现开办有500多名学生的中文学校，为巴西最大之中文学校。内有中文图书馆，珍藏线装古书、绝版书以及其他各类书籍5万余册（包括《中华大藏经》等佛典），为南美最大之华人图书馆。1987年，萧金铭神父重回圣保罗天主堂时，看到何神父的书堆积如山，建议扩大图书馆，乃决定把天主堂三楼平台增建为图书馆，在吕情之先生大力支持下，才有后来规模的藏书间。③

在中文语境里，基督教通常指的是基督教新教的各类教派，以别于基督教旧教，下面介绍巴西若干个基督教会。

（二）巴西圣保罗城华侨基督教会

巴西圣保罗城华侨基督教会缘起于1958年6月17日，其时刘杰岠及谢柏岭

---

① 《回顾服务华人历程，巴西纪念中国神父抵巴50周年》，中国侨网，2006年7月3日。
② 《巴西圣保罗华侨天主教堂》，载《巴西华人耕耘录》，巴西美洲华报编印，1998年，第188页。
③ 《回顾晋铎五十年》，萧金铭神父博客，2014年6月9日。

弟兄从美国来到巴西，决定建立教会。之后数度聚会，以台湾移民为主，教会人数递增。到 1959 年，该教会正式定名为"巴西圣保罗城华侨基督教会"。1962年开始筹划建立教堂。1966 年又购下毗邻地产，并于 1970 年建造一幢两层楼房作主日学教室、副堂、办公室、会议室。1967 年 8 月至 1990 年 6 月间，该教会还出版了一份叫《旌旗》的杂志（月刊），共出版了 138 期。①

（三）圣保罗教会（苏马莱市）

这个圣保罗教会建在圣保罗州的苏马莱市，是华人兴建的最大基督教会。创始人为唐又籍，他出生于宁波，年轻时在上海从事五金生意并取得成功。1960年，正当他在台湾的事业如日中天之际，他为了向南美传播福音而毅然移民巴西。随后与老华侨马守道（巴西著名华人农业集团董事长）、刘献周、张荣幸一起创立了圣保罗教会。由于教友人数越来越多，原来的教堂不敷使用，马守道捐出了自己在苏马莱市的 72 万平方米的农场，并发动美国和南美洲各国教徒捐款，投资 1 000 多万美元，在湖边建起了可容纳一万多人的雄伟气派的大教堂。每年的传教大会，都有万人聚集在苏马莱市的圣保罗大教堂，参加由唐长老以汉语讲道，然后为教徒翻译成葡语、西语、英语的大型布道会。汉语是教会的第一语言。圣保罗教会还帮助其他教会在阿根廷、智利、秘鲁、巴拉圭、乌拉圭、玻利维亚、哥伦比亚、委内瑞拉、厄瓜多尔等 10 个国家陆续建起了新教会。②

（四）台湾基督长老教会圣保罗教会

1955 年，台湾虔诚的基督教徒杨毓奇医师夫妇移民巴西。到 1962 年 8 月，陆续有很多台湾人移民到圣保罗定居。杨毓奇医师夫妇鉴于同乡在异国漂泊，心灵空虚，乃于 1962 年 8 月第四主日召集同乡，在其宅举行第一次聚会，成立巴西第一家闽南语教会——台湾基督长老教会圣保罗教会。③ 1990 年 6 月至 1993年 8 月，台湾基督长老教会圣保罗教会在许世辉牧师牧会期间，与其他各教会有志义工筹划发行《巴西福音周刊》。为搭起传播福音的桥梁，传承中华文化的薪火，以及回馈华人社会，于 1991 年 1 月成立中文学校。④

---

① 《巴西圣保罗城华侨基督教会》，载《巴西华人耕耘录》，巴西美洲华报编印，1998 年，第 218 页。
② 袁一平：《华人移民巴西二百周年简史》，载《华人移民巴西 200 周年纪念特刊》，南美侨报社编印，第 7 页。
③ 《台湾基督长老教会圣保罗教会》，载《巴西华人耕耘录》，巴西美洲华报编印，1998 年，第 206 页。
④ 《台湾基督长老教会圣保罗教会》，载《巴西华人耕耘录》，巴西美洲华报编印，1998 年，第 207 页。

（五）巴西慕义台湾基督长老教会

巴西慕义台湾基督长老教会由著名的六家族创立。六家族一开始就将路角90 平方米的土地奉献出来，供将来建筑教会之用。1963 年 12 月初，即动工兴建教会，1964 年 4 月 5 日复活节举行献堂礼拜，教会命名为"茂特儿路基督教会"。1968 年 10 月 13 日，决定将礼拜堂迁往慕义市内。1972 年 11 月 5 日，教会易名为"巴西慕义台湾基督长老教会"。由于一波又一波的移民潮涌入慕义市，教会会众迅速增多，乃计划兴建可供 500 人礼拜的大型圣殿，于 1975 年 10 月 12 日举行奠基式，并于 1977 年底全部完工，1978 年 1 月 1 日举行献堂式，参加者 1 000 多人。[①] 为使中华文化在海外延续，在庄秋薇牧师和纪聪男传道师的支持下，巴西慕义台湾基督长老教会于 1987 年 9 月成立了中文学校。[②]

（六）圣保罗华人浸信会

圣保罗华人浸信会是圣保罗州境内唯一以浸信会为名称的华人教会，成立于 1965 年 12 月 19 日。1972 年改为此名。1976 年伍光周长老因"另得异象"，举家离会，另设"天恩会"。[③] 该会的执事负责人去换频繁。

（七）巴西坎皮纳市华侨基督教会

巴西坎皮纳市（也译作金边纳市）华侨基督教会是巴西小型华人教会的代表，成立于 1968 年 7 月 27 日。当时人数不多，每次主日崇拜，都在林腾芳长老家集会，后来在市区借一巴西教会，但只能在下午举行崇拜。林腾芳出身基督教家庭，他感觉到借教会不方便，便主动捐出土地一方，自建教堂，并于 1972 年 7 月最后一个主日举行献堂典礼。据 1989 年左右的资料，该会设有同工会，不定期开会。该会信徒的流动性大，虽然每年都有受洗的教徒入会，但也都有出国定居和迁居他处的信众，故人数不易增加，当时只有 20 来人。[④]

（八）天侨基督长老教会

天侨基督长老教会的开拓者是蔡麟牧师。蔡麟是台湾嘉义人，台南神学院毕业，1966 年由总会派来巴西，担任巴西首任宣教师。1969 年教会开设后，兄姐

---

① 《巴西慕义台湾基督长老教会》，载《巴西华人耕耘录》，巴西美洲华报编印，1998 年，第 221 - 222 页。

② 《巴西慕义台湾基督长老教会》，载《巴西华人耕耘录》，巴西美洲华报编印，1998 年，第 222 页。

③ 《圣保罗华人浸信会》，载《巴西华人耕耘录》，巴西美洲华报编印，1998 年，第 232 页。

④ 《巴西金边纳市华侨基督教会》，载《巴西华人耕耘录》，巴西美洲华报编印，1998 年，第 230 页。

们深深感到新移民的困难，每月都派人到山度士（桑托斯）港口迎接各地来的新同胞，给他们鼓励与支持，减轻他们对异乡的生疏、恐惧与乡愁。宗教活动除了主日礼拜外，大部分在信徒家庭举行。在此过程中，众人经讨论，决定购地建教堂。当时大家生活非常艰苦，一些人还是"提包客"，但都力所能及地热心捐款，同时还通过其他各种各样的方式凑足款项，终于在 1994 年 6 月 12 日建成了教堂。

（九）巴西大安基督长老教会及其巴西支会

巴西大安基督长老教会缘起于 1969 年吴天宝牧师辞别台湾大安教会单身乘船移民巴西，次年积极筹备开设教会。1979 年复活节在圣马太区预先购买的一处建堂用地上举行破土典礼兴建教堂。大家有钱出钱，有力出力，集腋成裘，终于完成了建堂工程。虽然信徒们一样因谋生需要而不断流走，导致教会人数减少，但入会者同时不断增加。1971 年后，许多台湾人纷纷移民巴西。那个时候差不多每逢主日都有新面孔出现。1974 年中巴建交后，巴拉圭的亚森松成为中国台湾移民进入巴西的跳板，有一些人到了那里不再移动。巴西大安基督长老教会一些有巴西国籍或巴拉圭身份的牧师或长执轮流前往主持教会，关照信徒。[①]

（十）巴西基督徒圣保罗教会

巴西基督徒圣保罗教会成立于 1974 年，随着聚会的人数日多，1975 年，借用巴西人浸信会的主日学教室开始主日学崇拜。1976 年，在没有向外募捐的情况下，仅靠教会全体兄弟姐妹的力量买下一块地建教堂。1978 年 9 月 7 日，教堂顺利建成，教会即设成人主日学，每星期五组织家庭聚会。到 1998 年左右，教会约有 150 人，包括华人、巴西人、智利人、日本人、韩国人等，由于人数越来越多，1998 年 6 月购下隔壁一幢房屋作为今后主日学教室。[②]

（十一）圣保罗新生基督长老教会

圣保罗新生基督长老教会的开拓者为杨石林牧师。1975 年 7 月 7 日，杨石林牧师首先在圣保罗成立设教顾问会，邀请多位牧师为顾问，并定 7 月 7 日为设教纪念日。由于信徒大增，1980 年又在另一个地方购得一处房屋，后来因隔壁电

---

① 《巴西大安基督长老教会》，载《巴西华人耕耘录》，巴西美洲华报编印，1998 年，第 211 页。
② 《巴西圣基督徒圣保罗教堂》，载《巴西华人耕耘录》，巴西美洲华报编印，1998 年，第 205 页。该书相关资料截至 1998 年，后续情况不详。

力公司必须合并教会土地，教会再次迁移。① 该会有妇女会，常常与各教会联合举办妇女灵修会，在本堂每月的第三个礼拜日下午举行固定月例会。该会的弟兄会主办旅游，配合妇女会活动，参与救济工作。主日学常举办教师研习会。② 为了争取时间、利用时间，主任牧师叶明翰以教会的场地和设备创办中文学校，新生中文学校在 1990 年成立。该学校课程包括：唱游、宗教教育、课间体育，并设教师中文电脑教学。宗教教育课程用闽南语、葡语、普通话进行讲解。中文学校教师发扬奉献精神，开展教学活动。③

（十二）台湾基督长老慕道教会

台湾基督长老慕道教会成立于 1983 年 1 月 2 日。同年 4 月 6 日举行的第七次会议中，蔡荣全奉献建教堂用地。12 月 8 日，举行建堂定础感恩礼拜，19 日正式开工建堂。到 1985 年 9 月 29 日，教会礼拜堂落成。④ 台湾基督长老慕道教会又于 1991 年 5 月 1 日破土动工。1995 年 9 月，教育大楼落成。⑤

（十三）基督福音教会

基督福音教会由王约翰牧师于 1983 年 4 月 3 日创办，每年都举行感恩见证，并于耶稣降生日举办庆生活动，传播福音，并在受难日、复活节举办联合崇拜会。⑥

（十四）圣保罗浸信会施恩堂

圣保罗浸信会施恩堂成立于 1986 年 9 月 21 日，由陈威灵牧师创立，该会基本上由中国大陆、香港和台湾的移民组成。1990 年后，因得到台湾各基督长老教会兄弟姐妹协助事工，举会人数由成立时的 12 人逐年增加，最多时达到 60 多人。1992 年自购房屋为教堂，4 月开始使用。⑦

（十五）巴西台湾基督长老教会中会

巴西台湾基督长老教会中会大多由台湾基督长老教会信徒移民巴西所聚集的教会组成。1987 年 11 月 8 日在圣保罗教会召开成立感恩礼拜，中会成立第一届

---

① 《圣保罗新生基督长老教会》，载《巴西华人耕耘录》，巴西美洲华报编印，1998 年，第 235 页。
② 《圣保罗新生基督长老教会》，载《巴西华人耕耘录》，巴西美洲华报编印，1998 年，第 236 页。
③ 《圣保罗新生基督长老教会》，载《巴西华人耕耘录》，巴西美洲华报编印，1998 年，第 235 页。
④ 《台湾基督长老慕道教会》，载《巴西华人耕耘录》，巴西美洲华报编印，1998 年，第 209 页。
⑤ 《台湾基督长老慕道教会》，载《巴西华人耕耘录》，巴西美洲华报编印，1998 年，第 209 页。
⑥ 《基督福音教会》，载《巴西华人耕耘录》，巴西美洲华报编印，1998 年，第 227 页。
⑦ 《巴西浸信会施恩堂》，载《巴西华人耕耘录》，巴西美洲华报编印，1998 年，第 234 页。

第一次中委会时间为该年 11 月 11 日。中会议会每届分别于每年 2 月召开秋季议会，9 月召开春季议会。① 中会有妇女合唱团，1988 年 8 月成立。团员都是家庭妇女，平时相夫教子，忙于家务，但抽空练习歌唱。据 1998 年的资料，该合唱团是"巴西侨界最杰出的合唱团，每此演唱，听众如潮，掌声如雷，足见平时训练有素，实在难能可贵"②。

（十六）巴西古城基督长老教会

巴西古城基督长老教会，原称"古城教会"，起源于 1989 年圣保罗传教师联谊会发起的关心临近地区设教开拓事工，由未牧会的牧长轮流前来牧养、关怀。1996 年 11 月定名为"古城基督长老教会"。1997 年 6 月购得房产，即着手修建教堂，于 1998 年 7 月 5 日举行献堂典礼。③

（十七）南美华人基督神学院

南美华人基督神学院原称"南美基督工人神学院"，是在圣保罗 13 家华人教会的支持下，于 1990 年 12 月 10 日成立的，是一间不分名称和教派的神学院，目的是为拉丁美洲华人福音事工预备人才。1997 年易名。1995 年，学院购买了一座房屋，翻修后作为校址。同年，该学院成为拉丁美洲神学教育协会会员。该学院也与各教会、社团同心协力，互助互惠。④

（十八）巴西台湾基督长老教会永圣教会

巴西台湾基督长老教会永圣教会，是一所合并型教会，由"永生基督长老教会"和"圣安（圣安得列）教会"于 1994 年 7 月 10 日举行信徒大会合并而来，简称"永圣基督长老教会"。1996 年 11 月 17 日开始在圣安教会原地破土重建教堂。1998 年 4 月 5 日粗略竣工。由于原来两个教会均有积余资金，加上内外信徒奉献，因此该教会新教堂的建设就没有其他教会新建教堂那样艰难。

应指出，在巴西，无论是天主教会还是基督教会，或是佛教会，兴办华文教育是一个优良传统。这些华人宗教机构连同华侨华人社团和华文学校，都提供华文教学课程。由于台湾移民来巴西的时间早，因此有些华文学校是台湾移民创办

---

① 《巴西台湾基督长老教会中会》，载《巴西华人耕耘录》，巴西美洲华报编印，1998 年，第 200 – 201 页。

② 《"中会"妇女合唱团》，载《巴西华人耕耘录》，巴西美洲华报编印，1998 年，第 202 – 203 页。

③ 《巴西古城基督长老教会》，载《巴西华人耕耘录》，巴西美洲华报编印，1998 年，第 228 页。

④ 《南美华人基督神学院》，载《巴西华人耕耘录》，巴西美洲华报编印，1998 年，第 197 – 198 页。该书相关资料截至 1998 年，后续情况不详。

的。它们使用繁体字。不过到了后来，更多的华文学校是大陆华侨创办的，这些学校使用简体字。目前巴西华文学校的趋势是使用简体字。除了教授华文和传播中华文化外，巴西华人的宗教组织和侨社还向新移民传授葡萄牙语，帮助这些新来的移民尽快适应当地生活，以便其尽快与当地社会融合。①

二、不同宗教的和平、和睦与和谐共处

宗教是移民文化生活中一个极为重要的方面。移民的信仰影响他们的日常互动，塑造移民在异国他乡社会中的地位，并影响移民所在的社会。换句话说，要了解移民，就必须了解他们的信仰。在研究巴西华人宗教时，我们关注的是华人（主要是中国大陆人和台湾人）的主要宗教信仰——佛教、道教、华人基督教（新教）和华人天主教。这些教派，除了华人天主教属于巴西的主流教派之外，华人基督教、佛教和道教都是跟随台湾移民，从台湾迁徙到巴西的。

国际移民在跨国迁徙途中，保持了自身的宗教传统和习惯，他们在抵达目的地后，在陌生的新文化环境中，或者加入当地既有的代表本族群的文化和社交空间，或者重新建立一个属于自己群体的交流空间。巴西华侨华人也不例外，把自己所信仰的宗教带来了巴西。这分两种类型：一是中国台湾移民的类型。一部分台湾移民信奉基督教，另一部分台湾移民和从世界上其他地方来的华人以信奉佛教为主。后者喜欢邀请故乡的宗教人士来巴西传教，筹建庙宇或教堂。通过这些宗教场所和文化空间的构建，台湾移民不但与故土保持宗教文化上的联系，而且通过所属的宗教团体的跨国网络框架，与全球各地的华人所构建的同类宗教团体联系在一起，真正形成了跨国宗教团体。二是中国大陆华侨华人的类型。他们的宗教信仰较为多样和复杂。实际上，大陆传统华人的信仰基本上是中国乡村的"民俗式宗教"，表现为非佛非道，佛道不分，亦佛亦道，同时夹杂着各地的民俗。20世纪80年代开始从中国大陆来的新移民，原先多为无神论者，很多人来到巴西后也信奉佛教，不过中国乡村"民俗式宗教"色彩仍很浓重。或者说，中国大陆来的新移民仍然是无神论者或松散的民间宗教信仰者。他们在谈论宗教信仰时往往对中国大陆存在的民间信仰统而论之、混而论之。应该指出的是，中国大陆来的新移民在巴西没有建立寺庙之类的宗教建筑，他们的民间信仰基本上

---

① 关于这方面的议题，来自澳门大学葡萄牙语系的硕士生张翔在他的论文《针对中国新移民的葡萄牙语教学与学习：一些福音派教会采取的措施》（*Portuguese Chinese Language Teaching and Learning for Chinese Immigrants，Initiatives Taken by Some the Evangelical Churches*）中，介绍了华人宗教组织的葡萄牙语教学活动。参见［巴西］束长生：《2018巴西华人移民研究国际研讨会议：地域特征和全球视角总结报告》，圣保罗大学，2018年8月22—23日。

保留在心灵里和言论上，他们或在家里，或在公司办公室里供奉着自己信奉的民间神像；中国台湾来的移民则将台湾的民间宗教信仰带到了居住地。在台湾本土宗教界的合力作用下，巴西的台湾移民群体中的民间宗教信仰发展迅速，成为整个拉丁美洲华侨华人宗教信仰之最。台湾民众宗教信仰的一个突出特点是与慈善事业紧密结合。

进入 20 世纪下半叶，由于出现了先进的交通工具（轮船和飞机）和远程通信技术（电报、电话、电子邮件、互联网），华侨华人除了与故土保持经济、文化和宗教的互动，还与散落在全世界的教友、亲友们不断加强联系。在全球一体化浪潮中，华人族群和华人宗教团体已经真正形成跨国网络。

客观地说，巴西当地人所信仰的天主教和基督教新教两者在历史上有和平相处的长期传统。在中世纪欧洲本土三十年战争中，天主教和新教两大宗教群体间水火不容，但两者在巴西却相安无事。这一传统对巴西华侨华人维持不同的宗教信仰间的和平、和睦、和谐相处是有利的。这里仅以巴西圣母阿帕雷西达（Aparecida）显迹 300 周年及相关的纪念活动为例。2017 年为巴西圣母阿帕雷西达显迹 300 周年，佛光山如来寺与罗马天主教会 10 月 28 日在如来寺举行宗教联谊会，由圣保罗州文化局主办、佛光山如来寺承办，恭迎阿帕雷西达圣母莅临如来寺，与佛教教主释迦牟尼佛在同一时空接受大众的礼拜与参拜，与佛教共同为世界和平举行祈福活动，以促进宗教间的尊重与包容。当天由大圣保罗西区天主教最高领导者 Dom João Bosco Barbosa de Souza 主教及 Monsenhor Claudemir 神父代表国家圣母院捧着身戴金皇冠黑斗篷的合掌圣母像抵达如来寺，佛光山南美洲总住持妙远法师及圣保罗州枢机主教 Cardeal Odilo Pedro Scherer 共同至山门迎接。在圣母安座、贵宾上香及举行天主教和佛教诵经仪式后，妙远法师代表佛光山开山星云大师欢迎阿帕雷西达圣母莅临如来寺，期许大家按照星云大师的"五和"理念，彼此以慈悲喜舍之心包容，达到自心和悦、家庭和顺、人我和敬、社会和谐及世界和平，自然能为世界带来幸福安乐的生活。在众人欢送下，妙远法师及 Dom Bosco 主教将圣母像从佛龛处请下，经由成佛大道徐步走向头山门，巴西佛教与天主教交流的历史性一刻，为巴西宗教的和谐与包容写下了新的一页。

第八节　华侨华人妇女和青年社团

海外华侨华人妇女和青年群体在整个华侨华人社会中具有不言而喻的特殊意义。但客观地说，华侨华人妇女和青年社团出现及在华侨华人社会中发挥特殊作用，还是近几十年的事情。在华侨历史的早期，妇女社团和青年社团很难作为一支有组织的独立力量存在。那时候所有的妇女（人数特别少）和青年华侨都只是分散在整个华侨华人群体中的普通成员。到了现代，华侨华人妇女和青年表现出开放和主动态度，自发地成立自己的新型社团组织，践行社会责任，探寻新的生活方式，弘扬传统中华文化。

一、华侨华人妇女社团

在海外，妇女同胞不仅要开店做生意，还要相夫教子，赡养老人。但她们发扬中华女性任劳任怨、吃苦耐劳的传统美德，守护家庭，关爱子女和丈夫、老人，同时增进侨社妇女团结，协助有困难的妇女，做了很多好事实事。正如2007年8月11日中国驻巴西大使陈笃庆夫妇到圣保罗访问并看望巴西中华妇女联合会理监事时所说，在海外男同胞创业艰辛，女同胞更是不易。

从检索到的材料来看，巴西中华妇女联合会是巴西唯一的全侨性华人妇女社团。它经过数月筹备，于2006年3月5日在圣保罗宣布诞生。[①] 该会3月5日晚在圣保罗举行成立大会，中国驻圣保罗总领事李姣云与副总领事董玉忠、华人市议员威廉·巫以及圣保罗各侨团代表与各界妇女数百人出席。大会同时还热烈欢庆"三八"国际妇女节，大家欢聚一堂，观赏文艺节目，度过了一个美好的夜晚。据报道，当时旅居巴西的华侨有近20万，其中女性又占相当大比例，但长期以来缺少一个全侨性妇女组织，巴西中华妇女联合会顺理成章地填补了这个空缺。

虽然巴西中华妇女联合会在巴西侨团中较为年轻，却十分活跃。成立以来，它积极参与各项活动，发挥自身特点，为妇女侨胞做了大量工作，主要有以下几方面：一是为妇女同胞谋福祉，创造条件，增进她们的身心健康，不断提高联合会自身的凝聚力。最引人注目之举就是做了一件"分内事"——2006年5月7

---

① 《巴西中华妇联举行成立大会，侨胞欢聚一堂庆佳节》，中国侨网（据《华声报》报道），2006年3月8日。

日，为圣保罗当地妇女侨胞免费进行体检。近百名女同胞前往圣保罗莫卡医院（一说东伯德罗医院）接受妇科检查，其中大部分是新移民同胞。① 二是通过丰富多彩的内容，办好一年一度的母亲节活动。母亲节是巴西当地一个重要的民间节日，华侨华人入乡随俗，将之变为自己的节日，是善莫大焉之举。因此，庆祝母亲节，自然就成了巴西中华妇女联合会一年一度的重要安排。母亲节本来充满着西方文化色彩，但巴西中华妇女联合会融进了浓浓的中华文化元素，使西方文化与中华文化在母亲节这个平台上找到了一个比较完美的结合点。每年的母亲节活动有声有色，令人印象深刻。② 三是弘扬母爱之心，积极开展专门的慈善活动。例如，在每个儿童节举行捐赠活动，向孩子们赠送玩具和用品。又如，2010年8月7日，"莫拉克"台风在花莲登陆，台湾遭受了50年来最严重的灾害，巴西中华妇女联合会向南台湾受灾同胞捐款3 000巴币。③ 再如，2018年一年来，巴西中华妇女联合会积极推动慈善工作，先后组织了多次捐赠活动，得到姐妹们的慷慨捐资和积极参与，并受到巴西民众的欢迎和赞誉。④

2006年底，巴西中华妇女联合会获得中国国务院侨务办公室捐赠的20个腰鼓和服装。于是巴西中华妇女联合会成立了一支有中国特色的腰鼓队，组织会员积极学习排练。⑤ 此后，巴西中华妇女联合会腰鼓队经常活跃在许多重要庆典活动中，先后为市议会庆典活动和春节联欢大会表演，渐渐成为圣保罗市一道亮丽的风景线。

巴西中华妇女联合会还在侨报上创办"妇女园地"，举办诸如太极拳、太极剑学习班等，并组织青少年参加北京海联会举办的冬令营等活动。⑥ 巴西中华妇女联合会还与圣保罗当地各类妇女协会、妇女组织保持并加强联系，使巴西妇女进一步了解中国，有利于圣保罗华人逐步融入当地社会。2008年8月26日下午，巴西圣保罗市议会特地举行授奖仪式，向巴西中华妇女联合会授予嘉奖感谢

---

① 《免费为侨胞体检：巴西中华妇女联会广受好评》，中国侨网（据《华声报》报道），2006年5月8日。

② 《巴西中华妇女联合会庆母亲节不忘向玉树献爱心》，中国新闻网（据《南美侨报》、巴西侨网报道），2010年5月10日。

③ 《巴西中华妇女会举行会议，向台湾受灾同胞捐款》，中国侨网（据《南美侨报》、巴西侨网报道），2009年8月17日。

④ 《巴西中华妇女联合会举行辞旧迎新联谊晚会》，巴西华人新闻（华人号），2018年12月18日。

⑤ 《巴西中华妇女会欢聚迎新年，李姣云总领事出席》，中国侨网（据《华声报》报道），2007年1月5日。

⑥ 《加强两国妇女交流，巴西中华妇女会邀总领事座谈》，中国侨网（据《华声报》报道），2006年11月14日。

状。[①] 该会的大部分姐妹都参与和见证了该仪式。

2016 年 11 月 3 日至 7 日，巴西中华妇女联合会一行 20 人受世界和平妇女联合会巴西分会邀请，参加了在乌拉圭首都蒙德维地亚举办的为期 3 天的以"和平之桥"为主题的南美洲地区妇女联谊活动。

应指出，很多巴西华侨妇女在其他社团中也发挥积极作用。当先生担任社团职务之时，太太的支持就显得十分重要。例如巴西客属崇正总会的核心干部成员几乎都是男性，但在举办各式活动时，客家妇女在其中扮演重要角色，提供幕后的协助，如筹备活动节目、准备活动餐点，乃至主持部分崇正会的社团活动或代表崇正会参与侨界活动等。2003 年，巴西客属崇正总会通过决议，成立妇女组。如今不少巴西华侨华人社团都设有妇女组。妇女组组长常由会长夫人担任，因为在开展重要活动时，夫妻同心协力，可让社团的活动举办得更好。例如巴西客属崇正总会第 18 届黄会长认为，夫妻两人一同投入组织活动，更有助于崇正会建立内部的团结与认同感。他在任内（2005—2011 年）开始提倡夫妻一起参与会务。崇正会亦接纳来自妇女的观点，使会务的开展更为多元。[②]

二、华侨华人青年社团

巴西是个潜力巨大的发展中国家，地大物博、幅员辽阔，包容着来自世界各地不同肤色的人，是典型的移民国家。随着巴西华侨华人移民的增多和代际交替，华裔青年逐渐成长起来，成为一支重要的社会力量，其中不乏学业上和事业上的优秀人才。成立青年人自己的组织便成了巴西青年华侨华人的强烈愿望和殷切期待。于是，2009 年后，巴西华侨华人社会中陆续出现了众多青年组织。

巴西的华侨华人青年社团组织积极团结青年侨胞，传承中华文化，鼓励华人青年融入巴西主流社会和积极参政。同时，充分利用青年的优势和特点，广泛联系和团结各界华侨华人和华裔，提升青年侨胞在巴西的经济地位和社会地位，为推动居住地的经济发展和社会进步贡献青年侨胞的智慧和力量。下面是几个重要的例子。

（一）巴西华人华侨青年联合会

巴西华人华侨青年联合会是巴西第一个华侨华人青年团体，成立于 2009 年，

---

① 《回馈社会发扬爱心，圣保罗华人社团受市议会表彰》，中国侨网（据《南美侨报》、巴西侨网报道），2008 年 8 月 28 日。

② 邱秀英（台湾师范大学博士候选人）：《海外客家认同与实践：以巴西客属崇正总会为中心》。文章来自网络，由束长生提供。

填补了巴西华侨华人史上没有青年社团的空白。在巴西华人协会倡导下，2009年3月21日下午，巴西华人青年联谊会筹备会在巴西华人协会会馆举行，数十名各界华裔华侨青年出席会议，讨论成立联谊会一事。出席筹备会的巴西华人协会会长吴耀宙、监事长李少玉等人鼓励青年侨胞团结起来，为融入巴西主流社会、传承中华文化、促进中巴友谊做出贡献。吴耀宙尤其希望青年联谊会要由青年侨胞自己策划、举办各种文体联谊活动，把联谊会办成具有广泛代表性、朝气蓬勃和充满青春活力的侨团。① 到2009年12月13日，巴西华人华侨青年联合会成立大会暨理监事就职典礼在圣保罗西湖酒家隆重举行，首届会长叶王永。中国驻圣保罗总领事孙荣茂、巴西国会众议员威廉·巫、巴西国会参议员以及圣保罗各侨团侨领及代表200多人出席了当天活动。联合会还收到中国国务院侨务办公室、中华全国归国华侨联合会、中国驻巴西大使馆与驻圣保罗总领馆、浙江侨联、天津侨联、上海侨联等数十家国内政府部门及民间团体发来的贺信、贺电。应指出，该联合会领导不忘提高自身作为侨领的素质。会长叶王永在2011年曾回国在中华文化学校进行过为期一个月的培训。②

该联合会特别注重与当地主流社会开展友善活动。例如，2010年1月16日，该联合会数名会员在会长叶王永带领下，在圣保罗Pro-Sangue血库捐献血液，每人480cc，为当时巴西因洪水泛滥受灾的居民奉献了华侨华人一份爱心。参加献血的联合会成员表示，每一个生活在巴西的华侨华人每天都在享受着巴西的福利和待遇，所以需要做出适当回报。无偿献血不仅改善了华侨华人社会形象，也能促进华侨华人社会与主流社会的融合。③ 又比如，2010年10月9日，巴西华人华侨青年联合会向圣保罗Gavioes Da Fiel球迷举办的庆祝儿童节活动赠送了玩具，受到当地民众的欢迎。④

2019年12月1日，巴西华人华侨青年联合会在圣保罗的北京饭店隆重举办联合会成立10周年庆典暨第一届拉丁美洲华人青年论坛，取得了圆满成功。来自拉丁美洲各国的华人青年企业家、中资公司的青年才俊、各侨团侨领和中国驻圣保罗总领馆官员等共300多人出席庆祝活动。庆典仪式上，巴西华人华侨青年

---

① 《凝聚华人青年精英，巴西华人青年联谊会将成立》，中国侨网（据《南美侨报》、巴西侨网报道），2009年3月22日。

② 《中华文化学院考察团访巴西侨团架文化交流平台》，中国新闻网（据《南美侨报》报道），2011年6月30日。

③ 《巴西洪灾华社组织无偿献血，向灾区奉献华人关爱》，中国新闻网（据《南美侨报》报道），2011年1月20日。

④ 《巴西华人青年联合会向贫困儿童赠送节日玩具》，中国新闻网（据《南美侨报》、巴西侨网报道），2010年10月12日。

联合会向圣保罗老人院及慈善机构捐赠了爱心善款。① 本次青年论坛主题为"齐聚拉美青年才俊，共绘未来宏伟蓝图"，论坛秉承"融入、创新、共赢"的理念，邀请拉丁美洲国家部分有为青年企业家、侨领一起交流，探讨、分享经验。论坛期间举办联合会 10 周年回顾图片展。②

（二）世界福建青年联合会巴西分会

世界福建青年联合会巴西分会可以看作是巴西的一个地缘性青年组织。该会 2010 年 5 月 2 日晚在圣保罗西湖酒家举行成员就职典礼仪式。中国驻圣保罗总领事孙荣茂、巴西国会众议员威廉·巫、巴西福建同乡会会长何安以及各侨团侨领应邀出席并观礼。何安说，巴西分会的成立过程充分显示了青年侨胞特有的效率，从筹备到成立不到一个月的时间里，工作井然有序。巴西国会众议员威廉·巫、巴西华人协会会长吴耀宙等人在成立大会上，以其本身从青年时代起在巴西打拼的亲身经历，鼓励福建青年要发扬吃苦耐劳、艰苦奋斗精神，融入巴西社会，敢于从基层一步步做起，不断开拓创新，实现自己的目标和人生价值。③

世界福建青年联合会巴西分会的爱心和慈善活动做得很出色。例如，2010 年 10 月 10 日早上，在巴西儿童节前夕，为表达对巴西贫困儿童的关爱，该会组织了对孤儿院的探望活动。这一天早上，该会一行 10 多人载着 20 多箱儿童用品和玩具，驱车 60 多公里，来到了圣保罗福利机构 Obra Social Dom Bosco Itaquera 下属的一个孤儿院 Casa Auxili Adora，探望了那里的小孩子，并为他们分发礼物。④

世界福建青年联合会巴西分会不仅关爱当地侨胞和当地民众，也关爱祖国和家乡遭受自然灾害的同胞。例如，2010 年 6 月 13 日，中国福建省北部持续出现特大暴雨，损失惨重。得知家乡遭遇特大洪灾，该会会长孙孝钦立即组织全体理监事成员商讨对策，并组织该会主要领导到闽籍侨胞集中经商的 Bras、Page、Oriental、新老 Shopping 等地举行募捐活动。很多侨胞纷纷为灾区同胞献上自己的一份爱心。爱心无界，来自其他省份的侨胞也纷纷慷慨解囊。经过一个星期的

---

① 《巴西华人华侨青年联合会召开十周年庆典暨首届拉丁美洲青年论坛动员大会》，青田网，2019 年 12 月 1 日。

② 《巴西华人华侨青年联合会召开十周年庆典暨首届拉丁美洲青年论坛动员大会》，青田网，2019 年 12 月 1 日。

③ 《世界福建青年联会巴西分会举行理监事就职典礼》，中国新闻网（据《南美侨报》、巴西侨网报道），2010 年 5 月 4 日。

④ 《巴西华社儿童节前夕探访福利机构，看望孤儿赠玩具》，中国新闻网（据《南美侨报》、巴西侨网报道），2010 年 10 月 14 日。

募捐活动，共筹集善款 46 000 巴币，转交福建当地灾区。[①]

上述两个社团的成员都是年轻人，充满活力和生气，尽管平时生意忙，但偶尔有空时，各自也举办一些轻松愉快的活动，增强内部凝聚力。例如，组织郊外旅游和集体联谊活动等，让年轻人有更多的机会结交朋友，增进友情，释放激情，丰富业余生活。

（三）巴西江门五邑青年联合会

江门五邑所辖新会区、开平市、台山市、恩平市和鹤山市。江门在国内素有"中国第一侨乡"之称（就传统华人数量众多而言）。旅居海外华侨华人和港澳台同胞达 300 多万人，遍布全世界五大洲 100 多个国家和地区。巴西圣保罗华侨华人中有不少来自江门五邑地区。他们努力工作，团结互助，在融入巴西社会的同时，也为家乡的发展和建设做出了很大贡献。巴西江门五邑青年联合会在江门市外侨办支持下创办，于 2015 年 3 月 7 日在圣保罗成立。该联合会的成立为圣保罗侨界注入了新鲜的力量。成立以来，该联合会在联系旅居巴西的江门五邑青年华侨、为青年搭建中巴文化与贸易交流平台、推动广东与巴西的经贸往来、向家乡水灾捐款以及举办回馈巴西社会慈善活动等方面做了很多工作。会长陈文添多次应邀列席广东省和江门市的人大代表会议。

第九节　华侨华人政治社团

今天巴西的华侨华人政治社团，主要来自以中国大陆新移民为主体组织起来的政治社团——促统反"独"（全称"促进中国统一反对台湾独立"）组织。在与台湾交往时，各位侨领在促统反"独"社团中活动便成了所谓的"敏感"问题。因此，从事促统反"独"社团活动的侨领需要很大的勇气，并做出一定的牺牲。

促统反"独"组织是非营利性的民间社会团体，一般来说起缘于 2000 年 1 月台湾民进党在地区领导人选举中首次打败中国国民党并在当年 5 月 20 日上台执政以后。民进党上台后，明目张胆地在"台独"的道路上越走越远，世界各国华侨华人遂陆续建立起中国和平统一促进会之类的促统反"独"组织。实际上，很多巴西华侨华人促统反"独"组织在更早的时候就已存在。但各国促统

[①]《世界福建青年联会巴西分会为福建水灾筹款近 5 万》，中国新闻网（据《南美侨报》，巴西侨网报道），2010 年 7 月 21 日。

反"独"组织的重要活动主要发生在台湾民进党的陈水扁执政时期（2000年5月至2008年5月）。马英九在2008年当选为台湾地区领导人，中国国民党再度主导台湾政坛后的8年间（2008—2016年），中国大陆与台湾达成了多项经贸协议（包括普惠台湾同胞的ECFA协议），实现了"三通"，两岸关系得到了极大改善。然而，2016年蔡英文成为台湾地区领导人，民进党再次主宰台湾政坛，拒绝承认"九二共识"，两岸关系迅速恶化。在这种形势下，海外华侨华人的促统反"独"浪潮再度高涨。

全世界的中国和平统一促进会全体成员秉承以下原则：世界上只有一个中国，大陆和台湾同为一个中国，中国的主权和领土完整不容分割，坚决反对世界上任何势力，以任何形式，任何借口制造所谓的"一中一台""一边一国"等企图分裂中国的行为。海外促统反"独"组织有的以国别命名，有的以所在城市命名。一般来说，各国与各城市的中国和平统一促进会均与所在洲别的中国和平统一促进会建立较为密切的联系。巴西华侨华人在支持促统反"独"方面做了大量工作。

1991年4月27日，巴西华侨祖国和平统一促进总会理监事会宣誓就职。同年5月6日，该会在圣保罗市琉球会馆举行庆祝成立酒会，巴西各界侨胞1 300余人参加了此一盛会。在该会理监事会宣誓就职之前，曾任台湾淡江文理学院（后改名台湾淡江大学）"三民主义国父思想"教授的张无咎等人倡议成立该会。该会的宗旨是，联合世界各国全体侨胞，不分党派、宗教、信仰，以国家利益为前提，团结一致，共同谋求中国和平统一。该会第一届理监事有：郭稳、张绍新、方向光、庄国权、黄国正、刘树德、王志山、朱彭年、何信、李海安、张无咎。张无咎被推举为会长，刘树德为会长兼秘书长，李海安为副会长，郭稳为监事长，张绍新为副监事长。顾问有刘百龄、罗大诚等10多人。1996年10月6日，该会第三届理监事会改选。张无咎连任会长，副会长朱彭年、谢纯广、方向光、王志山；秘书长李青霞；监事长陈晖，副监事长卢运腾。

该会是最早成立的海外和统会组织之一，是巴西也是拉丁美洲最早成立的和统会。该会成立后，积极与中国大陆方面开展互动，并举行研讨会等，推动祖国和平统一。例如，1992年5月，该会组团访问北京，张无咎为团长；1993年12月8日，该会举办第三次研讨会，讨论中共发表《台湾问题与中国的统一》白皮书及台湾发表回应声明文件对整个中华民族的利弊得失；1995年2月8日晚，该会召开理监事会会议，讨论"江八点"重要讲话。① 该会领导积极参加促统反

---

① 《巴西华侨祖国和平统一促进总会》，载《巴西华人耕耘录》，巴西美洲华报编印，1998年，第70 - 78页。

"独"活动。1999 年，刘树德应邀出席在香港君悦大酒店召开的"中国和平统一研讨会"，并亲篆"炎黄子孙盼统一"在发言结束时赠送给大会主席，照片及消息在《人民日报》及全球各主要华文新闻媒体，包括巴西《南美侨报》头版刊出。2000 年 8 月 19 日，巴西华侨祖国和平统一促进总会在圣保罗市举行"反对'台独'促进中国统一大会"。2002 年 2 月 20 日，该会易名为巴西中国和平统一促进总会。2002 年 6 月 2—4 日，巴西中国和平统一促进总会与里约热内卢的巴西中国和平统一促进会筹委会联合举办了"中南美洲促进中国和平统一新世纪圣保罗大会"，来自世界各地 50 多个国家和地区的 400 多名代表与会。2003 年 3 月 29 日，张无咎成立全球华人反独促统联盟（总会在美国）巴西分会，并受聘担任会长。2004 年 8 月，张无咎率团出席香港特区中国和平统一促进会主办的"中国和平统一论坛"。2005 年 1 月 18 日，16 个侨团负责人在由巴西中国和平统一促进总会在圣保罗主办的"拥护反分裂国家法 2005 年海峡两岸关系展望研究会"上发言，发表了《巴西圣保罗侨胞拥护制定反分裂国家法宣言》。2009 年 4 月，张无咎率领巴西中国和平统一促进总会代表团一行 12 人访问中国深圳、上海、昆山、南京和北京。2013 年 10 月 17 日，巴西中国和平统一促进会和里约中国和平统一促进会在里约主办"全球华侨华人促进中国和平统一大会"，会长张无咎率团参加。2014 年 3 月，张无咎返回中国南京女儿处安度晚年，他表示将继续促统反"独"。2015 年 1 月 25 日，巴西里约热内卢中国和平统一促进会决定，张无咎不再担任会长，由李锦辉正式接任。①

如今在巴西存在着多个中国和平统一促进会，包括巴西里约热内卢中国和平统一促进总会（1991 年）、巴西里约热内卢中国和平统一促进会（2001 年）、巴西中国和平统一促进会（2002 年）、巴西华侨华人促进中国和平统一联合会（2003 年）、巴西中西部地区中国和平统一促进会（2005 年）、巴西中国和平统一促进联合会（2005 年）、巴西米纳斯州中国和平统一促进会（2005 年）等。其中，既有以两国名称命名的组织，如巴西中国和平统一促进总会、巴西中国和平统一促进会与巴西中国和平统一促进联合会，也有以两国地方名字命名的组织，如巴西里约热内卢中国和平统一促进会等。在这些中国和平统一促进会中，来自中国大陆的新移民扮演着越来越重要的角色。

2000 年以来，在全球海外华侨华人推动中国和平统一运动的高潮中，巴西也在世纪之初成立了 3 个中国和平统一促进会，分别是巴西中国和平统一促进总会、巴西里约热内卢中国和平统一促进会和巴西中国和平统一促进联合会。

巴西里约热内卢中国和平统一促进总会是海外最早成立的促进中国和平统一

---

① 陈太荣、刘正勤编著：《中国江苏人移民巴西史》第三章第三节，北京：中国华侨出版社，2022 年。

的华侨华人团体之一。理监事任职时间在 2007 年第四届以前为两年一任，之后改为四年一任。① 成立时的会长为杨吉，法人代表为陈碧云女士。他们两人和中国驻里约热内卢总领事汪晓源、里约热内卢华人联谊会老会长詹明洋分别在成立大会上致辞。

巴西里约热内卢中国和平统一促进会成立于 2001 年 3 月 10 日，首任会长雷滨。中国国务院侨务办公室、中华全国台湾同胞联谊会、中国和平统一促进会和中国驻巴西大使馆向成立大会发了贺电。中国驻里约热内卢总领事汪晓源、副总领事王华锋到会祝贺。②

巴西中国和平统一促进联合会于 2005 年 3 月 27 日在巴西首都巴西利亚成立，中国驻巴西大使蒋元德以及包括台湾同胞在内的各侨界代表 100 多人出席了成立大会。巴西中国和平统一促进联合会是由巴西中部、北部、东北部地区华侨华人组成。其宗旨是，团结一切爱国力量，反分裂，反"台独"，为早日实现祖国统一贡献力量。该会首任会长杨建中。③

除了上面所列的之外，巴西其他地方还有别的和统会组织。例如，巴西中西部地区中国和平统一促进会于 2007 年 2 月 17 日在巴西中部城市戈亚尼亚市的 Banana Menina 森林饭店特意组织安排了一次庆春活动，才为外界所知。

2006 年 12 月 13 日至 16 日，全球促统大会在澳门举行，这是首次在"一国两制"的实践地举办和统大会。全球 80 多个地区的 181 个和统组织派代表参加会议，其中包括来自巴西的 30 多名代表，他们分别来自巴西利亚、里约热内卢和圣保罗三个城市。④

在世界各国各地的和平统一促进会中，一些有社会地位和名望又热心两岸统一事务的侨领处于十分重要的地位，特别是在和统会成立的初期负责组织、协调、筹备、联系和资金支持。在和统会成立后，还要通过不同方式支持其正常运作，使其坚持正确的运行方向。例如，在巴西中国和平统一促进会成立之初，杨吉和雷滨就担当起这样的角色。杨吉是台湾同胞，移民巴西数十年，热心侨社公益活动，曾担任巴西中国和平统一促进会第一、第二届会长，后为该会永久名誉会长，惜因心血管病突发于当地时间 2007 年 6 月 13 日凌晨 3 时去世，享年 62

---

① 《里约中国和平统一促进会改选，会长詹慧华获连任》，中国侨网（据巴西侨网报道），2007 年 2 月 9 日。

② 《巴西华侨华人成立中国和平统一促进会》，《人民日报》（海外版），2001 年 3 月 12 日。

③ 李小玉：《巴西中国和平统一促进联合会在巴西利亚成立》，国际在线，2005 年 3 月 28 日。

④ 《巴西和统联合会召开理事会议，举行年终总结座谈》，中国侨网（据《华声报》报道），2006 年 11 月 22 日。

岁。他一生希望两岸实现和平统一，并为此目标不懈努力。[①] 雷滨是云南澜沧人，曾在台湾读书，后因经商移居巴西，生意红火。促统反"独"运动开展后，他全心全意投入，孜孜不倦地做好各方面的工作。2002 年 6 月"中南美洲促进中国和平统一新世纪圣保罗大会"在巴西举办，雷滨是主要筹办者。他不仅慷慨解囊，还夜以继日地操劳，赢得普遍赞誉。2002 年，他任巴西中国和平统一促进会海外理事，后正式受聘为中国侨联海外顾问。他曾接替杨吉担任会长，到 2009 年第四届卸任。再如，一直活跃在巴西侨界的裘克毅是浙江青田人，曾任里约和统会首任会长、里约华联会第六届会长。又如，曾担任巴西陆军部秘书长和陆军第一军军长等要职的巴西第一位华裔将军李安尼，是里约和统会的名誉会长。

第十节　新时代巴西华侨华人社团功能

社团是人际关系结合的实体，运行于一定的社会关系网络之中。从社团成员的成分上来说，华侨华人社团包括三种类型：一为纯由华侨组成的社团，二为纯由华人组成的社团，三为包括了华侨与华人的社团（还可细分为以传统华人为主、以新移民为主两种情况）。就这三种情形来说，各国的区别很大。但一般来说，华侨华人社团以第三类占多数。在巴西，第三类华侨华人社团中以新移民为主的最多、最活跃。其新移民成员中，大部分没有加入巴西国籍，一小部分已加入巴西国籍。前面已对今天巴西新移民华侨华人社团的情况做了归类阐析，这里再稍作概括，姑作结语。

中国移民在其居住地建立社团组织，可说是中国移民社会的传统样貌。早年华侨建立的地缘性社团，成员都是拼搏于异国他乡的华侨，当初最主要的功能，是敦睦乡谊、助侨护侨。新时代环境下的华侨华人社团，仍然保留着传统社团这一最重要的职责。与各类华侨华人社团联网的，是拼搏于异国他乡的华侨华人群体。华侨华人社团的基本功能之一，是协调本群体内部不同家庭、宗教、友朋等小微群体之间的相互关系。这里应指出，巴西的华侨华人血缘性社团极少，如果不是为零的话。具有相同血缘的华侨华人一般都融汇到更大吸纳面的地缘性社团中。地缘性社团的吸纳对象，不仅是社团成员通认的某一个祖籍地的乡亲，还包括讲熟悉的共通语言、有共同文化习俗与习惯的其他乡亲，即使他们的家乡与一

---

① 《巴西"和统会"名誉会长杨吉病逝，享年 62 岁》，中国侨网（据巴西侨网报道），2007 年 6 月 14 日。

般成员不同。为了相互扶持照应、彼此协助和生存发展，这些华侨凝聚在某个同乡会（也有的称为联谊会）的旗帜下。除了寻求对原乡的怀念与慰藉，同乡会也是情感、生活与经济活动的交流互动平台，并形成特殊的人际网络。改革开放后来到巴西的第一代新移民所组建的地缘性社团，仍一如既往地保留着传统地缘性社团的守望相助功能。

华侨华人社团还连接着巴西华侨华人族群与当地的大社会，为不同族群的相互交往建立正常的民间管道。华侨华人作为外来群体，在异乡难免会遇到各种各样的问题。单个华侨或华人的力量十分弱小，要维护自身的利益，势必要联合众人的力量。巴西侨胞多从事超市与百货（也常合称杂货）、餐馆（含中餐和西餐）和进出口贸易等行业，很多人尚处于创业起步阶段，故华侨华人社团内部要加强团结，各类型社团彼此之间要加强合作，才能扶助乡亲共同生存发展。在这方面，华人商会的职责更大一些。对内，商会要凝聚小型华侨商铺的力量，拓展经营渠道，改善营商环境，避免同行间无序与恶性的竞争，同时为续到的新移民提供就业机会；对外，则要切实维护侨胞的合法权益，同时也要搞好与居住地民族以及有关部门方方面面的关系，逐步形成以公司（商铺）为主体的市场体系。人们经常谈到当地对华人商店执法矫枉过正，有失公平，尤其在圣保罗 25 街一带发生最多。对此，当然要具体情况具体分析。重要的是，华商要积极行动起来，善于应对。不只是对无理执法和过度执法行为进行抗辩，也要教诫和引导华人商家熟悉当地法律，依法经营，减少事故的发生，同时树立良好的华侨华人形象。华侨华人同胞的维权行动，不是简单的据理力争，也不是得理不饶人、不得理也不饶人的"硬掰"，而是区分清楚什么是合法经营，什么是不合法经营或灰色经营，在必要的据理力争、争取合法商业权益的同时，争取政府和民众的理解和同情，合情合理地解决相关问题，把矛盾和冲突降到最低程度。例如，当年巴西中华总商会成立后的第一场活动，就是发起面对巴西贫困人民的慈善捐赠活动，以自己的实际行动回馈当地社会，得到了华商的大力支持，塑造了华侨华人良好的社会形象，使中华总商会在当地社会发展中起到沟通桥梁的作用，也提高了商会在巴西当地社会中的影响力。当然，巴西的华侨华人商会历史一般要比当地人的商会短，要真正站稳脚跟，融入当地社会，还有很长的路要走。

华侨华人社会中平常互相帮助时，有相当一部分是"独处同胞"。由于各种各样的原因，这部分人平时罕与外界联系，只与工作范围内的人相处，没有或少有圈子上的固定朋友。如果事业有成、有一定经济基础，尚可有助于他们凭着巴西当地相对完善的社会保障系统及其与一些人的工作关系生存下去。但世事难以预料，如果他们在经济上难以自立，遇到困难或变故，特别是在发生难以预料的

紧急事故时，便独木难支。这时候，就需要华侨华人社团（尤其是地缘性社团）伸出援手。在华侨华人社会，类似的事情可说不胜枚举。

今天世界上大部分国家的华侨华人社团有两大趋势，一是走向国际化，二是走向当地化。就后一方面来说，华侨华人社团在政治、经济、文化诸方面联结成一个跨越国界的民间沟通网络，表现出一定的国际化风貌。客观上说，目前巴西大部分社团的跨国关系，仍然是其与祖（籍）国之间的"双边"关系，因此在真正的国际化方面还有很长的路要走。与此同时，华侨华人社团在走向当地化的同时，也要始终维持作为华侨华人社团的基本底色。

支持华文教育，活跃同胞的文体活动，也是华侨华人社团的重要职责之一。巴西侨胞，特别是新移民对华文教育的积极性较高，但许多人忙于生计，没有时间教育下一代，因此，社团在华文教育方面需要承担更大的义务。另外，新移民工作繁忙劳累，社团需要举办适当的文体活动以调节身心，在中国传统节假日和当地节假日期间举办一些喜庆活动，以增强凝聚力。

虽然巴西侨胞总体上经济实力不强，有的国家的侨胞目前处境尚欠佳，但他们爱国爱乡，桑梓情深，积极捐款支持家乡的经济建设和教育、福利事业，的确难能可贵。另外，华侨华人社团应加强与当地政府部门的沟通，积极参与当地的公益事业和慈善活动，回报当地社会，遇到自然灾害则捐款赈灾，同时推动侨胞融入当地主流社会。

综上所述，可以看出，巴西华侨华人社团在不同层次都发挥着十分重要的作用，是华侨华人社会的核心、代表与缩影，是华侨华人社会的象征与力量源泉，是传播和弘扬中华文化、促进中外文化交流的倡导者与组织者，是沟通华侨华人社会与居住国政府、居住地各民族关系的桥梁，同时也是促进祖（籍）国与居住国政府和人民友好的和平使者。

海外传统华侨华人社团名目繁多，类型各异，构成了华侨华人社会的基础。其分类见仁见智，但最基本的类型，仍是地缘性社团、血缘性社团、业缘性社团，加上众多不同类别的新移民社团，一同构成了一个庞大的华侨华人社团系统。巴西的华侨华人社团类型是比较齐全的，因此其金字塔结构与网络结构相结合的情景是比较明显的。至少就新移民社团来看，巴西华侨华人社团中的"强地缘、弱血缘"的现象十分明显。历史上那种以一年几次聚会，如传统节假日、婚丧大事以及换届选举等来维持和显示社团象征性存在的现象已不复存在。与此同时，华侨华人社会的"强全侨性"现象也在凸显。

地缘性社团在引领乡亲生存发展和融入居住地社会中发挥着特殊作用。凡有一定数量的华侨华人聚居的地方，不管他们在居住地从事什么职业，总会形成一个地缘/乡缘性的华侨华人社团组织，同时，他们的业余活动就不仅仅是

其所从事的职业，而是广及华侨华人在居住地的所有社会工作，有时也参与居住地民族的活动，继续为在当地发展的同胞服务，同时也成为中国企业进入其居住国的合适桥梁和纽带。与此同时，华侨华人中的杰出人物也愿意为侨胞多做贡献。例如浙江华人尹霄敏从事房地产和贸易等多行业经营，企业不断做大做强，在事业成功后，他积极参与海外侨社活动，参与创建了巴西华人文化交流协会。2005 年和 2007 年，他连续两届当选协会主席。他带头捐款集资创建该会会馆、图书馆、中文学校等，还积极回国投资兴业，在上海、宁波、绍兴等地开办工厂。

世界上的华侨华人社会中，全侨性的综合社团在各个地缘性社团中起穿针引线的作用，往往表现在一些有声望的地缘性社团侨领在全侨性社团中担任重要职务。虽然社团有任期，但他们如在任期内有突出贡献，则往往被挽留连任，或者另外推荐他们认可的有声望侨领接任。他们常利用其所在的社团平台，对涉及华侨华人的重大问题发表看法，发出重要行动倡议，另外代表华社向当地政府提出诉求。整个华侨华人群体也通过这样的不成文规则，表现出对外基调的一致性。在巴西，这种情况不同程度地存在。例如，华人协会会馆在圣保罗紧锣密鼓地筹备兴建。这是巴西全国华侨华人一大盛事。圣保罗华侨华人社会在巴西华人协会的发起下，计划在当地购地兴建一个大型的全侨性华人会馆，广大侨胞纷纷踊跃捐款，集腋成裘，期望尽早破土动工。

经过数十年乃至上百年的洗礼，传统华侨华人社团已经形成了自己的"社团政治文化"。所谓"社团政治文化"，就其本质来说，属于制度文化，包括社团组织形式、选举形式与议事方式等方面。例如，每年对内对外的常规节日及礼仪活动几乎一成不变，各类节日及礼仪活动的重要出场人物和基本程序也几乎一成不变。如果有什么不同的话，就是一些偶发的大小事件（例如赈灾等慈善活动）会增加社团的活动量。在年复一年的程序化活动中，华侨华人社团的基本功能便被定位在对内联谊、对外慈善等各种事务上。程序化安排很大程度上是社团存在的标志，也是成员间相互沟通的常规路径。在此过程中，社团领袖人物可以通过高调的抛头露面，将他们个人的荣耀与社团集体的形象展示统一起来。这一套"社团政治文化"通行于世界上大部分华侨华人社会中。在巴西，看不出有什么不同。一般来说，华侨华人社团在初创阶段，需要创始人的激情、专注、果断和坚毅（历史上的华侨华人社团创始人都不同程度地具备这样的素质）。在发展期，则需要领导者有战略眼光和思维，有具体的可操作性的中长期计划，有较强的团队执行力。到了成熟期，则要求领导者有较强的管理能力，周详地建立一套有效的运行体系。华侨华人社团组织的领导换届和更新，是华侨华人社团的"法定"环节。历史发展到今天，不通过公认的选举程序就强行成为社团领导人的情况已经极少出现。一般而言，各国侨社对本社团有功劳和资历的创始人，都会尊重其历史地位或做出荣誉安排。巴西的华侨华人社团基本上能尊重民主自治的规则，健康发展。

巴西华侨华人社团分布不均衡是一种客观存在，包括由于华侨华人人口的地区差异造成的地区社团规模不平衡、活动不平衡乃至侨社"空心化"等现象。由于巴西华侨华人主要居住在圣保罗，各类社团也集中在圣保罗。这样一来，圣保罗的华侨华人社团活动就比巴西任何其他城市的活动频繁得多，曝光率也高得多，乃至给外人造成这样的印象：圣保罗的华侨华人社团就是巴西华侨华人社团的全部，甚至代表了巴西其他地方的华侨华人社会。这当然是一种误解。实际上，巴西其他一些重要城市（但肯定不是全部城市）也存在着规模不等的华侨华人社团。其他地方的华侨华人社团曝光率不高，客观因素是分布不平衡使然，主观上也与其他地方的华侨华人社团不活跃、传出去的信息不多密切相关。

巴西华侨华人主要居住在东部沿海城市。实际上，也只有像圣保罗、里约热内卢、巴西利亚、累西腓等少数城市存在着相对完善的华侨华人社团。巴西大部分城镇，甚至包括东部一些城镇还没有组成华侨华人社团。究其主要原因，除了这些城镇的华侨华人人数稀少外，更主要的是他们从事的职业多经营时间冗长，工作艰苦劳累（例如餐饮业、小杂货店等），加上居住分散，又没有经济实力稍强的侨领，一般人每天除了紧张的上班和有限的休息之外（很多家庭式店铺上班和休息都在店铺内），几乎没有时间从事聚会活动，社会公益活动更是无从谈起。这类城镇的华侨华人，也仅限于互相知晓彼此的来源地而已，他们平时各忙各的，甚至连春节、中秋节这样的重要中华节日也难得一聚。例如，笔者在巴西所知的某城市华侨举办的一次堪称史无前例的"历史性"聚会，持续的时间很短，不少人一吃完饭后就走了，忙着回去打理生意，只剩下少数平时较为熟悉的人留下来多谈了一会儿。就这样一次"千呼万唤不出来"的聚会，也还很难说以后能否坚持每年春节一聚。一位在东部大城市居住了数十年的侨胞对笔者说，他自己平时与乡亲基本上没有来往（这里的乡亲本来就少），每天只是与自己的兄弟经营一个小餐馆度日，无所事事，甚至百无聊赖。他已到耄耋之年，从未与祖籍地（家乡）有过联系。

巴西国土大，华侨华人众多，所从事的行业广泛，因而社团数目多，类别也多。由于大多数巴西华侨华人居住在沿海的大小城市，因此华侨华人社团一般存在于这些地方。事实上，并非沿海大小城市都存在着华侨华人社团，更非整齐划一地存在着各种类型的华侨华人社团。据目前所知，真正有华侨华人社团的，也只有几个华侨华人较多的大城市。在一些比较偏僻的内陆地方，华侨

华人较少，生活相对安稳，人们虽很繁忙，但已形成了一定的惰性，不希望改变现状。一些人受教育不多，足不出户，或因忙于经营传统产业而与外界少有接触。另外，这些地方民风淳朴，很少发生侵权与维权之类的事情。如果有什么紧要事情，一般都依赖华侨华人中年纪较大且有威望者出面调停解决。这些地方的华侨华人一般没有建立社团。表5-1为巴西较重要的华侨华人社团，不少在上文已经出现过。

表5-1　巴西较重要的华侨华人社团一览

序号	社团名称	主要发起人	成立时间	成立地点
综合性半官方新华侨华人社团				
1	巴西华人协会	杨绍文	1980	圣保罗
2	巴西华人文化交流协会	尹霄敏	2000	里约热内卢
3	巴西里约华人联谊会	詹明洋、季福仁	1984	里约热内卢
4	巴拉那州华人文化协会（Associação Cultural Chinesa do Paraná）	José Luís Chong	1990	库里蒂巴
5	巴伊亚华人联谊协会	娄炳麟	2010	萨尔瓦多（BA）
6	累西腓华侨华人协会	卢功荣	2014	累西腓
7	巴西利亚华侨华人协会	顾杭沪	2005	巴西利亚
8	巴西纳塔尔华人联合会	孙建阳	2014	纳塔尔（Natal/RN）
商会				
9	巴西中国商会 https：//www. ccbcbr. org/	黄海澄	2003	圣保罗
10	巴西中华总商会 http：//www. bxqw. com/userlist/hbpd/blank-2310. html	施华民	2004	圣保罗
11	巴西巴中商贸仲裁总会 http：//www. chinaqw. com/tzcy/hszx/200709/20/88324. shtml	季友艺	2007	里约热内卢
12	巴西华人工商联合会 http：//www. bxqw. com/userlist/hbpd/blank-1916. html	叶周永	2007	圣保罗

（续上表）

序号	社团名称	主要发起人	成立时间	成立地点
13	巴西—中国经济贸易促进会 https：//www. bxqw. com/userlist/hbpd/ blank – 2320. html	吴耀宙	2001	圣保罗
14	巴中国际总商会 http：//www. bxqw. com/userlist/hbpd/ newshow – 15738. html	林炳银	2011	圣保罗
15	巴西巴中工商文化总会 http：//www. bxqw. com/userlist/hbpd/ newshow – 46113. html	梅裔辉	2004	圣保罗
16	巴中国际发展商会 http：//www. ccdibc. com/	胡忠伟	2002	圣保罗
17	巴中工商总会 https：//www. camarabrasilchina. com/	唐凯千 （Charles Tang）	1986	里约热内卢
18	巴西中国浙江商会 https：//www. bxqw. com/userlist/hbpd/ blank – 1432. html	张江欧	2009	里约热内卢
19	巴西（南美）潮汕总商会 http：//www. bxqw. com/userlist/hbpd/ blank – 2322. html	黄雄	2011	圣保罗
20	巴西闽商联合会 http：//www. bxqw. com/userlist/hbpd/ blank – 5770. html	陈金洲	2016	圣保罗
21	巴西广州企业家协会	宋远雄	2005	圣保罗
22	巴中社会与文化研究中心 https：//ibrachina. com. br/	罗士豪 （Thomas Law）	2018	圣保罗
和统会				
23	巴西中国和平统一促进总会	张无咎	1991	圣保罗
24	巴西里约热内卢中国和平统一促进会	陈雄彬	2001	里约热内卢
25	巴西中国和平统一促进会	尹楚平	2002	里约热内卢
26	巴西华侨华人促进中国和平统一联合会	朱玉郎	2003	圣保罗
27	巴西中西部地区中国和平统一促进会	宋南屏	2005	果亚尼亚

（续上表）

序号	社团名称	主要发起人	成立时间	成立地点
28	巴西中国和平统一促进联合会	杨建中	2005	巴西利亚
29	巴西中国和平统一工商会	古富雄（待确认）	2005	累西腓
30	巴西米纳斯州中国和平统一促进会	待查	2005	贝洛里藏特
31	巴西中国和平统一促进联合会累西腓分会	刘麟祥	待查	累西腓
其他类				
32	南美洲华侨华人保钓联合会	马立国	2003	圣保罗
33	巴西中国退伍军人联谊会	王辛平	2003	圣保罗
34	巴西中医针灸学会	待查	1983	圣保罗
35	世界福建青年联合会巴西分会	孙孝钦	2010	圣保罗
36	巴西华人华侨青年联合会	叶王永	2009	圣保罗
37	巴西中华妇女联合会	赵永平	2006	圣保罗
38	里约中国学校（Escola Chinesa do Rio de Janeiro）	袁爱萍	2019	里约热内卢
39	华侨天主堂中文学校	党世文	1957	圣保罗
40	华声艺术团（Hua Sheng Arte Group）	李青霞	1996	圣保罗
41	唐韵艺术团（Tang Yun Arte Group）	林筠	1999	圣保罗
宗亲会				
42	巴西王氏宗亲会（Association do Surname Wang do Brasil，以福建连江的王氏为主）http：//www.wwdoa.com/2016/0728/27984.html	王咏野	2016	圣保罗
同乡会				
43	巴西福建同乡总会	谢志荣（Xie Zhirong）	1997	圣保罗
44	巴西青田同乡总会	朱敏群	1994	圣保罗
45	巴西江西同乡总会	林周恩、孙群红、林凯轩	2007	圣保罗
46	里约广东同乡会	陈锡钦	2016	Nova Iguassu/RJ
47	巴西河南同乡会	刘皓	2008	圣保罗

（续上表）

序号	社团名称	主要发起人	成立时间	成立地点
48	巴西东北同乡总会	田波	2005	圣保罗
49	巴西金华同乡会	胡素平	2011	圣保罗
50	巴西上海同乡会	王必成	1996	圣保罗
51	巴西江苏同乡总会	唐荣卫	2002	圣保罗
52	巴西温州同乡联谊会	黄海澄	2000	圣保罗
53	巴西中国大西南同乡总会	蒋早胜	2000	圣保罗
54	巴西冀鲁同乡总会	王志山	1994	圣保罗
55	巴西湖南同乡会 http：//www. gqb. gov. cn/news/2020/ 0115/47537. shtml	冯志军	2019	圣保罗
56	巴西天津同乡联谊会	胖瑞敏、沈宝禄	2010	圣保罗
57	南美洲台湾同胞联谊会	朱玉郎	2006	圣保罗
58	巴西南美洲闽南同乡联谊总会	黄河、刘振奎	2002	圣保罗
59	巴西东北部广东同乡会	龚绍良	待查	累西腓

第六章　巴西华侨华人与华文教育和中文专业

海外华文教育是华侨华人在居住地进行的一项持久事业，也是一项得到华侨华人支持鼓励、为华人后代追忆的文化事业。在巴西，除了华文教育之外，华人文教事业中的一项重要成就是巴西高等院校里中文专业的设立（目前找到的资料有圣保罗大学中文专业）。本章拟将巴西的华文教育和中文专业放在一起做一概述。应说明，巴西还有很多间孔子学院和孔子课堂，它们也是传播、弘扬中文/华文语言和文化的重要平台，但孔子学院和孔子课堂的主要受教育对象是当地民族的学生，这里从略讨论。

第一节　巴西华文教育的发展历程

从中国人到巴西种茶算起，中国人移民巴西的历史已有 200 多年。早年的华侨希望较快地积累财富，以早日"衣锦还乡"。由于各种各样的原因，很多华侨在巴西组建了家庭，娶了"番妇"，原本暂作栖身之地的"他乡"慢慢成了"第二故乡"。如此一个必然结果便是他们与当地人生下了自己的后代。但很多华侨内心深处仍有对祖国的眷恋，有对传统的坚守，希望自己这份情怀能传递下去。这一愿望最为直接的体现，就是让后代学好中文，了解中华文化，把"根"留住。因此，后代的华文教育问题就会越来越突出。

早年巴西的华侨家庭中，很可能连建立在口耳相传基础上的家庭式华文教育也没有。那时候的巴西华侨多是契约劳工，只身而去，基本上没有妇女，无法建立家庭，要不就是妻子留在家乡。后来契约期满，一些人娶了"番妇"。在这样的"半唐番"家庭组合中，不可能进行最基础的华文教育。男方（华侨）为了糊口而忙于生计，在家庭教育中担任重要角色的妻子（当地人）却没有受过中华文化教育，自然难以胜任华文教育之责。当然，有些"半唐番"家庭组合仍然具有一定的中华文化意识，但这是另一个问题。

伦理道德、为人处世、衣食住行以及生活习俗等，是家庭教育的重要内容。家庭教育是孩子成长的起点，可为后代的人生价值取向奠定基础。这主要是围绕家庭日常生活而展开对子女如何做人的教育，通过长辈对晚辈的言传身教以及养成良好的家庭习惯来实现的。早年巴西华侨群体中家庭形式华文教育的缺失，对于华侨社会里的中华传统伦理道德规范、爱国情感、留根意识和民族归属感、认同感，难免会造成一定程度的减损。

随着 20 世纪 50 年代以后来自中国台湾地区的移民的增多，以及 80 年代初以后来自中国大陆地区的移民的迅速增多，巴西华侨华人的两大主体来源，也形成了两类华文教育：一是主要由中国台湾扶持的华文教育，二是主要由中国大陆扶持的华文教育。两类不同来源的华文教育的基本目的是相通的，都是为了弘扬中华文化。到了 21 世纪，两者在教学实践上还出现相互借鉴的趋势。当然，两类华文教育在师资、教材、管理、经费来源、对华侨华人社会的影响等多个方面都存在差别。这里将巴西华文教育分为台湾和大陆两大类型，分别做一概述。

巴西是个典型的移民国家，生活在这个国家的外来民族众多，主流民族和一些外来民族对外来文化兼收并蓄。多年来，华文属于被当地民族乐于兼收并蓄的语言。虽然华文教育萌芽较晚，发展缓慢，但总体上处于上升的过程中。无论是来源于台湾（包括 1949 年前的中华民国全国和 1949 年后的台湾地区）的华文教育，还是来源于大陆（指 1949 年以后的中国大陆地区）的华文教育，都得到其来源地政府的支持。就华文教育在当地发展的历史来看，台湾在 1949 年以前得到当时中国政府的扶持，后来则得到台湾当局的支持；一般认为中国大陆对海外华文教育的扶持始于 20 世纪 80 年代，进入 21 世纪以来，扶持力度越来越大。实际上，海外一些原来接受台湾扶持的华文教育单位（华文学校、中文班等），后来在接受来自台湾的扶持的同时，也接受来自大陆的扶持。所以，台湾所扶持的华文教育与大陆所扶持的华文教育，本质上可以看作一个整体的两大分支。

从历史走到今天，巴西的华文教育大体上走过了这样的轨迹："草创"于 20 世纪 50 年代，"中衰"于 60 年代末，"重起"于 70 年代，"旺盛"于今时，"辉煌"与"收获"于未来。

巴西华文教育在 20 世纪 50 年代的"草创"可以 1955 年中国正定区陈启明主教以及王若石、党世文、柳成粹三神父来巴西为华侨传教并推广中华文化为标志。1957 年 10 月，党世文在圣保罗市松林区推展教务，并开始创办中文学校。1958 年元月 3 日，由党世文发起，孔子润、於树行、刘华甫、曲宏祥等人协助，成立"圣保罗第一中文学校"（Escola Chinesa São Paulo），教室借用教会校舍，在松林区上课。元月 5 日成立董事会，孔子润、毕务国等一干著名侨领组成董事会，孔子润任董事长，毕务国为总务委员，党世文神父担任校长。同年 8 月学校迁至松林路（Rua dos Pinheiros，849）上课，增设幼稚班，由毕务国夫人翁菊芬义务主持，时有学生 60 多人。1959 年 2 月党神父辞去校长职返中国后，由李永振神父接代。1963 年 4 月 9 日，台湾教育事务主管部门立案，将学校更名为

"孔圣学校"，采用双语教学，校长仍为李永振神父，校址仍设在松林路。1964年1月，学校增聘教职员，扩展到小学一至五年级，初中一、二年级。学校学生已多达700人，其中中国学生有近百人。①

客观地说，在华文教育"草创"的过程中，巴西华社中一些与台湾方面关系较密切的文化团体长期以来努力传播中华文化，为华文教育助力。比如，巴西中文教学协会多年来为华文教育做了不少工作，还举办以学习华语为主题的外籍学生说华语比赛等。② 此外，巴西华人美术协会自创办以来，每年至少都会举行一次联展。这些作品呈现出多样化的材料和风格，从油画到铅笔画，从学院派到现代画风都有。描绘自然的水彩画，印象、古典和现代风格的油画，展览中混合东、西方不同的视觉表现是艺术随环境转变的有力印证。③

"中衰"阶段是20世纪60年代末70年代初，起因为巴西政府大力发展公立教育，导致私立学校的生存空间被挤压，私立中文学校也难以幸免，学生陆续流失至主流学校。恰当此时，移民逐渐减少，因而华文教育出现负增长之势，"中衰"之象遂现。由于经济困难，华文学校捉襟见肘。最突出的是1969年孔圣学校由于种种困难而停办，学校由华侨天主堂买下后改为中文补习班，由萧金铭神父主持。此后孔圣学校虽然又暂时维持了一段时间，但于1973年还是完全停办了，董事会解散。华侨天主堂的自有校舍只在星期六、日用来办中文补习班，其余时间（应是星期一到星期五）则租给巴西人办速成补习学校。尽管中文补习班得到神父和热心教友的相助，但由于缺乏专业师资，教学效果得不到保障。在此情况下，许多学生不得不转读圣保罗中华会馆的中文识字班，只剩下教友及居住在该区的部分华侨子弟仍上华侨天主堂的补习班。而在1975年以前，中华会馆在校教书的老师均为义工，华文教材则为学校自编。1975年，孔圣学校改名为"圣保罗华侨天主堂中文学校"。唐酆济华女士先是负责其事，1975年任校长，④ 此乃后话。

圣保罗中华会馆中文识字班的成立背景是侨胞子女增多。圣保罗的侨胞大多数是20世纪50年代来的单身粤侨，随后家属越来越多，也有在圣保罗结婚的粤侨。到了60年代，他们的子女多已长大，并到了入学年龄。恰在1968年，由于圣保罗中华会馆在三楼组织了"粤剧研究社"，原先冷清的中华会馆顿时热闹起来。尤其是从事餐饮业（以做角仔为主）的粤籍侨胞子女，不时来粤剧社看热

---

① 《天主教中文学校简史》，天主教正定教区的博客，2014年4月12日。

② 《巴西中文教学协会举办"说华语比赛"》，台湾《宏观电子报》，2006年10月4日。

③ 《巴西华人美术协会举行联展》，台湾"中央社"，2008年3月31日。

④ 《圣保罗华侨天主堂中文学校》，载《巴西华人耕耘录》，巴西美洲华报编印，1998年，第155－157页。该书资料收集截至1998年，此后该校情况不详。

闹。于是有人灵机一动，建议在中华会馆三楼设立中文识字班。理监事会通过后，1969 年正式开学。上课时间为星期一至星期六下午 2 时至 5 时。由于学生多是粤侨子女，中文识字班采用粤语教学。到了第二学年的下学期，学生人数突然减少了一半。又到了第三学年的上学期，只剩下 10 余名学生了。究其原因，是粤籍侨胞太忙，抽不出时间来陪伴子女就读。因此，中文识字班于 1971 年下半年停办。① 圣保罗中华会馆中文识字班虽然"昙花一现"，但毕竟顽强坚持了一段时间，还是值得记载在史。

虽然由华侨华人举办的华文教育在二十世纪六七十年代每况愈下，但中文教育在巴西本地的教育机构里呈现萌发之势。这里姑且稍做插述。1967 年，在艰难的条件下，圣保罗州立大学在东方文学系开始成立中文组，由中国台湾来的孙家勤教授主持。中文组的活动虽然不算侨社办的华文教育，但在某种程度上也可看作华文教育的一次"借腹投胎"，为后来华文教育的"重起"积蓄了火种。中文组所定教学方针是把华语教学作为重中之重，也涉及文化和历史，目的是在巴西建设一个认识和了解中国历史文化的场所。看得出，中文组对中文教育的目标设定已不限于语言的学习，而是教授更高层次的系统化的中华文化，因为语言是文化的载体，文化的传承首先靠语言，语言也是文化的一部分。以当时巴西的教学与研究条件，中文组要依靠自身力量实现这一目标是十分艰难的，但这种不畏艰难、砥砺前行的精神是难能可贵的。其实，这一目标与后阶段华文教育提出的发展目标不谋而合。

巴西华文教育的"重起"，得益于台湾新移民潮所带来的华侨华人人口的上升。其起因是，1971 年 11 月中华人民共和国恢复在联合国的合法席位后，台湾当局惶惶不可终日，民众纷纷外流他国，巴西亦接收了大量台湾移民，遂使巴西的华文教育之船得乘台湾移民之风而"重起"，"中衰"之象遂慢慢淡去。台湾人移居巴西之流开始后，华侨华人人口日渐增多。台湾移民支持下的巴西华文教育，遂在 70 年代发展为一大独立分支。

事情可从 1972 年圣保罗中华会馆特要求当时的台湾侨务主管部门派遣中文教师徐捷源前来巴西开展中文教育说起。鉴于巴西华侨人口不断增长，而中文教育却有负增长之势，故在这一年 12 月 17 日，首先在圣保罗中华会馆开设中文补习班，最初学生为 65 名，上课时间为星期一、二、四、五，初级班上午 9 点至 12 点，高级班下午 1 点半到 4 点半。同时在 Suzano 办起第二个中文班。该班前后维持了 4 年，由于学生多到外地读大学，人数锐减而停办。教材均由台湾侨务主管部门购赠。小学早期采用《华语（海外版）》，然后改为《华语（美洲

---

① 《圣保罗中华会馆识字班》，载《巴西华人耕耘录》，巴西美洲华报编印，1998 年，第 163 页。

版)》，之后使用《华语（修订版）》。初中早期使用《国民中学国文》及《历史》。初级班均采用注音符号①教学。到 1998 年有学生 320 名，教师 6 位。②

　　在此期间，各类中文学校纷纷建立。1973 年 2 月，华侨基督教联合浸信会开设中文班，有教友子女及该区华侨子弟 40 多人学习。上课时间为星期一、二、五晚上 7 时至 9 时，后改为星期三、五晚上，最后改为星期五晚上，该班学生最多时达到 90 多名，至 80 年代初停办。1974 年 3 月，Tucuruvi 地区也开设了中文班。1975 年 3 月，圣保罗华侨基督教会开设中文班，由徐捷源和林梅兰任教，学生数量 120 人左右，分初、中、高三个级别 4 个班上课。③

　　1975 年，在华侨天主堂王若石神父主持下，圣保罗华侨天主堂中文学校再度正名成立，设有幼稚园、小学部、中文部、葡文部、粤语班，同时，聘请唐酆济华接任校长。众多学生家长义务服务当义工，每星期日上课，起初有学生约百人，多数是华侨子弟，由于大家一起努力，学习中文的学生一度达到 600 人，有 200 人学习粤语。唐酆济华任校长期间，每年有学生 400 多人，教师 20 多位，均为师范专业及台湾各大专学校毕业生。学校分为 22 个班，另有免费葡文学习班，星期日上课。教材以台湾侨务主管部门编写的海外华文教材为主。教学内容为启发学生如何孝顺父母、尊师敬老等，并为增进学生学习兴趣举办作文、朗读、歌唱绘画等比赛。④ 到 1976 年，当地有 3 所华文学校，7 个华文补习班。天主堂中文学校拥有巴西最全的中文图书馆。1989 年成立了天主堂中文学校家长会。⑤

　　巴西华文教育的"旺盛"时期起因于中国大陆新移民的迅速增多。1978 年中国改革开放后，从 20 世纪 80 年代开始，中国大陆新移民纷至沓来。就巴西的中国人移民潮来说，这时候中国台湾的新移民时代已经开始多年，中国台湾移民已站稳脚跟，中国大陆的新移民时代则刚刚开始。中国大陆与台湾两地的移民都在兴办华文教育，遂使巴西华文教育呈现旺盛之势。可以说，是两岸移民一起"做大做强"了巴西的华文教育。客观地看，如果不是中国大陆新移民的到来，单靠中国台湾移民，是很难持续地推高巴西的华文教育的。

---

　　① 注音符号旧称为"注音字母"，是为汉字注音而设定的符号，1913 年由中国读音统一会制定，1918 年由北洋政府教育部发布，共计 39 个字母，排列以"ㄍㄎ"开头；1920 年改订字母顺序，增加一个字母"ㄜ"，共计达 40 个。注音初期以读音统一会所定字音为标准，故有"万 v、兀 Ng、广 Gn"三个字母，后以北京音为标准，"万、兀、广"只作注方言之用，仍使用的有 37 个（声母 21 个，介母 3 个，韵母 13 个）。1930 年中华民国政府把注音字母改称为"注音符号"，正式的称呼是国语注音符号第一式。

　　② 《巴西华人耕耘录》，巴西美洲华报编印，1998 年，第 165 页。

　　③ 卢海云、王垠：《华侨华人概述》，北京：九州出版社，2005 年，第 146 页。

　　④ 徐捷源：《巴西中文教育概况兼谈华人的双语现象》，载邓幸光等：《南美华人天地——三十年来南美华人生活文化学术研讨会文集》，台北：世界华文作家协会、南美华文作家协会，1999 年，第 108 页。

　　⑤ 卢海云、王垠：《华侨华人概述》，北京：九州出版社，2005 年，第 146 页。

这一时期"旺盛"的标志，是圣保罗华侨天主堂中文学校、中华会馆中文学校等学校在稳步发展。80 年代，随着华侨人口的增长，圣保罗各侨团、各教会纷纷办起了中文班。到 80 年代末，中文班已经增至 20 余个。

圣保罗华侨天主堂中文学校是 1965 年 4 月从松林区搬到现址（Rua Santa Justina No. 290，Vila Olímpia）的。校址还在松林区的时候，1963 年 4 月 9 日，学校更名为"孔圣学校"，校长为李永振神父。1964 年 1 月，学校扩展到小学一至五年级，初中一、二年级，学生人数总计已高达 700 多人，其中中国学生近百人，[①] 其他学生是第二、三代华裔，此外还有巴西人、混血及一部分第一代华裔。学校一直是采用周末教学的模式。

70 年代初，圣保罗州政府大量扩建公立学校，私立中小学因而大受打击，学生人数锐减。孔圣学校因种种原因而于 1973 年起停办，自有校舍租给巴西人办速成补习学校。星期六、日则由华侨天主堂开办中文补习班。1975 年以前，在校教书的教师均为义工，华文教材由学校自编。1975 年，在王若石神父主持下，圣保罗华侨天主堂中文学校再度正名成立，开始进入发展期。该校每星期日上课，开始时学生百余人，多数是华侨子弟，由唐酆济华任校长。1975 年至 1985 年每年有学生 400 多人，教师 20 多人，学校分为 22 班，另有免费葡文学习班，星期日上课，可惜由于经济困难，1969 年起暂停。后改为中文补习班，由萧金铭神父主持。1994 年起，华侨天主堂中文学校进入拓展期。学校增设成人会话班，从原来教授注音符号和繁体字的模式，发展到以汉语拼音教授、简繁对照的汉语教学。[②] 2005 年毕业于巴西 Unfai 综合大学的肖思佳神父于 2007 年 8 月初接任华侨天主堂中文学校校长后，对教学进行大力改革，强化"以学生为中心"的宗旨，针对不同学生的学习情况分设班级，采用不同的教学方法因材施教。同时，坚持"以优美的环境熏陶人，以优质的教育培养人"的理念，进行校园环境建设和师资建设，取得显著成效。从 2008 年起，学校采取"合作办学、设立课堂、独立分校、社会捐建"等方式，相继创办了圣本笃中文学校、阿文苏中文学校、学琳幼稚园、工具街中文学校、自由区中文学校和莫卡中文学校等 6 所分校。这些学校为圣保罗华侨华人子弟学习中文创造了良好的学习环境，受到侨界欢迎和称赞。目前，华侨天主堂中文学校和 6 所分校共有教职员工 125 人，学生 720 人。其中，学习中文的学生有 500 人左右，教中文的教师 27 人。这里，有一件对华侨天主堂中文学校发展具有重大意义的大事值得一提，就是该校与百年名校圣本笃学院合作，创办了圣本笃中文学校，从而开创了华人中文学校与巴

---

① 《华侨天主堂中文学校》，中国华文教育网，2014 年 9 月 30 日。
② 《华侨天主堂中文学校》，中国华文教育网，2014 年 9 月 30 日。

西本土正规葡语学校合作办学的先河，为华侨华人子弟融入巴西主流社会提供了新平台，也为巴西各华文学校提供了办学新思路。①

　　经过近 60 年的不断发展，2009 年，华侨天主堂中文学校被中国国务院侨务办公室授予"华文教育示范学校"称号。学校拥有 16 个教学班级，开设了繁体字班、简体字班、成人会话班、古筝班等，学生人数 100 人左右。学校的上课时间为周日上午 9 时至 12 时。② 中文课程在小学、初中和高中（高三除外）的学生中进行。成人会话班都以汉语拼音和简体字进行教学。该校针对不同的教学对象，使用的教材有《华语》《当代中文》《汉语乐园》《中文》等。学校每学期都组织丰富多彩的课余活动，如演讲比赛、写字比赛、朗诵比赛、画画比赛等，既活跃了校园氛围，又让学生无形中感悟到了中华文化的魅力。③ 还值得一提的是，根据截至 2014 年的资料，得益于中国国务院侨务办公室和中国驻巴西圣保罗总领馆对该校的共同帮助，该校成为有国侨办外派教师常驻的学校。此举无疑有助于大大提升该校的师资水平。至 2014 年左右，学校有学生约 400 人，教师 20 多人，共 22 班，另有免费葡文学习班，星期日上课。④ 到 2015 年，鉴于校务拓展，学校第三度改名为"华侨天主堂中文学校"。⑤

　　除了圣保罗外，里约热内卢、巴西利亚、古里吉巴、龙城、米纳斯吉拉斯州、阿雷格里港等地均开办了中文班。⑥ 中国总领事馆也赠送了大陆编写的教材。巴西的华文教育数量上的蓬勃发展为质量上的提升奠定了基础。

　　1983 年 2 月圣保罗基督长老教会中文学校的成立值得一谈。圣保罗基督长老教会为圣保罗最大的华人教堂，位于圣保罗 Rua Dr. siqueira Campos 100 号。该校开学时有学生 126 人。当时中文班学生不缴学费。教材使用台湾侨务主管部门印赠的新编美洲版华语注音符号读本，免费供应。上课地点为教会的主日学课室。1990 年，许辉世牧师受聘来圣保罗教会牧养，他在热心宣传基督教福音的同时，也明白宗教与文化的密切关系，极力说服教会长执筹组中文学校，盼利用孩童学习中文的途径，广泛争取学童与家长参加教会。⑦

　　① 莫成雄：《致力华文教育　弘扬中华文化——访巴西圣保罗华侨天主堂学校校长肖思佳》，中国新闻网，2018 年 9 月 16 日。

　　② 《华侨天主堂中文学校》，中国华文教育网，2014 年 9 月 30 日。

　　③ 《华侨天主堂中文学校》，中国华文教育网，2014 年 9 月 30 日。

　　④ 《天主教中文学校简史》，此据天主教正定教区的博客，http：//blog. sina. com. cn/u/3979025444，2014 年 4 月 12 日。

　　⑤ 莫成雄：《致力华文教育　弘扬中华文化——访巴西圣保罗华侨天主堂学校校长肖思佳》，中国新闻网，2018 年 9 月 16 日。

　　⑥ 《巴西中文教学协会》，载《巴西华人耕耘录》，巴西美洲华报编印，1998 年，第 92 页。

　　⑦ 《圣保罗基督长老教会中文学校》，载《巴西华人耕耘录》，巴西美洲华报编印，1998 年，第 168 – 169 页。

1987 年 9 月，慕义基督教会中文学校成立，其时学生共有 140 余名。学校由庄晓微牧师和纪聪男牧师共同创办。第一任校长许善宗长老。1990 年初，教会改派许超世长老为第二任校长。1993 年初，教会再派黄义显长老为第三任校长。1995 年 2 月，教会又派钟安男长老为第四任校长。到 1997 年 2 月，校长改由陈安仁担任。①

据统计，到 1989 年底，学习中文的学生有 1 500 人，华文教师多为兼职。较有名的是 1987 年 7 月由华侨联谊会会长张胜凯创办的圣保罗苏珊诺镇的中文学校，有学生 40 人，每周六下午上课，采用台湾教材，当时通用的教材是《中华儿童》读本和《华语六百字》。巴西华人协会也办中国文化学习班，分粤语班和国语班，每周上课两天。② 其时学生多数是华人子女，也有很少的当地人参加学习，教师都是义务教学的。

到 20 世纪 90 年代，为适应侨社需要，教说普通话、辅导中葡文的幼稚园兼中文学校纷纷成立。可举的例子如下：

1990 年 8 月，巴西全真道院中文学校成立。巴西全真道院是一个以阐扬中华文化的五伦八德、四维纲常为宗旨的机构。该校前身是巴西全真道院中文班，经巴西全真道院 1990 年 3 月院务会议通过而开始筹备，1990 年 8 月 4 日正式成立。到 1991 年 2 月 2 日，新学期开始，院务会议委请有关人士向台湾侨务主管部门申办学校立案，并推举许文彬经理担任校长（后由徐文章接任）。经过台湾侨务主管部门备案，改名为"巴西全真道院中文学校"。③

1992 年，在距离圣保罗 100 多公里的圣约瑟成立了中文学校。当时学生约有50 名。20 世纪 70 年代前，圣约瑟仅有两三家广东侨胞开的角仔店，其后逐渐多了一些来自台湾的侨胞，以及一些在巴西的空军与太空研究中心从事研究工作的华人。于是，这些华人家庭便为子女的教育发愁。到 80 年代后期，新移民越来越多。1991 年，这里成立了"华人文化协会"，逢年过节举办聚会和联谊活动。聚会中，华人文化协会会长吴益男为催生办学，慷慨允诺免费出借其房舍三大间作为教室；来自台湾的顾梓东等 3 位女士曾在台湾的中学任教过，此际为会众热情所感，亦慷慨诚允义务教中文，张心铭允诺义务教葡文。于是，召开筹备会，集资购置课桌椅，布置教室。经过数月的努力，1992 年 2 月 1 日，圣约瑟中文学

① 《慕义基督教会中文学校》，载《巴西华人耕耘录》，巴西美洲华报编印，1998 年，第 172 页。该书资料收集截至 1998 年，后续情况不详。

② 卢海云、王垠：《华侨华人概述》，北京：九州出版社，2005 年，第 146 页。

③ 《巴西全真道院中文学校》，载《巴西华人耕耘录》，巴西美洲华报编印，1998 年，第 174 页。该书资料收集截至 1998 年，后续情况不详。

校诞生并正式开课。①

1993 年 12 月 1 日，圣保罗第一家华人所办的幼儿园——幼华学园正式成立。创办人陈丽娇，毕业于台北女师专，一直在教育界服务。移民巴西后，因看到下一代华人孩子由女佣带养，完全巴西化，导致亲情疏离，因而与其夫婿共同创办以中文教学的幼华学园，既缓解华裔孩童的学前教育问题，也有利于中华文化在幼童心灵扎根。幼华学园本着"孩子是你我共有"的办学宗旨，与学童家长保持密切联系。学校与家庭的教养步调一致，家长积极配合学园的内外活动，使幼儿能够健康成长。② 该学园于 1994 年开始招生，学校班级分为托儿班、幼儿园（大、中、小班）及上下午班，主要教学生说普通话，开设中、葡文课程，督促学生养成良好的生活习惯等。③

20 世纪 90 年代时，坎皮纳斯市约有华侨 200 余户，多为广东籍，但他们的子女多不懂华语，连与父母沟通都有困难。于是其时已故的张纬思的儿女与若干友商成立中文学校，由张家提供校舍与教学设备，于 1995 年春正式成立了坎皮纳斯中文学校。首任校长为青年企业家丁国庆。他热心校务，学生积极报名入学，其中有若干巴西人。中国驻圣保罗总领事馆和中国台湾的侨务主管部门都提供教科书和录像带等教材。1997 年，丁国庆因忙于商务，改由陈华洸任校长。陈校长继续充实设备并趁赴美之便带回若干教材。其时学生有 20 余人，分大、中、小班上课，每节课 2 小时。④

1995 年 8 月 4 日，中华文化艺术馆创立，其教学宗旨是在巴西弘扬中华文化艺术。馆长为画家毛如珠。创立该馆的缘起是，1985 年圣保罗第一届美展在 SESC 举行，毛如珠以水墨画当众挥毫，观赏者踊跃，故她有志于在巴西推广中国绘画。到 90 年代，见侨胞日众，乃设立该馆，开展各项美术教学活动。⑤

里约热内卢中华会馆原来就办有中文班，但开办时间不详，只知道 1995 年停办。正当此时，该地侨胞对于本地华侨子弟不能继续接受华文教育而感到十分忧虑，遂由歌友会会长、里约佛光会监事吴国瑞出面，邀里约佛光会主持里约华教。佛光会会长蔡正美移民巴西前曾在台湾接受师范教育，教过 3 年书，在侨界和如来寺法师鼓励下，乃与吴国瑞及数位学校赞助人一起商议，筹设一所中文学校，定名"里约佛光中文学校"，佛光会会长兼任校长，筹得一定资金，聘得老

---

① 《圣约瑟中文学校》，载《巴西华人耕耘录》，巴西美洲华报编印，1998 年，第 175－176 页。

② 《圣保罗幼华学园》，载《巴西华人耕耘录》，巴西美洲华报编印，1998 年，第 181 页。该文资料收集截至 1998 年，后续情况不详。

③ 陈雯雯：《巴西华文教育现状探析》，《华文教学与研究》2015 年第 2 期。

④ 《康宾那斯中文学校》，载《巴西华人耕耘录》，巴西美洲华报编印，1998 年，第 180 页。该文资料收集截至 1998 年，后续情况不详。笔者注：康宾那斯即此处之坎皮纳斯。

⑤ 《中华文化艺术馆》，载《巴西华人耕耘录》，巴西美洲华报编印，1998 年，第 183 页。

师，购得教材，于 1995 年 3 月 19 日开学。该地的台湾侨胞绝大多数是 1980 年以前来的，随着经济形势恶化，台湾人不再移民来此，因此到 1998 年，该校读中文的学生人数逐渐减少。为此，蔡正美校长吁请侨界重视后代的华文教育，并经多方调查决定是否续办中文学校。征得家长同意后，该校迁至佛光山里约禅静中心后栋楼房，经一个月筹备，于 1998 年 3 月 19 日重新开学。来上课的学生绝大多数为第三代，6 岁以下为多，也有父母同来学习中文者和少数以前的老学生。[①]

仁德国际学校的创办缘起于 1995 年 6 月，南美华侨社团第一届年会在巴西召开，台湾侨务主管部门负责人章孝严出席。他鼓励台湾移民成立双语学校，为传承中华文化尽心力。筹备委员会的张胜凯即一口承诺。在两年多的筹备过程中选址都不甚理想，最后由巴西佛光协会捐赠 3 万平方米已略具规模的拥有网球场、篮球场、游泳池、餐厅等基础设施的会所作为校址，并由巴西如来寺师父、巴西佛光协会土地赠与者及学校主要财务赞助者——张胜凯所属方大企业公司的代表，以联合财团法人方式成立仁德国际学校理事会，共同推动管理。仁德国际学校在积极进行校舍建设之后，已拥有图书馆、实验室、美术教室、音乐舞蹈教室、网球场、篮球场、足球场、游泳池等。校舍为欧式洋房建筑，每个班级均拥有室内及室外教室，且教室内都装置实验角、视听设备、电脑等完善的现代设施。[②]

1997 年 5 月 19 日，乐儿学园在浸信会施恩堂创立，这是一所专门教导学前幼儿成为身心健全儿童的快乐园地，教学对象为 3~10 岁的儿童。该学园是以基督信仰为基础的非营利性质的教育机构，全由董事会支持。其教育目标是通过高素质的综合课程，让儿童们关注和探讨身边的事物和社会的课题，表达自己的意见与感受，了解生命的意义，发掘个人潜能，展现其所能。同年 7 月 5 日，乐儿学园开始招生，报名的学生很多。8 月 4 日第一学期开课。1998 年 1 月 5 日至 2 月 6 日，举行暑期夏令营。同年 3 月 4 日第二学期开课。[③]

1997 年 2 月 3 日，汉思文教中心成立。该中心为一所私立语文教育中心，设中文、葡文班，采取个别指导或小班制。该中心成立的缘起，是为了纪念一位伟大的母亲——张贵花老师。她将自己毕生的精力奉献给教育事业，30 年如一日。

---

① 《里约佛光中文学校》，载《巴西华人耕耘录》，巴西美洲华报编印，1998 年，第 177－178 页。该文资料收集至 1998 年，后续情况不详。

② 《仁德国际学校》，载《巴西华人耕耘录》，巴西美洲华报编印，1998 年，第 151－152 页。该文资料收集截至 1998 年，此后该校情况不详。

③ 《乐儿学园》，载《巴西华人耕耘录》，巴西美洲华报编印，1998 年，第 185 页。该文资料收集截至 1998 年，后续情况不详。

她在有生之年就一直希望能创办一间学校，后来因病去世，愿望始终未能实现。如今由其夫和子女们来为她完成遗愿。该中心的老师们除自编教材外，还配合多种书籍应用，激发学生的学习兴趣，提升教学效果。同时，举办多项语文竞赛，以增加学生们彼此切磋和学习的机会。①

1998 年 2 月，圣保罗仁德国际学校成立。这所在巴西政府登记、设有中文课程的国际学校，由台湾移民中事业有成者出资兴办，校园宽阔，设施齐全，从幼稚（儿）园到高中。从教学语种来看，中、葡、英语课程均设。该校还实行全日制综合教学，各方面均可与美国、德国、英国、西班牙、日本等国在巴西的同类国际学校相匹敌。可以说，该校的成立标志着巴西的华文教育登上了新的高峰。

圣儒华文学校是目前巴西较大的由台湾人士创办的学校。学校以"弘扬儒家思想、传承固有文化、提升中文素质、落实品格教育"为宗旨。该校前身系学儒补习班，由林志孟创建于 2001 年 2 月。由于学校的人数不断发展，原址不敷使用，于是 2003 年在第一校区整建基础上创立了圣儒华文学校。②

在台湾移民办的华文学校日益兴盛的同时，大陆新移民办的学校也遍地开花。华光语言文化中心是圣保罗第一家面向巴西人的中文学校。该校 2003 年由齐耀斌、梁艳创办。教学对象主要为巴西人，包括当地的企业家、记者、大学生、律师和越来越多的旅游贸易交往的从业人员。华光语言文化中心起源于 Vila Mariana 校区，后来由于发展的要求，尤其是对便利的交通条件的需求，搬到离地铁不远的 Ana Rosa 附近。③ 然而到了 21 世纪 10 年代初最近 3 年，华光语言文化中心由于孔子学院收费低廉的冲击、巴西经济下滑通货膨胀压力大等原因而生源数量下降。④

亚华中文班是巴西第一所以中国侨民为主要教授对象的中文学校。2004 年 9 月，巴西华人协会与圣保罗亚洲文化中心联合开办亚华中文班，聘请专业教师，采用大陆教材，教授汉语拼音、简体汉字，吸引了 120 余名学生，被各界侨胞誉为"圣保罗侨社的一件大事，为圣保罗侨胞做了一件大好事"。⑤

启智华文学校从 2004 年建立幼儿园开始，发展到创立了小学部，走过了艰辛历程，得到了各界人士的热情支持。他们在办学中总结出了一整套针对幼儿教育的特殊方法，极大地开发了孩子认知事物的智力。该校师资队伍不断壮大，还

① 《汉思文教中心》，载《巴西华人耕耘录》，巴西美洲华报编印，1998 年，第 184 页。
② 陈雯雯：《巴西华文教育现状探析》，《华文教学与研究》2015 年第 2 期。
③ 陈雯雯：《巴西华文教育现状探析》，《华文教学与研究》2015 年第 2 期。
④ 陈雯雯：《巴西华文教育现状探析》，《华文教学与研究》2015 年第 2 期。
⑤ 上列巴西华文教育概况参见：http://qwgzyj.gqb.gov.cn/hwjy/129/60.shtml. No.2，2006 年。

使用中国国内统一标准教材以及与中国国内教育接轨的教育方式，方便孩子们回国就读和升学，深受侨胞们的欢迎和肯定。[1]

德馨中文补习学校于 2005 年成立（后更名"德馨双语学校"）。2009 年 2 月，从厦门移民到巴西的魏万古从创办者王铁骊老师手中接手德馨双语学校。在魏校长带领下，该学校发扬艰苦奋斗的精神，以严谨治学为己任，筚路蓝缕，砥砺耕耘，始终秉承"传承中华文化，塑造德馨人才"的宗旨，以"树人德馨止于至善"为校训，培养了大批德才兼备、德艺双馨的学生。德馨全体老师辛勤耕耘，为中华文化在海外传播呕心沥血，三尺教鞭扬正气，满腔热血育良才。

经过几年的发展，2015 年左右德馨双语学校已经初具规模，由 2009 年 2 月时的一个 15 平方米教室扩大到已拥有独立幼儿园，幼儿园和小学综合教学楼面积近 1 500 平方米。在校学生由 2009 年 2 月时的 10 名发展到 2015 年左右全日制在校生 280 名，加上周末班学生共有生源 320 名。[2] 2016 年，在中国驻圣保罗总领馆的大力支持下，德馨双语学校成为海外华文示范学校。2019 年华星书屋的到来，解决了孩子阅读难的问题，外派老师的到来，缓解了师资队伍的紧缺。2019 年 11 月 17 日，德馨双语学校在 Eventos Hakka 剧场隆重举办十周年校庆暨幼儿园毕业庆典活动。活动中设立展厅"德馨教育园地"，展示了德馨丰富多彩的教学内容：手工、剪纸、国画、书法、油画等，体现了德馨过硬的教学水平。剧场布置焕然一新，8 米长、4 米宽的 LED 大屏幕，五彩缤纷的舞美设计，犹如一场小春晚，全场座无虚席，过道上还挤满了家长。[3]

2006 年 5 月 21 日，在里约热内卢华侨华人的普遍支持下，在中国国务院侨务办公室、中国驻巴西里约热内卢总领事馆的大力支持下，巴西华人文化交流协会筹建的中文学校在巴西华人文化交流协会会址的教学楼举行了隆重的开课仪式。该中文学校的特征表现为三个扩延：一是在生源上，不只是对华侨华人子弟进行语言教学，也将扩延到向非华人士开放；二是在语种上，不只局限于中文教学，还将扩延到其他语种如英语、葡语教学等；三是在教学内容上，不仅是语言教学，还将扩延到其他门类，且层级分明，课程系统全面，意在逐步建成具有一定规模的综合性学校，让巴西当地人民充分领略中华文化的丰富内涵。

改革开放 40 多年来，中国发生了翻天覆地的变化，国际地位不断提高，中巴关系日益密切，中文越来越重要，进入 21 世纪后，巴西的华文教育进入了全盛时期。"汉语热"席卷全球，巴西也不例外。巴西华侨华人子女学习华语、学

---

[1] 《巴西圣保罗启智华文学校举办八周年庆典活动》，中国新闻网，2012 年 11 月 19 日。

[2] 陈雯雯：《巴西华文教育现状探析》，《华文教学与研究》2015 年第 2 期。

[3] 《巴西德馨双语学校隆重举办十周年校庆暨幼儿园毕业典礼仪式》，华人头条，2019 年 11 月 17 日。

习中华文化热情高涨。根据巴西华侨天主堂中文学校校长肖思佳 2018 年 9 月的说法，巴西华人已开办 10 多家华文学校，华文教育已在巴西扎根、开花、结果。[①]

巴西年轻人学会多种语言，无论是对个人生活还是对创造新的职业机会，都很有帮助。就职业选择来说，多懂得一门语言就意味着有更多的就业机会。一国语言的受欢迎程度明显与巴西的经济运行相联系。巴西的基础语言是本国的官方用语——葡萄牙语，以及拉美的通用语——西班牙语。葡萄牙语是母语，巴西是南美洲唯一使用葡萄牙语的国家。而在拉美大部分国家，则是西班牙语的天下。西班牙语还是南方共同市场的官方语言。巴西与南方共同市场国家贸易往来频繁，因此巴西年轻人学习西班牙语自属理所当然。另外，全球最广泛的通用语言——英语，在巴西经济、政治和社会生活各个方面的影响力也是无可置疑的。巴西年轻人当然明白，全球都在学习英语，因为英语使人有机会获得更多可供选择的发展和旅游机会。

除了葡语、西语和英语，对巴西年轻人来说，其他重要语言还有德语、法语和中文。调查表明，德语在巴西年轻人的学习单子上排列非常靠前，因为巴西有很多德国企业。法语也非常受巴西年轻人欢迎，因为法国与巴西的关系紧密，巴西的法国企业也不少。中文则与德语、法语等外来语有并驾齐驱之势，正成为巴西年轻人最喜欢的语言之一，这当然是由于中国的快速发展。巴西企业非常欢迎会中文的年轻人，因为中文很有用处，比如可在与中国企业的谈判中发挥重要作用等。当然，巴西年轻人愿意学习德语、法语和中文的一个目的是希望有一天前往德国、法国和中国旅游。不过，中文不可能取代葡萄牙语（母语）、西班牙语和英语三者中任何一种语言的地位。

回过头来看，21 世纪以来，巴西人学中文有两个小高潮，第一次是在 2005 年巴西总统卢拉访华的时候；第二次则是在 2008 年北京举办奥运会的时候。[②] 跟以前不大一样的是，这一时期巴西华文教育的"旺盛"，是建立在可持续发展基础上的"旺盛"，也可能成为经久不衰的"旺盛"。如同上面所指出的那样，这一时期华文教育的"旺盛"，是由中国台湾移民的华文教育与中国大陆新移民的华文教育两者"不谋而合"地联手"做大做强"的。进入 21 世纪后，大陆新移民开办的中文学校（班）频频涌现。可举的例子有：2002 年，圣保罗青田同乡会开办中文班；2003 年，大陆留学生开办华光语言文化中心；2004 年 9 月，巴

[①] 莫成雄：《致力华文教育　弘扬中华文化——访巴西圣保罗华侨天主堂学校校长肖思佳》，中国新闻网，2018 年 9 月 16 日。

[②] 《巴西华侨华人感受中国崛起：对未来充满信心》，《海外华文教育动态》2011 年第 2 期。

西华人协会与圣保罗亚洲文化中心联合开办亚华中文班。① 不过也应指出，华侨华人社团以及教会兴办的中文学校或学习班多是业余性和临时的，大多数中途放弃，未能长期经营下来，但这不会对这一时期华文教育的"旺盛"之势造成大的削弱。

世界性的中文热或曰中华文化热，早在 21 世纪之初就已经兴起，巴西也是如此。中华文化热的主角已非传统华人，而是来自中国大陆的新移民。今天，中文热在巴西圣保罗的教育市场有越烧越旺之势，除了一般的中文学校和语言补习班，很多私立学校也开始在教学项目中增加中文。非官方的调查指出，圣保罗市内已有多所学校设立中文课。虽然英文仍是国际语言，但学习中文的学生与日俱增。目前和未来一段时期内，精通英文仍然是巴西人求职的基本外文要求，其次是西班牙文。但人们也已看到，今后中文势必逐渐成为国际语言。即使到那时英文与西班牙文在巴西人的求职要求中仍然排在首二位，中文"屈居"第三位，但中文却很可能是必不可少的第三。如果缺了这个第三，即使第一和第二再好也要输人一筹，所以争抢先机学习中文的人越来越多。例如位于大圣保罗地区哥琪雅市的仁德国际学校，2007 年时已有 400 名学生。按照学校的规定，一直到五年级，中文都是必修课程，之后才可以选修西班牙文。又如圣保罗市西区的私立学校，2005 年开始对外招收自学中文的学生。刚开始，大部分学生是工薪一族，而到 2007 年，有 3% 的学生都是大学生。2006 年到 2007 年，学生人数的增长率约达 5%。②

巴西华文教育的"辉煌"与"收获"在于未来的发展前景。企业用工招聘方面的例子可以证实对多语人才需求的大趋势以及对这类型人才的吸引力。例如 2019 年 11 月 24 日，由巴西中资企业协会、巴西祎思企业咨询公司、巴西圣保罗州立大学孔子学院等联合主办的第四届巴西中资企业人力资源招聘会在圣保罗市举行，正泰集团、亨通集团、华为公司、网易严选等 12 家中企在会场内设立招聘点，还有十多家中企委托巴西祎思企业咨询公司进行招聘。招聘就业岗位和人数不少。中资企业希望借此招聘机会了解精通中葡双语甚至中、葡、英三语的人才情况。③ 这样的招聘会应会经常出现。磨刀不误砍柴工，机会总是面向有准备的人。有志者事竟成，随着中巴关系的发展，他们大显身手的机会会越来越多。

随着中巴文化交流越来越频繁，在巴西学习中文的人不断增多，同时也逐渐向高质量、高层次发展。高质量、高层次的一个趋势是，学习中文不仅是为了谋

---

① 《巴西华文教育概况》，江苏侨网，2009 年 4 月 30 日。

② 《巴西圣保罗中文热越烧越旺，学校纷纷开设中文课》，中国新闻网（据"中央社"报道），2007 年 3 月 27 日。

③ 宫若涵：《中资企业在巴西招聘人才》，新华网，2019 年 11 月 24 日。

生和取得更高的物质利益回报，也是为了认识中华文化精粹，且后一方面的目的越来越重要。巴西华文教育的"辉煌"与"收获"不只是华侨华人一个民族的事情，只有当别的民族，特别是当地主体民族愿意持之以恒地喜欢和学习中华文化，就如同华人后裔喜欢和学习当地文化一样，这样的华文教育才算是成功的。这一点当然还需要时间证明。

孩子的思想如一张白纸，可以画上最新最美的图画。他们天真烂漫，求知若渴，是接受优秀中华文化的最佳年龄。尤其是在幼儿至中学阶段，他们的华语还处在学习阶段，华语报章杂志还看不大懂，见到的华语广告宣传还不多，人际交往中使用华语的机会又少，电视电影中的中华文化对他们来说太深奥，旅游观光地对青少年吸引力虽大，但远在中国，观光体验起来太奢侈。所以，华文教育的主要方式还是要靠巴西国内的教育。好在今天巴西的中华文化存在着良好的生存环境，包括直接传播平台和辅助平台。华文学校、华人社团、华文报纸历史上就是传承中华文化的三大支柱。今天，它们在这方面的功能依然存在，在一定程度上甚至更加凸显。其中，华文学校是中坚支柱，是传播中华文化的第一平台。离开了华文学校，不仅华文教育无从谈起，中华文化的传播也是缘木求鱼。其他平台的运作形式则多种多样。例如，新老华人社团可以经常组织多种多样的文化活动，包括大众性的节日文艺演出、中华传统节日联欢、座谈会、茶话会、联谊会，以及趣味性较强的舞狮舞龙、花车游行等民俗文化活动。还可以组织专门针对华裔青少年的各种比赛、竞赛、朗诵会等，临时安排各种访问演出、来访交流等，开展讲座、研讨会、培训班等学术含金量较高的专门文化活动等。这些活动会多角度、多层次地展现中华文化的丰富内涵。再如，报章杂志、电视电影、街头广告、人际交往，远者如旅游观光、参观访问等，都可以作为传承中华文化的平台。今天平台/手段之多，是传统华人时代所不可比拟的。当然，这些手段的一个缺陷是具有零散性、分拆性、局部性，收效往往有限，故完全靠这些手段让年青一代系统掌握中华文化还是不可能的。在这样的情况下，各级学校的华文教育自然成了向他们传播中华文化的主要途径。在某种意义上，学校华文教育是让学生耳熟能详却零散、分拆、局部、细微的中华文化知识得到聚会、消化和可反馈的主要手段。

第二节　新移民时代巴西"台湾分支"和"大陆分支"华文教育的各自优势、特色与趋向

一、巴西华侨、华人/华裔概况

既往人们在研究海外华侨华人时，通常只按照国籍归属区分为两部分人，一部分为仍然保留中国国籍的华侨，另一部分为已经加入当地国籍的华人。不过，如果从文化认同的角度来考察，华侨华人群体还可以再分为三个不同的群体，而且这种区分在华侨华人生存发展和文化认同的研究中更为重要。

第一个群体就是第一、二代中国新移民。所谓第一代，通常是指自幼在中国长大，受中国传统的家庭影响较深，后来移居海外。第一代移居国外的新移民中，如果加入了当地国籍，就是"当地华人"；如果没有加入当地国籍而只是持居留证工作、生活在当地，则他的身份仍然是华侨。就巴西乃至大多数拉美国家来说，持居留证在当地工作、生活的华侨比较多。今天在各种各样的由中国大陆新移民组成的社团中，从会长、副会长等社团领导到普通会员，很多人是持巴西居住证的华侨。而加入当地国籍的华人中，多是在中国出生，长大后才移民巴西。他们仍然不同程度地了解和热爱中华文化，因此他们与没有加入当地国籍的华侨没有什么区别。当然他们也接受当地文化，融入当地社会。下面所列举的巴西华人精英中，这一类华人的中华文化情结就比较深厚。

第二个群体是在海外出生的"土生华人"，但其父母是第一代新移民。从中国的角度看，他们是第二代；但从居住国的角度看，则属第一代（下面统称第二代）。一般来说，第二代华人接受中国传统或中华文化的情况比较复杂。如果一个第二代华人的父母（第一代）出身于草根阶层，移居海外后以打工为生，其后代在他们的呵护下成长，孩子所接触的人群是传统中华文化比较深厚的华侨华人，从小上的又是传统华校，或受过较好的华文教育，那么，这个第二代华人所接受的传统中华文化就比较多、比较深。但如果一个第二代华人的父母移居海外后置身于非华侨华人群体中（尽管也以打工为生），且孩子所接触的人多是当地人或是其他国家移民来的民族，从小上的又是非华校，没有接受过多少华文教育，那么这个第二代华人所接受的当地文化就比较多、比较深。当然，这里所说的是两种较为极端的情况，更多的现象是处于这两者之间。所以，这个群体的第二代华人通常是在"第一点五代"的中间值左右游移。

另外还有一个群体，可算作是第三个群体，就是纯粹的土生华人群体。他们与第二个群体的区别在于，他们自己连同他们的父母都是在当地出生的，有的土生华人的父母甚至已经移民当地很多代。由于第二个群体与来自中国的父母有所接触，因此中华文化在他们身上多少有所留存。而这里说的纯粹的土生华人群体则完全不同。他们属第三代（海外第二代）以后的土生华人，连他们的父母都对中华文化不甚了解，他们自己对中华文化就更是一窍不通了，对祖先从家乡带来的语言、风俗习惯等完全陌生，除非他们自幼就成长在中华文化浓郁的家庭里（这种情况肯定属极个别）。

就土生华人本人的主观态度而言，则可以分两种情况：第一种情况是不接受中华文化，这倒不是因为这一部分华裔对中华文化有什么反感，而是因为他们在居住国已经生活了多代，完全融入当地，失去了与中华文化接触的机会和环境，主观意识上对中华文化无亲近感；第二种情况是虽然完全融入当地，也没有与中华文化接触的机会和环境，但由于各种各样的原因而对中华文化有一定的好感，因而主动拥抱中华文化，在拥抱的过程中对中华文化的了解日益加深。在今天巴西的土生华人中，两种情况都存在，但第二种情况在增多。

如果只是按照中国国籍法，上述三个群体是没有区别的，凡加入了当地国籍的都被叫作"华人"。但如果从文化认同的角度来看，这三部分华人是大不一样的，他们相互之间甚至是隔阂颇深的。特别是第一个群体的华人与没有入籍的第一代新移民（华侨）的亲近感，远比他们与第二、第三个群体的华人强烈。在海外经常会看到这样的现象：第一个群体的华人跟华侨十分亲热，彼此像一家，亲密无间，在一起时，通常自称"我们中国人"，而称呼第二、第三个群体的土生华人为"他们老番"（纯属口头称呼并无贬义）；土生华人亦然，称呼对方为"他们中国人"，而自称是"我们××国人"。这实际上反映了不同的中华儿女在文化认同上的差别。当然，这只是土生华人在对中华文化认同程度较浅的情况下所发生的情况。如果土生华人对中华文化的认同程度较深，情况就不会是这样。无论如何，单纯的国籍差别代替不了一切。在国外生活，很多时候文化认同上的差别比国籍上的差别重要得多，也明显得多。基于上面认知，有必要从文化认同的层面区分不同的"华人"。

就土生华人（华裔）的父母的民族来源来说，可分两种情况。一是男性华人跟女性华人（不管是否华裔）通婚后所生下的后代；二是男性华人跟非华人女性通婚后所生下的后代（理论上女性华人跟非华人男性生下的子女也属"华裔"，但这种情况在历史上极少出现）。从血统保存来说，第二、三代乃至第四、五代以上的华裔，身上只有二分之一、四分之一、八分之一乃至十六分之一中国血统。

　　不过，血统对华人后代保留中华传统文化元素来说，不是最重要的因素。实际上，在海外华人男性与别的民族的女性（包括当地民族和其他外来移民民族）生下的华人后代中，母亲的角色至关重要。土生华人（华裔）的中华传统文化退化的速度，一定程度上决定于母亲是否为华侨或华人。当然，母亲是第几代华人也非常重要。例如，从中国移民来的第一代华人的母亲，无疑是维持其孩子中华文化水平的"最佳母亲"。显而易见，若母亲为土生华人，孩子身上的中华文化退化速度肯定比母亲为当地民族者慢得多。这里，姑且把中华文化的退化称为"水土流失"。过去，防止"水土流失"的唯一办法是同族通婚。但同族通婚需要足够数量的华侨妇女，这对百年前出洋的华侨男性来说，是一道难题，因为中国传统上只有男性出洋，女性要留守家中伺候公婆，出洋女性极少。对于远在天边交通条件极为不便的拉丁美洲的华侨来说，更是如此。在拉美，几乎找不到华侨妇女的身影，这里的男性找"番婆"的情况十分普遍。因此，这一带的土生华人多属于"水土流失"比较快的类型。一般来说，土生华人都深深地烙上主流社会的印记，身上流的中国人的血越来越少，且存在语言、文化、观念等方面的客观隔阂。当然，土生华人对中华文化的接受程度，还取决于家庭（父母）之外的社会环境因素，例如跟别的精通中华文化的群体接触，也会有效地防止"水土流失"，但这样的社会环境不普遍，也远比不上家庭的作用。

　　不管是华侨还是华人，如果同属于第一代来自中国的新移民，则各自的中华文化水准不会相差多少。在拉丁美洲，这种情况更加明显，因为拉美的华侨华人移民后一般都直接就业，没有接受高等教育的机会，在日复一日的紧张工作中，从家乡带来的中华文化成为他们的精神支撑和联系的纽带。但第一代华人（即出生在中国而移民后加入了当地国籍者）与土生华人的区别就十分明显，主要是第一代华人仍然保留着十分强烈的中华文化情结并乐意为之传承，包括在同乡中仍然普遍使用家乡的方言，过家乡的节日，行家乡的风俗和礼仪，等等；而土生华人基本上不懂中国语言包括家乡方言，对家乡的节日、风俗、礼仪等，或一窍不通，或一知半解。当然这种情况也不可一概而论，在最近十余年，一些国家的土生华人中，不少人乐意学习和模仿中华文化（包括家乡的节日、风俗、礼仪），希望弥补自身中华文化"先天不足"。也不排除某些土生华人的中华文化知识甚至赶上来自中国的第一代华人。但这种情况肯定只在很小一部分土生华人身上发生。

　　拉丁美洲不少国家中国人的移民历史很早，至今已经繁衍了很多代，在各自国家中形成了一个庞大的华裔群体。较之于其他很多拉美国家，巴西的土生华人是比较多的。如前所述，早在19世纪第一个10年，已有华侨从中国来到巴西种茶。后来华侨仍断断续续地移民巴西。到了今天，土生华人已经在巴西这块土地

上繁衍了很多代，成为拉美移民历史最久远的华裔族群之一。

早年移民巴西的华侨群体中较多的是广东人，在 20 世纪 50—70 年代中国改革开放前的 30 年间，仍然有广东人从中国大陆移民巴西，但人数比较少。而 20世纪 50—80 年代，从中国台湾陆续来到巴西的移民人数不少，从现居地看，他们属于台湾人，但从祖籍地看，他们来自中国大陆沿海地区一些省份，例如山东、江苏、浙江等省。所以，巴西的台湾移民可以说有双重身份，一是"台湾移民"身份，二是"祖籍地"身份。"台湾移民"身份用于区别他们与从中国大陆来的移民；"祖籍地"身份用于同乡（祖籍地）认同。两个身份各有用处。不过，台湾移民的两个身份主要还是第一代用得比较多。今天，不管是来自中国大陆的移民，还是来自中国台湾的移民，他们的第二代、第三代乃至第四代均已成长起来。所有这些早年来到巴西的华侨华人的后代，一起构成了一个庞大的华裔群体。也应指出，当年来自台湾的移民之所以存在双重身份，与国家意识息息相关。他们虽然与来自中国大陆的移民在思想意识上有区别，但他们中大多数人反对"台湾独立"，"一个中国"的意识根深蒂固。这种情况对华文教育的影响非常大。

二、海峡两岸华文教育各自的优势与特点

如上所述，跟世界上很多华文教育发达的国家相比，巴西的华文教学起步相对较晚，到 20 世纪 50 年代才逐渐发展起来。到后来，巴西华文教学工作有两个教育机构中心，一个是中国台湾的圣保罗华侨文教服务中心（当地人多称其为"客家中心"），另一个是中国大陆的"亚文中心"，前者比后者早。这两个中心是海峡两岸在巴西的华文教育服务机构。总的来说，在各自的运作下，巴西华文教育的"台湾分支"与"大陆分支"都各具优势，各有特色。

巴西华文教育中"台湾分支"的特色可分三个方面看。

一是在巴西开展华文教育的台湾移民，绝大部分人的祖籍地都在中国大陆。这是因为移居巴西的台湾人都是从中国大陆撤退至台湾的国民党军政人员。他们的传统中华文化根基较好，所开办的中文学校（班）较多，与台湾的联系亦较密切，学生也经常回台参加活动。是故，"台湾分支"的华文教育具有明显的台湾"基地"色彩。当然，台湾"基地"是针对包括巴西在内的世界各地的华文教育的，因而有很多机会与世界上其他国家或地区的华文教育联通。

应强调的是，台湾移民在巴西所传承的中华文化，"旧式"文化的色彩更浓重一些。当然"旧式"文化也是中华文化，所蕴含的中华文化底蕴或更传统。可以说，早年巴西华文教育所秉承的基本理念，与早年世界上很多地方是一致

的，即以完全保留中华文化为目的，将国内教育体系与价值观移植于居住地。从教育效果看，基本上是服务于居住地华侨华人道德伦理教化与认同的需要。它在当地的教育园地相对封闭，难以催生与居住地教育体系对接的能动性。

二是教学技术方面的"台湾化"现象突出。台湾社团、教会主办的中文学校（班），一般都采用台湾教材，学繁体汉字，教注音符号。不过也听说一些台胞个人经营的幼稚（儿）园兼中文学校，为适应市场需要，对台湾教材与大陆教材兼收并取，因需施教。

三是华文教育研究比较活跃，早年常有关于华文教育的理论研讨会。巴西地广人稀，城市分布分散，华文教师之间交流不方便，在多方努力下，1989 年，举办了"全巴中文学校（班）第一届中文教学研讨会"。研讨会的主要内容包括：一是中文教材、教法；二是中文教学中字音、字形、字义及语法；三是如何加强中文教学的师资和设备；四是如何加强与中文学校的协调配合等。据了解，这次研讨会是巴西有史以来第一次较大规模的聚会，对提高华文教学水平和促进当地华文教育的发展具有一定的作用和意义。[①] 嗣后，定期或不定期的研讨会或座谈会接续不断。1991 年，成立巴西中文教学协会。1992 年，台湾侨务主管部门举办"中南美洲华文教师研习会"，巴西有 70 多位教师参加。[②] 2014 年 7 月 27—29 日，"中文教师研习会"在圣保罗举行。各个华文学校在会上介绍了自己学校的情况，会议论文结集成册。应该提及的是，1991 年巴西中文教学协会成立后，每年均有教师回台参与这一类研讨会。总体上说，经过多年发展，在巴西，台湾移民的华文教育已经初具规模，并形成了华文学校、教研活动（研讨会、座谈会、多样化课外活动）与华文教育组织（巴西中文教学协会）三位一体、相互促进的格局。

巴西"大陆分支"的华文教学也很有特色。从学生人数来看，大陆这一分支规模更大。由于学生人数增长过快，一段时期内，学校尚埋头于应对华文教育规模的增长、制度的完善、人才的招聘、经费的落实等初始阶段的问题上。这是因为大陆新移民来巴较晚、中文学校（班）起步未久。

大陆方面举办的华文教育研讨会的影响也越来越大，其优势不言而喻，特别是以讲汉语拼音、教简体汉字为特色的教学范式，较之台湾侨校教繁体字、授注音符号的教学范式来说，有更好的发展前景。在一个全球化与电脑化的时代，使用字母与拼音的优势显而易见。

---

① 黄皇宗：《港台文化与海外华文教育》，广州：中山大学出版社，1992 年，第 234 – 235 页。
② 徐捷源：《巴西中文教育概况兼谈华人的双语现象》，载邓幸光等：《南美华人天地——三十年来南美华人生活文化学术研讨会文集》，台北：世界华文作家协会、南美华文作家协会，1999 年，第 109 页。

　　另外，大陆新移民办的学校与祖国和家乡的联系也后来赶上，越来越密切，诸如华裔青少年大陆行、寻根之旅夏令营、华文作文比赛等活动越来越多。同时，还设置多种形式的奖学金，鼓励华裔青少年到中国接受学历教育和短期培训，激发学生学习华文的兴趣。这些活动，也有望成为海外华侨华人中意的品牌。大陆有关部门也以"请进来""走出去"为主要形式，培训海外华文教师，逐渐形成了一套行之有效的机制和办学特色。例如，从 2008 年起，华侨天主堂中文学校采取"合作办学、设立课堂、独立分校、社会捐建"等方式相继创办了圣本笃中文学校、阿文苏中文学校、学琳幼稚园、工具街中文学校、自由区中文学校和莫卡中文学校等 6 所分校，学校规模不断扩大，教学设施不断完善，师资力量不断增强，教学质量也大为提高。这些学校为圣保罗华侨华人子弟学习中文创造了良好的学习环境，受到侨界的欢迎和称赞。华侨天主堂中文学校 6 家分校共有教职员工 125 人，学生 720 人。其中，学习中文的学生有 500 人左右，教中文的教师 27 人。从 2009 年起，国侨办就开始选派教师到华侨天主堂中文学校任教。同时，中国有关部门还在教材、图书、师资培训和组织学生回国参加夏令营、冬令营活动等方面给予很大的支持和帮助。①

　　值得一提的是，华侨天主堂中文学校与百年名校圣本笃学院合作创办圣本笃中文学校，开创了中文学校与巴西本土正规葡语学校合作办学的先河，不但对华侨天主堂中文学校的发展有重大意义，也为华侨华人子弟提供了融入巴西主流社会的新平台，同时为巴西各华文学校提供了一个办学新思路和成功范例。②

　　还应提及，在华文教育发展的这个时期，巴西华侨华人中开始出现回国（主要是回中国大陆）接受华文教育的华侨华人（以新移民为主）的子女。以及随着中国经济的崛起和国际影响力的提高、拉美华文教育的升温，有越来越多的巴西华人子女盼望回国读书和深造。他们成为国际范围内的华文教育的另一个重要组成部分。2011 年 10 月 22—31 日，由中国国务院侨办支持并组织的暨南大学、华侨大学赴南美考察团访问了巴西、阿根廷两国。访问目的是借助当地华侨华人社团的力量，进一步吸引南美生源。访问团与巴西广东同乡会合作共建暨南大学、华侨大学巴西招生处，与阿根廷华侨华人联合总会合作共建暨南大学、华侨大学阿根廷招生处，并分别举行了签约仪式，满足海外华人子女回国读书的愿望。③

---

　　①　莫成雄：《致力华文教育　弘扬中华文化——访巴西圣保罗华侨天主堂学校校长肖思佳》，中国新闻网，2018 年 9 月 16 日。
　　②　莫成雄：《致力华文教育　弘扬中华文化——访巴西圣保罗华侨天主堂学校校长肖思佳》，中国新闻网，2018 年 9 月 16 日。
　　③　《暨南大学、华侨大学与巴西侨团合建海外招生处》，南美新闻网，2011 年 6 月 2 日。

海外华文教育是华侨华人传承中华文化的"留根工程"。圣保罗华侨天主堂中文学校校长肖思佳，生于 1973 年，河北保定人。1997 年，肖思佳只身一人来到巴西，先是到圣保罗华侨天主堂中文学校学习葡语 10 个月，后考入巴西 Unfai 综合大学哲学专业学习 7 年，2005 年大学毕业后即在华侨天主堂中文学校工作。2007 年 10 月接任圣保罗华侨天主堂中文学校校长。他接手学校后，对学校教学进行改革，强化"以学生为中心"的宗旨，针对不同学生的学习情况分设班级，采用不同的教学方法，因材施教，教学效果良好；同时坚持以优美的环境熏陶人，以优质的教育培养人，加强校园环境建设和师资建设，卓有成效。2009 年，圣保罗华侨天主堂中文学校被中国国务院侨务办公室授予"华文教育示范学校"的称号。[①]

长期以来，海外华侨华人最担忧的，是中华文化的代际"损耗"甚至是同代"消失"。人们都明白文化的"损耗"或"消失"先从语言的折损开始。中华民族 5 000 年的文明史造就出广博精深、灿烂辉煌的中华文化，其载体就是汉语（海外通称"华语"），包括由语音、文字、词汇、语法、修辞构成的整个语言系统。没有语言的介质，一切都是空谈。同时，作为习俗文化的社会规范和行为准则，也无法得到宣示和遵循。因此，海外中华文化的传承，离不开华语这个语言载体。一种文化固然可以用另一种语言来介绍和传播，但往往会因为语言转译等方面原因而造成内涵的流失。中华文化对应汉语言，汉语言不佳，则很可能会对博大精深的中华文化的理解流于浅层次，更遑论传承与弘扬了。海外华文教育的历史表明，华侨先辈从没有把语言教育与文化教育剥离开来，而是同步而行，相得益彰。事实上，海外华文教育的初始功用，就已聚焦于文化传承，而非仅仅是纯粹的语言学习。

针对海外教学选好题材，做相应的教学探究，才能让华裔学生在海外也能学好中国传统文化。例如，圣保罗慈佑学校有 100 年的历史，是巴西的正规学校，2017 年，慈佑学校把中文引进学校，教华侨华人的孩子学习中文，同时向喜欢中文的其他族裔学生传授中华文化。中华文化博大精深，渗透于生活的点滴中，校长罗淑君要学校教师多教些课本以外的传统文化。[②] 不少学校的华文教师，包括中国国侨办外派教师，从中国文字、中文教材、传统节日、诗词歌赋、写作、特色中华文化活动等角度深入探究中华文化在国外的实践与应用，让华裔学生能够找到中华文化的寻根之路。

---

① 莫成雄：《致力华文教育 弘扬中华文化——访巴西圣保罗华侨天主堂学校校长肖思佳》，中国新闻网，2018 年 9 月 16 日。

② 笔者 2018 年 10 月 2 日对慈佑学校校长罗淑君的采访。

有华文教师在华文教学中总结出以下要点：关注中文教材，传播中华文化。对教材中出现的字词要会读、会写、会用。让学生会写方块字，从中深刻体会汉字书写的缘由。关注春节、清明节、端午节、中秋节、重阳节和国庆节等中国节日，传播中华传统文化。引导学生在诗词歌赋中学习和体验中华文化的精髓，通过学习诗词文化，循序渐进，比较古典诗文（包括绝句、律诗等）和现代诗的区别和魅力，拓宽华裔学生对中国诗词的理解，使他们更能感受中华文化的经典内涵。如选择李白、苏轼、杜甫、岳飞、文天祥、李清照、辛弃疾等诗人的经典作品进行重点讲解，通过古代诗人的心境和诗词的意境，引领学生走进作者那个时代，在中国诗词文化的海洋中畅游，感悟中华文化特色。同时，还应该注重具有传统特色的中华文化宣讲，例如以《三字经》为媒介，通讲中华文化；以中国山河为媒介，走近中华文化；以中国名著、成语故事等经典文化为媒介，探究中华文化；从中国风景名胜入手，培养学生对中华文化的兴趣；从中国多姿多彩的风俗民情入手，激发学生对中华文化的热爱。[①] 另外，任何时候都不可忘记激励机制，例如举办青少年书画作品大赛，帮助学生争取作品获奖等。

中国大陆对海外华文教育的重视，无论是对"大陆分支"还是"台湾分支"的华文学校，都已产生了越来越强烈的凝聚力和吸引力。比如，一些"台湾分支"的华文学校原多采用台湾教材，教注音符号和繁体汉字，后来也开始使用大陆教材，教汉语拼音、简体汉字；原来与台湾联系密切而鲜与大陆往来的华文学校，也努力摆脱政治与意识形态的有形无形干扰，开始参与大陆举办的华文教育活动。[②] 巴西华文教育肯定存在着这样那样的问题，但在面临共同挑战的情况下，只要适应巴西的国情和教情，积极思考，善于应对，一定能够争取到更好的发展前景。

综上所述，就华文教育来说，在巴西一方大地上存在着来自中国大陆和中国台湾两种类型的华文教育，或者说，已经形成了两大分支。两大分支的华文教育各具特色，交相辉映。在可以看见的将来，巴西华文教育如要持续发展和再造辉煌，很大程度上有赖于两大分支携手合作，不断适应华侨华人和当地民众日益增长的和变化中的需求，打造巴西华文教育的品牌。但对比巴西早年的华文教育，则不难发现，华文教育的语体已发生重大变化。早年（主要是指二十世纪五六十年代）移民（以台湾移民为主）主要是通过学习带有浓重儒家气息的经典来熟悉华文，或者说学习华文在很大程度上就是学习儒家经典。其时华文的主要语体是文言文或类文言文。客观地说，新文化运动后，虽然白话文在国内已占上风，

---

① 赵春雷：《家乡的味道》，巴西侨网，2018 年 5 月 29 日。

② 《巴西华文教育概况》，江苏侨网，2009 年 4 月 30 日。

但在海外，文言文作为儒家经典载体的地位仍难以完全撼动。对于其时的华侨华人来说，学习华文还是有不少经世致用价值的，例如谋生语言表达、通信联络、书算等。

20 世纪前十年的一段时间里，巴西的华文教育普遍出现了"周末化"与"补习班化"的趋向。这与巴西的国情与侨情相关。对外来新老移民（主要是来自中国大陆的新移民）来说，巴西是个宜居之国，华文教育一直发展良好，人们的幸福指数较高；作为民族大熔炉，巴西没有其他一些国家多而明显的种族歧视，具有所有外来民族都乐意接受的文化环境。因此，无论是传统华人还是新移民，多有"落地生根"之意。与此同时，他们本人或其祖辈来自中国，对祖（籍）国的传统与文化有强烈的自豪感。两方面因素的结合，促使他们思考和追求文化上的"亦中亦巴"角色，不希望后代过度地"纯华化"或"纯巴化"。这一点反映在知识需求上，便希望同时学习和掌握两种文化。但在这个问题上，第一代华人与第二、三代华人是有区别的。第一代华人对中华文化的情感会更强烈一些，需求更多一点，而第二、三代以后的华人（华裔）多半视接受巴西本地教育、融入主流社会为正途，视接收中华文化为补充。

在一段时期内，巴西华文教育还出现了"去义务化"与"高市场化"趋向。巴西义务办学效果不佳，市场化经营的效果比较好。一段时间以来，华人社团和教会办的中文学校多属公益事业。其最大问题是力量分散，教师为义务性质，一般不大愿意长期任教，热心并愿意献身华教者毕竟属少数。这样一来，便影响了教学效果。诚然，华人热心华文教育，义务从教、无怨无悔的例子不少，但客观地说，这不一定能提高教学质量。市场化经营的学校为侨胞个人出资兴办、经营的幼稚（儿）园兼中文学校，由于面向市场，按需施教，故生源不断。[①] 对华侨华人来说，教学效果、质量是第一位的。市场化倾向的学校可以产生较满意的教学效果，家长即使花费较高一些，也愿意将子女送到这些学校。如今巴西华侨华人家庭在择校上的选项不少。他们中的大部分人已非为交学费而发愁的贫困一族。面对质量较差但不收费的义务教学学校，以及市场化取向、收费较高但教学质量较高、在两种文化的结合上更胜一筹的学校，两相比较，家长宁愿选择后者而放弃前者。

还应看到，很多华侨华人家长也愿意送子女回中国读书，主要原因是华文教育没有纳入巴西的国民教育课程，缺乏制度性的保障。因受语言环境影响，学生在读写和交流方面的学习效果不太理想。同时，很多处于创业阶段的华侨华人家庭每天为孩子的教育操劳，不堪重负，因而不得不把孩子的教育交给家乡亲人

---

① 《巴西华文教育概况》，江苏侨网，2009 年 4 月 30 日。

"托管"。当然，华侨华人中，谁都不会否认中国本土的华文教育更全面更系统。

时至今日，这种形势已发生了重大转变。首先，文言文已基本上退出作为华文教育主要媒介语的地位，华文主要媒介语已转变为白话文（特别是在中国大陆移民学生中）。其次，中华文化的涵域已不再是过去狭义上的儒家文明经典，而是一个宽泛得多的文明概念，包括了今天外部世界普遍希望了解的中华历史、传统、民情、习俗、礼仪、地理、宗教、律法、政制等综合知识。昔日的儒家文明已经融汇于现代中华文化的宏大体系之中。与之相联系，包括巴西在内，目前全球华文教育的总趋势是：华文的功能大大地走向经世致用与道德伦理教化的有机统一。随着全球化和经济一体化进程以及当地社会经济的发展，华文教育更广泛地走向商业、就业等谋生与发展领域。在教学内容上，则从过去的语言教育大幅度地向文化学习延伸。但昔日华文的道德伦理教化功用并没有丢弃，其精华被保留下来。换言之，今天的华文教育在努力寻求经世致用与道德伦理教化两者间的结合，与此同时，也寻求中华文化与居住地文化的结合。

如今一些巴西华校的教育对象，华人子弟的数量在增多，同时兼有非华裔子弟。就是说，巴西的华文教育的一个特点是，不仅面向华侨华人，还面向巴西当地人。教育目的由原来的培养中国侨民，变为培养具有中华文化气质的"居住民"①（包括公民）。教学媒介语也由原来单纯的华语教学、华语学习变为双语或三语教学，华语逐渐成为学习者的第二语言。尽管出现了以上变化，但华校自身的民族特性并没有改变，中国语言和文化知识仍是教学的重要内容。今天华文学校对中华文化知识的传授仍是当地华侨华人获取中国语言文化知识的最重要渠道，既为中华文化在海外的传承打下基础，也为当地社会培养具有中华文化气质的"居住民"和公民。因此，华文教育应在传播中国历史与文化遗产的基础上，全面系统地介绍并传播中华民情、风俗、礼仪、体育、饮食、道德、政制等各个领域的信息、知识和理念。唯有如此，方能唤起和激发华侨华人与居住地民族学习中华文化的兴趣，扩大华文教育的群体基础。

几十年来，巴西华文学校的功能在不断衍生中。其中一个重要的变化是华文学校很大程度上起了向心力的作用。在新移民社区分散、凝聚力不强的地区，开家长会，送子女上学，开展专题讲座及研讨会等活动，为那些不同地域、不同层次、不同信仰和不同专业的华侨华人提供了一个相聚、相识的场所与机会，当然也能使家长们更多地参与到华文学校的教学和管理事务中来。

华文学校是华侨华人居住国教育系统的组成部分，不可能遗世独立。巴西是

---

① "居住民"是笔者对巴西华侨华人（主要是中国大陆新移民）身份现状的解释。很多新移民没有加入当地国籍，而是持"居住证"在当地合法居住。

一个典型的教育分权的国家，形成了联邦、州、市三级管理模式。巴西学校分为公立学校和私立学校两类。巴西政府在 1996 年颁布的《全国教育方针和基础法》中将巴西的教育层次分为：幼儿教育（1～5 岁）、基础教育 9 年（6～14 岁，其中 6～10 岁是一至五年级，11～14 岁是六至九年级）和高中教育 3 年（15～17 岁）。1988 年起将基础教育阶段优先权首先赋予市级教育体系。① 中小学课程的设置由全国各个州和地区的教育部门来决定，联邦政府起统筹、规划、引导和支持作用，即使在同一个州和地区的学校，课程安排也会有所不同，学校的校长有很大的自主权。还有一点或许十分重要，在巴西，不管是哪一类型的中小学，都只上半天课。学生有较多的自主时间，这对华文教育是十分有利的。

表 6-1　2015 年巴西华文学校一览表

序号	成立时间	校名	所在城市	教师人数	学生人数	备注
1	1958	华侨天主堂中文学校	SP（圣保罗，下同）	30	140	天主教
2	1972	中华会馆中文补习班	SP	8	60	
3	1973	华侨基督教联合浸信会中文班	SP	15	130	基督教
4	1975	华侨基督教会中文班	SP			基督教
5	1983	基督长老教会中文学校	SP	11	110	基督教
6	1987	苏珊诺镇中文学校	SP		40	
7	1987	慕义基督教会中文学校	慕义（SP）	8	150	基督教
8	1990	全真道院中文学校	SP	7	70	一贯道
9	1992	圣约瑟中文学校	São José dos Campos（SP）	5	50	
10	1993	幼华学园	SP	40	300	
11	1995	里约佛光中文班	RJ	6	70	佛教
12	1995	坎皮纳斯中文学校	坎皮纳斯（SP）	3	30	
13	1997	乐儿学园	SP	10	100	
14	1997	乐青中心	SP	15	150	

---

① 梁延秋、方彤：《当代巴西基础教育政策及其影响浅析》，《外国中小学教育》2008 年第 10 期。

（续上表）

序号	成立时间	校名	所在城市	教师人数	学生人数	备注
15	1998	仁德国际学校	SP	25	400	
16	1998	华联中文学校	RJ		40	
17	2002	青田同乡会中文班	SP	3	30	
18	2003	圣儒华文学校	SP	36	600	儒教
19	2003	华光语言文化中心	SP	25	350	
20	2004	启智华文学校	SP	15	260	
21	2004	袁爱平中巴文化研究中心	RJ	20	700	
22	2004	亚华中文班	SP	5	60	
23	2005	德鑫双语学校	SP	30	400	
24	2006	巴西华人文化交流协会中文学校	SP	5	70	
25	2007	育才学园	SP	6	70	
26	2007	巴西华文语言文化中心	BH/MG	20	600	
27	2008	圣本笃中文学校	SP	10	70	天主教
28	2008	Curso de Chinês do Colégio Avanço	SP	1	50	
29	2008	Agua Viva Int'l School	SP	1	20	
30	2010	天天幼儿园	SP	5	60	
31	2011	陈老师语文中心	SP	3	30	
32	2013	华侨天主堂学校	SP	4	30	天主教
33	2013	天津中文学校	SP	10	50	
34	2014	依瓜苏中文班	PR	—	—	
35	2014	巴中双语学校	RJ	—	—	
36	—	天侨基督教长老会语言学校	SP	5	40	基督教
37	—	佛光缘中文班	SP	3	20	佛教
38	—	安琪儿中文学校	SP	10	200	

资料来源：陈雯雯：《巴西华文教育现状探析》，《华文教学与研究》2015 年第 2 期。

第三节 改革开放后中国大陆
对巴西华文教育的主要支持

长期以来，中国台湾与大陆两方面对巴西的华文教育都给予大力支持。20世纪80年代以来，中国大陆方面因应新移民子女华文教育迅速增长的需要，加大了对巴西华文教育的支持力度。下面仅就中国大陆方面对巴西华文教育的支持情况做一梳理。

一、巴西首两所"华文教育示范学校"

中国国务院侨务办公室（海外交流协会）、中国国际交流协会等中国国内相关涉侨部门，一直以来都十分关心巴西的华文教育，其中一项举措就是评选"华文教育示范学校"。通过此举，树立和表彰海外华文教育的先进样板。

海外"华文教育示范学校"共有100多所，巴西已拥有两所（与此同时获此称号的还有22个国家的58所华文学校）。其一是圣保罗的圣本笃中文学校。2009年12月9日，该校正式挂上"华文教育示范学校"的牌匾，成为圣保罗第一所"华文教育示范学校"。学校设有小学部、中学部，上午进行葡文教学，下午为中文教学时段。由于学校的中文教学质量较高，不仅吸引了大批华侨华人子女前来就读，同时也有许多巴西学生选读中文课程。[1] 其二是里约热内卢的袁爱平中巴文化研究中心，成立于2004年5月，距今已有超过2 500名巴西人到该中心学习中文。该中心有一套科学严谨、适合外国人学习的中文教学方法，袁爱平老师还编著和出版了一系列中文教材。[2]

巴西圣本笃学院是一所教会学院，设有大学部、中学部、小学部。经圣保罗华侨天主堂中文学校校长肖思佳神父努力，圣本笃学院从2008年初起开设中文学校，并以优惠的费用招收华人学生。圣本笃中文学校地处圣保罗25街及市中心，实行葡文、中文双语教学，有设施齐全的教学楼、图书馆等，环境优美整洁，集古典与现代于一体，且聘有高水准的各科老师，受到25街以及市中心华侨华人家长的欢迎，[3] 吸引着越来越多的华侨华人子弟前来就读。据2009年的资

---

① 《巴西第一所"华文教育示范学校"揭牌》，新华网，2009年12月11日。
② 《巴西华文教育示范学校》，中国华文教育网，2009年10月13日。
③ 《中国驻圣保罗总领事孙荣茂访问圣本笃中文学校》，中国华文教育网，2008年6月6日。

料，该校除了巴西正规教育外，还开有 5 个中文班、5 个葡文班、2 个英文班，有 19 位高校毕业的老师，该校还开设了各种补习班、才艺班，办有钢琴班等课程。此外，还不断完善教育和服务工作，提供接送学生的校车服务，保障了学生的上下学安全，也方便了家长。① 在传播文化方面，圣本笃中文学校得到了中国驻圣保罗总领事馆的大力支持，圣保罗各界侨界精英的慷慨捐助，以及华侨天主堂神长教友的出钱出力。

圣本笃中文学校还悉心为家长着想，开办了周六班正常课，解决了教学进度问题，也有助于解决开店家长没时间管理孩子课业的问题，同时还让孩子在学习知识之余有丰富的课余活动（如书法、绘画、剪纸、合唱、舞蹈、演讲、故事会等），以利于对学生的才艺培养。周六纳入正常课后，先是上午上两节密集的中文课，然后穿插才艺课（包括书法、美术、美工等，免费教予学生），之后是一节中文课；午餐后则按学生的数学程度编班；下午是数学课，对本校生免费。这样既可缓解学生学习和老师教学的紧张状况，又能让学生学有所得。② 学校按照中国的"人教版"华文教材设计，从二至九年级按程度分班授课，为适龄的华裔孩子和巴西孩子提供系统而严谨的华文教育。由于圣本笃中文学校历史悠久，教育水平高，闻名远近，近几年特别在华文教育方面办得有声有色，学校规模不断扩大。

中国国侨办授牌两所示范学校，对巴西的华文教育是很大的鼓舞。华侨华人包括慈善家对华文学校的发展表示出极大的热情，表示继续积极赞助和扶持华文教育，华文教育在巴西逐渐得到深耕。例如，圣保罗华侨天主堂与巴西侨社合力创办的圣本笃中学附设学琳幼稚园已举行揭牌仪式；圣本笃学校斥资修缮圣本笃中学游泳池，租用圣本笃大教堂后一处校舍作为天主堂分校的新教学点等。

里约热内卢居住的华侨华人有五六千人。这个数字虽然无法跟圣保罗相比，但已居巴西第二位。20 世纪 90 年代，里约热内卢成立了华人联谊会（简称"华联会"），是为里约华文教育的重要里程碑。因为华联会十分重视当地华文教育，特意在会馆三楼规划出 3 个房间作为教室，且配有黑板、空调之类的教学设备。之后，又尝试性地创办了 1 个中文班。不过由于师资缺乏、教材短缺等原因，中文班只坚持了两个多月就不得不停止了。事情发展不如人意，好在到 1997 年 8 月底，一位多产作家来到巴西里约热内卢，他就是袁爱平。他来到里约热内卢后，毅然承担起第一个华语学校的创始人与组织者的重任，堪称里约热内卢华文教育的一个标志。经过一番努力，教会中文学校成立了。中国驻里约热内卢总领

---

① 《圣保罗圣本笃中学改进教学服务，培养中文人才》，中国新闻网，2009 年 6 月 8 日。
② 《巴西圣本笃中文学校开办"周六班"为侨界排忧》，中国新闻网，2010 年 8 月 25 日。

事馆及时给予大力支持，专门联系中国国侨办，以最快速度空运来专为海外学生编制的中文教材，为教学的顺利进行提供了先决条件。于是，在华联会的大力支持下，在教会中文学校办学经验的基础上，华联中文学校于 1998 年 5 月 10 日成立。学校分为两个班，共 30 多名学生，均是华侨子弟，课程均安排在星期六、星期日。

随着华联中文学校的不断扩大，到 2004 年 5 月，袁爱平中巴文化研究中心成立了，袁爱平任中心主席。中国和巴西近 150 名各界人士出席了成立仪式。中国驻里约热内卢总领事李仲良出席成立仪式并发表讲话。该中心也是巴西最大的华文学校之一。2006 年 5 月 21 日，巴西华人文化交流协会筹建的中文学校在巴西华人文化交流协会会址的教学楼举行了隆重的开课仪式。经过努力，袁爱平中巴文化研究中心以其出色的成绩，于 2009 年 10 月被国务院评为首批"华文教育示范学校"之一。

该中心总部设在里约市中心，使用面积有 440 多平方米，有 7 个教室，还有音响室、电脑室、图书阅览室、咖啡饮水间及 1 个 20 多平方米的厨房，可以开办中国饮食文化课。2005 年又开办了 2 个分校，一个设在里约的 Copacabana 区，一个设在里约的 Barra 区。据 2013 年的资料，该中心共有教职员工 20 人，其中正式教师 3 人，均毕业于师范大学；兼职教师 8 人，这些教师均由该中心培训上岗。[1] 该中心每星期给教师上培训课、举办定期座谈、交流教学经验，取长补短，共同提高。

为了弘扬中华文化，让巴西人民更了解中国，袁爱平中巴文化研究中心成立伊始就开设了自己的网页（www.chinabrasil.com），并且在重要的网站、各大报纸、各大地铁站最显要的位置及 10 条以上的公共汽车线路等处做了全方位的广告，收到了很好的效果。据统计，到 2013 年为止，已有 2 500 名以上的巴西人到该中心学习中文。[2]

华联中文学校不只是对华侨华人子弟进行语言教学，也对外国人士开放，学校不只局限于中文教学，亦将开设其他语种如英语、葡语教学等。学校不仅是语言教学，还将逐渐延伸，分门别类，层级分明，课程系统全面，逐步建成具有一定规模的综合性学校，让巴西当地人民充分领略中华文化的丰富内涵。[3]

袁爱平中巴文化研究中心在北京和上海亦设立分部。中心与中国大学挂钩开展双方学生交流项目；与里约市的 Estacio de sa 合作在 Barra 区开办了中文班，

---

① 《袁爱平中巴文化研究中心》，中国华文教育网，2013 年 3 月 6 日。

② 《袁爱平中巴文化研究中心》，中国华文教育网，2013 年 3 月 6 日。

③ 《推广中华语言文化责任大，巴西中文学校开学授课》，中国侨网（据《华声报》报道），2006 年 5 月 23 日。

与 Macae 市 Language Planet 语言中心合作开办了汉语班；与巴西有名的大公司有常年的教学签约。①

该中心有一套科学严谨的、适合外国人学习的中文教学方法。另外，袁爱平还编著和出版了一系列的汉语教材：《汉语课本（第一册）》《汉语课本（第二册）》《汉语课本（第一册）练习册》《我去中国（旅行指南手册）》《中国人学葡语（上册）》《我去中国看奥运》等。此外，还与巴西最大的外文出版社签约出版了《用汉语怎么说一切》《用汉语怎么说生意上的一切》《用汉语怎么说旅行上的一切》等教材。这些教材在巴西书店发行后，广受好评。《汉语课本（第一册）》发行不到 1 年的时间，已印刷了第二版，并且《汉语课本（第三册）》也正在编著中。为了满足里约以外城市的巴西人学习汉语的需要，该中心又开辟了网上远程汉语教学。②

二、中国大中院校积极开展对巴西华文学校的教育培训

（一）中国学校为巴西华文学校培训华文教师

进入 21 世纪以来，中国对海外华文教育的支持力度越来越大。其中一个重要举措是选派有丰富教学经验的在职中小学教师到海外支教。与此同时，国侨办曾派遣国内师资对海外华文教师进行适当的培训。例如就巴西来说，2007 年，由中国海外交流协会组派的"中文教师培训团"的专家就曾为圣保罗从事中文教育的老师进行两天的培训，受到当地华文教育工作者的热烈欢迎。在听课者中有从事中文教学的老师和管理人员，也有关心子女华文教育的家长们。他们当中既有大陆同胞，也有数量不少的台湾同胞，其中有的人是从很远的外地赶来的。③ 2010 年，由圣保罗亚洲文化中心主办的海外华文教师培训，有来自圣保罗及圣保罗周边城市的 70 多位华文教师参加。④ 综合相关信息，从 2011 年起，国侨办不断选派外派教师到巴西"华文教育示范学校"任教，除了承担教学任务外，还开展有针对性的师资培训，协助当地的教学管理，效果良好。

海外华文教育发展最突出，也最难快速解决的问题，是师资队伍素质的提升。巴西的华文学校每年都聘请中国国内一线教师来巴任教，然而，对华文教育来说，仍是杯水车薪。当然，从长远来看，师资队伍素质的提升，最终还是要教

---

① 《巴西华文教育示范学校》，中国华文教育网，2009 年 10 月 13 日。
② 《袁爱平中巴文化研究中心》，中国华文教育网，2013 年 3 月 6 日。
③ 《中国海外交流协会讲学团在巴西圣保罗开讲中文课》，国务院侨办公室网站，2007 年 7 月 18 日。
④ 《圣保罗亚文中心举办华文教师培训》，中国华文教育网，2010 年 9 月 23 日。

师本人不断学习。对于华文教师来说，本人提升，终身受益；对于学生来说，一师提升，群生受益；作为华文学校，则要努力为华文教师打造再学习的平台。在这方面，巴西华文学校的一个办法是让中国的学校代为培养华文教师。下面列举最近几年一些例子以资说明。

2017 年 11 月 12 日，由中国华文教育基金会主办，广东中山华侨中学、巴西华人协会、圣保罗华助中心承办，圣保罗亚洲文化中心协办的"2017 中国华文教育基金会名师巴西巡讲团"在巴西圣保罗亚洲文化中心举办中文教师培训专题讲座。来自广东中山华侨中学的 4 名优秀教师主讲，为巴西华文教师面对面传授优秀的汉语教学法。这是继 2016 年 11 月之后中国华文教育基金会名师巡讲团第二次来到巴西圣保罗举办中文课程教学培训，受到巴西侨界的欢迎。来自巴西圣保罗、库里蒂巴和福塔莱萨等地的十多所华文学校的 150 多名中文教师参加培训活动。仅圣本笃中文学校就有 30 名教师参加此次名师培训讲座，其中还包括 3 名巴西籍教师。中国华文教育基金会副理事长兼秘书长、巡讲团团长邱立国介绍说，此次来巴西授课的 4 位教师教学经验丰富，知识面广，是教师队伍中的佼佼者。正如巴西圣保罗圣本笃中文学校校长吴桂秋所说，"国内专家老师们用最短的时间，为圣保罗华校一线老师就如何提高学生在海外学习华语的兴趣，增加华语知识技能及中华文化在教学中潜移默化的渗透，教授了多种有效、有趣的教学方法，讲解生动活泼，耳目一新，非常实用，我们受益无穷"①。显然，举办中文教师培训专题讲座，使巴西的华校教师有机会与国内名师面对面进行交流，从效果来说，有利于提高巴西华校教师的中文执教水平，有助于各方联动，共同推进华文教育迈上新台阶，以便让更多的华裔子弟学好中文，使中华文化之树能在巴西落地生根，枝繁叶茂。

2018 年 9 月 1 日，中文教师培训专题讲座在圣保罗亚洲文化中心三楼举办。这是由中国华文教育基金会主办，巴西华人协会、圣保罗华助中心教育组、广东中山市第一中学承办，巴西广东同乡总会、巴中工商文化总合、巴西江门五邑青年联合会、圣保罗亚洲文化中心协办的培训班。培训讲座从上午 9 点半开始。来自中国广东省中山市的教师讲解了汉语文本阅读教学课程、汉字教学课程、发声方法和合唱教学等。不少在圣保罗从事华文教育的中文教师，或者热爱中文教学的侨胞踊跃参加了讲座。

2018 年 9 月 16 日，由中国华文教育基金会、中国妇女发展基金会主办，完美（中国）有限公司资助，圣保罗华助中心教育组承办的海外华文教师远程培

---

① 莫成雄：《2017 中国华文教育基金会名师巡讲团走进巴西圣保罗》，中国新闻网，2017 年 11 月 13 日。

训开课仪式在北京四中网校和有 60 年历史的华侨天主堂中文学校成功举行。中国国内教师和圣保罗的华文教师克服了时差，完成了一堂精彩的培训课程。来自华侨天主堂中文学校和圣保罗慈佑学校的 40 多位教师参加了这次开课仪式。仪式结束后，由具有丰富教学经验的中国国家开放大学的李老师给圣保罗的华文教师进行现场直播课，把国内一流教师培养教育学生的新方法、新经验，利用远程培训传递到巴西。听课的教师们都表示受益良多，也希望以后有更多的机会能学到更多的教学经验。①

2018 年间，经过几个月的商谈、申请等前期系列工作，巴西圣保罗华侨天主堂中文学校和国内一本院校华侨大学终于达成合作，为在巴西的华侨敞开了一扇在巴西利用假期读正规中国大学，拿正规大学毕业证的再学习大门。之后，又经过两个月的宣传筹备，华侨大学成教本科巴西招生考试于 2018 年 8 月 26 日上午在圣本笃中文学校准时开始。考试科目有语文、数学和英语，共计 320 分钟。整个考试过程考生都自觉遵守考试纪律，认真答题，不亚于国内正规高考。②

成立于 2015 年的圣保罗华助中心工作组下设教育、安全和慈善等小组，致力于推进华文教育和文化交流。华助中心成立之后，除了开展一些卓有成效的活动，如组织夏令营、冬令营等活动外，还与东北师范大学、海南师范大学以及华南师范大学等高校紧密合作，组织教师到中国进修，提升教师华文教育水平。

浙江中华文化学院致力于为各海外华文学校提供精准、常态化的服务，组织教师讲课满足各地不同学校个性化的需求。但这些形式难以确保长期性，因此运用便捷发达的网络进行远程教育以服务侨胞是一种很好的方式。该学院正在创建一些好看、好用的网络课程，多层次、多角度满足各学校的需求，既能做到精准，又可保证常态化。浙江省委统战部就服务华侨以及浙江中华文化学院为文化交流做了大量的工作。首先，就留学生的文化冲突和生活问题开设了留学生培训班，从基本概念构建、东方遇到西方的困惑以及生活自理能力方面入手解决留学生的文化冲突和生活问题。同时开设华侨班，让老侨和留学生大手拉小手，搭建老侨和留学生相互联系的平台，使留学生出门在外有依靠，同时也为当地侨团输送新鲜血液，让优秀的学生留下来融入当地社会，形成良性循环。③

（二）中国高校与巴西华文学校的教育交流和中国侨务部门的帮助

海外华文教育的发展，离不开侨团侨胞的帮助，离不开老师们的辛苦付出和

---

① 《海外华文教师远程培训在天主堂中文学校开课》，《南美侨报》，2019 年 9 月 16 日。
② 《华大巴西招考顺利结束》，华侨天主堂学校、侨教之星，2018 年 8 月 30 日。
③ 《浙江中华文化学院访问团到访圣本笃学校》，巴西侨网，2019 年 7 月 6 日。

学生的努力，也离不开中国的支持。为了给巴西学生提供更优质的教育资源，开阔学生视野，提高学生的汉语水平，巴西的华文学校积极推动中巴两国文化和教育方面的交流与合作。巴西的华文学校与中国高等院校在教育教学上合作和交流愈渐频繁。例如，巴西慈佑学校和圣本笃中文学校的办学条件和配套设施都很好，而且有不少巴西学生在学习中文。2018 年 6 月 14 日，中国河南信阳师范学院副校长余作斌和巴西慈佑学校中文部校长罗淑君、圣本笃中文学校校长肖思佳在巴西圣保罗圣本笃中文学校共同签署合作办学协议。根据协议，信阳师范学院将对巴西慈佑学校和圣本笃中文学校在巴西开展中文教育和传播中华文化等方面给予大力支持和帮助。主要内容包括：信阳师范学院和巴西慈佑学校及圣本笃中文学校将就组织巴西学生到信阳师范学院开展夏（冬）令营活动，中方院校学生到巴西进行传统文化表演，巴西学生到信阳师范学院留学，汉语教师志愿者到巴西慈佑学校、圣本笃中文学校参加教育教学工作，汉语教师到信阳师范学院参加师资培训，以及在巴西设立汉语培训中心等多项文化交流方面进行密切合作。[①] 可以肯定，类似的合作会越来越多。

中国国内的侨务部门十分关心巴西的华文教育发展。例如，2012 年 8 月 7 日，全国政协副主席万钢一行 13 人到巴西圣保罗访问，了解华文教育在巴西发展情况。2012 年 10 月 11 日，全国人大华侨委员会副主任杨德清率团访问圣本笃中文学校。2014 年 1 月 10 日，由中国教育部、财政部、外交部组成的海外华文教育调研小组参观访问了圣本笃中文学校，并表示中国政府非常重视海外华文教育，正考虑在海外开办国际学校。[②]

中国侨务部门也以举办夏令营等方式，加深巴西华人后代对中国的认知，让华人后代回祖籍国深度体验和了解中华文化，增进其对祖籍国的了解和感情，通过生动有趣的方式，寓教于乐，培养华裔青少年对中华文化的兴趣与爱好，帮助他们更好地了解中华文化，同时也作为华文教育的有效辅助手段。学习内容包括中国历史、地理、美术、书法、手工制作、音乐、歌唱、舞蹈、武术等。例如，2019 年 6 月下旬，巴西华人协会和巴西陕西商会共同举办了"巴西华人青少年寻根之旅陕西行"，得到了中国侨务部门的支持。整整 10 天的旅程，使孩子们有了一个学习自立、互相帮助和锻炼的好机会，给很多孩子留下了愉快美好的回忆，并对中国有了新的认知和向往。又如，11 天的"2019 寻根之旅夏令营相约温州营"中，来自美国、巴西、意大利等国家的华裔孩子相约温州营，一起开展

---

① 莫成雄：《中国河南信阳师范学院与巴西慈佑学校及圣本笃学校合作办学》，中国新闻网，2018 年 6 月 15 日。

② 陈雯雯：《巴西华文教育现状探析》，《华文教学与研究》2015 年第 2 期。

丰富多彩、各种形式的营地生活，一起学习，一起活动。主办方以其工艺美术、烹调、旅游三大优势，推出儒家"六艺"主题，让孩子们体验中华文化的书法、美食、瓯塑等传统技能和茶艺等烹调技巧，还参观了博物馆、图书馆、科技馆，亲身感受中华文化的博大精深。[①] 他们在欢声笑语的课堂中学习悠久的文化艺术，展示精彩的才艺，活动生动有趣、寓教于乐。历史地理、美术书法、手工制作、音乐歌唱、舞蹈武术等课程活动激发了孩子们对中华文化的兴趣爱好。

中国驻巴西大使馆、中国驻圣保罗总领馆和中国驻里约热内卢总领馆一贯对巴西的华文教育给予极大支持。由于巴西距离中国遥远，巴西华文学校到中国进行交流的难度很大，所以华文学校与使领馆的交流及磋商沟通、具体合作显得尤为重要。中国使领馆常常深入华文学校，为学校的发展排忧解难，尽力解决诸如资金短缺、场地不足等问题。例如，2009 年 2 月 25 日下午，巴西"全侨华文学校校长座谈会"在中国驻圣保罗总领馆召开。总领事孙荣茂以及总领馆部分官员出席座谈会，与来自圣保罗州立大学孔子学院、亚洲文化中心、圣保罗大学东方语文学系、圣保罗华侨天主堂中文学校、巴西育才中文学校、幼华学园、圣儒华文学校、华光语言文化中心、仁德国际学校等近 30 所华文学校的校长、教学骨干就当前华文教育的形势、存在的主要问题和困难等进行了座谈。[②]

很多第一代中国新移民十分关心第二代、第三代乃至更多代以后的华裔与祖籍国和家乡的感情。除了抓好华文教育这个根本性的工作以外，还应采取各种各样的方式，涵养好华人青年资源。青年是社会的希望和未来。第一代新移民中的青年自然比较熟悉祖籍国的社会经济发展状况，汉语也很好，他们在中外交流中的桥梁作用非常大。但下一代"侨青"就不一样了，作为在当地出生和长大的新生代华裔，他们在当地的受教育程度较高，熟悉当地社会，但并非对祖辈的祖国没有兴趣。很多华裔非常渴望了解祖籍国及其文化，希望有机会到祖籍国投资。例如，广东省江门市侨联在 2008 年以来就组织了多届世界江门青年大会，云集了全球各地的五邑籍青年精英，其中包括来自巴西的华人青年精英。这是海外青年华裔中华文化情结"固本培基"工程的组成部分，本质上也是对华文教育的间接支持。

---

①　《巴西华星首次参加夏令营温州营圆满而归》，巴西侨网，2019 年 7 月 15 日。
②　陈雯雯：《巴西华文教育现状探析》，《华文教学与研究》2015 年第 2 期。

第四节　圣保罗大学中文专业的创建历程①

一、中文专业创建的历史背景与经过

巴西圣保罗大学中文专业的创建历程充满了曲折。作为一个从葡萄牙殖民地独立出来而后成立的国家，巴西人极其有限的中国观与汉学知识是从欧洲传入的。从 1950 年开始，少量巴西学者从欧洲的汉学教学与研究机构毕业，开始在巴西从事一些中国文化的研究，但总体上来说，在整个 20 世纪 50 年代，巴西的汉学可以说是一片沙漠。巴西大多数人对东方，特别是东亚，基本上是一无所知。为了改变这种状况，圣保罗州政府于 1962 年 9 月 18 日颁布了第 40784 号法令，授权圣保罗大学创建东方研究部，隶属于该校人文学院。该法令规定：东方研究部设立七个专业，分别是俄语、希伯来语、阿拉伯语、亚美尼亚语、日本语、梵文、中文。

设立中文专业的建议是日语专业的创始人铃木祯一（Teiichi Suzuki）教授提出的。他告诉人文学院东方研究部的负责人尤里比德斯·西蒙斯·德保拉（Euripides Simões de Paula）教授，圣保罗大学的东方研究领域里不能缺少中文专业，因为如果不设立中文专业这一基础学科，东方研究将会是残缺不全的。

圣保罗大学设立东方研究部有其历史背景。20 世纪 60 年代初期，巴西的左翼政府开始奉行独立自主的外交政策。简尼奥·夸德罗斯（Janio Quadros）在 1961 年初就任总统，在执政期间，巴西政府下决心改变以往的亲美路线，尝试中间的、不结盟的路线，奉行独立自主对外政策（Política Externa Independente），允许中国贸易代表团访问巴西，探讨中巴两国之间经贸交流的可行性。同年 8 月巴西政府派往中国一个贸易代表团，研究巴西和中国之间直接贸易的可行性。巴西政府表示，如果有经济利益，巴西可以不遵从美国的远东政策。派往中国的代表团是当时巴西派往国外最高级别的代表团，由若昂·古拉尔特（João Goulart）副总统带领，主要成员包括国会参众两院的主席、巴西工人党的主席和其他一些著名政治家。代表团的成员囊括外交部、巴西银行，以及其他政府部门

---

① 本节由麦耐思（Antonio J. B. Menezes Jr.）、何晔佳（Ho Yeh Chia）、修伟（Sylvio Roque de Guimarães Horta）、束长生撰稿。麦耐思，圣保罗大学东方语言文学系助理教授；何晔佳，圣保罗大学东方语言文学系助理教授；修伟，圣保罗大学东方语言文学系助理教授；束长生，圣保罗大学东方语言文学系副教授。四位作者感谢已退休的徐捷源（David Jye Yuan Shyu）教授修改了草稿并提出了宝贵意见。

和私人经济机构的代表。该代表团开启了中巴直接贸易关系。

　　在此政治背景下，圣保罗大学中文专业顺利创立。很可惜，好景不长，1964年4月初巴西军人发动了政变，推翻了古拉尔特总统的左翼政权（夸德罗斯总统担任了6个月的总统，迫于右翼的强大压力，于1961年8月2日辞职，副总统古拉尔特因此就任巴西总统）。巴西军政府一上台，就悍然逮捕了中国贸易代表团的9名成员，制造了震惊世界的外交事件。随后，中巴关系跌落低谷。因缺乏师资，又因为军政府的反共立场，中文专业的实际运作也就此中断。后来圣保罗大学转而寻求台湾当局的支持。1968年，随着孙家勤（Sun Chia Chin）老师的到来，中文专业开始正式招生。

二、中文专业的师资建设

　　孙家勤（1930—2010），毕业于台湾师范大学美术学院。他因追随已经移民巴西的画家张大千（1899—1983），接受台湾当局的派遣，来到巴西圣保罗大学执教中文。

　　1970年，孙家勤受聘成为圣保罗大学的正式中文教师。1971年，孙家勤邀请台湾外事部门工作人员陈牧予（Nicolau Chen Mu Yu）任中文教师。

　　1972年，中文专业聘请了特蕾莎·查拉丁（Therezinha Miguel Naked Zaratin）女士，她主要负责中国文化课的教学工作。

　　1975年，杨宗元（Alexander Chung Yuan Yang）加盟圣保罗大学中文专业，使得该专业得以巩固和壮大，杨教授曾经担任过东语系主任，退休时职称是正教授。

　　1978年，玛丽亚·赛尼波（Maria da Graça C. M. Segnibo）也受聘执教"中国思想"这门课，她曾经在北京大学进修过汉语。

　　1988年，罗四维（Mario Bruno Sproviero）就职于东语系中文专业。罗四维这个名字是当年《巴西侨报》社长王之一起的，取"四维八德"之意。王社长曾经对他的朋友徐捷源说，既然是专研中国文化，就得懂得四维八德。罗四维教授是个学贯中西的学者，翻译了老子的《道德经》，著有《老子》一书。他对法家思想颇有研究，对中西哲学思想有深刻的了解。他曾担任东语系主任，最高职称是正教授。目前虽已退休，依然笔耕不辍。

　　1993年，徐捷源老师受聘于中文专业。徐捷源出生于印尼，祖籍广东。在印尼的华文高中毕业后赴台湾就读于台湾政治大学政治系。1974年，应台湾侨务部门派遣到圣保罗中华会馆附属中文学校任教。1993年正式受聘担任圣保罗大学东语系中文专业教师。徐捷源一直热心于华文教学事业，致力于侨社的文化

建设，参与了美洲华报社的《巴西华人耕耘录》一书的编辑工作，对华侨史的收集整理做出了巨大贡献。

1998 年，陈宗杰（Chen Tsung Jye）正式加盟中文专业。他是台湾大学化工系的高才生，毕业后赴美留学，于密苏里大学获得化工硕士学位，1971 年来巴西，取得圣保罗大学化工博士学位。曾经在圣保罗州工业研究所工作多年，专研陶瓷材料。退休后考取圣保罗大学东语系中文专业教职。陈宗杰在中国艺术史研究、中国古代文物鉴赏方面有独特的成就，对佛学、易经也有很深入的研究。陈宗杰于 2019 年初正式退休，职称为副教授。

2001 年，何晔佳受聘执教中文专业。她出生于台湾，12 岁随父母移民巴西。1995 年毕业于圣保罗大学教育系，2006 年取得博士学位，研究方向是中国文学和中国古代哲学。2018 年她成为中文专业的负责人。在何晔佳入职中文专业之后，修伟于 2004 年受聘，讲授中国思想史；麦耐思于 2006 年入职中文专业，主讲中国文化。麦耐思是孙家勤的嫡传弟子，对中国唐诗有浓厚的兴趣。

2013 年底，束长生通过圣保罗大学的公职考试，于 2014 年初受聘于东语系中文专业，讲授中国语言、文学和历史等。他是江苏盐城人，1989 年复旦大学外文系英语专业毕业，1995 年留学巴西，获取弗罗明内斯联邦大学的经济学硕士学位（1998）和历史学博士学位（2002）。主要研究方向是中国现代文学、中国当代史、中巴关系史和华侨华人移民巴西史。束长生在 2018 年底顺利通过了副教授升职考试，2019 年 3 月被圣保罗大学聘用为副教授。近年来，他的研究重点是华侨华人移民巴西史，在 2018 年发起并组织召开了第一届巴西华人移民研究国际研讨会（8 月 22—23 日，USP），取得了圆满成功。2019 年，束长生协助里约热内卢天主教大学孔子学院乔建珍院长成功举办了第二届巴西华人移民研究国际研讨会（6 月 5—6 日，PUC-RIO）。

圣保罗大学中文专业创建初期，汉语课程主要依靠来自台湾的几位华人学者授课，1990 年以来，通过中巴教育合作的双边协议（CAPES／DAE／CEE-CHINA），先后聘请了一些大陆汉语教师来作短期访问，专门讲授汉语语言和文学。他们是：

1992—1993 年：南京大学屠孟超（Tu Mengchao）；

1994—1996 年：北京语言学院孟爱群（Meng Aiqun）；

1997—1999 年：南开大学贾甫田（Jia Futian）；

2000—2003 年：上海外国语学院潘仲秋（Pan Zhongqiu）；

2004—2006 年：广东外国语学院吴柳（Wu Liu）。

目前在职工作的只有何晔佳、修伟、麦耐思和束长生四位老师。中文专业在校本科生有 80 多人。从 2019 年开始，中文专业开始招收研究生。

圣保罗大学中文专业培养的杰出人才举隅：

在1968—2019年的教学实践活动中，中文专业为巴西培养了近千名中国通。其中比较有名的毕业生有麦耐思、施若杰（Jose Medeiros da Silva）、何觅东（Amilton Reis）等。

（1）圣保罗大学中文专业老师麦耐思。麦耐思1992年毕业于中文专业。他于2006年受聘于中文专业，讲授中文和中国文化。2019年担任东语系副系主任。

（2）西安外国语大学葡萄牙语专业的开拓者施若杰。施若杰是圣保罗大学的国际关系学博士（2008），自2001年开始，在中文专业学习中文。在来华之前，他已有多年从教经验。2007年，经徐捷源老师和中国驻圣保罗领事馆领事任战刚的联合推荐，施若杰受聘前往西安外国语大学。在西安外国语大学葡萄牙语专业开创之际来到西安，在师资和教学资源都严重缺乏的时候接下聘书，施若杰因此成为该校葡萄牙语专业发展的先驱。他承担葡萄牙语视听说、新闻视听说、泛读、会话、写作等课程的教学，为专业开设及发展作出了巨大贡献。由于施若杰已经在圣保罗大学学习了中国语言和文化，所以他特别善于将葡萄牙语教学与中国文化相结合。

同时，施若杰与巴西各界保持联系，通过不懈的努力和积极的申请，促成西安外国语大学与巴西圣保罗大学在2008年建立校际交流关系，该校已于2010年8月派出5名学生赴巴西圣保罗大学学习，并接收巴西留学生。2010年4月，他还在中国国际广播电台（China Radio International，CRI）葡萄牙语部举办的《纪念中国国际广播电台葡萄牙语部开播五十周年》知识竞赛中荣获特等奖。2010年，他获得陕西省政府颁发的"三秦友谊奖"，该奖是为表彰在陕西经济社会建设中作出突出贡献的外国专家而设立的最高奖项。目前施若杰就职于浙江外国语学院。

（3）莫言作品葡萄牙语翻译者何觅东。何觅东1995年毕业于圣保罗大学中文专业。1996年到四川大学进修中文。2007—2009年任职于中国国际广播电台葡萄牙语部。2009—2012年就职于新华社葡萄牙语部。2012—2013年在北京语言大学进修。2014年返回巴西，在圣保罗州立大学孔子学院出版社任职至今。他热衷于翻译，于2013年翻译并出版了莫言的作品《变》，从此一发不可收，翻译了《三十年前的一次长跑比赛》《娃》等，成为莫言作品葡萄牙语翻译的"专业户"。

除了以上几位名人外，还有许多中文专业毕业生在中国求学和工作。他们都为促进中巴友谊充当了桥梁的角色，比如曾经在澳门大学就读博士，目前在该校任助理教授的朱利奥（Julio Jatobá）；在澳门大学读博士的佩德罗（Pedro Régis Cabral）和安思铎（Erasto Santos Cruz）。在艺术方面，米兰娜（Milena Moura

Barba）于圣保罗大学中文专业毕业之后，留学北京电影学院导演系，获导演硕士学位。她的毕业作品是长篇纪录片《歌唱人生》（*Songs in Beijing*，60 分钟）获得巴西电影界的一致好评。

圣保罗大学中文专业历经几辈学者的努力，硕果累累。然而目前也面临着危机。首先是师资力量不足，老一辈教师均已退休，但学校无法开出新的教职填补空缺。另外，由于巴西跟中国的经贸文化交流日益密切，巴西社会对中文语言人才的需求日益增加。这就迫切需要中文专业改变办学方向，由注重文化研究型的汉学专业转化为注重汉语语言能力的实用型专业。从本质上说，这是文化研究与语言教学孰重孰轻的问题，是大多数东方语言文学课程都会面临的矛盾。多年前，圣保罗大学中文专业的老师们就已经考虑到这个矛盾，并且开始申请设立孔子学院或孔子课堂。但是，由于圣保罗大学校领导的保守主义思想，至今未能与中方签署建立孔子学院的协议，因此这个矛盾并未得到解决，反而日益加重。目前中文专业面临许多困难，有些重要的课程，比如口语、翻译、写作课因缺乏老师而无法开办，学生的质量亦受到影响。与此同时，由于巴西经济危机，教学经费连年削减，中文专业学生去中国交流的活动亦深受影响。目前急需中国政府提供援外访问学者，以帮助巴西这个唯一的中文本科专业能够保质保量地开办下去。

光阴似箭，弹指一挥间，50 多年过去了，圣保罗大学的中文专业仍然是巴西唯一的汉语言文学本科专业，在巴西具有特别重要的地位。2019 年，束长生招收了 3 名硕士研究生，麦耐思也招收了 2 名硕士研究生。两位老师都希望多招收研究生，加紧中国文化研究型人才队伍的建设，积极为中文专业培养师资，以满足中巴交流日渐频繁的需要。随着中巴经贸文化交流的日益增进，巴西将会需要越来越多的汉语语言人才和中国研究专家，因此，希望巴西政府加大投资力度，以满足社会各界的需求。

2018 年 8 月 22—23 日，第一届巴西华人移民研究国际研讨会在圣保罗大学举行。该会议由圣保罗大学束长生副教授组织发起，参加会议的包括布朗大学胡其瑜、圣保罗大学麦耐思、暨南大学高伟浓、江苏师范大学张秋生、圣保罗大学 Sylvio Roque、冯爱迪、哥伦比亚大学李安娜等，此外，还有一批来自日本和其他国家的华人教授。2019 年 6 月 5—6 日，第二届巴西华人移民研究国际研讨会在里约热内卢天主教大学孔子学院举行，参加会议的有南洋理工大学刘宏教授、布朗大学胡其瑜教授、厦门大学李明欢教授、里约热内卢天主教大学孔子学院乔建珍院长和澳门大学罗伯瓦·特谢拉副教授等。此外，还有本书作者高伟浓和束长生。

在巴西，有关中国的研究日益增多，出现了一批引人注目的学术成果。例

如，坎皮纳斯大学教授若泽·罗伯托·特谢拉·莱特（José Roberto Teixeira Le-ite）于 1999 年出版了《中国在巴西：中国人对巴西社会和艺术的影响、印记、反响及其留存》，对于研究早期中国人移民巴西史具有重要的参考价值。他特别介绍了巴西 1810 年到 1840 年引进中国茶农的历史，对 1850 年至 1880 年巴西输入华工，以及华工在巴西生活的状况作了详细描述。除了研究华人移民、种茶，作者还研究了中国文化对巴西社会生活、文化艺术所产生的影响。他认为中国对巴西的影响是多方面、深刻而持久的，即便这种影响在 1810 年后开始减弱，但始终被保留在巴西文化中。

巴西汉学家里卡多·若佩特（Ricardo Joppert）毕业于巴黎第四大学远东研究专业。他研究了中国古代艺术和文化，著有《中国文明的基石》和《中国瓷器》等，是个精通中国文化的巴西学者。

安德烈·布埃诺（André Bueno）为巴西汉学家、里约热内卢州立大学教授。他开设了一个葡萄牙语博客，取名为"Sinografia"（中国志），并在平台上提供大量有关中国的学术著作。布埃诺对中国的研究主要侧重于历史和文化。他撰写了《中国历史百篇》和《中国古典文本》等网络文章，介绍中国历史和中国古籍。

由于语言障碍，虽然巴西的高校在研究中国历史、经济、社会和文化等方面取得了很大进展，但是，在撰写硕士或博士学位论文时，巴西学生很少能直接引用中国学者的研究成果。比如说，过去 10 年间，圣保罗大学的硕士和博士学位论文主要关注中国经济，也有一些论文研究了 17 世纪欧洲的中国形象，以及 19 世纪中国人移民巴西的问题，但这些研究很少引用中国学者的成果。即使有些中国学者被巴西人提及，其资料来源往往是美国和欧洲的学术期刊。

总的来说，随着中巴两国的文化交流与日俱增，巴西的中国学者的汉语水平有所提高。不少人已经能够直接查阅中文文献。我们希望巴西的中国学者能够深入学习和研究中国历史文化，从而构建一门独树一帜的"巴西中国学"。

第七章　巴西华人文化

第一节　巴西华文报刊与华文网络

报纸应被看作华侨华人社会的特殊文化平台，发挥着不可替代的作用。在过去华侨华人社会传媒相对短缺的情况下，华文报刊和华文网络在传播中华文化、服务经济建设、促进华文教育、繁荣华文文学等多个方面曾对巴西华侨华人社会产生过重要影响。当然，华文报纸在巴西华人市场传递信息，例如杂货店铺商品来源及其批发零售、中餐馆食品种类与价格、食材来源与价格行情发布等方面的作用也曾是不可替代的，这里就不详细展开了。

巴西的华文报刊在 20 世纪 60 年代已经出现。最早的是创办于 1960 年的《巴西华侨日报》，其前身是不定期的《巴西侨报》（1978 年 1 月圣保罗《巴西侨报》改名《巴西华侨日报》），创办人为王之一。[1] 之后，华侨华人在巴西陆续创办了多种华文报刊，主要有创办于 1968 年的天主教刊物《侨光》、创办于 1969 年的半月刊《南美新闻》（由创办于 1963 年的《中巴新闻》月刊易名而成，今已停刊）、创办于 1981 年的巴西《里约周报》、创办于 1981 年的《友联报》（1984 年改名《巴西时事新闻报》，但亦于同年停刊）、创办于 1983 年的《美洲华报》、创办于 1988 年的《南美侨友》、创办于 1989 年的《圣保罗时报》、创办于 1992 年由华侨华人集资兴办的《巴西侨报》、[2] 创办于 1996 年 5 月的《世界报道》、创办于 2000 年的《台湾侨报》等。此外，巴西还有综合性文艺刊物《南美文艺》，1992 年 5 月在圣保罗创刊。

由于受经济、文化等因素的影响，以及其他各种因素所限，巴西华文媒体的发展时起时落、时办时停。不过，从印刷和采稿技术来说，很多华文报刊很早就与时俱进，例如电脑技术刚刚出现，很快就被应用。它们的作业流程完全利用最

---

① 白俊杰：《巴西华侨华人概述》，载《华侨华人百科全书·历史卷》编辑委员会编：《华侨华人百科全书·历史卷》，北京：中国华侨出版社，2002 年，第 36 页。

② 白俊杰：《巴西华侨华人概述》，载《华侨华人百科全书·历史卷》编辑委员会编：《华侨华人百科全书·历史卷》，北京：中国华侨出版社，2002 年，第 36 – 37 页。

先进的电脑科技，稿件来往均通过电子邮箱、电话传真等方式，甚至员工不用打卡上班，可以在家里工作，等等。不过到了后来，上述大多数报刊不是被迫停刊，就是转变为其他刊物以谋求新的发展。

上述报纸先后停刊的一个原因是竞争激烈，人手严重不足，即使四方网罗，也难以聘求，采编、翻译、打字、发行、广告等专业人才进进出出，如走马灯一般，加上台湾当局每每插手干预，自然影响报纸的稳定和质量。有的报纸只有少数几人在紧张操作，筋疲力尽，实在难以支撑下去了，只好关门大吉。还有的报纸因为核心人物的离开而突然关门。如《中西新闻》，为王尔三先生创刊于1963年，他自任社长。1967年3月11日王先生因下车不慎坠地逝世，该刊暂停，后于1967年4月复刊，但在1968年被台湾侨务管理部门注销登记证而停刊。[①]《南美新闻》在其创始人梁国栋于1988年刊登启事称因胃癌辞去发行人兼社长之职后，经18个月的苦撑即告别历史舞台。[②]

在20世纪下半叶，同世界上很多国家的传媒一样，巴西传媒难免受到台湾海峡两岸分裂对立因素的影响。很多报纸、杂志不得不在海峡两边的政治立场上"选边站"。也有在两岸政治争端中明确采取中立立场的报刊。例如《南美侨友》（前身为《南美新闻》，1988年9月1日创刊易名），发行人黄植文、王志山，社长王志山（兼），初为半月刊，一年后改为月刊，原来每期16开20页，后渐增至60多页。该杂志创刊时，王志山曾撰文介绍办刊宗旨是："恪守新闻伦理的是非标准，不当政治帮闲，不当经济附庸，不迎合流俗趣味，不猎奇取宠，走严肃路线，忠诚地为侨胞的文化生活服务"，"面对海峡两岸，永守中间立场"。该杂志辟有"国际""港澳之窗""海峡情""中国""百花园""知识""医疗与健康"等栏目。1990年开始，该杂志大量采用香港四海通讯社有关国际问题和中国大陆、台湾、香港问题的述评稿件，转载台湾通讯社和报刊的稿件在减少。[③]

到了21世纪10年代后，巴西的华文报纸主要有《南美侨报》（日报）、《美洲华报》（日报）、《台湾周报》（周报）三家。其中，以《南美侨报》和《美洲华报》的影响最大。[④]

《南美侨报》前身为《巴西侨报》，是巴西历史最久的华文报纸，始创于1960年3月29日，为8开小型周报，1977年改为周三刊。《巴西侨报》为王之一独力创办，初期每次出版8开纸4版，如逢节庆或广告较多时增至12页或16

---

① 《中巴新闻》，载《巴西华人耕耘录》，巴西美洲华报编印，1998年，第141页。

② 《南美新闻》，载《巴西华人耕耘录》，巴西美洲华报编印，1998年，第142页。

③ 《南美侨友》，载《巴西华人耕耘录》，巴西美洲华报编印，1998年，第144页。该杂志发行两年后于1990年12月停刊，总计出版了36期。

④ 别林业：《浅淡巴西华文报刊与华人社会的关系》，《海外纵横》2008年第2期。

页。其内容有巴西政经新闻、侨社新闻、评论、散文、小说等；巴西境外新闻则仰赖北美出版的中文报及中华通讯社供稿①，因邮递缓慢而常使新闻变"旧闻"。

1982 年，李海安（1920—2011）率台湾同胞访问团回大陆观光。在与国务院侨务办公室主任廖承志交谈时，廖得知他以前办报的经历（李海安于 20 世纪 50 年代在美国期间曾与一些爱国学生创办《北美洲侨报》，并因此而被遣返巴西），便建议他在巴西也办一份报纸。于是他回到巴西后积极筹备，但因为困难重重而搁浅。1985 年，《巴西侨报》发行人王为一因要移民美国而准备拍卖该报。李海安与杨绍才知道后喜出望外，决定趁机买下该报。不料王为一知道李、杨二人的想法后坚决不卖，以保持该报的"颜色"。李、杨找到好友，即与王为一私交很深的周锡辉居间帮忙，王不知实情，乃以 18 000 美元的价格卖予周锡辉，而后再转至李海安名下。李海安遂将该报更名为《巴西华侨日报》（葡文名称不变），于 1985 年 10 月 27 日宣布创刊。更名后，该报内容偏重中国大陆新闻，每周出版 3 期，每期对开纸 4 版。李海安任发行人兼社长、总编辑，积极报道中国大陆情况，成为巴西华侨华人了解中国的一个重要窗口。该报其后多年间的业务虽有所发展，但由于人手短缺、成本高、印刷设备陈旧、经费不足，难以应对当地华文报纸的激烈竞争，销路一直停滞不前。李海安孤军作战，苦苦支撑，全凭仗他经营的大三元饭店的利润补贴方免报纸亏损。如此经办了 6 年，坚持到 1990 年底，终因经济断源而被迫宣布停刊。但李海安仍在努力寻找重整旗鼓的机会。1992 年初，该报经过改组整顿，购买了一家小型印刷厂，又将报名恢复为《巴西侨报》，李海安为发行人，吴瑛为董事长，聘王志山②为社长。1992 年 2 月试刊，4 月开始大量赠阅，5 月广泛征求订户，6 月 2 日正式出版第一期对开纸 8 版，每周二至周六出版 5 期。至此，业务稳定下来。其版面内容包括要闻版、国际港澳版、大陆版、台湾版、综合版、副刊、巴西版、巴西侨社版等。稿件主要来自美国《侨报》电脑传真及香港中国通讯社、中国新闻社，以及新华社稿件；巴西新闻稿主要译自圣保罗各大葡文报，侨社新闻由该报记者自行采访撰写。该报一经问世，便以电脑接收传版，电脑打字、排版，对开纸 8

---

① 《巴西侨报》，载《巴西华人耕耘录》，巴西美洲华报编印，1998 年，第 132 页。

② 王志山，山东招远人。1928 年农历二月十八日出生于一个贫困的小山村，6 岁入本村私塾，10 岁时为避战乱远走北平投奔叔父，在此求学。北京和平解放后从事职工教育工作 30 余年，1982 年退休后移居巴西。1992 年参与创办《巴西侨报》（现《南美侨报》），为首任社长。2000 年创建"巴西冀鲁同乡总会"，为创会会长。2003 年与罗大诚、黄海澄、苏均亮、朱玉郎和赵永平等人共同组织创建了"巴西华侨华人促进中国和平统一联合会"，担任首席顾问。2018 年 7 月 6 日下午逝世，享年 92 岁。其子女都在巴西侨团服务。

版，每周出版 5 期。① 后来，又历经停刊、复刊、改组为《南美侨报》的过程，李海安始终跟报社在一起，同甘苦共患难。王志山于 1993 年 2 月离任社长一职，3 月朱彭年任社长，至 6 月复离任。8 月，国务院侨务办公室推荐原任职《华声报》的李健全任社长。同年 8 月，袁一平开始担任总编辑。②

多年来，李海安为侨社的文化事业特别是办报事业默默耕耘。李海安为广东平远县东石镇程坑村人，乳名李云水，别名李克英，1920 年出生，在村学堂读完小学，又先后在该县铁民中学、平远中学及梅县东山中学就读初中，再到韶关中学读完高中。17 岁高中毕业后，经人引荐，给广东省国民政府国防部少将高参杨政民当秘书，主要是做英文翻译。1946 年，李海安到香港郭振成商业学院攻读会计专业，课余常为香港的《周末报》撰稿，并协助该报创办人邹冠群夫妇办报。从那时起，他就对办报纸产生了兴趣。1954 年，李海安移民巴西，两年后到美国留学，攻读经济学，又因经济原因而转读哲学。在美期间，李海安与一些爱国学生创办了《北美洲侨报》，因报刊宣传新中国而被美国新闻检查部门认为是左派报纸而查封，李海安也被以不受欢迎的学生为由遣返巴西。20 世纪 80 年代初，李海安以中国旅行社总经理身份，最早 4 次组织台湾同胞旅行团到大陆观光、访问、考察，每个旅行团成员多达三四十人，足迹遍及中国各地。由于他的大陆之旅，才有上述廖承志建议他在巴西办报之事发生。还应指出，李海安除了经办《巴西侨报》过程中付出的巨大心血和物质贡献外，他在巴西开过 20 年饭店、12 年锯木厂、5 年礼品店，把赚到的大部分钱补贴到了办报上，同时也失去了太多经商和赚钱的机会。③ 他曾作为巴西华人代表出席了香港回归大典，多次应邀参加国庆典礼。身居巴西的李海安总是挂念着生他养他的家乡，曾捐献支持家乡的基础建设。2011 年，李海安在巴拉圭突发心肌梗死不幸去世。

1999 年 10 月 1 日，《巴西侨报》更名为《南美侨报》，对开纸 8 版，套红印刷，每周出版 5 天，周五增刊对开纸 8 版周末版，2003 年 7 月推出对开纸 8 版彩色印刷周末版。从 2004 年 7 月起，每日版面增至 12 版，周末增至 20 版。在此过程中，《南美侨报》保留了该保留的内容，并在继承的基础上大胆创新，如推出内容丰富的周末版，增设独创的南美新闻版，争取使版面和内容设置既新颖又实用，办成一个全新的报纸。

---

① 《巴西侨报》，载《巴西华人耕耘录》，巴西美洲华报编印，1998 年，第 132 页；袁一平：《无须扬鞭自奋蹄》，载李海安主编：《中国移民巴西 190 周年纪念特刊》，圣保罗：巴中文化友好协会、南美侨报社，2004 年，第 70 - 71 页。

② 《巴西侨报》，载《巴西华人耕耘录》，巴西美洲华报编印，1998 年，第 133 页。

③ 参见林东、赖荣强：《巴西华人侨领李海安的家国情》，《梅州日报》，2019 年 2 月 27 日第 7 版；袁一平：《无须扬鞭自奋蹄》，载李海安主编：《中国移民巴西 190 周年纪念特刊》，圣保罗：巴中文化友好协会、南美侨报社，2004 年，第 71 - 75 页。

2005 年，《南美侨报》开通了中文网站——www. nmqb. com. cn，辟有"中国新闻""国际新闻""巴西新闻""南美新闻""南美侨界新闻""拉美各国国情""移民百花园""专题报道""精彩图库""侨先生信箱"等专栏，[①] 力求快速、广泛地向读者提供南美洲的政治、社会、科技、文化、旅游等信息。网站还把侨社的许多活动影像放到网站上，弥补了巴西当地没有华文电视媒体的不足。值得一提的是，网站还专设视频和音频广播栏目，把各种新闻热点视频或音频放到网站上，一定程度上弥补了巴西至今尚无华文广播和电视媒介的缺憾。与此同时，2005 年至 2006 年，《南美侨报》在采访工作方面加大了巴西当地新闻的采编比重，由原来比较偏重华侨华人社会新闻逐步增加对主流社会新闻的采访。一些主流社会的大型活动，《南美侨报》都派记者采访，且根据海外华文媒体的特点刊发自己撰写的稿件。网络媒体和平面媒体双管齐下，使得《南美侨报》成了巴西发行量最大、拥有最多华人读者的华文报纸，日发行量约 2 000 份。该报在巴西圣保罗、里约、福斯等城市以及巴拉圭、乌拉圭、阿根廷、智利、玻利维亚等南美国家均有发行。由于该报内容丰富，且观点较为中立，受到广大华人读者的欢迎，其读者群主要是来自台湾的商界人士。2007 年，该报有员工 20 多人，社长李建全、总编辑袁一平。

《南美侨报》认为，像投巨资、置产业、招高人、硬派送，或是效仿主流媒体现成经验、不断增加版面扩张报纸声势等办法，不适合巴西的具体情况。巴西媒体很少有关中国的报道，即使有的话也多是负面的，同时华文媒体对大陆的新闻报道也有偏颇，故无论是谁，都不可能获得正确、全面的大陆信息。所以，《南美侨报》的任务是迅速扭转信息的失衡。面对巴西华侨华人社会，该报不虚张声势，而是利用好现有条件，充分发掘市场潜力，与社团做朋友，保持亲密而又超脱的关系，广结善缘，服务大众，保证报纸的生存和发展。在矫正社会信息报道偏差的同时，也尽最大可能提供与侨民切身利益有关的当地新闻。其准则是：看时情，少辩论，多帮助。该报经常在华侨华人中举办联谊活动，圣保罗周边市县很多华人社团积极参与。

为了更贴近其他国家的实际，及时传递当地及侨社的消息，《南美侨报》经过长期调研，2015 年独资创办《南美侨报·厄瓜多尔华人周报》，2016 年元旦正式发行《南美侨报·阿根廷周刊》，2017 年独资创刊《南美侨报·智利之窗》，2018 年发行《南美侨报·拉美侨声》和《南美侨报中美洲版》，内容秉承宣扬中华文化，服务当地侨社，以华人关注的智利、阿根廷、巴拿马、哥斯达黎加、委内瑞拉、古巴等国家和南美洲、中美洲新闻为主线，全方位地报道中国和世界发

---

① 参见林筠：《拉丁美洲华文传媒发展综述》，中国新闻网，2007 年 8 月 20 日。

生的大事。①

由于没有系统传授新闻业务知识的条件，《南美侨报》经常不断以具体的新闻业务为例，向从业人员传授专业知识，提高和培养他们的新闻意识以及工作兴趣。在这方面，报社主要领导发挥了言传身教的作用。②

《美洲华报》创刊于 1983 年。关于《美洲华报》的创刊日期，诸说有异。比较可靠的是，1983 年 7 月以中文名称《美洲华报》（同时有葡文名称）向圣保罗市政府申请登记出版，8 月 1 日在圣保罗善得利观光旅行社三楼设临时办公室开始筹备，随后在圣保罗购置社址并装修，当年 9 月 7 日正式迁入。到 9 月 14 日，出版"试刊报"对开纸 6 版赠送各界侨胞试阅。此为巴西首次出现对开型大型中文报，且标题字体大小齐全。10 月 4 日正式创刊，当天出报对开纸两大张、8 版。发刊词称该报两大目标是"发扬中华文化""服务南美侨胞"。1985 年，由三日刊改为双日刊，每周周二、四、六出报 3 期。1993 年由双日刊改为日刊，即每周周二至周六出报 5 期，周三、五出对开纸一大张 4 版及一大张半 6 版，每周周二、四、六出版对开纸两大张 8 版。③

如今，《美洲华报》改成每周三、四、五出版 2 大张 8 版，周二、六出版 3 大张 12 版。1996 年起开始使用网络资讯，2000 年开始使用电脑排版。版面内容包括"要闻""大陆新闻""台湾新闻""巴西新闻""华社新闻"和"综合副刊"等，周二、六增加"科技新知""生活与休闲""医学保健""旅游天地"等版面，发行范围以巴西圣保罗市为主，在各州设有办事处，在南美洲各国及欧洲、中国大陆和香港、台湾等地也有发行。④ 该报的读者群主要是来自台湾的商界人士。据该报自创刊起前 15 年的资料，创刊以来从未中断，但工作人员流动性很大，先后在该报工作过的华籍职工达 300 人之多。该报的发行人是袁方、廖安义。⑤ 1997 年 7 月起社长为袁方、李桑田。2007 年的发行人仍为廖安义，社长为李桑田，有员工 10 多人。

应指出的是，巴西的两大侨报，一份得到北京的支持，另外一份得到台北的支持，但在相互竞争的同时，也相互尊重。《美洲华报》秉承"发扬中华文化""服务南美侨胞""为侨居地的进步繁荣贡献一切"，逐渐趋向政治中立，在报道大陆新闻时，采用了大陆媒体提供的信息。总体上来说，《南美侨报》的影响力

---

① 详细内容可参见南美侨报网电子报网站 http://www.br-cn.com/product/epaper。

② 人民网对《南美侨报》的介绍，2005 年 12 月 29 日；另参见林筠：《拉丁美洲华文传媒发展综述》，中国新闻网，2007 年 8 月 20 日。

③ 《美洲华报》，载《巴西华人耕耘录》，巴西美洲华报编印，1998 年，第 127 页。

④ 林筠：《拉丁美洲华文传媒发展综述》，载夏春平：《世界华文传媒年鉴 2007》，世界华文传媒年鉴社，2007 年，第 75－78 页。

⑤ 《美洲华报》，载《巴西华人耕耘录》，巴西美洲华报编印，1998 年，第 128 页。

和市场份额不断增大。①

《南美侨友》和《圣保罗报》是华侨华人集资经营的中立华文报刊。前者创立于 1986 年，初为半月刊，1989 年改为月刊，内容为文摘性的，面向台湾与大陆，持中立立场；后者于 1989 年创办于圣保罗，初为周五刊，1990 年改为周二、四、六、日出报。②

巴西还有一些定期或不定期出版的华文刊物，如南美华文作家协会创办的《南美文艺》、巴西中华会馆创办的《华光报》、巴西客属崇正会创办的《客家亲》等。

网络媒体方面，除了"南美侨报网"外，巴西华侨华人还开通了"巴西华人网""巴西侨网"等网站。

巴西华人网创建于 2009 年，为巴西首家中文门户网站，是旅居巴西多年的华人群体建立的信息平台，主要服务已在巴西或即将来巴西生活、学习、工作、贸易、创业的华侨华人朋友，也是巴西最具人气的华人中文门户网站，其宗旨是为当地华侨华人了解巴西提供资讯，为他们创业、生活提供便利，并为推动中国—巴西经济文化交流搭建桥梁。巴西华人网基本建成以巴西中文资讯、巴西华人论坛、巴西华人实用信息为主的三大板块，兼顾巴西华人信息交流、商务服务、娱乐休闲的需求。2010 年 4 月，作为巴西首家也是华人积聚度最高的中文网站，在成立 3 个月内，刷新了巴西华人在线人数的新高，并一直保持百度和谷歌搜索引擎中"巴西华人"关键词搜索排行首位。2010 年 8 月，成为南美最大 C2C 平台 Mecadolivre 中文合作伙伴。2011 年 4 月，正式成为北京语言大学网络学院巴西合作伙伴。

巴西侨网则以反映华侨华人在巴西的工作生活动态为主要特色，以增进两国人民友谊及经贸文化交流为己任。该侨网致力于服务华侨华人，传播和弘扬中华文化，提供中巴两国侨务政策及法规，是巴西华侨华人联络友情的纽带，也是华侨华人与当地民众交流的平台。③

作为巴西最大的华人社团，巴西华人协会于 2008 年初筹备创建了协会网站，设有巴西国情介绍、协会重要活动、医疗法律咨询、协会历史、协会活动预告等栏目，反映侨胞的工作和业余生活情况，以信息服务侨胞。此外，越来越多的华人组织也设有自己的网站，此不一一赘列。

---

① ［巴西］束长生：《2018 巴西华人移民研究国际研讨会议：地域特征和全球视角总结报告》，圣保罗大学，2018 年 8 月 22 - 23 日。

② 卢海云、王垠：《华侨华人概述》，北京：九洲出版社，2005 年，第 146 页。

③ 详细内容可参见巴西华人网（http：//www.brasilcn.com）和巴西侨网（http：//www.bxqw.com）。

表 7 - 1　巴西华人报刊一览表

创刊时间	中文名称	葡萄牙语/英语名称	创办人/主编	出版周期
1960 年 (1985 年停刊)	《巴西侨报》（1978年1月1日改名为《巴西华侨日报》）	*Jornal Chinês do Brasil*	王之一 （Wang Ze-I）	基本上保持每周1~3 版
1963 年 (1984 年停刊)	《中华会馆会刊》	*Boletim do Centro Social Chinês de São Paulo*	圣保罗中华会馆/第一任主编过福祺	周刊，总共出版55 期，内部赠阅
1963 年 (1967 年停刊)	《中巴新闻》	*China-Brazil News*	王尔三	周刊，总共出版121 期
1969 年 (1988 年停刊)	《南美新闻》	*Jornal Nan Mei*	梁国栋	周刊
1983 年 (2016 年停刊)	《美洲华报》	*Jornal Chinês "Americana"*	1983—1997 年：袁方，廖安义，袁国声；1997—2012 年：李桑田，廖安义；2012—2016 年：刘国华，斯碧瑶	每周3~5 版
1985 年 (1999 年停刊)	《巴西华侨日报》（后改回原名《巴西侨报》）	*Jornal Chinês do Brasil*	1985—1990 年：李海安；1992—1993 年：李海安，王志山，吴瑛，朱彭年；1993—1999 年：李健全，袁一平	每周5 版
1985 年 (2011 年停刊)	《华光》	*Hua Kuang*	圣保罗中华会馆/最后一任主编徐捷源（David Jye Yuan Shyu）	月刊，免费发送
1988 年 (1990 年停刊)	《南美侨友》（Nan-mei Qiaoyou）	*Jornal Nan Mei* (*Newspaper for South American Chinese*)	Huang Zhi-wen（黄植文），Wang Zhi-shan（王志山）	半月刊，总共出版36 期

（续上表）

创刊时间	中文名称	葡萄牙语/英语名称	创办人/主编	出版周期
1989 年 （1992 年停刊）	《圣保罗时报》 （Baxi Shengbaoluo Shibao）	*São Paulo Times*	蔡锡川，张伍彰	1989—1990 年：每周 5 版；1990—1992 年：每周 3 版
1996 年	《客家亲》	*Jornal Hakkanês*	巴西客家崇正协会 Associação Hakka do Brasil，主编：邓幸光	季刊，免费赠送
1996 年 （1998 年停刊）	《世界报道》 （Shijie Baodao）	*World Reports*	Editora Cyder，社长：郭俊麟	周报，周五出版
1999 年	《南美侨报》（Nanmei Qiaobao），《巴西侨报》（renamed from Baxi Qiaobao）	*Jornal Chinês para América do Sul*（*South American Chinese Newspaper*）	2000—2008 年：李健全； 2008 年至今：方三京	日报
2000 年 （2012 年停刊）	《台湾侨报》（2005 年更名为《台湾周报》）	*Jornal Taiwanês*；*Jornal Taiwanês semanal*	庄深湖	"台独"派资助的周报，免费派送
2018 年 （2018 年停刊）	《美洲时报》（2018年斯碧瑶接手美洲华报，将其更名）	*Chinês América Times*	Szu Pi-Yao（斯碧瑶）	仅有 Facebook 上展示的网络版

资料来源：《巴西华人耕耘录》第四章"华人报刊杂志"，巴西美洲华报社编印，1998 年，第 127 – 149 页，由来长生整理。

第二节　中华文化与当地民族文化的交融

一、华侨华人对中华民族传统节日的坚守

跟发达国家一些新移民在居住地迅速接受西方价值观和西方文化的情况迥然有别的是，巴西新移民在移居当地后，仍然执着地保留从家乡带来的文化，并不急于全面吸纳居住地的文化。他们对祖（籍）国的自豪感根深蒂固。这种自豪感，会随着居住国和居住地民族对中国这个日益复兴的东方大国的景仰而水涨船高。大部分新移民只知道自己是"中国人"，而不在意"华侨"与"华人"的身份区别。他们在自己的生活圈子里，甚至还使用着跟家乡一样的语言和表达方式，通行着具有明显的来源地地缘特征的处事规则。同时，所有的巴西华侨华人都有浓重的"怀旧"意识，重视历史并懂得从中挖掘其价值观和精神内涵。这得益于中华民族悠久的历史文化遗产和资源，包括丰富的传统节日例如春节、端午节、中秋节等。华侨华人过这些传统节日和举办一些重大纪念活动（例如移民百年纪念活动等），意义各不相同。过节主要是基于一种习俗和传统，而重大纪念活动通常没有一年一度的常态化安排。中华民族传统节日因其参与者众多，每年均有固定时间且风雨无阻，而成为海外华人传承和弘扬中华文化的重要载体之一。无论何者，都是华侨华人弘扬民族文化和民族价值观的重要场合和表现。

应指出的是，当下一些巴西华裔的寻根意识开始出现，存在着越来越强烈的中华民族认同感，开始对自己身上的中华民族血统感到自豪。一些人甚至对保留中华文化十分执着，越来越多的华裔还希望学习中华文化。"华裔"不总是以个体的形式出现在当地社会，有人自立门户，也有人成立华裔社团。社团的成员普遍受过良好的教育，在当地的政府机构、商业、科技、教育、医疗卫生、法律等部门工作，基本融入了主流社会。这些华裔还常常基于自身的种族特征，或曰基于他们对祖先文化的向往和认同而集结，开展各类与主流社会交流沟通的活动，如联欢、商务交流等。除了个人凭借其努力进入巴西主流社会外，他们还积极开拓加强与中国的联系，传承中华文化。包括"寻根现象"在内的中华文化热的兴起，无疑大大地有利于华侨华人对中华民族传统节日的坚守，以及中华文化与居住地民族文化的交融。

（一）过春节的习俗

春节是一个最全面、最充分显现海外华人节日理念的节日。在海外华侨华人社区中，春节突出地表现为全侨化（几乎所有华侨华人都参与庆祝）、家庭化（为一年中家庭成员的团聚期）、喜庆化（节日期间多有娱乐活动）等特征。而且在所有中华民族传统节日中，春节的庆祝方式最隆重，参与人数最多，内容最丰富，方式最划一规范，影响也最广。在华侨华人居住地的其他族群看来，春节是华人族群的标志性节日，比其他节日的功能和作用都大。它系统地体现了海外华侨华人对传统文化的继承，特别是较为突出地体现了和谐亲睦的家庭氛围，祥和吉庆的美好愿景，慎终追远的传统美德。这一点，集中表现在春节的主题——除夕夜的家庭团圆上。可以说，家庭团圆已经上升为"春节文化价值观"最集中的组成部分，成为维系华侨华人精神世界的重要纽带。

今天巴西的大多数新华侨华人在某种程度上也可以看作异国他乡的"民工"。至少，对于在出国前当过"民工"的侨胞来说，他们在巴西打拼时仍少不了在国内当"民工"的感觉。若与国内比较，在巴西过春节最大不同是不用在年关前就紧张地赶订春运车票、机票，一到年关就急如星火地赶回家，一过春节就马不停蹄地赶回打工地。另外，在巴西过春节，也可能没有在国内那样繁多的年前购物准备。尽管有这样那样的不同，但有一点是省略不了的，就是除夕当日的年夜饭、除夕的团圆和守岁。在中国农历大年三十当晚，巴西很多新移民家庭会请一些朋友来家里过年，客人自然以乡缘朋友为主，有时候也请巴西当地朋友。在巴西请客跟国内的最大不同也许是饭菜数量和用餐程序的简约。巴西最省事、最方便的饭菜是烤肉，华侨华人也乐于以之待客。这倒不是慢怠客人，而是当地习俗。

巴西的中国新移民与国内的同步活动要算中央电视总台的春节联欢晚会了。当地大年三十早上9点（圣保罗时间），正是万里之遥的祖国的大年三十晚上8点，侨胞们会安静地坐在家里的电视机前，准时收看"春晚"节目。很多人此刻的心跟国内一起跳动。一年中最大的乡愁莫过于此时此刻了。有趣的是，新移民中很多人有在东、西半球两个国家看"春晚"的经验。当年是在国内看，那时是"少年不识愁滋味"；"而今识尽愁滋味"，却在异国他乡看。当然春节的基调是"喜洋洋"，"春晚"也着意营造喜庆的氛围。但人的感情是复杂的，喜庆的时候，也正是乡愁最难排解、最需排解的时候。

作为传统农耕文化的产物，几千年来，春节在一代代中国人中传承，积淀了极为丰富的文化意蕴，既有普遍的节庆意义，又呈现出丰富的地域色彩。在中国农村地区，过春节主要是遵循各地的民间特色，以一地的"小传统文化"为基

础。"小传统文化"是整体的中华"大传统文化"的地方表现形式，同样千姿百态，异彩纷呈。在传统移民时代，各地的"小传统文化"元素已被华侨带出国门，在其居住地传承开来。到了现代，中国在 20 世纪 80 年代掀起了"民俗热"，21 世纪后非物质文化保护热潮在国内风起云涌，以及 2008 年国家对法定节假日进行了有利于文化传承的重大调整，等等。这一系列举措，对海外华侨华人的思想观念产生了深刻影响。

传统华人固然是遵循传统的过节方式，大多数新移民所遵循的基本上也是家乡的"小传统文化"。新移民在传统氛围中还多了一层对童年、少年和青年时代家乡春节一往情深的记忆。显然，华侨华人的春节活动并非消度时光，往往还是交流信息、共谋发展的极好机会。很多商机因而被捕获，很多发展宏图也可能在此时绘成。

中华传统年俗文化被华侨华人带到居住地后，不可能一成不变。传统社会中神圣又不失热闹的"年味"是借助较长的节期、繁复的祭神仪式、多彩的人生仪礼、丰美的食俗、热闹的游艺活动以及诸多禁忌、传说、俗谣等营造出来的。例如，在华侨华人的家乡，祭灶、请财神、敬祖、拜年、吃饺子、喝腊八粥、放鞭炮、贴春联、写福字、画年画、挂花灯、猜灯谜等活动，是传统年节中比较稳定的元素。在华侨华人居住地，由于条件的限制，这些元素就有可能被部分淡化或取消，一些过年习俗也已悄然发生变化，这是十分正常的现象。但传统过年的主要内容，包括许多喜闻乐见的过年细节还是会保留下来。例如，发红包的传统习俗就在巴西许多华侨华人（特别是广东人）中继续保留。发红包当然不是庸俗的"发钱"，主要是长辈希望给小孩子带来好运的一种心理寄托。

在巴西，来自中国不同地域的同乡会众多，故春节活动便以同乡会、联谊会的名义进行，形式多样，丰富多彩，乡亲们乘兴而来、兴尽而归。例如，2018年 2 月 13 日，江苏同乡会在常务副会长张仓桑的郊外别墅举办了辞旧迎新联谊活动，这是一次别开生面的欢度中国传统佳节的聚会。会长孙秀华向父老乡亲、亲朋好友拜早年，前任会长陈益忠在几年前就为同乡会创建了会歌《飞向故乡》，并请著名作曲家谱曲，制成光盘。王燕文老师一遍遍地教唱歌曲，乡亲们手捧歌词认真学唱。半个小时后，孙会长带头上台独唱，众侨胞也争先恐后上台献唱，大家纵情高歌。理监事们还精心准备了丰盛菜肴，有美味的烤肉烤鱼，家乡著名的"南京盐水鸭"、糯米饭、酱油鸡等，其乐融融，传递着浓浓的乡情。同乡联谊会还邀请了书法协会共庆新年，书法家刘树德向同乡会赠送了字幅"积土成山，风雨兴焉；积水成渊，蛟龙生焉"。① 整个团聚活动别具一格，韵味无

---

① 《江苏同乡会举办郊外辞旧迎新联谊活动》，巴西侨网，2018 年 2 月 14 日。

穷。笔者之所以摘录江苏同乡会这一过年场景，是因为它近乎完美地阐释了巴西华侨华人在最重要、最温馨的中华民族传统节日之际，在一个风景如画的地方，度过了一个诗情画意、古韵盎然的夜晚。类似的场景在旅居巴西的华侨华人中还有很多。相信有同样经历的人都会经久不忘。又如，广东省恩平籍的侨胞在巴西居住分散，平时相聚机会甚少。但在 2019 年春节之日，他们驱车五六个小时，聚到一起庆贺，辞旧迎新，并拉出横幅标语向家乡恩平的乡亲父老拜年。

巴西华侨华人与国内的另一个不同，是他们每年都要面对两个"新年"——圣诞节和春节。圣诞节与春节，一"洋"一"中"，成为华侨华人一年中过节的"双星座"。很多中华会馆在元旦时都会举行联欢晚会，乡亲们在联欢晚会上表演的重头戏仍然是家乡传统风俗节目，如舞狮拜年、燃放爆竹烟花等，以示喜庆、吉祥，此外还开展丰富多彩的文娱活动，有的会馆还举行团拜宴会。侨胞们欢聚一堂，共乐天伦，其中既有小家庭团聚，也有大家庭团聚。一起拉家常，谈国事，说世事，也交流生意经，互相拜年祝福，热闹非凡。当然春节的节目跟元旦的节目既有区别，也有重复。对于华侨华人来说，两个节日虽可在规模上等量齐观，但在意义上却迥然有异。春节的最大意义是家庭团聚，还有一层化解亲思、乡愁的作用。这一点，圣诞节和元旦是永远不能替代的。有时候在春节过后，狂欢节又接踵而来。许多华侨华人也参加狂欢节活动，与巴西当地人共度巴西的民族节日，加深对各自文化的了解。在巴西，圣诞节、元旦、春节、狂欢节这几个最重要的民间节日相隔很近，虽然过起来略显频繁，或许还有一点"审美疲劳"，但有利于华侨华人在一个相对短的时间里集中体验两个国家主要节日的丰富内涵，互相借鉴和吸收对方的优秀文化元素。对巴西当地民众来说，也是如此。

（二）华侨华人过其他中华民族传统节日的习俗

华侨华人保持中华传统习俗的习惯，在他们来到巴西的最初阶段就已经形成。例如，中国茶农若昂·雷蒙多·达席尔瓦（João Raymondo da Silva），人称"中国雷蒙多"（O China Raymundo），居住在巴纳纳尔，虽然渐渐融入了当地社会，但他不放弃中国人的文化习俗，被认为是最适应巴纳纳尔生活的中国人。他留下了众多后代，从事各种职业，有的在圣保罗州公安部门工作，有的在巴纳纳尔市工作；有的经商，也有的成为民间艺人。如他的后裔曼诺埃尔·雷蒙多·达席尔瓦（Manoel Raymondo da Silva）在 20 世纪初的巴纳纳尔家喻户晓，被公认为是耶稣节上的最佳谐星。他虽在巴西出生，但承袭了中国祖先的习俗，身着中国的传统服装，向观众讲述奇闻逸事，妙语连珠。他穿着中国的长袍、肥腿裤，被巴纳纳尔人起了个绰号"大肥裤曼诺埃尔"（Manoel Ceroulão）。当地历史学家

一致认为，给他起这个绰号不是贬低他，而是曼诺埃尔赢得了巴纳纳尔人民的好感与钦佩。[1] 曼诺埃尔对中国祖先习俗的这种大众化爱好，也必会延伸到对中华文化爱好的多个方面。

最早调研巴纳纳尔中国侨民史的艾雷斯·德·阿泽维多说，中国人做生意极其精明，举止文雅，待人彬彬有礼，奉公守法，尊重居住国的习俗，融入当地生活，受到当地人的尊重。他们虽然取了葡萄牙语的名字，但仍原封不动地保持了自己的文化和家乡的生活方式，男人把头发编成长辫子，爱穿丝绸和细布料做成的长袍和休闲服。他们常穿白色或淡褐色的肥大裤子，当地人称他们为"肥裤人"（Ceroulão）。[2]

再说中华民族传统节日在当地的传承。春节是华侨华人最重要的民族传统节日，可以在这个时段密集地举行庆祝活动。但乡亲聚会和传承弘扬传统文化不能仅仅寄托在一个重大节日上，更不能因这个节日的结束而中止。是故，各国华侨华人都会通过大略均匀分布于一年之中的其他丰富多彩的中华节日，举办庆祝活动，传承弘扬中华文化。春节以外的其他中华民族传统节日，最常见的莫过于端午节、中秋节等。当然，十里不同风，百里不同俗，即使是同一个节日，各地的过法也会有所不同。华侨华人把自己家乡同行的风俗带到居住地，在不同来源地的乡亲间一般会发生糅合。

1. 中秋节

在中国人移民巴西的早期，茶农就在居住地保持过中秋节的习俗。有记载表明，在圣克鲁斯庄园种茶的茶农还邀请当地的司库去住地过节。那是 1816 年 10 月 5 日晚，圣克鲁斯庄园司库若昂·费尔南德斯·达席尔瓦应邀去中国茶农住地同他们一起过节。从时间和摆设上看，他们应是在过中秋节。第二天即 10 月 6 日，达席尔瓦将有关情况写了一份报告呈送给巴尔卡伯爵阿泽维多大臣。其主要内容如下："上午，中国人邀请我参加他们的节日。主要为履行阁下给我的命令，我和我的家人中午就出发了。为使中国人平安过节，我让安东尼奥·戈梅斯·达科斯塔少尉派巡逻队去庄园。我们到达时，看见中国人在室外正对着咖啡园正门朝初升的月亮摆着一张桌子。桌上摆着半只烤猪、一只鸭子、一盘猪内脏、二瓶烧酒、二根燃着的蜡烛和一些杯子，桌腿前地上铺着一张席子。来了三个人，脱

---

① 陈太荣、刘正勤：《19 世纪中国人移民巴西史》，北京：中国华侨出版社，2017 年，第 178 页。

② 陈太荣、刘正勤：《19 世纪中国人移民巴西史》，北京：中国华侨出版社，2017 年，第 172 页。艾雷斯·德·阿泽维多（Ayres de Azevedo）是圣保罗州政府 1939 年派驻当地的农业督察员。他访问了住在慈善之家（Santa Casa de Misericórdia）、布埃诺（Bueno）等养老院里最年长的中国老人，得到了 12 份材料，获得了关于中国侨民生活方式与生活习俗最有价值的资料。他把这些资料编写成《关于圣保罗州巴纳纳尔经济与社会研究部分报告（1939—1941）》，发表在巴西农业部的杂志上。后来的研究者基本上都引用他的资料。

掉鞋子，跪在席子上，亲吻大地后立起。一人割了一块猪内脏放在杯子里，用吃饭的筷子夹着向桌子四周地上洒酒，洒完后把杯子扔在桌子上。接着来一拨人，下跪退下，其他人也随之做同样的动作。仪式结束后，大家抬开桌子，坐在地上吃桌上那些东西，他们很高兴地请我们吃。饭后，他们拿来了一些中文书，给了我一本，也给了少尉一本，我们都还给他们了。大家坐在铺在地面的席子上，各人拿着自己的书，合唱很不和谐，这时已经是夜里了。我离开那里，去茶农住的新房。我发现他们很愉快，他们也吃过饭了，他们给我们上茶和花生。月亮已经很高了，我辞行回家。我下令巡逻队从远处观察，不要让他们发现，防止有人闹事。巡逻队是这样行事的，中国人平安过节。今天下午，我遵循阁下之命，此处已无须巡逻队，我下令撤走。"① 从这段话可以看出，这群到巴西种茶的中国人对过中秋的习俗十分执着。这个节日也是他们寄托怀乡之情的最重要节日之一。他们过节就像家乡的中国人一样，没有庄重的仪式，甚至只是小酌一顿，但在小酌过程中，对家乡的怀念之情油然而生，溢于言表。值得注意的是，他们还拿出应是记载着曲子或唱词的唱本，对着高空明月唱了起来，看来十分投入和陶醉。这个唱本应是他们从家乡带来的。他们当时唱了什么已无从考证，但可以猜得出是当时中国南方乡间家家都存有的民间乡谣唱本。

"海上生明月，天涯共此时"，每逢中秋倍思亲。今天的巴西华侨华人，当中秋节来临，各个地缘社团的同胞必欢聚一堂，共团圆，叙乡音，唱酒歌，思念家乡，思念亲人。同时带着美好的寄托，通过中秋聚会加强当地亲朋之间的交流和凝聚力，希望花好月圆，风调雨顺，给天下苍生带来福祉。当侨胞们品尝着各种口味的月饼时，仿佛回到了"月满家团圆"的国度，仿佛看到了家人，感受到了家的温暖。

中秋节也逐渐成为两国民间的共同庆典。2018 年 9 月 23 日晚，"万里共婵娟·中巴艺术家欢庆中秋交响音乐会"首场演出在巴西福斯伊瓜苏市和平广场成功举行。本次活动是在中国驻巴西大使馆的倡议推动下，由中国驻圣保罗总领馆、驻里约热内卢总领馆、浙江省政府、浙江交响乐团、国家电网巴西控股公司、巴西联邦政府旅游部与文化部、伊瓜苏市政府等多方支持，由顺年文化传播（北京）有限公司具体策划和承办。中国驻巴西大使李金章及夫人、浙江省副省长高兴夫、中国驻圣保罗总领事陈佩洁、伊瓜苏市市长弗朗西斯科出席音乐会，与当地近 3 000 名民众一起欣赏了一台由中巴艺术家联袂演出的高水准音乐会。浙江交响乐团联手多位国家级著名歌唱家及著名演奏家，与巴西当地知名的歌唱家一起演出了独唱、二重唱、四重唱、小提琴独奏、笛子独奏及交响乐曲等精彩

① 陈太荣、刘正勤：《19 世纪中国人移民巴西史》，北京：中国华侨出版社，2017 年，第 105 - 106 页。

节目。①

2. 端午节

在国内一些地方过端午节，人们或会约上好友或家人，清晨去河边或是小山，用露水或是河水洗脸，要一分清净，给屈原敬意。若是遇到艾蒿，就采几根挂在房门口，祛除一年的虫病。最要紧的是，手脚都要戴上五彩线，胸前再挂一个香包，买上几个彩色的小葫芦挂到家门上，为自己和家人祈福。今天中国民间有关端午节的习俗，包括赛龙舟、吃粽子、清晨露水洗濯、挂五彩灯笼、戴五彩线、挂香包、插艾叶等，都是对屈原精神乃至中国精神的再升华。

端午节也是华侨华人的共同节日，或许已经没有了在中国民间才有的上述内容，但回家吃早就包好的粽子的习俗或许在一些华侨华人中还保留着。吃粽子的仪式感特别强，对于华侨华人来说，吃粽子最容易与端午节的来源和习俗联系在一起，可以让身在异乡的巴西华侨华人有更深一层的理解。这个节日，虽未能以露洗涤，却有"朝饮木兰之坠露兮，夕餐秋菊之落英"的感觉。

对于很多华侨华人来说，在春节以外的其他中华传统节日里，除了主题，其实很多活动内容已经没有太大差别，或者说，当地华侨华人并不刻意追求某种差别。他们通常会设置和保留一些例行的内容，在各个节日上轮番推出。很多例行内容会一遍又一遍地为参加每一个节日的人们所经历，节日内容之间彼此疆界的差别会越来越少。比如说，每当节日来临，庆祝场所里总是红灯高挂、国旗飘扬、爆竹声声、雄狮起舞。侨胞们常常会载歌载舞，温馨且喜庆。很多侨团往往在节前节后组织各种体育竞赛，或组织中国武术、杂技、魔术等表演活动。有时候，文艺爱好者也表演一些独唱、合唱、舞蹈和书法之类的节目，既有益身心健康，又提高生活品位。有的场景却是永远少不了、变不了的。比如，当节日来临，大家都是围坐圆桌，边品尝美酒边交流畅谈，增进相互了解和友谊，让大家乘兴而来，兴尽而归，度过一个欢乐祥和之夜。当然，并非所有节目内容都千篇一律。各国的民情风俗有异，庆祝条件也有差别，只能因地制宜、因时制宜。现在，很多庆祝节目还由侨胞自己来安排，例如通过电话、网络视频与家乡亲人交流，互致祝贺，等等。

二、中华文化与华侨华人居住地的民族文化交流

相对来说，巴西的历史比较短暂，由于建立在一种混合态文化之上，其中包括巴西本土、葡萄牙，以及非洲、欧洲和亚洲人带来的文化。因此，巴西仍然

---

① 《首场万里共婵娟中秋音乐会伊瓜苏成功举办》，南美侨报网，2018 年 9 月 24 日。

处于文化碰撞、融合、认同的过程中。这之中，也应包括中华文化元素的植入。

（一）春节等中华传统节日越来越为华侨华人居住地民族所接受

今天，巴西的华侨华人节日开始形成多民族共享的趋势，逐渐为当地其他民族认可和接受，其他民族已开始参与一些华侨华人的庆祝活动。就笔者看来，巴西对春节的认同度在拉丁美洲可能是首屈一指的。巴西的"中国年"是对华友好人士发起的非官方庆祝活动。圣保罗首届"中国年"活动始于2005年，是由国际青年商会巴西华侨分会的20多名志同道合者一起筹办的。他们都是年轻人，当时没有经验且缺乏资金，但他们克服了重重困难，使第一届"中国年"活动取得了很大成功。最重要的是，不仅华侨华人纷纷加入，还吸引了很多土生土长的巴西当地人参与活动。

这些年来，越来越多的巴西人开始对中国文化产生兴趣，纷纷参与"中国年"活动。例如，2018年2月25日，由巴中友好协会、巴西华人协会、圣保罗亚洲文化中心等17个当地社团及企业联合组织的"欢乐春节"活动在圣保罗市中心自由广场举行。有20多万人次的巴西民众与华侨华人前来广场参与了这一活动。11点左右，"欢乐春节"活动正式开始。在欢乐的锣鼓声中，圣保罗各中国武馆组成的舞龙舞狮队进场表演，13条金龙彩龙上下飞舞，30多只瑞狮左右腾跃，把庆典活动推向高潮，上千只五彩缤纷的气球升上天空。各中文学校、华人社团、中国武馆提供了精彩的舞蹈、器乐、功夫表演，一度吸引了广大观众，庆典活动一直持续到傍晚六点。[①]

圣保罗的"中国年"不是照搬中国的传统春节习俗，而是以中国春节传统习俗为基础，重新设计包装，使之更贴近当地风俗习惯。当然"中国年"的基本内容仍然是中国式的，颇具中华传统文化特色的舞龙、舞狮、武术表演是最吸引华侨华人及当地观众的节目。据说，与一些巴西传统节日相比，春节显得更喜庆，更具娱乐性。最具特色的安排是，参与"中国年"表演的多有巴西当地人。在巴西其他一些城市，华侨华人与当地民众共度春节的气氛也越来越浓。例如，2006年1月15日晚，在里约热内卢由华侨华人举办的"里约全侨2006年春节联欢晚会"，自始至终都是华侨华人与当地民众共同参与，热烈的过节气氛由他们共同营造，巴西演员表演的中国民间节目是专为春节而排练的。[②]

这些活动得到了巴西政府的热情支持。在上述两次活动中，时任巴西总统发来了贺信或贺电。2008年春节那一场演出，先后发来贺信和贺电的有圣保罗州

---

① 《圣保罗自由广场举行盛大欢乐春节活动》，南美侨报网，2018年2月26日。

② 《巴西华侨华人举行春节晚会喜迎"锦犬送春来"》，新华网，2006年1月16日。

议会议长、马托格罗索州州长、马兰雍州州长、标义州州长、巴拉州州长、敏那斯州州长、北大河州州长、司法部部长、教育部部长、财政部部长、工商外贸部部长、环保部部长、卫生部部长等。有 3 位部长、20 多位国会众议员以及数十位圣保罗州、市议员观看演出。[①]

过去，很多地方的华人传承中华文化是难以得到主流社会认同的。但时过境迁，今天，当地民众不再以异样的眼光看待华侨华人的文化行为，华侨华人也不再因为坚持自己的文化传统而自愧形秽，而是以平等的心态宣示自己的民族文化。因此，21 世纪 10 年代以来，"中国年"才成了巴西民众与华侨华人的共同节日，春节也逐渐成为当地民族与华侨华人一起对中华文化开展互动的重要契机。当地人在参与春节活动时，可以接触到更多、更具体的"中国元素"。不仅有经过组合的"中国元素"表演和展示，还有富有内涵的宣释。例如，节庆期间随处可见红灯笼、红剪纸、红招牌、红衣裳等，红色的舞龙舞狮队伍，浩浩荡荡，穿行在街区。华侨华人身着节日盛装，摩肩接踵，热情的当地居民夹道欢呼，其乐融融。此外，华侨华人居民将家里精心制作的传统糕点、器具拿出来售卖，人们欢欣雀跃，争相购买。多元文化的交融使华侨华人既保存了引以为傲的中华文化，又汲取了南美洲民族浪漫奔放、乐观豁达的气质。

（二）当地民众积极参与重大的中华文化活动

在今天，每逢有重大活动，华侨华人都积极开展中华文化传播活动。这类型活动是有常设性的，但多数是偶发性的。不管是哪一种活动，庆祝仪式都充满了节日气氛。更重要的是，当地民众乐于参与华侨华人举办的文化活动，不少国家还乐于为中华文化设置主题日，开展民族间的文化交流。如华人移民巴西 200 周年与"中华文化日"等。

2012 年是华人移民巴西 200 周年。里约热内卢的华侨华人于 12 月 23 日在华侨华人较集中的 AFONSO PENA 街心公园举办庆祝活动。这次活动是以"中华文化日"的形式进行的，为纪念华人移民巴西 200 周年系列活动画上了一个圆满的句号。活动由巴西里约华人联谊会主办，里约巴西文化交流协会、里约和统会、巴西和统会、浙江商会协办。里约华侨华人主要聚集区蒂茹卡区区长路易斯等巴西各界友人、总领事陈小玲等总领馆人员，以及当地市民、侨胞等 2 000 余人参加了这次文化日活动。主会场四周布满鲜艳的大红灯笼和百余幅介绍中国社会经济发展及风土人情的图片。节目丰富多彩，高潮迭起，整个街心公园熙熙攘攘，

---

① 《中国艺术团巴西慰侨演出就绪，巴西总统致电祝贺》，中国侨网（据巴西侨网报道），2008 年 2 月 8 日。

笼罩在浓郁的中华文化的喜庆氛围里。这次活动还包括中国书法、书籍、针灸、中国武术等展台。在里约行医多年的老华人刘国锋、何双莲、傅淑萍三位中医到现场义诊，吸引了不少巴西民众体验中医的针灸和按摩。喜爱中国书法的巴西友人鲁本斯冒着酷暑潇洒挥毫，为到场的民众书写了 100 多副对联，很多人排队索取他的书法作品。整个活动激发了巴西民众对中华文化的兴趣和喜爱之情。①

2018 年"中国移民日"民间活动，由巴西华人协会领衔举办，有数万人士参与；巴西青田同乡会举办的"春节联欢晚会"有 5 000 名中巴各界人士出席；巴西华侨华人青年联合会举办的"水立方杯"海外华裔歌唱大赛，吸引了当地歌星助阵。巴西华侨华人的综合性社团、商业社团、同乡会、联谊会、青年组织、妇女社团、慈善社团、文化社团、中医药学社团和统促会等，八仙过海，各显神通，讲好中国故事，传播中国声音，使中餐、中医、中国功夫、中国传统节日和中文在巴西渐受追捧。

（三）当地主要民族节日逐渐走进华侨华人社会

华侨华人在其居住地的节日活动绝非"单向性"的，他们不仅欢迎并接受当地民众参与中华传统节日活动，而且也乐意参与当地民族的主要节日活动。事实上，通过这样的"双向化"参与，既传播了中华文化，也使华侨华人赢得当地民族和政府的尊重和信任，赢得当地民族对中华传统节日的常态化参与，为中华传统节日和其他文化活动的深度发展积淀厚实的基础。通过多年的"双向化"参与，当地民族的一些主要节日，已经成为华侨华人年度性或常态性的参与项目。

1. 巴西情人节与母亲节

华侨华人参加庆祝的巴西民间节日包括情人节、母亲节等。这些年来，华侨华人的经济实力雄厚了，对业余文化生活的要求随之提升，希望能在高档场所举行高品位的文化娱乐活动。例如，2010 年 6 月 6 日晚，巴西华人协会包下圣保罗最高的建筑物意大利大厦的顶楼餐厅，举办了一场庆祝中国端午节、巴西情人节联欢舞会。母亲节在巴西是一个重要节日，里约热内卢华联会每年都举办联欢活动。如 2010 年 5 月 9 日，在里约华人联谊会馆二楼，就举办了一场别开生面的庆祝母亲节活动。会场布置高雅、温馨，每张圆桌上放有母亲节蛋糕及华联会会长季友松赠送的礼品，每位到场母亲都倍感这真正是为自己过节日。到场的 200

---

① 《陈小玲总领事出席纪念华人移民巴西 200 周年"中国文化日"活动》，中国驻巴西里约热内卢总领事馆网站，2012 年 12 月 26 日。

余位母亲在欢快热烈的气氛中，愉快地度过了母亲节。①

2. 里约狂欢节

狂欢节是巴西最大、最重要的节日，有世界最大狂欢节之称，也被誉为"地球上最伟大的表演"，在每年2月中旬或下旬举行三天。在此期间，巴西各大城市都举行规模不等的狂欢节活动。狂欢节期间的狂热可以说到了登峰造极的地步，每年能吸引国内外游客达数百万人之多。在巴西各地的狂欢节中，尤以里约热内卢狂欢节最为著名，被公认为世界上最著名、最令人神往的盛会。不管是什么人种，什么文化背景，都不由自主地被卷入了疯狂的节日气氛中。据巴西当地人说，从7岁到77岁，人人都是狂欢节的忠实拥趸。狂欢节既是个载歌载舞的节日，也是个疯狂消费的节日。例如，在巴西最早的首都萨尔瓦多，狂欢节历史久远。该市的狂欢节被吉尼斯世界纪录列为世界上规模最大的街头狂欢。除了对该市文化方面的巨大影响力外，也对当地经济起到强有力的支柱作用。②

狂欢节也开始融入了某些中国元素。2018年狂欢节，里约热内卢特级组老牌桑巴舞校塞拉诺帝国推出的表演主题是"中国丝路上的桑巴帝国"，该舞校通过这个主题，展示中国悠久的历史和璀璨的文化。为了表现主题，塞拉诺帝国舞校设计了6辆具有浓郁中国风格的彩车和25款体现中国元素的服装。其中包括甲骨文服装、兵马俑服装、熊猫服装等，还有代表最早来到巴西的中国茶农的服装。此外，舞校还向里约热内卢和圣保罗的华人抛出橄榄枝，邀请他们来参加2月11日晚上的演出。桑巴大道的表演规则规定，一个主题被某家舞校采用后，10年内别的舞校不能使用类似的主题，这意味着中国主题至少在10年内不可能再在里约热内卢的桑巴大道上展现，所以机会非常难得。在巴西华侨华人青年联合会会长周海军及世界福建青年巴西联会会长林方耀的支持下，三个团体联合召集了12名华人，前往里约参加塞拉诺帝国舞校的表演。为了能够更好地参加象征着桑巴艺术最高级别的里约热内卢桑巴舞校表演，大家自费聘请巴西老师学习桑巴舞的基本舞步。2018年2月11日晚，12人小队披上重量超过5公斤的周朝武士的战袍、头盔和铠甲，手持大刀，从酒店行走两公里到达集结地点。在一个小时的表演中，他们挥汗如雨，竭尽全力地向现场及电视机前的观众展现了他们最美的舞姿和最灿烂的笑容。③ 又如，2020年登场的狂欢节桑巴表演推出的中国元素，包括花车及代表中国形象的熊猫和孙悟空等，配以数字化的现代效果，以崭新的面貌展示中国悠久的文化，给观众带来耳目一新的视觉效果。112名华侨

---

① 《巴西里约华人联谊会举办庆祝母亲节联欢活动》，中国新闻网（据《南美侨报》、巴西侨网报道），2010年5月13日。

② 《巴西狂欢节中的华人》，新华网，2008年2月13日。

③ 《圣保罗华人华侨参加里约热内卢狂欢节表演》，巴西华人新闻华人号，2018年2月13日。

华人在彩车上担任中国 56 个民族服饰的展示人员。这场重大表演，既邀请了本地侨胞，还特邀了国内个人以及文艺团体参加。

3. 丰收节

巴西的丰收节（Festa Junina）原是欧洲天主教国家为 6 月诞生的天主教圣人——圣约翰、圣佩德罗和圣安东尼奥庆生的节日，传到巴西后，当地人借此感谢圣人赐雨带来作物丰收，故名丰收节。节庆派对现场会搭起很多帐篷和摊位，售卖各种食物和饮料。舞台上各种表演更是热闹喜庆，有巴西乡村音乐、圣诗合唱、幽默踢踏舞，场边还会不时燃起烟花。按照传统，男人应戴上大草帽，打扮成农家子弟模样，女人则要扎起小辫子，脸颊点上雀斑，身着红格裙。不过在笔者看来，目前巴西华侨华人对当地的丰收节还处在认知阶段，华侨华人小孩群体已开始初步参与丰收节。[①]

三、结语：巴西华侨华人与中华文化传播交流

在中华文化传播的平台方面，巴西华侨华人社团经常会组织开展中国民间舞蹈、音乐、书法、象棋、武术等各种表演和竞赛活动，以激发大众对中华文化的热爱。不仅如此，他们还经常利用中国的传统节日，如春节、端午节、中秋节等来开展各种文化活动，以此宣扬和传播中华文化。巴西华侨华人在中华文化传播的效应方面，可体现为受众广、内容贴近大众、影响持续而深远三个特点。

其一，从受众群体来看，中华文化的受众主要是与华侨华人地位相当的当地普通大众。在巴西，真正挤入上流社会，能够参政议政的华侨华人精英毕竟是少数，绝大部分华侨华人与当地普通大众一样，是从事小商业、经营餐馆、开办诊所、开设武馆、从事进出口等行业谋生的劳动者。作为中华文化的载体和传播者，巴西华侨华人的政治和经济地位决定了他们除华人圈外，与当地人的交往对象集中在普通大众群体里，因而呈现出受众广的特点。中华文化在巴西华侨华人中生根、开花、结果后，也可通过华侨华人与当地人、当地文化的接触与融合，让当地民众更加了解和认识中国。同时，创造出具有新特色的华侨华人社会文化。[②]

其二，从传播的过程和效应来看，巴西华侨华人的中华文化传播过程是持续而不间断的。自有历史记载的 18 世纪初中国茶农来到巴西开始，中华文化就在

---

① 赵春雷：《参加巴西丰收节有感》，巴西侨网，2018 年 6 月 14 日。
② 刘小军：《华侨大学校长：华侨华人是中华文化国际传播的重要桥梁》，新华网，2014 年 1 月16 日。

巴西慢慢传播开来。每一个受中华文化熏陶的中国人，本身就是中华文化的载体。他们移居到哪里，中华文化就会跟随到哪里。他们历经千难万险、栉风沐雨，在艰苦环境中艰难求生、奋斗拼搏的历程本身就是"中庸为道""和衷共济""尚义重情"等中华优秀传统文化的生动写照。不仅如此，华侨华人还通过创建社团、中文学校、华文媒体，举办各种社团文化活动等方式来继承和发扬中华文化。只要华侨华人存在，中华文化传播的过程就不会中断。华侨华人在当地传播中华文化，并非通过外力强加的方式，相反，是在与居住地人民共同劳作、并肩作战以及相携发展的过程中，潜移默化地传播开来的。其影响效应并非"疾风暴雨"式的侵入，而是"润物细无声"式的融入。正因为如此，华侨华人在文化交流中会很好地发挥融合剂的作用。

其三，从传播内容来看，华侨华人传播的主要是表层和中层文化。文化大体上可分为表层、中层和深层的类型。表层文化为物质文化，是人类对物质的利用，通常体现在衣、食、住、行等领域，具有易变的特点；中层文化即精神文化，主要是以物质为媒介来表现精神形态的文化，包括艺术、科学、宗教、制度、礼仪、风俗等，其特点是较为稳固；深层文化即哲学文化，是渗透在前两层文化中的观念、意识和哲学，其特点是恒久性。[1] 华侨华人在巴西传播的中华文化大都集中在表层文化，如饮食文化、武术文化，以及中层文化，如中医文化、传统节日习俗等。这些文化也是中华文化最为典型的代表，是中华文化区别于拉美其他文化的鲜明标志。《中国国家形象全球调查报告 2016—2017》[2] 显示，海外受访者心中的中国文化代表元素首选中餐，占 52%；其次是中医药，占 47%；再次是武术，占 44%。

还可以从中华文化"大传统"和"小传统"的角度来看中华文化在巴西的传播。如上所述，中华传统文化有"大传统"与"小传统"之分。有人认为，前者主要是指"精英文化"，后者则主要指"民间文化"。但若从中华文化自身的特点出发，"大传统文化"应是指作为"道"的中华文化，"小传统文化"是指作为"术"的中华文化，前者指以儒家学说为核心的儒释道的文化体系，后者则是诸如中医、武术、气功、养生、堪舆乃至烹饪等技术体系。实际上，仅仅关注中华文化的"大传统"与"小传统"之别是远远不够的。中华文化既强调二者之别，又重视二者之合，且中华文化的"大传统"和"小传统"是互为因

---

① 许苏民：《文化心理的表层结构、中层结构、深层结构》，《人文杂志》1988 年第 6 期。

② 《中国国家形象全球调查报告 2016—2017》是 2017 年 3—6 月中国外文局对外传播研究中心与 Kantar Millward Brown、Lightspeed 合作开展的第 5 次中国国家形象全球调查，在全球开展，涵盖了亚洲、欧洲、美洲、大洋洲和非洲共 22 个国家的民众，访问样本共计 11 000 个，每个国家 500 个样本。受访者样本覆盖 18～65 岁的当地居民，男女比例各占一半。

果的。

今天很多人对中华传统文化的认识和实践有一大误区，就是重视"大传统"而忽视"小传统"，对在"术"名下的"小传统"习惯上视为不入流甚至封建迷信，将之打入另册。但大、小传统间互为因果的关系决定了无论是作为"道"的"大传统"，还是作为"术"的"小传统"，都是中华传统文化中不可或缺的有机组成部分。在继承和弘扬中华传统文化时，不应厚此薄彼。中华文化在巴西的现实经历表明，华侨华人居住地的其他民族开始接受乃至崇拜中华传统文化的过程，都是通过诸如中国烹饪、中国武术、禅定、中医这些喜闻乐见并可切身体会的"术"的形式来实现的。例如，通过遍及各地的中餐馆，当地人便可在大快朵颐之中，切实地体验并沉醉于中华文化独一无二的"味道"。再如，20 世纪西方的中华文化热，则直接导源于中国武术功夫在观众中的风靡一时。正是在静若止水、动若霹雳的一招一式中，当地观众领悟到讲求"一阴一阳""大道无形"的中华文化之道。[①] 客观地说，对于作为中华文化代表元素的儒家思想、文化典籍、曲艺杂技等深层次文化，华侨华人的认可度是明显偏低的。但由于餐饮、中医药以及武术与普通大众的生活和健康息息相关，人们可以不学哲学，不懂书法，不欣赏影视作品，但不能不吃饭，不看病，不注重身体健康。因此，海外中华文化的传播，就可以通过这些明显贴近居住地普通侨众的文化样式来实现。

文化是一个民族最重要的图腾和根脉，对华侨华人来说，则是其群体生命力、凝聚力的最重要源泉。中华文化的构成丰富深邃，其基本底色、历史积淀和内涵通过现当代的繁衍得到深化。传统中华文化的基本内容包括民间艺术与美术、民间音乐、民间戏曲、民间舞蹈、民间手工技艺、民间信仰与宗教、民间文学、民间知识、岁时节令（春节、清明、端午、中秋、重阳等）以及其他传统节日习俗如燃放烟花爆竹、传统医药（中医、保健、膳食与养身之道等），等等，通过古今中国移民在海外的播迁，也融进华侨华人社会的礼仪规范中，其中包括创业礼仪、集会礼仪、宴会礼仪、游艺礼仪、婚丧奠祭礼仪，乃至华人与当地人结婚采用的传统礼仪等。这些传统中华文化不仅在华侨华人圈发挥影响，也逐渐溢出华侨华人圈，在居住地民族中产生影响。还有，各地的中餐馆、中医馆、武术馆、华文学校等均表明，华侨华人仍然在通过自己的职业传播中华文化，默默地承担着文化使者的角色。

今天一个全球性的普遍现象是，新移民常常为文化不适应而烦恼。当众多的

[①] 参见张再林：《中国文化的大传统与小传统关系的哲学辨析》，《光明日报》，2019 年 1 月 28 日第 15 版。

新移民尝试把移居国作为新家园，并设法提升自己和整个族裔在当地的经济社会地位时，常常发现在"文化适应"问题上难以自解：一方面，他们已经而且愿意去国离乡，但对家乡与祖国又有割舍不了的情结；另一方面，他们愿意融入当地社会，但又常因语言文化的隔阂而被锁定在"外来族裔"的圈子里。于是，除了尽可能回乡外，他们常常把"乡恋"情结倾注在对中国传统节日的庆祝上，以解乡思与乡愁。

华侨华人特别是传统华人中的乡愁是一种"距离乡愁"。一般来说，距离越远，越难回去或越少机会回去，其愁越重。有趣的是，到了今天，由于通信手段的高度畅达（例如 Wi-Fi 与微信无所不在，与人通话通信可随时随地而就），"距离乡愁"正迅速成为历史。现代的新乡愁已经演变为因为自身的中华传统文化缺失而派生出来的"文化乡愁"。"文化乡愁"是没法完全消弭的。旧的"文化乡愁"方去，新的"文化乡愁"又会袭来。如此缠绵辗转，难以穷断，因此对"文化乡愁"的寻寻觅觅，只会愈寻愈多，愈觅愈重，但这不是坏事。"文化乡愁"会逐渐演变为人们心灵上经久不衰、历久弥新的文化美学。

第三节　巴西华侨华人演出团体与演出活动

五千年源远流长的中华文化，在中华大地上孕育着万民众生，也是取之不尽的艺术源泉。今天，巴西已经出现了多个华侨华人演出团体，在拉丁美洲地区首屈一指。

华星艺术团，1996 年成立于圣保罗，团长为李青霞。该团致力于弘扬中华优秀传统文化，丰富华人生活，培养演艺人才。艺术团从小到大，从无到有，一路走来，艰辛坎坷。艺术团成立之初，为找训练场地，到处"打游击"。后来李青霞个人出资建了一个训练大厅，方解决排练之忧。2016 年，正值艺术团建团20 周年之际，6 家华人艺术团体整合为一，称"华星艺术团"。中国国务院侨务办公室向"华星艺术团"正式授牌。从此，开启了"聚是一团火，散是满天星"的传播中华文化新里程。[①] 艺术团成立时只有十来名队员，到 2019 年已发展到100 多人，培养了一批批优秀的艺术苗子和华裔青少年艺术骨干，成为一支活跃于巴西华侨华人社会的文艺生力军。艺术团当初仅服务于侨社，到后来走上街头，宣传中国文化，唱中国歌，讲中国故事，走进巴西城镇演出，谓之"文化下乡"，并融入巴西本土文化教育。同时还举办各种培训班，培养巴西土生土长的

---

① 本节所述内容参考了巴西李明源所提供的影像资料，也采访过华星艺术团。特此表示衷心感谢！

华裔孩子。华星艺术团参加的晚会节目均由李青霞担任总策划和总监，侨界艺术家和文艺爱好者赶排的文艺节目先后登场。

华星艺术团是海外华社的表演团体。2014 年以来，海外华星艺术团已达 42 家，遍及全球 25 个国家和地区。国务院侨务办公室定期对各国侨社的华星艺术团进行挂牌和表彰。2019 年，海外华星艺术团积极参与到华侨华人庆祝新中国成立 70 周年的活动中，组织了多姿多彩的演出、快闪活动等。华星艺术团扎根当地侨社，始终保持着中华文化的底色，在春节、元宵节、中秋节、中国国庆节等节日，组织各种文艺演出和文化交流活动，带动侨社文化生活，向居住国民众介绍中华文化，让中华文化在海外大放异彩，形成了中华文化海外传承和弘扬的一支重要力量。多年来，该艺术团坚持团结、开放、包容、共赢的理念以及自己的定位和功能不动摇，树立文化自信，打造文化精品，以文动人，以文化人，坚持高标准，鼓励原创。

唐韵艺术团，成立于 1999 年，创始人为林筠。艺术团的创立起源于 1999 年中国国庆节之前的一次演出，后来被称为唐韵艺术团的第一次登台。其时福州市与坎皮纳斯市建立友好往来，福建省侨务办公室带领福建省歌舞团前来访问，在这里组织了一个合唱团，后来这个团就发展为唐韵艺术团。艺术团一路走来，十分艰难，也十分执着。成立之初，没有经费，没有排练场地，但团员们自己动手做服装道具，借用场地排练，一步一个脚印，砥砺前行，走过了最艰难的时期。多年来，艺术团经常参加侨社各种庆典及联欢演出，还时常活跃在巴西的社会舞台上，先后为圣保罗市庆、第三届国际城市博览会、坎皮纳斯移民节、圣保罗市迎奥运"北京之家"落成等大型活动献艺，还多次接受巴西环球、GAZETA、RECORD 电视等媒体的节目录制及采访。而从唐韵艺术团团员在庆祝成立 10 周年晚会上表演的节目（如独舞、爵士舞、印度舞、歌伴舞、男生独唱、女生独唱、古筝独奏、萨克斯风独奏、太极扇、小话剧等）来看，该艺术团演出的节目精彩，领域宽广，人才众多，堪称藏龙卧虎。[①] 从艺术团的筹办与诞生来看，林筠功不可没。她被称为"义务团长"，唐韵艺术团亦称林筠艺术团。到 2019 年，唐韵艺术团有 60 多位成员，其中有五六岁的孩子，也有 30 多岁的年轻妈妈。艺术团共分 4 个班，其中一个是 5 到 8 岁的，一个是 8 到 12 岁的，一个是 12 岁以上的，还有一个"辣妈班"。"辣妈班"是让家长陪孩子们前来上课时顺便可以学习广场舞。

巴西还有一个近年才组建的，队员年龄都在 60 岁以上的春江乐团，他们终

---

① 《巴西华人唐韵艺术团举行酒会庆成立十周年》，中国新闻网（据《南美侨报》、巴西侨网），2009 年 11 月 23 日。

身喜爱音乐与乐器，多是一专多能，有的会弹奏很多种乐器，有的能歌善舞。郭祖德是春江乐团的团长。

各华侨华人演出团体的演出可分为四种类型：

一是中国传统节日助庆演出。这类演出基本是在中国的传统节日举办，目的是为华侨华人助庆，丰富文化生活。华侨华人演出团体在中国传统节日的演出往往"兴师动众"，其中最多的是中国国庆节、中秋节双节庆祝会。

二是为同胞独立演出及比赛演出。参加演出的演员大都出生于巴西，从小就在华星艺术团接受培训，对中华文化和中国民族舞情有独钟。她们将中华文化、中国元素和舞蹈艺术融入其中，演出异彩纷呈。侨界朋友十分熟悉的歌手常常活跃在巴西各个舞台上。同时，演出形式越来越多样化。例如，将武术、绘画、歌舞、街舞融为一体，别开生面，给巴西民众带来了浓郁的中国风情。

三是华侨华人演出团体作为组成部分参与巴西当地组织的演出（一般是应邀参加）。如2017年2月12日华星闪耀系列之四活动。华星艺术团应里美拉市政府和巴中文化协会主办邀请，参加了里美拉市第二届中国文化春节联欢活动。2017年5月15日，圣保罗市议会在市中心大广场举办巴西移民文化日活动，华星艺术团参加了武术街舞组合和中国古典扇舞《秀色》表演，赢得到场1 000多名民众的热烈掌声。2017年9月16—17日，巴西圣保罗东部六城市政府与巴西中国和平统一促进总会、利美拉中巴文化交流协会、巴西（圣保罗）华星艺术团在圣若昂达阿维斯塔市共同举办"中国日"活动，亦称"六城市中国文化风专场"活动。16日晚，华星艺术团在近百年历史的圣若昂达阿维斯塔市剧院为当地巴西民众和华侨华人举办了专场文艺演出，通过艺术表演向巴西民众宣传中国，并取得圆满成功，在当地刮起了一股"中国风"。2017年9月30日，由中国文化部、中国驻巴西大使馆、中国驻圣保罗领事馆在南部花园之城——库里蒂巴市共同举办的国际文化双年展中，华星艺术团受邀参加开幕式助兴演出。当日华星小分队搭机往返南部，为大会献上具有中华民族特色的舞龙舞狮、民族响扇舞蹈，为隆重的开幕式增添浓浓的中国色彩。中国文化部部长及艺术家、中国驻巴西大使、各地区总领事和世界各地艺术家出席了当天仪式。2017年12月7日，中国驻圣保罗领事馆举办了领事保护与协助座谈会暨招待酒会，来自巴西的政府、警方，华侨华人中资企业和留学生代表参加了招待会。

四是走出巴西到其他国家演出。华侨华人演出团体不仅在巴西演出，有时候还到其他国家演出。例如，圣保罗华星艺术团在2018年受邀到阿根廷侨社演出。同时，华侨华人演出团体还参加多场圣保罗侨团和华人协会组织的全侨文艺演出，丰富侨胞的文化生活。

巴西没有专职的华侨华人演出团体，演出要有奉献精神，不讲索取。艺术团每一个成员都是凭着自己对艺术的爱好和兴趣，凭着对同胞的真诚，默默地付出。例如，圣保罗华星艺术团走进巴西各阶层，奔赴各地巡演。尤其是青年班的队员非常辛苦，她们大都是在校学生，每场活动都是挤出时间去参加的。[1] 每一类型演出的观众既有华侨华人，也有当地民众。当然，有时候独自演出的观众以华侨华人为主，但参与当地演出的观众则以当地民众为主。各演出团体也重视培养人才，特别是青少年艺术演出人才，以免青黄不接。令人欣慰的是，华侨华人演出团体的事业后继有人，一代新人有望茁壮成长，在未来挑起大梁。这对于土生土长的华裔孩子来说是难能可贵的。

近些年来，华侨华人演出团体也利用"快闪"等表演方式，吸引了路过的人群。每当出现"快闪"，侨胞与巴西民众总把表演场地团团围住。喧天的锣鼓，悠扬的歌声，优美的舞姿，曼妙的旗袍，舞龙舞狮、中国功夫、民族舞蹈、中国歌曲独唱、大联唱等轮番上演，赢得巴西民众的热烈鼓掌。人们纷纷举起手机、相机，记录精彩的瞬间。

2020 年的狂欢节自 2 月 22 日开始在可以容纳近百万观众的圣保罗安年比俱乐部进行。圣保罗华星艺术团应 Weiramalina 桑巴舞校邀请，参加狂欢节"中国梦"第一方阵舞蹈表演，作为第一个领军方阵，挑选了 8 名女舞蹈主力与桑巴舞校 6 名男舞蹈专业演员共同排练该校首次以"中国梦"为主题的狂欢表演赛。狂欢节方阵的排练方案，是总负责 Estou cristiano 和舞蹈老师 Renan 与华星进行了多次商谈和编排尝试，经过一个月反复推敲才落定的。在此之前，演员们在一个多月时间里经历了 7～10 次的排练，且都是在晚上 9 点后才开始。

第四节　巴西中华武术、太极拳与华人体育

中华武术是中华文化的重要组成部分，根植于博大精深的中华文化。中华武术在长期发展的过程中融汇和汲取了诸多社会营养。将以"武"为底色的出神入化的艺术，变成一种"文"气十足的至高至上的精神载体，也只有中华武术才做得到。诸如阴阳五行学说、"以柔克刚、以静制动、以慢制快"等传统战术，配以精湛的中国礼仪文化，再赋予重德重礼、尽忠尽孝的伦理文化，使中华武术的形象显得十分挺拔。

---

[1] 《圣保罗华星 2018 年会聚餐活动》，圣保罗华星，2018 年 12 月 17 日。

一、各种中华武术

一般来说，中华武术常常被看作中华功夫的同义语。为叙述方便，这里将中华武术、功夫与太极拳分开描述。

在拉美很多国家中，中华武术或功夫享有盛誉。华侨华人具有地缘、人缘、语言以及文化等多重优势，是在当地传播中华武术的主要力量。华侨华人中习武练功者不少，居住地民族中也不乏中华武术与功夫爱好者。一些地方的华侨华人通过社团方式教习中华武术或功夫。这类型社团，有功夫师傅集体组合方式的，也有个人"教头"形式的。

华侨华人在巴西传播中华武术文化始于20世纪50年代末。传播者包括来自广东、香港和台湾等地的一些中华武术爱好者和修习者。他们来到巴西后，开设武术教练班，主观上首先是为了满足在当地立足和生存之需，客观上也立下了让中华武术在巴西发展之功。当时较有影响的华侨华人武术教练有黄新强、陈国伟、刘百龄、赵平乐、罗绍宗、李荣基等人。

中华武术刚传入巴西时，影响仅在华人圈内，到了二十世纪七八十年代，中华武术的影响便逐渐超越华侨华人圈，为越来越多的巴西人所了解。越来越多的巴西人由好奇到喜欢，由喜欢到想学，于是巴西掀起了一股"中华武术热"。因应于形势需要，越来越多华侨华人热衷于中华武术的传播。这些武术家来自不同的门派，不同的种类，诸如少林拳、咏春拳、太极拳、洪家拳、鹰爪拳等。因此在巴西的中华武术名号众多。各种各样的名号合起来，武术传播更加快速，并逐渐形成规模。

巴西政府核准开办的第一家武馆，是广东台山人赵平乐于1969年创立的"飞鹤派武术总会"。赵平乐本名陈拔群，少小在家习武，后得一盲眼功夫大师指点，拜少林南派林飞鸿为师，专练铁沙指和铁砂掌，武功长进神速。后来他与家人举家迁居香港，被香港青年会邀请担任武术教头。他来巴西有一段传奇故事。先是他在美国的父亲帮他搞到一张叫"赵平乐"的"出生纸"，凭此纸可以去美国。赵平乐一名便弄假成真，使用至今。约1962年，他已24岁，赴美签证却久等不至，乃听人之劝移居巴西，原意是"曲线移民"，借道巴西待日后再找机会移居美国。谁知此举又让他来了一个弄假成真：初到巴西时他在舅舅的角仔店打工两年，同时还做过别的杂工。之后与陈国伟、李惠贤同在中华会馆教健身功夫。会馆成立醒狮团，陈国伟与赵平乐分别担任正副团长。到1968年，他去美国的签证获批，于是离巴赴美。可能连赵平乐自己也不知道，巴西已把他的感情"套牢"了。他已习惯了巴西的生活，无法再适应美国。因此他在美国只居住了 8 个月便重回巴西，旋在巴西开馆招徒，传授中国功夫。1969 年，赵平乐在巴西圣安德烈市工业城成立"飞鹤派武术总会"，亲自教授铁砂掌、瑜伽、韵律功夫舞、太极神功等。这是他自创门派之举，很快闻名遐迩。圣保罗第二电视台对他做了专访，并多次请他登台亮相，介绍中华功夫。经过多年耕耘，赵平乐名声在外，圣保罗、山度士（桑托斯）等城市侨界有庆典活动时，均邀请"飞鹤派"舞狮和进行武术表演，赵平乐亦必率徒到场助兴。①

陈国伟出生于广东台山三合镇乡下一个穷山村。他 5 岁起便迷上了武术、武功、拳脚，刀棒之技，练得有板有眼。后来到香港，先后拜 8 个师傅分别学了蔡李佛、八卦、形意、太极、鹰爪翻子、北螳螂、六合、查、罗汉掌等九派拳。他父母受传统社会"万般皆下品，唯有读书高"思想的影响，先后千方百计安排他就读岭东中学、青年会英文书院、崇真英文书院、立信高级商业会计学校等，但牵不住他学武之性。不过陈国伟天资聪明好学，经在学校十多年的浸泡，考上了香港香江学院工商管理科。经过两年修习，便乘船近 50 天来到巴西。初到巴西，为了解决两顿饭的问题，先与友人合股开中餐馆（今美食商品店之前身，即豪华餐馆），后来也经营巴西餐馆酒吧、角仔店等。他与许多广东乡亲一样，起早摸黑，从无节假日可言，但建武术学院之心从未休歇。他辛辛苦苦赚来的钱从不乱花，而是全部储存起来，等待时机成熟，便创建武术学院。在此期间，陈国伟担任过中华会馆理事，兼任中华会馆醒狮团团长及武术班主任，为后来自己开武馆起跑热身。② 此外，他还曾受聘于圣保罗大学、茂华大学、松林区体育会 PRO VIDA 学校，担任武术教练。

陈国伟在巴西正式自行传授武术始自 1973 年。这一年 3 月 24 日，陈国伟在 Rua Vitorino Carmilo 606 正式创建"中巴国术社"。18 年后，中巴国术社另外择地自建新馆，1991 年落成，更名为"中巴武术学院"。更名后，学院增加了多项学术研究项目，开办补习讲座和开设武术派别课程。陈国伟亲自教授北少林拳、南宗蔡李佛、太极拳、形意拳、八卦掌、太极拳、罗汉掌、鹰爪翻子拳、螳螂拳、查拳、六合拳及小金钟气功、铁砂掌等练功法，同时也开设中国流行的武术

① 《巴西飞鹤派武术总会》，载《巴西华人耕耘录》，巴西美洲华报编印，1998 年，第 352 页。该书资料收集截至 1998 年，此后该会情况不详。笔者注：按照《东方飞来之鹤》（载李海安主编：《中国移民巴西 190 周年纪念特刊》，圣保罗：巴中文化友好协会、南美侨报社，2004 年）一文的说法，赵平乐在 1968 年短暂去美国前，曾在巴西白天走街串巷提包卖白布，晚上去巴西朋友家教功夫。那时巴西尚不了解中国武术，但他的印度瑜伽软功吸引了很多中上阶层小姐太太，于是他登门教授瑜伽，颇受主人欢迎。继之，教授太极拳和鹤拳。该文没有提到他与陈国伟等人的合作。因两处记载有异，录之待考。

② 林家富：《难忘的半个世纪授武历程》，载《巴西广东同乡总会成立二十周年（1993—2013）》特刊，2015 年，第 51 页。

套路，由其子陈汉杰主教。① 在此期间，陈国伟多次到中国，北上峨眉山、五台山，拜师习武，精益求精。后在巴西全国武术比赛中，他拿下了空手拳比赛第十段最高奖。全国获得此奖的只有 6 人，陈国伟是其中之一。②

陈国伟旅居巴西 50 多年来，几十年如一日，把武术当作自己一生最重要的事业，为这块中华文化瑰宝在广袤的巴西播种、发芽、开花、结果而竭尽全力。1998 年以前，陈国伟就曾多次受邀前往西班牙、阿根廷等国讲学，出版有《少林拳》一书，并有"少林拳"录影带在欧洲发行。③ 在陈国伟开武馆的 40 多年间，先后培养出近 8 万弟子，又通过这些弟子，在巴西其他城市开设了近 200 间武术馆。西班牙、意大利、美国、法国、匈牙利、阿根廷及南美洲多国均有他学生开的武馆。综合巴西及其他国家，学习他所传授的武术的达 70 万人之多。④ 据 2015 年统计，陈国伟在巴西已拥有六代弟子，年长者已八九十岁，幼者不足 10 岁。由于陈国伟在巴西教授武术，对传播中华文化有卓越贡献，2008 年，圣保罗市议会向他颁发了荣誉市民称号。⑤ 他被巴西武术界尊称为"巴西武术之父"。⑥ 他还担任巴西华人协会永久名誉会长、巴西广东同乡总会永久名誉会长、中国侨联海外顾问等职。

第一个把中华武术推介到巴西军警教学科目里的华人是"鹰派国术总会"会长李荣基。李荣基 1950 年出生于香港，从小酷爱武术，拜鹰爪翻子门一代名师刘法孟为师。1970 年移民巴西，旋考入南美大学，读书之余也在当地传授武术。1972 年，李荣基成立首家鹰爪健身院（后改名为"鹰爪国术总会"并长期任会长），开始设馆授徒。为了打响鹰爪拳的知名度，他常常组织武术队到各地表演，也上电视台表演。1974 年，他开始在圣保罗第十六军警营教授中华武术，把中华武术推介到巴西军警教学课目里。⑦

---

① 《中巴武术学院》，载《巴西华人耕耘录》，巴西美洲华报编印，1998 年，第 346 页。

② 林家富：《难忘的半个世纪授武历程》，载《巴西广东同乡总会成立二十周年（1993—2013）》特刊，2015 年，第 51 页。

③ 《中巴武术学院》，载《巴西华人耕耘录》，巴西美洲华报编印，1998 年，第 346 页。

④ 林家富：《难忘的半个世纪授武历程》，载《巴西广东同乡总会成立二十周年（1993—2013）》特刊，2015 年，第 51 - 52 页。

⑤ 参见王正润：《巴西少林武馆已有门徒 6 万》，新华社圣保罗，2015 年 4 月 11 日；伍耀均：《第十三届拉美北少林拳门武术大会观礼随笔》，巴西侨网，http://www.bxqw.com/userlist/hbpd/newshow - 45509.html。

⑥ Rodrigo Wolff Apolloni, *Shaolin a Brasileira*, Dissertacao de mestrado, Pontifícia Universidade Catolica de Sao Paulo, 2004, p. 59.

⑦ 参见张喆：《"巴西叶问"授武 40 年，中国功夫扎根异国圆武术梦》，《广州日报》，2014 年 7 月 9 日；陈曦：《华侨华人积极参与、武林大会密集开锣——中国武术整装再出发》，《人民日报（海外版）》，2014 年 7 月 18 日第 12 版；《巴西鹰爪国术总会》，载《巴西华人耕耘录》，巴西美洲华报编印，1998 年，第 350 页。

据 2014 年的资料，李荣基已开设的武馆分馆达 200 多家，遍布拉美地区，仅巴西圣保罗州就有 80 余家。[1] 李荣基被誉为"巴西叶问"，因为他不仅教授弟子们武术招式，还向他们传播中华武德。他认为中华武术之所以不同于西方武术，主要是中华武术有深厚的文化作为基础。他希望习武者认识到：不论什么种族与民族，都可以和谐共生。[2] 鉴于武术界存在同行相轻现象，有些外国武术团体曾认为鹰爪武术为"花架子""耐看不耐打"，鹰爪国术总会于 1980 年联同洪拳国术馆在圣保罗州的 RIBEIRAO PRETO 市举办了"巴西首届中国功夫拳术及擂台搏击公开赛"，迎接各路习武者的挑战，也向巴西民众展现鹰爪武术的精华及其实用价值，给中华武术正名。其后数年，每年都举办鹰爪武术公开赛和表演赛。李荣基出版了《少林鹰爪实战拳》《自由搏击赛例》《国术忠义拳赛例》三本葡文书籍，还应邀到各大学讲学，教授鹰爪拳，[3] 树立了中华武术的威信。

鹰爪国术总会参与一些国际重大武术比赛，取得了良好成绩。同时，李荣基还应邀出席各种重大活动而取得很高的荣誉。例如，参加中国武术协会分别在杭州（1987 年）和澳门（1989 年）主办的国际武术裁判训练班；代表巴西前往北京参加世界武术联盟成立大会（1990 年）；参加由巴西亚马孙主办的第一届拉丁美洲国际武术邀请赛（1990 年）；在北京第一届世界武术赛中担任裁判。学员 Jammes Venturim 夺得 85 公斤级武术散手擂台赛世界冠军（1991 年），学员 Marcelo Givdice 夺得台湾中华国术国际联盟举办的擂台赛 60 公斤冠军和器械套路亚军（1992 年）。李荣基被美国功夫武术联合会评为世界十大中国武术名人，获金牌一枚（1992 年）；参加台湾中华国术教练班，代表巴西出席国际武术会议并发表论文（1994 年）；获国际武术联盟总会 A 级名誉金牌（1994 年）；应美国武术总会邀请前往旧金山讲学并帮助培训美国教练（1995 年）；获华盛顿议会颁发的推广国术体育荣誉奖状（1995 年）；在巴西推广擂台赛职业化并带领巴西冠军级拳手前往中国深圳参加首届全球散打搏击拳王争夺赛（1997 年）；担任第八届中华国术国际锦标赛仲裁委员会委员，学员 Wanderlei Lucas 获得 65 公斤级世界国际擂台赛冠军，在参赛 65 国中巴西国术队获团体亚军（1998 年）[4]。

圣保罗市 Indianopolis 区的 Rua Grauna 45 号有一个叫"游民中华文化学院"

---

① 陈曦：《华侨华人积极参与、武林大会密集开锣——中国武术整装再出发》，《人民日报（海外版）》，2014 年 7 月 18 日第 12 版。

② 张喆：《"巴西叶问"授武 40 年，中国功夫扎根异国圆武术梦》，《广州日报》，2014 年 7 月 9 日。

③ 《巴西鹰爪国术总会》，载《巴西华人耕耘录》，巴西美洲华报编印，1998 年，第 350 页。

④ 《巴西鹰爪国术总会》，载《巴西华人耕耘录》，巴西美洲华报编印，1998 年，第 350–351 页。此书所记内容截至 1998 年，故该会后续情况不详。

的机构，创立于 1984 年 9 月 16 日，创办人叶富坤。该学院以传授中华武术为主，兼设中医治疗，并开设中医课程，教学内容包括中医基础学、针灸学、推拿学等，叶富坤兼任武术教练。该学院成立后，其武术学员经常参加各种重大文化庆典活动，表演武术与舞狮。例如，1985 年春节，在中国驻圣保罗总领事馆开幕式中表演舞麒麟。1995 年参加东方节，代表华人在 SESC 表演舞狮和武术。根据 1998 年以前的资料，该学院学员经常参加与台湾方面相关的活动，如在台湾"双十节"上舞狮和武术表演，在崇正会春节敬老大会上表演，在天主堂庆祝母亲节和荣光会迎春会活动上表演舞狮、舞麒麟和武术，在如来寺春节围炉祥狮献瑞，等等。[①]

　　各式各样的中华武馆是学习和传播中华武术的平台和大本营，以弘扬中华武术文化为职志，多年来活跃于侨界。历次华人庆典活动都有舞龙舞狮表演，也离不开神奇的各宗中华功夫。他们在传播中华武术的同时，除了传授各流派的武术技艺外，都会自发地将中华武术"重德重礼"的要求贯彻于教学之中。到 20 世纪 90 年代初，经过巴西武术界华侨华人的努力，巴西武术总会（CBKW）作为一个华侨华人社团正式成立。[②] 此后，原来五花八门的中华武术教学开始纳入规范化管理。与此同时，巴西各个武术团体也通过巴西武术总会的平台消除了门派之争，有效地加强了彼此间的交流合作，也有利于各派中华武术文化在巴西的传播和共同发展，巴西因而成为拉美地区的中华武术强国。

　　各种各样的中华武术比赛是武术传播的重要舞台。有的武术比赛流派齐全，种类繁多，加上其他文艺表演，令人赏心悦目。例如，2008 年 6 月 22 日，以弘扬中华武术文化为职志的圣保罗精武武馆在圣保罗莫洛·比尼叶洛体育馆举办中国少林武术奥运文化节活动，表演了舞龙舞狮、武术气功、舞蹈、中国腰鼓等节目。这次文化活动是为了迎接北京奥运会而举办的，得到了巴西华人协会和圣保罗市体育局等单位支持。[③]

二、太极拳

　　来自广东的黄新强被称为"中华武术在巴西传播的第一人"，实际上他所传授的是太极拳。他 1959 年移居巴西后，即于同年 12 月 1 日在巴西圣保罗自由区租了场地（Rua Tomas de Lima 509）开办"中巴太极拳学院"。1963 年迁至 Rua

---

　　① 《游民中华文化学院》，载《巴西华人耕耘录》，巴西美洲华报编印，1998 年，第 348 页。
　　② 参见程晶：《试析巴西华侨华人与中国武术的传播》，《八桂侨刊》2017 年第 2 期。
　　③ 《华社主办少林武术奥运文化节圣保罗圆满闭幕》，中国侨网（据巴西侨网及《南美侨报》报道），2008 年 6 月 23 日。

Santo Antchio，更名为"黄新强太极拳社"。1969 年，该社在中华会馆顶楼指导侨胞习拳。1974 年，黄新强太极拳社迁到 Rua Teodora Sampaio 390 号。到 20 世纪 80 年代末 90 年代初，到该社向他学习太极拳的学员踊跃，共一万多人。1993 年，黄新强被 Getulio Vargas 大学聘为教师，教授太极拳。[1] 起初跟随他学习太极拳的徒弟大都是华侨华人，后来，巴西弟子也加入学习的行列。时移世易，今天"华""洋"徒弟各自的人数比例已经倒了过来。据 2018 年的统计，他在圣保罗的十家太极武馆的学生中，绝大多数是巴西人。黄新强在巴西出道传授太极拳已有一个甲子的岁月，他让巴西人逐渐认识了中国的太极拳。

黄新强教习太极拳的过程中有两件事十分重要：一是 1986 年 5 月 12 日，黄新强在圣保罗市议会接受巴西功勋委员会颁发的勋章、勋状及功勋身份证。为表彰他对巴西文教事业的贡献，圣保罗市议会呈报功勋委员会，授予他文教最高勋章——大南十字星勋章。二是 1997 年 11 月 25 日，中国移民展在圣保罗移民博物馆开幕时，该馆馆长在开幕式中颁予黄新强奖章，以表彰黄新强太极拳社在巴西传播中国文化的卓著成绩。[2]

另一个早年在巴西传授太极拳较为著名的机构是"百龄东方文化学院"。这个学院的最大特点是属于一个教授武学、医学、哲学的综合体而非只是单一的太极拳教学机构。学院创始人为刘百龄，本名玉琨、字君瑜、别号百龄，约生于 1902 年，黄埔军校六期毕业，曾于国民党军队任军长、纵队司令，参与北伐、抗日诸战役，在台湾大名鼎鼎。有趣的是，他在巴西的建树是在武学修炼方面，被认为属"道家金山派、龙门派、昆仑仙宗嫡系"，对哲学、兵学和医学均有较深修养。刘百龄于 1974 年 10 月从中国台湾移居巴西后，本欲凝神养气，颐养天年。但在道友夏昌璠一再邀请下，他先是从 1977 年 2 月起在华侨天主堂教授太极拳，每晨亲自指导习者练拳，谈易经精髓，外练内修。一年后，复在其次子刘之明协助下，教授太极剑术及八卦掌，习者益众。再就是从 1980 年 10 月 25 日起，在圣保罗双年博物馆开设太极拳传习所，参习者为市民及市政府员工，人数甚众，教练场地一扩再扩。一次，在市政府大厦前举办太极拳大会表演，参者达 1 300 人，影响很广，中文及巴方报纸均有报道。

在此基础上，1982 年 4 月 9 日，借华侨天主堂正式成立"百龄太极馆"，附设易经研究会（是日为道家祖师张三丰诞辰），参与的贺客及学生逾 1 300 人。百龄太极馆吸引了巴西民众积极参与，当地传媒如电视和报纸纷纷报道，多方推崇，引起巴西政府重视。当年 8 月，巴西政府主办的"第九届世界人类大会"在

---

① 《黄新强太极拳社》，载《巴西华人耕耘录》，巴西美洲华报编印，1998 年，第 349 页。
② 《黄新强太极拳社》，载《巴西华人耕耘录》，巴西美洲华报编印，1998 年，第 349 页。

伊瓜苏市举行，主题为"世界人类新人生的探讨"，与会者包括科学家、医学家、高僧等在内的代表570余人，会期3天。刘百龄作为特邀的巴西首席代表做专题演讲，因发言内容精湛，被各国代表要求主席延时3次之多，当时报刊赞颂备至。会后有七国代表，包括阿根廷、墨西哥和日本等，邀请刘百龄前去讲学，和平大学亦聘其任教。1984年3月30日，刘百龄担任院长的"百龄东方文化学院"成立。该学院主要研究中医学与中国道家气功，学院讲师之一为刘百龄之子刘之明。刘之明深得其父道功武术真传，曾为先后任世界太极拳联总会会长的王延年和杨玉振的入室弟子。还有教授张永年之女张芸芸，她与刘之明一起表演太极拳，十分精彩。① 除刘百龄父子外，百龄东方文化学院其他教职员也为传播中华文化不遗余力。刘百龄于2000年2月3日仙逝。

巴西贝洛奥里宗特有一间"中国文化学院"，建于1994年2月23日，创办人为杨子波，成立时的合作人为简石麟。从其开办的课程来看，有华语、中医针灸、太极拳、气功和推拿五种。可以肯定，该学院是一所课程包括太极拳在内的中国传统文化学院。根据相关资料，1994年到1998年的5年间，太极拳课程已经开办了10班，其中有些班是与当地俱乐部或其他团体合办的，由该学院派员教练。此外还开办过气功班。1995年10月，录制太极拳教学录影带公开发行。1996年6月，与国内派驻该市的美陆公司联合举办"中国文化周"，公开表演太极拳、舞剑、中华武术等。②

三、巴西华侨华人体育

巴西华侨华人举办的各种运动会，是巴西华侨华人喜欢体育运动的重要象征。这些运动会以人本、自然、健康、和谐为理念，以传承中华民族文化为己任，通过体育比赛，倡导"体育运动为人类健康服务"，搭建起一个华侨华人交流的平台，推动巴西华侨华人体育事业，传承中华文化，促进民族交流和友谊。

巴西华侨高尔夫球协会。巴西华侨很早就以高尔夫球作为健身运动，如个人或小规模团计算在内的话，则华侨高尔夫球运动在20世纪60年代就开始出现。那时候华侨中就经常有三两球友邀集挥杆，也有零散高尔夫球爱好者加入巴西球友群。到70年代，台湾移民中的高尔夫球运动越来越流行，有人成立了高尔夫联谊会，经常举办比赛，其中张胜凯、李根涂、李树全等侨领甚是活跃。到80

① 据《百龄东方文化学院》，载《巴西华人耕耘录》，巴西美洲华报编印，1998年，第341－343页。该书资料收集截至1998年，故该学院的后续情况不详。

② 《好景市：中国文化学院》，载《巴西华人耕耘录》，巴西美洲华报编印，1998年，第353页。该书资料收集截至1998年，故该学院的后续情况不详。

年代，加入高尔夫球运动的华侨更多，有名有姓的就有 30 多人。原先的高尔夫球协会每月还定期举办友谊赛。1988 年至 1992 年间的高尔夫球团体称"巴西华侨高尔夫球联谊会"，有会长、副会长、总干事等。该球会有时候还出征他国。1988 年 10 月会长赖金燉率领 40 多位球员及眷属到巴拉圭参加当地华侨"东方市华人高尔夫球协会"举办的"第三届国庆杯高尔夫球锦标赛"，开启了南美各球会交流联谊之先河。高尔夫球遂在南美华侨界渐渐风行起来。1989 年 10 月 7、8 日两天，该协会在圣保罗举办"第四届国庆杯高尔夫球锦标赛"，共有来自巴拉圭东方市及里约和圣保罗的球友 150 多人参加，场面宏大。此后，该协会与巴拉圭方面乃至更多国家的球会间有不定期往来。

1993 年 3 月 14 日，该协会在银座大饭店邀请 20 多位资深球友举行会议，修改章程，明确协会的宗旨是："以非营利性之财团设立，不牵涉政治、宗教与地域，经常举办比赛，切磋球技与联系球友情谊，提倡正当娱乐，强健身心，促进侨社和谐，而达到以球会友之目的。"1994 年 12 月 11 日，协会机构再次改选，该协会采取会员制，会员缴纳入会费及年费，以维持其常年开销，每年有多次热心厂商赞助的公开赛及协会自办的会内赛。到 1998 年，该协会有球友 70 位。最年长者为 1921 年出生的名誉会长李树全。[①]

圣保罗湖滨华侨高尔夫球协会。该协会于 1998 年 2 月 17 日在圣保罗市友谊餐厅举行首次会员大会，选举产生了首届理监事，并正式宣布成立。该协会成立后，经过两个月的筹备，于 1998 年 5 月 3 日在圣贝纳多高尔夫球俱乐部举办了"湖滨华侨高尔夫球协会成立杯公开赛"，共有来自巴拉圭、阿根廷和巴西的球友 109 人参加比赛。到 1998 年，该会共有正式会员 30 多人，包括家属会员近70 人。[②]

巴西华侨篮球协会（简称"篮协"）于 1997 年 9 月 27 日在圣保罗华侨天主堂成立。篮协第一届理监事会（1991 年 9 月起）确定的该会宗旨是：提倡正当休闲体育活动，以球会友，提升侨界篮球技术水准，培养新秀，使之具有德、智、体、群良好美德。凡爱好篮球运动的华侨同胞，按规定缴纳会费便可入会。凡曾参加该会任何一次比赛，并依规定缴纳报名费的球队登记球员均为会员。20世纪 90 年代，篮协被誉为"侨界朝气蓬勃，活动最频繁的体育运动社团之一"，所参加的各种篮球赛（如城市篮球馆、各种名目的"杯"赛、团体成立周年志

---

① 《巴西华侨高尔夫球协会》，载《巴西华人耕耘录》，巴西美洲华报编印，1998 年，第 320 - 323 页。该书资料收集截至 1998 年，该会后续情况不详。

② 《圣保罗湖滨华侨高尔夫球协会》，载《巴西华人耕耘录》，巴西美洲华报编印，1998 年，第 328 页。该书资料收集截至 1998 年，该会后续情况不详。

庆等）不胜枚举。①

巴西华侨保龄球协会。保龄球运动是最不受天气影响的一项体育运动。老少咸宜，一家人也可以一起上场参赛。在华侨华人群体里，保龄球可以将不同年龄、不同地缘的同胞凝聚在一起。巴西华侨保龄球协会的成立缘于侨营星际保龄球馆的落成。对保龄球有执着爱好的球馆大股东郑资富提倡侨界保龄球运动，1994 年 11 月 19 日星际保龄球馆开业的当天，在球馆大厅举行成立大会。该协会的会务活动很频繁和常态化，首创了每次月例赛后兼举办会员庆生会，以增进友谊。最初，由于参加会员甚众，协会限定会员为 100 人。后来应会员家属要求，增发只限于会员家属的副卡，合计共有会员 145 人。经过第一年频繁的比赛活动，侨胞打球兴致提高，纷纷要求加入球会。后来会员不断增加，到第三年会员已近 200 人。②

巴西华人体育协会。这可能是目前拉美国家中唯一的华侨华人体育社团。它是当时华侨华人为迎接巴西世界杯和 2016 年里约热内卢奥运会，推动华人体育运动而成立的。协会以球会友，奉行"友谊第一、比赛第二"的体育精神，以互相交流学习为宗旨，以锻炼身体为目的，将体育活动在巴西发扬光大。③

巴西华侨体育运动大会每两年举办一次。据 2006 年的资料，每一届华侨体育运动大会都是由来自中国台湾的移民社团负责筹办，但参加者均来自海峡两岸，既有来自大陆的新移民，也有来自台湾地区的老移民，同时还有许多在巴西出生的华裔第二代、第三代。运动员们在比赛中把友谊放在第一位，呈现出团结祥和的气氛，既增进了友谊，又丰富了文化生活。例如 2006 年的体育运动大会，共有 26 个华侨华人社团组队参加了各项田径比赛。在 903 名运动员中，当时年龄最大的已经 75 岁，而年龄最小的仅 7 岁，体现了老少同乐、贵在参与、旨在交流的大会精神。④

———————————

①　《巴西华侨篮球协会》，载《巴西华人耕耘录》，巴西美洲华报编印，1998 年，第 333 – 335 页。该书资料收集截至 1998 年，该会后续情况不详。

②　《巴西华侨保龄球协会》，载《巴西华人耕耘录》，巴西美洲华报编印，1998 年，第 337 – 339 页。该书资料收集截至 1998 年，该会后续情况不详。

③　《巴西华人体育协会成立举行乒赛颁奖仪式》，《南美侨报》，2013 年 6 月 17 日。

④　《来自两岸三地的侨胞齐参与：巴西华侨举办运动会》，中国侨网，2006 年 9 月 9 日。

第五节　中医药学、针灸疗法在巴西的流传

作为中国传统医学，中医药是中华文化体系中非常宝贵的组成部分，也被认为是中华民族文明的瑰宝。中医，包括中草药、针灸、推拿、正骨、拔罐、气功、药膳等中国传统医药学实践，是疗效神奇、理论独特、无副作用的自然疗法。中医包括天人合一、道法自然的宇宙观，中和平衡的生命观，燮理阴阳、身心共养、顺势适时的养生观，以人为本、济世活人的价值观，大医精诚、淡泊名利的精神追求和以仁存心的医德医风等，被中国人誉为"国粹"。

一般来说，中医在域外传播推广，无非通过三个途径。一是官方的途径，即政府通过派遣医疗技术人员等途径传播推广中医；二是民间的途径，主要是通过医学研究机构之间的往来传播与推广中医；三是通过华侨华人的途径，即通过居住在当地的华侨华人，特别是其中的医疗技术人员传播与推广中医。在巴西，最有特色和成效的中医传播推广是通过华侨华人的途径。应该说，中医在巴西的传播与推广，华侨华人功不可没。

一、中国传统医学进入巴西简况

应该说，巴西的医保系统还是相当不错的。1988 年，巴西建立了统一医疗体系（SUS），向所有公民（包括大学人员、医疗机构人员、基层卫生工作者、研究人员和相关专业的学生）提供普遍和免费的医疗服务，各级城镇全面联合、共享与合作，覆盖了 27 个联邦的 5 600 个城市，达到至少满足 90% 人口的需求。巴西医疗保险以统一医疗体系的免费医疗为主、私人保险为补充，已实现全民享有基本医疗服务。[①] 导致巴西居民死亡的主要疾病是缺血性心脏病、脑卒中、下呼吸道感染，近年来阿尔茨海默病、慢性肾脏病及糖尿病的发病率显著增高。虽然巴西还存在着许多制度方面的问题，但巴西医疗事业应付这些疾病不算棘手。有钱人可以选择私立医院，穷人可以领取免费药品，即便是需要购买常规非处方药，也仅需很少的钱。巴西当地人感到满意的是，有钱人不去跟穷人抢占医疗资源。有一些基础病症，国家是免费医疗的，例如糖尿病这种慢性疾病是可以终身免费领取药品的。

但巴西的医院是西医医院，对于很多华侨华人，特别是来自中国乡村的移民

---

① 李皓月等：《中医药在巴西的发展现状与分析》，《国际中医中药杂志》2021 年第 43 卷第 5 期。

来说，西医不大用得上，中医仍然有不可替代的位置。实际上，很多巴西当地人也越来越喜欢中医。中医在中国流传了几千年，近代以来，随着中国人踏足拉丁美洲，中医和中医文化跨越重洋在拉美传播，巴西就是突出的例子。巴西人口基数多，有一亿多人口，但仍然为发展中国家，人均生活水平不高，因此在医疗方面适应中医针灸医疗成本低的特点。此外，巴西民众希望了解中华文化，中医和中医文化是一条极佳途径。

中药材的重要来源是大自然千姿百态的植物，巴西大片国土保持原始状态，大部分自然资源还没有得到开发，有采掘不尽的草药资源，具有得天独厚的地理气候条件，特别是亚马孙热带雨林与草原广袤，与大片丛林地区交织，是世界最大的天然种植宝库。巴西是移民国家，推崇多元文化，各民族和睦相处。反映在医药学上，巴西民众并不像很多欧美国家那样唯西医是从，他们对包括中医在内的外来医学还平等地留有一席之位，特别是对中医学中一些看似神奇的医疗手段普遍抱有好奇与好感。这些都为中医药的发展提供了良好的生存环境和广阔的发展前景。19 世纪初，华侨开始将包括中草药和针灸在内的中国医学带到葡萄牙殖民下的巴西。1958 年，华人生理学教授艾华杜开始在巴西医院倡导东方医学和针灸，为后来中医的发展打下了一定的基础。之后，巴西政府和医药研究中心也开始重视对植物药的研究和开发工作，并收集出版许多有关植物药物和中医中药的著作，其中中国的《黄帝内经》和一些其他的中医中药著作被译成葡萄牙文在巴西出版。[①] 值得注意的是，在巴西的偏僻乡村和印第安部落，仍然在一定程度上秉持原始时代的传统，使用药用植物治病。这对中医的发展是有利无弊的。客观地说，他们的治疗方法与高度发展的古代中医并不在一个水平线上。最显著的差别是，巴西原始地区使用的是单方，没有权威配用药方，而且药物使用知识都是家传口授。

中医针灸疗法在巴西的推广特别值得一提。针灸是以中医理论，包括四诊八纲、辨证论治、阴阳五行及脏腑、气血、经络等理论学说来指导临床治疗的一种行之有效的治疗方法。传统中医针灸进入巴西是一个渐进的过程。起初巴西人对针灸疗法尤其是中医文化不了解，不接受，故其应用仅限于华侨华人圈内。到 20 世纪 60 年代，开始有巴西人学习针灸疗法，并以之治病。只是针灸疗法的合法性一直存疑，且当时中医针灸医师极少，很少有巴西人接受针灸疗法。1958 年，卢森堡的弗里德里奇·史贝斯（Friedrich Spaeth）教授在巴西开设了第一个针灸与中医培训课程，并于同年创建巴西针灸与东方医学学会，又于 1961 年成立第一个针灸诊所，1972 年成立巴西针灸协会。但在 1972 年，巴西国家联邦医

---

①　参见顾逢祥：《中医中药在巴西》，《世界科学技术》2002 年第 1 期。

学委员会认为针灸并不科学，并禁止使用。直至 1977 年，巴西劳工部、国际劳工组织和教科文组织达成协议，针灸师于官方公报中才得到认可并不断发展。2003 年，随着从事针灸治疗人员增多，巴西政府将针灸列为住院医师培训项目。2006 年，巴西卫生部颁布相关法案，将针灸、草药、顺势疗法等整体纳入全国 SUS 医疗系统，并积极鼓励传统疗法在健康维护领域的普及应用。2007 年初，巴西中医药针灸学会联络巴西针灸界及相关团体，联系世界针灸学会联合会，组成代表团参加了 PL 7703/06 法案论坛会，通过努力，维护了针灸的合法权益。2017 年，巴西卫生部正式将针灸纳入替代疗法目录。①

在此过程中，华人中医界也积极努力推广针灸。1981 年，祖传中医王钰到南美举办针灸师培训班及针灸研究班，中医针灸疗法开始在巴西慢慢推广开来。经过各方的长期努力，中医针灸才逐渐在巴西备受推崇，被广泛应用于疼痛、脑卒中、关节炎、肌腱病、神经性疾病、哮喘、心血管病及艾滋病等疾病的治疗，临床中常与其他疗法同时用于康复治疗，成了在巴西应用最多、发展最好的中医疗法而大放异彩。又由于针灸疗法具有"非药物、安全适用、价格低廉、疗效显著、操作方便"等特点，能为巴西百姓解除病痛和疾苦，当地民众对中医针灸疗法喜爱有加。

1984 年 3 月 30 日，百龄东方文化学院成立，刘百龄担任院长。百龄东方文化学院是个中医学与中国道家气功教习相结合的机构。道家气功教习已见前述，这里谈一谈刘百龄对弘扬中国医学的贡献。刘百龄在学院陆续开办了针灸教学班、中草药班、易经研究班、道功太极拳班等，培养了不少中医人才。据 1998 年的资料，接受该学院培训者逾 1 500 人，其中部分人正式加入针灸协会，获得官方医药团体认可，取得开业执照。② 刘百龄对学员的教授以中国哲学中的易经为主，结合医学、武学和生理学为一体，理论联系实务，对增进人体健康、延长人类生命很有见地。他的理论讲求内外功修持，既讲求内修，强调运用大脑潜力，开发第六感官，增强思考，佐以养气功夫，产生新陈代谢；也讲外练，即道功太极拳带动潜伏体内气机与天地间真气互辅互成。刘百龄在养生健身方面的理论也为国际相关人士所信服。

随着针灸的推广，在门诊和住院患者中应用针灸疗法的机会持续增加，2006 年的统计资料显示，巴西注册从事针灸工作者超过 3 万人，其中包括华侨华人 1 000 余人，也有在其他地方取得中医学位者。2014 年，巴西有 121 家公立医院和 2 500 家诊所开设了针灸科室。据巴西卫生部统计，2011—2016 年，在 SUS 系

---

① 李皓月等：《中医药在巴西的发展现状与分析》，《国际中医中药杂志》2021 年第 43 卷第 5 期。
② 《百龄东方文化学院》，载《巴西华人耕耘录》，巴西美洲华报编印，1998 年，第 342 - 343 页。

统内接受针灸疗法的人数成倍增加，由 68 万人次上升至 120 万人次。在临床疗效方面，通过在社区医疗实施针灸治疗慢性疼痛，可减少 30% 止痛药品和 50% 抗炎药品的使用；由坎皮纳斯州立大学牙科学校和巴西医学协会针灸医学院联合开展的临床研究表明，针刺可减轻下颌关节功能障碍患者的疼痛症状，并改善其口腔张合度。巴西还是较早设立针灸病房的国家之一。[①]

在中国传统医学进入巴西的过程中，可以看到多举并进的现象，表现在中医针灸、太极拳、气功和推拿等传统中国医学成体系地一道传播推广。例如，巴西贝洛奥里宗特市有一间"中国文化学院"，建于 1994 年 2 月 23 日，创办人杨子波，成立时的合作人为简石麟。该学院的宗旨是向巴西社会宣扬中华文化，开办的课程有中文、中医针灸、太极拳、气功和推拿 5 种。其中中医针灸课程于 1994 年开班，学员包括现职医生及各种医疗工作者，每周末上课。该学院还与国内合作进行针灸培训，也参加针灸义诊一类慈善活动。[②]

二、争取中医针灸疗法合法化的艰苦努力

中医针灸是中国传统医学中最具特色的一大门类。但毋庸讳言，在很长的时期内，巴西当地人对中医针灸不了解，在登记的时候，针灸师竟与理发师和美容师归在一类。尽管如此，华人中医针灸工作者矢志不渝，不屈不挠，在推动巴西政府的中医合法化问题上一直坚持不懈。与此同时，巴西华人中医针灸工作者不得不与企图扼杀中医针灸的行为交锋了 20 多年。

从 1981 年王钰医师赴南美举办针灸师培训班及研究班开始，中国针灸在巴西逐渐发展起来。到 20 世纪 90 年代中，巴西圣保罗地区每年约有 60 万人愿意接受中医针灸的治疗。1989 年，巴西里约热内卢（当时巴西首都）州政府成立了卫生局民间传统医疗机构，对中国针灸及民间疗法（汉药、草药、自然饮食、导引等）传入州内的国立、州立、市立医院里进行普及、指导，对中医针灸在巴西的合法化起到了促进作用。1990 年，圣保罗国家卫生部开始拟定一项计划把针灸纳入公共卫生体系，但遭到巴西联邦医学委员会（医师工会）强烈反对，理由为针灸不具备科学的理论基础。1991 年，参议院为了使针灸纳入法律范畴，更好地为民众服务，提出有关针灸立法的 337 号和 383 号议案。1994 年，众议院修改为 PLC 67/95 议案，在参议院进行表决，因只有巴西医学院毕业的医师才能

---

① 李皓月等：《中医药在巴西的发展现状与分析》，《国际中医中药杂志》2021 年 5 月第 43 卷第 5 期。
② 《好景市：中国文化学院》，载《巴西华人耕耘录》，巴西美洲华报编印，1998 年，第 353 – 354 页。该书资料收集截至 1998 年，故该学院后续情况不详。

从事针灸而被否决。1996 年 8 月，巴西联邦医学委员会最终承认针灸在减少疼痛和控制炎症方面确实有效，故同年巴西参议院对针灸议案的表决中，结束了非巴西医学院毕业的医师不能从事针灸的提案。① 南美中医针灸学会会长朱天锡和刘之明等人长期努力争取，为此做出了重要贡献。

进入 21 世纪，巴西传统中医药针灸学会曾经多次拜会总统办公室主任、联邦众议院议长、卫生部部长等要员，就中医针灸在巴西立法问题面陈建议，提供可行方案，为维护针灸执业者的合法权益，也为保障中华传统医学在巴西的健康持久发展开拓了新局面。② 从 2006 年 5 月起，在时任总统卢拉的推动和支持下，巴西国家卫生部特别颁发 971 法案，将针灸、草药、顺势和温浴四种自然疗法列入全民 SUS 医疗系统，正式进入巴西公立医院。③ 但到 2006 年 12 月，巴西联邦医师公会在国会提出 PL 7703/06 法案，以中医针灸医师没有巴西医学院毕业生的"医师证"为由，要求政府取消巴西众多针灸医师的行医资格。据巴西传统中医药针灸学会会长惠青说，当时中医针灸师在巴西面临可能"丢饭碗"的窘境（该法案一旦经联邦众议会表决通过并由总统颁令实施，将有上万名针灸执业者被逐出医疗界，数千家针灸诊所将被迫关闭停业）。为此，巴西传统中医药针灸学会多次组团前往首都巴西利亚，在名誉会长顾杭沪的帮助下，及时会见了巴西政府相关要员、巴西联邦国会众议院议长等，明确指出该法案的不妥之处，阐述了传统中医药针灸疗法的独特优势，以及巴西民众对中医针灸治疗的需求，同时提供了加强针灸执业者的管理办法和方案。巴西政府相关部门表示愿为针灸医学在巴西的发展提供帮助。此法案最终搁浅未能通过。④ 2007 年初，刘之明、刘方、顾杭沪、彭松等人组团到巴西利亚出席论坛辩论会，会晤国会众议院议长及国会立法小组，针对关于巴西国会针灸立法提出意见和建议，引起国会上层高度重视，在日后的国会议案表决中，否决搁置了 2006 年参议院通过的新版《医生职权法案》，此次赴巴西利亚陈情和抗争达到了预期目的。⑤ 至此，经过华人中医针灸学界的长期努力，中医针灸疗法终于在巴西取得了合法地位，巴西众多的针灸执业者获得了行医资格。

---

① 惠青：《巴西中医针灸发展的历程与权益争取回顾》，《中医药导报》2016 年第 19 期。

② 《巴西针灸学会成立 25 年，使领馆官员出席庆祝活动》，中国侨网（据《南美侨报》、巴西侨网报道），2008 年 7 月 28 日。

③ 莫成雄：《巴西传统中医药针灸学会会长惠青：让中医针灸造福巴西民众》，中国新闻网，2016 年 12 月 16 日。

④ 惠青：《"侨"这四十年：我在巴西弘扬和传播中医针灸》，中国侨网，2018 年 9 月 6 日。

⑤ 《巴西中医药针灸学会改选并举行新老会长交接仪式》，中国侨网，2007 年 7 月 17 日。有关此争取针灸权益的过程十分复杂，详情可参惠青：《巴西中医针灸发展的历程与权益争取回顾》，《中医药导报》2016 年第 19 期。

随着广大巴西民众越来越热爱和信任中医针灸，2006 年巴西国家卫生部特别颁发了 971 法案，决定将针灸、草药、顺势及温浴四种自然疗法纳入全民 SUS 医疗系统，即列入公费医疗的辅助治疗范围之中，从此巴西民众就可以在公立医疗中享受免费的针灸疗法、顺势疗法、草药疗法、温泉疗法。此后，在巴西国内 19 个州和 32 个城市的公立医院中，都会采用一种或两种上述治疗方法，更进一步促进了中医针灸在巴西的合法化。[①] 目前针灸治疗已得到较广泛的认可和应用，被纳入 SUS，并在多所高校开设相关课程。

2003 年起，巴西政府将针灸列为住院医师培训项目，内容涵盖中医、生物医学及医学实践，其中中医培训主要包括传统中国针刺、西方针刺、灸法、阴阳理论、中医证候等，为针灸及中医其他疗法的推广奠定了基础。巴西目前的中医教育主要以针灸为主，也包含部分推拿课程。教学方式一是开放式授课，高中毕业即可参加；一是研究生课程，针对医学院在校生，或取得护理、理疗师等学士学位的专业人士。目前已有巴西利亚大学（University of Brasilia）、圣保罗医科大学（Sao Paulo Medical University）、里约州联邦大学医学院（Federal University School of Medicine，Rio State）、圣卡塔里那州联邦大学（Saint-Cataris State Federal University）、圣卡塔琳娜州南部大学（University of Southern Santa Catarina）等 10 余所医学院校开设针灸课。针对希望从事针灸治疗的西医医生有为期 2 年的针灸培训班，完成培训者可获得针灸专科医生的执业资格。科研方面，相关临床观察主要集中在针灸治疗领域，且已有动物实验探讨其作用机制。有研究探讨激光针灸治疗原发性高血压的疗效、观察针刺在急救中对心律失常和神经心源性晕厥的治疗作用、探讨针刺治疗高血压病的机制，以及针灸对交感神经和肾病的影响，均对中医药进入巴西主流医学及学术界产生积极影响。[②]

三、常态化义诊：以巴西传统中医药针灸学会和巴西中医药学会为例

为加快中医针灸在巴西的发展，1983 年 7 月 3 日，巴西首个中医针灸学会——"南美针灸学会"在圣保罗创立，后更名为"巴西传统中医药针灸学会"。该会骨干领导和成员对中医针灸在巴西的生存和发展做出了不可磨灭的贡献。朱天锡于 20 世纪 80 年代自上海移民巴西，2015 年在圣保罗去世，享年 83 岁。他于 90 年代中期担任南美针灸学会会长。其时巴西有人试图在国会推动只

---

① 惠青：《巴西中医针灸发展的历程与权益争取回顾》，《中医药导报》2016 年第 19 期。
② 李皓月等：《中医药在巴西的发展现状与分析》，《国际中医中药杂志》2021 年第 43 卷第 5 期。

允许巴西医学院毕业的西医、牙医、兽医进行针灸的垄断法案，将外来中、日、韩中医针灸医师全部排除在外。朱天锡与刘之明、何礼鉴、叶富坤等针灸医师联络各针灸团体努力抗争，终于在 1996 年使巴西参议院通过了对广大针灸从业人员有保障的 PLC 67/95 议案。他担任会长期间，经常举办业务研讨会，发行会刊，参加国际学术交流，举办国际针灸专业人员资格考试，提高了巴西针灸执业者技术水平，并成为世界针灸学会在巴西的唯一团体会员。① 2007 年 7 月 1 日第八届巴西中医药学会理监事会换届选举，新任会长惠青从上届会长刘方手中接过学会印章，张无咎连任监事长，朱天锡任永久名誉会长，刘之明、顾杭沪任名誉会长，吴国华、吴鲶光、何礼鉴被聘为顾问。其中刘之明还是世界针联副主席。② 该会的发展生机勃勃。

巴西中医药学会于 2006 年 3 月 5 日正式成立，创会成员总共 39 位，第一任会长为叶富坤。该会的宗旨是帮助针灸从业者提升专业水平，并逐步推广针灸。创会以来，该会主办了由中国主导、世界多国政府认同的"国际中医药针灸专业人员水平考试"，多次参与世界中医药学会联合会举办的国际性学术会议。在巴西国内，为提升中医针灸医师水平，举办了 10 次大小型学术研讨会；为推广中医针灸及服务大众，除了每月在观音寺定点义诊未曾间断外，亦曾参与圣保罗州政府、柯奇亚市政府及市立医院义诊；配合移民节活动，举办义诊宣扬中医等。该会规模虽然不大，但向心力强，会员相处和乐温馨。该会于 2015 年 2 月 1 日举行第四届会员大会，罗绍宗为新任会长。③

在惠青和叶富坤等人的组织带动下，巴西传统中医药针灸从业者经常举办大型学术研讨会，开展各种义诊活动，进行职业针灸医师培训和资格考试，提高巴西中医针灸医师的技术和道德水平。同时，与巴西的中医学校合作，推荐和挑选巴西学生到中国进行培训和实习，传授传统中医针灸疗法，促使巴西的中医针灸队伍壮大起来。到 2018 年，在巴西的正式中医针灸医师近 10 万人，其中华人针灸医师超过 1 万人。④ 今天，中国的传统针灸已被正式纳入医界医学的范畴，进入政府公共医疗体系。上到总统，下到百姓，都成为中国针灸的受益者。⑤ 据悉，巴西总统卢拉患有几十年的严重肩周炎，四处求医无效，但在来自上海的华人医生顾杭沪的细心治疗下，竟神奇地痊愈了。巴西传统中医药针灸学会成立

---

① 《巴西针灸前辈朱天锡逝世　曾为中医推广贡献良多》，中国侨网，2015 年 4 月 21 日。
② 《巴西中医药针灸学会改选并举行新老会长交接仪式》，中国侨网，2007 年 7 月 17 日；惠青：《巴西中医针灸发展的历程与权益争取回顾》，《中医药导报》2016 年第 19 期。
③ 《巴西中医药学会举办会员大会　罗绍宗接任会长》，中国侨网，2015 年 2 月 5 日。
④ 惠青：《"侨"这四十年：我在巴西弘扬和传播中医针灸》，中国侨网，2018 年 9 月 6 日。
⑤ 《巴西中医药针灸学会成立 25 周年，巴西总统发贺电》，中国侨网（据《南美侨报》、巴西侨网报道），2008 年 7 月 15 日。

25 周年时，卢拉还特别发来贺电以表鼓励。顾杭沪还是曾任总统罗塞夫的中医针灸保健医生，他用针灸对罗塞夫的淋巴癌进行辅助治疗，取得良好效果。顾杭沪是巴西传统中医药针灸学会名誉会长，他在巴西行医 20 多年来，病人多达三四万，其中不乏巴西高官政要。他不仅用高超的医术为巴西百姓及政要治好病，令他们认可中医针灸，更用高尚的医德赢得了人心、建立了友谊。[①] 在惠青诊所里，除华人外，每天来诊所接受中医针灸治疗的人很多，有巴西本地人，也有日裔、韩裔等各族裔人士。一些人出于长期保健的需要，经常定期前来诊所进行针灸治疗和推拿按摩。特别是圣保罗一些电视台主持人，更喜欢用中医针灸疗法和推拿按摩来放松及调理身心，以期在紧张的工作节奏中保持最佳状态。

巴西传统中医药针灸学会成立以来扩大针灸和学会影响的最重要途径，是在当地居民中积极开展义诊活动。同时，每当侨社举办较大群众性活动，针灸学会都派医生现场开展义诊服务，用针灸为巴西民众治病。这些活动可谓一举多得，既可以帮助巴西病人恢复健康，又可以在巴西老百姓中推广神奇的中华传统医学，还可以提高华侨华人在当地的良好形象。第八届学会会长惠青就任后，每年定期举行大型学术交流讲座，同时经常配合各大侨团开展回馈巴西社会的针灸义诊活动。[②] 两个学会的义诊活动已经常态化。

巴西中医药学会的针灸义诊活动坚持在边远山区举行。巴西山城科蒂亚有一家名为"恢复年轻俱乐部"的老年人活动中心，这是一家义诊点，设立于 2003 年。大厅一个角落里，有一片用黄色帆布围出的区域，整齐地摆放着 11 个床位。自 2003 年以来，巴西中医药学会坚持在每个月第一个星期天，由学会的针灸师前往那里做义诊。长期以来，这一活动风雨无阻，雷打不动。到 2019 年，学会在那里的义诊就坚持了 16 年，就诊的病人已达二三百人。在那里，包括华人和当地人在内共有 12 名针灸师。每到义诊日的 9 点整，义诊就正式开始。医生们先是浏览病历并询问病情，再针对具体病症进行诊治，动作娴熟麻利。每次前来义诊的病人有近百人，多是年龄 60 岁以上的患有慢性病的老年人。病人说，义诊太受欢迎了，如果不限定人数，就诊的病人多得根本治不过来。巴西存在着看病难的问题，一般来说，去公立医院看慢性病要排很久的队，但私立医院费用又太高，所以越来越多的巴西人选择价格便宜见效又快的针灸。义诊不仅需要针灸师的技术，更需要爱心。例如，针灸师罗莎原来是理疗师，从 2012 年开始学习

---

① 莫成雄：《巴西传统中医药针灸学会会长惠青：让中医针灸造福巴西民众》，中国新闻网，2016 年 12 月 16 日。

② 《巴西中医药针灸学会答谢各界对新当选监事恭贺》，中国侨网（据巴西侨网报道），2007 年 8 月 7 日。

针灸理论和临床实践。她表示，每一次义诊都是向师傅学习、精进技艺的一个机会。① 参加义诊的针灸师认为，能用博大精深的中医疗法给巴西人治病，既是难得的实践机会，也是回馈巴西社会的一种方式。

中医针灸在巴西传播推广的过程中，涌现出一批佼佼者和领军人物。例如，宋南华毕业于上海中医药大学，1995 年远渡重洋来到巴西，在戈亚斯州医学院参与交流项目。那时宋南华看到巴西同行对中医很感兴趣，但了解十分有限，便决定留下来推广中医。当时已有很多华人在当地用针灸行医，但都没有获得医生执照。宋南华发现想要有番作为，必须先下功夫考取职业医生执照。但要拿到医生执照，必须在当地医学院就读 6 年，获得学位后，再参加全国职业医生资格考试。最终经历 9 年勤勉苦学，宋南华如愿在巴西获得执照。此后，他进入巴西主流医学界，通过学术会议更好地向同行介绍中医理论和针灸医学。行医 20 年来，宋南华一直不遗余力地在巴西医学界和社会推广传播中医针灸医学文化，经过努力，他渐渐得到巴西业界的承认，也有越来越多的同行开始尝试融合西医和中医的疗法。宋南华在巴西利亚也开设了自己的诊所，每天从早上 8 点开门营业到下午 6 点闭门，上门求诊的病人络绎不绝，宋南华很少有闲下来的工夫。② 他凭借高尚的医德和精湛的医术，获得越来越多巴西人的信任和青睐。鉴于宋南华在医学领域的突出贡献，2016 年，他获得巴西国家科学、艺术、历史、文学学院"终身院士"称号。2017 年，复被拉丁美洲国家人文科学院聘为院士。

2007 年 9 月 11 日，巴西圣保罗市议会将"荣誉市民"称号授予粤籍华人医生吴鉈光，以表彰其在巴西推广中医针灸方面所做的贡献。吴鉈光医生 12 岁到巴西，毕业于圣保罗州立大学医学院，从事心血管外科工作，1981 年创立了"针灸和可替代疗法研究中心"，多年来致力于在巴西推广中医和针灸疗法，2003 年 12 月获得圣保罗州议会颁发的"外国人的根与文化交流杰出贡献奖"。在市议会提名吴鉈光医生为荣誉市民的是市议员塞尔索·贾特尼。贾特尼表示，他提名吴鉈光的原因是吴医师多年来与市议会积极配合，促成多项有利于中医针灸的法案在市议会顺利通过，其中一项就是在公立医院采用自然疗法。③

惠青在巴西华人中医针灸界家喻户晓。她 1975 年毕业于河北医科大学医疗系，毕业后就职于中国人民解放军第二五四医院，1986—1988 年进入首都医科大学北京中医医院专职培训进修学习，1993 年赴非洲赤道几内亚医疗服务 3 年，1997 年前往巴西从事中医医疗工作后定居。为了传播中国传统中医药针灸，惠

---

① 宫若涵：《一根银针连接世界，针灸义诊惠及巴西当地老人！》，新华社，2019 年 4 月 22 日。

② 石晓森、郭昊：《华人针灸师在巴西获"终身院士"致力中医推广二十载》，国际在线，2016 年 10 月 3 日。

③ 《巴西华人医生吴鉈光荣获圣保罗荣誉市民称号》，中国新闻网，2007 年 9 月 13 日。

青在圣保罗开了一间针灸诊所，用中医针灸疗法为当地患者治疗。惠青于 2002 年加入巴西传统中医药针灸学会并任理事，2004 年继任学会副会长兼秘书长，2007 年任职会长，并在巴西政府正式注册登记。2007 年 10 月，惠青参加了在北京举行的世界针灸学会联合会成立 20 周年庆典，受到中国卫生部副部长、国家中医药管理局局长王国强以及世界针灸学会联合会主席邓良月的接见，并获得大会颁发的"特别荣誉奖"。在 2009 年 11 月法国斯特拉斯堡举行的第七届世界针联大会上，惠青当选为世界针灸学会联合会副主席。①

四、中医针灸治疗标准化、医师资格认证和对外学术交流

随着针灸医学逐步国际化，建立针灸的医学标准，以及进一步加强与世界卫生组织的合作，已经提上巴西中医针灸从业者的工作日程。巴西中医针灸从业者十分重视在巴西推行中医针灸的国际标准化，可以华人医师的资格考试和国际学术交流两个方面为例。

鉴于巴西在针灸方面尚未立法，2005 年，世界中医药学会联合会及世界针灸学会联合会在巴西首次举行资格考试，有 26 位巴西医师和华人医师参加考试，其中 23 人通过了考试并获发证书。之后，巴西中医药学会、巴西传统中医药针灸学会举办了多次中医针灸学术演讲会和资格考试辅导班，为 2006 年 8 月和 11 月的针灸执业资格考试做准备。希望通过世中联、世针联的考试，在巴西建立起一个基本的中医针灸队伍。② 这些举措是为了改变针灸执业者水平参差不齐、有碍中医针灸健康发展的现状。

巴西中医药学会十分注重中医药治疗的普及和国际标准化工作。例如，2006 年 4 月 21—23 日，巴西中医药学会在圣保罗市中心的 Comfort Hotel Dowtown 礼堂举行了成立以来首次大型中医药、针灸学术演讲会，近 200 名从事中医药和针灸的工作者出席，他们来自巴拉、巴西利亚、巴伊亚、马托格罗索、里约等十多个州，年龄最大者 69 岁、最小者 24 岁，其中有人已从事临床和研究工作 33 年。21 日的学术讲座中，由该学会学术组长古巴籍中医师 Ernesto Garcia Gonzalez 演讲"头痛的中医辨证论治"，该会副会长叶聿瑞中医师演讲"妇科病的中医辨证与治疗法则"。4 月 22 日上午，学术顾问 Pedro Pablo Arias Capdet 中医师演讲"哮喘的中医辨证与临床治疗方法"，下午则由副会长马佩玲中医师演讲"中医减肥"专题。4 月 23 日上午，会长叶富坤医师演讲"腰脊背痛的中医辨证论

---

① 惠青：《"侨"这四十年：我在巴西弘扬和传播中医针灸》，中国侨网，2018 年 9 月 6 日。
② 《推动传统医学发展，巴西中医学会举行学术演讲会》，《华声报》圣保罗消息，2006 年 4 月 26 日。

治"。会长叶富坤还宣布该会于当年 11 月 17、18、19 日三天举行第二次国际中医师、针灸医师资格水平考试，届时世界中医药学会联合会、世界针灸学会联合会考试由部委派 4 名考官携带试卷前来监考。①

2007 年，巴西传统中医药针灸学会成功举行了第一期国际针灸医师执业资格考试培训班，在巴西针灸执业中产生了很大的影响。应众多热爱中医针灸的巴西西医师及物理治疗业者要求，巴西传统中医药针灸学会又于 2008 年 8 月 17 日和 18 日举办了第二期培训班，学员 30 多名。会长惠青表示，本次培训班按世界针灸学会联合会的国际考试标准共进行"中医理论基础""人体解剖学""针灸学"三个学科的培训辅导，培训时间为 8 个月，每两周开办两天的课程。圣保罗理疗公会主席、圣保罗市议员出席了培训班开课仪式，他们表示支持学员们通过参加培训，使针灸执业在巴西步入正规化、标准化轨道。②

2008 年 3 月 29 日上午，巴西第二次国际针灸医师执业资格考试在圣保罗举行，30 多位巴西及阿根廷华人考生参加了当天的"中医学基础""针灸学""正常人体解剖学"科目的考试。世界针联副秘书长麻颖，世界针联赴巴西特别代表傅世垣教授、洪杰教授主持考试并进行监考。三位专家教授是专程从中国赶来主持监考的。据说考试的密封卷从中国带来，分中文、葡文两种。这次考试由巴西传统中医药针灸学会与世界针灸学会联合会联合举办，巴西传统中医药针灸学会前会长、世界针联副主席刘之明，以及该会老监事长张无咎、会长惠青、世界针联赴巴西代表团专家傅世垣、麻颖、洪杰教授出席了考试开幕仪式。有 30 多位考生参加了本次考试，他们来自巴西各地，有巴西人，也有华人，还有 8 位考生来自邻国阿根廷。考试过程中，考生们严格遵守考场纪律，认真答卷，按时交卷。③

2008 年 5 月，巴西举办首届传统医学替代疗法研讨会，世界针联主席邓良月、世界卫生组织官员张小瑞应邀出席，它将为世界针联与巴西卫生及医学界广泛深入地交流和合作开创新局面。通过国际针灸医师执业资格考试可以提高执业者的业务水平，确立个人的学术地位，有利于将来争取职业保障及合法权益，展示中国传统医学的作用，推动针灸在巴西立法，造福当地人民。④

---

① 《巴西中医药学会举行成立后首次大型学术演讲会》，中国新闻网（据《南美侨报》报道），2006 年 5 月 9 日。
② 《巴西中医药针灸学会举办针灸医师资格考试培训班》，中国侨网（据巴西侨网报道），2007 年 8 月 20 日。
③ 《巴西举行国际针灸医师资格考试，30 余位华人应试》，中国侨网（据巴西侨网报道），2008 年 3 月 30 日。
④ 《巴西举行国际针灸医师资格考试，30 余位华人应试》，中国侨网（据巴西侨网报道），2008 年 3 月 30 日。

　　此外，华侨华人医学社团还积极开展对外学术交流。2006 年 11 月 25—26 日，巴西中医药学会于圣保罗 Comfort 宾馆举办了第一次国际中医药学术研讨会。应邀参加此次研讨会的授课专家有：世界中医药学会联合会及世界针灸学会联合会的联合资格考试部命题处处长、北京中医药大学教授、北京东方大学中医学院学术带头人萧俊平，北京中医药大学博士生导师赵吉平，安徽中医学院附属针灸医院院长杨骏，世界中医药学会联合会顾问、巴西中医药学会会长叶富坤等知名专家。来自圣保罗州、米那斯州、巴拉纳州及里约州的 100 余名中医针灸师参加了这次为期两天的学术研讨会。①

　　2009 年 11 月 4—7 日，世界针灸学会联合会第七届会员大会暨世界针灸学术大会在法国斯特拉斯堡举行。世界针灸学会联合会会员大会暨世界针灸学术大会是由世界针联主办的最具国际影响力的国际针灸届行业盛会，每四年左右举办一次。本届会议由欧洲两个主要国家的针灸学术团体即法国 CFA-MTC 和德国 AT-CAE 联合承办，是一次影响欧洲乃至全世界的成功的针灸医学学术大会。会议期间，在斯特拉斯堡大学召开世界针联第六届执委会第五次会议、世界针灸学会联合会第七届会员大会，并于 11 月 5—7 日在欧洲议会中心举行世界针灸学术大会。巴西传统中医药针灸学会会长惠青应邀代表该学会出席会议。惠青出席会议时带去了巴西总统卢拉、总统办公室主任 Gilberto Carvalho、巴西卫生部部长 José Gomes Temporão 对大会的亲笔签贺信，并在大会上宣读。② 据查，世界针灸学会联合会是唯一一个与世界卫生组织建立正式工作关系的非政府针灸国际组织，也是规模最大、最有影响力的针灸国际组织之一，拥有 126 名会员，遍布 50 多个国家与地区。

　　世界针灸学会联合会 2010 年度国际学术大会于 11 月 5—7 日在美国旧金山召开。来自世界各地 50 多个国家和地区的 500 多名代表参加了盛会，巴西应邀参会的有巴西传统中医药针灸学会会长惠青等 8 人。同时，大会宣布成立世界针联国际标准化工作委员会。巴西传统中医药针灸学会理事长张立大医师应邀作了关于"中医妇科痛经及不孕症"的学术专题演讲。在演讲中，他详细分析了中医妇科病类中的基本特点与临床诊断，并深入阐释了中医妇科辨证施治的诊病方法，赢得学者的欢迎和好评。③

　　2011 年，巴西传统中医药针灸学会在圣保罗举办首届传统医学世界针灸学

---

① 《巴西中医药学会举办第一次国际中医药学术研讨会》，《华声报》圣保罗消息，2006 年 11 月 28 日。
② 《巴西总统托华人向世界针灸学会七届大会致贺信》，中国新闻网（据《南美侨报》、巴西侨网报道），2009 年 11 月 2 日。
③ 《巴西针灸学会出席世界针灸联合会国际学术大会》，中国新闻网（据《南美侨报》、巴西侨网报道），2010 年 11 月 17 日。

术大会，来自世界各地的上千名嘉宾参加，中国中医药管理局副局长于文明、中国驻圣保罗总领馆官员以及巴西政要等出席了大会。其间，收到了巴西总统卢拉、曾任总统罗塞夫等的亲笔贺电。①

中医是中华民族的瑰宝，中医针灸在巴西具有广泛的知名度和影响力。中医针灸疗法具有价格低廉、疗效显著、无副作用等特点和优势，因而引起了巴西相关政府部门的重视。同时，有部分医院设置了针灸科，采用针灸疗法治疗多种疾病，如疼痛、关节炎、面神经麻痹、自主神经功能紊乱症等，都取得了良好疗效。据 2016 年的报道，巴西已成立了多个针灸学术组织，某些大学也开设了针灸课程及针灸培训班以培养中医针灸人才。除了民间交流外，中巴两国政府间也进行有关传统医学的交流，对巴西中医针灸事业起到了促进作用。② 到 2018 年，在巴西有 2 万多名针灸师，共 218 家医院成立了针灸治疗室，免费为巴西民众提供针灸医疗服务，此外，还有 2 000 多家私立诊所。③ 同年，巴西已有 10 多所不同级别的针灸学校普及针灸教育，有上千万的巴西民众接受了针灸治疗。④

"中医关怀团"是中国国务院侨办海外惠侨八大工程之一，巴西华人中医针灸业者也迎来了祖国"中医关怀"的访问。例如，2018 年 11 月 29 日至 12 月 3 日，江苏省侨办 2018 年"中医关怀团"成员在圆满完成对秘鲁和阿根廷的慰侨义诊后，马不停蹄地飞到巴西。团员们舟车劳顿，顾不上休息，克服时差等困难，分别在巴西利亚、累西腓、圣保罗三地举办了针灸、推拿、妇科生殖、普外科、消化、皮肤科等惠侨义诊活动。巴西当地有名的中医师不计得失，关门歇业，与"中医关怀团"的专家一道出诊。他们精湛的技艺、专业的解答、耐心的问诊获得了中国驻巴西大使馆，驻圣保罗、累西腓总领馆及当地民众的一致称赞。⑤

新老移民中，也有人从事与中医药和医疗服务相关的行业，对中医药走向巴西发挥了积极作用。张无咎，1923 年出生于江苏兴化，1979 年 4 月 4 日从台湾移居巴西圣保罗市。他原在台湾淡江大学教授三民主义，到巴西后在圣保罗自由区开设中医诊所。他曾任巴西传统中医药针灸学会第 5—8 届监事长，自 2009 年 2 月 24 日起继任会长。他不懂葡萄牙语，就到文昌书局买了一本葡汉辞典，他是靠这部辞典开始在巴西生活创业的。⑥

---

① 惠青：《"侨"这四十年：我在巴西弘扬和传播中医针灸》，中国侨网，2018 年 9 月 6 日。
② 惠青：《巴西中医针灸发展的历程与权益争取回顾》，《中医药导报》2016 年第 19 期。
③ 邱淑群：《海内外专家联袂义诊　合奏中医惠侨最强音》，《华人之窗》，2018 年 2 月 19 日。
④ 惠青：《"侨"这四十年：我在巴西弘扬和传播中医针灸》，中国侨网，2018 年 9 月 6 日。
⑤ 莫成雄：《"2018 中医关怀团"走进巴西为华侨华人义诊》，中国新闻网，2018 年 12 月 4 日。
⑥ 陈太荣、刘正勤编著：《中国江苏人移民巴西史》第三章第三节，北京：中国华侨出版社，2022 年。

孙大川，原籍浙江，曾在江苏镇江中医学院上学，毕业后在镇江工作过一段时间，后在巴西圣保罗开中医诊所，并成立巴西 Chineva 有限公司，任总经理。他曾任巴西江苏同乡总会第 1—3 届顾问、巴西传统中医药针灸学会 1994—2007 年理监事、巴西中华针灸协会副会长。2005 年 10 月 22—23 日，孙大川出席在香港举行的第二届中医药全球大会及采购年会。

在巴西，中医药和针灸的接受度及普及率有越来越高之势。在大型国际性活动中也打出了自己的亮丽名片。例如在 2016 年巴西里约奥运赛场上，"飞鱼"菲尔普斯"代言"了号称东方"神秘力量"的拔火罐疗法，竟然意外走红，被海内外媒体竞相报道，中医药瞬间成为世界"网红"。[①]

第六节　巴西华人书画家及其艺术创作

华侨华人在居住地所接触和传承弘扬的中华文化艺术多是大众化的。书画艺术很大程度上可以理解为"高雅艺术"，属于"阳春白雪，和者盖寡"类，一般情况下追捧者众但有能力创作者少。有此才能的华侨华人将书画艺术带到了巴西，努力在居住地传承和弘扬。在巴西，虽然大多数人忙于生计，但还是存在着浓厚的书画艺术环境和文化氛围的。这种情况在拉美国家中是不多见的。

在中国人移民巴西的历史长河中，就文化艺术的传播而言，张大千在巴西度过的 17 年传奇历程无疑是耀眼的一页。张大千（1899—1983），四川内江人，祖籍广东番禺，原名正权，后改名爰、猿，号大千、大千居士。作为丹青巨匠，张大千与齐白石并称"南张北齐"，也与溥心畬并称"南张北溥"，徐悲鸿誉之为中国"五百年来第一人"。张大千堪称 20 世纪中国书画界最具传奇色彩的人物之一，在绘画、书法、篆刻、诗词方面都有很深的造诣。他一生游历世界各国，创作了近 4 万幅中国画。他在继承唐代泼墨画法基础上，糅入西欧绘画的色光元素，自创泼墨、泼彩画法，"墨染山河笔惊天"。

张大千之所以迁居巴西，起因于 1952 年居住在澳门的巴西华人蔡昌鸾的介绍。1952 年 2 月，张大千来到阿根廷举办画展期间，对布宜诺斯艾利斯等地进行了考察。阿根廷的美丽环境让初到的张大千非常开心，他在离布宜诺斯艾利斯不远的门多萨（Mendoza）租了一座两层的花园楼房，与家人一起开始了其在阿根廷的生活与创作。张大千在门多萨的逗留时间长达一年多。阿根廷艺术家对他潜心创作的中国山水画赞不绝口，他向阿根廷国家艺术博物馆赠送了两幅中国画，

---

① 邱淑群：《海内外专家联袂义诊　合奏中医惠侨最强音》，《华人之窗》，2018 年 2 月 19 日。

今收藏于阿根廷国家艺术博物馆。生活在门多萨的阿根廷美术历史研究学者 Julieta Gargiulo 女士多年来对张大千家庭佣人和邻居子女进行走访了解，得到了不少原始资料，同时对张大千及其家人早年在阿根廷的生活和创作的艰难历程进行了研究，初步形成了系统的成果。[①]

1953 年 3 月，张大千迁居巴西，最初拟居住于坎皮那斯市，后觉得该市气候闷热，又无东方人的食品店，最后选择定居慕义。当年慕义是圣保罗州一座小城，离圣保罗市约 50 公里。从 1964 年"六家族"集体迁居慕义起，台湾移民纷至沓来，在此居留繁衍。慕义及其邻近的小镇，已遍布陆续迁居到此的台湾移民及其后裔，同时也散居着一些来自中国大陆的新移民。今天的慕义，作为圣保罗的卫星市，已发展为一个较大的城区。当年张大千之所以迁居慕义，是因为蔡昌鸾介绍。他看好了一个意大利人的农庄，以时值 80 万巴币（约 20 万美元）买下了一片 270 亩的山林，前后花了十多年时间兴建和修葺了一个中国式园林——"八德园"。[②] 八德园是张大千除了内江老家之外的唯一一个完全属于自己的家，因此不遗余力地亲自设计修建。他的总设想是"治园如作画，不肯轻下一笔"。园中的树木花草"必故国有所植之"，"居室无藻饰，但取其适。画室则力求其广，空阔如禅房斋堂"。[③] 在园中，他挖了一个人工大湖，命名为"五亭湖"。园内同时建有两层楼的大画室，还建有小画室、饭厅、宿舍，修建了假山、灵池、曲径、小桥、凉亭、盆景廊等，并种植了迎客松等东方珍稀花卉树木，园林中多处耸立着大型奇石并有石刻，很多奇石珍草异木都花重金从海外买来。[④] 因此，当年湖光山色堪称一绝的八德园是南美唯一的"东方植物园"和世外桃源。此外还有一幢中国式的两层楼房，张大千取名为"大风堂"。据说张大千"嗜石如命"，每到一地首先寻找奇石，只要看中，不惜重金运回八德园，按石形选地势点缀景观。看来，张大千迁居巴西并非暂居之举，最后辗转回到台湾不是他的

---

① 柳军：《阿根廷研究学者讲述：国画大师张大千门多萨的生活片段》，阿根廷华人网，2019 年 11 月 19 日。

② 参见袁一平：《华人移民巴西二百周年简史》，载《华人移民巴西 200 周年纪念特刊》，南美侨报社编印，第 12 页。一说张大千 1950 年初去印度，辗转中国香港、日本，来到南美。初到巴西，张大千一家暂居慕义镇一位贺姓朋友的农场。一天下午，雨过天霁，张大千到贺氏农场附近山坡散步，远眺雨后云天，一抹晴翠，眼前景色酷似故乡成都平原，思乡之情油然而生。他口吟"雨过天青云破处"，手指下面一片种满柿子树、桉树和玫瑰的园林说："我想买下这块地，筑一花园，作为长期卜居之所。"经友人中介协商，以 8 万雷亚尔，收罗各种玲珑怪石，遍植由海外移来的奇花异森，还养猿、鹤、雉鸡、孔雀等故国的珍禽异兽，在异国他乡建成了一座完全中国式庭园格局的园林，取名"八德园"。参见黄志良：《张大千巴西故居寻踪》，《沧桑》1994 年第 5 期。

③ 王臻青：《张大千在巴西买下"川西坝子"》，《黄石日报》，2009 年 10 月 1 日。

④ 参见袁一平：《华人移民巴西二百周年简史》，载《华人移民巴西 200 周年纪念特刊》，南美侨报社编印，第 12 页。

初衷。

张大千虽然身在巴西，但十分思念故国乡关。1960 年他有题画诗曰："不见巴人作巴语，争教蜀客怜蜀山，垂老可无归国日，梦中满意说乡关。"此诗将巴西说成是家乡四川（蜀），因蜀中绵阳古称"巴西郡"，慕义旁边为苏山诺（Suzano）市，故张大千称之为"蜀山落"。[1] 又据说，他把圣保罗音译为"三巴"，取四川古时分为巴县、巴东、巴西三郡之意；又将"牟古"镇音译为"摩诘"，自己的家园称为"摩诘山园"，以纪念唐代诗人兼画家王维（字摩诘）。颇具规模的园林，则被命名为"八德园"。此中所用音、义均十分切合，怀念蜀地家乡之情溢于言表。他在八德园创作了大量的山水、人物、花卉作品，其中有八幅山水画曰《四川资中八胜》，"为写资中八景，以慰羁情"，即寄托自己的故国情怀。[2]

静谧的八德园给了张大千无穷的艺术灵感。张大千避开了尘世的应酬和政治纷扰，潜心作画，达到了随心所欲的境界。1955 年以后，他以八德园为基地，先后到东京、巴黎及美国等地举办画展。人们被他高超的艺术魅力所折服，从此声誉鹊起，饮誉国际画坛。1956 年 7 月，张大千在欧洲多国办展后，与世界画坛泰斗毕加索相聚，彼此当面切磋绘画艺术，完成了一段旷古传奇，被当地报刊称为"东西方艺术高峰会"。[3] 因此，寄寓八德园的 17 年，堪称张大千一生创作的巅峰时期。

顺便一说，张大千在八德园期间也收授门徒，共有两男两女——张师郑、孙家勤、王旦旦和沈洁，为张大千入室弟子，其中后来颇有成就的孙家勤为山东泰安人，其父即孙传芳将军。孙家勤 1930 年出生于天津，毕业于台湾师范大学美术系。因仰慕张大千多年，专门停薪留职前往巴西，曾在八德园师从先生习画，后留居巴西不归，为圣保罗大学东语系教授。1974 年孙家勤在圣保罗大学历史系获得博士学位，或为巴西华侨华人中取得博士学位之第一人。

1970 年，圣保罗政府要解决千万人口的饮水问题，征用包括八德园在内的沿湖大片土地修建水库。于是，八德园面临着被砍林毁园、等待拆迁的命运。张大千凄然无奈，于 1970 年迁居美国，复于 1978 年 8 月定居台湾外双溪摩耶精

---

① 参见袁一平：《华人移民巴西二百周年简史》，载《华人移民巴西 200 周年纪念特刊》，南美侨报社编印，第 12 页。

② 王臻青：《张大千在巴西买下"川西坝子"》，载《黄石日报》，2009 年 10 月 1 日。笔者注："八德园"命名与园中柿树有关。唐段成式《酉阳杂俎》中说柿有七德：一长寿，二多阴，三无鸟巢，四无虫，五霜叶可玩，六可娱嘉宾，七落叶肥大可供临书，张大千再加上一德：柿叶煎水可治胃病（一说可入画），遂有八德。

③ 参见袁一平：《华人移民巴西二百周年简史》，载《华人移民巴西 200 周年纪念特刊》，南美侨报社编印，第 13 页。

舍，1983 年在台湾去世，享年 85 岁。张大千最终因八德园被征迁而没有成为"落地生根"的"巴西籍华人"，命运使然也。然而水库在 1989 年完成蓄水后，八德园即被废弃，则令人凄然。今八德园尚残存数千平方米的园林一角供人们凭吊。[①] 据云举目四顾今之在八德园，但见松林、竹松、荒草没径，花木杂生，一片凄凉破败景象，正应了"昔年种柳，依依汉南。今看摇落，凄怆江潭。树犹如此，人何以堪"，令人徒生追忆。可以告慰后人的是，张大千之后，巴西复有林圣扬、邓贵珠、鄞济荣、方向光、方广泓、毛如珠、王沼台、李忠信、王美年、李显华等知名画家以及书法家石宗彦、刘树德等人步其后尘，张大千在巴西播下的艺术薪火后继有人。

张大千一生都把烹饪当作一门艺术来追求，在他眼里，一个真正的厨师和画家一样都是艺术家。张大千常以画论吃，以吃论画。他对自己的美食造诣颇为自信，曾说："以艺事而论，我善烹调，更在画艺之上。"并将对美食的喜爱传递到绘画创作中。张大千云游海内外，百味杂融。他喜欢的菜，不仅有家乡的川菜，还有粤菜、鲁菜、苏州菜等。他做菜的心得是"广征博采，自作主张"，加上性格豪爽，慷慨好客，大风堂经常宾客盈门。每逢旧友新朋远道来访，自当留下聚餐，把盏尽欢。圣保罗、慕义镇等地的华侨知己更是张府座上常客。张大千本人能掌勺，夫人徐雯波更是烹饪能手。大千鸡、大千鱼、成都狮子头等张大千独创的四川风味菜早被巴西中餐馆学去，成了家喻户晓的中餐名菜。而鲜美无比的干烧鳇翅、葱烧乌参和湖南风味的"相邀"（张大千取的新名字，亦称"一品当朝"）乃大风堂"专利"，秘不外传，已成绝响。每次宴客，张大千都亲自书写菜单。[②] 他在八德园留下的两份菜单，一份是一次晚宴的菜单，另一份是 1965 年张大千在八德园设晚宴款待其表弟喻钟烈夫妇时亲定的菜单。[③] 从两份菜单可以看到，张大千在川味的基础上汲取了各家的精华，从而形成了别出心裁的"大千风味"。

在巴西华人书法艺术传承方面，刘树德是个领军者。刘树德，生于 1943 年，祖籍广东梅县。他 6 岁失怙，家里有 7 个子女，刘树德排行第七，为最幼。及长，弱冠离家，考入台湾著名男校台北建国中学，大学毕业于淡江大学外国语文学系，后考入民航空运公司 CAT 为运务专员，28 岁应聘为轮船公司襄理，经常远赴国外处理业务。1976 年，经一个半月考察各国后决定到南美，同年售出房

---

① 参见袁一平：《华人移民巴西二百周年简史》，载《华人移民巴西 200 周年纪念特刊》，南美侨报社编印，第 12 – 14 页。

② 参见黄志良：《张大千巴西故居寻踪》，载《沧桑》1994 年第 5 期。

③ 《张大千：厨艺在丹青之上　四海为家求"真"味》，《文汇读书周报》，华夏经纬网，2014 年 3 月 5 日。

产，携眷经巴拉圭进入巴西圣保罗。①

刘树德自幼喜爱书法，大学四年临帖尤勤。移民巴西后重执毛笔，夜晚待孩子就寝后始下笔，其忘我意境，每至东方既白。刘树德为书向来重传统，讲承绪，追求传统文化品味。在书艺实践中广涉真、行、草、隶、篆、甲骨文诸体。真书从欧阳询入手而至颜柳，再学北碑及于泰山经石峪金刚经；行书从二王入手，后习米芾、赵孟頫、鲜于枢；草书学王羲之、王献之、孙过庭再习张旭、怀素、于右任；隶书遍临汉隶诸碑及于夏承碑；金文习毛公鼎、散氏盘；籀文习石鼓文；小篆从李斯秦篆入手，旁及李阳冰及邓石如；甲骨文直接临甲骨原拓文字，打下了较好之基础。刘树德亦注重文化修养，将书法同中华传统之哲学、医学、绘画、武术等结合。

为发扬中国传统文化艺术，以书会友、以书传情、以书结谊，刘树德于1991年10月6日创立"巴西中华书法学会"，并当选为会长。在他推动下，巴西中华书法学会每年都举办书画展，弘扬中华书法。每遇重大事件，学会都会举办相关主题的书画展。1992年，刘树德在圣保罗举办"中国河北廊坊百件书画大展"，开启了中巴文化艺术交流之先河。为唤起华侨华人爱国情操，让巴西人认识中国文化艺术，每逢重大庆典或节日（特别是中国的重大庆典节日），他都积极举办中华书画展活动。多年来，刘树德先后应邀在中、日、韩、新、马、泰、菲、印尼、文莱、法、德、比、荷、美、加、巴西以及港、澳、台等国家和地区参加过上百场国际书法邀请展、世界书法名家精品展，并多次出席国际书法论坛发表论文，多次在国际书坛获奖。创立巴西中华书法学会以来，他本人经常应邀在巴西的大学、中国驻圣保罗总领事馆的外事活动中介绍作为中华传统文化艺术瑰宝的书法，并在巴西华侨华人的重要庆典活动中亲领中华书法学会会员及学生的表演并赠送书法作品，每次达600张以上。同时，还经常在侨社的庆祝会上将书法作品赠予巴西政要，以表达其对中国友好及对华侨华人帮助之谢忱。另外，每年还举办新春笔会、国庆展览、重大节庆展览，应邀参加国际书法展览及书学研讨会。② 他深深体会到国之强大对文化艺术传播的巨大影响力，会让爱书法的人越来越多。他认为爱上书法可以情如浓墨，意淡如水，可以滋润生活，得翰墨灵气。

夏昌璠，1906年10月26日生于江苏省松江县（现上海市松江区），1931年毕业于国立浙江大学化工系。1949年去日本，1958年8月12日由日本迁居巴

---

① 刘树德：《悠悠岁月四十三春——巴西篱下奋斗纪实》（自传），《巴西爱国侨领——书法家刘树德》，艺界网，2018年。

② 刘树德：《悠悠岁月四十三春——巴西篱下奋斗纪实》（自传），《巴西爱国侨领——书法家刘树德》，艺界网，2018年。

西，在圣保罗市开设化工厂，生产钢铁热处理表层硬化所需化工原料，嗣后又另设胶带厂（durex），于 1976 年退休。1958 年 9 月中旬抵达巴西，即参加甫在圣保罗成立的"旅巴中国技术人员协会"的活动。该会只选二人为干事，相约每月定期聚谈，会员轮流做东，每次聚餐会轮推一人做学术讲演，30 余年未曾中断。1965 年 12 月 4 日，林文轩、夏昌璠等 22 人发起成立"太极研究会"，林文轩为会长，夏昌璠为副会长之一，该会于 1991 年停止活动。1982 年 8 月 14 日，圣保罗侨界爱好文艺人士夏昌璠、石宗彦、梁德荫等 7 人发起成立"圣保罗华侨文艺座谈会"，每月聚会一次。1985 年 1 月，首任会长柳成粹神父回中国探亲染病去世，会友推举夏昌璠继任会长。1990 年 8 月 5 日，"中华文化中心筹备会"在圣保罗市成立，夏昌璠为顾问之一，1992 年 6 月 8 日，该会更名为"中华文化协会"。夏昌璠喜爱文学，著有《诗词谈屑》，1986 年 8 月由巴西美洲华报出版社出版。他曾是《巴西侨报》笔友，亦为《美洲华报》撰稿，是南美作家协会会员。1992 年 6 月 12 日，夏昌潘不幸车祸去世，巴西《美洲华报》于 7 月 21 日刊登悼念专文。

石宗彦、鄢济荣夫妇都是书法家，鄢济荣女士还是画家。石宗彦是江苏淮阴人，鄢济荣女士是山东潍县人，两人在台北市结为连理，同为台湾中国文化大学教授。鄢济荣出身于书香门第，其父鄢文翰曾在青岛创办过平民教育学校，推动平民教育。她幼承家学，6 岁就启蒙学习籀（大）篆。自国立北平女子师范大学国文系毕业后，从徐宗浩学书法。移居台北后，专攻金文，气势雄浑。名书画家溥心番和黄君璧见其书法大为赞赏，许为平生所见女子第一，列其门墙，悉心传授，书艺更进，书画造诣越发精深。1946 年 8 月青岛市文化运动委员会在迎宾馆举办的"青岛市美术展览会"中就有鄢济荣的书法作品。1961 年 10 月 17 日起，鄢济荣书法展在美国巡展数日，开华人女艺术家海外举办个人书画展之先河。1962 年 4 月 21—23 日，鄢济荣书法展在台北市中山堂展出。1961 年，冯绍文、高拜石、尤光先、谢宗安、施孟宏、陈其铨、石叔明和鄢济荣八人在台北成立"八才俦书会"。1963—1968 年，共举办五届八俦书展。1964 年 3 月 3 日，于右任撰写《八俦书展介言》发表在《中央日报》上。鄢济荣 1965 年移居圣保罗后，积极参加当地华人社团活动，教授书画。她为人十分谦逊有礼，虚怀若谷，人缘极好。1968 年 3 月 29 日，"中华文化复兴运动推行委员会巴西分会"在圣保罗成立，鄢济荣为常务委员之一、妇女委员会总召集人之一。2014 年，鄢济荣女士在圣保罗去世。

从台湾到巴西，石宗彦、鄢济荣夫妇一直辛勤推动和弘扬中华文化艺术。在巴西期间，石宗彦出版了《丝织学》（1984 年 8 月），鄢济荣出版了《大学论坛》（1963 年 8 月）和《会稽颂毛公鼎》（临本，1984 年 11 月），两人还合作出

版了《二人集》（诗文杂记，1983 年 6 月）。圣保罗侨界名人斯碧瑶以鄞济荣名字作了一副对联：齐东女子，书画"济世"；异域扬名，耀祖"荣宗"。1982 年 8 月 14 日，夏昌璠、石宗彦等 7 人发起成立"圣保罗华侨文艺座谈会"，鄞济荣也是会员。1985 年 4 月 28 日，"巴西中华美术协会"成立，鄞济荣为发起人之一，担任顾问。1986 年 6 月 23 日，"巴西华人学术联谊会"在圣保罗成立，石宗彦夫妇均为会员。1992 年 5 月 17 日，南美洲华文作家协会会刊《南美文艺》发行创刊号，会刊名称"南美文艺"由鄞济荣题名。1994 年 10 月 31 日，"巴西荣光联谊总会"在圣保罗建立的"巴西华侨文物馆"举行开馆仪式。在前一天举行预展，石宗彦、方向光等数十人参观，共有侨界文物百余件。2015 年 8 月 1 日，佛光山巴西如来寺、世界华人工商妇女企管协会巴西分会、巴西华侨协会暨国际佛光会巴西协会联合在圣保罗举办"纪念鄞老师济荣女士书法暨国画展"。开幕式上，巴西联邦众议员威廉·巫代表巴西众议院给鄞济荣颁发荣誉奖牌，由其子女代表接收。2016 年 8 月，台北沐春堂拍卖股份有限公司拍卖鄞济荣赠马树礼的金文书法横幅"有学有为，树礼先生匹正，齐东女子鄞济荣"。石宗彦夫妇是星云大师 1992 年首次来巴西弘法时的皈依弟子，他们虔诚信仰佛教。①

　　方向光，1933 年 7 月 28 日出生于中国安徽桐城，排行第三。父亲是工程师，后随父母移居江苏苏州。方向光在上小学时就喜欢画画，1951 年随家人移民巴西圣保罗市，1954—1956 年师从日裔画家高岗由也（Yoshiya Takaoka）学习油画。此二人并非名家大师，方向光从未踏入过高等学府，也从未经名家大师点拨，完全依靠自己的聪颖、刻苦，自修成为当代颇具代表性的华人画家。1957 年，方向光的画作第一次参加里约热内卢国立美术馆画展，此后一直活跃在巴西画坛。1959 年，方向光在圣保罗造型艺术家俱乐部（Clube dos Artistas Plásticos de São Paulo）举办第一次个人画展。1961 年，方向光加入巴西籍。

　　方向光的画作不仅受到巴西人的称赞，还曾到德国、意大利、美国、加拿大、日本及中国台湾等地展出，受到好评。1972 年，方向光进入圣保罗美术学院教书。1981 年，拍摄自传短片《方之路》（O Caminho de Fang）。1983 年，美洲华报出版《方向光画集》。1984 年，Dan Galeria 和圣保罗现代美术馆共同出资出版《方向光画集》。1991 年后，除正常教学外，还义务教授巴西贫困孩子学画。1996 年 6 月 6 日，方向光为"巴西各州华侨联合会"第二届理监事会名誉会长。2004 年，巴西成立"方向光文化研究所"（Instituto Cultural Chen Kong Fang）。2005 年 12 月，巴西圣卡塔琳娜州 Blumental 市把方向光的名字刻上"巨人奖杯"，颁发给巴西各界优秀人士。华人的名字刻上了"巨人奖杯"，这在巴

---

① 陈太荣、刘正勤编著：《中国江苏人移民巴西史》第三章第五节，北京：中国华侨出版社，2022 年。

西是第一次。2006 年 1 月，巴西成立"方向光文化艺术基金会"。巴西一家企业出资 150 万雷亚尔（约 70 万美元），在巴西举办 4 场方向光画展，展出方向光数十幅油画新作，后出版了方向光水墨画作品集。该基金会还向巴西美术收藏家征集方向光历年画作并出版方向光油画藏品画册。2009 年 9 月 27 日，在圣保罗全侨庆祝中华人民共和国成立 60 周年联欢晚会上，中国驻圣保罗总领事馆和巴西华人协会共同评选出毕志达、威廉·巫、方向光、黄伟贤等 10 位杰出华人，并颁发优秀华人奖牌。方向光在巴西期间，勤奋耕耘，不断探索，创作了油画数千幅，仅巴西收藏家手中就有 3 000 幅。圣保罗当代艺术博物馆（Museu de Arte Contemporânea de São Paulo）收藏方向光的 15 幅油画（Pinturas）和 8 幅素描（desenhos），圣保罗现代艺术博物馆（Museu de Arte Moderna de São Paulo）也有方向光的藏画。2011 年 9 月 10 日，在圣保罗亚洲文化中心举办"纪念辛亥革命一百周年书画展"，共展出刘树德、方向光、严佳等 24 人的书画作品 100 多幅。2012 年 5 月 15 日，圣保罗州议会庆祝华人移民巴西二百周年，表彰方向光等 16 名华人或侨界名人。2012 年 11 月 28 日，方向光在圣保罗病逝。[①]

何礼增，1926 年出生于台湾，1965 年移居巴西，在巴西华人画坛有一定影响。他于 1981 年与其日裔太太文子在圣保罗保利斯达大街 1159 号开设画廊，是为东方人在巴西的首家画廊。此举扩大了中国画在巴西的影响。在经营画廊期间，他热心帮助多位新抵巴西尚未成名的中国中青年画家，其中，重点推介了上海画家方广泓的油画作品。1988 年，何礼增邀请中国著名画家谷嶙前来巴西，在 MASP 举办画展大获成功，扩大了中国美术的影响。后来又为中国知名画家梁玉龙在巴西举办画展。2010 年 1 月 19 日，在中国驻圣保罗总领事馆，何礼增将他珍藏了 20 多年的由谷嶙创作于 20 世纪 80 年代的一幅大型金碧重彩装饰画《丝路传友谊》和一幅油画《香妃》捐赠给国家。总领事孙荣茂在捐画仪式上宣读了中国外交部的感谢信，并颁发了荣誉证书。两幅画现保存于中国外交部博物馆。[②]

李忠信是旅居巴西的中国国画家、雕刻家，曾求学于上海工艺美术学校，毕业后留校教学。如今他在圣保罗教课传艺近 30 年，桃李满巴西，学生中既有华人子弟，也有巴西友人。2018 年 12 月 1 日，圣保罗华侨天主教堂美术班、圣保罗亚洲文化中心、圣保罗天主教堂中文学校和李忠信画家雕刻家工作室联合举办的"李忠信师生画展"，在巴西圣保罗亚洲文化中心三楼文化大厅开幕。本次展览展示了李

① 陈太荣、刘正勤编著：《中国江苏人移民巴西史》第三章第五节，北京：中国华侨出版社，2022 年。
② 袁一平：《华人移民巴西二百周年简史》，载《华人移民巴西 200 周年纪念特刊》，南美侨报社编印，第 14 页。

忠信及其 39 位学生的优秀作品，其中，成人组共展出 98 幅画作，儿童组共展出 111 幅画作，涵盖了巴西和中国山川画卷、水墨动植物画作、素描等作品。[①]

历经 5 000 多年的中华文化包罗万象，华侨华人在巴西传播的中华文化内容还有很多。中华文化在有的方面传播得较广较多，在一些方面则传播得较浅较少，有的还随着岁月的流逝而消失无踪。在这一点上，非大众化的中华文化就特别明显。比如，巴西建有仿中国式的亭台和塔式建筑物，有些房屋还采用了东方式的屋顶，等等。又如，历史上中国的一些特有的民间习俗也通过华侨华人这一载体在巴西地区传承下来。历史上，中华文化在巴西的传播主要通过商业活动、人口流动、政府和民间商业文化交流来实现。最初由于"大帆船贸易"，中华文化被以生丝、各种丝制品、亚麻布和棉布类纺织品、陶瓷制品及各类精美瓷器、茶、珠宝饰物和各种工艺品等中国商品作为载体带到拉美，遂使当时拉美地区兴起了早期的"中国热"，钟情中华文化成为一时之社会风尚。[②] 今天"非大众文化艺术"在华侨华人居住地传播的主要对象仍然是华侨华人，特别是对中华文化日渐生疏的第二、三代华裔。

在巴西，还有一些当地人对中华传统文化有兴趣。客观地说，不可能要求华侨华人居住地的当地所有民众都来喜欢中华传统文化艺术，特别是高雅艺术。对于中华传统高雅艺术，即使是十分传统的华侨华人也未必都通晓。当地外国人喜爱中华高雅文化艺术，一定程度上是出于好奇。例如，他们喜欢中国书法，多半出于习惯了字母文字的民族对闻所未闻的象形文字的好奇，于是对象形文字的书法艺术作品产生了朦胧兴趣。一件属于"阳春白雪"层次的书法或绘画作品不可能使当地人完全掌握中华传统艺术的奥妙，但是这样一件作品却可能产生传播中华传统文化艺术的效应，因为对中华文化的直观好感可以让当地民众爱屋及乌地喜欢中华文化。

拉美国家中，像巴西这样在华侨华人中拥有诸多书画艺术家和诸如华文创作（作家）协会、华人书画组织、中国地方剧目组织等类文化事业机构的国家不多。巴西很多社团也在为提高华侨华人社会的文化形象而建造文化"生态林"，让流光溢彩的各式中华文化艺术在巴西飘馨。

---

① 戴萌：《李忠信师生画展在亚文中心大厅开幕》，南美侨报网，2018 年 12 月 1 日。
② 罗荣渠：《中国与拉丁美洲的历史联系（十六世纪至十九世纪初）》，《北京大学学报》（哲学社会科学版）1986 年第 2 期。

第七节　巴西华人图书事业与学术研究

一、华人图书事业

巴西最大的华人图书馆是位于圣保罗的天主堂华侨图书馆，坐落在圣保罗市南区的华侨天主堂三楼，创建于 1959 年。经过巴西侨界 30 多年的捐赠，已拥有图书 5 万余册，包括《四部备要》仿宋线装本 2 500 册，《中国学术名著》8 辑共 800 册，内含《永乐大典》100 册，均为弥足珍贵的书籍。据笔者现场参观，该图书馆还有不少外界罕见的其他珍藏。该图书馆开放图书出租服务，还举办各种文化座谈会，有一支无私奉献的义工队伍进行图书出借管理以及其他方面的服务。①

长期以来，天主堂华侨图书馆的发展壮大得到当地华侨华人和台湾海峡两岸的支持。2012 年 1 月 8 日，驻圣保罗总领事孙荣茂夫妇及总领馆官员赴巴西圣保罗华侨天主堂慰问神职人员和老侨民，参观天主堂中文学校，并向天主堂华侨图书馆赠送图书。②

2018 年 8 月 6 日上午，正在此间参加国际图书双年展的中国图书进出口（集团）有限公司代表团，在安年比展览会馆举行了向天主堂华侨图书馆赠送图书的仪式，中国驻圣保罗总领事陈佩洁出席当天活动。中国图书进出口（集团）有限公司组团是前来参加 8 月 3 日在圣保罗安年比展览馆举行的书展活动的，中国图书进出口（集团）有限公司已是第四次参加书展活动。这一次，该公司带来了人民出版社等 8 家单位的中国精品图书 200 多种，400 多册，其中中葡、英文版图书占比 50%。中国图书进出口（集团）有限公司这次将这批图书赠送给圣保罗侨社，通过华侨这样一个特殊的群体推动中巴两国文化进一步交流、合作和发展。天主堂华侨图书馆馆长喻若荣致辞时说，该图书馆有 30 多年的历史，是传播中华文化的重要场所，希望祖国的出版部门今后继续关心和支持图书馆的工作。③

巴西的华人图书事业也得到中国图书出版事业部门的积极支持。圣保罗国际

---

① 袁一平：《华人移民巴西二百周年简史》，载《华人移民巴西 200 周年纪念特刊》，南美侨报社编印，第 14 页。
② 《驻圣保罗总领事孙荣茂看望华侨天主堂老侨民》，（中国）外交部网站，2012 年 1 月 10 日。
③ 袁一平：《陈佩洁总领事出席向华人图书馆赠书仪式》，南美侨报网，2018 年 8 月 6 日。

图书双年展是拉丁美洲最大的图书展会之一。它至柔若水，是中巴文化交流的盛宴。中巴图书出版商在参展、选题策划、翻译出版、营销渠道等方面展开充分的合作。通过这一交流形式，展现了一个立体、全面、真切、生动的中国，为巴西民众提供了一个走近中国的平台，使中华文化得到巴西民众越来越多的认可。

巴西华侨华人民间的中文图书事业是在巴西传承中华文化的重要组成部分。巴西最早的中文书店为 H-BUSTER 的董事长、闽籍华人何德光于 1964 年创建的"文昌书局"。当时何德光看到当地华侨华人业余生活单调，且中巴文化交流很少，就在圣保罗办起了文昌书局。这是南美唯一的中文书店。1974 年，中国与巴西建交时，何德光利用自身的广泛人脉和在巴西的影响力，出面协调中国驻巴西大使馆、领事馆的馆舍选址和建馆事务，提供了许多难能可贵的帮助。在中国驻圣保罗总领事馆建馆典礼上，第一面五星红旗就是由何德光升起的。从 20 世纪 70 年代初开始，他先后 7 次应邀率团访问中国，并于 1980 年访华期间受到邓小平的接见。

文昌书局位于圣保罗自由区，上下两层共 500 平方米，在圣保罗黄金地段，这已算是面积很大的一个单元铺面。文昌书局附近，即圣保罗最著名的商业中心，店铺林立，寸土寸金。书局楼上是库房，楼下对外营业，装修简单，玻璃大门，四面落地，朴素大方。

文昌书局一直是南美唯一的中文书店，作为华侨华人精神家园，在这里惨淡经营，顽强生存。20 世纪 80 年代后期以来，文昌书局逐渐以影视部分盈利为主，但书籍还是占了大部分的营业面积。书架靠墙而立，摆满了各类图书。书籍门类繁多，雅俗共赏。除销售通俗读物外，还有相当一部分介绍中华文化、医药、武术和生活常识的图书，以及中国文学名著和经典武侠作品，甚至还有为数不少的现代言情小说袖珍读本。据 2007 年的资料，总数仍在一万册以上。①

1976 年，何德光的儿子何安从福建老家来到巴西与父亲团聚。1983 年何德光病逝前叮嘱何安：无论如何都要把书店办下去，因为这是南美唯一的中文书店，是沟通祖国和当地华侨的重要文化渠道。何德光去世后，何安接手书店。20 世纪 80 年代以来，虽然到巴西发展的华侨华人数量比 60 年代多了不少，但仅靠这家中文书店仍然不足以养家糊口。在经营了几年之后，何安觉得心力交瘁，一度想闭门歇业了事。但把书店办下去是父亲的心愿，自己无论如何也要继承父亲遗志，绝不能向困难低头。当地许多老华侨闻讯也纷纷找上门来，请他务必把书店继续开下去。正好这时中国港台电视连续剧开始传入巴西。于是，从 80 年代

---

① 陈威华：《南美华侨华人的精神家园——文昌书局》，新华网，2007 年 5 月 8 日。

后期，何安开始兼营影视录像带，并将"文昌书局"改名为"文昌影视书局"，[①]后来录像带发展为光盘，内容也更加丰富。现在"影视"这一部分已经成为书店的主要盈利点，同样可以起到传播中华文化的作用。

文昌书局在圣保罗相当有名，长期以来，不少华侨华人已经养成了定期光顾该书局的习惯，一些其他地方的巴西人也慕名而来，在书店购买学习中文的教科书、字典以及一些介绍中华文化的外文书籍。随着旅居巴西的华侨华人越来越多，他曾在中国国内一些机构的帮助下，先后组织了多次书展，同时广开供销门路，经常从中国的国际图书进出口公司以及福建老家的一些出版社进口书籍，受到当地华侨华人的欢迎。2007年9月，他以文昌书局的名义到里约热内卢参加国际图书双年展，随后回到圣保罗自己的书店举办一次中国图书展销活动。[②] 在这个网络越来越发达的时代，文昌书局能够坚持下来，殊属不易。

二、与巴西华侨华人相关的学术研究

二十世纪六七十年代以来，大量中国人来到巴西，以及来自其他国家的"再移民"（即从中国来到一个国家并居住一段时间后再移民巴西者）形成了新老华侨华人并居的局面。他们辛勤耕耘，开拓进取，在居住地生存和拼搏，对居住国做出了巨大贡献。随着时间的流逝，很多人希望把自己在居住国的生存发展和奋斗拼搏的故事记录下来，展现他们与祖国血脉相连的情怀，颂扬他们作为中巴交流使者的特殊角色，既激励自己，也传承给下一代。与此同时，华侨华人中一部分人也通过在巴西或在其他国家接受良好的高等教育，加上自己的艰苦努力，最终成为学术界的精英人士。他们有的从事理工科领域的教学研究，有的从事人文社会科学的教学研究。虽然他们人数很少（占本民族人口比例可能还低于其他外来民族），但他们代表着整个华侨华人群体的学术地位和思想水平，故在本章之末，也专门予以介绍。

三、巴西华人文物的收集、整理与保护

巴西华侨华人历史十分悠久，经历的事件多且内涵丰富，也留下了一些不可多得的珍贵文物，成为该国华侨华人历史不可多得的见证。但是，由于各种各样的原因，很多文物没有得到应有的关注，更不用说收集、整理和保存了。除了少

---

① 陈威华：《南美华侨华人的精神家园——文昌书局》，新华网，2007年5月8日。
② 陈威华：《南美华侨华人的精神家园——文昌书局》，新华网，2007年5月8日。

量文物有幸作为巴西国家历史的构成部分而得到保护外，绝大部分将随着岁月的逝去而逐渐风化、散失、淹埋莫闻，最终为人所忘记。

巴纳纳尔其时仅是巴西内陆的一个小镇，当年生活在这个小城的华人还留下了自己的后裔。历史上居住在那里的传统华人不算多，但迄今所遗留下来的华人文物却比较丰富，是早年巴西华人顽强拼搏的一个缩影。据说，"当地有不少华裔，有的从五官可分辨出中国人的模样，但已经都巴西化了，一句中文都不会说"。① 这些华裔的祖上最初都是以茶农身份到这里来的，后来转行从事其他行业了，成为活跃在这个小城各行各业的华商。巴纳纳尔市政府旅游局局长若泽·路易斯地对到访的新华社记者说，虽然市政府档案馆中没有正式记录，但在城市中有不少地方都留存着中国人的资料和信息。② 另外，根据陈太荣、刘正勤夫妇对巴纳纳尔华人文物的初步整理，就有不少珍贵文物，兹列于此处供参考。

1. 故址类

中国人旧居（Casas dos Chineses）：位于巴纳纳尔市中心华盛顿·路易斯总统街（Rua Presidente Washington Luiz）36 号与 40 号，两处平房连在一起。中国茶农张亚敬 19 世纪曾在此处开设烟火作坊，故此街就一直被称为"火街"（Rua do Fogo）。20 世纪中叶后虽改称现名，但人们仍称其为"火街"。这两处房子保存至今，作为巴纳纳尔市旅游景点，供人参观。

巴纳纳尔的中国茶农还留有墓地。据路易斯·德阿尔梅达·诺盖拉·波尔图说，他去市公墓看过，因年代久远、字迹不清，难以辨认中国茶农墓。另外，茶农留有遗嘱，现存于离巴纳纳尔 200 公里的克鲁赛罗（Cruzeiro）市博物馆。这里也有一些中国侨民的后裔，其中有一位退役的华裔将军科埃略。陈太荣、刘正勤夫妇曾见过他。

2. 器物类

在巴纳纳尔市中心，1830 年开始营业的"人民药店"（Pharmacia Popular），原保存有装汤药的中国瓷罐（canecas de porcelana chinesa）。现药店已转卖给他人开服装店，中国瓷罐还保存在原店主普利尼奥·格拉萨（Plínio Graça）家中。

在阿吉亚尔·瓦林大宅（Solar Aguiar Vallim）餐厅壁画中有中国侨民的画面。1854 年，大庄园主曼诺埃尔·德阿吉亚尔·瓦林（Manoel de Aguiar Val-

---

① 陈威华、刘隆：《退休外交官巴西寻访早期华人移民足迹》，新华网，2015 年 4 月 2 日。

② 赵焱、陈威华：《在巴西小城寻找遥远的华人足迹》，http://www.gxnews.com.cn，2015 年 4 月 10 日。

lim）在离巴纳纳尔市中心 8 公里远的"雷斯加特庄园"（Fazenda Resgate）建成阿吉亚尔·瓦林大宅（1972 年被定为国家级文物）。他聘请西班牙加泰罗尼亚画家何塞·玛丽亚·维利亚龙加（Jose Maria Villaronga）自 1858 年起在二楼餐厅画了三幅壁画，中间一幅炫耀主人的财富，两边各画了一幅中国人物画。据说，一幅画的是巴纳纳尔中国侨民，另一幅画的是一名中国美女在抚琴吟歌。

3. 文 书 类

在巴纳纳尔市保存有部分中国先侨所立的遗嘱与购地地契原件。因巴市保存条件差，2015 年 3 月送往离巴市 200 公里条件较好的圣保罗州克鲁赛罗（Cruzeiro）市州级文物保护单位"诺瓦伊斯少校博物馆"（Museu Major Novaes）保存。

在巴纳纳尔市公证处保存有中国劳工的登记表；在巴纳纳尔市天主教老教堂保存有中国人结婚与死亡日期的登记表；在 19 世纪中国劳工后代的家中保存有先侨留存的契约合同、收据、日常物品等遗物。[①]

上述文物只是传统华人在一个小镇的历史遗存的一部分，其中一些已经被列为当地历史遗产，成为巴西当地民族和华族精神世界的共同遗产。华侨华人历史上居住过的小镇还有不少，或许仍有不少待发掘的历史珍藏。笔者希望有朝一日有越来越多的爱好历史的华人能关注华人历史文物的下落，通过各方面的努力，能够有所建树。笔者认为这应包括两方面：其一，形成华人历史文物清单或目录（包括档案与文献整理）体系。其二，有朝一日能成立一个华侨华人的历史文物收藏系统/机构。尽管今天谈论这个问题似乎还不大合时宜，但历史会证明这对巴西华侨华人文化建设将是功德无量的事情。

华人文物是作为一个外来民族生于斯、长于斯、贡献于斯的精神寄托和灵魂归宿，也是构成巴西这个包括华侨华人在内的多民族国家历史的组成部分。保护好、利用好这些文物，对于华侨华人的精神文化家园建设十分重要，也是生长繁衍在巴西一方水土的华侨华人的责任。如果说是在为生计而拼搏的阶段，人们对华人文物不重视还可以理解的话，那么，随着大多数人已基本解决温饱问题，华侨华人需开始关注本民族的精神遗产，华人文物的保存应逐步提上议事日程。笔者曾经无数次徘徊在圣保罗自由街一带，看到一个个日本侨民建立的"日本移民历史博物馆"（应是私人的、家族的移民历史），总是百感交集，希望有一天也能在巴西看到华侨华人建立的本民族的移民历史博物馆。

---

① 陈太荣、刘正勤：《19 世纪中国人移民巴西史》，北京：中国华侨出版社，2017 年，第 182 页。

四、研究巴西华侨华人历史的华人学者

早在 1988 年初，专治拉丁美洲史专家杨宗元教授应邀担任《美洲华报》总编辑时，已有编纂《巴西华侨史》的计划，并开始搜集了甚多资料。同年 2 月，杨教授应袁方之请，将《巴西华侨史》目录在本报发表。随后，刊启事向侨界征求史料，期臻完备。但其时各界侨胞忙于创业，反映不甚热烈。到 6 月底，杨教授代职期满离去，此事便暂时告终。1991 年，南美华文作家协会成立。该会会友皆是写文章的好手。因为写侨团实录比写华侨史容易的缘故，1992 年作协例会中袁方提议，由会友分工撰写侨团实录出版，得一致赞同。随后袁方将拟就侨团名单列表，分送各会友，并注明各人撰述范围。但作家协会会友各人事务繁忙，此一尝试又中途告止。1997 年 3 月 7 日，袁方在《美洲华报》首次刊出《华人耕耘录》的征文文章，向社团约稿，同时聘请侨界知名人士担任该书编辑委员。启示刊出后，侨界有识人士均有同感，认为"此时若不留存社团资料，日后更难"。自 4 月起，鸿文大作和照片等源源而来。至 6 月初，约 150 份稿件已纷纷收齐。[①] 此书后来正式出版，为后人开展华侨华人历史研究积聚了许多很有价值的一手材料。

陈太荣和刘正勤退休前均为中国外交官。陈太荣，1940 年 1 月 25 日生于江苏省涟水县，1959 年 9 月 1 日进入北京外国语学院学习西班牙语，1963 年 9 月 12 日调入中国外交部。刘正勤，1941 年 2 月 27 日生于重庆市，1959 年 9 月至 1960 年 8 月在四川外语学院学习俄语，1960 年 9 月至 1964 年 8 月在北京广播学院（中国传媒大学前身）学习葡萄牙语。他们俩外交经历丰富，曾长期在中国驻拉美地区使领馆和中国外交部工作。二人分别于 2000 年 3 月和 2001 年 6 月先后从外交部退休。

陈太荣和刘正勤夫妇二人精通西班牙语和葡萄牙语。他们于 1988—1992 年间在中国驻巴西大使馆工作时，就产生了研究华侨华人移居巴西历史的想法，但因为那时候工作繁忙，愿望无法实现。2000 年之后，两位老人先后退休，他们在探望移居巴西累西腓的女儿、女婿一家时，在该市行医的北京医生史宏先生送给陈太荣一本巴西著名学者 José Roberto Teixeira Leite 写的 *A China no Brasil*（《中国在巴西》，葡萄牙语版，圣保罗州坎皮纳斯大学出版社 "Unicamp" 1999 年出版）。这是巴西第一位学者撰写的介绍中国在巴西文化遗存、19 世纪中国茶农在巴西种茶、19 世纪中国劳工输入巴西、巴西与清朝建交经过等情况的专著。陈

---

① 袁方：《巴西华人耕耘录序》，载《巴西华人耕耘录》，巴西美洲华报编印，1998 年。

太荣如获至宝，便以这本书为线索，全身心投入华人移民巴西历史的研究之中。返葡后反复阅读此书，并查阅中国驻葡萄牙大使馆图书室内有关资料，于2001年奉调回中国前，将所收集的材料整理、撰写了《中国人在巴西种茶史》《巴西19世纪引进中国劳工简史》和《清朝与拉丁美洲国家的外交关系》三篇文章的初稿。尤应指出的是陈太荣、刘正勤二人关于中国人在巴西种茶的著述几乎是目前有关这一专题研究的权威成果。笔者在本书相关部分引用了他们已发表的不少原始资料，谨此表示衷心感谢！

在陈太荣、刘正勤夫妇的探索历程中，《中国人在巴西种茶史》一文用力最勤。夫妇二人查阅了中国与世界种茶史、里约热内卢植物园编年史和澳门编年史等，发现了不少第一手历史档案资料，便开展了对相关历史正本清源的艰巨征程。通过他们的努力，查清了许多史实的来龙去脉，避免了以讹传讹，体现了严谨治学的可贵精神。另外，在里约热内卢，陈太荣和刘正勤夫妇翻阅了大量档案，并前往200年前中国茶农曾经劳作过的里约植物园，几经打听，竟然找到了当年留存下来的几棵茶树。在调研基础上，他们认真撰写，数易其稿，最后在巴西的中文网站上发表了自己的论文，成为研究有关华人在巴西种茶历史的权威著述。另外，两位老人在调研过程中还发现，早期移民巴西的华侨华人除种茶外，还参与了修建公路和铁路等巴西建设项目。[1]

从2000年开始到2015年长达15年的时间里，两位老人从巴西到中国，从里斯本到澳门，马不停蹄，笔耕不辍。特别是，他们呕心沥血16年，通过亲身调研与走访考察，追寻先侨移民巴西的足迹。经过矢志不渝的努力，终于完成了《19世纪中国人移民巴西史》（中国华侨出版社，2017年）。此书将19世纪巴西引进中国茶农、中国人在巴西修铁路与公路，以及巴西华侨华人对居住国经济文化发展的影响与贡献等多方面的研究成果记载在此书中。他们的著述都通过网络与读者见面，成为了解中巴早期交往史的重要参考文献。如今，两位老人虽已年过花甲，依然挥笔不止。

周世秀熟悉英、俄、葡、西四国外语，曾为湖北大学教授、历史系拉丁美洲史研究室主任。1985年，周世秀就独立完成由商务印书馆出版的《巴西独立运动》一书，获得了湖北大学优秀科研成果奖。他多年来还在中外史学重要刊物上发表论文数十篇，多次获奖。1992年，他以葡文在巴西出版了《中国美洲历史文化联系》一书。这是中国学者在巴西出版的第一本学术著作，中国驻巴西大使馆为该书举办了首发式及庆祝酒会。2002年，在巴西外交部资助下，周世秀又

---

① 参见陈太荣、刘正勤：《十年磨一剑——谈研究"中国人在巴西种茶史"经过》，巴西侨网，2010年2月27日。

在中国出版了《巴西历史与现代化研究》，巴西驻中国大使馆特地在巴西国庆招待会上为他举办了首发式，把此书赠送给到会的中国领导人。他主持过"中国中部崛起与巴西中部开发研究比较"项目的研究，还在《长江日报》上介绍巴西"马瑙斯内陆自由贸易区"的经验。他发表了《葡萄牙人东来和早期中葡关系》与《澳门在中华文明远播拉美中的重要作用》等研究老殖民主义葡萄牙历史的系列学术论文。

　　这里顺便指出，巴西的高等院校也有一批高层次的理工科华人人才。他们在自己的岗位上为巴西的高等教育和教学研究事业做出了自己的贡献。例如，巴拉那大学著名华人教授刘凯，祖籍湖南长沙，1951 年由香港移民巴西，3 年后，从数千工程系考生中，以名列前茅的成绩，考入巴州联邦大学，并获得大学奖励。经过 5 年的寒窗苦读，大学毕业后，刘凯到圣保罗一所大学教书，不久被母校招回教物理。1964 年，获英国政府奖学金，赴英国学习研究，获硕士学位，回国后应聘在里约大学从事研究工作，1973 年荣获科学博士学位。在 1974—1992 年任教于巴州联邦大学期间，3 次被选为系主任，并担任校务委员 2 年。1992 年，他在从事教学生涯 32 年后退休。巴州联邦大学为表彰其教书育人的突出成就，特向他颁发联邦大学物理学荣誉教授证书[①]。他退休后于 1989 年组织了巴州华人文化协会，被推选为会长。

　　巴西的大学有一批华人教授和副教授是有中国教育背景的，以理工科专业的较为突出。例如李伟钢，河南人，1982 年毕业于南京工程技术学院地下工程专业，并留校任教，1988 年获工学硕士。1989 年进入巴西航空技术学院学习，1994 年 2 月获博士学位。1997—2006 年任巴西利亚大学计算机系助理教授，2006—2016 年为副教授，2016 年为教授，2019 年前后任计算机系主任。王巧玲（女），苏州人，1986 年新疆喀什师范学院数学系毕业后留校当助教。1997 年底到巴西，2000—2004 年进入巴西利亚大学攻读数学博士学位，获博士学位后留校教书，2019 年为副教授。周家正，扬州人，1997 年进入扬州大学学习农业建筑和环境工程专业。2002 年 2 月到巴西，2004—2006 年在巴西利亚大学攻读数学硕士学位。2006—2010 年，攻读数学博士学位，毕业后留在巴西利亚大学担任数学副教授。孙文瑜，泰州人，原在南京大学学习、工作，1995 年 5 月至 1998 年 5 月在巴西巴拉那联邦大学等四所大学担任访问教授，1998 年 9 月回南京大学工作。[②] 这些高层次人才肯定还有不少。

---

　　① 《巴拉那大学著名华人教授刘凯》（作者不详，写于 1994 年），载李海安主编：《中国移民巴西190 周年纪念特刊》，圣保罗：巴中文化友好协会、南美侨报社，2004 年，第 76 页。

　　② 陈太荣、刘正勤编著：《中国江苏人移民巴西史》第三章第一节，北京：中国华侨出版社，2022 年。

第八章　巴西华人在居住国参政
及与当地民族和祖籍国的关系

华侨华人居住在巴西，十分珍惜和爱护与当地政府、民众以及其他外来民族之间的关系。因为他们懂得，华侨华人所有在居住地的经济和社会活动，以及所取得的成效与成功，都含有他们恰如其分地处理好与当地政府和民族的关系的因素。巴西华人积极参政，通过法律途径积极维护华侨华人的合法权益。从根本上说，他们维护自己的合法权益之举，也是维护所有居住在这个国家的民众的合法权益，使巴西社会更趋公平正义，本质上是为了实现巴西的民族和睦与社会和谐。与此同时，华侨华人常常力所能及地开展各种各样的慈善活动，不因善小而不为，不因善大而少为，积小为大，汇涓成河，促进多民族国家的和平共处。另外，华侨华人来自中国，故土情深，特别是第一代新移民，与祖（籍）国和家乡的密切联系割不断，分不开。因此，华侨华人在居住地奋力拼搏的同时，也通过各种形式的回报（如投资、捐赠等），积极维护、加深与祖（籍）国和家乡的深情厚谊。祖（籍）国和家乡的政府努力维护海外华侨华人的合法权益，同时也积极支持华侨华人处理好与当地政府和民族的关系。其实，华侨华人与居住国政府和当地民族、华侨华人的祖（籍）国和家乡这几者之间的关系是一个有机的互动的整体，也是相辅相成、相得益彰的。

第一节　新移民时代巴西华人的政治参与

一、巴西华人参政历程素描

华人在居住国的政治参与是当今各国华侨华人社会的一个热门话题，是华侨华人与当地民族关系的重要体现，也可以看作为华侨华人融入当地社会的重要途径之一。且选举权和被选举权是具有公民权的本国民众的政治义务。

参政即政治参与（political participation），有广义与狭义之分。广义的政治参与指非选举型政治参与，即对除了选举之外的其他政治活动的参与，包括个人之

间的政治接触、游说、法律诉讼、抵制、不合作、加入社会团体、利用大众媒体进行政治表达（例如出版）、游行、示威、抗议和请愿等。[①] 在涉及选举过程中一系列动员、拉票和助选等活动时，目前巴西宪法并没有明文禁止包括华侨（含老一辈华侨和新移民华侨）在内的外国公民参与其中。在实践上，目前巴西华侨是可以作为鼓动者、支持者和后援者参加华人参政过程中的动员、拉票和助选等阶段的实际活动，当然，表现在法律许可的前提下进行。进一步推而论之，广义角度的政治参与还包括深层次的参政纲领设计、政治联盟（包括对候选人的支持联盟）等多个层面、多个领域。不过在实际上，深层次的政治参与，多半只是熟悉居住国国情的华人的事情。而政治参与的主体是已经加入了当地国籍的华人的分内事。综上所述，关于华侨华人在其居住国的政治参与问题，大可不必拘泥于当代政治学理论，因为当代政治学理论对于政治参与的界定过于狭窄。

狭义的政治参与方式则专指选举型政治参与，包括根据法律选举或推举国家的各级行政（政府）管理人员、立法机构成员和司法机构成员等，同时也包括选举过程中一系列动员、拉票和助选等活动。具体来说，巴西狭义的华人参政可包括推荐、支持本族群代表担任各级政府、国家与州、市等各级议会职务，也包括支持有利于本民族生存发展的他族候选人担任各级政府和各级议会职务。简而言之，广义的政治参与并不需要公民身份，所有华侨华人都可以随意参与；狭义的政治参与（选举型政治参与）可分两种情况：涉及选举权和被选举权（也即投票权和被投票权）时，只有华人才有资格参与。

实现狭义政治参与的条件是参政者必须具备居住国公民身份。这样一来，就会产生一个问题：华侨华人有没有资格在居住国开展政治参与活动？因为涉及政治参与者的国籍身份问题。顾名思义，华侨华人分为两部分：一是"华侨"，他们仍然拥有中国国籍，只是"侨居"在居住国；二是华人，他们没有中国国籍，是居住国的公民。廓清这个问题，是理解华人政治参与的必要前提。

巴西公民身份的取得包括两种情况，一是加入巴西国籍，一般来说这是对第一代从中国移居巴西的中国人而言；二是在当地出生者，自然而然就具有巴西公民身份，这是对第二代以后的华人而言。第一种情况姑且不说，就第二种情况来说，巴西华侨华人移民的历史十分久远，生来具有巴西公民身份的人数一代代加起来就数以万计。他们已跟他们的前辈大不一样，最突出的不同就是文化教育水平显著提高。随着第二代、第三代乃至第 n 代华人的出生，他们大多受到良好教育，半数以上华裔上了大学，从中涌现出一批高学历人才和精英人士，例如教

①　参见万晓宏：《当代美国华人的非选举政治参与——以 2013 年全美华人抗议"ABC 辱华言论"为例》，《华侨华人历史研究》2016 年第 1 期。

授、医生、律师、会计师、工程师等，还有许多人毕业后在大工商企业中任职，跻身高薪白领阶层。他们已经成为一个独立的群体，称"土生华人群体"或"华裔群体"。下面且略举数例以兹说明：

华裔陆军中将李安尼是广东籍华裔。其父亲李安出生于广东台山，20 世纪20 年代移民巴西，后与巴西女子结婚，1934 年在里约热内卢生下儿子李安尼。李安尼 18 岁考入军校，在随后长达 40 年的军旅生涯中，勤勉奋进，不断晋升，先后任巴西第六军区司令、巴西陆军部秘书长、巴西驻日内瓦联合国军事顾问等要职，至退役时官拜三星中将军衔。①

普利尼奥·阿布雷乌·科埃略（Plínio Abreu Coelho）中将（General de Divisão）生于 1939 年，祖父是葡萄牙人，第二位祖母是中国人。这个中国祖母一共生了 13 个子女，他父亲排行第十三。他的祖母活了 102 岁，1928 年去世，当时巴西巴纳纳尔市报纸有报道。科埃略将军 1992 年 4 月 24 日至 1993 年 12 月14 日担任第 10 军区（Região Militar，辖塞阿拉、皮奥伊和马拉尼昂 3 州）第 12航空机动轻步兵旅少将旅长。1997 年 4 月 29 日至 1998 年 4 月 27 日，为第 10 军区中将司令。1998 年 8 月 13 日，被任命为"厄瓜多尔—秘鲁军事观察团总协调员"（Coordenador General de la Misión de Observadores Militares Ecuador-Perú）。他在军队一共服役了 45 年，2000 年退役后住在巴纳纳尔市。科埃略家族是个民族混血家族，无疑也有中国人血统，且这个家族的外在中国人特征十分突出。1996年，这个家族聚会，有 100 多人参加。科埃略将军说，在他这辈人中，最有中国人特征的是他的堂姐。2013 年，科埃略将军回澳门旅游寻根，看看祖母的家乡究竟是什么样。科埃略将军还说他认识里约热内卢华裔中将李安尼，在他进军校时李将军是中尉教官。②

20 世纪 90 年代，原居住在巴纳纳尔的中国茶农若昂·雷蒙多·达席尔瓦（João Raymondo da Silva）家族的后裔有多人在圣保罗警界任高职。据诺盖拉大使《中国人在巴纳纳尔》一文，1992 年他发表该文时，雷蒙多家族有许多人在圣保罗警界担任上校：若尔热·雷蒙多·达席尔瓦（Jorge Raymundo da Silva）上校仍在现役，不久前还在高级战争学校同学会发起的战略政策研讨会上发表了讲话；若泽·诺盖拉·桑帕约（José Nogueira Sampaio）上校、坎蒂迪奥·诺盖拉·桑帕约（Cantídio Nogueira Sampaio）上校和巴纳纳尔家族主支母系后人阿里·普拉多·马孔德斯（Ary Prado Marcondes）上校，都是圣保罗州政坛的活跃

---

① 《巴西广东同乡总会成立二十周年（1993—2013）》特刊，2015 年，第 19 页。
② 陈太荣、刘正勤：《19 世纪中国人移民巴西史》，北京：中国华侨出版社，2017 年，第 179 页。

人物。①

今天的巴西政府也对华侨华人的贡献持肯定态度。例如，1996 年，华人裘克毅由于为里约热内卢市建设事业和中巴友谊做出杰出贡献而荣获里约市议会颁授该市最高荣誉勋章"佩德罗·埃内斯托勋章"。巴西知名的华裔地质学家刘占江曾任职于巴西空间技术研究院，他的研究成果为巴西地质学界赢得了荣誉，也为巴西的华侨华人争了光。总的来说，他们已经完全当地化，在巴西谋生立足已无困难，可以与其他民族融洽相处，不受歧视凌虐，不少人在巴西与中国的关系中还发挥着特殊作用。

一个国家的华侨华人社会中拥有杰出的华人精英的多寡，是衡量华人参政程度和难易程度的一个十分重要的指标。他们肯定是华人参政的积极支持者和后援者，同时也是华人参政的重要力量源泉。但像上述这些十分有地位的巴西华人，多数已无意于谋取某个政治岗位。问题是，参政是一种票数游戏。票数永远与草根阶层息息相关，因为具有投票权的大多数华人公民无疑是草根阶层，不管他们是属于后裔，还是加入巴西国籍未久的第一代中国移民。所以，拥有人数众多、影响力大的杰出华人精英群体固然重要，但要取得尽可能多的票数，关键是要动员华人草根阶层踊跃参与投票。所以华人参政的重点动员对象不是上述这些已经有身份有地位的华人精英人士，而是占华人人口大多数的草根阶层。

早年移居巴西的华侨华人大多是"契约劳工"，即使是自由移民，也没有政治地位。面对恶劣的生存环境，他们的首要任务是求生存。且早年的华侨华人基本上没有意向在巴西居住下来。及至契约期满，幸存下来的华侨华人大都在当地从事小商业，东奔西走，居无定所，没有精力考虑参政问题。再后来，虽然一部分人通过自身努力小有成就，但当时国家还处在葡萄牙殖民统治下，他们总体上仍然不可能培养起坚定的政治参与意识。在巴西独立后的漫长时期里，大部分华侨华人依然忙于生计，经济地位虽然略有提高，也有个别人因为偶然因素当上了当地的中低级官员，但总的来说，大多数华侨华人还没有取得公民权，不可能有选举权和被选举权，且他们要考虑的头号大事是赚更多的钱衣锦还乡，荣归故里，娶妻生子，过上风风光光的日子。更重要的是，绝大多数华侨华人没有在社团或侨领的领导下开展有组织的政治参与活动。所以，直到二十世纪六七十年代新移民到来之前，传统华人的政治参与还没有多大起色。不难看出，巴西传统华人的政治参与，与后来新移民的政治参与，在时间上无意识地捆绑在了一起。当然，华侨华人两大群体的参政是有"分工"的：传统华人因为有选举权和被选举权而成为狭义上政治参与的中坚和主力，新移民中大多数人还只是持有居住

---

① 陈太荣、刘正勤：《19 世纪中国人移民巴西史》，北京：中国华侨出版社，2017 年，第 178 页。

证，没有公民权，因此只能作为广义上的政治参与的"后援军"存在。不过冷静地说，是已加入巴西国籍的那一部分占比例不高的新移民，由于传统观念方面的原因，他们参政的积极性也不高。

20世纪70年代后，华侨华人新移民的不断到来为巴西华社增添了新活力。虽然新移民人数多，但由于刚来到巴西，属于第一代，居留时间最长的也不过三四十年。他们对巴西的政治法律制度似懂非懂，一知半解，甚或一窍不通，是谈不上参政的。更大的问题在于，作为第一代，大多数新移民还只是持居留时间长短不等的居住证，没有加入巴西国籍。虽然可以享受跟巴西公民一样的身份和待遇，但没有被选举权，也没有资格参加投票选举。当然如上所述，他们在参政方面并非毫无作为。他们可以进行另一种形式的参政活动，即加入对已经持有巴西国籍并希望从政的华人的政治支持行列，包括向所有巴西选民传递这些华人的政治主张，宣传他们过往服务民众的业绩，等等。一般来说，随着新移民数量的增多、素质的提升以及经济地位的增长，新移民的参政意识会逐渐觉醒，也会越来越意识到参与国家政治的重要性。事实证明，只有加强参政意识，争取在政治舞台上有越来越多的席位，同时在政坛上能代表华人利益，为华人说话，华侨华人的社会地位才可能真正提高。过去已经有华裔进入巴西上层，担任过像圣保罗市议会主席、警局局长、巴西军队将军等高级职务，但总的来说影响尚微。

巴西华人参政的重要机遇是参与全国性的选举。巴西每两年就有一次全国性的选举。现行选举规则基于1988年联邦宪法。巴西实行"三权分立"，三权中的行政权与立法权（另一权则为司法权）负责人皆通过选举方式由有投票权的公民投票选出。正副总统、正副州长、正副市长为行政首长，参议院和众议院合称国会。市、州、众、参议员的任务为立法、修法及代表民意。除了参议员的任期为8年外，其余均为4年一任。市议员与州议员的人数依每个市与州的人口比例推算。全巴西目前有26个州，一个联邦行政区。每个州只有市而无乡无镇。每个州有3位参议员为代表，总数81席。到了选举年，这81席不是全选全换，而是部分选、部分换、部分留。以2018年的选举为例，将推选54席，为总数的2/3，4年后再推选其余的1/3，即27席。也就是说，2018年每个州选出2位参议员，4年后每个州再选出一位。①

应看到，巴西各民族的参政热情高涨，葡萄牙裔、意大利裔、犹太裔和阿拉伯裔纷纷争取选民，争夺各级议会宝座，竞争也越来越激烈。中国人勤劳勇敢的特质融进了血液，在地球每个角落都能落地生根。但与之不相匹配的是，被欺凌、被鱼肉的事情也屡有发生。华侨华人痛定思痛，究其原因，不外乎平时不甚

---

① 据刘瑞益：《巴西华人参政"选贤与能"——支持李少玉竞选》，巴西华人网，2018年9月14日。

关注自己的正当权益，遇事不循法律程序解决，总想破财消灾，因而助长了作恶者的嚣张气焰，甚至形成恶性循环。还有，华侨华人在国家机构里没有多少"代言人"，如华裔市议员、州议员、联邦议员等。与之形成鲜明对比的是，同为东方人的日裔，除了在巴西有人口优势外，还拥有更多呵护他们并为其权益发声的政治团体。他们在政坛中已捷足先登，在各级议会乃至地方政府机关、军队和警界，随处可见巴籍日裔的身影。事实说明，权利和尊严不是天上掉下来的馅饼，要靠各个族裔自己锲而不舍地努力争取。

巴西华侨华人分为传统华人与新华侨华人（新移民）。传统华人参政的机会和积极性比新移民大得多，因为他们已安居乐业，站稳了脚跟，不少人经济上已步入中产阶级行列，但政治地位还较低下。因而，华人权益难有人关注，也得不到保障，华人的声音无法通过立法机构发出。因此，传统华人十分乐于组织自己的力量参与政治活动，包括推出自己的后裔参政。

令人欣慰的是，20世纪70年代后中国新移民的不断到来为巴西华社增添了新活力。随着新移民数量的增多，总体素质的提升，以及经济地位的增长，巴西全体华侨华人的参政意识开始觉醒，也越来越意识到政治参与的重要性。不过，就新移民来说，由于他们来到巴西的时间尚短，大部分人还程度不同地处于融入巴西社会的进程中。特别是还不可能完全了解和接受巴西的政治制度、法律制度，熟悉巴西的语言文化，也不可能在巴西接受过高等教育（这是融入巴西的重要一环），更不可能完全了解巴西的国情、民意和民情。这就给他们的参政带来了不少障碍。另外，新移民的参政意识还远没有达到应有的程度，难以与其他外来民族相比。例如，不少新移民对自己民族候选人的政治活动不感兴趣，懒得参与他们举办的政治活动，一些有选举权的华人甚至在选举日也不愿意前去投票，经过反复的善意动员也总是寻找理由回避投票，等等。尽管巴西的华人参政在拉丁美洲已属前卫，但仍然处于发育期，出现上述情况在一定程度上可以理解。客观地说，由于这些原因，巴西第一代中国新移民直接进入巴西政坛任职几乎不可能（指已加入巴西国籍者）。完全融入巴西社会的第二代以及第二代以后的华人，才有足够的机会担任官职。但第一代新移民的"非任职参政"，即在成为巴西公民后参与投票选举、参与华人选民动员等活动，则完全可能而且是提高、鼓舞华人参政所必须。还没有成为巴西公民的新移民也可以参与华人参政的外围支援工作。

华人参政的重要前提是其居住国给他们提供参政机遇。巴西是20世纪80年代军政府还政于民后才开始迈向现代民主国家的。现代民主国家的政制是作为其公民群体之一的华人参政的必要前提。从那个时候起，巴西华裔新生代开始关注并积极参与巴西政治。早在1987年，巴西就已经出现了一个叫"巴西华人选民联谊会"的专门参政组织。在 2012 年竞选巴西圣保罗市市长的候选人中，巴西华裔青年呼吁支持反对市政府联合市民卫队越权查抄商家的候选人芦苏曼努（Celso Russomano），认为市政府的职责不应是一味地查封、打压和驱赶，而是协助商家走向正规化、合法化。华裔青年认为，这一诉求符合所有圣保罗商家的利益，因此他们呼吁所有侨胞发动一切可以发动的力量，为心目中的市长候选人投上或拉上一票。①

就在 20 世纪 80 年代，圣保罗市出了一个叫 Sham Paio（中文名叫沈百豪）的市议员。虽然外表看来没有分毫华人面谱，但他本人自称有 1/4 的华人血统。华人对他能够成为市议员还是感到热血沸腾，为他奔走呼号。这与其说是华人对他本人的支持和敬仰，不如说是华人对在国家政权机构里出现自己族群代表的热切企盼，对参政的渴望。

在此形势下，罗大诚、刘文广、王联舟等人发起成立了"巴西华人选民联谊会"（简称"选民会"）②，全力发动、游说和激励华人精英向政坛进军。选民会成立于 1987 年 2 月 1 日。发起人之一的罗大诚被推选为首届会长。该会显然不拟作为一个临时社团而存在，后来每届都选举新的领导机构。选民会成立后，首先公开征求会员，第一阶段征得会员 170 多人，均经正式填表申请办理入会手续。随后，调查已经入籍巴西的侨胞人数，并公开登报征求会徽会歌。该会还先后举办华侨围棋比赛与元宵节灯谜晚会，邀请杨宗元博士讲"巴西华侨史"等，③ 目的是通过发扬中华传统文化，联络侨胞感情，唤起华人的参政意识，团结选民力量，鼓励和支持华人参政从政。

在动员和助选方面，该会于 1988 年发动全侨助选支持圣保罗市市长候选人、华人之友马鲁夫，市议员候选人沈百豪、林政扬。在选举前，选民会在天主教堂举办了一场助选活动晚会，出席的各界侨团代表及侨胞 500 多人。1990 年，州长及参众两院议员选举，选民会支持林政扬、伍灼邦竞选众议员、州议员，同时支持马鲁夫竞选州长。选民会于 7 月 20 日在圣保罗金鱼饭店召开了林政扬、伍灼邦竞选众、州议员助选大会，并同时成立助选委员会。各界侨团代表及侨胞 180 多人出席会议。应该说，选民会的这些活动对团结华人是发挥了一定的作用，但是仍然有一些票源被拉散。投票结果，马鲁夫、林政扬和伍灼邦都没有当选④。

1992 年，参选的华人青年十分踊跃，林政扬、吴督行、张宏昌、吴驼光 4 人

---

① 《巴西华裔青年呼吁支持圣保罗市长候选人》，巴西侨网，2012 年 8 月 29 日。
② 《华人移民巴西 200 周年历史概述》，巴西华人协会网站，2012 年 12 月 28 日。
③ 《巴西华人选民联谊总会》，载《巴西华人耕耘录》，巴西美洲华报编印，1998 年，第 55 页。
④ 马鲁夫得票 5 872 479，林政扬得票 7 813，伍灼邦得票 5 394。据《巴西华人选民联谊总会》，载《巴西华人耕耘录》，巴西美洲华报编印，1998 年，第 55 页。

先后竞选圣保罗市议员、圣保罗州议员。选民担心票源分散，特于 7 月 19 日在天主教堂召开全侨团联席会议，共商大计。同时成立助选团，动员所有华人鼎力支持。由于各候选人的参政意愿高涨，会长罗大诚提出自由竞选方案，经过大会讨论通过。虽然选民会努力助拉选票，但选举结果还是不尽如人意，仅沈百豪高票当选连任市议员，随后被选为圣保罗市议会议长。[①]

　　总的来说，多个华人参选者一次次壮怀激烈地投入选战，却一次次遗憾地落选。但竞选不以成败论英雄，对华人群体来说更是如此。他们的壮举既积累了参政经验，为后来者所借鉴，更是鼓舞了后人的参政勇气。上述诸人中，林政扬最是不屈不挠，他屡战屡败，屡败屡战，在经历了 6 次失败后，终于在第七次拼搏中异军突起，取得成功，登上了圣保罗市议员的宝座。如果不算沈百豪的话，林政扬应是打破了圣保罗市议会无华人血统议员的纪录，迈进市议会的殿堂，令人刮目相看。

　　另一位同林政扬一样登上圣保罗市议员宝座的，是其父辈来自台湾的华裔巫佰禧（人称威廉·巫）。巫佰禧 1968 年 11 月 27 日出生于圣保罗市，祖父是广东饶平人，祖母是福建晋江人，父亲巫钦亮出生于台湾。1960 年，巫钦亮偕夫人移民巴西，后育三女二男，巫佰禧最小。巫佰禧有良好的家庭环境，自幼聪慧好学，1994 年毕业于保利斯达大学机械工程系，1996 年攻读瓜路柳斯综合学院获得法学学士学位。他毕业后当过中学老师，后长期从事警务工作，担任过圣保罗市警察局长的特别助理。1998 年，年仅 30 岁的巫佰禧在华侨华人支持下，首度竞选圣保罗州议员，一举夺得 3 万多张选票，虽然功亏一篑，没有成为州议员，但获得了候补州议员资格。两年后，他再次出马，参选圣保罗州议员成功，终于如愿以偿。能够进入世界级的大都市圣保罗的议会，本身就是巴西华人参政的一个里程碑。在 2006 年 10 月 1 日举行的全国大选中，巫佰禧再次赢得圣保罗市民信赖，向巴西联邦众议员的目标发起冲击，又获成功，以 11 万多的票数当选联邦众议员，2007 年 2 月 1 日正式就职，成为巴西国会里首位华人议员。

　　巫佰禧当选巴西众议员后，在努力捍卫居住在巴西的华侨华人利益、提升华侨华人的地位，以及改善华侨华人在巴西社会中的形象方面做出了一定贡献。他还利用自己的身份，积极促进中巴关系的发展。他访问中国后，向巴西各界介绍了中国改革开放的成就。他促成巴西成立"巴中友好小组"，进一步推进了中巴高层友好往来和两国经济科技文化领域的交流与合作。2007 年 8 月 24 日，巴西陆军总司令恩索将军在巴西利亚陆军司令部授予巫佰禧"和平使者"勋章。[②] 巫

①　《巴西华人选民联谊总会》，载《巴西华人耕耘录》，巴西美洲华报编印，1998 年，第 56 页。

②　《巴西首位华裔议员威廉巫：为华人参政树榜样》，新华网，2007 年 2 月 24 日。

佰禧卸任议员后，又积极筹划和组建巴西中国友好协会，借助这一平台举办纪念庆典，倡议和主办研讨会、洽谈会、论坛等活动，增进中国与巴西各界间的了解和互信。[①]

在 20 世纪 90 年代，选民会不仅积极鼓励华人参政，开展助选活动，对在巴西军政界任职的华裔人士也积极开展联络工作。例如，对历任军职的李安义将军的每一次晋升，选民会都举办庆祝活动。[②] 李安义是华人登上巴西政坛高级职位的第一人，曾任里约热内卢军区中将司令。

到 2008 年，华人律师汤巍、李少玉代表巴西社会党竞选圣保罗市议员。汤巍，1969 年 7 月 21 日出生于北京市东城区。1978 年 8 月 28 日进入北京外国语学院附校学习英语，1988 年 6 月 5 日随母亲王开琳一道移居圣保罗。他一面打工教人英语，一面恶补葡萄牙语和有关学习课程（后来他本人通晓中文、葡萄牙语、英语、西班牙语等多种语言），终于在 1998 年如愿以偿考上了巴西名牌大学圣保罗大学法律系，经 5 年寒窗苦读后取得律师资格。2004 年 4 月，汤巍和同学瓦莱柳成立了一个现代化的综合律师事务所（私营合伙企业）——联合律师事务所（Dr. Marcelo / Dr. Valerio Advogados Associados），以解决在巴西的中资公司、侨民的各种法律问题为主，为中巴两国之间的贸易、投资及友好往来牵线搭桥。瓦莱柳 2008 年离开该事务所后，由汤巍一人主持"汤巍律师事务所"。2004 年 8 月 17 日起，汤巍在《南美侨报》上开办"乔先生信箱"专栏，就有关法律解答疑难问题，为侨服务。每周一期，共办了 54 期。他积极参加华人侨团活动，义务提供法律咨询，自 2006 年 8 月起担任巴西华人协会法律部律师、主任，2015 年 3 月起担任新成立的巴西圣保罗华助中心的法律政策、法律援助组组长，2009 年 11 月起担任巴西中国经济贸易促进会秘书长和法律部律师。他还是多个华人社团的法律顾问。2008 年 6 月 21 日，巴西进步党圣保罗党部举行竞选誓师大会，正式提名 83 名候选人代表该党竞选圣保罗市议员，汤巍是其中之一。2008 年 10 月 5 日，汤巍第一次竞选圣保罗市议员失利。2018 年 6 月 10 日，巴西圣保罗市移民委员会（de Imigrançõ de São Paulo）举行选举。投票当日，汤巍获得选票总数第一，远超过其他族裔候选人，成功当选圣保罗市移民委员会委员。[③]

李少玉祖籍广东台山，出生于香港，1975 年来到巴西。她最初在圣保罗经营餐馆，依靠自己的诚实可靠与聪明能干，餐馆的生意很好。但因为语言不通，乃下决心学好葡语。经过一年多的努力，她便能娴熟地使用葡语。后来，她认为

① 陈威华：《巴西首位华裔议员表示愿为巴中友谊作贡献》，新华网，2007 年 3 月 13 日。
② 《巴西华人选民联谊总会》，载《巴西华人耕耘录》，巴西美洲华报编印，1998 年，第 56 页。
③ 陈太荣、刘正勤编著：《中国江苏人移民巴西史》第三章第四节，北京：中国华侨出版社，2022 年。

华人只有参政才更有力量，于是萌生了竞选议员的想法。同时，她热心公益，服务侨胞。在各界华侨华人组织和当地人的帮助下，李少玉成功地成为巴西首位华人女议员，也是第一个当选圣保罗市议员的东方女性。2010 年 1 月 1 日，李少玉就职，成为巴西圣保罗市首位华裔女议员。巴西圣保罗市议会为李少玉举行了就职典礼。当选后，李少玉组织了很多有意义的活动。例如，为纪念 2012 年华人移民巴西 200 周年，李少玉取得巴西邮政局支持，在巴西成功发行了"纪念华人移民巴西 200 周年"纪念邮票，扩大了华侨华人在巴西的影响。2014 年，为纪念中巴建交 40 周年，李少玉牵头在圣保罗市议会组织举办了两国建交 40 周年纪念会，意在促进巴西人民对中国的了解。[①]

到 2010 年，巴西举行大选，巫佰禧连选巴西国会议员，徐万星竞选巴西国会众议员，简金辉竞选圣保罗州议员，可惜三位华人均落选。[②] 但这并没有使有志参政的华人气馁和退却。2012 年 10 月 7 日，徐万星、黄勇志参选圣保罗市议员，不幸落选。但上述事实说明，华人参与政治的积极性已明显提高。

华人参政的热情，在 2018 年积极参与汤巍律师作为圣保罗市移民委员会委员候选人的投票选举过程中得到了良好的体现。圣保罗市移民委员会成立于 2017 年 10 月，委员会个人成员由各国移民的代表经选举产生。委员会成员可以为政府解决移民的困难和问题、制定各项与移民相关的政策提供建言。在圣保罗，移民委员会对华侨华人来说尤其重要，因为圣保罗当时有华侨华人 20 多万，是全巴西华侨华人最多的城市，也是来自世界上多个民族聚集的城市。华侨华人应推出自己的代表参加圣保罗市移民委员会，为自己的同胞发声。为此，巴西华人协会、圣保罗华助中心等华人社团号召广大华侨华人参与 2018 年 6 月 10 日圣保罗市移民委员会成员选举投票，在圣保罗各个投票点为候选人汤巍律师投下宝贵的支持票。

这次选举在一定程度上展现了华侨华人群体的力量。参加选举的侨胞有中资企业的总裁，有在布拉斯、25 街开店的老板。巴西广东同乡总会老会长、著名武术师陈国伟在女儿的陪伴下，特地赶来参加选举。华侨天主堂的肖思佳神父带着圣本笃学校的老师们参加投票。巴西广东工商文化总会常务副会长、索罗卡巴市荣誉市民丘海鹏为了做好选举工作，专程从 90 公里开外的索罗卡巴市开车到圣保罗，参加两个选举点的志愿服务工作。他从早上 9 点钟开始，一直忙到下午 5 点钟选举工作结束。普通侨胞中，有从圣保罗周边城市专程赶来投票的侨胞，有许多 65 岁以上可以享受老年待遇直接进入里面投票的老人，有的带着孩子，

---

① 莫成雄：《弘扬中华文化　增进中巴友谊——记巴西华人协会永远名誉会长、"中华之光"奖获得者李少玉》，中国新闻网，2015 年 3 月 24 日。

② 《今年是巴西圣保罗华人参选议员人数最多年》，巴西侨网，2012 年 3 月 9 日。

有的搀扶着老人。有人哪怕排几个小时的队也要投上珍贵的一票。这次选举得到华人协会和各侨团的大力支持，华人协会派出专人负责选举工作，为了能方便同胞们选举，先由专人将白条发给投票人，填写个人姓名、住址信息。

2018 年适逢大选举年。这一次大选不同于两年前只竞选正、副市长与 55 席圣保罗市议员。此次将竞选巴西正、副总统，513 席众议员，54 席参议员，正、副州长，94 席圣保罗州议员。在 2018 年大选中，李少玉重披战袍，竞选国会众议员。李少玉服务侨社侨胞 30 余年，而今，为了一个更高更好为华侨华人发声与服务的平台，她决定参加巴西联邦众议员的竞选。华侨华人积极行动起来，给予全力支持。竞选需要一定的资金支持。巴西广东江门五邑青年联合会会长陈文添、巴西湖北联谊会监事长向志虎、金华同乡会会长胡友能、巴西大西南同乡总会会长李新城、巴西福建世界青年联合会会长林方耀、巴西江西同乡会会长林凯轩都发动各自侨团，动员筹集资金，支持李少玉竞选。吉林商会会长于明杰开完会后，驱车两个小时带来筹集款，巴西湖南商会虽还没有正式成立，但会长綦湘柏将筹集来的巴币交给了李少玉女士参与竞选。竞选工作是艰辛的，李少玉虽然在圣保罗花园酒店旁设立竞选办公室，对自己的竞选活动做出周密安排。据她说，这次竞选她在巴西计划跑 80 个中小城市进行宣传。[1] 在历经数月的不懈努力后，李少玉虽然在这次选举中没有当选，但她敢为人先、敢于担当的精神是难能可贵的。更有意义的是，整个助选全程充分地体现了广大侨胞的凝聚力以及协调一致、众志成城的精神。在华人参政的漫长征程中，不应计较一次两次的竞选失败，不应以成败论英雄。参政经验不仅是属于参政者自己的，也属于其他台前幕后支持他参政的华侨华人，属于所有华侨华人。一个参政华人的背后，站立着成千上万的华侨华人同胞。

今天巴西华侨华人的力量已比过去强大。除了部分有选举权的华人不愿意参加投票外，华侨华人群体投票率低的一个原因，在于极大一部分人只有居留权而没有选举权。改变这种情况需要时间，也许再过若干年，等巴西出生的华人后代长大了，就可以进一步增强巴西华人的政治力量。目前，华侨华人社会仍处在大规模进入巴西后的头一个 20 年。父母一辈没有入籍，即没有选举权，但出生在巴西的子女长大后就会有选举权。再过 20 年，华裔有选举权的就会有几十万。所以，巴西华人参政的一个长远目标是如何引导、凝聚这些即将长大的下一代关心政治、关心华人利益。深入开展华文教育、积极举办华裔青少年联谊活动，以及消除上一辈华人与下一辈华裔之间的代沟，或许更重要。

---

① 据巴西侨胞提供资料，2018 年 12 月。

二、巴西华人政治参与对华社的积极成效

过去华侨华人的参政积极性往往不高，原因是没有看到参政可以给自己带来直接的实际利益。即使能够看得见这种利益，也感到无能为力，因为过去华人要成为居住国政坛上的一员，简直难于上青天。尽管有个别华人走上了政坛，但由于华人是少数族裔，整个华人族群在居住国没有多少实力和地位，同时也由于受到各种各样的有形无形束缚，他们在政坛很难为自己的同胞发声或办事。所以，华侨华人的参政积极性不高，有时甚至持抵制态度，也并非事出无因。

这种情况到了现代已越来越少了。华侨华人经济地位逐渐提高，他们对提高自身政治地位也有越来越强烈的诉求。但是，即使一个民族已是经济上的巨人，也不会有其他民族自动地将政治地位向巨人相赠。巴西是个典型的移民国家，不同的移民族群多。每一个移民民族在政坛上的代表都忙着为自己民族说话，不可能顾上别的民族（包括中华民族）。华侨华人要在政坛上发声，捍卫自身权益，不能指望别人，只能靠自己争取。也只有在政坛上有尽可能多的自己民族的代表，才有机会与别的民族一起建立捍卫共同利益的政治联盟。

严格来说，参政是"华人"的事情，之所以与"华侨"联系在一起，是因为华人与华侨本来就是一个不可分割的群体，华人的利益也就是华侨的利益，华人在居住地得到的好处同样会惠及华侨。两者最主要的区别在于，华侨没有投票权，只有华人有投票权。但华侨可以做投票之外的事情，例如参政过程中的动员、拉票和助选等等。但就华侨华人内部来看，华侨没有投票权容易造成华人参政的一个弊端：一些华侨没有积极性，或者积极性明显比华人低。在巴西，这种情况尤为明显。由于入籍的新移民比例不高，因此直接影响到华人在居住地的参政。但这一弊端是可以通过政治动员来克服的。

巫佰禧等人能够登上巴西的议事殿堂，成为华人参政的标志人物，固然首先得益于他们本人的热情与才智，但离不开华侨华人和所属党派的推举和支持。巫佰禧在担任圣保罗市议员 6 年中，先后提出了 158 项议案，其中 55 项议案获得通过并颁发实施，成为圣保罗市议会里提案和通过提案最多的市议员，他还为华社积极排忧解难，得到了侨界的认可。2006 年当选为国会议员后，2007 年正式在众议院提出了大赦各国滞留在巴西的非法移民的议案。这项提案（即"1664号议案"）惠及包括许多华人在内的 4 万多名非法移民。[①]

巫佰禧的"大赦"提案在 2009 年付诸实施。据巫佰禧说，他在被选上众议

---

① 密素敏：《试析巴西华侨华人的社会融入特点与挑战》，《南洋问题研究》2015 年第 2 期。

员之后，就一直关注弱势族群，尤其是滞留在巴西的包括许多华侨华人同胞在内的"非正常移民"的生活。他了解到许多人因为没有合法身份而享受不到合法权益的现状后，经认真准备，于 2007 年在众议院正式提出了对各国滞留在巴的"非正常移民"实施"大赦"的议案（笔者注：原议案使用的概念是"非法移民"）。议案提出后，仅在众议院和参议院的讨论就达几十次之多，既有广泛支持，也遭部分势力反对，其间曾被反复修改和搁置。巫佰禧利用自己在政界和警界的关系，并在众议院和参议院做了大量卓有成效的工作，终于取得成功。

在"以总统颁布临时法令方式"改为"参众两院正式讨论通过后由总统签署颁布方式"的政治技巧选择上，反映了巫佰禧作为华人政治家的智慧。当支持和反对双方成胶着状态时，有人提出以前一方式解决争执，巫佰禧表示坚决反对。他知道，根据巴西法律，若总统颁布临时法令，只要在 45 天内有议员联署反对，这个法令就不可能执行。所以他力主后一方式，以使"大赦"议案成为无人可以抵制的法律，结果他成功了。此外，入境日原定为 2009 年 2 月 1 日，后被提前到 2008 年 10 月 1 日，但由于巫佰禧的推动，再次回归到 2009 年 2 月 1 日；申诉期限则由原来的 15 天改成 60 天。后一点特别显示出巫佰禧对华侨华人的善意，因为对于华侨华人来说，中国离巴西太遥远，一旦证件出现问题需要申诉，15 天时间是远远不够的。[①] 2009 年 7 月 2 日，卢拉总统在"大赦"议案上正式签字。巫佰禧两年多来的不懈坚持获得了成功。"大赦"议案的通过，使包括华侨在内的上万名外国"非法移民"获得了合法身份。巴西"大赦"议案表明，华人参政不仅可以使华侨华人在政坛上有自己的代言人，还可以用自己的政治智慧维护华侨华人的合法权益。巫佰禧还促成巴西成立"巴中友好小组"，进一步推进了中巴高层友好往来和两国经济科技文化领域的交流与合作。

巴西华人参政的另一宗成功事例是"移民委员会"的成立。随着经济全球化的发展和跨国人员流动日趋频繁，巴西的移民政策出现了较大转变。其中，巴西新移民法的公布是一个重要标志。按照新移民法，外籍非法入境的移民和难民，由过去的国家安全问题转变为人权问题。于是，当玻利维亚、尼日利亚、埃及、海地、叙利亚和委内瑞拉的大批移民或难民进入巴西时，政府没有采取粗暴的排斥、驱赶态度，而是积极为他们提供基本生活设施和工作机会。

在此形势下，巴西圣保罗华侨华人根据圣保罗市 2016 年的"16.478 号法律"成立了移民委员会。这是一个政治协商机构，隶属于圣保罗人权和公民权厅，主要工作是协助政府制定、实施、监督和评估与移民相关的政策和法律。圣

---

① 《巴西华裔议员释大赦法案成案经过：曾陷胶着状态》，中国新闻网（据《南美侨报》、巴西侨网报道），2009 年 7 月 8 日。

保罗是巴西第一个成立相关组织的城市。移民委员会由市政府 8 个单位（人权和公民权厅、区政府、文化厅、发展就业和创业厅、社会发展和援助厅、教育厅、住房厅、卫生厅）及 8 名社会人士组成。移民委员会根据移民的具体需求成立不同的工作小组开展工作，每月召开一次例会，提出、讨论、通过相关的建议和方案。① 汤巍律师参选圣保罗市移民委员会，并以票数第一当选。此事很好地诠释了华侨华人团结一致、众志成城的意义。

　　一般情况下，参政可以看作海外华人融入当地社会的重要表现和途径之一。华人来到巴西已经有 200 年的历史。事实上，已经有华裔进入巴西上层，担任过圣保罗市议会主席、警局局长、巴西军队将军等高级职务，在巴西社会广有影响。但总的来说，还没有达到应有的程度，特别是华人积极、主动参政的自觉性明显不足。就全国范围来说，巴西政坛上已经出现了华人的面孔，华人参政的积极性也在逐步提高中。

　　华人积极参与当地政治，有利于维护他们作为少数族裔的权益，还因为不可改变的血缘关系，在参政后可以充当政治、经济、社会和文化事务的"月老"，一边牵着居住国，一边牵着祖籍国，为发展两国间的关系大显身手。在此情况下，他们的能力得到发挥，他们的价值也得到提升。拉美地区的华人参政是一个明显弱项。虽然巴西华人的政治影响力与过去相比有了显著增强，但与其他少数族裔如非裔、欧裔、日裔相比，华侨华人的力量还是有限的。要使华人参政的水平达到更高的高度，可能需要几代人的努力。问题是，华人不能坐等几代后才去考虑参政，从现在起就应该通过一步一个脚印的努力，逐渐积蓄力量，逐渐提高水平。

　　培养热心参政的新一代华人是个十分重要的问题。在巴西，第一代移居当地的新移民华人从政的确很难。除了价值、观念等原因外，影响他们参与政治的另一个重要因素，是他们普遍年龄较大，由于多在祖籍国长大，语言、文化上与居住国存在着较大差异，对当地政治制度缺乏了解，兴趣点上也与主流社会不一致。所以，热心参政的新一代华人需要高素质化和年轻化。第二、三代以后的华人是充满希望的一代，他们要作为居住地多元文化的积极参与者，全面参与和融入主流社会，争取和利用居住地的社会、文化和政治资源，这是实现成功参政的重要基础。华侨华人能做到安分守己，洁身自爱，默默耕耘，无私奉献，不讲索取。虽然如此，华侨华人却也时常受到不平等待遇，他们对当地社会的贡献和付出并未得到应有的认同。究其个中原因，主要是缺乏有组织的政治背景。当然，巴西各级政府与华侨华人社会维持着稳定融洽的关系，欺凌华侨华人的不屑之辈是少数。但如果华侨华人受到欺凌而只作"沉默的羔羊"，不仅不屑之辈幸灾乐

---

① 据圣保罗华助中心：《圣保罗移民委员会选举介绍——汤巍》，2018 年 6 月 9 日。

祸，为之得意，其他一些民众也可能会受到蒙骗。华侨华人越来越认识到，一个外来移民民族要赢得共同的荣耀，必然要靠本民族所有成员同心协力，不能只靠某一个人或一小部分人的努力。推选出同胞当代表，以行动证明华人团结起来的力量才是正道。

华侨华人积极参与居住国的政治活动，是华侨华人社会发展成熟的必然过程，也是华侨华人积极融入拉美社会的显著标志。但是，鉴于华人已经具有居住国公民的身份，华人的政治参与对于中国与华人居住国关系的发展会产生积极的影响。对此，应有理性的看法。华人通过参政在居住国占得一些席位后，在不违背居住国和当地民族整体利益的前提下，为自己的同胞服务，包括恰如其分地为同胞们争取一些相对优先的利益，是可以理解的，也无可厚非。一般来说，华人政治参与可能会出现三种基本结果：一是导致"去华化"，这是因为，一些华人在实现政治参与后，会有意识地淡化甚至是完全去除掉自身的华人色彩。在政治上的表现，就是不维护华侨华人的合法权益，不去调和当地人与华侨华人之间的矛盾与冲突。更有甚者，为了维护自己的政治权益，还会刻意与华侨华人作对。二是导致"模糊化"，即有意隐瞒自己的华人身份，以非主流的少数民族身份参政，当出现华侨华人与当地民族利益冲突时，会着意躲避，不轻易表态。三是导致"华族化"，即华人在实现政治参与后，以广义的华族身份维护华侨华人的合法权益，致力于实现居住国多元民族的和谐。同时，通过自己的努力来加强居住国与中国的关系。据笔者理解，上述三种结果中，第一、二种结果在北美国家中更明显一些，第三种结果在拉美国家中更突出一些。无疑第三种华人参政结果是所有华侨华人所企盼和渴望的。一个在巴西政坛上的华人，能够树立为居住地的华侨华人同胞服务的意识固然重要，但应清楚看到，华侨华人不是参政者的唯一服务对象，也不是他们参政的唯一目的。华人在巴西政坛是为生活在这个国家中的所有民众服务的，这是华人参政的首要条件。

巴西华侨华人通过各种各样的渠道积聚参政条件的过程已在悄无声息地进行。他们积极融入当地，注重以回馈当地社会等方式改善与当地民族的关系，同时提高华人的知名度，就是十分重要的参政铺垫工作。不少华侨华人社团懂得尽其所能，以开展慈善捐献等方式增进与当地民族的关系，是一个良好发展趋势。当然就整体而言，巴西华侨华人在融入社会，特别是进入巴西上层社会上，仍然存在一定的障碍，原因一方面是华侨华人自身生活交流圈子相对封闭，另一方面是巴西民众对中国文化还不了解。这需要一个改变的过程。

第二节　巴西华侨华人的民间外交

一、"中国移民日"等友华节日的设立

中国与巴西相隔万水千山，过去两国虽然在历史上通过移民等渠道存在着接触，但官方往来却一直缺位。官、民两个层面齐头并进地开展正常往来，还是1974年两国建交后的事。中国前驻巴西大使曾用一句俗语形容中巴建交与随后两国关系的发展，即有点"先结婚，后恋爱"的味道。婚结了，证领了，但是双方还有一个相互了解的过程，这差不多有10年之久。当时中国改革开放还没开始，巴方则还处在军政府向文人政府过渡的时期。直到20世纪90年代，中巴关系开始高速发展，但还不够快。真正快起来是2003年以后，两国关系突飞猛进，今天中国已经超过美国成为巴西第一大贸易伙伴。2018年双方贸易额超过1 000亿美元，而在1974年两国贸易总额只有1 740万美元。也就是说，2018年一年的贸易额等于过去十几年的贸易总额。这是一般人想象不到的。[①]

1988年，巴西总统萨尔内访华时曾与邓小平会晤，两人一致表示同意要将21世纪变为中国与包括巴西在内的拉美国家友好的世纪。这个设想正在一步步变成现实。21世纪第一个10年中，出现了"金砖五国"的概念，用以指经济增长较为迅速的五个新兴经济体（国家），巴西和中国是其中两国。这个概念已为国际社会所普遍接受，也奠定了巴西的国际地位。

巴西华侨华人在居住地地位提高的强烈显示，莫过于"中国移民日"的设立。这也标志着巴西华侨华人的成功及其对当地社会的贡献得到巴西政府的重视和认可。早在1992年，当时为纪念第一批华人移居巴西180周年，圣保罗议会特通过决议，将每年的10月7日定为"中国移民日"。同时，巴西政府还对华侨华人的历史贡献做出表彰。

2012年是华人抵达巴西200周年的大庆年。在2012年农历新年来临之际，巴西总统卢拉和时任总统罗塞夫，还有巴西前总统参议院议长萨尔内、总统府秘书长卡瓦略和科技部部长梅尔卡丹特等巴西政要给顾杭沪发来春节贺信，向巴西的华侨华人转达春节祝福。[②] 2012年12月10日，巴西国会参议院在首都巴西利

---

① 《专访前驻巴西大使陈笃庆：中国是巴西值得信赖的伙伴》，人民网，2019年10月22日。
② 《巴西总统及多名政要向巴西华人华侨祝贺春节》，新华网（据巴西侨网报道），2012年1月21日。

亚举行特别大会，隆重纪念华人移民巴西 200 周年。国会主席、参议院议长萨尔内，参议院巴中友好议员小组主席里贝罗参议员、众议院巴中友好议员小组主席奥斯玛尔众议员，中国驻巴西大使李金章出席了大会，并在大会上致辞。巴西各地的华侨华人领袖等 100 多人出席了纪念大会。各政要的讲话都高度评价了中国移民在巴西社会中的地位和作用，盛赞华人勤劳、质朴和智慧，与巴西人民和睦相处，为建设美丽的巴西做出了卓越贡献。在纪念大会上，还举行了巴西国家邮政局为纪念华人移民巴西 200 周年而特意制作发行的一枚中国农历年邮票的首发仪式。此前的 11 月 29 日，作为巴西乃至南美最著名大学的圣保罗大学也举办了华人移民巴西 200 周年庆祝活动。①

为了纪念和庆祝这一重大事件，巴西华侨华人社团、各界知名人士组成了"华人移民巴西 200 年系列纪念活动组织委员会"，开展了一系列形式多样、内容丰富、规模浩大的纪念庆祝活动，希望以此缅怀先侨在巴西生活的历程，展现中华优秀文化，进一步增进中巴两国人民的友谊。② 2012 年 4 月，巴西《南美侨报》编印了一册图文并茂、装帧精美的《华人移民巴西二百周年纪念特刊》，得到了中国驻圣保罗总领事馆的大力支持。总领事孙荣茂、副总领事胡英等多次与编委会人员开会，共同研究特刊文章的征集、采编、设计、编排及印刷等工作，并在短短几个月内使这本图文并茂、装帧精美的特刊面世。大使李金章为特刊作序，并出席出版发行仪式。③

为了纪念华人先辈以及表彰华人的贡献，圣保罗市议会副议长埃迪尔·萨莱斯（Edir Sales）女士于 2017 年（也可能是 2016 年）提议在圣保罗市立法设立"中国移民日"（Dia Nacional da Imigração Chinesa）。④ 她列举了移民巴西的中国人为中巴友谊所做的贡献，希望通过设立"中国移民日"，更进一步加强中巴两国的友好关系，推动中巴文化和经贸交流。

埃迪尔·萨莱斯关于"中国移民日"的提案归因于这位女副议长的中国缘，起因于她应邀参加巴西中华妇女联合会 10 周年庆典。从那以后，她就爱上了中国和中华文化，后受聘为巴西北京文化交流协会荣誉会长。然而，要将这一提案

---

① 据巴西媒体报道，2019 年 6 月 19 日公布的最新全球最好 1 000 家大学排行榜报告（QS University Ranking 2020）显示，巴西排名最靠前的圣保罗联邦公立大学（USP）排名第 116 位。

② 《巴西国会参议院隆重纪念华人移民巴西 200 周年》，中华人民共和国中央人民政府门户网站，2012 年 12 月 11 日。

③ 《华人移民巴西二百周年纪念特刊问世将发行》，巴西侨网，2013 年 4 月 5 日。

④ 埃迪尔·萨莱斯选择 8 月 15 日，是基于 1900 年 8 月 15 日圣保罗州庄园主招聘的 107 名中国劳工抵达圣保罗的事实。以此作为"中国移民日"的依据是不妥的，但埃迪尔·萨莱斯不是专门研究中国移民问题的历史学家，设立"中国移民日"的目的也不是研究历史，因此，埃迪尔·萨莱斯这一提议丝毫不影响她对中国的友好情谊。

变成全国性法令，还需要国会的批准。在这方面，还要归功于巴西众议员、巴中议员阵线主席福斯特·皮纳托（Fausto Pinato）。他在 2017 年 8 月 9 日向巴西众议院正式递交了该提案，并指出："设立中国移民纪念日，是对中国侨民的认可，他们帮助我们的国家书写历史，也将继续把历史书写下去。"[1] 2017 年 8 月 16 日晚，这一盼望已久的提案终于在圣保罗市议会获得通过。之后，巴西众议院、参议院也先后通过，巴西总统特梅尔在 2018 年 6 月 26 日正式签署法令，规定每年8 月 15 日为巴西全国性"中国移民日"。2018 年 7 月 26 日，中国国家主席习近平会见出席金砖约翰内斯堡峰会的特梅尔总统时，对巴西设立"中国移民日"表示高度赞赏，认为这体现了巴西各界对发展中巴关系的高度重视。此后每年的"中国移民日"，华侨华人团体和巴西相关部门都举办庆祝纪念活动。

多少年来，矗立于里约热内卢市蒂茹卡国家公园的中国亭，就是当时为来巴的茶农修建的。2019 年 6 月 18 日，在巴西里约热内卢市中心地段的 Tijuca 区的里约华人联谊会门前，"中国人公园"正式破土动工。这是"中国移民日"设立后巴西华侨华人又一盛事。整个公园施工面积达 5 470 多平方米，实用面积为2 800 多平方米。里约市市长 Warcelo Crivella 亲临现场参加开工典礼，发表演讲并剪彩。他高度评价了中国丰富多彩的文化遗产，表示他本人也很喜欢中国文化，希望巴西人民和中国人民世代友好下去。里约老华侨季福仁代表里约侨胞在"中国人公园"开工典礼上致辞："在巴西多年，亲身体会到巴西人民的热情友好，这是中巴人民友好交往的支柱。"[2]

继"中国移民日"后，中国传统节日中秋节也成了圣保罗市的重要节日，进一步提升了华侨华人在圣保罗的社会地位和影响力。该议案经过中巴文化交流中心（Ibrachina）主席罗士豪的努力，由市议员 Adriana Ramalho 提出，于 2019年 10 月 14 日获得圣保罗市议会表决通过，并由市议长 Eduardo Tuma 签署实施。该议案规定，每年 9 月至 10 月的某一天是圣保罗的中秋节。这一天，中国侨民可以举办各种庆祝活动展示中国传统文化，并以各种联谊形式与圣保罗市民一起欢度中国的阖家团圆日。[3]

二、巴西华侨华人精英与中巴民间外交

对于生活在海外的华侨华人来说，地缘和乡情的关系所形成的渠道甚至比在

---

[1]　《巴西议员提案设立"中国移民日"》，中国网，2017 年 8 月 16 日。

[2]　《里约"中国人公园"开工典礼市长剪彩致词》，青田网、巴西侨网，2019 年 6 月 19 日。

[3]　《罗士豪：圣保罗市议会通过"中秋日"法案》，巴西侨网，2019 年 12 月 5 日。

国内更重要。乡情可以说是最重要、最有成效的沟通渠道。华侨华人与祖（籍）国有着剪不断、割不开的亲情、乡情。无论移民时间长短，无论距离远近，也无论身份如何，他们对中国的眷恋和与中国的联系是不可割断的，实际上也从未割断过。华侨华人到了国外，在祖（籍）国与居住国之间，在华侨华人社会与当地民族之间，融进了居住国和国际社会的元素，形成新的现代化的"人际"关系。表现在将建立良好人缘关系的传统思维方法在居住国成功演绎，与众多国家政要或其他公职人员建立接触，并经过不断的主观努力，培养良好的人际关系，从而为华侨华人在居住国立住脚跟，拓展事业，甚至融入社会提供便利。下文以老侨项师橐，新侨林长朝、顾杭沪等人为中巴友谊铺路搭桥的事迹为例阐述。

项师橐（1904—1987），浙江省青田县阜山乡人。作为老一辈华人，他所生活的时代是华侨华人历史上的传统移民时代。1929 年，项师橐抵达巴西定居里约热内卢，初以"提包"为业，售卖台布等小商品。由于他为人笃诚厚道，广受客户信赖。他的客户群中有一位是时任巴西国会议员维拉西科的夫人。20 世纪 40 年代初，维拉西科因不满巴西政府的政事而被关押，家庭经济拮据，连孩子的学费也无法解决。项师橐此时全然不知维拉西科的身份，在得知他家庭经济拮据的情况后，即慷慨解囊相助，借给维拉西科夫人 1 万多元雷亚尔（其时折价2 000 多美元），此后还经常看望和照顾她。多年后，维拉西科获释，其妻告诉他长期以来全亏一个拎"提包"的中国人照顾、所欠借款尚未归还的实情，维拉西科大为感动，立即请项师橐来家中做客，设宴致谢，项师橐这才知道维拉西科的"庐山真面目"。从此，两人意气相投，结为知己。[①] 不久维拉西科复职。到 20 世纪 50 年代，维拉西科任巴西中央政府农业部部长。他在任内以其与中国人友好交往的亲身经历，影响了时任巴西总统的若昂·古拉特的对华政策。[②]1961 年 8 月，若昂·古拉特应毛泽东的邀请率团访问中国，成为第一个访问中国的拉美国家重要领导人，开启了中巴友好关系的历史篇章。

林长朝有着两次跨越大洋的不凡经历：第一次是作为印尼归侨跨越了南海回到祖国。他 1932 年出生在荷属殖民地印度尼西亚东部马鲁古群岛首府安汶，曾就读于巴城中学，1952 年回到中国，曾在外文出版局从事印尼文翻译工作，两年后考上了北京石油学院，毕业后留校任助教，不久后又来到国家在四川南充市创办的四川石油学院。1962 年，由于年老的父母举家回到中国并定居在福州，林长朝又申请回到祖籍地福州，在福州最大的化工厂担任技术员。第二次是趁着

---

① 根据丽水学院谢林森教授主持的"浙江华侨华人与民间外交研究"课题组调研资料整理，转引自张祥熙：《拉美华侨华人及其在中拉关系发展中的作用》，厦门大学博士学位论文，2019 年。

② 《青田华侨史》编纂委员会编：《青田华侨史》，杭州：浙江人民出版社，2011 年，第 326 页。

中国改革开放后巴西引进专业技术人才的机会，从中国跨越大西洋来到巴西。那是 1986 年，林长朝带着全家 4 口（包括同是印尼归侨、于 1964 年结婚的太太李妙娜）来到巴西坎皮纳斯市定居，在一家跨国公司担任机械设计师。虽然来到巴西，但林长朝心里总是烙着深深的"中国印"。1991 年元月的一天，他收到了一封福州市外事办秘书的信函，希望林长朝夫妇二人能为福州市和坎皮纳斯市结为友好城市而牵线搭桥。他将之视为一生中为祖籍国贡献力量的一次重要机会。但促成两市结成友好城市并非易事。于是，他们俩不断找坎皮纳斯市政府和议会，为此足足花了 5 年时间，终于在 1996 年 4 月经该市议会批准、5 月由该市市长签署法律文件，认同坎福两市结为友好城市。很多年后，他回忆说，作为巴西一个普通人，能促成两个相隔千山万水的国家的两个城市结友，是一辈子的荣幸。1996 年，时任福建省委副书记、福州市委书记习近平率团来访。林长朝一家陪同代表团在坎皮纳斯市考察了当地农业、科技、文化等产业的发展情况，并看望了当地华侨华人。自那以后，他又陆续接待了来自中国的十几个访问团，还带巴西中医学习团访问中国。林长朝也十分关心巴西当地华侨华人社会的团结进步，他受聘担任了 7 个社团的名誉会长和顾问。2004 年，在中巴建交 30 周年之际，林长朝夫妇双双荣获坎皮纳斯市"荣誉市民"称号。这是该市首次授予中国移民这一光荣称号。林长朝夫妇俩还坚持不懈，经 30 年的耕耘，编辑了《巴西中国俗语谚语对照词汇》一书，于 2015 年出版，搭建了一座中巴文化交流的桥梁。[1]

担任巴西利亚华人协会会长的顾杭沪生于 1950 年 10 月，因其生于父母从杭州前往上海的路上，故取名为杭沪。他出生于中医世家，从小喜欢医术，跟着他外祖母学习中医，少年时期的他就可以为他人做一些简单的治疗。出国前，他曾在上海市委党校医务室任中医针灸医师，也曾担任过上海市交通大学康复中心主任，在中医针灸方面已有很高造诣。20 世纪 80 年代，一位前来求医的巴西华侨在顾杭沪的治疗下病情得以痊愈，因为仰慕顾杭沪的医术而邀请他去巴西发展。在这位华侨的帮助下，1987 年，顾杭沪来到巴西利亚，找了临街的四间小屋充当接待室、诊室和卧室，开始了在异乡打拼的历程。刚到巴西的他，英文不是很好，更别说葡萄牙文了，加上没有什么钱，所以只能在当地华人的诊所里打工。桃李无言，下自成蹊，由于顾杭沪医术精湛，虽然语言上有些障碍，但经他治愈的病人却不少，再通过人们口耳相传，他的病人越来越多。当时来找他就诊的病人多数都是经济条件较好、文化层次较高的。只有这样的人，才有机会在书中读到过中医针灸，并能够接受和相信。顾杭沪因此认识了当时巴西最高法院的法官

---

[1] 据林长朝口述，陈芝、林小宇撰文：《归侨故事·万水千山》，《福建侨报》，2018 年 4 月 28 日。

西里欧·席尔瓦（Celio Silva）。在这位法官的帮助下，中医针灸被暂时列入劳工法里，顾杭沪也就得到了开诊所的许可。之后，通过这位大法官的介绍，顾杭沪结识了当时的巴西总统若泽·萨尔内、副总统伊塔马尔·佛朗哥和财政部部长费尔南多·恩里克·卡多佐等政府高官。这些人也曾都是他的病人。2003年，顾杭沪通过电视收看巴西总统卢拉的就职典礼，并发现这位总统患有肩周炎。这本身就是一项特别技能，此后的媒体报道证实了他的观察。实际上那时卢拉患肩周炎已有20年，周围的西医一致建议他进行手术治疗，但顾杭沪却很有信心通过针灸就能治愈卢拉的肩周炎。顾杭沪曾经的几位病人是卢拉的政界及军方的朋友，也极力向卢拉推荐顾杭沪。果不其然，在顾杭沪的精心治疗下，经过短短三个疗程，卢拉的肩周炎疼痛大大减轻。此后，顾杭沪成了卢拉的私人保健医生，并彻底治愈了卢拉的肩周炎。[1] 后来，顾杭沪又成为巴西女总统罗塞夫的保健医生。据说经卢拉推荐，政府里的多位部长也请顾杭沪看病或进行中医保健治疗。自然，顾杭沪和卢拉之间的友谊随着肩周炎的治愈而诞生，友谊也不知不觉地产生奇迹。巴西总统有两次访华都带上了顾杭沪，并受到时任中国国家主席胡锦涛的亲切接见。不仅如此，在卢拉的8年任期之内，顾杭沪也通过自己的努力，促成和接待了多位中国领导人访问巴西，在促进中巴关系的发展方面做出了连他自己也想不到的极大贡献。此外，顾杭沪精湛的医术和高尚的医德，加上病人们口口相传，治愈卢拉几十年顽疾的消息传遍了全巴西，在巴西迅速掀起了一股中医热。

卢拉曾经多次偕夫人到顾杭沪家做客。2005年3月27日是顾杭沪小儿子的生日，卢拉特地在总统府为顾杭沪的小儿子举办生日庆祝会。一国总统为一个中国家庭过生日，在巴西500年历史上从未有过。2013年10月8日晚，罗塞夫亲临顾杭沪家中，向顾杭沪祝贺生日。[2] 顾杭沪与总统的交往，不仅增进了他们个人之间的情谊，也增进了中巴两国人民的了解和友谊。卢拉从与顾杭沪交谈中，更多地了解了中国，了解了巴西华侨华人的情况。顾杭沪全家都加入了巴西籍。他的家位于巴西利亚北湖区一幢别墅里，但家中的布置陈设还保留着浓浓的中国特色。

顾杭沪对全巴西华侨华人所做的一件重要事情是通过总统对中国春节进行推介。2006年春节前，顾杭沪想到巴西有几十万华侨华人，一些华裔已经开始在巴西的政界和商界崭露头角，而春节又是中国人最为重视的节日。于是，顾杭沪提出请总统卢拉为中国新年发表致辞的想法，立刻得到卢拉的赞同。此后，卢拉

---

① 有关顾杭沪的详细情况可参见顾宙骧：《我的父亲——总统保健中医顾杭沪》，巴西侨网。
② 张卫中：《罗塞夫总统向顾杭沪医生祝贺生日》，《南美侨报》，2013年10月24日。

在总统任职期间，每逢中国春节到来之际，都会发表新年致辞，向在巴西的华侨华人致以节日问候。

在很多情况下，华侨华人要顺利地经营与居住国政要或其他公职人员之间的人际关系，需要有一个前提，就是所从事的职业能为此提供便利，或提供资金襄助。更为重要的是，许多华侨华人，不管离开祖（籍）国多远，也不管离开多久，他们常怀赤子之心，不忘桑梓之情，利用与居住国政要或高官之间长期经营起来的人际关系，促进了中国与居住国之间的友好交往，也在无形中把自己编织在华侨华人、祖（籍）国和拉美侨居国三者之间的关系网络中。这张由三方网络所链接的纽带具有中国传统特色，但由于随着华侨华人的跨国迁移而嵌上了居住国特色和国际特色。

20世纪80年代开始，中国一些省市就陆续与拉美一些省市结成友好关系。湖北省有关领导也为与巴西建立友好省州做了不少尝试。周世秀是中国首批派赴巴西讲学的教师之一。后来他曾任中国驻巴西大使馆一等秘书、圣保罗孔子学院首任中方院长。1995年，周世秀当选为武汉市第八届政协委员。周世秀利用政协委员和学者的双重身份，将国家建设与学术研究有机地结合起来。他默默寻找可以与湖北"结好"的合适省州。周世秀利用在驻巴西大使馆从事经济调研的机会，广泛了解巴西各地经济发展情况。他以一等秘书身份调研，休息时间也不忘以学者的身份自主考察。2001年，他偶然结识了巴西第一大党劳工党副主席的父亲——一位对华友好的老教授，两人一见如故、相谈甚欢。得知这位老教授还是巴西农业强州南里奥格兰德州长的朋友后，周世秀便通过这层关系，花费大量时间精力，极力向南里奥格兰德州政府宣传与湖北建立友好省州关系。2002年11月，南里奥格兰德州长率领代表团访问湖北，两地终于结成友好省州，以此打开了湖北通向巴西的大门。此外，周世秀还在国外宣传武汉，为武汉市介绍了葡萄牙的阿维罗市、巴西的戈亚尼亚市等友好城市。退休后，他长驻巴西，继续为发展中巴两国关系努力。

一般来说，个人关系的经营难不倒当地华侨华人，因为华侨华人一般拥有当地人所没有但又不可或缺的"资源"。这包括华侨华人所从事的商业活动，无处不在的中餐馆、杂货店和超市、进出口贸易业，等等。以中医职业为例，华侨华人从医者通过为居住国政要治病，与其相识相知，并通过他们认识了更多的政要或公职人员，是十分正常的事情。再如，巴西华侨华人中餐馆的经营都颇具特色。那些规模较大、口味独特的中餐馆周末和节假日也会营业，并且经常宾客满座。许多国家的政要和公职人员都是这些餐馆的座上宾，经营餐馆的华侨华人往往也能够借此机会认识这些政要和公职人员，并进而培养起良好的人际关系。而华侨华人经营进出口贸易就更得直接面对居住国分管的官员，便于认识公职人员，实现个人接触，从而建立良好的人际关系。

一个国家的政府和当地主流社会对外来移民的形象认知，首先是看他们对当地经济发展和社会进步的贡献，包括社会正常运转情况下对当地城乡建设、外来企业对当地人的招工及其待遇、纳税和捐赠等多个方面，其中，慈善事业是一个十分重要的方面，尤其是作为主体的慈善发起人对有益于当地社会与人群的公益事业的直接捐赠，会发挥至关重要的作用，特别是捐赠者对社会中遇到灾难或不幸的人不求回报地实施救助的无私支持与奉献更容易取得当地民众和政府的信任。换言之，慈善事业是从慈爱和善意的道德层面出发，通过实际的自愿捐赠等行为和举动，既起着安老助孤、扶贫济困的作用，同时又起着梳理社会人际关系、缓解社会矛盾、稳定社会秩序的作用，综合体现了华侨华人作为一个外来移民民族的物质文明、制度文明与精神文明程度。这个问题在下一节还要具体谈及，这里只是总体上一提。

华侨华人与巴西当地机构间的关系更多地带有"公共关系"的性质。"公共关系"是指组织机构与公众环境之间的沟通与传播关系，通过传播手段使自己与公众之间形成双向交流，促进相互认识和理解，取得支持，改善形象，提高主体的知名度和美誉度，等等。同时，要顺利地开创国际市场，加强两国友好往来，在人文上就要互学互鉴，才能夯实政治上的真诚互信，减少合作共赢的阻力，在国际事务上密切协作。从上面的例子可以看出，"公共关系"的巴西一方参与者多是巴西的精英阶层。对于华侨华人来说，在巴西居住的时间长了，几十年来耳闻目睹，没有显在的种族问题发生，但和谐环境的长期存在不等于种族主义余毒已经"清零"。在一定的条件下，尤其在内外破坏性因素一起发酵的情况下，种族主义沉渣泛起甚至突然爆发，就不是不可想象的事，因此应保持警觉，居安思危，警钟长鸣。同时，要发扬中华民族的优良传统，平等待人，慈爱为怀，和睦相处，通过"公共关系"更好地消除隐患，更好地融入当地，共同开创美好的未来。

第三节　巴西华侨华人在当地社会的慈善事业

中国人自古以来崇文重道，崇尚礼义，倡导涓滴之恩，涌泉相报。在中国古代传统道德中，德莫大于仁和善。在慈善意义上的恤老慈幼、扶贫帮困，成了中国人约定俗成的道德规范。近代华侨出国后，将这一优良民族传统带到了居住地。当代新移民出国后，也继承了老一辈传统华人的慈善事业，将居住地和家乡的慈善事业向前推进。在物资捐助方面，巴西华侨华人的慈善事业主要集中在以下几点：一是为贫穷或遭到天灾人祸的居住地同胞排忧解难；二是为贫穷或遭受天灾人祸的居住地民族（包括主流民族和其他外来民族）居民提供力所能及的物质帮助；三是为祖（籍）国和家乡遭受特大不幸的同胞募捐救助；四是为世界上其他国家遭受特大自然灾害的人民提供募捐和人道主义帮助。由于华侨华人的慈善事业多是以群体的方式进行（最多的群体方式是以地缘社团的名义），故影响比较大。毋庸讳言，侨胞的慈善行为除了表达对祖国和同胞的同情关爱外，在很大程度上还有延续他们本人、本家族在其社团（社会）的权益和地位的寓意。这是无可厚非的。

一、中国大陆新老移民的慈善活动

（一）对特定对象（弱势群体）的慈善捐赠

举凡华侨华人对生老病死和资助归乡等需要济助的事件伸出援手都属于慈善行为。巴西华侨华人在居住地有做慈善的传统。最早的慈善事业都是针对在居住地鳏寡孤独、无依无靠的华侨同胞的。当时华侨华人在海外居住地谋生艰难，孤苦伶仃，贫弱无助，故慈善事业的涉及面很广。可以相信，巴西华侨华人的慈善事业从早年到今天是一以贯之的。他们早年在十分艰难的生存条件下开展慈善活动。那个时候的慈善行为很多是以个体的方式进行的。例如，周惠民是老一代青田人的楷模，在侨界中有"青田公"的雅号。他1929年来到里约热内卢，1980年病逝，一生正直、无私、善良。如有侨胞被抓，不管是不是青田人，他都设法保释。一次，他遇到一对无亲无故的外省籍夫妇，便把他们接到自己家里暂居。有"提包客"到他公司拿货，没钱的就赊账，等卖完了货再还钱。有的人实在还不了钱，他也从不强索货款。凡有侨胞有求于他，他经常"三赔"以待，即一赔生意（关上店门陪人办事），二赔车钱（自掏腰包打车），三赔饭费（留人在家吃饭）。①

就慈善捐赠的主要对象来说，是在非灾难发生时期华侨华人中的社会弱势群体；而在灾难（包括自然灾害、人为灾害和社会动乱等引起的人道主义灾难）发生的时候，主要是受灾华侨华人群体。随着华侨华人在当地立足及其与居住地民族关系的密切，以及与祖（籍）国和家乡的关系越来越紧密，慈善事业的主要对象则越来越多地转移到当地民族身上。同时，对祖（籍）国和家乡的慈善活动也越来越频繁，涉及领域越来越广，受惠人员越来越多。由于资料短缺的原因，下面主要对新移民时代巴西华侨华人的慈善事业做粗略概括。

1985 年，华侨华人创立了"巴西华侨慈善基金会"，初期的会长有张胜凯、李根涂、何添福三位（任职先后顺序不明）。可以肯定的是，该慈善基金会时常举行义卖活动，并一直坚持下来。而且，华侨慈善基金会每次义卖都有主题。例如，2007 年 8 月 26 日在圣保罗客家中心举行义卖会，共有 37 个华人社团、1 000 多位侨胞参加了义卖活动，共募得 5 万多巴币，全部捐给了巴西儿童癌症医院。巴西儿童癌症医院是一所私立慈善医院，该医院本着慈爱幼小的原则，对前往求诊的小病患全部免费治疗，深获巴西社会的认可。医院创办人之一的敏乔妮女士从事志工工作长达 34 年，在义卖当天，她代表医院对 37 个华人社团表达最高的敬意。② 华侨慈善基金会在此之前两个月曾参观过儿童癌症医院，十分敬佩医院的医疗团队以无私无我的精神提供人性化服务，于是决定伸出援手，乃有上述活动。

巴西特定的与弱势群体相关的节日（如儿童节）常常是华侨华人举行慈善活动的时候。华侨华人的慈善活动并不总是通过华人慈善组织进行的。很多时候，华人社团也担负起慈善的职责。以下是其中几个例子。

据悉，巴西闽商联合会、巴西福建同乡总会、巴西南美洲闽南同乡联谊总会、世界福建青年联会巴西分会、巴西湖北联谊会、巴西东北同乡总会、巴西五邑青年联合会、南美吉林商会等 8 个侨团对圣保罗公立医院的联合慈善捐助活动实行制度化，定期举办，轮流牵头。2018 年 8 月 7 日中午，由巴西闽商联合会会长朱明文倡议，牵头 8 个侨团举办了第一次活动。8 个侨团一起向圣保罗公立医院慈善基金会捐赠了一卡车食品和卫生品，包括大米 300 袋、黄豆 400 包、食用油 20 箱、食糖 300 包、食盐 100 包、牙膏 300 支、牙刷 300 支、咖啡 1 000 包及

---

① 袁一平：《华人移民巴西二百周年简史》，载《华人移民巴西 200 周年纪念特刊》，南美侨报社编印，第 4 页。

② 《回馈社会树立华人形象，巴西华侨举办慈善义卖会》，中国侨网（据巴西侨网报道），2007 年 8 月 31 日。

肥皂等。① 此举表达了旅居巴西华人对广大贫困患者与家人的爱心。

2018 年 10 月 12 日是巴西儿童节，为给累西腓儿童送去节日的祝福，10 月 10 日和 11 日，累西腓中巴工商外贸联合总会与第 19 警察局联合举办儿童节公益游园活动，累西腓华侨华人协会为累西腓癌症儿童救助中心（NACC）进行爱心捐赠活动。当地 1 300 多名儿童兴致勃勃地参加上述活动，领取华侨华人送来的礼物。他们一个个脸上绽放出幸福的笑容，度过了一次难忘的儿童节。中国驻累西腓总领馆总领事严宇清分别于 10 月 10 日和 11 日应邀出席了累西腓侨界儿童节慈善活动，与孩子们积极互动并分发礼物。累西腓第 19 警局局长保罗·马托斯中校，癌症儿童救助中心主任阿尔丽·佩德罗萨，累西腓中巴工商外贸联合总会会长陈忠，累西腓华侨华人协会会长卢功荣，中国驻累西腓总领馆副总领事尚思远、商务领事邵卫彤等也出席活动。②

也就在巴西儿童节的前夕，累西腓华侨华人协会发起"2018 来自中国的爱心——爱心成就未来"慈善捐献活动。10 月 11 日上午，华协将筹集捐献的 3 吨左右食品、营养品及玩具送到了累西腓的癌症儿童救助中心。该中心成立于 1985 年，是给贫困癌症儿童提供救助的私人性质的慈善机构。该中心资金全部由社会爱心人士、企业、单位赞助捐赠，除少数行政人员外，大部分人都是志愿者。现任主席阿尔丽·佩德罗萨就是志愿者。其时她担任中心主席已 22 年。华协会长卢功荣带领副会长及理监事等，会同总领事严宇清等总领事馆官员，与工作人员、小病号及陪同家长共同度过了愉快的下午。在场的小病号得到礼物非常高兴。③

2018 年 10 月 26 日晚，巴西闽南商会联合圣保罗华人社团 8 个侨团，向圣保罗最大的公立医院捐赠大米、食用油和日常生活用品。圣保罗州议会厅可容纳 200 人的议会大厅挤满了 300 多人，圣保罗市医院医护人员、警官、职员及圣保罗华侨华人聚集在一起，参加慈善捐赠颁奖仪式。有 150 多名巴西爱心人士和 30 多名华侨华人慈善捐赠者接受了圣保罗公立医院文化慈善协会颁发的荣誉证书。巴西圣保罗公立医院文化慈善协会负责人茹提妮亚（Rutinha）非常感谢中国移民的乐善好施。她说：我做慈善工作已有 44 年，感觉到中国移民非常有爱心。大厅响起的阵阵掌声是对慈善捐赠、爱心奉献者的最高奖励。④

---

① 颜景明：《圣保罗八侨团，慈善献爱心》，巴西焦点，2018 年 8 月 8 日。

② 《严宇清总领事出席累西腓侨界儿童节慈善活动》，中国驻累西腓总领馆网站（累西腓华侨华人协会供稿），2018 年 10 月 13 日。

③ 《驻累西腓总领事严宇清出席累西腓侨界儿童节慈善活动》，中国外交部网站（中国驻累西腓总领馆供稿），2018 年 10 月 13 日。

④ 李光明：《圣保罗公立医院文化慈善协会向爱心华人颁发荣誉证书》，巴西焦点，2018 年 10 月 26 日。

2018 年 12 月 20 日上午，巴西闽商联合会、巴西福建同乡总会、世界福建青年联会巴西分会、巴西中国经济贸易促进会、巴西中国大西南同乡总会、巴西青田慈善总会等 6 家侨团开着满载圣诞节玩具的车子来到圣保罗市公立医院，联合举行向圣保罗市公立医院住院儿童慈善捐助活动，表达华侨华人对患病儿童与家人圣诞节的祝贺慰问与关爱。他们一行在圣保罗公立医院文化慈善协会负责人茹提妮亚的引领下来到心脏病住院部，向住院的儿童们赠送了圣诞礼品，受到住院部负责人以及医护人员、病患儿童家长们的欢迎。[①]

2019 年 5 月 29 日上午，巴西闽商联合会、巴西福建同乡总会、世界福建青年联会巴西分会、巴西青田慈善总会、巴西东北同乡会、巴西中国经济贸易促进会、巴西南美洲闽南同乡联谊总会、巴西中国大西南同乡总会、巴西江苏同乡会、巴西河南同乡会、巴西湖南同乡会 11 个侨团的代表来到圣保罗公立医院文化慈善协会，联合捐赠了食品与卫生用品，以表达华侨华人对医院患者以及陪同家人的慰问和关爱。协会代表胡姬愉快地接受了救济物品。[②]

2019 年 10 月 3 日上午，巴西中华妇女联合会部分理监事在会长王学霞、监事长林筠及秘书长郭淑玲带领下来到圣保罗公立医院文化慈善协会，为医院里的贫困病人送来 45 大包成人纸尿布。这是巴西中华妇女联合会第三次向公立医院文化慈善协会赠送成人纸尿布（由巴西中华妇女联合会会员们捐赠的善款购买），以解决贫困病患的燃眉之急。医院文化慈善协会负责人茹提妮亚女士对此给予高度赞扬并表示衷心感谢。

（二）对当地自然灾害的赈灾活动

巴西华侨华人积极融入当地，注重以回馈当地社会等方式改善与当地民族的关系。比如，巴西华侨华人也懂得用自己的爱心和热心展示自己的公民心。

2011 年，巴西里约热内卢山区遭遇泥石流，巴西华人文化交流协会发起向灾区献爱心活动。许多当地华侨华人青年作为志愿者积极参与，很快就把两辆满载着包括大米、豆油、咖啡等在内的 1 000 多个"基本食品篮"和 2 400 瓶矿泉水的大货车开进了重灾区。据灾区工作人员介绍，这是他们接到的第一批来自外国侨民社团的捐助。[③]

2011 年 8 月初，圣保罗市议员、华人协会、巴西华侨慈善基金会对 Eldorado 城水灾的救助在巴西引起反响。Eldorado 城位于圣保罗州南部与巴拉那州交界，

---

① 《六华人侨团向公立医院住院病童赠圣诞礼品》，巴西侨网，2018 年 12 月 20 日。
② 《闽商联合会等 11 家侨团捐助公立医院慈善会》，《南美侨报》、巴西华人网，2019 年 5 月 30 日。
③ 《200 年沉浮：巴西华人的困扰》，《人民日报》（海外版），2012 年 3 月 2 日。

8 月初，该城连下了 72 小时的雨，邻近一条河上游的巴拉那州水库放水，淹城达 80%，水位最高时达到 13 米，整个城市一片混乱。8 月 9 日，圣保罗市议员、华人协会会长李少玉及其助理与巴西华侨慈善基金会会长刘国华、副会长斯碧瑶共同前往灾区勘察，见水势曾淹过一楼高，灾民损失惨重，故决定于 17 日向灾区发放食物篮及毛毯。17 日凌晨 4 时，他们一行与 16 位社团代表及义工，分乘两部中型车，以及装有基本食物篮、毛毯各 1 000 份的 3 辆厢型货柜车，自圣保罗出发，于早上 8 时之前抵达灾区。该市市长、社会福利处处长及军警等在城市入口处迎接车队。他们发放了带来的全部用品。随后，慈善队伍又兵分两路，至沿河 16 公里的 5 个小乡村去发放。每到一处，灾民均已井然有序地在树荫下列队等候。刘国华及李少玉大声向灾民问候，表达关怀。许多较年长、困苦之灾民，领到重逾 15 公斤的基本食物篮和毛毯后当场感动落泪。[①]

（三）对当地社会的慈善捐赠

老一辈华人对巴西当地社会的慈善活动有良好的传统。薛祖恒家族在巴西多次进行慈善捐资善举。例如，1981 年，以薛祖恒第四子约翰·薛（John Sieh，1938 年出生，建筑学家、企业家）和夫人简妮·薛为首的一批志愿者组织慈善团体"春天集团"（Grupo Primavera），他们起初在一个卫生站的一间小屋里，对坎市 São Marcos、Santa Mônica 和 Jardim Campineiro 三个小区贫困女孩进行文化、环保、就业培训。至 2015 年，已增加到 13 家大企业，其中有薛家两家公司、坎皮纳斯大学学生会以及一些学校。从 2002 年起，每年举办一次春天杯高尔夫球比赛，余款捐给春天集团做慈善活动。截至 2015 年，共对 1.1 万名孩子进行了职业培训。约翰·薛是春天集团的负责人，2014 年 10 月 11 日，薛祖恒夫妇基金会向薛氏最早两家工厂所在地主教区捐款 6 000 雷亚尔。薛家也在中国进行慈善捐赠活动。此外，2007 年，薛祖恒夫人玛丽娅去世前专程前往巴西薛家"显灵圣母圣地"新教堂（Capela do Batismo，洗礼教堂），向主教要求由薛家出资修建新教堂内艺术作品。该艺术作品于 2010 年 8 月 15 日揭幕，遗憾的是薛夫人未能亲眼见到这件瑰宝。2014 年 11 月 28 日，约翰·薛编辑、"显灵圣母圣地"教堂主教助理 Dom Darci José Nicioli 撰文描写薛家与新教堂艺术品渊源的新书《显灵圣母的宝物》在当地举行发行仪式（此书不对外发行），薛家 45 人出席了发行仪式；同年，捐资助建圣保罗市圣本笃中学游泳池和"学琳幼稚园"。[②] 多年来，

---

① 《巴西华人社团赴巴州洪水灾区献爱心，当地市长致谢》，中国新闻网（据南美侨报网消息），2011 年 8 月 22 日。

② 陈太荣、刘正勤编著：《中国江苏人移民巴西史》第二章第一节，北京：中国华侨出版社，2022 年。

薛国俊代表其父母薛祖恒和薛张慧琦在中国进行多项社会福利捐赠活动，不一一列举。

詹沛霖（名泽民，号沛霖，亦称詹沛源，1900—1991年）祖籍安徽徽州，祖上迁苏州经商。父亲詹世熙生于苏州，育有二男四女，詹沛霖排行第四。1948年11月蒋经国在上海打"老虎"，拘捕了上海金融界巨头60余人，中有詹沛霖。遭此一劫，又见时局无望，詹沛霖把国内产业交给大儿子詹家驹管理，旋率其余家人离开上海转往香港，后到英国、美国发展。后经人介绍，于1957年移居巴西圣保罗市。20世纪60年代，詹沛霖参与发起组织巴西中国佛教会和募资修建圣保罗弥陀寺。詹沛霖与张莼君于1919年结婚，育有三子（詹家驹、詹家骏和詹家骅）和二女（詹龙珠和詹明珠）。詹沛霖夫妇在世时自奉甚俭，离世前二位老人立下"所有家产不留子孙，全部用来做善事"的遗言。多年来，詹家人虽大多数身在海外，但他们始终坚持实践父亲的教诲，"财富来自社会，当慈善回报社会，此乃吾人义不容辞之责"，一直为家乡人做善事，爱心接力棒已传至第四代。①

新一代华侨华人在当地慈善活动方面也不落人后。远的不说，2017年12月29日早上，为了回馈累西腓当地社会，累西腓中巴工商外贸联合总会的各位理监事早早来到PATANAL-IBURA贫民区，将两天内所募得的物资存放在一个小民房。据中巴工商外贸联合总会会长陈忠说，中巴工商外贸联合总会倡导把送温暖、献爱心的慈善捐赠作为一项长期活动坚持下去，将之常态化，用诚心、真心、爱心为困难群众撑起一片蓝天，爱心善举，薪火相传。此次募捐活动的主要负责人、议员候选人Eliazer表达了对中巴工商外贸联合总会的感谢与赞赏，并安排发放物资。贫民窟居民们手握着商会成员早已准备好的纸条，整齐地排着队，有秩序地收着物资。看着他们满脸的笑容和开心的样子，中巴工商外贸联合总会的成员们倍感欣慰。②

2018年10月8日上午，时值圣保罗春季，天气忽冷忽热，阴雨绵绵。当巴西闽商联合会会长朱明文得知圣保罗公立医院有2 000户病患极其困难，生活日用品、食品紧缺的消息时，即联合巴西福建同乡总会、巴西南美洲闽南同乡联谊总会、世界福建青年联会巴西分会、巴西湖北联谊会、巴西东北同乡总会、巴西五邑青年联合会、南美吉林商会的理监事们，以及德馨双语学校校长魏万古，一起冒雨再次向圣保罗公立医院文化慈善协会捐助大量食品及生活日用品，包括大米300袋、黄豆400包、食用油30箱、食糖300包、食盐120包、牙膏300支、

---

① 陈太荣、刘正勤编著：《中国江苏人移民巴西史》第二章第一节，北京：中国华侨出版社，2022年。
② 《累西腓中巴工商外贸联合总会举行新年募捐活动》，《华人头条》巴西报道，2018年1月3日。

牙刷 300 支、咖啡 1 200 包、剃须刀 200 把及清洁洗涤用品、纸巾等，共可供 2 000 人使用一个月。本次活动意在帮助他们渡过难关，表达了旅居巴西华侨华人关心弱势群体、乐善好施的美德。他们一行受到协会负责人茹提尼亚女士及巴西民众的欢迎。巴西的 Clsudia Sales、Cabose Soldados 等媒体做了现场采访和报道，高度评价了华侨华人的义举。8 个侨团的负责人纷纷表示，作为生活在第二故乡巴西的中华儿女，华侨华人在融入当地的过程中，要懂得感恩回馈这片他们生活的土地，并表示对圣保罗公立医院进行慈善捐助今后将定期举办，让这项慈善活动能传递下去。[1]

巴西侨胞的慈善义捐义卖等活动收到了良好效果。例如，2018 年 8 月 12 日上午，圣保罗各界华侨华人在阿克里玛松公园隆重举行庆祝巴西"中国移民日"的活动暨 2018 年慈善捐赠仪式。中国驻圣保罗总领馆总领事陈佩洁、副总领事孙仁安，圣保罗州州长夫人、圣保罗州社会团结基金会主席露西亚·弗兰萨女士，巴西联邦众议员、国会巴中阵线主席皮纳托先生，圣保罗州国际关系局助理安娜·保拉女士，圣保罗各侨团代表，巴西 20 多名各慈善机构的代表，中巴媒体等参加了庆祝活动。在舞台附近的几个小帐篷里，中医针灸、书法、剪纸、中国画、中文等中华文化展示项目已经陆续布置停当。巴西华人协会会长朱苏忠和总领事陈佩洁将象征捐赠物资的"大支票"赠送给露西亚·弗兰萨女士。巴西华人协会会长朱苏忠和监事长刘皓向对华人做出积极贡献的巴西各界友人颁发了荣誉证书。露西亚·弗兰萨女士在答谢时表示，在今年圣保罗的寒冬中，华侨华人的馈赠无疑给圣保罗州 640 个城镇的弱势群体带来了温暖。24 个巴西慈善机构的代表纷纷登台，从 44 个华人社团代表手中接受了慈善捐赠物资。此次义捐活动，共购买了 10 200 个基本食品篮和 10 300 床毛毯。捐赠活动结束后，圣保罗华星和唐韵艺术团，德馨、天天、幼华、启智、天主堂、慈幼华文学校，各武术学校，巴西中华妇女联合会、巴西北京文化交流协会等表演了舞蹈、旗袍秀、腰鼓、太极扇、街舞、武术组合等节目。[2]

2018 年 11 月 17 日，在中国商会的组织下，多位侨领向卡福基金会捐献了大量爱心物品，积极参与由巴西著名球星卡福发起的义卖活动。据悉，卡福基金会的发起人卡福是世界级著名球星，常年来甘意义务为贫苦同胞服务，退役后，一直在联合国儿童基金会、巴西足协等机构担任亲善大使。他希望类似的社会项目能在全世界范围内展开，也希望将来能够在中国开展类似的慈善项目。卡福基金

---

[1] 《巴西闽商联合会联合七大社团再次向圣保罗公立医院捐赠物品》，巴西华人新闻，华人号，2018 年 10 月 9 日。

[2] 《圣保罗侨界隆重举行庆祝中国移民日活动》，巴西华人新闻，华人号，2018 年 8 月 13 日。

会每年都会发起义卖活动，邀请社会各界人士参与，共同为改善巴西贫困社区的生活而努力。作为卡福基金会的长期合作伙伴，中国商会已经连续 3 年参加了义卖活动，此外也以多种形式对该基金会发起的慈善活动进行支持。有了与中国商会的合作，卡福基金会也逐渐扩大了在巴西华侨华人中的影响力。①

2018 年 12 月 15 日，累西腓华侨华人协会连续 4 年举办"来自中国的爱心"圣诞慈善活动，向当地民众赠送 2 000 份、重量超过 20 吨的大礼包。这是累西腓华侨华人协会连续 4 年进行圣诞捐赠。是日，累西腓 IPUTINGA 场馆人声鼎沸，"中国、中国"的欢呼声不绝于耳。中国驻累西腓总领馆总领事严宇清、伯南布哥州议员吉列尔梅·儒尼奥尔、累西腓市议长爱德华多·马尔克斯、累西腓华侨华人协会会长卢功荣及侨界代表为大家派发礼物。②

热心慈善事业的个人侨胞也不少。例如江苏扬州籍侨胞陆跃军积极参加当地华人慈善捐献活动，回馈巴西社会。2016 年 12 月 13 日，圣保罗科教文化协会在圣州议会举行颁奖仪式，对 2016 年在文化艺术及社会慈善工作方面做出突出贡献者颁发了"公民文化功劳奖"，巴中慈善公益基金会会长黄河、常务副会长陆跃军等 22 名理事荣获颁奖。2017 年 2 月 23 日，巴中慈善公益基金总会向圣保罗公立医院文化慈善协会捐赠 5 车饮料、糖果、巧克力等食品，会长黄河、常务副会长陆跃军等 13 人参加。③

（四）对华侨华人中遭受不幸者的捐助

任何一个社会都有弱势群体，其中老人群体就是不可忽略的弱势群体。因此，老年慈善事业是不可或缺的组成部分，也是一个健全运行的社会的题中应有之义。这里且以"博爱园"为例，对巴西的华侨华人老年慈善事业作一个概略性的介绍。"博爱园"工程由巴西华人天主堂于 2007 年获圣保罗市政府批准兴建，用于华人养老事宜。整个批准过程经过了十多年的努力。据 2007 年的资料，巴西侨社 10 年前曾经有过老人院，院址在市中心的自由区，长年居住着十几位孤寡老人，后来老人院因发生火灾而被焚毁，只好将华人老人分送几家巴西人的慈善院。1992 年，侨领张明白向天主堂捐赠了兰卡休闲湖区一块一万多平方米的土地用于兴建老人院，建成后的老人院既可收养无家可归的老人，也可赡养那些子女无暇照看的老人。按设计，该园宽 120 米，长 140 米。ARTICON 建筑公司计划在 13 000 平方米的范围内兴建 43 个居住单位。每个单位住户拥有浴室、

---

① 《中国商会向卡福基金会捐献大量爱心物品》，南美侨报网，2018 年 12 月 3 日。
② 《累西腓华侨华人协会举办圣诞慈善捐助活动》，南美侨报网，2018 年 12 月 17 日。
③ 陈太荣、刘正勤编著：《中国江苏人移民巴西史》第三章第二节，北京：中国华侨出版社，2022 年。

洗手间等，拟分为甲、乙、丙三种，甲种可供三四人住宿，乙种可供两人住宿，丙种每个人一房一厅。住区中心庭院有教堂及活动中心，承住户有使用权而无房产权。①

华侨华人生活在巴西常常会遭遇不测。这时候，往往需要华侨华人通过群体的力量为偶然发生不幸的同胞排忧解难，雪中送炭。例如旅居巴西的福建莆田籍侨胞方先生不幸身患癌症，因在巴西没有医疗保险，举家生活陷入困境。巴西南美洲闽南同乡联谊总会得知后，立即组织侨胞募捐了 26.1 万雷亚尔（约合 52.2 万元人民币），使患者得到治疗，给其一个重生的希望，也为患者家庭排忧解难。此次募捐善款活动持续了近一个月，来自福建莆田、厦门、漳州、泉州、闽西等地的侨胞积极响应募捐倡议，慷慨解囊。许多侨胞还通过微信动员更多的人参与募捐，体现了闽南同乡联谊总会这个大家庭的温暖。据说这是圣保罗侨界有史以来给个人患者捐款数额最大的一次。②

又如巴西洪门总会元老、台湾同胞刘善义不幸身患绝症而多次住院做手术，原来小本生意经营的他雪上加霜，生活捉襟见肘。洪门素来以忠义名扬天下，一方兄弟有难，八方响应。巴西洪门总会会长王文捷、监事长丘文聪立即组织全体理监事发动爱心捐款行动。大家慷慨解囊，仅用一天时间便有 61 位同门兄弟筹得善款 65 000 雷亚尔。2018 年 9 月 30 日，王文捷、丘文聪、王大猷（洪门总会常务副会长）和李青霞等前去探望刘善义，其接到这笔捐款时热泪盈眶。③

对因偶然事故而遭受不幸的素昧平生的同胞的捐赠活动也十分难能可贵。2015 年 6 月，广东省开平市的郑素凤和丈夫从委内瑞拉回国，在巴西圣保罗转机时，丈夫突发脑出血晕厥，需动手术，却无医疗费。巴西广东同乡总会立刻召开会议，在巴西筹集善款，同时在《南美侨报》刊登广告，利用微信向其他友好团体以及理监事求助。消息传开，很快得到侨胞响应。刚成立的巴西慈善公益基金总会在一天内就筹得 9 000 雷亚尔。里约热内卢刚成立的巴西广东同乡会分会只用 3 天多时间筹得 57 000 雷亚尔，堪称奇迹。借着爱心接力，巴西广东同乡总会在一周内为郑素凤丈夫筹到了 10 万雷亚尔。可惜郑素凤丈夫术后病情恶化，住院 6 天后不幸去世。巴西侨团和华助中心又到处奔忙，办妥手续，让郑素凤丈夫在当地火化。语言不通、在当地又没有亲友的郑素凤，得到了素昧平生的巴西广东同乡总会的帮助。2015 年 7 月，郑素凤带着丈夫骨灰回到中国，同乡总会所

---

①　《巴西将建华人养老院》，《社会福利》2007 年第 11 期。

②　莫成雄：《巴西南美洲闽南同乡联谊总会为患病侨胞捐款　彰显同胞手足情》，中国新闻网，2017 年 8 月 14 日。

③　《巴西洪门总会为患病的同门兄弟义捐》，巴西华人网，2018 年 10 月 3 日。

筹剩余善款折合 10 余万元人民币也汇到郑素凤国内的账户中，支持她回国生活。①

华侨华人的慈善事业需要大批善长仁翁和志愿者的积极参与。难能可贵的是，很多从事慈善事业的同胞在默默耕耘，不事炒作。与此同时，带头人在慈善工作中的作用是十分重要的。一个乡缘群体，酝酿着无穷的爱心和慈善意愿，还需要带头人的组织、发动和协调，会耗费带头人大量的时间和精力。例如，青田人吴玲军在旅居巴西的侨领中是一位做事低调的侨团负责人。在旅居巴西创业的21 年间，他始终不忘感恩，铭记回馈。早在来巴西初年，他就热心帮助有困难的侨胞。2016 年接过巴西青田慈善总会会长一职后，他首先壮大慈善队伍。在他的带领下，巴西青田慈善总会的成员从最初的 50 多位，很快发展到 300 多位。其次是使慈善活动形式多样化。再就是依靠团体的力量，众志成城，集腋成裘。例如，2016 年，圣保罗发生了红房子商城火灾事件，巴西青田慈善总会即联合巴西青田同乡总会进行捐助，一共募得善款 100 多万雷亚尔，解决了火灾后的燃眉之急和生活之需，惠及的受灾青田籍华商多达 158 人。又如 2018 年 3 月 17日，47 岁的青田籍侨胞陈素康突然病故。他生前因生意失败而欠下巨额货款，其妻陈苏燕在丈夫去世后无钱交电费水费被停电断水，生活极度困难。巴西青田慈善总会联合巴西青田同乡总会，一起向陈苏燕捐款 4 万雷亚尔。② 在巴西华侨华人中，有不少像吴玲军这样的慈善带头人。难得的是，他们总是低调而为，默默奉献。

慈善活动并非简单的一方对另一方的施舍，即使受施舍方属于弱势群体。慈善事业更重要的功能是人类大爱之心的互动。所以，在华侨华人义工们挥汗如雨地进行慈善活动的同时，他们自己也有所收获，受到教育。他们从灾民们口中说出的声声"谢谢"中，从受助者溢于言表的情感流露中，真正体会到了"施比受更有福"的含意。另外，华侨华人要提升自己的形象，不是喊干瘪的口号可以达到的，更需要真诚的行动，润物无声，潜移默化。就整体而言，巴西华侨华人在融入社会时难免还存在一些障碍，一方面是华侨华人自身的生活交流圈子相对封闭，另一方面是巴西民众对中国文化、侨胞情况的了解还不多。正因为如此，华侨华人社团尽其所能，通过开展慈善捐献活动的方式，增进了与当地民族的关系。

① 林惠娟：《开平夫妇赴委打工遇不幸，巴西侨团热心筹款》，《南方都市报》，2015 年 10 月 20 日。
② 袁一平：《慈善温暖侨胞：访巴西青田慈善会长吴玲军》，南美侨报网，2018 年 4 月 25 日。

二、台湾移民在居住地的慈善活动

从资料来看，巴西华侨华人社团开展慈善活动的历史不短。自 1985 年起就创办了"巴西华侨慈善基金会"，创办人为张胜凯、李根涂、何添福三位老会长。该会在历任会长及侨界热心社团的协助及全侨的参与下，做过许多慈善救援活动，包括在 1991 年中国大陆华北水灾、1998 年巴西东北大旱、1999 年台湾"921"大地震、2004 年底南亚大海啸、2008 年汶川大地震等重大灾难中捐款等。以及 2000 年起进口轮椅发放给巴西清寒残障者，2005—2006 年将爱心送到亚马孙，帮助当地原住民等。[①] 不少场合都可见到该慈善基金会义工的身影。

台湾移民支纬中和夫人支黄秀莉在刚到巴西创业的第二年（1987 年），在经济并不宽裕的情况下，就开始认养贫寒儿童与孤儿，主要负担他们的生活费和学费，迄今认养达 31 名。圣保罗市附近的如来寺占地 56 万平方米，支纬中也是捐赠者之一。支家认养儿童、教育、公益与慈善捐赠所需费用全部来自支家企业盈利与创立的基金会，从未向社会募捐过。2019 年 9 月 22 日下午，庆祝中巴建交 45 周年慈善爱心音乐表彰会在圣保罗州议会举行，朱明文、颜景明、支黄秀莉等 14 名侨领与代表为圣保罗音乐学校的青少年颁赠了乐器。"巴西之家"餐厅与慈善、扶贫、助学机构合作，将每月最后一个星期六定为"爱心慈善日"，并将这一天的营业收入全部作为捐赠。2011 年 6 月 18 日下午，在"巴西之家"举办"爱心义卖"活动，将义卖收入的数万元人民币全部捐给患有腿部骨癌的安徽女孩冯娟用于治病。7 月 30 日和 8 月 27 日，又两次举办"爱心义卖"，还将餐厅当日的全部营业额分别捐给患白血病的女大学生童雪飞和年仅 5 个月就患肝脾肿大的小明昊。餐厅每月最后一个星期六"爱心慈善日"单月营业收入捐赠给童雪飞，双月收入捐赠小明昊。2012 年 4 月 20 日，"巴西之家"与"北京同心互惠"开展为期 11 天的"闲置物品募捐活动"，所得物品将全数捐给同心互惠公益商店，希望借此为外来务工人员和打工子弟提供实用而有尊严的帮助。4 月 28 日，"巴西之家"在室外花园特别开设义卖专场，现场销售同心女士合作社的妈妈们制作的手工艺品，并为《流动的心声》儿童刊物筹款。由于支纬中在慈善公益活动中表现突出，他 2011 年荣获北京首都慈善公益组织联合会"彩虹心"优秀个人奖。[②]

华侨华人在移民巴西多年并事业有成后，不忘回馈社会，为当地民众做出自

---

① 《帮助儿童癌症医院　巴西华侨慈善义卖》，（台湾）"中央社"，2007 年 8 月 27 日。
② 陈太荣、刘正勤编著：《中国江苏人移民巴西史》第三章第一节，北京：中国华侨出版社，2022 年。

己力所能及的贡献。一般来说，华侨华人社团都不同程度地开展慈善活动，都有一个进行慈善事业的功能。这些慈善活动包括对华侨华人社会内部的慈善活动、对居住地民众的慈善活动以及对在世界上其他国家和地区发生自然灾害时的慈善活动，故多数华侨华人社团均存有广义上的"慈善社团"的含义。台湾侨民成立的专门意义上的慈善社团比大陆新移民成立的同类社团多（大陆新移民目前还没有专职的慈善社团），但大陆新移民的慈善活动在最近数年越来越频繁，受惠群体越来越多，影响也越来越广。他们的慈善活动主要由新移民社团（例如同乡会）组织。台湾侨民的慈善活动很大一部分是由专门的慈善社团进行。

1966 年 5 月 14 日，台湾证严法师（俗名王锦云，1937 年 5 月生于台中县清水镇）联合 6 位同修弟子及 3 位信众，在台湾花莲创立"佛教克难慈济功德会"，1967 年称为"慈济功德会"，到 1980 年 1 月成立了"财团法人佛教慈济事业基金会"。"慈济功德会"很快发展为台湾岛内最大的慈善组织。2004 年，慈济功德会被联合国登记为非政府组织（NGO），2010 年获得了联合国经济及社会理事会非政府组织的特殊咨询委员的资格。慈济功德会的理念是以"慈、悲、喜、舍"之心，起救苦救难之行，与乐拔苦，并以"诚、正、信、实"的精神，广邀天下善士，同耕一方福田。善行吸引善士，据 1998 年的统计，慈济功德会的分会、支会、联络处遍布世界 25 个国家 78 个地区，会员近 700 万人。①

巴西慈济会（Compassion Relief）则得益于早年举家移民巴西的慈济志工、台湾移民叶月观的开创。她 1972 年 16 岁时从台湾台北县三重市移居巴西，帮助先期到达的父母在巴西辛勤打拼。后来结婚成家，事业顺利，开始接触冯冯居士（本名冯培德，字士雄，1935—2007 年）的一些著作，便决定去拜访其时定居加拿大的冯冯居士。居士遂推荐她去台湾花莲参拜证严法师。于是，在 1989 年初春，叶月观将慈济的种子带到巴西。经过 3 年的培育，到 1992 年 7 月 26 日正式成立"慈济基金会巴西联络处"，叶月观任负责人。巴西联络处负责人之下设香积、交通、公关、医疗、社工、财务、总务、活动、文宣及志工大队 10 个单位，至 1998 年有会员上千人。

巴西慈济会事业的始点是圣保罗市，从此逐渐向外拓展。从推展会务的善款来源和去向来看，则是由其委员及志工向会员、华商或善心人士募款，并分类运用。早期部分汇回台湾，支持慈济医院及静思堂、慈济大学等建设，其余用于当地济贫、医疗。到现今，主要用于当地，也会响应国际赈灾。从巴西慈济会的会务起点来看，以对孤、老弱势群体的慈善关怀为起点，开展重点、直接的济助。例如，圣保罗市街头游民多，需要救助。慈济会成员便到游民露宿点发放毛毯、

---

① 《佛教慈济基金会巴西联络处》，载《巴西华人耕耘录》，巴西美洲华报编印，1998 年，第 249 页。

旧衣和食物。再如，向老人院、孤儿院固定捐助日常生活用品，每月固定到贫民区探访个案并接受新案申请，每月办理暨冬令发放。又如，联合侨界向圣保罗大学附属复健医院捐赠医疗器材，等等。到 2004 年，慈济会更将慈善足迹延伸到里约圣恭萨禄垃圾山，不定期前往发放食物篮、御寒衣物。此外，也常至偏乡关怀孩童，发送儿童节礼物。

慈济会在巴西的医疗活动是其慈善工作的重要内容，主要是开展常态化医疗义诊方面的服务。慈济医护团队是每场义诊活动的主要团队，其成员多由第二代华裔医师组成，也有部分巴西籍医护人员。主要义诊对象是当地游民、老人，以及偏远与贫困地区的民众。慈济医疗团队的义诊活动始于 1996 年。这一年起，慈济会在圣保罗市阿克力马松区的慈济会所内开设医疗中心，初期每周提供两天牙科服务为主，之后陆续增设小儿科、妇科等门诊服务，并提供验光及抹片等项检查，以及发放食物篮、旧衣服、眼镜等物资。医疗团队平均每月举办一次义诊，主要慈善活动区域是圣保罗市郊贫民区（1998 年加入印第安保留区）。到 2003 年搬迁新会所，医疗中心也全面重新规划，并在 2005 年 8 月开始持续提供免费医疗服务。[①]

值得注意的是，慈济会的救助目标比较广泛，从弱势家庭济助到心灵关怀，从长期扶困、急难救助、居家关怀到海外慈善，一一涉及，同时带有浓重的佛教与儒家色彩。按照慈济基金会的要求，所有慈济人都要习慈济精神与理念，"以佛心为己心，以师志为己志"，勤耕慈济"四大志业"（即慈善、医疗、教育、人文四项的统称）。另要投入骨髓捐赠、环境保护、小区志工、海外赈灾，此八项同时推动，称为"一步八法印"。

早期台湾移民的慈善活动组织还有"巴西华侨爱心协进总会"。1986 年 8 月开始筹备，当年 9 月 7 日下午在圣保罗一成饭店举行成立庆祝酒会。该会的爱心活动大体上可分为两大类：一是生活爱心，即通过各种活动让侨胞生活舒心，身体健康；二是慈善爱心，即帮助遭受天灾人祸特别是自然灾害的侨胞渡过困难，重新开始正常生活。该会成立后的爱心行动也是围绕这两大方面展开，例如举办一连串服务活动，包括烤肉会、歌舞会，招待侨友开展旅游联谊活动，为青年男女做媒，邀请名医为侨胞讲解健康知识等。[②]

---

① 巴西慈济会的上述活动参见《佛教慈济基金会巴西联络处》，载《巴西华人耕耘录》，巴西美洲华报编印，1998 年，第 250－251 页。

② 《巴西华侨爱心协进总会》，载《巴西华人耕耘录》，巴西美洲华报编印，1998 年，第 66－67 页。该文资料收集截至 1998 年，后续情况不详。

第四节　巴西华侨华人对中国国内的捐赠

华侨华人在各个历史时期都在为祖（籍）国的经济发展和社会进步做出积极贡献。向家乡公益事业和需要帮助的群体或个人捐赠，是旅居海外的华侨华人对国内进行慈善活动的常见模式，也是传统侨乡与海外华侨华人间具有久远历史联系的最主要方式。巴西华侨华人对祖（籍）国和家乡的各种捐赠很多，下面简要介绍一二。

侨胞有爱国爱乡的传统，他们对国家和民族在生死危亡的重大关头（例如抗日战争时期）所做的慈善活动尤为光彩夺目。这类慈善行为已远远超出了单纯的慈善范围，被看作救亡图存的爱国行为而长留史册。当然，从本质上来说，这种行为与慈善事业密不可分。据李春辉、杨生茂统计，在中国抗日战争时期，巴西共有华侨592人，大部分原籍在浙南地区。他们虽然收入微薄，但仍节衣缩食，踊跃捐款支持祖国抗战，在中国抗战期间共捐款56 832美元。[①]

1931年中国东北发生"九·一八事变"后，特别是1937年中国抗日战争全面爆发后，巴西侨胞掀起了募捐抗日热潮。靠"提包业"一点一滴积累起财富的巴西华侨，踊跃捐款支援中国抗战。表现比较突出的有周继文、王益宗、吴仲儒等人。周继文于1926年到里约热内卢经商，后来移居圣保罗，1930年开始参与筹建"圣保罗中华会馆"（1943年3月"圣保罗中华会馆"正式成立后当选为第一至三任会长）。1938年春，周继文在以"圣保罗中华会馆"名义召开的募捐抗日大会上慷慨陈词："我们虽然远在巴西，不能亲举利剑驱鬼斩妖，血洒沙场，但我们可以拿出自己的血汗钱支援祖国拒倭抗日，我周继文首先向'中国红十字会'捐献一辆救护车……"除救护车外，他还带头捐款、捐物，购买"救国公债券"与"建设公债券"等1万多美元。[②] 在他的带动下，很多青田人积极认购救国公债。此外，周继文还四处发动侨胞募捐抗日。

此后，周继文还出资近2万美元，赞助家乡阜山师范学校扩建校舍与实验室，用于培养教育人才。1941年太平洋战争爆发后，中国与巴西唯一的邮政海运汇款途径中断，周继文无法给家乡阜山师范学校汇钱，其时中国驻巴西大使馆也面临经费断源威胁。出于爱国爱乡的热情，周继文想出一个两全其美的办法：

---

①　李春辉、杨生茂：《美洲华侨华人史》，北京：东方出版社，1990年，第717页。这里说巴西华侨592人大多来自浙南地区应不确。巴西华侨大多数来自广东，其次来自浙南。如1921年中华会馆会员登记有296人，大部分为广东人，浙江人约有51人，只占约1/6。

②　据陈太荣、刘正勤：《巴西华侨积极支持中国抗日战争》，2015年9月1日。

每月由他垫付中国驻巴西大使馆的经费开支，再由大使馆每月将这笔开支数目电告中国外交部，外交部再将这笔款汇给阜山师范学校。这个方案获得同意并予以实施，既保证了大使馆的正常开支，也使阜山师范学校的扩建顺利完成。几年间，周继文共垫付近 2 万美元。1944 年 7 月 13 日至 9 月 9 日蒋介石夫人宋美龄在巴西疗养期间，曾接见过周继文等人。[①] 由于周继文主动带头捐款捐物，四处奔走宣传抗日救国，发动侨胞解囊支持抗日，他被推选为 1937 年在巴西里约热内卢成立的"巴西华侨抗日救国后援会"会长。

被侨胞称为"巴西王"的青田华侨王益宗建议中国驻巴西公使馆负责人王功武发动广大侨胞做馄饨义卖，以捐资抗日。他本人身体力行，几次发动侨胞购买"救国公债券"和"建设公债券"支持祖国抗战。青田人吴仲儒在国难当头之际，喊出"清除一切私人恩仇，中国人要团结，青田人更要团结"的口号。旅巴青田人在抗战时期，出现了一个空前团结、同仇敌忾的局面。

总之，历来具有爱国爱乡传统的旅巴侨胞，在祖国抗战期间，"位卑未敢忘忧国"，捐款、捐物、义卖、募捐，做了许多感人的实事。陈太荣、刘正勤认为，许多捐款人的名字未列入其中，如何冠英、刘锡章、陈超仙等人。[②]

青田人伍春和至今仍保存着多张中国政府在抗战期间发行的公债券。在美洲华报编印的《巴西华人耕耘录》（1998 年 10 月版）一书中，刊登了"巴西华侨抗日救国后援会"第三届委员会于 1942 年 2 月就职的合影照片和 2 张巴西华侨捐款手写的收据，留下了宝贵的历史档案资料。第一张收据全文为："兹收到杨仙君第二次义捐巴币 110 元，特发此收条为据。经手人谭植三　中华民国二十六年十一月十七日巴西华侨抗日救国后援会"；第二张收据全文为："捐款人为黄之，第二次义捐巴币 20 元，特发此收条为据。经手人谭植三　中华民国二十六年十一月十七日巴西华侨抗日救国后援会"。

第二次世界大战结束后，大多数华侨加入居住国国籍并成为当地公民，落地生根。他们虽然在政治上、法律上认同居住国，但对祖（籍）国仍然保持着强烈的文化认同与民族情感。1978 年起，中国的改革开放激发了华侨华人关心祖（籍）国发展和爱国爱乡的热情，在居住国与祖（籍）国的关系中乐于充当桥梁和纽带。与此同时，在改革开放后，国内打破了在慈善问题上的观念束缚，华侨华人对国内慈善事业的发展发挥了长足作用。

在改革开放之初，传统华人的慈善行为主要是捐赠。[③] 当时在一些侨乡，华

---

① 陈太荣、刘正勤：《中华民国时期与巴西的关系》，巴西侨网，2011 年 2 月 13 日。

② 据郭秉强：《巴西青田籍华人华侨纪实：1910—1994》，青田县政府刊印本（内部编印），2005 年。

③ 捐赠方面所说的"海外乡亲"，既包括中国香港、澳门和台湾地区的同胞，也包括海外侨胞。过去广东侨乡当地政府和民众一般不刻意将港澳台同胞和海外侨胞分割开来，常统一使用"海外乡亲"的概念。

侨华人的捐赠甚至比投资兴办实业和侨汇更引人注目。在早年中国国内的慈善事业还很苍白的情况下，海外华侨华人的物质捐赠本身也是一笔难得的"精神捐赠"。可以说，中国的慈善事业起源于侨、发展于侨、壮大于侨。[1] 华侨华人在祖（籍）国慈善事业上的"超前性"实践，为中国其他非侨乡地区的慈善事业提供了不可多得的宝贵经验。他们的慈善捐助也成为其文化认同与民族情感的重要体现。

侨胞对家乡的捐赠分两种情况：一是对家乡社会公益福利事业的捐赠；二是针对国家大的自然灾难（最突出的就是 2008 年汶川地震）的赈灾捐赠。第一类捐赠分两种情况：第一种情况是富裕华侨华人的大笔捐赠，往往起带头和主导作用；第二种情况来自绝大部分自给自足的华侨华人，多为小额捐赠，集腋成裘，充分体现了慈善事业的大众化意义。

1998 年，中国发生的特大洪水灾害极大地改变了人们对慈善和慈善行为、慈善事业的观念，成为中国慈善事业的一个转折点。到 2008 年，汶川发生特大地震，华侨华人积极支持国内的抗震救灾，再次激发了中国人的慈善热情和活力，可以说开启了中国慈善事业史的新纪元。在这段时期，华侨华人和港澳同胞的慈善捐赠与改革开放进程同频共振，起到了先导和示范作用。

当代巴西华侨华人对祖（籍）国的慈善捐赠事业，可以将 2008 年汶川特大地震的捐赠作为一个里程碑式的标志。他们对地震灾区的捐赠，无疑是巴西华侨华人爱国爱乡以及两岸同胞血浓于水的有力见证。以拥有 20 多万华侨华人、号称巴西"大码头"的圣保罗为例。汶川大地震发生后，中国驻圣保罗总领事馆于 5 月 14 日晚召开旅圣保罗大陆侨团赈灾会议，通报地震灾情，商讨赈灾事宜。与此同时，由巴西华侨慈善基金会召集的相同主题的会议也在举行，其中有 20 多个台湾侨团的侨领出席了会议。两岸侨胞共同拉开了为地震灾区捐款的序幕，涌现出许多感人场景。旅居巴西的台湾侨胞积极响应巴西华侨慈善基金会、台湾中华会馆、台湾荣光会、华侨天主堂、巴西网球协会、国际佛光会巴西协会、巴西慈济功德会等台湾侨团的倡议，发扬中华民族"血浓于水"和"一方有难，八方支援"的传统美德，慷慨解囊，捐输爱心。[2]

据悉截至 2008 年 6 月 20 日，中国驻圣保罗总领事馆共收到各界捐款 126.58 万雷亚尔，28.03 万美元。加上台湾侨团直接捐到四川灾区的 26 万多美元，以及国际佛光会巴西协会、巴西慈济功德会等宗教团体的善款，总金额超过 1 000 万

---

① 万立骏：《华人华侨是深入推进改革开放的强大动力》，人民论坛网，2018 年 5 月 31 日。
② 张新生：《在巴西华人华侨史上写下浓重的一笔——圣保罗捐助四川地震灾区侧记》，《科技日报》，2008 年 6 月 21 日。

元人民币，是巴西华侨历史上赈灾捐款数额最多的一次，充分表现了圣保罗华侨华人的一片赤诚博爱之心。侨胞们在捐款中表现出诚实守信、一丝不苟的精神，淋漓尽致地体现了中华民族的传统美德。此次募捐活动，旅居圣保罗的两岸同胞有超过 100 个侨团和上万人热忱参与，上至 90 多岁的耄耋老人，下至 3 岁幼年儿童。《南美侨报》在 2008 年 6 月 28 日以一个半版的篇幅，翔实生动地报道了巴西圣保罗华侨华人为中国地震灾区捐款的事迹。[1]

应特别提及，在募捐活动中，不仅华侨华人纷纷捐款，许多巴西朋友也慷慨解囊，体现出他们对中国人民的深厚情谊。例如，圣保罗周边一个小城市居住着较多中国侨胞，他们为地震灾区捐款献爱心的行动深深地感染着该市警察局，加上居住在该市的中国侨胞经常支持当地慈善事业，回馈当地社会，于是，在局长带领下，全体警官纷纷为中国地震灾区捐款。[2] 在大灾难面前，再现了中华民族的同胞情谊，也展现了中巴人民的友谊。

华侨华人对家乡的慈善事业还表现为个人的捐赠，即以一己之力扶助家乡脱贫致富，改善生活。在异国他乡富起来的侨胞，在热心于国内慈善事业的同时，积极向国内投资，支援祖（籍）国和家乡建设。他们虽然已在巴西闯荡多年，但他们在慈善活动和投资中仍然蕴含着对故土的热爱。例如，巴西广东同乡总会常务副会长、巴西中国工商外贸联合总会永久名誉会长、巴西东方城进出口股份有限公司总裁苏梓祐，曾经促成广州市与居住地累西腓市结为友好合作城市。长期以来，他积极支持家乡慈善公益事业，积极为家乡的"扶贫助学"捐资，家乡海晏石阁村被国侨办、农业部评为"万侨助万村"示范村。

也有侨胞在对家乡的慈善事业中以身作则，发挥模范带头作用，同时发动同籍乡亲，对他们曾经生活过的家乡开展扶贫活动。例如，吴玲军来自青田农村，1997 年移民巴西。他从"提包客"做起，逐渐成长为华人企业家。吴玲军得到众多热心慈善工作的会员支持，2016 年底，由他担任会长的巴西青田慈善总会向青田捐款 30 多万元人民币，用于修缮学校、捐助敬老院等。此外，他还多次捐助家乡的患癌同胞，以及生活贫困的侨眷，受到了青田县政府的表彰。[3]

有的侨胞将对家乡的慈善捐赠行为融进其投资行为中。例如 2001 年，在巴西闯荡了数十年的孙华凯决定回国发展，得到了其家族的鼎力支持。他在其出生地温州进行了一系列市场调研，决定参照巴西模式，在距离温州市区 10 公里以外投资 10 亿元打造温州第一个一体化的购物中心。这是当时巴西侨胞在国内投

---

① 《圣保罗华侨华人倾情助四川灾区，华文报整版报道》，中国侨网，2008 年 6 月 28 日。

② 张新生：《在巴西华人华侨史上写下浓重的一笔——圣保罗捐助四川地震灾区侧记》，《科技日报》，2008 年 6 月 21 日。

③ 袁一平：《慈善温暖侨胞：访巴西青田慈善会长吴玲军》，南美侨报网，2018 年 4 月 25 日。

资的最大项目，它以南美式休闲风格为主题，汇聚了孙华凯家族对中国和巴西两国的深厚感情。孙华凯给这个购物中心取名大西洋，因为他在里约的家就背靠大西洋。经过多年努力，大西洋购物中心建成浙中南最大的购物中心和温州的地标性建筑。[①]

　　不可否认，在过去的岁月中，海外华侨华人的捐赠活动既表现为"家乡性"，也表现为"针对性"。两者结合起来，就是针对家乡有需要帮扶的对象。这是海外华侨华人热爱桑梓的表现。今后，华侨华人捐赠的"家乡性"还会长期延续下去。同时，随着中国经济的发展和社会的进步，人民生活水平不断提高，捐赠的"针对性"会表现为多种形式。

---

　　①　鲍南南：《孙华凯：十年一剑终磨成》，《温州日报》，2017 年 1 月 11 日。